中财传媒版

2020年注册会计师全国统一考试辅导系列丛书——名师点拨

税法

重难点点拨

注册会计师考试编写组　编

中国财经出版传媒集团
中国财政经济出版社

图书在版编目（CIP）数据

税法重难点点拨/注册会计师考试编写组编．—北京：中国财政经济出版社，2020.5

（中财传媒版2020年注册会计师全国统一考试辅导系列丛书．名师点拨）

ISBN 978－7－5095－9777－4

Ⅰ.①税…　Ⅱ.①注…　Ⅲ.①税法－中国－资格考试－自学参考资料　Ⅳ.①D922.22

中国版本图书馆CIP数据核字（2020）第072263号

责任编辑：庞丽佳　　　　责任印制：党　辉

责任校对：胡永立　　　　封面设计：王　颖

中国财政经济出版社 出版

URL：http：//www.cfeph.cn

E－mail：cfeph@cfeph.cn

社址：北京市海淀区阜成路甲28号　邮政编码：100142

营销中心电话：010－88190406　北京财经书店电话：010－64033436

北京鑫海金澳胶印有限公司印装　各地新华书店经销

787×1092毫米　16开　39印张　909 000字

2020年6月第1版　2020年6月北京第1次印刷

定价：118.00元

ISBN 978－7－5095－9777－4

（图书出现印装问题，本社负责调换）

本社质量投诉电话：010－88190744

反盗版举报热线：88190492　88190446

前　言

中国注册会计师制度恢复重建今年正好走过40个春秋，40年风雨历程也见证着注册会计师事业的辉煌，注册会计师考试是其很重要的组成部分。注册会计师考试编写组通过对教材的详细阅读与专门研究，对教材中的知识点进行了深度的梳理与分析。在本系列丛书中，我们将教会考生如何备考、如何抓住重难点以及如何理解以前年度真题。通过对本系列丛书的学习，考生可以更加深入地了解历年考试的重点，更好地把握今年教材的新变化。书中还附有相应的练习题，帮助考生巩固所学知识、顺利通过考试。

注册会计师考试科目多、章节内容广、知识点庞杂，考生常常反映考试难度大，甚至有的考生在备考过程中就选择了放弃。其实，考生如果能够把握正确的复习方法和应试技巧，顺利通过考试并没有想象中那么困难。复习时，首先应当按考试大纲规定的范围和相应的辅导教材进行全面、系统的学习；其次抓住重点章节和重点内容强化知识储备；最后有针对性地多做练习，以掌握答题思路和技巧，并加深对重点难点的理解和把握，方法得当，教辅应手，往往事半功倍！

注册会计师考试编写组以注册会计师考试教材为起点，认真剖析知识点与考试的关系，精准把握考试定位，方便考生的理解和记忆，书中主要包含以下五个部分：

第一部分：2020年新教材内容的主要变化。这一部分主要是解读新教材的变化，帮助考生了解今年教材与以往的不同之处，把握教材新动向。

第二部分：近五年的考情统计分析。这一部分主要是对每一章节近五年的考试分值分布与考点分布进行了统计，帮助考生了解重点所在，使考生复习时有的放矢。

第三部分：重难点解析。这一部分是对教材知识点进行深度解析，为了考生使用方便，我们对每个重难点标有不同的星级，以此来对其重要程度进行区分，且重难点后会设有经典真题和经典模拟题，以求更好地帮助考生把握重点难点。

第四部分：进阶练习。这一部分增加配套练习，目的是帮助考生巩固所学知识点，掌握答题的思路和技巧，加深对重点和难点的理解和把握。

第五部分：进阶练习答案及解析。

本系列丛书的撰写倾注了编写团队大量的心血和情感，团队成员经验丰富、熟悉专业、了解考生的需求。我们的最终目标就是希望能真正帮助考生攻克每一个难关，提高考生的应试能力，使考生能轻松通过考试，顺利拿下证书。

预祝各位考生取得好成绩！

目 录

第一章 税法总论

第二章 增值税法

第三章 消费税法

第四章 企业所得税法

第五章　个人所得税法

第六章　城市维护建设税法和烟叶税法

第七章　关税法和船舶吨税法

第八章　资源税法和环境保护税法

第九章　城镇土地使用税法和耕地占用税法

第一章　税法总论

一、2020 年新教材内容主要变化

新增“在国家征税的目的上现实意义性”表述，其他无变化。

二、本章近 5 年考情分析

本章是税法学习的基础，许多内容直接影响学员对随后章节的理解和掌握，因此是学习的重点，但不是考试的重点。考试多以选择题形式出现。近 5 年考试题型基本为客观题，平均分值 2 分左右。2020 年预计考试分值在 3 分左右。基础弱的学员，要认真学习。

三、本章内容

第一单元　税法概念及税收法律关系
第二单元　税法原则（重要）
第三单元　税法要素（重要）
第四单元　税收立法与我国现行税法体系
第五单元　税收执法
第六单元　税务权利与义务
第七单元　国际税收关系（重要）

四、重难点解析

第一单元　税法概念及税收法律关系

重难点 1：税法的概念★

（一）税收

税收，是政府为了满足社会公共需要，凭借政治权力，强制、无偿地取得财政收入的一种形式。可以从以下三方面理解税收的内涵：

1. 税收，是国家取得财政收入的一种重要工具，其本质是一种分配关系。

2. 国家征税的依据是政治权力，有别于按生产要素进行的分配；税收分配是以国家为主体进行的分配。

3. 国家课征税款的目的是满足社会公共需要。

【小贴士】财政是国家治理的基础和重要支柱，优化与国家治理体系相适应的税收制度和税法体系是建设中国特色社会主义财政制度的重要内容，为此既需要循序渐进落实税收法定原则，使征税有法可依、有法必依；还需要保持合理的宏观税负水平，激发社会活力；更需要构建有利于促进公平竞争、创新驱动和人力资本积累的税收制度，发挥先进税收制度对

经济社会高质量发展的促进作用。

【经典真题】

【单选题·2016】下列权力中，作为国家征税依据的是（　　）。

A. 管理权力　　B. 政治权力　　C. 财产权力　　D. 社会权力

【答案】B

【经典模拟题】

【单选题】以下关于对税收概念的相关理解不正确的是（　　）。

A. 税收是目前我国政府取得财政收入的重要工具

B. 国家征税依据的是财产权力

C. 国家征税是为了满足社会公共需要

D. 税收分配是以国家为主体进行的分配

【答案】B

【解析】选项B：国家征税的依据是政治权力。

（二）税法

1. 税法的概念。

税法，是国家立法机关制定的用以调整国家与纳税人之间在征纳税方面的权利及义务关系的法律规范的总称。

【小贴士】税法体现为法律这一规范形式，是税收制度的核心内容。

【小贴士】税法是国家及纳税人依法征税、依法纳税的行为准则，其目的是保障国家利益和纳税人的合法权益，维护正常的税收秩序，保证国家的财政收入。

2. 税法的特点。

税法具有义务性法规和综合性法规的特点。

（1）法律性质上，税法属于义务性法规，以规定纳税人的义务为主；税法属于义务性法规，并不是指税法没有规定纳税人的权利，而是指纳税人的权利是建立在其纳税义务的基础之上，处于从属地位。

【小贴士】税法属于义务性法规的这一特点，是由税收的无偿性和强制性特点所决定的。

（2）税法的综合性特点，是由税收制度所调整的税收分配关系和税收法律关系的复杂性所决定的。

【小贴士】税法，是由一系列单行税收法律法规及行政规章制度组成的体系，其内容涉及课税的基本原则、征纳双方的权利和义务、税收管理规则、法律责任、解决税务争议的法律规范等。

重难点2：税收法律关系★★★

税收法律关系，是税法所确认和调整的国家与纳税人之间、国家与国家之间以及各级政府之间在税收分配过程中形成的权利与义务关系。

税收法律关系包括三方面内容：税收法律关系的构成；税收法律关系的产生、变更与消灭；税收法律关系的保护。

（一）税收法律关系的构成

1. 主体。

一方是代表国家行使征税职责的国家各级税务机关和海关；另一方是履行纳税义务的法人、自然人和其他组织（按照属地兼属人的原则确定），双方法律地位相等。

2. 客体。

税收法律关系主体的权利、义务所共同指向的对象，即征税对象。

3. 内容。

主体所享有的权利和所应承担的义务，是税收法律关系中最实质的东西，也是税法的灵魂。

（二）税收法律关系的产生、变更与消灭

税法，是引起税收法律关系的前提条件，但税法本身并不能产生具体的税收法律关系。税收法律关系的产生、变更与消灭必须由税收法律事实来决定。

【小贴士】税收法律事实，分为税收法律事件和税收法律行为。

（三）税收法律关系的保护

税收法律关系的保护对权利主体双方是平等的，同时对其享有权利的保护就是对其承担义务的制约。

【经典真题】

【单选题·2010】下列关于税收法律关系的表述中，正确的是（　　）。

A. 税法是引起法律关系的前提条件，税法可以产生具体的税收法律关系

B. 税收法律关系中权利主体双方法律地位并不平等，双方的权利义务也不对等

C. 代表国家行使征税职责的国家各级税务机关是税收法律关系中的权利主体之一

D. 税收法律关系总体上与其他法律关系一样，都是由权利主体、权利客体两方面构成

【答案】C

【解析】选项A：税法是引起税收法律关系的前提条件，但税法本身并不能产生具体的税收法律关系；选项B：税收法律关系中权利主体双方法律地位平等；选项D：税收法律关系由税收法律关系的主体、客体和内容三方面构成。

重难点3：税法与其他法律的关系★

涉及税收征纳关系的法律规范，除税法本身直接在税收实体法、税收程序法、税收争讼法、税收处罚法中规定外，在某种情况下也援引一些其他法律。

（一）税法与宪法的关系

税法对宪法要服从，依据宪法的原则制定。宪法是制定税法和向公民征税及公民依法纳税的直接法律依据。

【经典真题】

【单选题·2009】下列法律中，明确规定“中华人民共和国公民有依照法律纳税的义

务”的是（　　）。

A.《中华人民共和国宪法》　　B.《中华人民共和国民法通则》

C.《中华人民共和国个人所得税法》　　D.《中华人民共和国税收征收管理法》

【答案】A

（二）税法与民法的关系

1. 民法调整方法的特点是平等、等价、有偿。

2. 税法调整方法的特点是命令、服从。

3. 当税法的某些规范同民法规范基本相同时，税法一般援引民法，税法不再另行规定。

【小贴士】当涉及税收征纳关系的问题时，一般应以税法的规范为准则。

（三）税法与刑法的关系

调整范围不同，违反了税法，并不一定就是犯罪，但违反税法情节严重触及刑律者，将受刑事处罚。

【小贴士】修订后的《中华人民共和国刑法》用“逃避缴纳税款”取代了“偷税”的概念。目前《中华人民共和国征收管理法》（以下简称《征管法》）中还没有作出相应修改。

【经典模拟题】

【单选题】在下列法律中，明确用“逃避缴纳税款”取代“偷税”概念的是（　　）。

A.《中华人民共和国宪法》　　B.《中华人民共和国税收征收管理法》

C.《中华人民共和国刑法》　　D.《中华人民共和国企业所得税法》

【答案】C

（四）税法与行政法的关系

税法具有行政法的一般特性。

1. 税收法律关系中居于领导地位的一方总是国家，体现国家单方面意志，不需要征纳双方意思表示完全一致。

2. 行政法大多为授权性法规，而税法则是一种义务性法规。

第二单元　税法原则

【小贴士】“税法原则”不同的教材有不同的表述。除“税法原则”外，本教材有些内容与其他教材也存在不同的表述，学员需要注意辨析。

税法的原则，是反映税收活动的根本属性，是税收法律制度建立的基础。税法原则包括税法基本原则（四项）和税法适用原则（六项）。

【小贴士】四项基本原则：税收法定原则；税收公平原则；税收效率原则；实质课税原则。

【小贴士】六项适用原则：法律优位原则；法律不溯及既往原则；新法优于旧法原则；特别法优于普通法原则；实体从旧、程序从新原则；程序优于实体原则。

重难点1：税法基本原则★★★

税法基本原则，是统领所有税收规范的根本准则，为包括税收立法、执法、司法在内的一切税收活动所必须遵守。

【小贴士】税法四项基本原则中的税收法定原则是税法基本原则的核心。

（一）税收法定原则

税收法定原则，是指税法主体的权利义务必须由法律加以规定，税法的各类构成要素都必须且只能由法律予以明确。税收法定原则贯穿税收立法和执法的全部领域，其内容包括税收要件法定原则和税务合法性原则。

1. 税收要件法定原则（立法角度）

（1）国家对其开征的任何税种，都必须由法律对其进行专门确定才能实施；

（2）国家对任何税种征税要素的变动，都应当按相关法律的规定进行；

（3）征税的各个要素不仅应当由法律做出专门的规定，这种规定还应当尽量明确。

2. 税务合法性原则（执法角度）

（1）要求立法者在立法的过程中，要对各个税种征收的法定程序加以明确规定；

（2）要求征税机关及其工作人员在征税过程中，必须按照税收程序法和税收实体法律的规定来行使自己的职权，履行自己的职责，充分尊重纳税人的各项权利。

（二）税收公平原则

1. 一般认为税收公平原则，包括税收横向公平和纵向公平，即税收负担必须根据纳税人的负担能力分配，负担能力相等，税负相同；负担能力不等，税负不同。

2. 禁止对特定纳税人给予歧视性待遇，也禁止在没有正当理由的情况下给予特定纳税人特别优惠。

【小贴士】税收公平原则源于法律上的平等性原则，强调“禁止不平等对待”的法理。

【举例】《个人所得税法》中对工资、薪金所得实施累进税率，所得越高税负越重，量能课征，体现了税法基本原则中的税收公平原则。

（三）税收效率原则

税收效率原则包括两个方面，一是指经济效率，二是指行政效率。前者要求税法的制定要有利于资源的有效配置和经济体制的有效运行，后者要求提高税收行政效率，节约税收征管成本。

（四）实质课税原则

应根据客观事实确定是否符合课税要件，并根据纳税人的真实负担能力决定纳税人的税负，而不能仅考虑相关外观和形式。

【举例】如果纳税人通过转让定价或其他方法减少计税依据，税务机关有权重新核定计税依据，以防止纳税人避税与逃税，这样处理体现了税法基本原则中的实质课税原则。

重难点2：税法适用原则★★★

（一）法律优位原则

1. 法律的效力高于行政法规的效力，税收行政法规的效力优于税收行政规章效力；

2. 效力低的税法与效力高的税法发生冲突时，效力低的税法即是无效的。

（二）法律不溯及既往原则

新法实施后，之前人们的行为不适用新法，而只能沿用旧法。

【举例】全面“营改增”后某税纳税人，自查发现“营改增”前有一笔收入需要补税，按税法规定应向主管税务机关补缴“营业税”。

（三）新法优于旧法原则

新旧法对同一事项有不同规定时，新法的效力优于旧法。

（四）特别法优于普通法原则

对同一事项两部法律分别定有一般和特别规定时，特别规定的效力高于一般规定的效力。

【小贴士】本原则打破了税法效力等级的限制，居于特别法地位级别比较低的税法，其效力可高于作为普通法的级别比较高的税法。

【举例】《消费税暂行条例》规定对酒及酒精征收消费税，但财税〔2014〕93 号文件规定，自 2014 年 12 月 1 日起，取消对酒精征收消费税。税务机关自 2014 年 12 月起，对生产酒精的企业不再征收消费税。税务机关的行为即体现了税法适用原则中新法优于旧法原则，且《消费税暂行条例》的效力高于财税〔2014〕93 号文件的效力。

（五）实体从旧，程序从新原则

即实体法不具备溯及力，而程序法在特定条件下具备一定溯及力。

【小贴士】同法律不溯及既往原则，新法只从新规定开始的时段实施，不溯及以往，以往还按照旧的规定执行。

【举例】2001 年 5 月起实施的《征管法》规定，企业在银行开设的全部账户账号都要向税务机关报告。按照程序法从新原则，不论是 2001 年 5 月以后设立的新企业还是以前设立的老企业继续经营的，不论是企业 2001 年 5 月以后开设的银行账号还是以前开设沿用下来的银行账号，现存的经营用的银行账号都要向税务机关报告。这体现了税法适用原则中的实体从旧、程序从新原则。

（六）程序优于实体原则

即在税收争讼发生时，程序法优于实体法，以保证国家课税权的实现。

【举例】纳税人必须在缴纳有争议的税款后，税务行政复议机关才能受理纳税人的复议申请，这体现了税法适用原则中的程序优于实体原则。

【经典真题】

【单选题·2019】某税务稽查局 2019 年 6 月对辖区内一家企业进行纳税检查时，发现该企业 2018 年 6 月新增的注册资金按万分之五的税率缴纳了印花税，检查结束后检查人员告知该企业可去申请退还印花税已缴纳金额的 50%。该检查人员的这一做法遵循的税法适用原则是（　　）。

A. 税收公平原则　　B. 税收效率原则

C. 实质重于形式原则　　D. 新法优于旧法原则

【答案】D

【单选题·2014】下列各项税法原则中，属于税法基本原则核心的是（　　）。

A. 税收公平原则　　B. 税收效率原则

C. 实质课税原则　　D. 税收法定原则

【答案】D

【解析】税收法定原则是税法基本原则的核心。

【多选题·2017】下列关于税法原则的表述中，正确的有（　　）。

A. 税收法定原则是税法基本原则中的核心

B. 税收效率原则要求税法的制定要有利于节约税收征管成本

C. 制定税法时禁止在没有正当理由的情况下给予特定纳税人特别优惠这一做法体现了税收公平原则

D. 税收行政法规的效力优于税收行政规章的效力体现了法律优位原则

【答案】ABCD

【多选题·2018】下列各项中，属于税法适用原则的有（　　）。

A. 实体法从旧，程序法从新

B. 层次高的法律优于层次低的法律

C. 国内法优于国际法

D. 同一层次的法律中，特别法优于普通法

【答案】ABD

【经典模拟题】

【单选题】为了确保国家课税权的实现，不因争议的发生而影响税款的及时、足额入库。这一做法适用的原则是（　　）。

A. 法律不溯及既往

B. 实体从旧，程序从新

C. 特别法优于普通法

D. 程序优于实体

【答案】D

【解析】税收争讼发生时，程序法优于实体法，以保证国家课税权的实现。

【单选题】下列税法适用原则中，打破税法效力等级限制的原则是（　　）。

A. 程序优于实体原则

B. 法律不溯及既往原则

C. 特别法优于普通法原则

D. 新法优于旧法原则

【答案】C

【解析】选项C：居于特别法地位的级别较低的税法，其效力可高于作为普通法的级别较高的税法。

【多选题】下列关于税法原则的表述中，正确的有（　　）。

A. 税法适用原则在一定程度上体现着税法基本原则

B. 税收公平原则源于法律上的平等性原则

C. 特别法优于普通法原则与法律优位原则存在一定的冲突

D. 实质课税原则属于税法的基本原则

【答案】ABCD

第三单元　税法要素

税法要素一般包括：总则、纳税义务人、征税对象、税目、税率、纳税环节、纳税期限、纳税地点、减税免税、罚则、附则11个要素。

【小贴士】总则，主要包括立法依据、立法目的、适用原则等。

重难点1：纳税义务人★★★

（一）纳税义务人

又称“纳税主体”，简称“纳税人”，是税法规定的直接负有纳税义务的单位和个人，解决的是对谁征税的问题。

（二）纳税人的范围

包括自然人和法人。我国的法人主要有四种：机关法人、事业法人、企业法人和社团法人。

自然人可分为居民纳税人和非居民纳税人；法人可分为居民企业和非居民企业。

【小贴士】与纳税人相关的概念：

（1）代扣代缴义务人：有义务从持有的纳税人收入中扣除其应纳税款并代为缴纳的单位和个人。

（2）代收代缴义务人：有义务借助与纳税人的经济交往而向纳税人收取应纳税款并代为缴纳的单位和个人。

【小贴士】代扣代缴义务人、代收代缴义务人均可称为“扣缴义务人”。

重难点2：征税对象★★★

征税对象又称课税对象、征税客体，指税法规定对什么征税，是征纳税双方权利义务共同指向的客体或标的物，是区别一种税与另一种税的重要标志。

【小贴士】与征税对象相关的概念税基，税基又称计税依据，是据以计算征税对象应纳税款的直接数量依据，它解决对征税对象课税的计算问题，是对课税对象的量的规定。

【经典真题】

【单选题·2016】下列税法要素中，能够区别一种税与另一种税的重要标志是（　　）。

A. 纳税地点　　B. 纳税环节　　C. 征税对象　　D. 纳税义务人

【答案】C

重难点3：税目★★★

税目，是在税法中对征税对象分类规定的具体征税项目。反映征税的具体范围，是对课税对象质的界定，税目体现征税的广度。

【举例】消费税有15个税目，“烟”“酒”“高档化妆品”是其中的税目。

【经典真题】

【单选题·2017】下列税法要素中，规定具体征税范围、体现征税广度的是（　　）。

A. 税率　　B. 税目　　C. 纳税环节　　D. 征税对象

【答案】B

重难点4：税率★★★

税率，是对征税对象的征收比例或征收额度；税率主要分为比例税率、定额税率和累进税率。

【小贴士】税率是计算税额的尺度，也是衡量税负轻重与否的重要标志。

税率类别		具体形式	应用的税种
比例税率		单一比例税率 差别比例税率 幅度比例税率	如增值税、城市维护建设税、企业所得税等
定额税率		按征税对象确定的计算单位直接规定固定的税额	如城镇土地使用税、车船税等
累进税率	全额累进税率	我国目前没有采用	
	超额累进税率	把征税对象按数额大小分成若干等级，每一等级规定一个税率，税率依次提高，将纳税人的征税对象依所属等级同时适用几个税率分别计算，再将计算结果相加后得出应纳税款	如个人所得税中的综合所得和经营所得
	全率累进税率	我国目前没有采用	
	超率累进税率	以征税对象数额的相对率划分若干级距，分别规定相应的差别税率，相对率每超过一个级距的，对超过的部分就按高一级的税率计算征税	如土地增值税

【经典真题】

【多选题·2018】下列关于税率的说法中，正确的有（　　）。

A. 环境保护税采用定额税率　　B. 城镇土地使用税采用地区差别定额税率

C. 车辆购置税采用幅度比例税率　　D. 土地增值税采用超率累进税率

【答案】ABD

【解析】选项 C：车辆购置税采用统一的比例税率，税率为 10%。

【经典模拟题】

【单选题】采用超额累进税率征收的税种是（　　）。

A. 资源税　　B. 土地增值税　　C. 个人所得税　　D. 企业所得税

【答案】C

【多选题】下列关于税法构成要素的表述中，正确的有（　　）。

A. 税基是对课税对象的量的规定　　B. 税目是对课税对象质的界定

C. 征税对象是计算税额的尺度　　D. 消费税、企业所得税都规定有不同的税目

【答案】AB

重难点 5：纳税环节★★

纳税环节，指征税对象在从生产到消费的流转过程中，应当缴纳税款的环节。

重难点 6：纳税期限★★

纳税期限，指纳税人按照税法规定缴纳税款的期限。

【小贴士】与纳税期限相关的概念：纳税义务发生时间、缴库期限，应有所了解。

重难点7：纳税地点★★

根据各个税种纳税对象的纳税环节和有利于对税款的税源控制，而规定的纳税人（包括代征、代扣、代缴义务人）的具体纳税地点。

重难点8：其他要素★

1. 减税免税，是指对某些纳税人和征税对象，采取减少征税或免予征税的特殊规定。各税种一般会有减税免税的规定。

2. 罚则，是指对违反税法的行为采取的处罚措施。《征管法》《印花税法》都有违章处罚措施。

3. 附则，主要包括两项内容：一是规定此项税法的解释权，二是规定税法的生效时间。

第四单元　税收立法与我国现行税法体系

税收立法，是指有权的机关依据一定的程序，遵循一定的原则，运用一定的技术，制定、公布、修改、补充和废止有关税收法律、法规、规章的活动。

【小贴士】税收立法不仅包括对税收法律、法规、规章的制定、公布、修改和补充，也包括对税收法律、法规、规章的废止。

重难点1：税收立法原则★

（一）从实际出发的原则

（二）公平原则（合理负担原则）

（三）民主决策的原则

（四）原则性与灵活性相结合的原则

（五）法律的稳定性、连续性与废、改、立相结合的原则

【经典模拟题】

【单选题】税收立法包括的内容，下列说法错误的是（　　）。

A. 包括制定有关税收法律、法规　　B. 包括公布有关税收法律、法规

C. 包括补充有关税收法律、法规　　D. 不包括废止有关税收法律、法规

【答案】D

【解析】税收立法不仅包括对税收法律、法规、规章的制定、公布、修改和补充，也包括对税收法律、法规、规章的废止。

重难点2：税收立法权及其划分★

税收立法权，是制定、修改、解释或废止税收法律、法规、规章和规范性文件的权力。

（一）税收立法权划分的种类

第一，可以按照税种类型的不同来划分。

第二，可以根据任何税种的基本要素来划分。

第三，可以根据税收执法的级次来划分。

【小贴士】我国的税收立法权的划分就是属于第三种类型。

（二）我国税收立法权划分的现状

1. 中央税、中央与地方共享税以及全国统一实行的地方税的立法权集中在中央。

2. 依法赋予地方适当的地方税收立法权。

【小贴士】地区性地方税收的立法权，应只限于省级立法机关或经省级立法机关授权同级政府，不能层层下放。所立税法可在全省范围内执行，也可只在部分地区执行。

重难点3：税收立法机关★★

（一）税收法律

1. 全国人大及全国人大常委会制定的税收法律。

除《宪法》外，在税法体系中，税收法律具有最高的法律效力。例如，《企业所得税法》《个人所得税法》《车船税法》《税收征收管理法》《资源税法》等。

【小贴士】全国人大和全国人大常委会的立法都属于税收法律，法律级次相同。

2. 全国人大及全国人大常委会授权国务院制定的暂行规定或条例。

属于准法律，具有国家法律的性质和地位，其法律效力高于行政法规，为待条件成熟上升为法律做好准备。例如，《增值税暂行条例》等。

（二）税收法规

1. 国务院制定的税收行政法规。

在法律形式中，处于低于宪法、法律，高于地方法规、部门规章、地方规章的地位，在全国普遍适用。例如，《企业所得税法实施条例》《征管法实施细则》等。

2. 地方人大及常委会制定的税收地方性法规，目前仅限于海南省、民族自治地区。

（三）税收规章

1. 国务院税务主管部门制定的税收部门规章。

有权制定税收部门规章的税务主管机关，指财政部、国家税务总局和海关总署。该级次规章不得与宪法、税收法律、行政法规相抵触。例如，《增值税暂行条例实施细则》等。

2. 地方政府制定的税收地方规章。

在税收法律、法规明确授权的前提下进行，不得与税收法律、行政法规相抵触。例如，城建税、房产税等地方性税种的实施细则等。

【小贴士】3级法律级次；6个立法机关。

【经典真题】

【单选题·2011】下列各项税收法律法规中，属于部门规章的是（　　）。

A.《中华人民共和国个人所得税法》

B.《中华人民共和国消费税暂行条例》

C.《中华人民共和国企业所得税法实施条例》

D.《中华人民共和国增值税暂行条例实施细则》

【答案】D

【解析】选项 A：属于全国人大及其常委会制定的税收法律；选项 B：属于全国人大或人大常委会授权立法；选项 C：属于国务院制定的税收行政法规。

【经典模拟题】

【单选题】下列各项中，由全国人民代表大会立法确定的是（　　）。

A.《增值税暂行条例》　　B.《企业所得税法》

C.《增值税暂行条例实施细则》　　D.《契税暂行条例》

【答案】B

【解析】全国人大制定的税法有《企业所得税法》《个人所得税法》；其他税法由全国人大常委会制定，如《车船税法》《环境保护税法》等。

【多选题】我国现行税种中，以国家法律的形式发布实施的有（　　）。

A. 资源税　　B. 环境保护税　　C. 个人所得税　　D. 车船税

【答案】ABCD

【多选题】下列各项中，有权制定税收部门规章的税务主管机关有（　　）。

A. 国家税务总局　　B. 财政部　　C. 中国人民银行　　D. 海关总署

【答案】ABD

重难点 4：收立法程序★★

税收立法程序，是指有权的机关，在制定、认可、修改、补充、废止等税收立法活动中，必须遵循的法定步骤和方法。

我国税收立法程序，主要包括提议、审议、通过和公布阶段。

1. 提议阶段：一般由国务院授权其税务主管部门（财政部、国家税务总局及海关总署）负责立法的调研等准备工作，并提出立法方案或税法草案，上报国务院。

2. 审议阶段：税收法规由国务院负责审议；税收法律在经国务院审议通过后，以议案的形式提交全国人大或其常委会审议通过。

3. 通过和公布阶段：税收行政法规以国务院总理名义发布实施；税收法律以国家主席名义发布实施。

【经典真题】

【多选题·2016】税收立法程序是税收立法活动中必须遵循的法定步骤，目前我国税收立法程序经过的主要阶段有（　　）。

A. 提议阶段　　B. 通过阶段　　C. 公布阶段　　D. 审议阶段

【答案】ABCD

【解析】选项 ABCD，都是我国税收立法程序经过的主要阶段。

【经典模拟题】

【多选题】下列各项中，符合我国税收立法规定的有（　　）。

A. 税收法律应由全国人大或其常委会审议通过，以国家主席名义发布实施

B. 国务院及所属税务主管部门有权根据宪法和法律制定税收行政法规和规章

C. 税收行政法规由国务院负责审议通过后，以议案的形式提交全国人大或其常委会审议通过

D.《资源税法》于2020年9月1日起实施

【答案】ABD

【解析】选项C：税收行政法规，由国务院审议通过后，以议案的形式提交全国人大或其常委会审议通过。以国务院总理名义发布实施。

重难点5：我国现行税法体系★★★

税法体系，就是通常所说的税收制度，简称“税制”。

一个国家的税收制度，可按构成方法和形式分为简单型税制及复合型税制。

【小贴士】我国的税收制度，属于复合型税制。

（一）税法的分类

依据	种类	说明	具体内容
基本内容和效力的不同	税收基本法	属于税法体系中的母法	目前没有统一制定
	税收普通法	对税收基本法规定的事项分别立法实施的法律	如车船税法、征管法等
职能作用的不同	税收实体法	确定税种立法	如环境保护税法等
	税收程序法	税务管理方面的法律	如征管法
行使税收管辖权的不同	国内税法	国家的内部税收制度	—
	国际税法	国家之间形成的税收制度	双边或多边国家间的税收协定、条约、国际惯例等

【小贴士】上述对于税法的分类不具有法定性。

（二）我国现行税法体系

税收实体法和税收征收管理的程序法共同构成了我国现行税法体系。

1. 我国税收实体法体系。

种类	具体内容
商品（货物）和劳务税类	增值税、消费税、关税
资源税及环境保护税类	资源税、环境保护税、城镇土地使用税
所得税类	企业所得税、个人所得税、土地增值税
特定目的税类	城市维护建设税、车辆购置税、耕地占用税、烟叶税、船舶吨税
财产、行为税类	房产税、车船税、印花税、契税

2. 我国税收程序法体系。

税务机关的征管适用《征管法》；海关的征收管理按照《海关法》及《进出口关税条例》执行。

【经典真题】

【多选题·2008】下列各项中，属于我国现行税法的有（　　）。

A. 税收基本法　　B. 企业所得税法

C. 进出口关税条例　　D. 中央与地方共享税条例

【答案】BC

【经典模拟题】

【多选题】《中华人民共和国税收征收管理法》属于我国税法体系中的（　　）。

A. 税收基本法　　B. 税收实体法　　C. 税收程序法　　D. 国内税法

【答案】CD

第五单元　税收执法

【小贴士】税收执法权具体包括：税款征收管理权、税务稽查权、税务检查权、税务行政复议裁决权及其他税务管理权。其中，最重要的是税款征收管理权。

重难点1：税务机构设置与职能★★

现行税务机构设置，是中央政府设立国家税务总局（正部级），原有的省及省以下国税地税机构两个系统通过合并整合，统一设置为省、市、县三级税务局，实行以国家税务总局为主与省（自治区、直辖市）人民政府双重领导管理体制。

【小贴士】由海关总署及下设机构，负责关税征收管理和受托征收进出口增值税和消费税。

国家税务总局主要职能：

1. 具体起草税收法律法规草案及实施细则，并提出税收政策建议，制订贯彻落实的措施。负责对税收法律法规执行过程中的征管和一般性税政问题进行解释，事后向财政部备案。

2. 承担组织实施中央税、共享税及法律、法规规定的基金（费）的征收管理责任，力争税款应收尽收。

3. 办理进出口商品的税收及出口退税业务。

4. 对全国税务系统实行垂直管理，协同省级人民政府对省级税务局实行双重领导。

重难点2：税收征收管理范围划分★★

目前，我国的税收分别由税务、海关系统负责征收管理。

征管主体	负责征管的税种
税务系统	增值税；消费税；车辆购置税；城市维护建设税；企业所得税；个人所得税；资源税；城镇土地使用税；耕地占用税；土地增值税；房产税；车船税；印花税；契税；烟叶税；环境保护税
海关系统	关税；船舶吨税；代征进出口环节的增值税、消费税

【经典模拟题】

【多选题】下列税种中，由税务机关负责征收的有（　　）。

A. 企业所得税　B. 印花税　C. 关税　D. 船舶吨税

【答案】AB

【多选题】下列税种中，由海关负责征收的有（　　）。

A. 关税　B. 资源税　C. 环境保护税　D. 船舶吨税

【答案】AD

重难点3：税收收入划分★★

我国分税制财政管理体制，将税收收入划分为中央政府固定收入、地方政府固定收入和中央政府与地方政府共享收入。

【小贴士】全面“营改增”后，增值税收入划分进行了试点调整，中央政府分享50%，地方政府分享50%。

【小贴士】为促进各地保护和改善环境、增加环境保护投入，国务院决定，环境保护税全部作为地方收入。

【小贴士】从2019年1月1日起，各项社会保险费交由税务部门统一征收。

收入划分	具体税种
中央固定收入	消费税（含进口环节海关代征部分）；车辆购置税；关税；船舶吨税；海关代征的进口环节增值税
地方固定收入	房产税；城镇土地使用税；耕地占用税；土地增值税；车船税；契税；烟叶税；环境保护税
中央、地方共享收入	增值税（不含海关代征的增值税）；城市维护建设税；企业所得税；个人所得税（除储蓄存款利息所得的个人所得税外）；印花税（证券交易印花税归中央，其他印花税归地方）；资源税（海洋石油企业资源税归中央，其他资源税归地方）

【经典真题】

【单选题·2015】下列税种中属于中央政府与地方政府共享收入的是（　　）。

A. 耕地占用税　B. 个人所得税

C. 车辆购置税　D. 土地增值税

【答案】B

【解析】选项AD：属于地方政府固定收入；选项C：属于中央政府固定收入。

【经典模拟题】

【多选题】下列税种，全部属于中央政府固定收入的有（　　）。

A. 消费税　B. 土地增值税

C. 证券交易印花税　D. 资源税

【答案】AC

重难点4：税务检查权★★

税务检查包括两类：

1. 税务机关为取得确定税额所需资料，证实纳税人纳税申报的真实性与准确性而进行的经常性检查，其依据是税法赋予税务机关的强制行政检查权。

2. 为打击税收违法犯罪而进行的特别调查，它可以分为行政性调查和刑事调查两个阶段。行政性调查属于税务检查权范围之内，从原则上讲，纳税人有违反税法的刑事犯罪嫌疑的情况下，即调查的刑事性质确定后，案件应开始适用刑事调查程序。

重难点5：税务稽查权★★

税务稽查，是税务机关依法对纳税人、扣缴义务人履行纳税义务、扣缴义务情况所进行的税务检查和处理工作的总称。

根据相关法律规定，税务稽查的基本任务是：依照国家税收法律、法规，查处税收违法行为、保障税收收入、维护税收秩序、促进依法纳税、保证税法的实施。

税务稽查，必须以事实为根据，以税收法律、法规、规章为准绳，依靠人民群众，加强与司法机关及其他有关部门的联系和配合。

各级税务机关设立的税务稽查机构，应按照各自的税收管辖范围行使税务稽查职能。

【小贴士】税务稽查权是税收执法权的一个重要组成部分，也是整个国家行政监督体系中的一种特殊的监督权行使形式。

重难点6：税务行政复议裁决权★

税务行政复议裁决权的行使，是税收执法权的有机组成部分，该权力的实现对保障和监督税务机关依法行使税收执法权，防止和纠正违法或者不当的具体税务行政行为，保护纳税人和其他有关当事人的合法权益发挥着积极作用。

第六单元　税务权利与义务

重难点1：税务行政主体的权利与义务★

（一）税务机关和税务人员的权利

负责税收征收管理工作。

【小贴士】税务机关依法执行职务，任何单位和个人不得阻挠。

（二）税务机关和税务人员的义务

税务机关应当广泛宣传税收法律、行政法规，普及纳税知识，无偿地为纳税人提供纳税咨询服务；税务机关负责征收、管理、稽查，行政复议人员的职责应当明确，并相互分离、相互制约；为检举人保密等。

【小贴士】税务人员在核定应纳税额、调整税收定额、进行税务检查、实施税务行政处罚、办理税务行政复议时，与纳税人、扣缴义务人或其法定代表人、直接责任人有下列关系之一的，应当回避：

(1) 夫妻关系;

(2) 直系血亲关系;

(3) 三代以内旁系血亲关系;

(4) 近姻亲关系;

(5) 可能影响公正执法的其他利益关系。

重难点2:纳税人、扣缴义务人的权利与义务★★

(一)纳税人、扣缴义务人的权利

1. 纳税人、扣缴义务人有权向税务机关了解国家税收法律、行政法规的规定,以及与纳税程序有关的情况。

2. 纳税人、扣缴义务人有权要求税务机关为纳税人、扣缴义务人的情况保密。税务机关应当为纳税人、扣缴义务人的情况保密。

【小贴士】保密,是指纳税人、扣缴义务人的商业秘密及个人隐私。纳税人、扣缴义务人的税收违法行为不属于保密范围。

3. 纳税人依法享有申请减税、免税、退税的权利。

4. 纳税人、扣缴义务人对税务机关所做出的决定,享有陈述权、申辩权;依法享有申请行政复议、提起行政诉讼、请求国家赔偿等权利。

5. 纳税人、扣缴义务人有权控告和检举税务机关、税务人员的违法违纪行为。

【经典真题】

【多选题·2015】我国纳税人依法享有纳税人权利,下列属于纳税人权利的(　　)。

A. 依法申请减免税权　　B. 控告税务人员的违法违纪行为

C. 对税务机关做出的决定享有申辩权　　D. 要求税务机关为纳税人的商业秘密保密

【答案】ABCD

【解析】选项ABCD,均属于纳税人的权利。

【经典模拟题】

【多选题】纳税人、扣缴义务人有权要求税务机关为纳税人、扣缴义务人的情况保密。保密是指纳税人、扣缴义务人的(　　)。

A. 税收违法行为　　B. 税收违法事实　　C. 商业秘密　　D. 个人隐私

【答案】CD

【解析】纳税人、扣缴义务人的税收违法行为不属于保密范围。

(二)纳税人、扣缴义务人的义务

1. 纳税人、扣缴义务人必须依照法律、行政法规的规定缴纳税款、代扣代缴、代收代缴税款。

2. 纳税人、扣缴义务人和其他有关单位应当按照国家有关规定如实向税务机关提供与纳税和代扣代缴、代收代缴税款有关的信息。

3. 纳税人、扣缴义务人和其他有关单位应当接受税务机关依法进行的税务检查。

重难点3：地方各级人民政府、有关部门和单位的权利与义务★

（一）地方各级人民政府、有关部门和单位的权利

1. 地方各级人民政府应当依法加强对本行政区域内税收征收管理工作的领导或者协调，支持税务机关依法执行职务，依照法定税率计算税额，依法征收税款。

2. 各有关部门和单位应当支持、协助税务机关依法执行职务。

3. 任何单位和个人都有权检举违反税收法律、行政法规的行为。

（二）地方各级人民政府、有关部门和单位的义务

1. 任何机关、单位和个人不得违反法律、行政法规的规定，擅自做出税收开征、停征以及减税、免税、退税、补税和其他与税收法律、行政法规相抵触的决定。

2. 收到违反税收法律、行政法规行为检举的机关和负责查处的机关应当为检举人保密。

【小贴士】按照《征管法》的立法意图，税务机关应当做到依法征税，纳税人依法履行纳税义务、全面落实纳税人权利是税收征收管理法的核心问题，也是落实税收法定原则的重要途经。

重难点4：发展涉税专业服务促进税法遵从★★

涉税专业服务，是指涉税专业机构接受委托，利用专业知识和技能，就涉税事项向委托人提供的税务代理等服务。

【小贴士】涉税专业服务机构，是指税务师事务所和从事涉税专业服务的会计师事务所、律师事务所、代理记账机构、税务代理公司、财税类咨询公司等机构。

（一）涉税专业服务机构涉税业务内容

1. 纳税申报代理。

2. 一般税务咨询。

3. 专业税务顾问。

4. 税收策划。

5. 涉税鉴证。

6. 纳税情况审查。接受行政机关、司法机关委托，依法对企业纳税情况进行审查，做出专业结论。

7. 其他税务事项代理。

8. 其他涉税服务。

（二）税务机关对涉税专业服务机构实施监管内容

1. 税务机关应当对税务师事务所实施行政登记管理。

2. 税务机关对涉税专业服务机构及其从事涉税服务人员进行实名制管理。

3. 税务机关应当建立业务信息采集制度，利用现有的信息化平台分类采集业务信息，加强内部信息共享，提高分析利用水平。

4. 税务机关对涉税专业服务机构从事涉税专业服务的执业情况进行检查，根据举报、投诉情况进行调查。

5. 税务机关应当建立信用评价管理制度，对涉税专业服务机构从事涉税专业服务情况进行信用评价，对其从事涉税服务人员进行信用记录。

6. 税务机关应当加强对税务师行业协会的监督指导，与其他相关行业协会建立工作联系制度。

7. 税务机关应当在门户网站、电子税务局和办税服务场所公告纳入监管的涉税专业服务机构名单及其信用情况，同时公告未经行政登记的税务师事务所名单。

8. 税务机关应当为涉税专业服务机构提供便捷的服务，依托信息化平台为信用等级高的涉税专业服务机构开展批量纳税申报、信息报送等业务提供便利化服务。

【经典真题】

【多选题·2019】下列涉税服务内容，会计师事务所可以从事的有（　　）。

A. 税务咨询　　B. 纳税审查　　C. 税收策划　　D. 税务顾问

【答案】ABCD

【解析】选项 ABCD 均正确。

【经典模拟题】

【多选题】涉税专业服务机构包括（　　）。

A. 税务师事务所　　B. 税务代理公司　　C. 律师事务所　　D. 财税类咨询公司

【答案】ABCD

【解析】涉税专业服务机构包括：税务师事务所和从事涉税专业服务的会计师事务所、律师事务所、代理记账机构、税务代理公司、财税类咨询公司等机构。

第七单元　国际税收关系

【小贴士】本节内容与第十二章国际税收税务管理实务联系紧密，本节部分内容在第十二章介绍。

重难点1：国际重复征税与国际税收协定★★

（一）国际重复征税

国际重复征税，是指两个或两个以上国家对同一跨国纳税人的同一征税对象进行分别征税所形成的交叉重叠征税，又称国际双重征税。

依据税收管辖权相互重叠的形式，国际重复征税的产生主要有下述几种情形：

1. 居民（公民）管辖权同地域管辖权的重叠。
2. 居民（公民）管辖权与居民（公民）管辖权的重叠。
3. 地域管辖权与地域管辖权的重叠。

【经典真题】

【多选题·2009】下列各项中，属于国际重复征税产生原因的有（　　）。

A. 地域管辖权与地域管辖权的重叠

B. 居民（公民）管辖权与收入管辖权的重叠

C. 居民（公民）管辖权与地域管辖权的重叠

D. 居民（公民）管辖权与居民（公民）管辖权的重叠

【答案】ACD

（二）国际税收协定

国际税收协定，是指两个或两个以上的主权国家为了协调相互间在处理跨国纳税人征税事务和其他有关方面的税收关系，本着对等原则，经由政府谈判所签订的一种书面协议或条约，也称为国际税收条约。

重难点 2：国际避税、反避税与国际税收协作★★

（一）国际避税

国际避税，是指纳税人利用两个或两个以上国家的税法和国家间的税收协定的漏洞、特例和缺陷，规避或减轻其全球总纳税义务的行为。

（二）国际反避税与国际税收协作

2017 年 6 月 7 日，我国与德英法印俄等全球 66 个国家或地区共同签署了《实施税收协定相关措施以防止税基侵蚀和利润转移（BEPS）的多边公约》（简称《BEPS 公约》）。《BEPS 公约》是全球首个对所得税税收协定进行多边协调的法律文件。

【本章总结】

1. 本章内容繁杂，重要考点不明显，学员在复习时以理解为主。

2. 相对突出的考点包括：

（1）税法的特点；

（2）税法的基本原则和适用原则；

（3）税收法律关系；

（4）税法要素；

（5）税收立法机关；

（6）我国税法的制定；

（7）我国现行税法体系；

（8）税收征收管理机构与范围；

（9）税收收入划分；

（10）涉税专业服务机构、服务内容及监管；

（11）税收管辖权与国际重复征税；

（12）国际税收协定。

五、进阶练习

（一）单选题

1. 税法的本质是（　　）。

A. 一种分配关系

B. 保证征税机关的权利

C. 正确处理国家与纳税人之间因税收而产生的税收法律关系和社会关系

D. 规定纳税人的义务

2. 对税收法律关系中纳税主体的确定，我国采用的是（　　）。

A. 属地原则　　B. 属人原则

C. 属地或属人原则　　D. 属地兼属人原则

3. 关于税法与其他法律的关系，下列说法错误的是（　　）。

A. 当涉及税收征纳关系的问题时，一般应以税法的规范为准则

B. 纳税人违反了税法，就一定是刑事犯罪

C.《宪法》规定，中华人民共和国公民有依照法律纳税的义务

D. 税法是义务性法规，行政法大多为授权性法规

4. 下列各项中，属于税法基本原则的是（　　）。

A. 税收法定原则　　B. 法律优位原则

C. 新法优于旧法原则　　D. 程序优于实体原则

5. 税法基本原则中，要求税法的制定应根据客观事实确定是否符合课税要件，并根据纳税人的真实负担能力决定纳税人的税负的原则是（　　）。

A. 税收法定原则　　B. 税收公平原则　　C. 税收效率原则　　D. 实质课税原则

6. 下列各项中，表述不正确的是（　　）。

A. 纳税人就是最终承担税款的单位和个人

B. 税目是对课税对象质的界定

C. 征税对象是区别一种税与另一种税的重要标志

D. 税率是衡量税负轻重的重要标志

7. 目前我国税收体系中采用超率累进税率的是（　　）。

A. 增值税　　B. 消费税　　C. 土地增值税　　D. 个人所得税

8. 税收立法过程中必须充分倾听群众的意见，严格按照法定程序进行是税收立法的（　　）原则。

A. 从实际出发的原则　　B. 公平原则

C. 民主决策的原则　　D. 原则性与灵活性相结合的原则

9. 关于我国税收立法权划分的层次，下列表述不正确的是（　　）。

A. 经全国人大及其常委会授权，国务院有制定税法实施细则的权力

B. 经全国人大及其常委会授权，国务院有增减税目的权力

C. 经全国人大及其常委会授权，国务院有税法的解释权

D. 经国务院授权，县级及以上人民政府有地方税法的解释权

10. 税收部门规章由（　　）制定。

A. 全国人民代表大会及常务委员会　　B. 地方人民代表大会及常务委员会

C. 国务院　　D. 财政部和国家税务总局

11. 按照税法的基本内容和效力的不同，可分为（　　）。

A. 税收基本法和税收普通法　　B. 税收基本法和税收程序法

C. 税收实体法和税收程序法　　D. 税收实体法和税收普通法

12. 关于税收执法原则的表述，下列说法错误的是（　　）。

A. 层次高的法律优于层次低的法律　　B. 同一层次法律中，特别法优于普通法

C. 国际法优于国内法　　D. 实体法从新，程序法从旧

13. 属于中央政府固定收入的税种是（　　）。

A. 增值税　　B. 车辆购置税　　C. 耕地占用税　　D. 环境保护税

14. 下列关于税务机关和税务人员义务的说法，不正确的是（　　）。

A. 税务机关应无偿地为纳税人提供纳税咨询服务

B. 税务人员不得索贿受贿、徇私舞弊

C. 税务机关应为检举人保密

D. 纳税人应当按照规定缴纳税款

15. 涉税专业服务机构涉税业务内容不包括（　　）。

A. 逃税方案设计　　B. 税务咨询服务

C. 接受纳税人委托，代理建账记账　　D. 接受纳税人委托，代理减税免税申请

16. 国际税收中所指的国际重复征税一般属于（　　）。

A. 法律性国际重复征税　　B. 经济性国际重复征税

C. 税制性国际重复征税　　D. 政治性国际重复征税

17. 国际重复征税产生的根本原因是（　　）。

A. 纳税人所得的国际化　　B. 纳税人收益的国际化

C. 各国所得税制的普遍化　　D. 各国行使的税收管辖权的重叠

18. 国际税收协定的基本任务是（　　）。

A. 妥善处理国家之间的双重征税问题　　B. 取消税收差别待遇

C. 互相交换税收情报　　D. 减少国际避税和国际偷逃税

（二）多选题

1. 以下关于税收与税法的表述不正确的有（　　）。

A. 税收的本质是一种分配关系

B. 国家征税依据的是财产权力

C. 税法具有义务性法规和综合性法规的特点

D. 税法具有权利性法规和综合性法规的特点

2. 税收法律关系的主体包括（　　）。

A. 各级税务机关　　B. 海关

C. 在华的外国企业　　D. 在华的外籍人

3. 以下属于税法适用原则的有（　　）。

A. 法律优位原则　　B. 税收公平原则

C. 实质课税原则　　D. 新法优于旧法原则

4. 下列关于税法要素的表述中，不正确的有（　　）。

A. 纳税人仅指法人这一种形式　　B. 税基是对课税对象量的规定

C. 所有税种都需规定税目　　D. 个人所得税、消费税都有税目的规定

5. 我国现行税收制度中，采用的税率形式有（　　）。

A. 超率累进税率　B. 超额累进税率　C. 比例税率　D. 超倍累进税率

6. 税收立法原则包括（　　）。

A. 从实际出发的原则

B. 公平原则

C. 法律的稳定性、连续性与废、改、立相结合的原则

D. 实体从旧、程序从新原则

7. 下列各项税收法律法规中，属于税收法律的有（　　）。

A.《企业所得税法》　B.《企业所得税法实施条例》

C.《税收征收管理法》　D.《税收征收管理法实施细则》

8.《个人所得税法》属于我国税法体系中的（　　）。

A. 税收普通法　B. 税收实体法　C. 税收程序法　D. 国内税法

9. 在税收执法过程中，对其适用性或法律效力的判断，一般按以下（　　）原则掌握。

A. 层次高的法律优于层次低的法律　B. 同一层次的法律中特别法优于普通法

C. 国际法优于国内法　D. 实体法从旧、程序法从新

10. 下列税种中，由税务系统负责征收的有（　　）。

A. 城镇土地使用税　B. 耕地占用税

C. 土地增值税　D. 关税

11. 根据我国分税制财政管理体制的规定，下列被列入中央政府和地方政府共享收入的税种有（　　）。

A. 车辆购置税　B. 增值税　C. 资源税　D. 企业所得税

12. 税收执法权具体包括（　　）。

A. 税务检查权　B. 税务稽查权

C. 税务行政复议裁决权　D. 税务行政处罚权

13. 税务人员在核定应纳税额、调整税收定额、进行税务检查、实施税务行政处罚、办理税务行政复议时，与纳税人、扣缴义务人或者其法定代表人、直接责任人有下列（　　）关系的，应当回避。

A. 夫妻　B. 母子　C. 岳父和女婿　D. 舅舅和外甥

14. 下列关于纳税人、扣缴义务人权利的表述中，正确的有（　　）。

A. 纳税人、扣缴义务人有权向税务机关了解国家税收法律、行政法规的规定

B. 纳税人、扣缴义务人有权要求税务机关为纳税人税收违法行为保密

C. 纳税人依法享有申请减税、免税、退税的权利

D. 纳税人、扣缴义务人有权控告和检举税务机关、税务人员的违法违纪行为

15. 涉税专业服务机构包括（　　）。

A. 税务师事务所　B. 会计师事务所

C. 税务代理公司　D. 财税类咨询公司

16. 涉税专业服务机构涉税业务内容包括（　　）。

A. 纳税申报代理　B. 专业税务顾问　C. 税收策划　D. 涉税鉴证

17. 下列各项中，属于税务机关对涉税专业服务机构实施监管内容的有（　　）。

A. 税务机关应当对税务师事务所实施行政登记管理

B. 税务机关对涉税专业服务机构及其从事涉税服务人员进行实名制管理

C. 税务机关应当建立信用评价管理制度，对涉税专业服务机构从事涉税专业服务情况进行信用评价，对其从事涉税服务人员进行信用记录

D. 税务机关应当为涉税专业服务机构提供便捷的服务，依托信息化平台为信用等级高的涉税专业服务机构开展批量纳税申报、信息报送等业务提供便利化服务

18. 下列关于国际重复征税的说法正确的有（　　）。

A. 法律性国际重复征税是指不同的征税主体（即不同国家）对同一纳税人的同一税源进行的重复征税

B. 经济性国际重复征税是指不同的征税主体（即不同国家）对不同纳税人的同一税源进行的重复征税

C. 税制性国际重复征税是由于各国在税收制度上普遍实行复合税制度所导致的

D. 国际税收中所指的国际重复征税一般属于税制性国际重复征税

19. 国际税收协定的主要内容有（　　）。

A. 协定适用范围　　B. 避免双重征税的办法

C. 税收无差别待遇　　D. 防止国际偷税、漏税和国际避税

六、进阶练习答案

（一）单选题

1. 【答案】C

【解析】税法的本质是正确处理国家与纳税人之间因税收而产生的税收法律关系和社会关系，既要保证国家税收收入，也要保护纳税人的权利，两者缺一不可。

2. 【答案】D

【解析】对税收法律关系中纳税主体的确定，我国采用的是属地兼属人的原则。

3. 【答案】B

【解析】纳税人违反了税法，并不一定就是刑事犯罪。要看情节是否严重，轻者给予行政处罚，重者则要承担刑事责任，给予刑事处罚。

4. 【答案】A

【解析】税收法定原则属于税法基本原则，其余 BCD 选项都是税法适用原则，适用原则还包括法律不溯及既往原则，特别法优于普通法原则，实体从旧、程序从新原则。

5. 【答案】D

【解析】实质课税原则是指应根据客观事实确定是否符合课税要件，并根据纳税人的真实负担能力决定纳税人的税负，而不能仅考虑相关外观和形式。

6. 【答案】A

【解析】选项 A 纳税人是直接负有纳税义务的单位和个人，负税人是最终承担税款的单位和个人。

7. 【答案】C

【解析】我国税收体系中采用超率累进税率的是土地增值税。

8. 【答案】C

【解析】民主决策的原则是指税收立法过程中必须充分倾听群众的意见，严格按照法定程序进行，确保税收法律能体现广大群众的根本利益。

9. 【答案】D

【解析】经国务院授权，省级以上人民政府有本地区地方税法的解释权。

10. 【答案】D

【解析】全国人民代表大会及常务委员会制定的是税收法律；地方人民代表大会及常务委员会制定的是税收地方性法规；国务院制定的是税收行政法规；财政部、国家税务总局制定的是税收部门规章。

11. 【答案】A

【解析】按照税法的基本内容和效力的不同，分为税收基本法和税收普通法。

12. 【答案】D

【解析】实体法从旧，程序法从新。

13. 【答案】B

【解析】选项 A：增值税属于中央政府与地方政府共享收入；选项 B：车辆购置税属于中央政府固定收入；选项 C 耕地占用税、选项 D 环境保护税属于地方政府固定收入。

14. 【答案】D

【解析】选项 D 是纳税人的义务，不是税务机关和税务人员的义务。

15. 【答案】A

【解析】涉税专业服务机构涉税业务内容：（1）纳税申报代理，（2）一般税务咨询，（3）专业税务顾问，（4）税收策划，（5）涉税鉴证，（6）纳税情况审查，（7）其他税务事项代理如代理建账、发票领用、减免退税申请等，（8）其他涉税服务。

16. 【答案】A

【解析】国际税收中所指的国际重复征税一般属于法律性国际重复征税。

17. 【答案】D

【解析】选项 ABC 是国际重复征税产生的前提条件；选项 D 是国际重复征税产生的根本原因。

18. 【答案】A

【解析】国际税收协定的基本任务是妥善处理国家之间的双重征税问题，各类协定的主要条款内容都是围绕这一问题而订立的。

（二）多选题

1. 【答案】BD

【解析】选项 B：国家征税依据的是政治权力；选项 D：税法具有义务性法规和综合性法规的特点。

2. 【答案】ABCD

【解析】在我国，税收法律关系的主体包括征纳双方，一方是代表国家行使征税职责的国家行政机关，包括国家各级税务机关、海关，另一方是履行纳税义务的人，包括法人、自然人和其他组织，在华的外国企业、组织、外籍人、无国籍人以及在华虽然没有机构、场所但有来源于中国境内所得的外国企业或组织。这种对税收法律关系中权利主体另一方的确定，在我国采取的是属地兼属人的原则。

3.【答案】AD

【解析】选项 BC 属于税法基本原则；选项 AD 属于税法适用原则。

4.【答案】AC

【解析】选项 A：纳税人有自然人和法人两种最基本的形式；选项 C：并非所有税种都需规定税目，有些税种不分课税对象的具体项目，一律按照课税对象的应税数额采用同一税率计征税款，因此一般无须设置税目。

5.【答案】ABC

【解析】我国现行税收制度中，采用的税率形式包括比例税率、定额税率、超额累进税率和超率累进税率。我国目前不存在超倍累进税率。

6.【答案】ABC

【解析】选项 D 实体从旧、程序从新原则是税法适用原则。

7.【答案】AC

【解析】选项 AC 属于税收法律，选项 BD 属于国务院制定的税收行政法规。

8.【答案】ABD

【解析】《个人所得税法》属于税收普通法；有明确的征收对象、税目、税率，所以《个人所得税法》属于税收实体法不属于税收程序法；作为我国制定的内部税收制度，《个人所得税法》属于国内税法。

9.【答案】ABCD

【解析】由于税法具有多层次的特点，在税收执法过程中，对其适用性或法律效力的判断，一般按以下原则掌握：（1）层次高的法律优于层次低的法律，（2）同一层次的法律中特别法优于普通法，（3）国际法优于国内法，（4）实体法从旧、程序法从新。

10.【答案】ABC

【解析】选项 ABC 由税务机关负责征收。选项 D 由海关负责征收。

11.【答案】BCD

【解析】选项 A 属于地方政府固定收入；选项 BCD 增值税、资源税、企业所得税的税收收入都涉及中央与地方共享。

12.【答案】ABCD

【解析】选项 ABCD 都属于正确答案。

13.【答案】ABCD

【解析】税务人员在核定纳税额、调整税收定额、进行税务检查、实施税务行政处罚、办理税务行政复议时，与纳税人、扣缴义务人或者其法定代表人、直接责任人有下列关系之一的，应当回避：（1）夫妻关系，（2）直系血亲系，（3）三代以内旁系血亲关系，（4）近姻亲关系，（5）可能影响公正执法的其他利益关系。

14.【答案】ACD

【解析】选项 B，纳税人、扣缴义务人有权要求税务机关为纳税人的情况保密，保密是指纳税人、扣缴义务人的商业秘密及个人隐私，税收违法行为不属于保密范围。

15.【答案】ABCD

【解析】涉税专业服务机构是指税务师事务所和从事涉税专业服务的会计师事务所、律师事务所、代理记账机构、税务代理公司、财税类咨询公司等机构。

16.【答案】ABCD

【解析】涉税专业服务机构涉税业务内容包括纳税申报代理、一般税务咨询、专业税务顾问、税收策划、涉税鉴证、纳税情况审查、其他税务事项代理、其他涉税服务。

17.【答案】ABCD

【解析】选项 ABCD 都属于正确答案。

18.【答案】ABC

【解析】选项 D：国际税收中所指的国际重复征税一般属于法律性国际重复征税。

19.【答案】ABCD

【解析】国际税收协定的主要内容包括协定适用范围；基本用语的定义；对所得和财产的课税；避免双重征税的办法；税收无差别待遇；防止国际偷税、漏税和国际避税。

第二章　增值税法

一、2020 年新教材内容主要变化

1. 新增“运输工具舱位承包、舱位互换业务的增值税处理”；

2. 新增“纳税人转让因同时实施股权分置改革和重大资产重组而首次公开发行股票并上市形成的限售股的买入价和征税项目规则”；

3. 新增“为施工地点在境外的工程项目提供建筑服务的境内分包方收入来源”的判定；

4. 新增“综合保税区增值税一般纳税人资格管理”的规定；

5. 更新了增值税的税率表述；

6. 增加停止执行纳税人取得不动产或者不动产在建工程的进项税额分 2 年抵扣的后续处理规则，调整了有关计税公式。

二、本章近 5 年考情分析

本章属于税法考试最重点的章节之一，考试涵盖了单项选择题、多项选择题、计算题和综合题所有题型，近 5 年考试分值在 19 左右，其中必有一道 15 分的综合题。2020 年预计考试分值在 20 分左右。

三、本章内容

第一单元　征税范围与纳税人（重要）

第二单元　一般纳税人和小规模纳税人的登记

第三单元　税率与征税率（重要）

第四单元　增值税的计税方法

第五单元　一般计税方法应纳税额的计算（重要）

第六单元　简易征税方法应纳税额的计算

第七单元　进口环节增值税的征收

第八单元　出口和跨境业务增值税的退（免）税和征税

第九单元　税收优惠（重要）

第十单元　征收管理

第十一单元　增值税发票的使用及管理

四、重难点解析

第一单元　征税范围与纳税人

重难点1：征税范围的一般规定（5项）★★★

（一）销售或进口的货物

货物：指有形动产，包括电力、热力、气体在内。

销售：有偿转让货物所有权的行为。

（二）销售劳务（加工、修理修配劳务）

加工劳务：受托加工货物。

【小贴士】委托方：提供主要原料及主要材料。受托方：按委托方要求制造货物并收取加工费。

【小贴士】消费税的征税范围中加工应税消费品的加工与此规定相同。

修理修配劳务：受托对损伤和丧失功能的货物进行修复，恢复原状和功能。

（三）销售服务（7项）

1. 交通运输服务	（1）陆路运输服务，包括铁路运输和公路运输、缆车运输、索道运输等其他陆路运输。 （2）水路运输服务业务。 （3）航空运输服务。 （4）管道运输服务，通过管道设施输送气体、液体、固体物质的运输业务活动。 （5）无运输工具承运业务	【小贴士】出租车公司向使用本公司自有出租车的出租车司机收取的管理费，按陆路运输服务缴纳增值税。 【小贴士】水路运输的程租、期租，航空运输的湿租业务按交通运输业缴税，水路运输的光租业务、航空运输的干租业务按现代服务业的租赁服务缴税。 【小贴士】自2019年10月1日起，在运输工具舱位承包业务中，发包方以其向承包方收取的全部价款和价外费用为销售额，按照“交通运输服务”缴纳增值税。承包方以其向托运人收取的全部价款和价外费用为销售额，按照“交通运输服务”缴纳增值税。（新） 【小贴士】在运输工具舱位互换业务中，互换运输工具舱位的双方均以各自换出运输工具舱位确认的全部价款和价外费用为销售额，按照“交通运输服务”缴纳增值税（新）
2. 邮政服务	（1）邮政普遍服务，指函件、包裹等邮件寄递，以及邮票发行、报刊发行和邮政汇兑等业务活动。 （2）邮政特殊服务，指义务兵平常信函、机要通信、盲人读物和革命烈士遗物的寄递等业务活动。 （3）其他邮政服务指邮册等邮品销售、邮政代理等业务活动	
3. 电信服务	（1）基础电信服务，一般指提供语音通话服务的业务活动。 （2）增值电信服务，一般指提供短信和彩信服务、电子数据和信息的传输及应用服务、互联网接入服务	

续表

4. 建筑服务	(1) 工程服务，指新建、改建各种建筑物、构筑物的工程作业。 (2) 安装服务，指各种设备的装配、安置工程作业。 (3) 修缮服务，对建筑物进行修补、加固、养护、改善（注意：与修理修配的区别，修缮针对的是不动产，修理修配针对的是有形动产）。 (4) 装饰服务。 (5) 其他建筑服务	【小贴士】固定电话、有线电视、宽带、水、电、燃气、暖气等经营者向用户收取的安装费、初装费、开户费、扩容费以及类似收费按照安装服务缴纳增值税。 【小贴士】装饰服务包括物业服务企业为业主提供的装修服务。 【小贴士】纳税人将建筑施工设备出租给他人使用并配备操作人员的，按照建筑服务缴纳增值税
5. 金融服务	(1) 贷款服务，主要指各种占用、拆借资金取得的收入，包括金融商品持有期间利息收入、信用卡透支利息收入、买入返售金融商品利息收入、融资融券收取的利息收入以及融资性售后回租、押汇、罚息、票据贴现、转贷等业务取得的利息收入。 (2) 直接收费金融服务，指为货币资金融通及其他金融业务提供相关服务并且收取费用的业务活动。 (3) 保险服务，包括人身保险服务和财产保险服务。 (4) 金融商品转让，是指转让外汇、有价证券、非货物期货和其他金融商品所有权的业务活动	【小贴士】金融商品持有期间取得的非保本收益，不征收增值税。 【小贴士】货币资金投资收取的固定利润或者保底利润，按照贷款服务缴纳增值税。 【小贴士】纳税人购入基金、信托、理财产品等各类资产管理产品持有至到期，不属于金融商品转让。 【小贴士】纳税人转让因同时实施股权分置改革和重大资产重组而首次公开发行股票并上市形成的限售股，以及上市首日至解禁日期间由上述股份孳生的送、转股，以该上市公司股票上市首日开盘价为买入价，按照“金融商品转让”缴纳增值税（新）
6. 现代服务	(1) 研发和技术服务，包括研发服务、合同能源管理服务、工程勘察勘探服务、专业技术服务。 (2) 信息技术服务，包括软件服务、电路设计及测试服务、信息系统服务、业务流程管理服务和信息系统增值服务。 (3) 文化创意服务，包括设计服务、知识产权服务、广告服务和会议展览服务。 (4) 物流辅助服务，包括航空服务、港口码头服务、货运客运场站服务、打捞救助服务、装卸搬运服务、仓储服务、收派服务。 (5) 租赁服务，包括融资租赁和经营租赁。 (6) 鉴证咨询服务，包括认证服务、鉴证服务和咨询服务。 (7) 广播影视服务，包括广播影视节目（作品）的制作服务、发行服务、播映（含放映）服务。 (8) 商务辅助服务，包括企业管理服务、经纪代理服务、人力资源服务、安全保护服务。 (9) 其他现代服务	【小贴士】宾馆、旅馆、旅社、度假村和其他经营性住宿场所提供会议场地及配套服务的活动，按照“会议展览服务”缴纳增值税，提供的除此之外的服务按照“生活服务”缴纳增值税。 【小贴士】按照标的物不同，融资租赁分为有形动产融资租赁、有形动产经营租赁、不动产融资租赁、不动产经营租赁。 【小贴士】属于经营性租赁的有：将不动产或飞机、车辆等有形动产的广告位出租给其他单位或个人用于发布广告按照经营租赁缴纳增值税；车辆停放服务、道路通行服务（包括过路费、过桥费、过闸费等）按照不动产经营租赁服务缴纳增值税；水路运输的光租业务、航空运输的干租业务，属于经营租赁。 【小贴士】动产租赁、不动产租赁税率不同。 【小贴士】拍卖行受托拍卖取得的手续费或佣金收入，按照“经纪代理服务”缴纳增值税。 【小贴士】纳税人提供武装守护押运服务，按照“安全保护服务”缴纳增值税。 【小贴士】纳税人为客户办理退票而向客户收取的退票费、手续费等收入，按照“其他现代服务”缴纳增值税。 【小贴士】纳税人对安装运行后的电梯提供的维护保养服务，按照“其他现代服务”缴纳增值税

续表

7. 生活服务	(1)文化体育服务。 注意：纳税人在游览场所经营索道、摆渡车、电瓶车、游船等取得的收入按照“文化体育服务”缴纳增值税。 (2)教育医疗服务。 (3)旅游娱乐服务。 (4)餐饮住宿服务。 (5)居民日常服务，指市容市政管理、家政、婚庆、养老、殡葬、照料和护理、救助救济、美容美发、按摩、桑拿、沐浴、洗染、摄影扩印等服务。 (6)其他生活服务	【小贴士】提供餐饮服务的纳税人销售的外卖食品，按照“餐饮服务”缴纳增值税，但销售的外卖食品，一定是自产的产品。 【小贴士】纳税人提供植物养护服务，按照“其他生活服务”缴纳增值税

(四)销售无形资产

包括技术、商标、著作权、商誉、自然资源使用权和其他权益性无形资产。

(五)销售不动产

转让不动产所有权的业务活动。

【经典真题】

【单选题·2019】出租车公司向使用本公司自有出租车的司机收取管理费用，应缴纳增值税。该业务属于增值税征税范围中的(　　)。

A. 交通运输服务　B. 居民日常服务　C. 物流辅助服务　D. 商务辅助服务

【答案】A

【经典模拟题】

【多选题】纳税人取得的下列收入中，按“交通运输服务”缴纳增值税的有(　　)。

A. 提供水路运输的程租收入　B. 提供水路运输的期租收入

C. 提供水路运输的光租收入　D. 提供航空运输的干租收入

【答案】AB

【解析】选项AB：水路运输的程租、期租，航空运输的湿租业务按交通运输业缴税，选项CD：水路运输的光租业务、航空运输的干租业务按现代服务业的租赁服务缴税。

重难点2：征收范围的说明事项★

(一)应税行为同时具备的四个条件

1. 应税行为是发生在中华人民共和国境内。

境内指：

(1)服务(租赁不动产除外)或者无形资产(自然资源使用权除外)的销售方或者购买方在境内。

(2)所销售或者租赁的不动产在境内。

(3)所销售自然资源使用权的自然资源在境内。

以下不属于在境内销售服务或者无形资产（不需要缴纳增值税）：

（1）境外单位或者个人向境内单位或者个人销售完全在境外发生的服务。

（2）境外单位或者个人向境内单位或者个人销售完全在境外使用的无形资产。

（3）境外单位或者个人向境内单位或者个人出租完全在境外使用的有形动产。

（4）财政部和国家税务总局规定的其他情形：为出境的函件、包裹在境外提供的邮政服务、收派服务；向境内单位或者个人提供的工程施工地点在境外的建筑服务、工程监理服务；向境内单位或者个人提供的工程、矿产资源在境外的工程勘察勘探服务；向境内单位或者个人提供的会议展览地点在境外的会议展览服务。

【小贴士】只有上述列举属于境外发生，不需要缴纳增值税，除此之外都属于境内行为，需要缴纳增值税。

2. 应税行为是属于《销售服务、无形资产、不动产注释》范围内的业务活动。

3. 应税服务是为他人提供的。

4. 应税行为是有偿的。

【例外情况 1】（满足条件但不缴税）

1. 行政单位收取的同时满足条件的政府性基金或者行政事业性收费；

2. 存款利息；

3. 被保险人获得的保险赔付；

4. 房地产主管部门或者其指定机构、公积金管理中心、开发企业以及物业管理单位代收的住宅专项维修资金；

5. 在资产重组过程中，通过合并、分立、出售、置换等方式，将全部或者部分实物资产以及与其相关联的债权、负债和劳动力一并转让给其他单位和个人，其中涉及的货物、不动产、土地使用权转让行为。

【例外情况 2】（不满足条件但需要缴税）

1. 单位或者个体工商户向其他单位或者个人无偿提供服务，但用于公益事业或者以社会公众为对象的除外。

2. 单位或者个人向其他单位或者个人无偿转让无形资产或者不动产，但用于公益事业或者以社会公众为对象的除外。

3. 财政部和国家税务总局规定的其他情形。

【经典模拟题】

【多选题】 企业发生的下列行为中，不需要计算缴纳增值税的有（　　）。

A. 取得存款利息　　B. 获得保险赔偿

C. 取得中央财政补贴　　D. 逾期啤酒包装物押金

【答案】 ABC

【解析】 逾期啤酒包装物押金要计算缴纳增值税，选项 ABC 均不属于增值税征税范围，不需要缴纳增值税。

（二）下列非经营活动不缴纳增值税

1. 行政单位收取的同时满足规定条件的政府性基金或者行政事业性收费。

2. 单位或者个体工商户聘用的员工为本单位或者雇主提供取得工资的服务。

3. 单位或者个体工商户为聘用的员工提供服务。

重难点3：征税范围的特殊规定★★★

（一）特殊项目

1. 罚没物品征与不征增值税的处理。

（1）执罚部门和单位查处的属于一般商业部门经营的商品。

a. 具备拍卖条件：由执罚部门或单位商同级财政部门同意后，公开拍卖。其拍卖收入作为罚没收入由执罚部门和单位如数上缴财政，不予征税。对经营单位购入拍卖物品再销售的应照章征收增值税。

b. 不具备拍卖条件：由执罚部门、财政部门、国家指定销售单位会同有关部门按质论价，交由国家指定销售单位纳入正常销售渠道变价处理。执罚部门按商定价格所取得的变价收入作为罚没收入如数上缴财政，不予征税。国家指定销售单位将罚没物品纳入正常销售渠道销售的，应照章征收增值税。

（2）执罚部门和单位查处的属于专管机关管理或专管企业经营的财物，如金银（不包括金银首饰）、外币、有价证券、非禁止出口文物应交由专管机关或专营企业收兑或收购。执罚部门和单位按收兑或收购价所取得的收入作为罚没收入如数上缴财政，不予征税。专管机关或专营企业经营上述物品中属于应征增值税的货物，应照章征收增值税。

2. 航空运输企业已售票但未提供航空运输服务取得的逾期票证收入，按照航空运输服务征收增值税。

3. 纳税人取得的中央财政补贴，不属于增值税应税收入，不征收增值税。

4. 融资性售后回租业务中，承租方出售资产的行为不属于增值税的征税范围，不征收增值税。

5. 药品生产企业销售自产创新药的销售额，为向购买方收取的全部价款和价外费用，其提供给患者后续免费使用的相同创新药不属于增值税视同销售范围。

6. 根据国家指令无偿提供的铁路运输服务、航空运输服务，属于《营业税改征增值税试点实施办法》第十四条规定的用于公益事业的服务。

7. 存款利息不征收增值税。

8. 被保险人获得的保险赔付不征收增值税。

9. 房地产主管部门或者其指定机构、公积金管理中心、开发企业以及物业管理单位代收的住宅专项维修资金，不征收增值税。

10. 纳税人在资产重组过程中，通过合并、分立、出售、置换等方式，将全部或者部分实物资产以及与其相关联的债权、负债和劳动力一并转让给其他单位和个人，不属于增值税的征税范围。

11. 单用途卡业务：

（1）发卡企业或售卡企业：销售单用途卡，或者接受单用途卡持卡人充值取得的预收资金，不缴纳增值税，可以开具增值税普通发票，不得开具增值税专用发票。

（2）售卡方：因发行或者销售单用途卡并办理相关资金收付结算业务取得的手续费、结算费、服务费、管理费等收入，应按照现行规定缴纳增值税。

（3）销售方：持卡人使用单用途卡购买货物或服务，销售方应按照现行规定缴纳增值税，且不得向持卡人开具增值税发票。

（4）销售方与售卡方不是同一纳税人的，销售方在收到售卡方结算的销售款时，应向售卡方开具增值税普通发票，不得开具增值税专用发票。

12. 多用途卡业务与单用途卡相同。

（二）特殊行为（重要）

1. 视同销售行为。

单位或者个体工商户的下列行为，视同发生应税销售行为：

（1）将货物交付其他单位或者个人代销。

【小贴士】纳税义务发生时间：收到代销清单或代销款项，若均未收到，则于发货后的180天缴纳增值税。

（2）销售代销货物。

（3）机构之间移送货物用于销售（同一县市的不征）。

（4）将自产或者委托加工的货物用于非应税项目。

（5）将自产、委托加工的货物用于集体福利或者个人消费。

（6）将自产、委托加工或者购进的货物作为投资，提供给其他单位或者个体工商户。

（7）将自产、委托加工或者购进的货物分配给股东或者投资者。

（8）将自产、委托加工或者购进的货物无偿赠送其他单位或者个人。

（9）单位或者个体工商户向其他单位或者个人无偿销售应税服务、无偿转让无形资产或者不动产，但用于公益事业或者以社会公众为对象的除外。

（10）财政部和国家税务总局规定的其他情形。

【小贴士】自产或者委托加工的货物处理是相同的，不管是用于内部使用（集体福利、个人消费）还是用于外部使用（投资、分配、赠送）都属于视同销售，计算销项税额。

【小贴士】购进的货物只有用于投资、分配、赠送，需要视同销售计算销项税额，同时可以抵扣进项税额。

【小贴士】购进的货物用于集体福利和个人消费，不需要视同销售计算销项税额，同时也不得抵扣进项税额；已作进项抵扣的，作进项税额转出处理。

【经典模拟题】

【多选题】下列行为中，应当视同销售货物缴纳增值税的有（　　）。

A. 将自产的货物用于集体福利　　B. 将购进的货物用于集体福利

C. 将自产的货物用于对外投资　　D. 将购进的货物用于对外投资

【答案】ACD

【解析】将自产、委托加工的货物用于集体福利或者个人消费、投资、分配、赠送，均属于增值税视同销售行为，但将购进的货物用于这两项的，不属于增值税视同销售行为，但用于投资、分配、赠送属于视同销售行为，所以只有选项 B 不正确。

2. 混合销售行为。

一项销售行为如果既涉及货物又涉及服务，为混合销售。

【小贴士】混合销售行为必须同时符合两个标准：

(1) 销售行为必须是一项；

(2) 该项行为必须既涉及货物销售又涉及服务。

【小贴士】从事货物的生产、批发或者零售的单位和个体工商户的混合销售，按照销售货物缴纳增值税；其他单位和个体工商户的混合销售，按照销售服务缴纳增值税。

【经典真题】

【单选题·2019】下列经营行为中，属于增值税混合销售行为的是（　　）。

A. 商场销售相机及储存卡

B. 商场销售办公设备并提供送货服务

C. 疗养中心提供住宿并举办健康讲座

D. 健身房提供健身场所并销售减肥药

【答案】B

【解析】一项销售行为如果既涉及货物又涉及服务，为混合销售。选项 B，销售货物的同时，提供运输服务，因此属于混合销售行为。

重难点4：纳税义务人和扣缴义务人★★

（一）纳税人

在中华人民共和国境内销售货物、销售劳务、销售服务、销售无形资产、销售不动产的单位和个人。

【小贴士】单位以承包、承租、挂靠方式经营的：如果以发包人名义对外经营并由发包人承担相关法律责任的，以该发包人为纳税人。否则，以承包人为纳税人。

【小贴士】资管产品运营过程中发生的增值税应税行为，以资管产品管理人为增值税纳税人。

【经典真题】

【单选题·2018】下列承包经营的情形中，应以发包人为增值税纳税人的是（　　）。

A. 以承包人名义对外经营，由承包人承担法律责任的

B. 以发包人名义对外经营，由发包人承担法律责任的

C. 以发包人名义对外经营，由承包人承担法律责任的

D. 以承包人名义对外经营，由发包人承担法律责任的

【答案】B

【解析】单位以承包、承租、挂靠方式经营的，承包人、承租人、挂靠人（以下统称“承包人”）以发包人、出租人、被挂靠人（以下统称“发包人”）名义对外经营并由发包人承担相关法律责任的，以该发包人为纳税人；否则以承包人为纳税人。

【经典模拟题】

【单选题】下列情形中，说法错误的是（　　）。

A. 在中国境内销售有形动产的单位是增值税纳税人

B. 在中国境内提供加工劳务的单位是增值税纳税人

C. 销售中国境内房产的单位是增值税纳税人

D. 以承包人名义对外经营，由发包人承担法律责任的，发包人是增值税纳税人

【答案】D

【解析】在中国境内销售货物、销售劳务、销售服务、销售无形资产、销售不动产的单位和个人为增值税的纳税人，另外以承包、承租、挂靠方式经营的，承包人、承租人、挂靠人（以下统称“承包人”）以发包人、出租人、被挂靠人（以下统称“发包人”）名义对外经营并由发包人承担相关法律责任的，以该发包人为纳税人；否则以承包人为纳税人。

（二）扣缴义务人

中华人民共和国境外的单位或者个人在境内销售劳务，在境内未设有经营机构的，以其境内代理人为扣缴义务人；在境内没有代理人的，以购买方为扣缴义务人。

第二单元　一般纳税人和小规模纳税人的登记

重难点1：纳税人的划分标准★

划分标准：会计核算水平和经营规模

【小贴士】经营规模：年应税销售额。

【小贴士】年应税销售额：是指纳税人在连续不超过12个月或四个季度的经营期内累计应征增值税销售额，包括：纳税申报销售额、稽查查补销售额、纳税评估调整销售额。

一般纳税人：年应税销售额在500万元以上。

小规模纳税人：年应税销售额在500万元以下（含500万元）。

重难点2：纳税人登记★

（一）一般纳税人的登记

1. 一般纳税人的登记条件。

根据《增值税一般纳税人登记管理办法》的规定，增值税纳税人（以下简称纳税人），年应税销售额超过财政部、国家税务总局规定的小规模纳税人标准（以下简称规定标准）的，除下述第2条规定外，应当向主管税务机关办理一般纳税人登记。

【小贴士】销售服务、销售无形资产或者销售不动产（以下简称应税行为）有扣除项目的纳税人，其应税行为年应税销售额按未扣除之前的销售额计算。

【小贴士】纳税人偶然发生的销售无形资产、转让不动产的销售额，不计入应税行为年应税销售额。

【小贴士】年应税销售额未超过规定标准的纳税人，会计核算健全，能够提供准确税务资料的，可以向主管税务机关办理一般纳税人登记。

【小贴士】纳税人应当向其机构所在地主管税务机关办理一般纳税人登记手续。

【小贴士】纳税人登记为一般纳税人后，不得转为小规模纳税人，国家税务总局另有规定的除外。

2. 不得办理一般纳税人登记的情况。

（1）按照政策规定，选择按照小规模纳税人纳税的（应当向主管税务机关提交书面说明）。

（2）年应税销售额超过规定标准的其他个人。

3. 登记的时限。

纳税人在年应税销售额超过规定标准的月份（或季度）的所属申报期结束后15日内按照规定办理相关手续。

【新增内容】综合保税区增值税一般纳税人资格管理

综合保税区增值税一般纳税人资格试点（以下简称一般纳税人资格试点）实行备案管理。为支持综合保税区企业更好地统筹利用国际国内两个市场、两种资源，培育和提升国际竞争新优势。符合条件的综合保税区，由所在地省级税务、财政部门和直属海关将一般纳税人资格试点实施方案（包括综合保税区名称、企业申请需求、政策实施准备条件等情况）向国家税务总局、财政部和海关总署备案后，可以开展一般纳税人资格试点。

（二）小规模纳税人的登记

小规模纳税人是指年销售额在500万以下，并且会计核算不健全，不能按规定报送有关税务资料的增值税纳税人。

按照《中华人民共和国增值税暂行条例实施细则》第二十八条规定已登记为增值税一般纳税人的单位和个人，在2018年12月31日前，可转登记为小规模纳税人，其未抵扣的进项税额作转出处理。

同时符合以下条件的一般纳税人，可选择按照《财政部税务总局关于统一增值税小规模纳税人标准的通知》（财税〔2018〕33号）第二条的规定，转登记为小规模纳税人，或选择继续作为一般纳税人：

1. 根据《增值税暂行条例》和《暂行条例实施细则》的有关规定，登记为一般纳税人。

2. 转登记日前连续12个月（以1个月为1个纳税期，下同）或者连续4个季度（以1个季度为1个纳税期，下同）累计应征增值税销售额（以下称应税销售额）未超过500万元。

转登记日前连续12个月（以1个月为1个纳税期）或者连续4个季度（以1个季度为1个纳税期）累计销售额未超过500万元的一般纳税人，在2019年12月31日前，（也）可选择转登记为小规模纳税人。

3. 一般纳税人转登记为小规模纳税人（以下称转登记纳税人）后，自转登记日的下期起，按照简易计税方法计算缴纳增值税；转登记日当期仍按照一般纳税人的有关规定计算缴纳增值税。

4. 转登记纳税人尚未申报抵扣的进项税额以及转登记日当期的期末留抵税额，计入“应交税费—待抵扣进项税额”核算。

5. 转登记纳税人在一般纳税人期间销售或者购进的货物、劳务、服务、无形资产、不动产，自转登记日的下期起发生销售折让、中止或者退回的，调整转登记日当期的销项税额、进项税额和应纳税额。

（1）调整后的应纳税额小于转登记日当期申报的应纳税额形成的多缴税款，从发生销售折让、中止或者退回当期的应纳税额中抵减；不足抵减的，结转下期继续抵减。

（2）调整后的应纳税额大于转登记日当期申报的应纳税额形成的少缴税款，从“应交税费—待抵扣进项税额”中抵减；抵减后仍有余额的，计入发生销售折让、中止或者退回当期的应纳税额一并申报缴纳。

6. 转登记纳税人可以继续使用现有税控设备开具增值税发票，不需要缴销税控设备和增值税发票。

7. 转登记纳税人在一般纳税人期间发生的增值税应税行为，涉及发票的，继续按一般纳税人的规定处理。

8. 转登记纳税人按规定再次登记为一般纳税人后，不得再转登记为小规模纳税人。

第三单元　税率与征税率

重难点1：增值税的税率★

税率：限于一般纳税人使用，共4档：13%、9%、6%、0%

（一）标准税率13%

销售或进口货物（除下列适用9%税率货物外）；销售劳务；销售有形动产租赁服务。

（二）适用9%税率（重要）

销售交通运输、邮政、基础电信、建筑、不动产租赁服务、销售不动产、转让土地使用权，销售或进口下列货物：

1. 粮食等农产品、食用植物油（环氧大豆油、氢化植物油除外）、鲜奶（调制乳除外）；

2. 自来水、暖气、冷气、热水、煤气、石油液化气、天然气、二甲醚、沼气、居民用煤炭制品；

3. 图书、报纸、杂志（含境外图书）、音像制品、电子出版物；

4. 饲料、化肥、农药、农机、农膜；

5. 国务院及其有关部门规定的其他货物。

初级农产品；密集型烤房设备；频振式杀虫灯；农用挖掘机、养鸡设备系列、动物骨粒等。

【小贴士】

农业生产者	销售自产农产品，免税
其他人销售非自产农产品	一般纳税人销售9%，小规模纳税人销售3%

（三）6%税率

销售增值电信服务、金融服务、现代服务（租赁除外）、生活服务、销售无形资产（转让土地使用权除外）。

【小贴士】纳税人通过省级土地行政主管部门设立的交易平台转让补充耕地指标，按照销售无形资产缴纳增值税，税率为6%。

（四）零税率

1. 出口货物。

2. 境内单位和境内个人跨境销售国务院规定范围内的服务、无形资产。

（1）国际运输服务。

【小贴士】按照国家有关规定应取得相关资质的国际运输服务项目，纳税人取得相关资质的，适用增值税零税率政策，未取得的，适用增值税免税政策。

【小贴士】境内的单位或个人提供程租服务，如果租赁的交通工具用于国际运输服务和港澳台运输服务，由出租方按规定申请适用增值税零税率。

【小贴士】境内的单位和个人向境内单位或个人提供期租、湿租服务，如果承租方利用租赁的交通工具向其他单位或个人提供国际运输服务和港澳台运输服务，由承租方适用增值税零税率。境内的单位或个人向境外单位或个人提供期租、湿租服务，由出租方适用增值税零税率。

【小贴士】境内单位和个人以无运输工具承运方式提供的国际运输服务，由境内实际承运人适用增值税零税率；无运输工具承运业务的经营者适用增值税免税政策。

（2）航天运输服务。

（3）向境外单位提供的完全在境外消费的下列服务：

①研发服务。

②合同能源管理服务。

③设计服务。

④广播影视节目（作品）的制作和发行服务。

⑤软件服务。

⑥电路设计及测试服务。

⑦信息系统服务。

⑧业务流程管理服务。

⑨离岸服务外包业务。

⑩转让技术。

3. 境内单位和个人发生的与香港、澳门、台湾有关的应税行为，除另有规定外，参照上述规定执行。

【经典模拟题】

【单选题】境内单位和个人发生的下列跨境应税行为中，适用增值税零税率的是（　　）。

A. 向境外单位提供的国际运输服务

B. 向境外单位提供的完全在境外消费的电信服务

C. 在境外提供的广播影视节目播映服务

D. 无运输工具承运业务的经营者提供的国际运输服务

【答案】A

【解析】选项BCD：适用增值税免税政策。

重难点2：增值税的征收率

增值税征收率是指对特定的货物或特定的纳税人发生应税销售行为在某一生产流通环节应纳税额与销售额的比率。

增值税征收率适用于两种情况，一是小规模纳税人；二是一般纳税人发生应税销售行为按规定可以选择简易计税方法计税的。

（一）征收率的一般规定

1. 根据“营改增通知”的规定，下列情况适用5%征收率：

（1）小规模纳税人销售自建或者取得的不动产。

（2）小规模纳税人出租（经营租赁）其取得的不动产（不含个人出租住房）。

（3）房地产开发企业中的小规模纳税人，销售自行开发的房地产项目。

（4）其他个人销售其取得（不含自建）的不动产（不含其购买的住房）。

（5）其他个人出租（经营租赁）其取得的不动产（不含住房）。

（6）个人出租住房，应按照5%的征收率减按1.5%计算应纳税额。

（7）一般纳税人选择简易计税方法计税的不动产销售。

（8）一般纳税人选择简易计税方法计税的不动产经营租赁。

（9）一般纳税人和小规模纳税人提供劳务派遣服务选择差额纳税的。

（10）一般纳税人2016年4月30日前签订的不动产融资租赁合同，或以2016年4月30日前取得的不动产提供的融资租赁服务，选择适用简易计税方法的。

（11）一般纳税人收取试点前开工的一级公路、二级公路、桥、闸通行费，选择适用简易计税方法的。高速公路为3%。

（12）一般纳税人提供人力资源外包服务，选择适用简易计税方法的。

（13）纳税人转让2016年4月30日前取得的土地使用权，选择适用简易计税方法的。

【小贴士】我们可将上述的1~8、10项归纳为两种情况

销售不动产	一般纳税人选择简易计税方法销售不动产	【小贴士】2016.4.30前的不动产
	小规模纳税人销售不动产	
	其他个人销售不动产	
出租不动产	一般纳税人选择简易计税方法的出租不动产	【小贴士】2016.4.30前的不动产； 【小贴士】包括经营租赁和融资租赁
	小规模纳税人出租不动产	
	其他个人出租不动产	【小贴士】个人出租住房，应按照5%的征收率减按1.5%计算应纳税额

【小贴士】除上述适用5%征收率以外的纳税人选择简易计税方法发生的应税销售行为均为3%。

（二）征收率的特殊政策

1. 根据增值税法的有关规定，适用3%征收率的某些一般纳税人和小规模纳税人可以减按2%计征增值税。

（1）一般纳税人销售自己使用过的属于《增值税暂行条例》第十条规定不得抵扣且未抵扣进项税额的固定资产，按照简易办法依照3%征收率减按2%征收增值税。

纳税人销售自己使用过的固定资产，适用简易办法依照3%征收率减按2%征收增值税政策的，可以放弃减税，按照简易办法依照3%征收率缴纳增值税，并可以开具增值税专用发票。

（2）小规模纳税人（除其他个人外，下同）销售自己使用过的固定资产，减按2%征收率征收增值税。

【小贴士】其他个人销售自己使用过的物品，免税。

（3）纳税人销售旧货，按照简易办法依照3%征收率减按2%征收增值税。

上述纳税人销售自己使用过的固定资产、物品和旧货适用按照简易办法依照3%征收率减按2%征收增值税的，按下列公式确定销售额和应纳税额：

销售额＝含税销售额÷(1＋3%)

应纳税额＝销售额×2%

2. 提供物业管理服务的纳税人，向服务接受方收取的自来水水费，以扣除其对外支付的自来水水费后的余额为销售额，按照简易计税方法依3%的征收率计算缴纳增值税。

3. 小规模纳税人提供劳务派遣服务，可以按照“营改增通知”的有关规定，以取得的全部价款和价外费用为销售额，按照简易计税方法依3%的征收率计算缴纳增值税。

也可以选择差额纳税，以取得的全部价款和价外费用，扣除代用工单位支付给劳务派遣员工的工资、福利和为其办理社会保险及住房公积金后的余额为销售额，按照简易计税方法依5%的征收率计算缴纳增值税。

4. 非企业性单位中的一般纳税人提供的研发和技术服务、信息技术服务、鉴证咨询服务，以及销售技术、著作权等无形资产，可以选择简易计税方法按照3%征收率计算缴纳增值税。

5. 一般纳税人提供教育辅助服务，可以选择简易计税方法按照3%征收率计算缴纳增值税。

6. 增值税一般纳税人生产销售和批发、零售抗癌药品，可选择按照简易办法依照3%征收率计算缴纳增值税。

【小贴士】纳税人选择简易办法计算缴纳增值税后，36个月内不得变更。

7. 自2019年3月1日起，增值税一般纳税人生产销售和批发、零售罕见病药品，可选择按照简易办法依照3%征收率计算缴纳增值税。上述纳税人选择简易办法计算缴纳增值税后，36个月内不得变更。

【小贴士】纳税人应单独核算罕见病药品的销售额。未单独核算的，不得适用上述规定的简易征收政策。

【经典模拟题】

【计算问答题】某商店为增值税小规模纳税人，2019年8月销售外购农产品取得含税销售额33 475元，销售自己使用过的固定资产取得含税销售额34 196元。问该商店应缴纳增值税。

【答案及解析】小规模纳税人销售农产品正常适用3%征收率，注意不要与一般纳税人9%税率混淆，销售自己使用过的固定资产，减按2%征收率征收增值税。该商店应缴纳的增值税 =33 475 ÷（1 +3%）×3% +34 196 ÷（1 +3%）×2% =975 +664 =1 639（元）。

（三）兼营行为的税率选择

试点纳税人发生应税销售行为适用不同税率或者征收率的，应当分别核算适用不同税率或者征收率的销售额，未分别核算销售额的，从高适用税率或者征收率。

【小贴士】纳税人销售活动板房、机器设备、钢结构件等自产货物的同时提供建筑、安装服务，不属于"营改增通知"第四十条规定的混合销售，应分别核算货物和建筑服务的销售额，分别适用不同的税率或者征收率。

第四单元　增值税的计税方法

重难点1：一般计税方法★★

一般纳税人发生应税行为适用，计算公式：

当期应纳增值税税额 = 当期销项税额 – 当期进项税额

重难点2：简易计税方法★★

【小贴士】小规模纳税人和一般纳税人（特定情况下）都可以使用。

（一）计算公式

当期应纳增值税税额 = 当期销售额（不含增值税）× 征收率

（二）一般纳税人发生财政部和国家税务总局规定的特定应税销售行为

可以选择适用简易计税方法计税，但是不得抵扣进项税额。其主要包括以下情况：

征收率3%：

1. 县级及县级以下小型水力发电单位（装机容量为5万千瓦及以下）生产的自产电力。
2. 自产建筑用和生产建筑材料所用的砂、土、石料。
3. 以自己采掘的砂、土、石料或其他矿物连续生产的砖、瓦、石灰（不含黏土实心砖、瓦）。
4. 自己用微生物、微生物代谢产物、动物毒素、人或动物的血液或组织制成的生物制品。
5. 自产的自来水。
6. 自来水公司销售自来水。
7. 自产的商品混凝土（仅限于以水泥为原料生产的水泥混凝土）。
8. 单采血浆站销售非临床用人体血液。
9. 寄售商店代销寄售物品（包括居民个人寄售的物品在内）。
10. 典当业销售死当物品。
11. 药品经营企业销售生物制品。
12. 公共交通运输服务。
13. 动漫企业为开发动漫产品提供的动漫脚本编撰、形象设计等服务，以及在境内转让动漫版权。

14. 电影放映服务、仓储服务、装卸搬运服务、收派服务和文化体育服务。

15. 以纳入“营改增”试点之日前取得的有形动产为标的物提供的经营租赁服务。

16. 在纳入“营改增”试点之日前签订的尚未执行完毕的有形动产租赁合同。

17. 以清包工方式提供的建筑服务。

18. 为甲供工程提供的建筑服务。

19. 提供非学历教育服务。

20. 一般纳税人销售电梯的同时提供安装服务，其安装服务可以按照甲供工程选择适用简易计税方法。

征收率 5%：

1. 销售 2016 年 4 月 30 日前取得的不动产。

2. 房地产开发企业销售自行开发的房地产老项目。

3. 出租 2016 年 4 月 30 日前取得的不动产。

4. 一般纳税人收取试点前开工的一级公路、二级公路、桥、闸通行费。

5. 一般纳税人提供人力资源外包服务。

6. 2016 年 4 月 30 日前签订的不动产融资租赁合同，或以 2016 年 4 月 30 日前取得的不动产提供的融资租赁服务。

7. 纳税人转让 2016 年 4 月 30 日前取得的土地使用权。

8. 一般纳税人提供劳务派遣服务，可以选择差额纳税，以取得的全部价款和价外费用，扣除代用工单位支付劳务派遣员工的工资、福利和为其办理社会保险及住房公积金后的余额为销售额，按照简易计税方法依 5% 的征收率计算缴纳增值税。

9. 房地产开发企业中的一般纳税人以围填海方式取得土地并开发的房地产项目，开工日期在 2016 年 4 月 30 日前的，属于房地产老项目，可以简易计税方法依 5% 的征收率计算缴纳增值税。（新）

【经典模拟题】

【多选题】增值税一般纳税人发生的下列业务中，可以选择适用简易计税方法的有（　　）。

A. 提供电影放映服务

B. 提供文化体育服务

C. 为甲供工程提供的建筑服务

D. 一般纳税人出租 2019 年取得的不动产

【答案】ABC

【解析】选项 ABC 一般纳税人可以选择简易计税方法计税，选项 D 只有一般纳税人出租 2016 年 4 月 30 日前取得的不动产可以选择适用简易计税方法。

【多选题】增值税一般纳税人销售自产的下列货物，可选择按照简易计税办法征收增值税的有（　　）。

A. 自来水公司销售自来水

B. 用微生物制成的生物制品

C. 自产建筑用的砂、土、石料

D. 县级以下小型水力发电站生产的电力

【答案】ABCD

【小贴士】一般纳税人发生财政部和国家税务总局规定的特定应税销售行为，一经选择适用简易计税方法计税，36个月内不得变更。

重难点3：扣缴计税方法★

境外单位或者个人在境内销售劳务，在境内未设有经营机构的，以其境内代理人为扣缴义务人；在境内没有代理人的，以购买方为扣缴义务人。扣缴义务人按照下列公式计算应扣缴税额：

应扣缴税额 = 接受方支付的价款 ÷ (1 + 税率) × 税率

第五单元　一般计税方法应纳税额的计算

一般纳税人采用——购进扣税法

计算公式：当期应纳税额 = 当期销项税额 - 当期进项税额

重难点1：销项税额的计算★

销项税额是指纳税人发生应税销售行为时，按照销售额与规定税率计算并向购买方收取的增值税税额。

销项税额 = 销售额 × 适用税率

（一）一般销售方式下的销售额确认

销售额是指纳税人发生应税销售行为时向购买方（承受劳务和服务行为也视为购买方）收取的全部价款和价外费用，但注意销售额中不包括向购买方收取的销项税额。

【小贴士】价外费用和逾期包装物押金视为含增值税的收入，应换算为不含税收入再并入销售额。

【小贴士】价外费用中不包括以下项目：

1. 受托加工应征消费税的消费品所代收代缴的消费税；

2. 同时符合条件的代收政府性基金或者行政事业性收费；

3. 以委托方名义开具发票代委托方收取的款项；

4. 销售货物的同时代办保险等而向购买方收取的保险费，以及向购买方收取的代购买方缴纳的车辆购置税、车辆牌照费。

（二）特殊销售方式下的销售额确认

销售方式	销售额具体规定以及注意事项	例题
1. 折扣方式销售	（1）折扣销售（商业折扣）：折扣额可以从销售额中扣减。 【小贴士】在价格上折扣，如果是实物折扣，实物价款不能从原销售额中减除，还需按视同销售中“赠送他人”处理。 【小贴士】要求在同一张发票“金额”栏上分别注明，如果是在两张发票上注明，折扣不允许扣除。 （2）销售折扣（现金折扣）：折扣额不得从销售额中减除。 （3）销售折让：折让额可以从销售额中减除	【计算题】某商业企业（一般纳税人），货物不含税价款600万元，由于购买方购买数量较多，给予5%价格优惠（开具一张发票）；由于购货方及时付款，该企业又给予8%的销售折扣，实收524.4万元。要求：计算商业企业应缴纳的销项税额。 【答案】销项税额＝600×（1－5%）×13%＝74.10（万元）
2. 以旧换新销售	（1）一般货物：按新货物同期销售价格确定销售额，不得扣减旧货物的收购价格； （2）金银首饰：按销售方实际收取的不含税销售价格确定销售额（按差价）。 【小贴士】金银首饰缴纳消费税时也是按此确定销售额	【计算题】位于某商场为增值税一般纳税人。2019年10月份采取以旧换新方式销售电器，新电器含税销售额13万元，回收旧电器作价金额2万元；采取以旧换新零售金银首饰，新首饰含税销售额11.6万元，旧首饰作价的含税金额为6.96万元。 要求：计算商场应确认的销项税额。 【答案】商场10月份增值税销项税额＝13÷（1＋13%）×13%＋（11.6－6.96）÷（1＋13%）×13%＝2.01（万元）
3. 还本方式销售	销售额就是货物销售价格，不得扣减还本支出	
4. 以物易物销售	双方均作购、销处理，以各自发出的应税销售行为核算销售额并计算销项税额，以各自收到的货物、劳务、服务、无形资产、不动产核算购货额并计算进项税额。 【小贴士】要开具合法的票据，否则不能抵扣进项税额。 【小贴士】要注意收到的货物等的用途，是否可以抵扣	
5. 包装物押金	（1）销售货物收取的包装物押金，单独记账核算，不并入销售额征税；因逾期未收回包装物不再退还的押金，应并入销售额征税。 【小贴士】“逾期”是指按合同约定实际逾期或以1年为期限。 【小贴士】逾期包装物押金为含税收入，需换算成不含税价再并入销售额；税率为所包装货物适用的税率。 （2）酒类产品 【小贴士】A：啤酒、黄酒：按一般规定，看是否逾期处理；B：啤酒、黄酒以外的其他酒类产品：收取的押金，当期并入销售额征税	【计算题】某酒厂为一般纳税人，2019年8月向A企业（一般纳税人）销售白酒，开具专用发票上注明金额101 700元；同时收取单独核算的包装物押金3 000元（尚未逾期），计算此业务酒厂应确认的销项税额。 【答案】销项税额＝101 700÷（1＋13%）×13%＋3 000÷（1＋13%）×13%＝12 045.13（元）
6. 直销企业	（1）直销企业——直销员——消费者：销售额为向直销员收取的全部价款和价外费用。 （2）直销企业（直销员）——消费者：销售额为向消费者收取的全部价款和价外费用	
7. 贷款方式	全部利息及利息性质的收入为销售额	

续表

销售方式	销售额具体规定以及注意事项	例题
8. 直接收费金融服务	以提供直接收费金融服务收取的手续费、佣金、酬金、管理费、服务费、经手费、开户费、过户费、结算费、转托管费等各类费用为销售额	
9. 发卡机构、清算机构和收单机构清算服务	(1) 发卡机构以其向收单机构收取的发卡行服务费为销售额； (2) 清算机构以其向发卡机构、收单机构收取的网络服务费为销售额； 清算机构从发卡机构取得的增值税发票上记载的发卡行服务费，一并计入清算机构的销售额； (3) 收单机构以其向商户收取的收单服务费为销售额	

(三) 按差额确定销售额

	销售额具体规定以及注意事项
1. 金融商品转让的销售额	卖出价－买入价 【小贴士】转让金融商品出现的正负差，按盈亏相抵后的余额为销售额。 若相抵后出现负差，可结转下一纳税期与下期转让金融商品销售额相抵，但年末时仍出现负差的，不得转入下一个会计年度。 【小贴士】金融商品的买入价，可以选择按照加权平均法或者移动加权平均法进行核算，选择后36个月内不得变更。 【小贴士】金融商品转让，不得开具增值税专用发票（卖出价和买入价含税）
2. 经纪代理服务的销售额	取得的全部价款和价外费用扣除向委托方收取并代为支付的政府性基金或者行政事业性收费。 【小贴士】向委托方收取的政府性基金或者行政事业性收费，不得开具增值税专用发票
3. 融资租赁和融资性售后回租业务	经批准从事融资租赁业务的试点纳税人（包括备案从事融资租赁业务的）提供下列服务： (1) 提供融资租赁服务：（按现代服务－租赁服务缴税） 【小贴士】销售额：取得的全部价款和价外费用－支付的借款利息（包括外汇借款和人民币借款利息）－发行债券利息－车辆购置税（如果买的是车的时候扣除该税） (2) 提供融资性售后回租服务：（贷款服务） 【小贴士】销售额：取得的全部价款和价外费用（不含本金）－支付的借款利息（包括外汇借款和人民币借款利息）－发行债券利息 (3) 2016年4月30日前签订的有形动产融资性售后回租合同，在合同到期前提供的有形动产融资性售后回租服务，可选择按照有形动产融资租赁服务缴纳增值税，或者按融资性售后回租缴税
4. 航空运输企业的销售额	取得的全部价款和价外费用扣除代收的机场建设费和代售其他航空运输企业客票而代收转付的价款
5. 客运场站服务	销售额：取得的全部价款和价外费用－支付给承运方运费
6. 旅游服务	销售额：取得的全部价款和价外费用－向旅游服务购买方收取并支付给其他单位或者个人的住宿费、餐饮费、交通费、签证费、门票费－支付给其他接团旅游企业的旅游费用 【小贴士】向旅游服务购买方收取并支付的上述费用，只能开具普通发票
7. 建筑服务	适用简易计税方法的。 【小贴士】指老项目、甲供工程、清包工。 销售额：取得的全部价款和价外费用－支付的分包款

续表

	销售额具体规定以及注意事项
8. 房企销售自行开发不动产	销售额：取得的全部价款和价外费用－受让土地时向政府部门支付的土地价款 【小贴士】“向政府部门支付的土地价款”，包括土地受让人向政府部门支付的征地和拆迁补偿费用、土地前期开发费用和土地出让收益等。 【小贴士】在取得土地时向其他单位或个人支付的拆迁补偿费用也允许在计算销售额时扣除。 【小贴士】该项目必须采纳一般计税方法
9. 纳税人转让不动产缴纳增值税差额扣除	销售额＝取得的全部价款和价外费用－该项不动产购置原价或取得不动产时的作价

【小贴士】纳税人从全部价款和价外费用中扣除价款，应当取得符合法律、行政法规和国家税务总局规定的有效凭证。否则，不得扣除。

【小贴士】纳税人取得的上述凭证属于增值税扣税凭证的，其进项税额不得从销项税额中抵扣。

【经典模拟题】

【计算问答题】某证券公司（一般纳税人）2019 年第二季度转让债券卖出价为 12 万元（含增值税价格，下同），该债券是 2018 年 10 月购入的，买入价为 8 万元。该公司 2019 年第一季度转让金融商品亏损 2.5 万元。则转让债券的销售额和销项税额分别是：

【答案及解析】销售额＝12－8－2.5＝1.5（万元）；销项税额＝1.5÷（1＋6%）×6%＝0.08（万元）。

【经典真题】

【单选题·2018】下列行为在计算增值税销项税额时，应按照差额确定销售额的是（　　）。

A. 商业银行提供贷款服务

B. 企业逾期未收回包装物不再退还押金

C. 转让金融商品

D. 直销员将从直销企业购买的货物销售给消费者

【答案】C

【解析】转让金融商品，按照卖出价扣除买入价后的余额为销售额。选项 ABD 都是收取的全部价款和价外费用作为销售额。

（四）视同发生应税销售行为的销售额的确定

【小贴士】必须按照下列顺序：

1. 按照纳税人最近时期发生同类应税销售行为的平均价格确定；

2. 按照其他纳税人最近时期发生同类应税销售行为的平均价格确定；

3. 按照组成计税价格确定。计算公式：

组成计税价格＝成本×（1＋成本利润率）

【小贴士】在该货物不缴纳消费税的情况下，成本利润率 10%。

【小贴士】如果该货物缴纳消费税，则组价公式 = 成本 ×(1 + 成本利润率) + 消费税

（五）含税销售额的换算

销售额 = 含税销售额 ÷(1 + 税率)

重难点2：进项税额的确认和计算★

（一）准予从销项税额中抵扣的进项税额

1. 从销售方取得的增值税专用发票（含《机动车销售统一发票》）上注明的增值税额。

【小贴士】凭增值税普通发票不能抵扣进项税额。

2. 从海关取得的海关进口增值税专用缴款书上注明的增值税额。

3. 自境外单位或者个人购进劳务、服务、无形资产或者境内的不动产，从税务机关或者扣缴义务人取得的代扣代缴税款的完税凭证上注明的增值税额。

4. 纳税人购进农产品，按下列规定抵扣进项税额：

项目	内容
凭票抵扣	取得增值税专用发票或者海关进口增值税专用缴款书，按注明的增值税额作为进项税额
计算抵扣	（1）从按照简易计税方法依照3%征收率计算缴纳增值税的小规模纳税人取得增值税专用发票的，以增值税专用发票上注明的金额和9%的扣除率计算进项税额。 （2）按照农产品收购发票或者销售发票上注明的农产品买价和9%的扣除率计算的进项税
特殊抵扣	纳税人购进用于生产销售或委托加工13%税率货物的农产品，按照10%的扣除率计算进项税额。 【小贴士】纳税人购进农产品既用于生产销售或委托受托加工13%税率货物又用于生产销售其他货物服务的，应当分别核算用于生产销售或委托受托加工13%税率货物和其他货物服务的农产品进项税额。 【小贴士】未分别核算的，统一以增值税专用发票或海关进口增值税专用缴款书上注明的增值税额为进项税额，或以农产品收购发票或销售发票上注明的农产品买价和9%的扣除率计算进项税额
计算公式	进项税额 = 买价 × 扣除率
不得抵扣	纳税人从批发、零售环节购进适用免征增值税政策的蔬菜、部分鲜活肉蛋而取得的普通发票，不得作为计算抵扣进项税额的凭证
烟叶抵扣	烟叶税应纳税额 = 收购烟叶实际支付的价款总额 × 税率（20%） 准予抵扣的进项税额 =（收购烟叶实际支付的价款总额 + 烟叶税应纳税额）× 扣除率

【经典模拟题】

【计算问答题】某酒厂2019年10月从农民手中购进一批粮食用于生产白酒，收购凭证上注明金额100 000元；同时支付运费，取得运输企业增开具的值税专用发票注明运费4 000元。计算酒厂的进项税额。

【答案及解析】从农民手中购入粮食目的是为了生产白酒，则进项税额按10%计算抵扣，进项税额 = 100 000 × 10% + 4 000 × 9% = 10 360（元）。

5. 农产品增值税进项税额核定扣除试点实施办法。

（1）适用该办法范围：

以购进农产品为原料生产销售液体乳及乳制品、酒及酒精、植物油的增值税一般纳税人，其购进农产品无论是否用于生产上述产品，增值税进项税额均按照《农产品增值税进项税额核定扣除试点实施办法》的规定抵扣。

（2）核定方法：

试点纳税人以购进农产品为原料生产货物	A. 投入产出法 合并为：当期农产品进项税额 = 当期销售货物数量 × 农产品单耗数量 × 平均购买单价 × 扣除率/（1 + 扣除率） 注意：扣除率为销售货物的适用税率。 B. 成本法 当期允许抵扣农产品增值税进项税额 = 当期主营业务成本 × 农产品耗用率 × 扣除率/（1 + 扣除率） 农产品耗用率 = 上年投入生产的农产品外购金额/上年生产成本 C. 参照法 新办的试点纳税人或者试点纳税人新增产品的，试点纳税人可参照所属行业或者生产结构相近的其他试点纳税人确定农产品单耗数量或者农产品耗用率
试点纳税人购进农产品直接销售	当期允许抵扣进项税额 = 当期销售农产品数量/（1 - 损耗率）× 农产品平均购买单价 ×9%/（1 +9%） 损耗率 = 损耗数量/购进数量
试点纳税人购进农产品用于生产经营且不构成货物实体的	当期允许抵扣进项税额 = 当期耗用农产品数量 × 农产品平均购买单价 ×9%/（1 +9%）

（3）试点纳税人购进农产品取得的农产品增值税专用发票和海关进口增值税专用缴款书，按照注明的金额及增值税额一并计入成本科目；自行开具的农产品收购发票和取得的农产品销售发票，按照注明的买价直接计入成本。

6. 增值税一般纳税人在资产重组过程中，将全部资产、负债和劳动力一并转让给其他增值税一般纳税人，并按程序办理注销税务登记的，其在办理注销登记前尚未抵扣的进项税额可结转至新纳税人处继续抵扣。

7. 自 2019 年 4 月 1 日起，停止执行纳税人取得不动产或者不动产在建工程的进项税额分 2 年抵扣的规定。此前按照上述规定尚未抵扣完毕的待抵扣进项税额，可自 2019 年 4 月税款所属期起从销项税额中抵扣。

8. 收费公路通行费增值税抵扣规定。

自 2018 年 1 月 1 日起，纳税人支付的道路、桥、闸通行费，按照以下规定抵扣进项税额：

（1）纳税人支付的道路通行费，按照收费公路通行费增值税电子普通发票上注明的增值税额抵扣进项税额。

2018 年 1 月 1 日 6 月 30 日，纳税人支付的高速公路通行费，如暂未能取得收费公路通行费增值税电子普通发票，可凭取得的通行费发票（不含财政票据，下同）上注明的收费金额按照下列公式计算可抵扣的进项税额：

高速公路通行费可抵扣进项税额 = 高速公路通行费发票上注明的金额 ÷（1 +3%）×3%

2018 年 1 月 1 日 ~12 月 31 日，纳税人支付的一级、二级公路通行费，如暂未能取得收费公路通行费增值税电子普通发票，可凭取得的通行费发票上注明的收费金额按照下列公式计算可抵扣进项税额：

一级、二级公路通行费可抵扣进项税额 = 一级、二级公路通行费发票上注明的金额 ÷（1 +5%）×5%

（2）纳税人支付的桥、闸通行费，暂凭取得的通行费发票上注明的收费金额按照下列公式计算可抵扣的进项税额：

桥、闸通行费可抵扣进项税额＝桥、闸通行费发票上注明的金额÷(1＋5%)×5%

9. 按照“营改增通知”规定不得抵扣且未抵扣进项税额的固定资产、无形资产、不动产，发生用途改变，用于允许抵扣进项税额的应税项目，可在用途改变的次月按照下列公式计算可以抵扣的进项税额：

可以抵扣的进项税额＝固定资产、无形资产、不动产净值÷(1＋适用税率)×适用税率

【小贴士】上述可以抵扣的进项税额应取得合法有效的增值税扣税凭证。

【小贴士】净值是用原值扣除折旧部分。

10. 自2018年1月1日起，纳税人租入固定资产、不动产，既用于一般计税方法计税项目，又用于简易计税方法计税项目、免征增值税项目、集体福利或者个人消费的，其进项税额准予从销项税额中全额抵扣。

【小贴士】兼用，则进项税额都可以抵扣；如果全用于简易计税方法计税项目、免征增值税项目、集体福利或者个人消费，进项税额不予抵扣。

11. 国内旅客运输服务进项税额的抵扣规定（新）。

抵扣凭证	可抵扣进项税额
增值税电子普通发票	发票上注明的税额
取得注明旅客身份信息的航空运输电子客票行程单	航空旅客运输进项税额＝(票价＋燃油附加费)÷(1＋9%)×9%
取得注明旅客身份信息的铁路车票	铁路旅客运输进项税额＝票面金额÷(1＋9%)×9%
取得注明旅客身份信息的公路、水路等其他客票	公路、水路等其他旅客运输进项税额＝票面金额÷(1＋3%)×3%

12. 增值税加计抵减政策（新）。

2019年4月1日至2021年12月31日，允许生产、生活性服务业纳税人按照当期可抵扣进项税额加计抵减应纳税额。生产性服务业的加计抵扣比例为10%，生活性服务业的加计抵扣比例为15%。

（1）生产、生活性服务业纳税人，是指提供邮政服务、电信服务、现代服务、生活服务（以下称四项服务）取得的销售额占全部销售额的比重超过50%的纳税人。

【小贴士】上述所称“销售额”包括纳税申报销售额、稽查查补销售额、纳税评估调整销售额，其中，纳税申报销售额包括一般计税方法销售额，简易计税方法销售额，免税销售额，税务机关代开发票销售额，免、抵、退办法出口销售额，即征即退项目销售额。

稽查查补销售额和纳税评估调整销售额，计入查补或评估调整当期销售额确定适用加计抵减政策；适用增值税差额征收政策的，以差额后的销售额确定适用加计抵减政策。

经财政部和国家税务总局或者其授权的财政和税务机关批准，实行汇总缴纳增值税的总机构及其分支机构，以总机构本级及其分支机构的合计销售额，确定总机构及其分支机构适用加计抵减政策。

【小贴士】2019年3月31日前设立的纳税人，自2018年4月至2019年3月期间的销售额（经营期不满12个月的，按照实际经营期的销售额）符合上述规定条件的，自2019年4月1日起适用加计抵减政策。

【小贴士】2019 年 4 月 1 日后设立的纳税人，自设立之日起 3 个月的销售额符合上述规定条件的，自登记为一般纳税人之日起适用加计抵减政策。

【小贴士】纳税人确定适用加计抵减政策后，当年内不再调整，以后年度是否适用，根据上年度销售额计算确定。

（2）纳税人应按照当期可抵扣进项税额的 10% 计提当期加计抵减额。按照现行规定不得从销项税额中抵扣的进项税额，不得计提加计抵减额；已计提加计抵减额的进项税额，按规定作进项税额转出的，应在进项税额转出当期，相应调减加计抵减额。计算公式如下：

当期计提加计抵减额 = 当期可抵扣进项税额 ×10%（15%）

当期可抵减加计抵减额 = 上期末加计抵减额余额 + 当期计提加计抵减额 − 当期调减加计抵减额

（3）按规定计算应纳税额（以下称抵减前的应纳税额）后，区分情形加计抵减：

抵减前应纳税额 =0：当期可抵减加计抵减额全部结转下期抵减；（全结转）

（抵减前应纳税额 >0，且 > 当期可抵减加计抵减额：当期可抵减加计抵减额全额从抵减前应纳税额中抵减；（全抵减）

抵减前应纳税额 >0，且≤当期可抵减加计抵减额：当期可抵减加计抵减额抵减应纳税额至零。未抵减完的当期可抵减加计抵减额，结转下期继续抵减。（税额 =0，剩余结转抵减）

【小贴士】实际抵减 = 可抵减与应纳税额孰低的金额。

【经典模拟题】

【计算题】某企业符合 10% 加计抵减政策适用条件，2019 年 8 月销项税额 150 万元，可抵扣的进项税额 40 万元，请计算该企业当月应该缴纳的增值税。

【解析】抵减前应纳税额 =150 −40 =110（万元）

当期可抵减加计抵减额 =0 +40 ×10% −0 =4（万元）

110 万元 >4 万元，4 万元可全额从抵减前的应纳税额中抵减；

当月应该缴纳的增值税 =110 −4 =106（万元）

（4）纳税人出口货物劳务、发生跨境应税行为不适用加计抵减政策，其对应的进项税额不得计提加计抵减额。

【小贴士】纳税人兼营出口货物劳务、发生跨境应税行为且无法划分不得计提加计抵减额的进项税额，按照以下公式计算：

不得计提加计抵减额的进项税额 = 当期无法划分的全部进项税额 × 当期出口货物劳务和发生跨境应税行为的销售额 ÷ 当期全部销售额

（5）纳税人应单独核算加计抵减额的计提、抵减、调减、结余等变动情况。骗取适用加计抵减政策或虚增加计抵减额的，按照《中华人民共和国税收征收管理法》等有关规定处理。

（6）加计抵减政策执行到期后，纳税人不再计提加计抵减额，结余的加计抵减额停止抵减。

（二）不得从销项税额中抵扣的进项税额（重要知识点，必须记住）

按《增值税暂行条例》和“营改增通知”规定，下列项目的进项税额不得从销项税额中抵扣：

不得抵扣项目	注意事项
1. 购进的货物、劳务、服务、无形资产和不动产用于简易计税方法计税项目、免征增值税项目、集体福利或者个人消费的	【小贴士】其中涉及的固定资产、无形资产、不动产，仅指专用于上述项目的固定资产、无形资产（不包括其他权益性无形资产）、不动产；发生兼用于上述项目的准予全部抵扣。 【小贴士】其他权益性无形资产无论用于何用途，均可以抵扣进项税额。 【小贴士】纳税人的交际应酬消费属于个人消费
2. 非正常损失的购进货物，在产品、产成品所耗用的购进货物（不包括固定资产）劳务和交通运输服务 3. 非正常损失的不动产以及该不动产、不动产在建工程所耗用的购进货物、设计服务和建筑服务	【小贴士】非正常损失，指因管理不善造成货物被盗、丢失、霉烂变质；因违反法律法规造成货物、不动产被依法没收、销毁、拆除的情形。 【小贴士】非正常损失货物在增值税中不得抵扣进项税额，需做进项税额转出处理。 【小贴士】纳税人新建、改建、扩建、修缮、装饰不动产，均属于不动产在建工程
4. 购进的贷款服务、餐饮服务、居民日常服务、娱乐服务	
5. 纳税人接受贷款服务向贷款方支付的与该笔贷款直接相关的投融资顾问费、手续费、咨询费等费用，其进项税额不得从销项税额中抵扣	
6. 提供保险服务的纳税人以现金赔付方式承担机动车辆保险责任的，将应付给被保险人的赔偿金直接支付给车辆修理劳务提供方，进项税额不予抵扣（新增）	
7. 适用一般计税方法的纳税人，兼营简易计税方法计税项目、免征增值税项目而无法划分不得抵扣的进项税额，按照下列公式计算不得抵扣的进项税额	不得抵扣的进项税额 = 当期无法划分的全部进项税额 ×（当期简易计税方法计税项目销售额 + 免征增值税项目销售额）÷ 当期全部销售额
8. 一般纳税人已抵扣进项税额的固定资产、无形资产或者不动产，发生《增值税暂行条例》和“营改增通知”规定不得从销项税额中抵扣进项税额情形的，按照下列公式计算不得抵扣的进项税额	不得抵扣的进项税额 = 已抵扣进项税额 × 不动产净值率

重难点3：异常增值税扣税凭证的管理（新增）★★

（一）符合下列情形之一的增值税专用发票，列入异常凭证范围

1. 纳税人丢失、被盗税控专用设备中未开具或已开具未上传的增值税专用发票；

2. 非正常户纳税人未向税务机关申报或未按规定缴纳税款的增值税专用发票；

3. 增值税发票管理系统稽核比对发现“比对不符”“缺联”“作废”的增值税专用发票；

4. 经税务总局、省税务局大数据分析发现，纳税人开具的增值税专用发票存在涉嫌虚开、未按规定缴纳消费税等情形的；

5. 属于《国家税务总局关于走逃（失联）企业开具增值税专用发票认定处理有关问题的公告》（国家税务总局公告2016年第76号）第二条第（一）项规定情形的增值税专用发票。

（二）增值税一般纳税人申报抵扣异常凭证，同时符合下列情形的，其对应开具的增值税专用发票列入异常凭证范围

1. 异常凭证进项税额累计占同期全部增值税专用发票进项税额70%（含）以上的；

2. 异常凭证进项税额累计超过5万元的。

纳税人尚未申报抵扣、尚未申报出口退税或已作进项税额转出的异常凭证，其涉及的进项税额不计入异常凭证进项税额的计算。

（三）增值税一般纳税人取得的增值税专用发票列入异常凭证范围的，应按照以下规定处理

1. 尚未申报抵扣增值税进项税额的，暂不允许抵扣。已经申报抵扣增值税进项税额的，除另有规定外，一律作进项税额转出处理。

2. 尚未申报出口退税或者已申报但尚未办理出口退税的，除另有规定外，暂不允许办理出口退税。适用增值税免抵退税办法的纳税人已经办理出口退税的，应根据列入异常凭证范围的增值税专用发票上注明的增值税额作进项税额转出处理；适用增值税免税办法的纳税人已经办理出口退税的，税务机关应按照现行规定对列入异常凭证范围的增值税专用发票对应的已退税款追回。

3. 消费税纳税人以外购或委托加工收回的已税消费品为原料连续生产应税消费品，尚未申报扣除原料已纳消费税税款的，暂不允许抵扣；已经申报抵扣的，冲减当期允许抵扣的消费税税款，当期不足冲减的应当补缴税款。

4. 纳税信用 A 级纳税人取得异常凭证且已经申报抵扣增值税、办理出口退税或抵扣消费税的，可以自接到税务机关通知之日起 10 个工作日内，向主管税务机关提出核实申请。

5. 纳税人对税务机关认定的异常凭证存有异议，可以向主管税务机关提出核实申请。经税务机关核实，符合现行增值税进项税额抵扣或出口退税相关规定的，纳税人可继续申报抵扣或者重新申报出口退税；符合消费税抵扣规定且已缴纳消费税税款的，纳税人可继续申报抵扣消费税税款。

（四）经税务总局、省税务局大数据分析发现存在涉税风险的纳税人，不得离线开具发票，其开票人员在使用开票软件时，应当按照税务机关指定的方式进行人员身份信息实名验证

（五）新办理增值税一般纳税人登记的纳税人，自首次开票之日起 3 个月内不得离线开具发票，按照有关规定不使用网络办税或不具备风险条件的特定纳税人除外

重难点 4：应纳税额的计算★

（一）计算应纳税额的时间限定

1. 计算销项税额的时间限定。

主要判断增值税纳税义务发生时间（详见第十单元，重点记忆）。

2. 增值税专用发票进项税额抵扣的时间限定。

增值税一般纳税人取得 2017 年 1 月 1 日及以后开具的增值税专用发票、海关进口增值税专用缴款书、机动车销售统一发票、收费公路通行费增值税电子普通发票，取消认证确认、稽核比对、申报抵扣的期限。纳税人在进行增值税纳税申报时，应当通过本省（自治区、直辖市和计划单列市）增值税发票综合服务平台对上述扣税凭证信息进行用途确认。

3. 海关进口增值税专用缴款书进项税额申报抵扣和出口退税的限定。

增值税一般纳税人取得海关进口增值税专用缴款书（以下简称海关缴款书）后如需申报抵扣或出口退税，按以下方式处理：

（1）增值税一般纳税人取得仅注明一个缴款单位信息的海关缴款书，应当登录本省（区、市）增值税发票选择确认平台（以下简称选择确认平台）查询、选择用于申报抵扣或出口退税的海关缴款书信息。通过选择确认平台查询到的海关缴款书信息与实际情况不一致或未查询到对应信息的，应当上传海关缴款书信息，经系统稽核比对相符后，纳税人登录选择确认平台查询、选择用于申报抵扣或出口退税的海关缴款书信息。

（2）增值税一般纳税人取得注明两个缴款单位信息的海关缴款书，应当上传海关缴款书信息，经系统稽核比对相符后，纳税人登录选择确认平台查询、选择用于申报抵扣或出口退税的海关缴款书信息。

（二）销项税额不足抵扣进项税额的处理

1. 结转下期继续抵扣。

2. 退还增量留抵税额。

（1）留抵退税条件。

a. 自2019年4月税款所属期起，连续六个月（按季纳税的，连续两个季度）增量留抵税额均大于零，且第六个月增量留抵税额不低于50万元；

b. 纳税信用等级为A级或者B级；

c. 申请退税前36个月未发生骗取留抵退税、出口退税或虚开增值税专用发票情形的；

d. 申请退税前36个月未因偷税被税务机关处罚两次及以上的；

e. 自2019年4月1日起未享受即征即退、先征后返（退）政策的。

【小贴士】增量留抵税额是指与2019年3月底相比新增加的期末留抵税额。

【小贴士】部分先进制造业纳税人，是指按照《国民经济行业分类》生产并销售非金属矿物制品、通用设备、专用设备及计算机、通信和其他电子设备销售额占全部销售额的比重超过50%的纳税人。

上述销售额比重根据纳税人申请退税前连续12个月的销售额计算确定；申请退税前经营期不满12个月但满3个月的，按照实际经营期的销售额计算确定。

【小贴士】税务机关在办理留抵退税期间，发现符合留抵退税条件的纳税人存在以下情形，暂停为其办理留抵退税：存在增值税涉税风险疑点的；被税务稽查立案且未结案的；增值税申报比对异常未处理的；取得增值税异常扣税凭证未处理的；国家税务总局规定的其他情形。

（2）留抵退税的计算。

一般企业：允许退还的增量留抵税额＝增量留抵税额×进项构成比例×60%

部分先进制造业：允许退还的增量留抵税额＝增量留抵税额×进项构成比例

【小贴士】进项构成比例：为2019年4月至申请退税前一税款所属期内已抵扣的增值税专用发票（含税控机动车销售统一发票）、海关进口增值税专用缴款书、解缴税款完税凭证注明的增值税额占同期全部已抵扣进项税额的比重。

（3）其他相关规定。

a. 纳税人申请办理留抵退税，应于符合留抵退税条件的次月起，在增值税纳税申报期（以下称申报期）内，完成本期增值税纳税申报后，通过电子税务局或办税服务厅提交《退（抵）税申请表》。

b. 纳税人出口货物劳务、发生跨境应税行为，适用免抵退税办法的，办理免抵退税后，仍符合规定条件的，可以申请退还留抵税额；适用免退税办法的，相关进项税额不得用于退还留抵税额。

【小贴士】纳税人出口货物劳务、发生跨境应税行为，适用免抵退税办法的，可以在同一申报期内，既申报免抵退税又申请办理留抵退税。

【小贴士】纳税人既申报免抵退税又申请办理留抵退税的，税务机关应先办理免抵退税。办理免抵退税后，纳税人仍符合留抵退税条件的，再办理留抵退税。

c. 纳税人取得退还的留抵税额后，应相应调减当期留抵税额。

d. 按照规定再次满足退税条件的，可以继续向主管税务机关申请退还留抵税额。

（三）扣减发生期进项税额的规定

对于已抵扣进项税额的购进货物、劳务、服务、无形资产、不动产如果事后改变用途，用于不得抵扣进项税额项目，作进项税额转出处理。

（四）销货折让、中止或退回的税务处理：销售方冲减销项税额，购货方冲减进项税额

（五）向供货方取得返还收入的税务处理

冲减当期进项 = 当期取得的返还资金 ÷（1 + 所购货物适用税率）× 所购货物适用税率

【小贴士】商业企业向供货方收取的各种返还收入，不得开具增值税专用发票。

（六）一般纳税人注销时进项税额的处理

一般纳税人注销或取消辅导期一般纳税人资格，转为小规模纳税人时，其存货不作进项税额转出处理，其留抵税额也不予以退税。

（七）非房企转让不动产增值税征收管理

1. 适用范围。

适用于纳税人转让其取得的不动产，包括以直接购买、接受捐赠、接受投资入股、自建以及抵债等各种形式取得的不动产。

2. 计税方法及应纳税额计算。

a. 一般纳税人转让其取得的不动产。

时间	采取方法	取得来源	预缴税款	申报纳税（机构所在地）
2016.4.30 前取得	一般计税方法	非自建项目	增值税 = 转让差额 ÷（1 +5%）×5%	增值税 = 转让全额 ÷（1 +9%）× 9% − 进项税额 − 预缴税款
		是自建项目	增值税 = 转让全额 ÷（1 +5%）×5%	增值税 = 转让全额 ÷（1 +9%）× 9% − 进项税额 − 预缴税款
	简易计税方法	非自建项目	增值税 = 转让差额 ÷（1 +5%）×5%	0
		是自建项目	增值税 = 转让全额 ÷（1 +5%）×5%	0
2016.5.1 后取得	一般计税方法	与 2016.4.30 前取得采用一般计税方法相同		

【小贴士】转让差额 = 取得的全部价款和价外费用 − 不动产购置原价或者取得不动产时的作价

b. 小规模纳税人转让其取得的不动产（除个人转让住房外）。

取得来源	预缴税款（不动产所在地）	申报纳税（机构所在地）
非自建项目	增值税＝转让差额÷(1＋5%)×5%	0
是自建项目	增值税＝转让全额÷(1＋5%)×5%	0

【小贴士】小规模纳税人计算与一般纳税人简易计算方法相同，可合并记忆。

c. 个人（个体工商户和其他个人）转让其购买的住房。

<table>
<tr><td rowspan="2"></td><td rowspan="2">购买不足2年转让</td><td colspan="2">购买超过2年（含2年）转让</td></tr>
<tr><td>北上广深</td><td>其他地区</td></tr>
<tr><td>普通住房</td><td rowspan="2">全额征收5%增值税</td><td>免征增值税</td><td rowspan="2">免征增值税</td></tr>
<tr><td>非普通住房</td><td>(卖出价－买入价)÷(1＋5%)×5%</td></tr>
</table>

【小贴士】个体工商户向住房所在地的税务机关预缴税款，向机构所在地的税务机关申报纳税。其他个人向住房所在地的税务机关申报纳税。

3. 缴税的注意事项。

(1) 纳税人转让其取得的不动产，向不动产所在地主管税务机关预缴的增值税税款，可以在当期增值税应纳税额中抵减，抵减不完的结转下期继续抵减。

(2) 纳税人以预缴税款抵减应纳税额，应以完税凭证作为合法有效凭证。

(3) 小规模纳税人转让其取得的不动产，不能自行开具增值税发票的，可向不动产所在地主管税务机关申请代开。

(4) 纳税人向其他个人转让其取得的不动产，不得开具或申请代开增值税专用发票。

【经典模拟题】

【计算问答题】某公司（一般纳税人）2019年9月30日转让其2015年11月1日购买的写字间一处，取得转让收入5 500万元（含税）。购买时的价格为3 200万元，保留有合法有效发票。(选择简易计税方法)

【答案及解析】应纳增值税＝(5 500－3 200)÷(1＋5%)×5%＝109.52（万元）

(八) 纳税人跨县（市、区）提供建筑服务增值税征收管理

1. 适用范围：单位和个体工商户在其机构所在地以外的县（市、区）提供建筑服务

2. 计税方法及缴纳。

<table>
<tr><td>纳税人</td><td>计税方法</td><td>预缴税款（建筑服务发生地）</td><td>申报纳税（机构所在地）</td></tr>
<tr><td rowspan="2">一般纳税人</td><td>适用一般计税方法</td><td>差额÷(1＋9%)×2%</td><td>增值税＝销售额全额÷(1＋9%)×9%－进项税额－预缴税款</td></tr>
<tr><td>选择简易计税方法（老项目）</td><td rowspan="2">差额÷(1＋3%)×3%</td><td rowspan="2">0</td></tr>
<tr><td>小规模纳税人</td><td>简易计税方法</td></tr>
</table>

【小贴士】差额＝全部价款和价外费用－支付的分包款

【小贴士】建筑工程承包合同注明的开工日期在2016年4月30日前的建筑工程项目，

即老项目，可以选择简易计税方法。

3. 征收管理。

（1）纳税人跨县（市、区）提供建筑服务，向建筑服务发生地主管税务机关预缴的增值税税款，可以在当期增值税应纳税额中抵减，抵减不完的，结转下期继续抵减。

（2）应当预缴之月起超过6个月没有预缴税款的，由机构所在地主管税务机关按照《中华人民共和国税收征收管理法》及相关规定进行处理。

（九）纳税人提供不动产经营租赁服务增值税征收管理

1. 适用范围。

适用于纳税人出租取得的不动产。

取得的不动产，包括以直接购买、接受捐赠、接受投资入股、自建以及抵债等形式取得的不动产。

【小贴士】不适用于纳税人提供道路通行服务。

2. 计税方法及缴纳。

纳税人	计税方法	预缴税款（不动产所在地）	申报纳税（机构所在地）
一般纳税人	适用一般计税方法	预缴税款 = 含税销售额全额 ÷（1 + 9%）×3%	增值税 = 含税销售额全额 ÷（1 + 9%）×9% －进项税额－预缴税款
	选择简易计税方法（老项目）	预缴税款 = 含税销售额全额 ÷（1 + 5%）×5%	0
小规模纳税人	简易计税方法		

【小贴士】个人（个体工商户和其他个人）出租住房。

个体工商户出租住房	预缴税款（不动产所在地）	申报纳税（机构所在地）
	含税销售额 ÷（1 +5%）×1.5%	0
	申报纳税（不动产所在地）	
个人出租住房	应纳税款 = 含税销售额 ÷（1 +5%）×1.5%	
个人出租非住房	应纳税款 = 含税销售额 ÷（1 +5%）×5%	

3. 征收管理。

（1）纳税人不动产的所在地与机构所在地在同一县（市、区），纳税人应向机构所在地主管税务机关申报纳税。

（2）单位和个体工商户出租不动产，向不动产所在地主管税务机关预缴的增值税款，可以在当期增值税应纳税额中抵减，抵减不完的，结转下期继续抵减。纳税人以预缴税款抵减应纳税额，应以完税凭证作为合法有效凭证。

（3）小规模纳税人中的单位和个体工商户出租不动产，不能自行开具增值税发票的，可向不动产所在地主管税务机关申请代开增值税发票。

（4）其他个人出租不动产，可向不动产所在地主管税务机关申请代开增值税发票。

纳税人向其他个人出租不动产，不得开具或申请代开增值税专用发票。

【小贴士】房地产开发企业不动产经营租赁服务的计算和非房企纳税人相同。

（十）房地产开发企业销售自行开发的房地产项目增值税征收管理

1. 销售额的确定。

销售额 =（全部价款和价外费用 − 当期允许扣除的土地价款）÷（1 +9%）

【小贴士】公式中"支付的土地价款"，是指向政府、土地管理部门或受政府委托收取土地价款的单位直接支付的土地价款。

当期允许扣除的土地价款 = 支付的土地价款 ×（当期销售房地产项目建筑面积 ÷ 房地产项目可供销售建筑面积）

【小贴士】纳税人销售老项目选择适用简易计税方法，销售额为取得的全部价款和价外费用，不得扣除对应的土地价款。

2. 进项税额的确定。

进项税额：房地产开发企业中的一般纳税人自行开发的房地产项目，其进项税额可一次性抵扣。

3. 预缴税额。

预缴税款：一般纳税人采取预收款方式销售自行开发的房地产项目，应在收到预收款时按照3%的预征率预缴增值税。

纳税人	项目分类	计税方法	预缴税款	申报纳税
一般纳税人	新项目 老项目	适用一般计税方法	预收款 ÷（1 +9%）×3%	应纳税款 =（含税全价 − 土地价款）÷（1 +9%）×9% − 进项税额 − 预缴税款
	老项目	（选择）适用简易计税方法	预收款 ÷（1 +5%）×3%	应纳税款 = 含税全价 ÷（1 +5%）×5% − 预缴税款

【经典真题】

【综合题 · 2017 改编】位于甲省某市区的一家建筑企业为增值税一般纳税人，在乙省某市区提供写字楼和桥梁建造业务，2017 年 4 月具体经营业务如下：

（1）该建筑企业对写字楼建造业务选择一般计税方法，按照工程进度及合同约定，本月取得含税金额 3 000 万元并给业主开具了增值税专用发票。由于该建筑企业将部分业务进行了分包，本月支付分包含税金额 1 200 万元，取得分包商（采用一般计税方法）开具的增值税专用发票。

（2）桥梁建造业务为甲供工程，该建筑企业对此项目选择了简易计税方法。本月收到含税金额 4 000 万元并开具了增值税普通发票，该建筑企业将部分业务进行了分包，本月支付分包含税金额 1 500 万元，取得分包商开具的增值税普通发票。

（3）从国外进口一台机器设备，国外买价折合人民币 80 万元，运抵我国入关前支付的运费折合人民币 4.2 万元，保险费折合人民币 3.8 万元，报关进口后支付了相关税费。入关后运抵企业所在地，取得运输公司开具的增值税专用发票注明运费 1 万元、税额 0.09 万元，该进口设备既用于一般计税项目也用于简易计税项目，该企业未分开核算。

（4）发生外地出差住宿费支出价税合计 6.36 万元，取得增值税一般纳税人开具的增值税专用发票，发生餐饮费支出价税合计 3 万元，取得增值税普通发票。

（其他相关资料：上述业务涉及的相关票据均已通过主管税务机关比对认证。）

要求：根据上述资料，按照下列顺序计算回答问题，如有计算需计算出合计数。

1. 计算业务（1）企业在乙省应预缴的增值税。
2. 计算业务（1）的销项税额。
3. 计算业务（2）在乙省应预缴的增值税。
4. 计算业务（4）可抵扣的增值税进项税额。
5. 计算企业当月增值税进项税额合计。
6. 计算企业当月增值税应纳税额。
7. 计算企业应向总部机构所在地主管税务机关缴纳的增值税。

【答案及解析】（本题答案均按最新政策进行调整）：

（1）应预缴税款 =（全部价款和价外费用 - 支付的分包款）/（1 +9%）×2% =（3 000 - 1 200）/（1 +9%）×2% =33.03（万元）

（2）销项税额 =3 000/（1 +9%）×9% =247.71（万元）

（3）应预缴税款 =（全部价款和价外费用 - 支付的分包款）÷（1 +3%）×3% =（4 000 - 1 500）/（1 +3%）×3% =72.82（万元）

（4）可以抵扣的进项税额 =6.36/（1 +6%）×6% =0.36（万元）

（5）当月增值税进项税额合计 =1 200/（1 +9%）×9% +0.09 +0.36 =99.53（万元）

（6）当月增值税应纳税额 =247.71 -99.53 +（4 000 -1 500）÷（1 +3%）×3% =221（万元）

（7）企业应缴纳的增值税 =221 -33.03 -72.82 =115.15（万元）

第六单元　简易征税方法应纳税额的计算

重难点1：应纳税额的计算★

纳税人发生应税销售行为适用简易计税方法的，应该按照销售额和征收率计算应纳增值税税额，并且不得抵扣进项税额。应纳税额的计算公式：

应纳税额 = 销售额（不含增值税）× 征收率

【小贴士】小规模纳税人一律采用简易计税方法计税，但是一般纳税人发生应税销售行为可以选择适用简易计税方法。

重难点2：含税销售额的换算★

按简易计税方法计税的销售额不包括其应纳的增值税税额，纳税人采用销售额和应纳增值税税额合并定价方法的，按照下列公式计算销售额：

销售额 = 含税销售额 ÷（1 + 征收率）

【小贴士】按照现行规定应当预缴增值税税款的小规模纳税人，凡在预缴地实现的月销售额未超过10万元的，当期无需预缴税款。该规定执行前（2019年1月19日前），已预缴税款的，可以向预缴地主管税务机关申请退还。

重难点3：资管产品的增值税处理办法★

（一）计税方法

资管产品管理人（简称管理人）运营资管产品过程中发生的增值税应税行为（简称资管产品运营业务），暂适用简易计税方法，按照3%的征收率缴纳增值税。

（二）资管产品管理人

资管产品管理人包括银行、信托公司、公募基金管理公司及其子公司、证券公司及其子公司、期货公司及其子公司、私募基金管理人、保险资产管理公司、专业保险资产管理机构、养老保险公司等。

管理人接受投资者委托或信托对受托资产提供的管理服务以及管理人发生的除下列（三）规定的其他增值税应税行为（简称其他业务），按照现行规定缴纳增值税。

（三）资管产品的范围

资管产品包括银行理财产品、资金信托（包括集合资金信托、单一资金信托）、财产权信托、公开募集证券投资基金、特定客户资产管理计划、集合资产管理计划、定向资产管理计划、私募投资基金、债权投资计划、股权投资计划、股债结合型投资计划、资产支持计划、组合类保险资产管理产品、养老保障管理产品。

（四）资管产品的其他增值税处理规定

1. 管理人应分别核算资管产品运营业务和其他业务的销售额和增值税应纳税额。未分别核算的，资管产品运营业务不得适用上述（一）、（二）、（三）规定。

2. 管理人可选择分别或汇总核算资管产品运营业务销售额和增值税应纳税额。

3. 管理人应按照规定的纳税期限，汇总申报缴纳资管产品运营业务和其他业务增值税。

4. 2017年7月1日（含）以后，资管产品运营过程中发生的增值税应税行为，以资管产品管理人为增值税纳税人，按照现行规定缴纳增值税。

【小贴士】对资管产品在2017年7月1日前运营过程中发生的增值税应税行为，未缴纳增值税的，不再缴纳；已缴纳增值税的，已纳税额从资管产品管理人以后月份的增值税应纳税额中抵减。

第七单元　进口环节增值税的征收

重难点1：进口环节增值税的征收范围及纳税人★

（一）进口环节增值税的征税范围

1. 根据《增值税暂行条例》的规定，申报进入中华人民共和国海关境内的货物，均应缴纳增值税。

【小贴士】自2018年6月1日起，对申报进口监管方式为1500（租赁不满一年）、1523（租赁贸易）、9800（租赁征税）的租赁飞机（税则品目：8802），海关停止代征进口环节增值税。进口租赁飞机增值税的征收管理，由税务机关按照现行增值税政策组织实施。

2. 从其他国家或地区进口《跨境电子商务零售进口商品清单》范围内的以下商品适用于跨境电子商务零售进口增值税税收政策。

（二）进口环节增值税的纳税人

进口货物的收货人（承受人）或办理报关手续的单位和个人。

【小贴士】对代理进口货物，以海关开具的完税凭证上的纳税人为增值税纳税人。

【小贴士】购买跨境电子商务零售进口商品的个人作为纳税人。电子商务企业、电子商务交易平台企业或物流企业可作为代收代缴义务人。

重难点2：进口环节增值税的适用税率★

（一）税率：13%、9%

【小贴士】一般纳税人、小规模纳税人适用税率相同。

【小贴士】对进口抗癌药品，自2018年5月1日起，减按3%征收进口环节增值税。对进口罕见病药品，自2019年3月1日起，减按3%征收进口环节增值税。

（二）跨境电子商务零售进口商品

单次交易限值为人民币5 000元，个人年度交易限值为人民币26 000元以内进口的跨境电子商务零售进口商品，关税税率暂设为0%。

重难点3：进口环节增值税应纳税额计算★★★

（一）进口环节增值税计税依据——组成计税价格

组成计税价格＝关税完税价格＋关税＋(消费税)

应纳税额＝组成计税价格×税率

（二）纳税人在计算进口货物的增值税时应该注意以下问题：

1. 进口货物增值税的组成计税价格中包括已纳关税税额，如果进口货物属于消费税应税消费品，其组成计税价格中还要包括进口环节已纳消费税税额。

2. 在计算进口环节的应纳增值税税额时不得抵扣任何税额，即在计算进口环节的应纳增值税税额时，不得抵扣发生在我国境外的各种税金。

3. 一般贸易下进口货物：

关税完税价格以海关审定的成交价格为基础的到岸价格作为完税价格。

【小贴士】完税价格是货价加运抵海关前所发生的包装费、保险费等费用。

4. 跨境电子商务零售进口商品：实际交易价格（包括货物零售价格、运费和保险费）作为完税价格。

【小贴士】增值税、消费税按法定应纳税额的70%征收。

【小贴士】完税价格超过5 000元单次交易限值但低于26 000元年度交易限值，且订单下仅一件商品时，可以自跨境电商零售渠道进口，按照货物税率全额征收关税和进口环节增值税、消费税，交易额计入年度交易总额，但年度交易总额超过年度交易限值的，应按一般贸易管理。

重难点4：进口环节增值税的管理★

（一）进口货物的增值税由海关代征，具体规定：

1. 纳税义务发生时间：为报关进口当天；

2. 纳税地点：为进口货物报关地海关；

3. 纳税期限：为海关填发海关进口增值税专用缴款书之日起15日内。

（二）跨境电子商务零售进口商品

1. 由海关代征进口税金。

2. 自海关放行之日起30日内退货的，可申请退税，并相应调整个人年度交易总额。

3. 跨境电子商务零售进口商品购买人（订购人）的身份信息应进行认证；未进行认证的，购买人（订购人）身份信息应与付款人一致。

【经典模拟题】

【计算问答题】某商贸公司（有进出口经营权）2019年10月进口一批货物。该批货物在国外的买价为50万元，该批货物运抵我国海关前发生的运输费、保险费等共计15万元。货物报关进口后，公司按规定缴纳了进口环节的增值税并取得了海关开具的海关进口增值税专用缴款书。该批进口货物在国内销售90%，取得不含税销售额100万元。

相关资料：货物进口关税税率为15%，增值税税率为13%。

请按下列顺序回答问题：

（1）计算关税的组成计税价格；

（2）计算进口环节应纳的进口关税；

（3）计算进口环节应纳增值税的组成计税价格；

（4）计算进口环节应缴纳增值税的税额；

（5）计算国内销售环节的销项税额；

（6）计算国内销售环节应缴纳增值税税额。

【答案及解析】

（1）关税的组成计税价格 = 50 + 15 = 65（万元）

（2）应缴纳进口关税 = 65 × 15% = 9.75（万元）

（3）进口环节应纳增值税的组成计税价格 = 65 + 9.75 = 74.75（万元）

（4）进口环节应缴纳增值税的税额 = 74.75 × 13% = 9.72（万元）

（5）国内销售环节的销项税额 = 100 × 13% = 13（万元）

（6）国内销售环节应缴纳增值税税额 = 13 − 9.72 = 3.28（万元）

第八单元　出口和跨境业务增值税的退（免）税和征税

重难点1：出口货物、劳务和跨境应税行为退（免）增值税基本政策★

（一）出口免税并退税

（二）出口免税但不退税

（三）出口不免税也不退税

重难点2：出口货物、劳务和跨境应税行为增值税退（免）税政策★

（一）适用增值税退（免）税政策的范围

1. 出口企业出口货物。

2. 出口企业或其他单位视同出口的货物。

3. 生产企业视同出口货物的满足条件。

4. 出口企业对外提供加工修理修配劳务。

5. 融资租赁货物出口退税。

（二）增值税退（免）税办法

1. “免、抵、退”税办法。

【小贴士】免征增值税，相应的进项税额抵减应纳增值税额，未抵减完的部分还予以退还。

适用范围：

（1）生产企业出口自产货物与视同自产货物，以及列名的74家生产企业出口非自产货物。

（2）对外提供加工修理修配劳务。

（3）适用零税率跨境应税行为：包括零税率的服务和无形资产。

2. “免、退”税办法。

【小贴士】免征增值税，相应的进项税额予以退还。

适用范围：

（1）不具有生产能力的出口企业（外贸企业）或其他单位出口货物、劳务。

（2）外贸企业外购的研发服务和设计服务出口。

（三）增值税出口退税率

出口货物的退税率为其适用征税率。

【小贴士】适用不同退税率的货物、劳务及应税服务，应分开报关、核算并申报退（免）税；否则从低适用退税率。

（四）增值税退（免）税的计税依据

【小贴士】按出口货物、劳务的出口发票（外销发票）、其他普通发票；购进出口货物、劳务的增值税专用发票；海关进口增值税专用缴款书确定。

出口企业	出口项目	退（免）税计税依据
1. 生产企业	出口货物、劳务（进料加工复出口货物除外）	出口货物、劳务的实际离岸价（FOB）
	进料加工复出口货物	出口货物的离岸价（FOB）扣除出口货物耗用的保税进口料件金额确定
	国内购进无进项税额且不计提进项税额的免税原材料加工后出口的货物	出口货物的离岸价（FOB）扣除出口货物所含的国内购进免税原材料的金额后确定
2. 外贸企业	出口货物（委托加工修理修配货物除外）	购进出口货物的增值税专用发票注明的金额或海关进口增值税专用缴款书注明的完税价格
	出口委托加工修理修配货物	加工修理修配费用增值税专用发票注明的金额

（五）增值税“免、抵、退”税和“免、退”税计算

1. 生产企业：“免、抵、退”。

（1）“免、抵、退”计算公式：

①当期应纳税额的计算：

当期应纳税额 = 当期销项税额 -（当期进项税额 - 当期不得免征和抵扣税额）

当期不得免征和抵扣税额 = 当期出口货物离岸价 × 外汇人民币折合率 ×（出口货物适用税率 - 出口货物退税率）- 当期不得免征和抵扣税额抵减额

当期不得免征和抵扣税额抵减额 = 当期免税购进原材料价格 ×（出口货物适用税率 - 出口货物退税率）

②当期“免、抵、退”税额的计算：

当期“免、抵、退”税额 = 当期出口货物离岸价 × 外汇人民币折合率 × 出口货物退税率 - 当期“免、抵、退”税额抵减额

当期“免、抵、退”税额抵减额 = 当期免税购进原材料价格 × 出口货物退税率

③当期应退税额和留抵（免抵）税额的计算：

a. 当期期末留抵税额≤当期免、抵、退税额

则当期应退税额 = 当期期末留抵税额

当期免抵税额 = 当期免抵退税额 - 当期应退税额

【小贴士】应退税额是两者中的较小者。

b. 当期当期期末留抵税额 > 当期免、抵、退税额

则当期应退税额 = 当期免、抵、退税额

当期免抵税额 = 0

④出口货物耗用了免税购进的原材料处理：

出口货物使用了免税或保税购进的原材料，应扣除出口货物所含的购进免税或保税原材料的金额。

其中当期进料加工保税进口料件的价格为进料加工出口货物耗用的保税进口料件金额。

进料加工出口货物耗用的保税进口料件金额 = 进料加工出口货物人民币离岸价 × 进料加工计划分配率

（2）“免、抵、退”计算举例：

【经典模拟题】

【单选题】某自营出口的生产企业为增值税的一般纳税人，出口货物的征税率为 13%，退税率为 9%。2019 年 9 月购进原材料一批，取得的增值税的专用发票注明金额 500 万元，税额 80 万元。9 月内销货物取得不含税销售额 150 万元，出口货物取得销售额折合人民币 200 万元，上月增值税留抵税额 10 万元，该企业当期“免、抵、退”税不得免征和抵扣税额为（　　）万元。

A. 6　　B. 20　　C. 8　　D. 26

【答案】C

【解析】“免、抵、退”税不得免征和抵扣税额 = FOB 价 ×（征税率 - 退税率）= 200 ×

（13% -9%）=8（万元）。

【计算问答题】某自营出口的生产企业为增值税一般纳税人，出口货物的征税税率为13%，退税税率为9%。2019年11月有关经营业务为：外购原材料一批，取得对方开具的增值税专用发票注明价款600万元，税金78万元，发票已经认证。10月份留抵税款6万元。本月内销货物取得不含税销售额200万元，税金26万元。本月出口货物的销售额折合人民币400万元。

问题：计算该企业当期的“免、抵、退”税额。

【答案及解析】

当期“免、抵、退”税不得免征和抵扣税额=400×（13% -9%）=16（万元）

当期应纳税额=200×13% -（78-16）-6=26-62-6= -42（万元）

出口货物“免、抵、退”税额=400×9% =36（万元）

当期应退税额=36万元

当期免抵税额=36-36=0（万元）

7月期末留抵结转下期继续抵扣税额为6（42-36）万元。

（3）零税率应税行为增值税退（免）税计算——适用“免、抵、退”税办法。

2. “免、退”税计算——外贸企业出口货物、劳务和应税行为。

（1）外贸企业出口委托加工修理修配货物以外的货物：

增值税应退税额=增值税退（免）税计税依据×出口货物退税率

（2）外贸企业出口委托加工修理修配货物：

出口委托加工修理修配货物的增值税应退税额=委托加工修理修配的增值税退（免）税计税依据×出口货物退税率

重难点3：出口货物、劳务和跨境应税行为增值税免税政策★

（一）适用增值税免税政策的范围

适用增值税免税政策的出口货物、劳务和应税行为是指：

1. 出口企业或其他单位出口规定的货物：列举14项。

（1）增值税小规模纳税人出口货物。

（2）避孕药品和用具，古旧图书。

（3）软件产品。

（4）含黄金、铂金成分的货物，钻石及其饰品。

（5）国家计划内出口的卷烟。

（6）非出口企业委托出口的货物。

（7）非列名生产企业出口的非视同自产货物。

（8）农业生产者自产农产品。

（9）规定的出口免税的货物，如油、花生果仁、黑大豆等。

（10）外贸企业取得普通发票、农产品收购发票、政府非税收入票据的货物。

（11）来料加工复出口货物。

（12）特殊区域内的企业出口的特殊区域内的货物。

（13）以人民币现金作为结算方式的边境地区出口企业从所在省（自治区）的边境口岸出口到接壤国家的一般贸易和边境小额贸易出口货物。

（14）以旅游购物贸易方式报关出口的货物。

【经典真题】

【多选题 · 2010】下列出口货物中，免税但不予退税的有（　　）。

A. 古旧图书　　B. 避孕药品和用具

C. 列名企业出口非自产货物　　D. 来料加工复出口的货物

【答案】ABD

【解析】列名生产企业出口非自产货物，应采用“免、抵、退”政策。所以选项 C 不对。

2. 境内的单位和个人销售的下列跨境应税行为免征增值税，但零税率的除外：

（1）工程项目在境外的建筑服务。

（2）工程项目在境外的工程监理服务。

（3）工程、矿产资源在境外的工程勘察勘探服务。

（4）会议展览地点在境外的会议展览服务。

（5）存储地点在境外的仓储服务。

（6）标的物在境外使用的有形动产租赁服务。

（7）在境外提供的广播影视节目（作品）的播映服务。

（8）在境外提供的文化体育服务、教育医疗服务、旅游服务。

（9）为出口货物提供的邮政服务、收派服务、保险服务（包括出口货物保险和出口信用保险）。

（10）向境外单位提供的完全在境外消费的下列服务和无形资产：

①电信服务。

②知识产权服务。

③物流辅助服务。（仓储服务、收派服务除外）

④鉴证咨询服务。

⑤专业技术服务。

⑥商务辅助服务。

⑦广告投放地在境外的广告服务。

⑧无形资产（技术除外）。

（11）为境外单位之间的货币资金融通及其他金融业务提供的直接收费金融服务，且该服务与境内的货物、无形资产和不动产无关。

3. 对跨境电子商务综合试验区电子商务出口企业出口未取得有效进货凭证的货物，同时符合下列条件的，试行增值税、消费税免税政策：

（1）电子商务出口企业在综试区注册，并在注册地跨境电子商务线上综合服务平台登记出口日期、货物名称、计量单位、数量、单价、金额。

（2）出口货物通过综试区所在地海关办理电子商务出口申报手续。

（3）出口货物不属于财政部和税务总局根据国务院决定明确取消出口退（免）税的

货物。

4. 市场经营户自营或委托市场采购贸易经营者以市场采购贸易方式出口的货物免征增值税。

（二）进项税额的处理和计算

适用增值税免税政策的出口货物和劳务，其进项税额不得抵扣和退税，应当转入成本。

重难点4：出口货物、劳务和跨境应税行为增值税征税政策★

下列出口货物和劳务，不适用增值税退（免）税和免税政策，按下列规定及视同内销货物征税的其他规定征收增值税（以下称增值税征税）。

（一）适用增值税征税政策的范围（了解即可）

（二）应纳增值税的计算

1. 一般纳税人出口货物、劳务和应税行为。

销项税额 =（出口货物、劳务和应税行为离岸价 − 出口货物耗用的进料加工保税进口料件金额）÷（1 + 适用税率）× 适用税率

出口货物、劳务和应税行为若已按征退税率之差计算不得免征和抵扣税额并已经转入成本的，相应的税额应转回进项税额。

2. 小规模纳税人出口货物、劳务和应税行为

应纳税额 = 出口货物、劳务和应税行为离岸价 ÷（1 + 征收率）× 征收率

重难点5：外国驻华使（领）馆及其馆员在华购买货物和服务增值税退税管理办法★

（一）适用范围

外国驻华使（领）馆及其馆员在中华人民共和国境内购买货物和服务。

【小贴士】货物和服务指按规定征收增值税、属于合理自用范围内的生活办公类货物和服务（含修理修配劳务）。

（二）下列情形不适用增值税退税政策

1. 购买非合理自用范围内的生活办公类货物和服务；

2. 购买货物单张发票销售金额（含税价格）不足800元人民币（自来水、电、燃气、暖气、汽油、柴油除外），购买服务单张发票销售金额（含税价格）不足300元人民币；

3. 使（领）馆馆员个人购买货物和服务，除车辆和房租外，每人每年申报退税销售金额（含税价格）超过18万元人民币的部分，不适用增值税退税政策；

4. 增值税免税货物和服务。

（三）退税的计算

申报退税的应退税额，为增值税发票上注明的税额。如发票上未注明税额的，则：

增值税应退税额 = 发票金额（含增值税）÷（1 + 适用税率）× 适用税率

重难点6：境外旅客购物离境退税政策★

（一）退税物品

境外旅客本人在退税商店购买且符合退税条件的个人物品。

（二）境外旅客申请退税，应当同时符合以下条件

1. 同一境外旅客同一日在同一退税商店购买的退税物品金额达到500元人民币；
2. 退税物品尚未启用或消费；
3. 离境日距退税物品购买日不超过90天；
4. 所购退税物品由境外旅客本人随身携带或随行托运出境。

（三）退税物品的退税率（新）

适用13%税率的境外旅客购物离境退物品，退税率为11%；适用9%税率的境外旅客购物离境退税物品，退税率为8%。

（四）应退增值税额的计算公式

应退增值税额＝退税物品销售发票金额（含增值税）×退税率

（五）退税币种为人民币，退税方式有现金退税和银行转账退税两种方式

退税额未超过10 000元的，可自行选择退税方式。退税额超过10 000元的，以银行转账方式退税。

第九单元　税收优惠

重难点1：《增值税暂行条例》规定的免税项目（7项）★

1. 农业生产者销售的自产农产品。
2. 避孕药品和用具。
3. 古旧图书，是指向社会收购的古书和旧书。
4. 直接用于科学研究、科学试验和教学的进口仪器、设备。
5. 外国政府、国际组织无偿援助的进口物资和设备。
6. 由残疾人的组织直接进口供残疾人专用的物品。
7. 销售自己使用过的物品。自己使用过的物品，是指其他个人自己使用过的物品。

【经典模拟题】

【多选题】下列各项中，应当计算缴纳增值税的有（　　）。

A. 外国企业无偿援助的进口物资

B. 农业生产者销售自产农产品

C. 航空运输企业已售票但未提供航空运输服务取得的逾期票证收入

D. 残疾人的组织直接进口供残疾人专用的物品

【答案】AC

【解析】选项BD：属于增值税的免税项目，不计算缴纳增值税。

重难点2："营改增通知"规定的税收优惠政策★★

（一）下列项目免征增值税：53项

1. 托儿所、幼儿园提供的保育和教育服务。

2. 养老机构提供的养老服务。

3. 残疾人福利机构提供的育养服务。

4. 婚姻介绍服务。

5. 殡葬服务。

6. 残疾人员本人为社会提供的服务。

7. 医疗机构提供的医疗服务。

8. 从事学历教育的学校提供的教育服务。

9. 学生勤工俭学提供的服务。

10. 农业机耕、排灌、病虫害防治、植物保护、农牧保险以及相关技术培训业务，家禽、牲畜、水生动物的配种和疾病防治。

11. 纪念馆、博物馆、文化馆、文物保护单位管理机构、美术馆、展览馆、书画院、图书馆在自己的场所提供文化体育服务取得的第一道门票收入。

12. 寺院、宫观、清真寺和教堂举办文化、宗教活动的门票收入。

13. 行政单位之外的其他单位收取的符合规定条件的政府性基金和行政事业性收费。

14. 个人转让著作权。

15. 个人销售自建自用住房。

16. 台湾航运公司、航空公司从事海峡两岸海上直航、空中直航业务在大陆取得的运输输入。

17. 纳税人提供的直接或者间接国际货物运输代理服务。

18. 以下利息收入：

（1）国家助学贷款。

（2）国债、地方政府债。

（3）人民银行对金融机构的贷款。

（4）住房公积金管理中心用住房公积金在指定的委托银行发放的个人住房贷款。

（5）外汇管理部门在从事国家外汇储备经营过程中，委托金融机构发放的外汇贷款。

（6）统借统还业务中，企业集团或企业集团中的核心企业以及集团所属财务公司按不高于支付给金融机构的借款利率水平或者支付的债券票面利率水平，向企业集团或者集团内下属单位收取的利息。

统借方向资金使用单位收取的利息，高于支付给金融机构借款利率水平或者支付的债券票面利率水平的，应全额缴纳增值税。

自2019年2月1日至2020年12月31日，对企业集团内单位（含企业集团）之间的资金无偿借贷行为，免征增值税。

（7）自2018年11月7日起至2021年11月6日止，对境外机构投资境内债券市场取得的债券利息收入暂免征收增值税。

19. 被撤销金融机构以货物、不动产、无形资产、有价证券、票据等财产清偿债务。

20. 保险公司开办的一年期以上人身保险产品取得的保费收入。

21. 再保险服务。

22. 下列金融商品转让收入。

（1）合格境外投资者（QFII）委托境内公司在我国从事证券买卖业务。

（2）香港市场投资者（包括单位和个人）通过沪港通和深港通买卖上海证券交易所和深圳证券交易所上市A股；内地投资者（包括单位和个人）通过沪港通买卖香港联交所上市股票。

（3）对香港市场投资者（包括单位和个人）通过基金互认买卖内地基金份额。

（4）证券投资基金（封闭式证券投资基金，开放式证券投资基金）管理人运用基金买卖股票、债券。

（5）个人从事金融商品转让业务。

23. 金融同业往来利息收入。

24. 同时符合规定条件的担保机构从事中小企业信用担保或者再担保业务取得的收入3年内免征增值税。

25. 国家商品储备管理单位及其直属企业承担商品储备任务，从中央或者地方财政取得的利息补贴收入和价差补贴收入。

26. 纳税人提供技术转让、技术开发和与之相关的技术咨询、技术服务。

27. 同时符合条件的合同能源管理服务。

28. 政府举办的从事学历教育的高等、中等和初等学校，举办进修班、培训班取得的全部归该学校所有的收入。

29. 政府举办的职业学校设立的学校出资、收入归学校的企业，从事“现代服务”（不含融资租赁服务、广告服务和其他现代服务）、“生活服务”（不含文化体育服务、其他生活服务和桑拿、氧吧）业务活动取得的收入。

30. 家政服务企业由员工制家政服务员提供家政服务取得的收入。

31. 福利彩票、体育彩票的发行收入。

32. 军队空余房产租赁收入。

33. 企业、行政事业单位按房改成本价、标准价出售住房取得的收入。

34. 将土地使用权转让给农业生产者用于农业生产。

35. 涉及家庭财产分割的个人无偿转让不动产、土地使用权。

36. 土地所有者出让土地使用权和土地使用者将土地使用权归还给土地所有者。

37. 县级以上地方人民政府或自然资源行政主管部门出让、转让或收回自然资源使用权。

38. 随军家属就业3年内免征增值税。

39. 军队转业干部3年内免征增值税。

40. 各党派、共青团、工会、妇联、中科协、青联、台联、侨联收取党费、团费、会费、以及政府间国际组织收取会费，属于非经营活动，不征收增值税。

41. 青藏铁路公司提供的铁路运输服务免征增值税。

42. 中国邮政集团公司及其所属邮政企业提供的邮政普遍服务和邮政特殊服务，免征增值税。

43. 中国邮政集团公司及其所属邮政企业为金融机构代办金融保险业务取得的代理收入，在“营改增”试点期间免征增值税。

44. 中国信达资产管理股份有限公司、中国华融资产管理股份有限公司、中国长城资产管理公司和中国东方资产管理公司及分支机构，在收购、承接和处置剩余政策性剥离不良资产和改制银行剥离不良资产过程中开展的业务，免征增值税。

45. 全国社会保障基金理事会、全国社会保障基金投资管理人运用全国社会保障基金买卖证券投资基金、股票、债券取得的金融商品转让收入，免征增值税。

46. 国际航运保险业务免征增值税。

47. 对社保基金会、社保基金投资管理人在运用社保基金投资过程中，提供贷款服务取得的全部利息及利息性质的收入和金融商品转让收入，免征增值税。

48. 自2018年9月1日至2020年12月31日，对金融机构向小型企业、微型企业和个体工商户发放小额贷款取得的利息收入，免征增值税。

49. 境外教育机构与境内从事学历教育的学校开展中外合作办学，提供学历教育服务取得的收入免征增值税。

50. 自2018年1月1日起至2020年12月31日，免征图书批发、零售环节增值税。

51. 自2018年1月1日起至2020年12月31日，对科普单位的门票收入，以及县级及以上党政部门和科协开展科普活动的门票收入免征增值税。

52. 自2019年1月1日至2021年12月31日，对国家级、省级科技企业孵化器、大学科技园和国家备案众创空间向在孵对象提供孵化服务取得的收入，免征增值税。

【小贴士】孵化服务是指为在孵对象提供的经纪代理、经营租赁、研发和技术、信息技术、鉴证咨询服务。

53. 纳税人取得的财政补贴收入，与其销售货物、劳务、服务、无形资产、不动产的收入或者数量直接挂钩的，应按规定计算缴纳增值税。纳税人取得的其他情形的财政补贴收入，不属于增值税应税收入，不征收增值税。（新）

（二）增值税即征即退

1. 一般纳税人销售其自行开发生产的软件产品，对其增值税实际税负超过3%的部分实行增值税即征即退政策。

2. 一般纳税人提供管道运输服务，对其增值税实际税负超过3%的部分实行增值税即征即退政策。

3. 经批准从事融资租赁业务的一般纳税人，提供有形动产融资租赁服务和有形动产融资性售后回租服务，对其增值税实际税负超过3%的部分实行增值税即征即退政策。

4. 自2018年5月1日至2020年12月31日，对动漫企业增值税一般纳税人销售其自主开发生产的动漫软件，按照13%的税率征收增值税后，对其增值税实际税负超过3%的部分，实行即征即退政策。

5. 纳税人安置参加人享受即征即退优惠政策。

6. 纳税人享受即征即退政策，有纳税信用级别条件要求的，以纳税人申请退税税款所属期的纳税信用级别确定。（新）

（三）扣减增值税规定

1. 退役士兵创业就业。

（1）对自主就业退役士兵从事个体经营的，在3年（36个月，下同）内按每户每年12 000元为限额依次扣减其当年实际应缴纳的增值税、城市维护建设税、教育费附加、地方教育附加和个人所得税。

【小贴士】扣减顺序，增值税－城建税－教育费附加－地方教育费附加－个人所得税

（2）企业招用自主就业退役士兵，与其签订1年以上期限劳动合同并依法缴纳社会保险费的，在3年内按实际招用人数予以定额依次扣减增值税、城市维护建设税、教育费附加、地方教育附加和企业所得税优惠。定额标准为每人每年6 000元。

2. 重点群体创业就业。

（1）建档立卡贫困人口、持《就业创业证》（注明"自主创业税收政策"或"毕业年度内自主创业税收政策"）或《就业失业登记证》（注明"自主创业税收政策"）的人员，从事个体经营的，自办理个体工商户登记当月起，在3年（36个月，下同）内，按每户每年12 000元为限额，依次扣减其当年实际应缴纳的增值税、城市维护建设税、教育费附加、地方教育附加和个人所得税。

（2）企业招用建档立卡贫困人口，以及在人力资源社会保障部门公共就业服务机构登记失业半年以上且持《就业创业证》或《就业失业登记证》（注明"企业吸纳税收政策"）的人员，与其签订1年以上期限劳动合同并依法缴纳社会保险费的，自签订劳动合同并缴纳社会保险当月起，在3年内按实际招用人数予以定额依次扣减增值税、城市维护建设税、教育费附加、地方教育附加和企业所得税，定额标准为每人每年6 000元。

（四）增值税先征后退政策

自2018年1月1日起至2020年12月31日，对宣传文化执行下列增值税先征后退政策：

1. 对下列出版物在出版环节执行增值税100%先征后退的政策：

（1）中国共产党和各民主党派的各级组织的机关报纸和机关期刊，各级人大、政协、政府、工会、共青团、妇联、残联、科协的机关报纸和机关期刊，新华社的机关报纸和机关期刊，军事部门的机关报纸和机关期刊。

（2）专为少年儿童出版发行的报纸和期刊，中小学的学生课本。

（3）专为老年人出版发行的报纸和期刊。

（4）少数民族文字出版物。

（5）盲文图书和盲文期刊。

（6）经批准在内蒙古、广西、西藏、宁夏、新疆五个自治区内注册的出版单位出版的出版物。

（7）列入通知规定的图书、报纸和期刊。

2. 对下列出版物在出版环节执行增值税先征后退50%的政策：

（1）各类图书、期刊、音像制品、电子出版物，但第1项规定执行增值税100%先征后退的出版物除外。

（2）列入通知规定的报纸。

3. 对下列印刷、制作业务执行增值税 100% 先征后退的政策：

（1）对少数民族文字出版物的印刷或制作业务。

（2）列入通知规定的新疆维吾尔自治区印刷企业的印刷业务。

（五）金融企业发放贷款后应收未收利息的增值税处理

金融企业发放贷款后，自结息日起 90 天内发生的应收未收利息按现行规定缴纳增值税，自结息日起 90 天后发生的应收未收利息暂不缴纳增值税，待实际收到利息时按规定缴纳增值税。

（六）个人出售住房

【小贴士】一看时间，二看地点。

【小贴士】第五单元第三个知识点

重难点 3：财政部、税务总局规定的其他部分征免税项目★★

1. 资源综合利用产品和劳务增值税优惠政策。

可享受即征即退政策，退税比例有 30%、50%、70% 和 100% 四个档次。

2. 免征蔬菜流通环节（包括批发、零售）增值税。

【小贴士】不包括蔬菜罐头。

3. 除豆粕以外的其他粕类饲料产品，均免征增值税。

4. 制种行业免征增值税。

5. 有机肥产品免征增值税。

6. 边销茶免征增值税（新）。

7. 债转股免征增值税。

8. 外购用于生产乙烯、芳烃类化工产品的石脑油、燃料油，且使用 2 类油品生产特定化工产品的产量占本企业用石脑油、燃料油生产各类产品总量 50% 以上的企业，其外购 2 类油品的价格中消费税部分对应的增值税额，予以退还。

9. 小规模纳税人发生增值税应税销售行为，合计月销售额未超过 10 万元（以 1 个季度为 1 个纳税期的，季度销售额未超过 30 万元，下同）的，免征增值税。

【小贴士】小规模纳税人发生增值税应税销售行为，合计月销售额超过 10 万元，但扣除本期发生的销售不动产的销售额后未超过 10 万元的，其销售货物、劳务、服务、无形资产取得的销售额免征增值税。

【小贴士】适用增值税差额征税政策的小规模纳税人，以差额后的销售额确定是否可以享受上述规定的免征增值税政策。

10. 小规模纳税人月销售额未超过 10 万元的，当期因开具增值税专用发票已经缴纳的税款，在增值税专用发票全部联次追回或者按规定开具红字专用发票后，可以向税务机关申请退还。

11. 纳税人销售服务和无形资产免征增值税。

12. 纳税人取得采暖费的免征增值税处理。

自 2019 年 1 月 1 日至 2020 年供暖期结束，对供热企业向居民个人供热而取得的采暖费收入免征增值税。

13. 研发机构采购设备的增值税处理。

对内资研发机构和外资研发中心采购国产设备全额退还增值税。

14. 城镇公共供水企业缴纳的水资源税所对应的水费收入，不计征增值税，按“不征税自来水”项目开具增值税普通发票。

15. 纳税人将承包地流转给农业生产者用于农业生产，免征增值税。

16. 社团收取会费的，免征增值税。

17. 其他个人，采取一次性收取租金形式出租不动产取得的租金收入，可在对应的租赁期内平均分摊，分摊后的月租金收入未超过10万元的，免征增值税。

18. 对赞助企业及参与赞助的下属机构根据赞助协议及补充赞助协议向北京冬奥组委免费提供的，与北京2022年冬奥会、冬残奥会、测试赛有关的服务，免征增值税。

19. 创新企业境内发行存托凭证的免征增值税处理（新）。

（1）个人投资者转让创新企业CDR取得的差价收入，暂免征收增值税。

（2）单位投资者转让创新企业CDR取得的差价收入，按金融商品转让政策规定征免增值税。

（3）自试点开始之日起，对公募证券投资基金管理人运营基金过程中转让创新企业CDR取得的差价收入，三年内暂免征收增值税。

（4）对合格境外机构投资者（QFII）、人民币合格境外机构投资者（RQFII）委托境内公司转让创新企业CDR取得的差价收入，暂免征收增值税。

20. 国产抗艾滋病病毒药品的免征增值税处理。

自2019年1月1日至2020年12月31日，继续对国产抗艾滋病病毒药品免征生产环节和流通环节增值税。

21. 符合条件的扶贫捐赠免征增值税处理。

自2019年1月1日至2022年12月31日，对单位或者个体工商户将自产、委托加工或购买的货物通过公益性社会组织、县级及以上人民政府及其组成部门和直属机构直接无偿捐赠给目标脱贫地区的单位和个人，免征增值税。在政策执行期限内，目标脱贫地区实现脱贫的，可继续适用上述政策。

22. 自2019年6月1日至2025年12月31日为社区提供养老、托育、家政等服务的机构，提供社区养老、托育、家政服务取得的收入免征增值税。

23. 广播影视的免征增值税处理。

自2019年1月1日至2023年12月31日，对电影主管部门按照各自职能权限批准从事电影制片、发行、放映的电影集团公司、电影制片厂及其他电影企业取得的电影拷贝收入、转让电影版权（包括转让和许可使用）收入、电影发行收入以及在农村取得的电影放映收入，免征增值税。对广播电视运营服务企业收取的有线数字电视基本收视维护费和农村有线电视基本收视费，免征增值税。

重难点4：增值税起征点的规定★

《增值税暂行条例》规定，纳税人销售额未达到国务院财政、税务主管部门规定的增值税起征点的，免征增值税；达到起征点的，依照本条例规定全额计算缴纳增值税。

【小贴士】增值税起征点仅适用于个人，包括：个体工商户和其他个人，但不适用于登记认定为一般纳税人的个体工商户。即：增值税起征点仅适用于按照小规模纳税人纳税的个体工商户和其他个人。

【小贴士】根据（财税〔2019〕13号），对月销售额10万元以下（含本数）的增值税小规模纳税人，免征增值税。

增值税起征点幅度如下：

1. 按期纳税的，为月销售额5 000 ~ 20 000元（含本数）。

2. 按次纳税的，为每次（日）销售额300 ~ 500元（含本数）。

起征点的调整由财政部和国家税务总局规定。省、自治区、直辖市财政厅（局）和国家税务局应当在规定的幅度内，根据实际情况确定本地区适用的起征点，并报财政部和国家税务总局备案。

重难点5：其他有关减免税规定★

1. 纳税人兼营免税、减税项目的，应当分别核算免税、减税项目的销售额；未分别核算不得免税、减税。

2. 纳税人发生应税销售行为适用免税规定的，可以放弃免税，依照《增值税暂行条例》的规定缴纳增值税。放弃免税后，36个月内不得再申请免税。

【小贴士】纳税人发生应税销售行为同时适用免税和零税率规定的，优先适用零税率。

3. 安置残疾人单位既符合促进残疾人就业增值税优惠条件，又符合其他增值税优惠政策条件的，可同时享受多项增值税优惠政策，但年度申请退还增值税总额不得超过本年度内应纳增值税总额。

4. 纳税人既享受增值税即征即退、先征后退政策，又享受免抵退税政策的处理。

【小贴士】纳税人即征即退和先征后退项目不参与出口项目免抵退税计算，应分别核算，分别享受政策。

第十单元　征收管理

重难点：纳税义务发生时间、纳税期限和纳税地点★★★

（一）纳税义务发生时间

1. 一般规定。

（1）发生应税销售行为：收讫销售款项或者取得索取销售款项凭据的当天，先开发票的，为开具发票的当天。

（2）进口货物：为报关进口的当天。

（3）增值税扣缴义务发生时间为纳税人增值税纳税义务发生的当天。

2. 具体规定。

具体规定	增值税纳税义务发生时间
直接收款方式销售货物	收到销售款或者取得索取销售款凭据的当天
托收承付和委托银行收款方式销售货物	发出货物并办妥托收手续的当天
赊销和分期收款方式销售货物	书面合同约定的收款日期的当天；无书面合同的或者书面合同没有约定收款日期的，为货物发出的当天
预收货款方式销售货物	货物发出的当天 注意：生产销售生产工期超过 12 个月的大型机械设备、船舶、飞机等货物，为收到预收款或者书面合同约定的收款日期的当天
委托其他纳税人代销货物	收到代销单位销售的代销清单或收到全部（部分）货款，二者中的较早者 【小贴士】对于发出代销商品超过 180 天仍未收到代销清单及货款的，视同销售实现，一律征收增值税，其纳税义务发生时间为发出代销商品满 180 天的当天
销售劳务	为提供劳务同时收讫销售款或者取得索取销售款的凭据的当天
除委托其他纳税人代销之外的视同销售货物	货物移送的当天
租赁服务	采用预收款，为收到预收款的当天
金融商品转让	为金融商品所有权转移的当天
视同销售的应税行为	服务、无形资产转让完成的当天或者不动产权属变更的当天

【经典模拟题】

【多选题】采取分期收款方式销售货物，增值税纳税义务的发生时间为（　　）。

A. 销售方收到第一笔货款的当天

B. 销售方收到最后一笔货款的当天

C. 销售方发出货物的当天（无书面合同）

D. 销售方书面合同约定的收款日期的当天

【答案】CD

【解析】采取分期收款方式销售货物，增值税纳税义务的发生时间是书面合同约定的收款日期的当天；无书面合同的或者书面合同没有约定收款日期的，为货物发出的当天。

（二）纳税期限

1. 增值税的纳税期限：分别为 1 日、3 日、5 日、10 日、15 日、1 个月或者 1 个季度。

【小贴士】以 1 个季度为纳税期限的规定适用于小规模纳税人、银行、财务公司、信托投资公司、信用社，以及财政部和国家税务总局规定的其他纳税人。

2. 缴库期限：纳税人以 1 个月或者 1 个季度为 1 个纳税期的，自期满之日起 15 日内申报纳税。

纳税人进口货物，应当自海关填发进口增值税专用缴款书之日起 15 日内缴纳税款。

按固定期限纳税的小规模纳税人可以选择以 1 个月或 1 个季度为纳税期限，一经选择，一个会计年度内不得变更。

【经典真题】

【单选题·2017】下列增值税纳税人中，以 1 个月为纳税期限的是（　　）。

A. 商业银行　　B. 财务公司　　C. 信托投资公司　　D. 保险公司

【答案】D

【解析】银行、财务公司、信托投资公司、信用社以 1 个季度为纳税期。保险公司可以 1 个月为纳税期。

（三）纳税地点

1. 固定业户向机构所在地主管税务机关申报纳税。

2. 非固定业户向销售地主管税务机关申报纳税；未在销售地纳税的，由其机构所在地或居住地主管税务机关补征税款。

3. 进口货物，应当向报关地海关申报纳税。

4. 扣缴义务人向其机构所在地或居住地主管税务机关申报缴纳扣缴的税款。

第十一单元　增值税专用发票的使用及管理

重难点 1：增值税专用发票★

（一）增值税专用发票的联次

基本联次为三联：发票联、抵扣联和记账联。

（二）增值税专用发票的领购

一般纳税人凭《发票领购簿》、IC 卡和经办人身份证明领购专用发票。

（三）增值税专用发票的开具范围

1. 一般纳税人不得开具专用发票情形：

（1）商业企业一般纳税人零售的烟、酒、食品、服装、鞋帽（不包括劳保专用部分）、化妆品等消费品。

（2）销售免税货物不得开具增值税专用发票，法律、法规及国家税务总局另有规定的除外。

（3）应税销售行为的购买方为消费者个人的。

（4）发生应税销售行为适用免税规定的。

2. 增值税小规模纳税人（简称小规模纳税人）需要开具专用发票的，可向主管税务机关申请代开。

3. 扩大小规模纳税人自行开具增值税专用发票试点范围。将小规模纳税人自行开具增值税专用发票试点范围由住宿业，鉴证咨询业，建筑业，工业，信息传输、软件和信息技术服务业，扩大至租赁和商务服务业，科学研究和技术服务业，居民服务、修理和其他服务业。上述 8 个行业小规模纳税人（以下称试点纳税人）发生增值税应税行为，需要开具增值税专用发票的，可以自愿使用增值税发票管理系统自行开具。

【小贴士】试点纳税人销售其取得的不动产，需要开具增值税专用发票的，应当按照有关规定向税务机关申请代开。

【小贴士】试点纳税人应当就开具增值税专用发票的销售额计算增值税应纳税额，并在规定的纳税申报期内向主管税务机关申报缴纳。

4. 小规模纳税人月销售额超过 10 万元的，使用增值税发票管理系统开具增值税普通发票、机动车销售统一发票、增值税电子普通发票。

已经使用增值税发票管理系统的小规模纳税人，月销售额未超过 10 万元的，可以继续使用现有税控设备开具发票；已经自行开具增值税专用发票的，可以继续自行开具增值税专用发票，并就开具增值税专用发票的销售额计算缴纳增值税。

重难点 2：增值税普通发票和增值税电子普通发票★

增值税电子普通发票的开票方和受票方需要纸质发票的，可以自行打印增值税电子普通发票的版式文件，其法律效力、基本用途、基本使用规定等与税务机关监制的增值税普通发票相同。

重难点 3：机动车销售统一发票★

1. 机动车销售统一发票联次：电脑六联式发票。其中第二联抵扣联（购货单位扣税凭证）；购货单位不是增值税一般纳税人时，第二联抵扣联由销货单位留存。

2. 增值税税额的计算公式：

增值税税额 = 价税合计 - 不含税价

不含税价 = 价税合计 ÷ (1 + 增值税税率或征收率)

重难点 4："营改增"后纳税人发票的使用★

1. 增值税一般纳税人销售货物、提供加工修理修配劳务和应税行为，使用增值税发票管理新系统（以下简称新系统）开具增值税专用发票、增值税普通发票、机动车销售统一发票、增值税电子普通发票。

2. 增值税小规模纳税人月销售额超过 10 万的，使用增值税发票管理系统开具增值税专用发票、增值税普通发票、机动车销售统一发票、增值税电子普通发票。

【小贴士】已经使用增值税发票管理系统的小规模纳税人，月销售额未超过 10 万元的，可以继续使用现有税控设备开具发票；已经自行开具增值税专用发票的，可以继续自行开具增值税专用发票，并就开具增值税专用发票的销售额计算缴纳增值税。

【小贴士】自 2019 年 1 月 1 日起，小规模纳税人月销售额未超过 10 万元的，当期因开具增值税专用发票已经缴纳的税款，在增值税专用发票全部联次追回或者按规定开具红字专用发票后，可以向主管税务机关申请退还。

【本章总结】

1. 以前年度，综合题之一必考增值税，重要程度不言而喻！对历年综合题，学员必须仔细研读。

2. 本章的掌握与熟悉：

（1）掌握增值税的征税范围及"营改增"的内容；

(2) 掌握增值税的税率和征收率的规定，尤其是能够区分适用不同低税率，把握 3%、5% 的征收率和减按 2%、减按 1.5% 的适用情况；

(3) 掌握增值税税额计算正常销售、特殊销售、视同销售销售额的确认；

(4) 特别需要掌握增值税进项税中可抵扣进项税与不可抵扣进项税的划分，以及不得抵扣进项税和"进项税额转出"的处理；

(5) 掌握增值税纳税义务发生时间的规定；

(6) 掌握增值税税收优惠的内容；

(7) 熟悉进口环节增值税的计算；

(8) 熟悉增值税的出口退税基本范围、基本规则和出口退税的基本计算；

(9) 熟悉增值税发票使用的基本规定。

3. 与其他税种的关系：各实体税种章节均有介绍。

五、进阶练习

(一) 单选题

1. 下列各项属于增值税特点的是（　　）。

A. 征收范围具有选择性　　B. 征收环节单一性

C. 实行价外税制度　　D. 实行比例税率和定额税率

2. 下列各项业务，不按照"交通运输服务"征税的是（　　）。

A. 水路运输的程租业务　　B. 水路运输的期租业务

C. 航空运输的湿租业务　　D. 航空运输的干租业务

3. 对于征税范围的表述，下列说法不正确的是（　　）。

A. 融资性售后回租按"租赁服务"缴纳增值税

B. 纳税人将建筑施工设备出租给他人使用并配备操作人员的，按照"建筑服务"缴纳增值税

C. 宾馆提供会议场地及配套服务的活动，按照"会议展览服务"缴纳增值税

D. 纳税人为客户办理退票而向客户收取的退票费、手续费等收入，按照"其他现代服务"缴纳增值税

4. 以下符合增值税规定的是（　　）。

A. 在运输工具舱位承包业务中，发包方以其向承包方收取的全部价款和价外费用为销售额，按照"现代服务"缴纳增值税

B. 在运输工具舱位承包业务中，承包方以其向托运人收取的全部价款和价外费用为销售额，按照"现代服务"缴纳增值税

C. 运输工具舱位互换业务中，互换运输工具舱位的双方均以各自换出运输工具舱位确认的全部价款和价外费用为销售额，按照"现代服务"缴纳增值税

D. 运输工具舱位互换业务中，互换运输工具舱位的双方均以各自换出运输工具舱位确认的全部价款和价外费用为销售额，按照"交通运输服务"缴纳增值税

5. 下列行为，不属于视同发生应税销售行为的是（　　）。

A. 将货物交付其他单位或者个人代销

B. 委托加工的货物用于分配给股东

C. 购进的货物作为投资，提供给其他单位或者个体工商户

D. 自产的货物对外销售

6. 关于一般纳税人登记的规定，下列说法错误的是（　　）。

A. 纳税人登记为一般纳税人后，不得转为小规模纳税人

B. 按照政策规定，选择按照小规模纳税人纳税的，不得办理一般纳税人登记

C. 年应税销售额超过规定标准的其他个人，不得办理一般纳税人登记

D. 转登记纳税人按规定再次登记为一般纳税人后，可以再转登记为小规模纳税人

7. 下列项目中，适用增值税9%低税率的是（　　）。

A. 调制乳　　B. 淀粉　　C. 卷帘机　　D. 香茅油

8. 一般纳税人发生的下列应税销售行为中，适用9%增值税税率的是（　　）。

A. 销售农机零件　　B. 销售农机整机　　C. 修理农机整机　　D. 修理农机零件

9. 下列各项表述错误的是（　　）。

A. 一般纳税人销售旧货，按照简易办法依3%征收率减按2%征收增值税

B. 小规模纳税人（除其他个人外）销售自己使用过的固定资产，减按2%的征收率征收增值税

C. 一般纳税人销售自己使用过的除固定资产以外的物品，应当按照适用税率征收增值税

D. 一般纳税人销售自己使用过的固定资产，适用简易办法依照3%征收率减按2%征收增值税的，可以放弃减税，按照简易方法依照3%征收率缴纳增值税，但不得开具增值税专用发票

10. 某商场（小规模纳税人）2019年11月取得零售商品收入51 800元，当月出售一台使用过的小汽车，收取价税合计金额154 300元，该商场当月应纳增值税（　　）元。

A. 5 500　　B. 4 001.94　　C. 6 002.91　　D. 4 504.86

11. 下列行为可以选择简易计税方法按照5%征收率计算缴纳增值税的是（　　）。

A. 一般纳税人提供教育辅助服务

B. 一般纳税人生产销售和批发、零售抗癌药品

C. 一般纳税人生产销售和批发、零售罕见病药品

D. 一般纳税人选择简易计税方法计税的不动产销售

12. 一般纳税人一经选择适用简易计税方法计税，（　　）内不得变更。

A. 6个月　　B. 12个月　　C. 24个月　　D. 36个月

13. 依据增值税的有关规定，下列说法不正确的是（　　）。

A. 价款和折扣额在同一张发票上的金额栏分别注明的，可按折扣后的销售额征收增值税

B. 以旧换新方式销售金银首饰，按新的金银首饰的销售额征收增值税

C. 以物易物销售货物的，双方都作购销处理

D. 还本销售方式销售货物的，按货物的销售价格征收增值税

14. 某家具厂为增值税一般纳税人，2019 年 12 月 10 日销售给甲商场 100 套家具，每套不含税价格 6 000 元。由于购买数量多，该家具厂给予甲商场 5% 的价格折扣（价款和折扣额在同一张发票的金额栏分别注明）。为了鼓励甲商场及时付款，该家具厂提出 1/15，n/30 的付款条件，甲企业于当月 15 日付款。该家具厂此项业务的销项税额为（　　）元。

A. 91 200　　B. 70 200　　C. 66 690　　D. 74 100

15. 某商场为增值税一般纳税人，2019 年 12 月采取"以旧换新"方式向消费者销售冰箱 100 台，每台新冰箱的零售价格为 2 999 元，每台旧冰箱作价 200 元，每台冰箱取得差价款 2 799 元。该商场当月销项税额（　　）元。

A. 32 200. 89　　B. 34 501. 77　　C. 322. 01　　D. 345. 02

16. 对于包装物押金的税务处理，下列说法错误的是（　　）。

A. 纳税人为销售货物而出租出借包装物收取的押金，单独记账核算，时间在 1 年以内，又未过期，不并入销售额征税

B. 纳税人为销售货物而出租出借包装物收取的押金，单独记账核算，逾期未收回包装物不再退还的押金，应按所包装货物的适用税率计算销项税额

C. 纳税人销售啤酒、黄酒所收取的押金，单独记账核算，逾期未收回包装物不再退还的押金，应按所包装货物的适用税率计算销项税额

D. 纳税人销售啤酒、黄酒外的其他酒类产品所收取的押金，单独记账核算，逾期未收回包装物不再退还的押金，应按所包装货物的适用税率计算销项税额

17. 2019 年 12 月，某酒厂（增值税一般纳税人）销售给一般纳税人一批白酒，开具增值税专用发票，收取不含税价款 100 000 元，另外收取包装物押金 3 200 元，当月有逾期未退回的包装物押金 3 000 元；销售给一小规模纳税人一批啤酒，开具增值税普通发票，收取价税合计款 22 600 元，另外收取包装物押金 1 200 元，当月有逾期未退回的包装物押金 1 600 元。该酒厂 2019 年 12 月增值税销项税额应为（　　）元。

A. 16 129. 2　　B. 16 497. 34　　C. 16 152. 21　　D. 14 072. 99

18. 以下关于销售额的说法不符合规定的是（　　）。

A. 金融商品转让，按照卖出价扣除买入价后的余额为销售额

B. 贷款服务，以提供贷款服务取得的全部利息及利息性质的收入为销售额

C. 建筑服务适用简易计税方法的，以取得的全部价款和价外费用为销售额

D. 经纪代理服务，以取得的全部价款和价外费用，扣除向委托方收取并代为支付的政府性基金或者行政事业性收费后的余额为销售额

19. 某空调厂（一般纳税人）2020 年 3 月生产一批新型空调对外投资，该批空调的成本是 500 000 元，当期无同类空调价格，该空调厂当月增值税销项税额应为（　　）元。

A. 65 000　　B. 71 500　　C. 80 000　　D. 88 000

20. 某厂（增值税一般纳税人）同时生产应税货物和免税货物，2019 年 12 月外购一批材料用于应税和免税货物的生产，取得增值税专用发票上注明价款 100 000 元，增值税 13 000 元，当月应税货物不含税销售额 500 000 元，免税药品销售额 150 000 元。该厂当月可抵扣的进项税额为（　　）元。

A. 0　　B. 3 000　　C. 13 000　　D. 10 000

21. 下列关于农产品进项税额抵扣的规定，说法不正确的是（　　）。

A. 纳税人购进农产品，取得一般纳税人开具的增值税专用发票或海关进口增值税专用缴款书的，以增值税专用发票或海关进口增值税专用缴款书上注明的增值税额为进项税额

B. 纳税人购进农产品，从按照简易计税方法依照3%征收率计算缴纳增值税的小规模纳税人取得增值税专用发票的，以增值税专用发票上注明的金额和9%的扣除率计算进项税额

C. 纳税人购进用于生产销售或委托加工13%税率货物的农产品，按照10%的扣除率计算进项税额

D. 纳税人购进农产品为原料生产销售液体乳及乳制品、酒及酒精、植物油，一律按照10%的扣除率计算进项税额

22. 增值税一般纳税人的企业外购的下列货物，可以作进项税额抵扣的是（　　）。

A. 外购的机器设备用于企业的生产经营活动

B. 外购的水杯用于集体福利

C. 外购的小汽车用于个人消费

D. 外购的原材料因保管不善被盗

23. 对于下列业务，可以作进项税额抵扣的是（　　）。

A. 购进的货物用于对外投资　　B. 购进的贷款服务

C. 购进的餐饮服务　　D. 购进的娱乐服务

24. 提供保险服务的纳税人以现金赔付方式承担机动车辆保险责任的，将其应付给被保险人的赔偿金直接支付给车辆修理劳务提供方，此项业务的税务处理是（　　）。

A. 被保险人计算销项税额

B. 纳税人计算销项税额

C. 纳税人进项税额可以从销项税额中抵扣

D. 纳税人进项税额不得从销项税额中抵扣

25. 一般纳税人转让其2016年4月30日前自建的不动产，可以选择适用简易计税方法计税，以取得的全部价款和价外费用为销售额，按照（　　）征收率计算应纳税额。

A. 1.5%　　B. 2%　　C. 3%　　D. 5%

26. A省B市的甲建筑企业是增值税一般纳税人，2020年2月在C省D市取得含税建筑收入500万元，选择一般计税方法计算纳税，则甲企业在建筑服务发生地D市预缴税款（　　）万元。

A. 14.56　　B. 13.76　　C. 9.17　　D. 9.09

27. 甲市的A企业是增值税一般纳税人，2019年11月将其位于乙市的一栋上年取得的写字楼出租，取得含税租金收入8 000 000元，则其应在乙市预缴增值税（　　）元。

A. 146 788.99　　B. 380 952.38　　C. 218 181.82　　D. 220 183.49

28. 房地产开发企业的一般纳税人采取预收款方式销售自行开发的房地产项目，应在收到预收款时按照（　　）预征率预缴增值税。

A. 2%　　B. 3%　　C. 5%　　D. 9%

29. 跨境电子商务零售进口商品的进口环节增值税、消费税，暂按法定应纳税额的（　　）征收。

A. 0　　B. 50%　　C. 70%　　D. 80%

30. 某具有出口经营权的生产企业（增值税一般纳税人）自营出口自产货物，3 月末未退税前计算出的期末留抵税额为 10 万元，当期免抵退税额为 18 万元，则当期免抵税额为（　　）万元。

A. 0　　B. 8　　C. 10　　D. 18

31. 某外贸公司 2020 年 3 月从生产企业（一般纳税人）购进牛仔服 8 000 件，不含税单价 50 元/件，已取得增值税专用发票，当月将该批服装报关出口，离岸单价 15 美元/件，此笔出口已收汇并做销售处理。美元与人民币比价为 1∶6.5，退税率为 13%。该笔出口业务应退增值税为（　　）元。

A. 36 000　　B. 49 400　　C. 52 000　　D. 101 400

32. 外国驻华使（领）馆及馆员在中国境内购买货物和服务不适用增值税退税政策的情形是（　　）。

A. 购买非合理自用范围内的生活办公类货物和服务

B. 购买货物单张发票销售金额 5 000 元

C. 购买服务单张发票销售金额 50 元

D. 增值税免税货物和服务

33. 境外旅客申请退税，应当同时符合以下条件，下列条件说法错误的是（　　）。

A. 同一境外旅客同一日在同一退税商店购买的退税物品金额达到 500 元人民币

B. 退税物品尚未启用或消费

C. 离境日距退税物品购买日不超过 180 天

D. 所购退税物品由境外旅客本人随身携带或随行托运出境

34. 适用 13% 税率的境外旅客购物离境退税物品，退税率为（　　）；适用 9% 税率的境外旅客购物离境退税物品，退税率为（　　）。

A. 11%，8%　　B. 11%，9%　　C. 9%，8%　　D. 9%，9%

35. 下列关于税收优惠的说法，不正确的是（　　）。

A. 企业集团内单位之间的资金无偿借贷行为，免征增值税

B. 纳税人提供技术转让、技术开发的收入，免征增值税

C. 金融机构向小型企业、微型企业发放小额贷款取得的利息收入，减半计征增值税

D. 图书批发、零售环节免征增值税

36. 下列企业的行为不享受增值税即征即退优惠政策的是（　　）。

A. 一般纳税人提供管道运输服务

B. 动漫企业增值税一般纳税人销售其自主开发生产的动漫软件

C. 纳税人安置残疾人就业

D. 一般纳税人单纯对进口软件产品进行汉字化处理

37. 某家具厂在 2020 年 1 月 4 日签订合同，销售给甲商场一批家具，合同约定采取分期收款方式收取货款，1 月 15 日收取 60% 款项即不含税金额 300 万元。家具在 1 月 10 日发出，

家具厂实际收到款项是 1 月 17 日，则家具厂此笔销售业务的增值税纳税义务发生时间是（　　）。

A. 1 月 4 日　　B. 1 月 10 日　　C. 1 月 15 日　　D. 1 月 17 日

38. 商业企业一般纳税人零售下列货物，可以开具增值税专用发票的是（　　）。

A. 劳保用品　　B. 食品　　C. 化妆品　　D. 服装

（二）多选题

1. 下列各项属于交通运输服务的有（　　）。

A. 陆路运输服务　　B. 航空运输服务

C. 无运输工具承运业务　　D. 货运客运场站服务

2. 以下属于金融服务的有（　　）。

A. 融资性售后回租　　B. 人身保险服务

C. 融资租赁　　D. 金融商品转让

3. 以下符合销售服务规定的有（　　）。

A. 光租和干租业务，属于经营租赁　　B. 打捞救助服务属于物流辅助服务

C. 港口设施保安费属于物流辅助服务　　D. 翻译服务属于文化创意服务

4. 对于征税范围特殊项目的处理，下列说法正确的有（　　）。

A. 融资性售后回租业务中，承租方出售资产的行为不属于增值税的征收范围，不征收增值税

B. 药品生产企业销售自产创新药的销售额，为向购买方收取的全部价款和价外费用，提供给患者后续免费试用的相同创新药，属于增值税视同销售范围

C. 存款利息不征收增值税

D. 单用途卡发卡企业销售单用途卡应缴纳增值税

5. 下列行为中，属于增值税视同销售行为的有（　　）。

A. 销售代销货物

B. 将外购货物作为股利分配给股东

C. 将自产货物用于集体福利

D. 将委托加工收回的货物用于对外投资

6. 增值税混合销售行为是指一项行为同时涉及（　　）。

A. 销售货物　　B. 销售应税服务

C. 销售应税劳务　　D. 销售无形资产

7. 以下单位或个人不能登记为增值税一般纳税人的有（　　）。

A. 年应税销售额 300 万元且会计核算不健全的企业

B. 个体工商户

C. 年应税销售额 600 万元的其他个人

D. 年应税销售额超过 600 万元的企业

8. 增值税一般纳税人销售下列货物，适用 9% 税率计算缴纳增值税的有（　　）。

A. 商店销售的淀粉　　B. 厂家销售的养鸡设备

C. 饲料厂销售的饲料　　D. 农民销售自产粮食

9. 增值税一般纳税人提供下列应税行为，适用9%增值税税率的有（　　）。

A. 不动产租赁服务　　B. 基础电信服务

C. 转让土地使用权　　D. 有形动产租赁服务

10. 以下完全在境外消费的项目中，适用增值税零税率的有（　　）。

A. 境内单位向境外单位提供的设计服务

B. 境内单位向境外单位提供的软件服务

C. 境内单位向境外单位提供的广播影视节目的发行服务

D. 境内单位向境外单位提供的业务流程管理服务

11. 以下可以选择3%征收率计算缴纳增值税的有（　　）。

A. 增值税一般纳税人生产销售罕见病药品

B. 一般纳税人提供劳务派遣服务选择差额纳税

C. 一般纳税人提供人力资源外包服务

D. 一般纳税人提供教育辅助服务

12. 下列关于包装物押金的处理，正确的有（　　）。

A. 纳税人为销售货物而出租出借包装物收取的押金，单独记账核算的，无论是否逾期均不并入销售额征收增值税

B. 对收取一年以上的冰箱包装物押金，无论是否退还都要并入销售额征收增值税

C. 对销售葡萄酒收取的包装物押金，应并入当期销售额征税

D. 对销售啤酒收取的包装物押金，应并入当期销售额征税

13. 下列行为中，销售额的确定正确的有（　　）。

A. 金融商品转让，按照卖出价扣除买入价后的余额为销售额

B. 经纪代理服务，以取得的全部价款和价外费用，扣除向委托方收取并代为支付的政府性基金或者行政事业性收费后的余额为销售额

C. 航空运输企业的销售额，不包括代收的机场建设费和代售其他航空运输企业客票而代收转付的价款

D. 客运场站服务，以其取得的全部价款和价外费用扣除支付给承运方运费后的余额为销售额

14. 房地产开发企业中的一般纳税人销售其开发的房地产项目（选择简易计税方法的房地产老项目除外），以取得的全部价款和价外费用，扣除向政府部门支付的土地价款后的余额为销售额，向政府部门支付的土地价款包括（　　）。

A. 支付的征地费用　　B. 支付的拆迁补偿费用

C. 土地前期开发费用　　D. 土地出让收益

15. 下列货物涉及的进项税额允许在销项税额中抵扣的有（　　）。

A. 为生产应税货物所购进设备的进项税额

B. 因管理不善丢失购进的原材料的进项税额

C. 从农民手中购入农产品计算的进项税额

D. 用于免税项目所耗用购进货物的进项税额

16. 下列增值税一般纳税人的出口业务中，采用增值税“免抵退”税办法的有（　　）。

A. 生产企业自营出口货物　　B. 出口企业对外提供加工修理修配劳务

C. 出口企业对外援助的出口货物　　D. 生产企业委托外贸企业代理出口自产货物

17. 以下属于免征增值税项目的有（　　）。

A. 残疾人组织直接进口供残疾人专用的物品

B. 农业生产者销售的自产农产品

C. 外国政府无偿援助的进口设备

D. 古旧图书

18. 以下关于免征增值税的说法正确的有（　　）。

A. 学生勤工俭学提供的服务　　B. 国家助学贷款利息收入

C. 个人从事金融商品转让业务　　D. 销售自行开发生产的软件产品收入

19. 执行增值税 100% 先征后退政策的出版物有（　　）。

A. 专为少年儿童出版发行的报纸和期刊　　B. 专为老年人出版发行的报纸和期刊

C. 少数民族文字出版物　　D. 盲文图书和盲文期刊

20. 增值税起征点适用范围包括（　　）。

A. 登记为一般纳税人的个体工商户　　B. 按照小规模纳税人纳税的个体工商户

C. 其他个人　　D. 登记为一般纳税人的企业

21. 下列关于增值税纳税义务发生时间的说法中，正确的有（　　）。

A. 以预收款方式销售货物的，为收到预收款的当天

B. 将自产货物对外投资，为货物移送的当天

C. 采用分期收款方式销售货物的，为书面合同约定的收款日期的当天

D. 提供租赁服务采取预收款方式的，为收到预收款的当天

22. 以货物移送的当天作为增值税纳税义务发生时间的有（　　）。

A. 赊销方式销售货物　　B. 委托其他纳税人代销货物

C. 预收款方式销售货物　　D. 委托加工收回的货物对外投资

23. 以下关于纳税地点的表述，说法正确的有（　　）。

A. 固定业户应当向其机构所在地主管税务机关申报纳税

B. 非固定业户应当向销售地或劳务发生地主管税务机关申报纳税

C. 进口货物，应当向进口方机构所在地主管税务机关申报纳税

D. 扣缴义务人应当向纳税人机构所在地主管税务机关申报纳税

24. 根据增值税法的有关规定，一般纳税人不得开具增值税专用发票的情况有（　　）。

A. 商店零售给消费者个人烟酒

B. 商店零售劳保用品给一般纳税人

C. 销售免税货物

D. 甲企业（一般纳税人企业）销售给乙企业（一般纳税人）货物

25. 下列关于增值税加计抵减政策，正确的有（　　）。

A. 生产性服务业的加计抵扣比例为 10%

B. 生活性服务业的加计抵扣比例为 15%

C. 按照现行规定不得从销项税额中抵扣的进项税额，不得计提加计抵减额

D. 纳税人出口货物劳务、发生跨境应税行为可适用加计抵减政策

26. 根据“营改增”政策，以下关于征收率的表述正确的有（　　）。

A. 一般纳税人销售2016年4月30日前取得的不动产可选择5%的征收率

B. 房地产开发企业中的一般纳税人以围填海方式取得土地并开发的房地产老项目，可选择5%的征收率

C. 房地产开发企业（一般纳税人）销售其自行开发的房地产老项目可选择5%的征收率

D. 一般纳税人提供人力资源外包服务，适用3%的征收率

27. 以下发票，属于异常凭证范围的有（　　）。

A. 纳税人丢失、被盗税控专用设备中未开具或已开具未上传的增值税专用发票

B. 非正常户纳税人未向税务机关申报或未按规定缴纳税款的增值税专用发票

C. 增值税发票管理系统稽核比对“比对不符”“缺联”“作废”的增值税专用发票

D. 经税务总局、省税务局大数据分析发现，纳税人开具的增值税专用发票存在涉嫌虚开、未按规定缴纳消费税等情形

（三）计算问答题

1. 某农机生产企业为增值税一般纳税人，2019年12月发生以下业务：

（1）当月销售自产农机整机10台，取得不含税销售额850 000元，同时收取该批农机的包装物押金8 990元。

（2）将自产农机5台对外投资，每台农机的成本50 000元。

（3）出租位于本市的一幢5年前取得的厂房，价税合计收取3个月的租金60 000元，选择简易计税方法计税。

（4）外购原材料，取得增值税专用发票上注明价税合计金额60 000元，原材料已入库；另支付给运输企业含税运输费用2 980元，取得对方开具的增值税普通发票。

（5）外购农机零配件，取得的增值税专用发票上注明价款250 000元，本月生产领用70%的农机零配件，20%用于职工宿舍的装修，剩余10%的农机零配件对外出售，取得价税合计金额33 900元。

（其他相关资料：企业取得的增值税专用发票均合规并在当月抵扣）

要求：根据上述资料，回答下列问题。

（1）该企业当月增值税的销项税额；

（2）该企业当月可抵扣的进项税额；

（3）该企业出租厂房应缴纳的增值税；

（4）该企业当月应缴纳的增值税。

2. 某商场是增值税一般纳税人，2020年1月发生下列业务：

（1）购进空调1 000台，取得的增值税专用发票上注明价款3 000 000元，增值税390 000元，当月对外出售900台空调，每台空调零售价5 000元，共取得含税收入5 085 000元。

（2）购入油漆一批，取得增值税专用发票，价款400 000元，增值税52 000元，这批油漆40%用于装修职工宿舍，60%用于零售，取得含税收入700 000元。

（3）当月采取以旧换新方式销售冰箱3 000台，新冰箱的零售价是4 500元/台，旧冰箱

的回收价是300元/台。

（4）将企业使用3年的旧电脑转让，取得含税收入1 000元。

（5）当期因管理不善丢失上月购入的包装物一批，账面成本30 000元（含运费1 756元）。

（6）月底有消费者因空调质量问题退货三台给商场，商场退给厂家，并提供了税务机关开具的红字发票通知单，收回红字专用发票上注明退货款及税金共10 170元。

（其他相关资料：上述相关增值税专用发票均合规且在本月抵扣）

要求：根据上述资料，回答下列问题。

（1）该商场当期可抵扣的增值税进项税额；

（2）该商场当期的增值税销项税额；

（3）该商场当期应纳的增值税。

3. 甲省A市的某建筑公司是增值税一般纳税人，2019年在乙省B市和丙省C市各有1个在建项目。C市在建项目的合同开工日期为2015年年末，故选择按照简易计税方法计算增值税；B市在建项目的合同开工日期为2018年年初，使用一般计税方法计税。2019年10月业务情况如下：

（1）将2016年3月购入的一座位于D市的仓库转让，原购入时支付价款300万元，转让时取得价税合计金额450万元，该企业选择简易计税方法。

（2）在B市取得含税建筑收入163万元，支付含税分包款50万元，取得增值税普通发票。

（3）在C市取得含税建筑收入190万元，支付含税分包款60万元，取得增值税普通发票。

（4）甲公司当月采购建材发生进项税额50万元，80%用于一般计税项目，20%用于简易计征项目。

（其他相关资料：上述相关发票均合规并在当月抵扣）

要求：根据上述资料，回答下列问题。

（1）该公司在D市预缴的不动产转让增值税；

（2）该公司在B市预缴的建筑服务增值税；

（3）该公司在C市预缴的建筑服务增值税；

（4）该公司向A市主管税务机关实际缴纳的增值税。

4. 某食品厂（增值税一般纳税人）2020年2月发生下列业务：

（1）进口一套机器设备用于生产食品，关税完税价格折合人民币245 730元，缴纳进口环节税金后取得海关专用缴款书，委托运输企业（增值税一般纳税人）将机器运回厂区，取得运输企业开具的增值税专用发票，注明运费不含税金额3 000元。

（2）从农民手中收购一批粮食，收购凭证上注明价款8 000元，将粮食运回企业全部领用用于生产饼干，支付运输公司（一般纳税人）运费不含税金额1 000元，取得了对方开具的增值税专用发票。

（3）上月向农民收购的用于生产饼干的大麦因保管不善霉烂，账面成本5 000元（含运费100元）。

（4）将一辆自用过4年的小轿车转让，转让价88 800元（含税）。

（5）采用分期收款方式销售一批饼干，不含增值税金额300 000元，双方签订书面合同，约定2月15日付款70%，3月15日付款30%，由于购买方资金紧张，2月15日仅付款

100 000 元。

（6）将一批新口味的饼干赠送给合作单位，该批饼干的成本 50 000 元，无同类产品销售价格。

（其他相关资料：假定上述增值税发票均已认证；关税税率 20%，成本利润率为 10%）

要求：根据上述资料，回答下列问题。

（1）该企业进口环节海关代征的增值税；

（2）该企业当期增值税销项税额；

（3）该企业当期可以抵扣的增值税进项税额；

（4）该企业当期应向主管税务机关缴纳的增值税。

六、进阶练习答案

（一）单选题

1. 【答案】C

【解析】增值税具有如下特点：（1）保持税收中性，（2）普遍征收，（3）税收负担由最终消费者承担，（4）实行税款抵扣制度，（5）实行比例税率，（6）实行价外税制度，选项 ABD 是消费税的特点。

2. 【答案】D

【解析】航空运输的干租业务，按“现代服务”中的租赁服务缴税。

3. 【答案】A

【解析】选项 A：融资性售后回租按“贷款服务”缴纳增值税。

4. 【答案】D

【解析】选项 ABC 都按照“交通运输服务”缴纳增值税。

5. 【答案】D

【解析】选项 D 自产货物对外销售属于征税范围的一般规定，按销售货物缴纳增值税，不是视同发生应税销售行为。

6. 【答案】D

【解析】转登记纳税人按规定再次登记为一般纳税人后，不得再转登记为小规模纳税人。

7. 【答案】C

【解析】选项 ABD 适用增值税税率 13%。

8. 【答案】B

【解析】只有在销售、进口农机整机时税率是 9%，销售农机零件 13%，无论是修理农机整机还是修理农机零件税率是 13%。

9. 【答案】D

【解析】选项 D 一般纳税人销售自己使用过的固定资产，适用简易办法依照 3% 征收率减按 2% 征收增值税的，可以放弃减税，按照简易方法依照 3% 征收率缴纳增值税，并可以开具增值税专用发票。

10. 【答案】D

【解析】应纳增值税 =51 800 ÷（1 +3%）×3% +154 300 ÷（1 +3%）×2% =1 508.74 +2 996.12 =4 504.86（元）

11.【答案】D

【解析】选项 ABC 选择简易计税方法按 3% 征收率计算缴纳增值税。

12.【答案】D

【解析】一般纳税人一经选择适用简易计税方法计税，36 个月内不得变更。

13.【答案】B

【解析】以旧换新销售货物，按新货物价格确定销售额，不得扣减旧货物的收购价格，但金银首饰以旧换新，按销售方实际收取的不含增值税的价款征收增值税。

14.【答案】D

【解析】对于价款和折扣额在同一张发票上的金额栏分别注明的，可按折扣后的销售额征收增值税，但对于销售折扣，该折扣不允许在销售额中扣除。销项税额 =100 ×6 000 ×95% ×13% =74 100（元）。

15.【答案】B

【解析】以旧换新销售货物，按新货物价格确定销售额，不得扣减旧货物的收购价格，所以该商场当月销项税额 =2 999 ÷（1 +13%）×13% ×100 =34 501.77（元）。

16.【答案】D

【解析】对销售啤酒、黄酒外的其他酒类产品所收取的包装物押金，无论是否返还以及会计上如何核算，均应并入当期销售额征税。

17.【答案】C

【解析】纳税人销售啤酒、黄酒所收取的押金，单独记账核算，逾期未收回包装物不再退还的押金，应按所包装货物的适用税率计算销项税额，对销售啤酒、黄酒外的其他酒类产品所收取的包装物押金，无论是否返还以及会计上如何核算，均应并入当期销售额征税。销项税额 =｛100 000 +3 200 ÷（1 +13%）｝×13% +（22 600 +1 600）÷（1 +13%）×13% =16 152.21（元）。

18.【答案】C

【解析】建筑服务适用简易计税方法的，以取得的全部价款和价外费用扣除支付的分包款后的余额为销售额。

19.【答案】B

【解析】自产产品对外投资，属于视同销售行为，销售额首先看最近时期同类销售行为的平均价格，其次看其他纳税人同类销售行为的平均价格，最后按组成计税价格确定，本题没有同类空调价格，所以当月销项税额 =500 000 ×（1 +10%）×13% =71 500（元）。

20.【答案】D

【解析】兼用于应税和免税项目的原材料只能按照销售额分摊抵扣进项税。当月可抵扣的进项税额 =13 000 ×500 000 ÷（500 000 +150 000）=10 000（元）。

21.【答案】D

【解析】纳税人购进农产品为原料生产销售液体乳及乳制品、酒及酒精、植物油，纳入农产品增值税进项税额核定扣除试点范围，按照核定方法计算进项税额。

22.【答案】A

【解析】选项 BCD 进项税额不予抵扣，如已抵扣，需作进项税额转出处理。

23.【答案】A

【解析】购进的货物用于投资属于视同销售行为，需要计算销项税额，同时可以作进项税额抵扣。选项 BCD 进项税额不予抵扣。

24.【答案】D

【解析】提供保险服务的纳税人以现金赔付方式承担机动车辆保险责任的，将其应付给被保险人的赔偿金直接支付给车辆修理劳务提供方，不属于保险公司购进车辆修理劳务，其进项税额不得从保险公司销项税额中抵扣。

25.【答案】D

【解析】一般纳税人转让其 2016 年 4 月 30 日前自建的不动产，可以选择适用简易计税方法计税，以取得的全部价款和价外费用为销售额，按照 5% 征收率计算应纳税额。

26.【答案】C

【解析】一般纳税人跨县（市、区）提供建筑服务，适用一般计税方法计税的，以取得的全部价款和价外费用扣除支付的分包款和余额，按照 2% 的预征率计算应预缴税款。预缴税款 $=500\div(1+9\%)\times2\%=9.17$（万元）。

27.【答案】D

【解析】一般纳税人出租 2016 年 5 月 1 日后取得的不动产适用一般计税方法计税，应预缴税款 $=8\ 000\ 000\div(1+9\%)\times3\%=220\ 183.49$（元）。

28.【答案】B

【解析】房地产开发企业的一般纳税人采取预收款方式销售自行开发的房地产项目，应在收到预收款时按照 3% 预征率预缴增值税。

29.【答案】C

【解析】跨境电子商务零售进口商品的进口环节增值税、消费税取消免征税额，暂按法定应纳税额的 70% 征收。

30.【答案】B

【解析】未退税前当期期末留抵税额 10 万元，当期免抵退税额 18 万元，因为前者小于后者，所以当期应退税额为 10 万元，则当期免抵税额 = 当期免抵退税额 - 当期应退税额 $=18-10=8$（万元）。

31.【答案】C

【解析】外贸企业应退税额为购进货物所取得的增值税专用发票上注明的金额和该货物所适用的退税率的乘积。应退增值税 $=8\ 000\times50\times13\%=52\ 000$（元）。

32.【答案】C

【解析】选项 C 购买服务单张发票销售金额（含税价格）不足 300 元人民币不适用增值税退税政策。

33.【答案】C

【解析】离境日距退税物品购买日不超过 90 天。

34.【答案】A

【解析】适用13%税率的境外旅客购物离境退税物品，退税率为11%；适用9%税率的境外旅客购物离境退税物品，退税率为8%。

35.【答案】C

【解析】金融机构向小型企业、微型企业发放小额贷款取得的利息收入，免征增值税。

36.【答案】D

【解析】一般纳税人销售其自行开发生产的软件产品可享受即征即退政策，如果将进口软件产品进行本地化改造后对外销售，其销售的软件产品可享受上款规定的增值税即征即退政策，但单纯对进口软件产品进行汉字化处理不包括在内。

37.【答案】C

【解析】对于分期收款方式，纳税义务时间是书面合同约定的收款日期的当天，无书面合同或者书面合同没有约定收款日期的，为货物发出的当天。

38.【答案】A

【解析】商业企业一般纳税人零售的烟、酒、食品、化妆品不得开具增值税专用发票，只能开具普通发票，零售劳保用品，可以开具增值税专用发票。

（二）多选题

1.【答案】ABC

【解析】选项D货运客运场站服务属于“现代服务”里的物流辅助服务。

2.【答案】ABD

【解析】融资租赁属于“现代服务”里的租赁服务。

3.【答案】ABC

【解析】翻译服务和市场调查服务按照咨询服务缴纳增值税。

4.【答案】AC

【解析】选项B药品生产企业销售自产创新药的销售额，为向购买方收取的全部价款和价外费用，提供给患者后续免费试用的相同创新药，不属于增值税视同销售范围。选项D单用途卡发卡企业销售单用途卡，或者接受单用途卡持卡人充值取得的预收资金，不缴纳增值税。

5.【答案】ABCD

【解析】属于增值税视同销售行为的有：(1)将货物交付其他单位或者个人代销。(2)销售代销货物。(3)设有两个以上机构并实行统一核算的纳税人，将货物从一个机构移送其他机构用于销售，但相关机构设在同一县（市）的除外。(4)将自产或者委托加工的货物用于非应税项目。(5)将自产、委托加工的货物用于集体福利或者个人消费。(6)将自产、委托加工或者购进的货物作为投资，提供给其他单位或者个体工商户。(7)将自产、委托加工或者购进的货物分配给股东或者投资者。(8)将自产、委托加工或者购进的货物无偿赠送其他单位或者个人。(9)单位和个体工商户向其他单位或者个人无偿销售应税服务、无偿转让无形资产或不动产，但用于公益事业或者以社会公众为对象的除外。(10)财政部和国家税务总局规定的其他情形。

6.【答案】AB

【解析】混合销售行为是指一项行为同时涉及货物又涉及服务。

7. 【答案】AC

【解析】选项 A：年应税销售额没有超过 500 万元的标准，且会计核算不健全，所以不能登记为一般纳税人，如果年销售额没有超过 500 万元的标准，但会计核算健全，可以办理一般纳税人登记。选项 C：年应税销售额超过标准 500 万元的其他个人，不得办理一般纳税人登记。

8. 【答案】BC

【解析】选项 A 淀粉不属于农产品的范围，按 13% 税率计算缴纳增值税；选项 D 农民销售自产粮食，免征增值税。

9. 【答案】ABC

【解析】选项 D 有形动产租赁服务适用 13% 税率缴纳增值税。

10. 【答案】ABCD

【解析】选项 ABCD 都属于正确答案。

11. 【答案】AD

【解析】选项 BC 按 5% 征收率计算。

12. 【答案】BC

【解析】选项 A 纳税人为销售货物而出租出借包装物收取的押金，单独记账核算的，时间在 1 年以内，又未过期的，不并入销售额征税，但对逾期未收回包装物不再退还的押金，应计算缴纳增值税；选项 D 销售啤酒收取的包装物押金，收取时不征税，逾期时征税。

13. 【答案】ABCD

【解析】选项 ABCD 都属于正确答案。

14. 【答案】ABCD

【解析】房地产开发企业销售其开发的房地产项目，一定是采用一般计税方法，才可以扣除土地价款，另外房地产开发企业在取得土地时向其他单位或个人支付的拆迁补偿费用也允许在计算销售额时扣除。

15. 【答案】AC

【解析】购进的货物用于免税项目、简易计征项目、集体福利或个人消费，进项税额不予抵扣；发生非正常损失的购进货物的进项税额不予抵扣。

16. 【答案】ABCD

【解析】选项 ABCD 都属于正确答案。

17. 【答案】ABCD

【解析】选项 ABCD 都属于正确答案。

18. 【答案】ABC

【解析】选项 D 不属于免税收入，是享受税负超过 3% 即征即退政策。

19. 【答案】ABCD

【解析】实行 100% 先征后退政策的出版物除了 ABCD 选项外，还有中国共产党和各民主党派的各级组织的机关报纸和机关期刊，各级人大、政协、政府、工会、共青团、妇联、残联、科协的机关报纸和机关期刊，新华社的机关报纸和机关期刊，军事部门的机关报纸和机关期刊，经批准在内蒙古、广西、西藏、宁夏、新疆五个自治区内注册的出版单位出版的出版物。

20. 【答案】BC

【解析】增值税起征点仅适用于按照小规模纳税人纳税的个体工商户和其他个人。

21. 【答案】BCD

【解析】选项 A 以预收款方式销售货物的，为货物发出的当天。

22. 【答案】CD

【解析】选项 A 赊销方式销售货物，纳税义务发生时间是书面合同约定的当天；选项 B 委托其他纳税人代销货物，纳税义务发生时间是收到代销清单或收到全部或者部分货款的当天，未收到代销清单及货款的，为发出代销货物满 180 天的当天。

23. 【答案】AB

【解析】选项 C 进口货物，应当向报关地海关申报纳税；选项 D 扣缴义务人应当向其机构所在地或者居住地主管税务机关申报缴纳扣缴的税款。

24. 【答案】AC

【解析】选项 A 商业企业一般纳税人零售烟酒、食品、服装、鞋帽（不包括劳保专用部分）、化妆品等消费品不得开具增值税专用发票；选项 C 销售免税货物不得开具增值税专用发票。

25. 【答案】ABC

【解析】选项 D 纳税人出口货物劳务、发生跨境应税行为不适用加计抵减政策，其对应的进项税额不得计提加计抵减额。

26. 【答案】ABC

【解析】选项 D：可选择适用 5% 的征收率。

27. 【答案】ABCD

【解析】选项 ABCD 都属于异常凭证。

（三）计算问答题

1. 【答案及解析】

（1）当月增值税销项税额 = 850 000 × 9% + 850 000 ÷ 10 × 5 × 9% + 33 900 ÷（1 + 13%）× 13% = 118 650（元）

（2）当月可抵扣的进项税额 = 60 000 ÷（1 + 13%）× 13% + 250 000 × 13% × 80% = 32 902. 65（元）

（3）出租办公用房应纳增值税 = 60 000 ÷（1 + 5%）× 5% = 2 857. 14（元）

（4）该企业当月应缴纳增值税 = 118 650 − 32 902. 65 + 2 857. 14 = 88 604. 49（元）

2. 【答案及解析】

（1）当期可抵扣的进项税额 = 390 000 + 52 000 × 60% −（30 000 − 1 756）× 13% − 1 756 × 9% − 10 170 ÷（1 + 13%）× 13% = 416 200. 24（元）

（2）当期的销项税额 =（5 085 000 + 700 000 + 4 500 × 3 000 − 5 000 × 3 + 1 000）÷（1 + 13%）× 13% = 2 217 017. 7（元）

以旧换新方式销售冰箱，按新冰箱的价格计算销售额；转让使用 3 年旧电脑，按适用税率计算销项税额；消费者退货冲减销售额。

该企业当期应纳增值税 = 2 217 017.7 − 416 200.24 = 1 800 817.46（元）

3.【答案及解析】

（1）该公司在 D 市预缴的不动产转让增值税 = (450 − 300)/(1 + 5%) × 5% = 7.14（万元）

（2）该公司在 B 市预缴的建筑服务增值税 = (163 − 50)/(1 + 9%) × 2% = 2.07（万元）

（3）该公司在 C 市预缴的建筑服务增值税 = (190 − 60)/(1 + 3%) × 3% = 3.79（万元）

（4）该公司向 A 市主管税务机关实际缴纳的增值税

业务（2）销项税 = 163/(1 + 9%) × 9% = 13.46（万元）

业务（1）销项税 = 450/(1 + 9%) × 9% = 37.16（万元）

当期可抵扣进项税 = 50 × 80% = 40（万元）

向 A 市主管税务机关实缴增值税 = 37.16 + 13.46 − 40 + 3.79 − 3.79 − 7.14 − 2.07 = 1.41（万元）

4.【答案及解析】

（1）进口环节增值税 = 245 730 × (1 + 20%) × 13% = 38 333.88（元）

（2）销售药品销项税额 = 88 800 ÷ (1 + 13%) × 13% + 300 000 × 70% × 13% + 50 000 × (1 + 10%) × 13% = 44 665.93（元）

（3）该企业当期可以抵扣的增值税进项税：

业务（1）：38 333.88 + 3 000 × 9% = 38 603.88（元）

业务（2）：8 000 × 10% + 1 000 × 9% = 890（元）

业务（3）：进项税额转出 = (5 000 − 100) ÷ (1 − 10%) × 10% + 100 × 9% = 553.44（元）

可抵扣进项税额合计 = 38 603.88 + 890 − 553.44 = 38 940.44（元）

（4）该企业当期应向税务机关缴纳增值税 = 44 665.93 − 38 940.44 = 5 725.49（元）

第三章　消费税法

一、2020 年新教材内容主要变化

本章 2020 年教材基本无变化。

二、本章近 5 年考情分析

本章属于税法考试重点章，考试中各种题型一般都会出现，特别是计算问答题每年必考，最近 5 年考试平均分值 10 分左右。2020 年预计考试分值在 10 分左右。

三、本章内容

第一单元　纳税人与税目、税率
第二单元　计税依据（重要）
第三单元　应纳税额的计算（重要）
第四单元　征收管理

四、重难点解析

第一单元　纳税人与税目、税率

重难点 1：纳税人★★★

（一）消费税纳税人

1. 在中华人民共和国境内生产、委托加工和进口消费税暂行条例规定的消费品的单位和个人为消费税的纳税人。

2. 国务院确定的销售《消费税暂行条例》规定的消费品的其他单位和个人。

（1）卷烟的批发企业。

【小贴士】卷烟的生产环节缴纳消费税，批发环节也需要缴纳。

（2）超豪华小汽车的零售企业。

【小贴士】超豪华小汽车的生产环节缴纳消费税，零售环节也需要缴纳。

（3）金银首饰、钻石及钻石饰品和铂金首饰的零售企业。

重难点2：税目★★★

税目	税率	注意事项
（一）烟 1. 卷烟 （1）甲类卷烟 （2）乙类卷烟 （3）批发环节 2. 雪茄烟 3. 烟丝	 56% +0.003 元/支 36% +0.003 元/支 11% +0.005 元/支 36% 30%	（1）甲类卷烟：每标准条（200 支）不含增值税调拨价格≥70 元 乙类卷烟：每标准条（200 支）不含增值税调拨价格 <70 元 （2）1 标准条 =200 根（支） 1 标准箱 =250 条 生产销售环节 150 元/箱，批发环节 250 元/箱
（二）酒 1. 白酒 2. 黄酒 3. 啤酒 （1）甲类啤酒 （2）乙类啤酒 4. 其他酒	 20% +0.5 元/克 240 元/吨 250 元/吨 220 元/吨 10%	（1）对饮食业、商业、娱乐业举办的啤酒屋（啤酒坊）利用啤酒生产设备生产的啤酒应当征收消费税；果啤属于啤酒，按啤酒征收消费税。 （2）甲类啤酒：每吨不含增值税出厂价格（含包装物及包装物押金）≥3 000 元； 乙类啤酒：每吨不含增值税出厂价格（含包装物及包装物押金）<3 000 元； 特殊注意：包装物押金不包括重复使用的塑料周转箱的押金。 （3）a 以蒸馏酒或食用酒精为酒基，具有国家相关部门批准的国食健字或卫食健字文号并且酒精度低于 38 度的配制酒。b 以发酵酒为酒基，酒精度低于 20 度的配制酒。这两种按"其他酒"征收消费税。c 其他配制酒，按"白酒"征税
（三）高档化妆品	15%	（1）高档美容、修饰类化妆品、高档护肤类化妆品和成套化妆品是指生产（进口）环节不含增值税销售（完税）价格在 10 元/毫升（克）或 15 元/片（张）以上。 （2）舞台、戏剧、影视演员化妆用的上妆油、卸妆油、油彩都不属于本税目的征收范围
（四）贵重首饰及珠宝玉石 1. 金银首饰、铂金首饰和钻石及钻石饰品 2. 其他贵重首饰和珠宝玉石	 5% 10%	（1）对出国人员免税商店销售的金银首饰征收消费税。 （2）金银、铂金首饰和钻石及钻石饰品是在零售环节缴税
（五）鞭炮、焰火	15%	体育上用的发令纸、鞭炮药引线，不按本税目征收
（六）成品油	1.52 元/升：汽油、石脑油、溶剂油、润滑油 1.2 元/升：柴油、航空煤油、燃料油	（1）航空煤油暂缓征收。 （2）汽油统一按照无铅汽油税率征收消费税。 以汽油、汽油组分调和生产的甲醇汽油、乙醇汽油也按汽油征税。 （3）以柴油、柴油组分调和生产的生物柴油按柴油征税。 （4）经国务院批准，从 2009 年 1 月 1 日起，对同时符合下列条件的纯生物柴油免征消费税：a 生产原料中废弃的动物油和植物油用量所占比重不低于 70%。b 生产的纯生物柴油符合国家《柴油机燃料调合生物柴油（BD100）》标准。 （5）润滑脂应当征收消费税，变压器油、导热类油等绝缘油类产品不属于润滑油，不征收消费税。 （6）纳税人利用废矿物油为原料生产符合条件的润滑油基础油、汽油、柴油等工业油料，免征消费税政策延长至 2023 年 10 月 31 日
（七）小汽车 1. 乘用车 2. 中轻型商用客车 3. 超豪华小汽车（零售环节）	 1% ~40%（按排气量划分） 5% 10%	本税目征收范围不包括： a 电动汽车； b 车身长度≥7 米、并且座位 10 ~23 座（含）以下的商用客车；（此为大型商用客车） c 沙滩车、雪地车、卡丁车、高尔夫车

续表

税目	税率	注意事项
(八) 摩托车 1. 气缸容量为250毫升 2. 气缸容量为250毫升以上的	 3% 10%	对发动机气缸容量250ml（不含）以下的小排量摩托车不征收消费税
(九) 高尔夫球及球具	10%	包括高尔夫球、高尔夫球杆及高尔夫球包（袋）等。高尔夫球杆的杆头、杆身和握把属于本税目的征收范围
(十) 高档手表	20%	每只不含增值税价格≥10 000 元的各类手表
(十一) 游艇	10%	
(十二) 木制一次性筷子	5%	
(十三) 实木地板	5%	未经涂饰的素板也属于本税目征税范围
(十四) 电池	4%	(1) 对无汞原电池、金属氢化物镍蓄电池（又称“氢镍蓄电池”或“镍氢蓄电池”）、锂原电池、锂离子蓄电池、太阳能电池、燃料电池和全钒液流电池免征消费税； (2) 自2016年1月1日起，对铅蓄电池按4%税率征收消费税
(十五) 涂料	4%	对施工状态下挥发性有机物（VOC）含量低于420克/升（含）的涂料免征消费税

【小贴士】纳税人兼营不同税率的应税消费品，应当分别核算不同税率应税消费品的销售额、销售数量。未分别核算销售额、销售数量，或者将不同税率的应税消费品组成成套消费品销售的，从高适用税率。

【经典真题】

【单选题·2019】下列商品属于消费税征收范围的是（　　）。

A. 高尔夫车　　B. 酒精　　C. 溶剂油原料　　D. 鞭炮药引线

【答案】C

【解析】溶剂油属于成品油，是消费税的征税范围。

【多选题·2018】下列商品中，目前属于消费税征税范围的有（　　）。

A. 变压器油　　B. 高尔夫车　　C. 铅蓄电池　　D. 翡翠首饰

【答案】CD

【解析】选项A：变压器油、导热类油等绝缘油类产品不属于润滑油，不征收消费税；选项B：电动汽车以及沙滩车、雪地车、卡丁车、高尔夫车等均不属于小汽车税目征税范围，不征消费税。

【单选题·2017】下列成品油中，暂缓征收消费税的是（　　）。

A. 石脑油　　B. 溶剂油　　C. 航空煤油　　D. 润滑油

【答案】C

【解析】航空煤油暂缓征收消费税。

第二单元　计税依据

计税依据	计税公式
1. 从价计征	销售额×比例税率
2. 从量计征（黄酒、啤酒、成品油）	销售数量×单位税额
3. 从价从量复合计税（白酒、卷烟）	销售额×比例税率+销售数量×单位税额

重难点1：从价计征——销售额的确定★★

（一）基本规定

全部价款和价外费用，注意销售额中含消费税税款，但不含增值税税款。

【小贴士】价外费用的内容与增值税规定相同。

价外费用，是指价外向购买方收取的手续费、补贴、基金、集资费、返还利润、奖励费、违约金、滞纳金、延期付款利息、赔偿金、代收款项、代垫款项、包装费、包装物租金、储备费、优质费、运输装卸费以及其他各种性质的价外收费。

【小贴士】

1. 增值税是价外税，计算增值税的价格中不包含增值税；消费税是价内税，计算消费税的价格中包含消费税。

2. 消费税应税销售额应当是不含增值税但含消费税的销售额；增值税应税销售额也应当是不含增值税但含消费税的销售额（如果是应税消费品，则含消费税，如不属于这15项，则销售额中不含有消费税）。

下列项目不包括在内：

（1）同时符合两项条件的代垫运输费用。

（2）同时符合三项条件代为收取的政府性基金或者行政事业性收费。

其他价外费用，无论是否属于纳税人的收入，均应并入销售额计算征税。

（二）包装物的规定

1. 应税消费品连同包装销售的，并入应税消费品的销售额中征收消费税。

2. 包装物不作价随同产品销售，而是收取押金，且单独核算的；分情况确定是否计入销售额：

包装物押金	增值税		消费税	
	收到	逾期	收到	逾期
一般货物	不缴纳	缴纳	不缴纳	缴纳
啤酒、黄酒、成品油			不缴纳	
白酒和其他酒	缴纳	不缴纳	缴纳	不缴纳

（三）品牌使用费的规定

【小贴士】白酒生产企业向商业销售单位收取的“品牌使用费”应并入白酒的销售额中缴纳消费税。

（四）含增值税销售额的换算

应税消费品的销售额＝含增值税的销售额÷(1＋增值税税率或征收率)

【小贴士】销售方为一般纳税人，转换时用增值税税率，税率13%；销售方为小规模纳税人，转换时用征收率，征收率3%。

重难点2：从量计征——销售数量的确定★

销售应税消费品	应税消费品的销售数量
自产自用应税消费品	应税消费品的移送使用数量
委托加工应税消费品	纳税人收回的应税消费品数量

重难点3：从价从量复合计征★★

现行消费税的征税范围中，只有卷烟、白酒采用复合计征方法。应纳税额等于应税销售数量乘以定额税率再加上应税销售额乘以比例税率。

重难点4：计税依据的特殊规定★★★

（一）自设非独立核算门市部销售应税消费品的计税规定

纳税人通过自设非独立核算门市部销售的自产应税消费品，应当按照门市部对外销售额或者销售数量征收消费税。

（二）应税消费品用于换取生产资料和消费资料，投资入股和抵偿债务的计税规定

纳税人用于换取生产资料和消费资料，投资入股和抵偿债务等方面的应税消费品，应当以纳税人同类应税消费品的最高销售价格作为计税依据计算消费税。

【小贴士】纳税人用于换取生产资料和消费资料，投资入股和抵偿债务等方面的应税消费品，应当以纳税人同类应税消费品的平均销售价格作为计税依据计算增值税。

（三）卷烟计税价格的核定

自2012年1月1日起，卷烟消费税最低计税价格（以下简称计税价格）核定范围为卷烟生产企业在生产环节销售的所有牌号、规格的卷烟。

计税价格的核定公式为：

某牌号、规格卷烟计税价格＝批发环节销售价格×(1－适用批发毛利率)

卷烟批发环节销售价格，计算公式为：

批发环节销售价格＝(∑该牌号规格卷烟各采集点的销售额)/(∑该牌号规格卷烟各采集点的销售数量)

未经国家税务总局核定计税价格的新牌号、新规格卷烟，生产企业应按卷烟调拨价格申报纳税。

【小贴士】已经国家税务总局核定计税价格的卷烟，生产企业实际销售价格高于计税价格的，按实际销售价格确定适用税率，计算应纳税款并申报纳税；实际销售价格低于计税价格的，按计税价格确定适用税率，计算应纳税款并申报纳税。

（四）白酒最低计税价格的核定

1. 核定范围。

白酒生产企业销售给销售单位的白酒（含将委托加工收回的白酒），生产企业消费税计税价格低于销售单位对外销售价格（不含增值税，下同）70%以下的，税务机关应核定消费税最低计税价格。

2. 核定标准。

消费税最低计税价格由税务机关根据生产规模、白酒品牌、利润水平等情况在销售单位对外销售价格50%至70%范围内自行核定。其中生产规模较大，利润水平较高的企业生产的需要核定消费税最低计税价格的白酒，税务机关核价幅度原则上应选择在销售单位对外销售价格60%至70%范围内。

3. 重新核定。

已核定最低计税价格的白酒，销售单位对外销售价格持续上涨或下降时间达到3个月以上、累计上涨或下降幅度在20%（含）以上的白酒，税务机关重新核定最低计税价格。

4. 计税价格的适用。

已核定最低计税价格的白酒，生产企业实际销售价格高于消费税最低计税价格的，按实际销售价格申报纳税；实际销售价格低于消费税最低计税价格的，按最低计税价格申报纳税。

（五）金银首饰销售额的确定

1. 金银首饰与其他产品组成成套消费品销售，按销售额全额计征消费税；

2. 金银首饰连同包装物销售，包装物应并入金银首饰的销售额，计征消费税；

3. 带料加工的金银首饰，按受托方销售同类金银首饰的销售价格确定计税依据征收消费税，没有同类金银首饰销售价格的，按组成计税价格计算纳税；

4. 以旧换新（含翻新改制）销售金银首饰，按实际收取的不含增值税的全部价款征收消费税。

【经典真题】

【多选题·2016】下列关于缴纳消费税适用计税依据的表述中，正确的有（　　）。

A. 换取生产资料的自产应税消费品应以纳税人同类消费品平均价格作为计税依据

B. 作为福利发放的自产应税消费品应以纳税人同类消费品最高价格作为计税依据

C. 委托加工应税消费品应当首先以受托人同类消费品销售价格作为计税依据

D. 投资入股的自产应税消费品应以纳税人同类应税消费品最高售价作为计税依据

【答案】CD

【解析】选项AD：纳税人用于换取生产资料和消费资料、投资入股和抵偿债务等方面的自产应税消费品，应当以纳税人同类应税消费品的最高销售价格作为计税依据计算消费税；选项B：纳税人自产自用的应税消费品，凡用于连续生产应税消费品以外的其他方面的，应当纳税，按照纳税人生产的同类消费品的平均销售价格计算纳税；选项C：委托加工的应税消费品，按照受托方的同类消费品的平均销售价格计算纳税。

第三单元　应纳税额的计算

重难点1：生产销售环节应纳消费税的计算★★★

（一）直接对外销售应纳消费税的计算

直接对外销售应税消费品涉及三种计算方法：

1. 从价定率计算。

应纳税额＝应税消费品的销售额×比例税率

【经典模拟题】

【计算问答题】某药酒生产企业为增值税一般纳税人。2019年10月15日出售药酒一批，开具增值税专用发票，取得不含增值税销售额1 000万元，增值税额130万元；10月20日销售药酒一批，开具普通发票，取得含增值税销售额565万元。计算该药酒生产企业上述业务应缴纳的消费税额。（药酒适用消费税税率10%）

【答案及解析】药酒应税销售额＝1 000＋565÷（1＋13%）＝1 500（万元）

应缴纳的消费税额＝1 500×10%＝150（万元）

2. 从量定额计算。

应纳税额＝应税消费品的销售数量×定额税率

【经典模拟题】

【计算问答题】某黄酒厂2019年11月销售黄酒100吨，取得不含增值税销售额2 950万元，另收取包装物押金22.6万元。计算该黄酒厂应纳消费税税额。

【答案及解析】应纳消费税额＝100×240＝24 000（元）

3. 从价定率和从量定额复合计算。

应纳税额＝应税消费品的销售数量×定额税率＋应税销售额×比例税率

【经典模拟题】

【计算问答题】某白酒生产企业为增值税一般纳税人，2019年12月销售白酒100吨，取得不含增值税的销售额3 000万元。计算白酒企业应缴纳的消费税额。

【答案及解析】应纳消费税额＝100×2 000×0.00005＋3 000×20%＝610（万元）

（二）自产自用应纳消费税的计算

1. 用于本企业连续生产应税消费品——移送时不缴纳消费税。

2. 用于其他方面：于移送使用时纳税。

（1）生产非应税消费品和在建工程；

（2）管理部门、非生产机构；

（3）提供劳务；

（4）馈赠、赞助、集资、广告、样品、职工福利、奖励等方面。

【经典真题】

【单选题·2017】纳税人发生的下列行为中，应征收消费税的有（　　）。

A. 酒厂将自产的白酒赠送给客户

B. 烟厂将自产的烟丝用于连续生产卷烟

C. 汽车制造厂将自产的小汽车用于工厂内部的行政部门

D. 原油加工厂将自产的柴油用于调和生产生物柴油

【答案】AC

【解析】纳税人自产自用的应税消费品，用于连续生产应税消费品的，不纳税，用于其他方面的，于移送使用时纳税。

3. 组成计税价格及税额计算

纳税人自产自用的应税消费品，凡用于生产非应税消费品、在建工程、管理部门、非生产机构、提供劳务、馈赠、赞助、集资、职工福利、奖励等方面的，应当纳税。销售额按下列顺序确定：

（1）按纳税人生产的同类消费品的售价计税；

（2）无同类消费品售价的，按组成计税价格计税。

组成计税价格 = 成本 + 利润 + 消费税税额

征税方式	成本利润率	消费税	增值税
从量定额	10%	按销售数量征消费税	成本 + 利润 + 消费税税额
从价定率	按消费税中应税消费品的成本利润率确定	（成本 + 利润）÷（1 − 消费税比例税率）	
复合计税	按消费税中应税消费品的成本利润率确定	（成本 + 利润 + 自产自用数量 × 消费税定额税率）÷（1 − 消费税比例税率）	

【经典模拟题】

【计算问答题】某实木地板厂将一批自产的实木地板用作职工福利，该批实木地板的成本100 000元，无同类产品市场销售价格，但已知其成本利润率为5%，消费税税率为5%。

问题：计算该批实木地板应缴纳的消费税税额。

【答案及解析】（1）组成计税价格 = 成本 ×（1 + 成本利润率）÷（1 − 消费税税率）= 100 000 ×（1 + 5%）÷（1 − 5%）= 110 526.32（元）；（2）应纳消费税额 = 110 526.32 × 5% = 5 526.32（元）。

重难点2：委托加工环节应税消费品应纳税额的计算★★★

sf200302

（一）委托加工应税消费品的确定

含义：委托方提供原料和主要材料，受托方只收取加工费和代垫部分辅助材料加工的应税消费品。

【小贴士】必须是委托方提供原材料，如果是受托方提供原材料，属于自产应税消费品。

（二）受托方代收代缴税款的规定

1. 代收代缴的消费品，从量计征，则看委托方收回的数量，按该数量计税。

2. 从价或复合计征：

首先按受托方同类应税消费品的售价。

其次没有售价，则组成计税价格。

从价定率：（材料成本＋加工费）÷（1－消费税比例税率）

复合计征：（材料成本＋加工费＋委托加工收回数量×消费税定额税率）÷（1－消费税比例税率）

【小贴士】一定要先看受托方是否有同类货物价格，没有价格再进行下一步组成计税价格。

（三）委托方将收回的应税消费品销售的税务处理

1. 以不高于受托方的计税价格出售的，为直接出售，不需要缴纳消费税。

2. 委托方以高于受托方的计税价格出售的，不属于直接出售，按规定缴纳消费税，在计税时准予扣除受托方已代收代缴的消费税。

（四）受托方没有代收代缴，委托方补交税款的计税依据

【小贴士】委托方已直接销售的，按销售额计税；未销售或不能直接销售的，按组价计税（与（二）相同），同时对受托方处以应代收代缴税款50%以上3倍以下的罚款。

【经典模拟题】

【单选题】甲企业为增值税一般纳税人，2019年1月外购一批木材，取得增值税专用发票注明价款50万元、税额8万元；将该批木材运往乙企业委托其加工木制一次性筷子，取得税务局代开的增值税专用发票注明运费1万元、税额0.03万元，支付不含税委托加工费5万元。假定乙企业无同类产品对外销售，木制一次性筷子消费税税率为5%。乙企业当月应代收代缴的消费税为（　　）万元。

A. 2.62　　B. 2.67　　C. 2.89　　D. 2.95

【答案】D

【解析】委托加工的应税消费品，受托方没有同类消费品销售价格的，按照组成计税价格计算代收代缴的消费税，实行从价定率办法计算纳税的组成计税价格计算公式：组成计税价格＝（材料成本＋加工费）/（1－比例税率），本题支付的运费应计入材料成本中，作为材料成本的一部分在计算代收代缴的消费税的时候加上。乙企业当月应代收代缴的消费税＝（50＋1＋5）/（1－5%）×5%＝2.95（万元）。

重难点3：进口环节应纳消费税的计算★★★

征税方式	应纳消费税
从价定率	（关税完税价格＋关税）÷（1－消费税比例税率）×税率
从量定额	按海关核定的进口数量征消费税 应税消费品数量×定额税率
复合计税	（关税完税价格＋关税＋进口征税数量×消费税定额税率）÷（1－消费税比例税率）×税率＋进口征税数量×消费税定额税率

【经典模拟题】

【单选题】某贸易公司2019年12月从国外进口一批高尔夫球具，经海关审定的关税完税价格为300万元。当月将该批球具销售取得不含税收入550万元。该批高档化妆品关税税率为15%、消费税税率为10%。该公司当月应缴纳的消费税为（　　）万元。

A. 16.67　　B. 33.33　　C. 88.33　　D. 383.33

【答案】B

【解析】应缴纳消费税 $=300\times(1+15\%)\div(1-10\%)\times10\%=38.33$（万元）

重难点4：已纳消费税扣除的计算★★★

纳税人用外购或委托加工收回的已税消费品连续生产应税消费品，允许按生产领用数量计算扣除外购或委托加工收回的已纳消费税。外购扣除范围包括：

1. 外购已税烟丝生产的卷烟；
2. 外购已税高档化妆品生产的高档化妆品；
3. 外购已税珠宝玉石生产的贵重首饰及珠宝玉石；
4. 外购已税鞭炮焰火生产的鞭炮焰火；
5. 外购已税杆头、杆身和握把为原料生产的高尔夫球杆；
6. 外购已税木制一次性筷子为原料生产的木制一次性筷子；
7. 外购已税实木地板为原料生产的实木地板；
8. 对外购已税汽油、柴油、石脑油、燃料油、润滑油用于连续生产应税成品油；

委托加工扣除范围包括：

1. 以委托加工收回的已税烟丝为原料生产的卷烟；
2. 以委托加工收回的已税高档化妆品为原料生产的高档化妆品；
3. 以委托加工收回的已税珠宝玉石为原料生产的贵重首饰及珠宝玉石；
4. 以委托加工收回的已税鞭炮、焰火为原料生产的鞭炮、焰火；
5. 以委托加工收回的已税杆头、杆身和握把为原料生产的高尔夫球杆；
6. 以委托加工收回的已税木制一次性筷子为原料生产的木制一次性筷子；
7. 以委托加工收回的已税实木地板为原料生产的实木地板；
8. 以委托加工收回的已税汽油、柴油、石脑油、燃料油、润滑油用于连续生产应税成品油；
9. 以委托加工收回的已税摩托车连续生产应税摩托车（如用外购两轮摩托车改装三轮摩托车）。

【小贴士】按生产领用数量扣除已纳消费税——外购已税消费品

当期准予扣除的外购应税消费品已纳税款 = 当期准予扣除的外购应税消费品买价 × 外购应税消费品适用税率

当期准予扣除的外购应税消费品买价 = 期初库存的外购应税消费品买价 + 当期购进的外购应税消费品买价 − 期末库存的外购应税消费品买价

【小贴士】按生产领用数量扣除已纳消费税——委托加工已税消费品

当期准予扣除的委托加工应税消费品已纳税款＝期初库存的委托加工应税消费品已纳税款＋当期收回的委托加工应税消费品已纳税款－期末库存的委托加工应税消费品已纳税款

【小贴士】对于在零售环节缴纳消费税的金银首饰（含镶嵌首饰）、钻石及钻石饰品，在计税时一律不得扣除外购、委托加工收回的珠宝、玉石的已纳消费税。

【小贴士】对自己不生产应税消费品，而只是购进后再销售应税消费品的工业企业，其销售的高档化妆品、鞭炮焰火和珠宝玉石，凡不能构成最终消费品直接进入消费品市场，而需进一步生产加工的，应当征收消费税，同时允许扣除上述外购应税消费品的已纳税款。

【经典真题】

【多选题·2015】下列产品中，在计算缴纳消费税时准许扣除外购应税消费品已纳消费税的有（　　）。

A. 外购已税烟丝生产的卷烟

B. 外购已税白酒加香生产的白酒

C. 外购已税手表镶嵌钻石生产的手表

D. 外购已税实木素板涂漆生产的实木地板

【答案】AD

重难点5：特殊环节应纳消费税的计算★★

（一）卷烟批发环节应纳消费税的计算

自2009年5月1日起，在卷烟批发环节加征一道从价税。自2015年5月10日起，卷烟批发环节税率又有调整。

1. 纳税人：在中华人民共和国境内从事卷烟批发业务的单位和个人。

纳税人销售给纳税人以外的单位和个人的卷烟于销售时纳税。纳税人之间销售的卷烟不缴纳消费税。

2. 征收范围：纳税人批发销售的所有牌号规格的卷烟。

3. 适用税率：从价税税率11%，从量税税率0.005元/支。

4. 计税依据：纳税人批发卷烟的销售额（不含增值税）、销售数量。

纳税人应将卷烟销售额与其他商品销售额分开核算，未分开核算的，一并征收消费税。

【小贴士】纳税人兼营卷烟批发和零售业务的，应当分别核算批发和零售环节的销售额、销售数量；未分别核算批发和零售环节销售额、销售数量的，按照全部销售额、销售数量计征批发环节消费税。

5. 纳税义务发生时间：纳税人收讫销售款或者取得索取销售款凭据的当天。

6. 纳税地点：卷烟批发企业的机构所在地，总机构与分支机构不在同一地区的，由总机构申报纳税。

【小贴士】卷烟消费税在生产和批发两个环节征收后，批发企业在计算纳税时不得扣除已含的生产环节的消费税税款。

【经典真题】

【单选题·2018】下列应税消费品中，除了在生产销售环节征收消费税外，还应在批发环节征收消费税的是（　　）。

A. 高档手表　　B. 高档化妆品　　C. 卷烟　　D. 超豪华小汽车

【答案】C

【解析】自2009年5月1日起，在卷烟批发环节加征一道消费税。

（二）超豪华小汽车零售环节应纳消费税的计算

1. 征税范围：每辆零售价格130万元（不含增值税）及以上的乘用车和中轻型商用客车，即乘用车和中轻型商用客车子税目中的超豪华小汽车。

2. 纳税人：将超豪华小汽车销售给消费者的单位和个人为超豪华小汽车零售环节纳税人。

3. 税率：税率为10%。

4. 应纳税额的计算：

应纳税额＝零售环节销售额（不含增值税）×零售环节税率

【小贴士】国内汽车生产企业直接销售给消费者的超豪华小汽车，消费税税率按照生产环节税率和零售环节税率加总计算。

其消费税应纳税额计算公式为：

应纳税额＝销售额（不含增值税）×（生产环节税率＋零售环节税率）

重难点6：消费税出口退税的计算★

情形	税务处理
有出口经营权的外贸企业购进应税消费品直接出口，以及外贸企业受其他外贸企业委托代理出口应税消费品	出口免税并退税
有出口经营权的生产性企业自营出口或生产企业委托外贸企业代理出口自产的应税消费品	出口免税但不退税
除生产企业、外贸企业外的其他企业（具体是指一般商贸企业），委托外贸企业代理出口应税消费品	出口不免税也不退税

【经典真题】

【单选题·2019】下列出口应纳税消费品的行为中，适用消费税免税不退税政策的是（　　）。

A. 商业批发企业委托外贸企业代理出口卷烟

B. 有出口经营权的酒场出口自产白酒

C. 有出口经营权的外贸企业购进高档化妆品直接出口

D. 外贸企业受其他外贸企业委托代理出口实木地板

【答案】B

【解析】选项A不免税也不退税；选项CD出口免税并退税。

【多选题·2018】下列各项中，适用消费税出口免税并退税政策的有（　　）。

A. 有出口经营权的外贸企业购进应税消费品直接出口

B. 生产企业委托外贸企业代理出口自产的应税消费品

C. 有出口经营权的生产性企业自营出口应税消费品

D. 外贸企业受其他外贸企业委托代理出口应税消费品

【答案】AD

【解析】选项 AD 适用免税并退税政策；选项 BC 适用免税但不退税政策。

第四单元　征收管理

重难点 1：征税环节★★★

（一）对生产应税消费品在生产销售环节征收消费税

（二）对委托加工应税消费品在委托加工环节征税

（三）对进口应税消费品在进口环节征税——由海关代征

（四）对零售特定应税消费品在零售环节征税：金银首饰、钻石及钻石饰品、铂金首饰

（五）对移送使用应税消费品在移送使用环节征税

如果企业在生产经营的过程中，将应税消费品移送用于加工非应税消费品，则应对移送部分征收消费税。

（六）对批发卷烟在卷烟的批发环节征税

【经典真题】

【单选题·2017】下列消费品中，应在零售环节征收消费税的是（　　）。

A. 钻石　　B. 卷烟　　C. 镀金首饰　　D. 高档手表

【答案】A

【解析】在零售环节缴纳消费税的消费品包括金银首饰、铂金首饰、钻石及钻石饰品、超豪华小汽车，零售环节缴纳消费税的金银首饰不包括镀金（银）、包金（银）首饰，以及镀金（银）、包金（银）的镶嵌首饰。

【经典模拟题】

【单选题】关于下列消费品的征收规定，说法不正确的是（　　）。

A. 进口黄金饰品，由海关代征消费税　　B. 零售钻石，零售环节缴纳消费税

C. 零售高档化妆品，不缴纳消费税　　D. 批发卷烟，批发环节缴纳消费税

【答案】A

【解析】在零售环节缴纳消费税的消费品包括金银首饰、铂金首饰、钻石及钻石饰品、超豪华小汽车，所以选项 A 进口黄金饰品，不缴纳消费税，零售环节缴纳消费税。

重难点 2：消费税的纳税义务发生时间、纳税期限★★

【小贴士】与增值税基本相同。

重难点 3：纳税地点★

情形	纳税地点
纳税人销售的应税消费品，以及自产自用的应税消费品	除国务院财政、税务主管部门另有规定外，应当向纳税人机构所在地或者居住地的主管税务机关申报纳税

续表

情形	纳税地点
委托加工的应税消费品	除委托个人（包含个体工商户和其他个人）加工外，由受托方向所在地主管税务机关代收代缴消费税税款
进口的应税消费品	由进口人或者其代理人向报关地海关申报纳税
纳税人到外县（市）销售或委托外县（市）代销自产应税消费品的	于应税消费品销售后，向纳税人机构所在地或居住地主管税务机关申报纳税
纳税人的总机构与分支机构不在同一县（市）的	但在同一省（自治区、直辖市）范围内，经省（自治区、直辖市）财政厅（局）、税务局审批同意，可以由总机构汇总向总机构所在地主管税务机关申报缴纳消费税

【本章总结】

1. 消费税每年必考计算问答题，重要性你懂的！对历年考题需要掌握。

2. 本章的掌握与熟悉：

（1）掌握征税范围的具体内容；

（2）掌握消费税从价计税、复合计税多种计税方法；

（3）掌握卷烟批发、超豪华小汽车零售以及金银首饰计算消费税的特殊规定；

（4）熟悉消费税纳税人的特殊规定。

3. 与其他章节的关系。

（1）与增值税：

一是，消费税与增值税双层征收的格局带来了消费税与增值税混合命题的经常性。

二是，消费税的抵扣规则与增值税不同，消费税按照生产领用量计算抵扣外购（含进口）或委托加工收回的应税消费品的已纳税额，扣税范围和计算有着特殊的要求。

三是，计算消费税的销售额在一般情况下与计算增值税销项税的销售额一致，但是换取生产资料和消费资料、对外投资、抵债的应税消费品，在计算消费税时不用平均价格而用最高价格。

（2）与关税：进口环节消费税、增值税、关税的计算是注会税法常考不衰的知识点组合。

五、进阶练习

（一）单选题

1. 以下关于消费税的表述不正确的是（　　）。

A. 消费税属于间接税　　B. 消费者是消费税税款的实际负担者

C. 消费税的征收范围具有普遍性　　D. 计税方法具有灵活性

2. 依据消费税的有关规定，下列行为中应缴纳消费税的是（　　）。

A. 进口高档化妆品　　B. 进口酒精

C. 零售卷烟　　D. 批发木制一次性筷子

3. 下列行为涉及的货物，属于消费税征税范围的是（　　）。

A. 超市零售的白酒　　B. 商场零售的木制筷子

C. 商场零售的高档化妆品　　D. 4S 店零售的超豪华小汽车

4. 以下关于配制酒的说法不正确的是（　　）。

A. 以蒸馏酒或食用酒精为酒基，具有国家相关部门批准的国食健字或卫食健字文号并且酒精度低于 38 度（含）的配制酒，按“白酒”适用税率征收消费税

B. 以发酵酒为酒基，酒精度低于 20 度（含）的配制酒，按“其他酒”10% 适用税率征收消费税

C. 其他配制酒，按“白酒”适用税率征收消费税

D. 葡萄酒适用“酒”税目下设的“其他酒”子目

5. 下列项目中，不按“成品油”税目征收消费税的是（　　）。

A. 甲醇汽油　　B. 溶剂油原料　　C. 矿物性润滑油　　D. 变压器油

6. 下列消费品，属于消费税“小汽车”税目征税范围的是（　　）。

A. 沙滩车　　B. 卡丁车　　C. 乘用车　　D. 雪地车

7. 根据《消费税暂行条例》的规定，下列情况应征收消费税的是（　　）。

A. 企业将外购的小汽车对外投资

B. 商业企业零售金银首饰

C. 企业将外购的鞭炮、焰火用于职工福利

D. 企业将委托加工收回的实木地板以不高于受托方的计税价格直接销售

8. 下列移送行为应视同销售缴纳消费税的情况是（　　）。

A. 自产应税消费品用于连续生产应税消费品

B. 将委托加工收回的应税消费品用于连续生产应税消费品

C. 将外购已税消费品用于连续生产应税消费品

D. 自产应税消费品用于连续生产非应税消费品

9. 下列关于以外购实木地板为原料连续生产实木地板的消费税处理，正确的是（　　）。

A. 外购已税实木地板已纳消费税可以按购进数量在应纳消费税税款中扣除

B. 外购已税实木地板已纳消费税可以按生产领用数量在应纳消费税税款中扣除

C. 外购已税实木地板已纳消费税可以按实木地板出厂销售数量在应纳消费税税款中扣除

D. 外购已税实木地板已纳消费税不可以在实木地板出厂销售的应纳消费税税款中扣除

10. 下列外购应税消费品不可以按生产领用数量计算扣除已纳消费税的是（　　）。

A. 外购已税白酒生产的白酒

B. 外购已税木制一次性筷子为原料生产的木制一次性筷子

C. 外购已税鞭炮焰火生产的鞭炮焰火

D. 外购已税烟丝生产的卷烟

11. 下列关于消费税出口退税的税务处理说法不正确的是（　　）。

A. 有出口经营权的外贸企业购进应税消费品直接出口可以免税并退税

B. 外贸企业受非生产性的商贸企业委托代理出口应税消费品可以免税并退税

C. 有出口经营权的生产性企业自营出口可以免税但不退税

D. 一般商贸企业委托外贸企业代理出口应税消费品一律不予退（免）税

12. 某酒厂（增值税一般纳税人）2020 年 1 月生产一批啤酒，当月对外销售 300 吨，取得不含税价款 870 000 元，同时收取啤酒包装物押金 30 000 元。该酒厂当月应缴纳的消费税为（　　）元。

A. 113 100　　B. 78 300　　C. 66 000　　D. 75 000

13. 某卷烟生产企业（增值税一般纳税人），2019 年 12 月销售 A 牌卷烟 400 条，开具的增值税专用发票上注明销售额 15 万元；销售 B 牌卷烟 200 条，开具的普通发票上注明销售额 1. 43 万元，该卷烟生产企业当月应缴纳的消费税为（　　）万元。

A. 9. 15　　B. 5. 9　　C. 6. 15　　D. 8. 9

14. 某商场是增值税一般纳税人，2019 年 12 月零售金首饰 4 000 克，每克零售价 400 元，并收取工艺费 10 元/克；以旧换新销售金首饰，收回旧首饰 100 克，换出新首饰 700 克，收取含税差价 260 000 元。该商场当月缴纳消费税（　　）元。

A. 84 070. 8　　B. 218 584. 07　　C. 90 476. 19　　D. 235 238. 1

15. 2019 年 12 月，甲厂将一批原木委托乙厂加工成实木地板，该批原木的成本是 15 万元，乙厂收取不含税的加工费 5 万元，收取含税的代垫辅料 2 万元，乙厂无同类实木地板的价格，实木地板消费税税率为 5%，甲乙厂均为增值税一般纳税人，乙厂代收代缴的消费税是（　　）万元。

A. 1. 1　　B. 1. 15　　C. 1. 2　　D. 1. 16

16. 某企业从国外进口一批实木地板，关税完税价格折合人民币 500 万元，进口环节关税税率 20%，进口环节消费税税率 5%，则该批实木地板进口环节应纳的消费税、增值税合计是（　　）万元。

A. 109. 58　　B. 113. 69　　C. 108　　D. 112. 11

17. 某化妆品生产企业为增值税一般纳税人，2020 年 2 月购进一批高档香水精，支付不含税价款 40 万元，当月该企业领用其中的 50% 连续生产高档化妆品，领用其中的 30% 连续生产普通护肤品，剩余 20% 用做职工福利。当月该企业上述业务可以抵扣的外购应税消费品已纳税额为（　　）万元。（高档化妆品消费税税率为 15%）

A. 2　　B. 1. 4　　C. 1　　D. 0. 4

18. 某外贸公司（增值税一般纳税人，具有出口经营权）2019 年 12 月从生产企业购进高尔夫球一批，取得增值税专用发票注明价款 30 万元、增值税 3. 9 万元，当月该批高尔夫球全部出口取得销售收入 45 万元。该批高尔夫球增值税退税率为 9%，高尔夫球消费税税率为 10%，该外贸公司出口高尔夫球应退的增值税和消费税合计金额为（　　）万元。

A. 5. 7　　B. 8. 55　　C. 7. 2　　D. 6. 9

19. 下列各项中，关于消费税纳税义务发生时间的表述，说法不正确的是（　　）。

A. 进口的应税消费品，为报关进口的当天

B. 自产自用的应税消费品，为移送使用的当天

C. 委托加工的应税消费品，为纳税人提货的当天

D. 采取预收货款结算方式的应税消费品，为收到预收款的当天

20. 下列关于消费税纳税地点的说法，不正确的是（　　）。

A. 纳税人自产自用应税消费品，应当向纳税人机构所在地或居住地的主管税务机关申报纳税

B. 委托加工应税消费品，除受托方为个人外，由受托方向机构所在地或居住地主管税务机关解缴税款

C. 纳税人到外县销售自产应税消费品，向机构所在地或居住地主管税务机关申报纳税

D. 进口的应税消费品，由进口人或其代理人向其机构所在地或住所地主管税务机关申报纳税

（二）多选题

1. 下列企业属于消费税纳税人的有（　　）。

A. 零售金银首饰的商场　　B. 生产销售高尔夫球具的厂家

C. 零售白酒的商场　　D. 受托托加工鞭炮焰火的厂家

2. 根据现行税法规定，下列消费品既征收增值税又征收消费税的有（　　）。

A. 日化厂销售自产香皂　　B. 白酒厂销售自产的白酒

C. 卷烟批发企业批发卷烟　　D. 从国外进口钻石

3. 下列属于消费税征税范围的有（　　）。

A. 免税商店销售的金银首饰　　B. 橡胶填充油

C. 未经涂饰的素板　　D. 气缸容量 240 毫升的摩托车

4. 下列不属于消费税征税范围的有（　　）。

A. 高尔夫车　　B. 影视演员化妆用的上妆油

C. 未经打磨、倒角的木制一次性筷子　　D. 铅蓄电池

5. 下列应税消费品，采用复合计征消费税的有（　　）。

A. 白酒　　B. 葡萄酒　　C. 卷烟　　D. 雪茄

6. 企业的下列行为，应当征收消费税的有（　　）。

A. 鞭炮焰火厂将自产的鞭炮焰火做为职工福利

B. 游艇厂商将自产游艇用做抵偿债务

C. 白酒生产企业对外赞助的白酒

D. 汽车厂移送非独立核算门市部待销售的小汽车

7. 下列应税消费品按最高销售价格作为计税依据计算消费税的有（　　）。

A. 换取生产资料和消费资料　　B. 作为样品

C. 投资入股　　D. 抵偿债务

8. 下列关于卷烟计税价格的说法正确的有（　　）。

A. 卷烟计税价格由国家税务总局核定

B. 未核定计税价格的新牌号、新规格卷烟，生产企业按调拨价格纳税

C. 生产企业实际销售价格高于计税价格的，按实际销售价格纳税

D. 生产企业实际销售价格低于计税价格的，按计税价格纳税

9. 下列关于金银首饰销售额的确定，说法正确的有（　　）。

A. 金银首饰与其他产品组成成套消费品销售的，应按销售额全额征收消费税

B. 金银首饰连同包装物销售的，均应并入金银首饰的销售额，计征消费税

C. 带料加工的金银首饰，应按受托方销售同类金银首饰的销售价格确定计税依据征收消费税

D. 采用以旧换新方式销售的金银首饰，应按新的金银首饰的价格确定计税依据征收消费税

10. 下列消费品中应征收消费税的有（　　）。

A. 汽车厂把自产小汽车提供给管理部门使用

B. 小汽车生产企业把自产小汽车用于赞助小汽车拉力赛

C. 酒厂把药酒发给职工做福利

D. 化妆品厂将自产高档化妆品用于连续生产高档化妆品

11. 可按生产领用量扣除外购应税消费品已纳消费税税款的有（　　）。

A. 外购已税烟丝生产的雪茄

B. 外购已税珠宝玉石生产的贵重首饰及珠宝玉石

C. 进口鞭炮焰火连续生产鞭炮焰火

D. 外购已税汽油生产的汽油

12. 以下符合卷烟批发环节征收消费税规定的有（　　）。

A. 纳税人销售给纳税人以外的单位和个人的卷烟于销售时纳税

B. 纳税人批发卷烟和其他商品不能分别核算销售额的，不需征收消费税

C. 纳税人兼营卷烟批发和零售业务的，如未分别核算销售额、销售数量的，按照全部销售额、销售数量计征批发环节消费税

D. 批发环节计算纳税时，准予扣除已含的生产环节的消费税税款

13. 对于委托加工应税品，受托方（非个人）没有代收代缴消费税，则下列说法正确的有（　　）。

A. 对受托方处以代收代缴税款 50% 以上 5 倍以下的罚款

B. 由受托方补缴税款

C. 由委托方补缴税款

D. 委托方收回的应税消费品尚未销售的，按组成计税价格计税

14. 甲汽车企业 2020 年 2 月对外以 120 万元/辆的价格销售 12 辆小汽车给某汽车销售中心，该销售中心以 150 万元/辆的价格（不含增值税）对外销售给消费者，当月全部售出；当月甲汽车企业直接以 145 万元/辆（不含增值税）的价格销售 2 辆小汽车给某明星，小汽车生产环节的消费税税率为 25%，则以下说法错误的有（　　）。

A. 甲企业应缴纳消费税 360 万元

B. 汽车销售中心应缴纳消费税 180 万元

C. 甲企业增值税的销项税额是 187.2 万元

D. 超豪华小汽车的判别标准是零售价 130 万元（不含增值税）及以上的乘用车和中轻型商用客车

15. 下列关于消费税计税依据的说法，正确的有（　　）。

A. 白酒生产企业对逾期未收回的包装物不再退还的押金应并入销售额计税

B. 白酒生产企业向商业销售单位收取的“品牌使用费”应并入白酒销售额计税

C. 纳税人自产应税消费品用于馈赠、广告样品等用途，应以纳税人同类应税消费品的最高销售价格计税

D. 纳税人通过自设非独立核算门市部销售的自产应税消费品，应当按照门市部对外销售额或者销售数量计税

16. 关于白酒消费税最低计税价格的规定，说法正确的有（　　）。

A. 白酒消费税最低计税价格无须白酒生产企业自行申报，由税务机关直接核定价格

B. 白酒生产企业消费税计税价格高于销售单位对外销售价格 70%（含 70%）以上的，税务机关暂不核定消费税最低计税价格

C. 已核定最低计税价格的白酒，生产企业实际销售价格高于消费税最低计税价格的，按实际销售价格申报纳税

D. 白酒消费税最低计税价格只能由国家税务总局核定

17. 以下关于消费税纳税义务发生时间的规定，说法正确的有（　　）。

A. 纳税人采取预收货款结算方式的，纳税义务发生时间为发出应税消费品的当天

B. 纳税人采取托收承付方式销售应税消费品，纳税义务发生时间是发出应税消费品并办妥托收手续的当天

C. 纳税人进口应税消费品，纳税义务的发生时间为报关进口的当天

D. 纳税人委托加工应税消费品，纳税义务的发生时间是纳税人提货的当天

18. 下列有关消费税的表述中，错误的有（　　）。

A. 纳税人将自产的应税消费品用于馈赠，不需要缴纳消费税

B. 随白酒销售取得的包装物押金，无论是否返还，都应并入当期销售额征收消费税

C. 纳税人采取赊销方式销售应税消费品，应在发出消费品的当天缴纳消费税

D. 纳税人将委托加工收回的应税消费品用于连续生产应税消费品的，在移送使用时缴纳消费税

19. 以下不符合消费税规定的有（　　）。

A. 进口所有应税消费品，都需向海关缴纳进口环节消费税

B. 自产的应税消费品只有连续生产应税消费品，不需缴纳消费品，凡用于其他方面的，于移送使用时纳税

C. 委托加工应税消费品如果受托方没有代收代缴消费税，则受托方需补缴税款

D. 委托加工的应税消费品受托方交货时已代收代缴消费税，委托方收回后直接出售的，不再缴纳消费税

20. 以下关于消费税的纳税地点表述正确的有（　　）。

A. 纳税人自产自用的应税消费品，应当向纳税人机构所在地或者居住地的主管税务机关申报纳税

B. 纳税人到外市销售自产应税消费品的，向机构所在地或者居住地主管税务机关申报纳税

C. 进口的应税消费品，由进口人或代理人向报关地海关申报纳税

D. 纳税人总机构与分支机构不在同一县（市），但在同一省范围内，经批准后，可以由

总机构汇总向总机构所在地的主管税务机关申报缴纳消费税

21. 纳税人利用废矿物油为原料生产的可以免征消费税的应税消费品有（　　）。

A. 润滑油基础油　　B. 汽油　　C. 柴油　　D. 石脑油

（三）计算问答题

1. 甲酒厂为增值税一般纳税人，2019 年 12 月发生以下业务：

（1）销售给乙企业（一般纳税人）粮食白酒 30 吨，开具增值税专用发票，取得不含税收入 400 万元，另收取品牌使用费 20 万元、包装物押金 5 万元。

（2）从农民手中购入一批粮食，支付价款 10 万元，将该批粮食委托丙企业（一般纳税人）加工白酒 10 吨，收回白酒时向丙企业支付不含增值税的加工费 3 万元，代垫辅料 1 万元（不含增值税），取得丙企业开具的增值税专用发票，丙企业无同类白酒价格，已按组成计税价格代收代缴消费税。

（3）委托加工收回的 10 吨白酒对外销售，共取得不含增值税价款 16.5 万元。

（4）对外销售自产啤酒 20 吨，取得不含增值税价款 10 万元，同时收取包装物押金 2 万元，当月有逾期未退回的啤酒包装物押金 3 万元。

（5）当月将自产酒精对外销售，取得不含增值税价款 5 万元。

（其他相关资料：白酒的消费税税率为 20% 加 0.5 元/500 克；甲类啤酒 250 元/吨，乙类啤酒 220 元/吨）

要求：根据上述资料，按照下列序号回答问题，每问需计算出合计数。

（1）计算本月甲酒厂向乙企业销售白酒应缴纳的消费税。

（2）计算丙企业已代收代缴的消费税。

（3）计算本月甲酒厂销售委托加工收回的白酒应缴纳的消费税。

（4）计算当月销售啤酒的消费税。

（5）计算当月销售酒精应纳的消费税。

（6）计算当月甲酒厂应缴纳的增值税。

2. 某卷烟厂为增值税一般纳税人，生产品牌卷烟，2020 年 1 月业务如下：

（1）进口一批烟丝，关税完税价格 150 万元，企业向海关缴纳了进口环节相关税金后，取得了海关开具的相关凭证，烟丝入库后，卷烟厂领取了 60% 用于生产卷烟。

（2）自产一批烟丝，80% 用于连续生产卷烟；20% 对外出售，取得不含增值税价款 5 万元。

（3）当月将自产的 20 标准箱卷烟作为春节福利发给职工。

（4）按平均价销售 150 标准箱卷烟给一烟酒批发公司，取得不含增值税价款 300 万元。

（5）以分期收款方式销售卷烟 100 标准箱给 A 公司，合同约定按平均价销售，本月收取 60% 货款，下月收取 40% 货款，由于 A 公司资金紧张，本月实际未付款。

（6）本月用 20 标准箱卷烟对外投资。

（其他相关资料：关税税率 10%，该品牌卷烟平均不含税售价每标准条 80 元，最高不含税售价每标准条 88 元。1 标准箱 = 250 标准条，1 标准条 = 200 支，烟丝消费税税率为 30%，卷烟消费税税率为 56% 加 0.003 元/支，每标准箱定额税率 150 元）

要求：根据上述资料，按照下列序号回答问题，每问需计算出合计数。

（1）该卷烟厂本月应纳进口环节关税、增值税、消费税。

（2）该卷烟厂本月应向税务机关缴纳的消费税税额。

3. 甲实木地板厂为增值税一般纳税人，2019 年 12 月发生以下业务：

（1）外购未经涂饰的素板一批，取得对方开具的增值税专用发票，注明不含税价款 100 万元，增值税额 13 万元，素板已入库。

（2）当月将外购未经涂饰素板的 80% 领用继续加工成漆饰地板。

（3）当月销售漆饰地板 10 000 平，取得不含税销售额 500 万元。

（4）当月将自产漆饰地板 1 000 平用做馈赠关系户，自产漆饰地板 500 平用做职工宿舍装修。

（5）当月盘点发现上月从林场购入的用来生产实木地板的原木由于管理不善被盗，账面成本 10 万元。

（其他相关资料：实木地板消费税税率 5%，所有合规应抵扣的发票均进行了抵扣）

要求：根据上述资料，按顺序回答下列问题。

（1）甲实木地板厂当月应纳的增值税。

（2）甲实木地板厂当月应纳的消费税。

4. 某化妆品生产企业为增值税一般纳税人，生产销售高档化妆品和普通护肤护发品，2019 年 12 月发生以下业务：

（1）从某工业企业外购高档香水精一批，取得增值税专用发票注明价款 20 万元、增值税 2.6 万元，当月全部领用用于生产高档化妆品。

（2）采取以旧换新方式销售高档香水，每瓶零售价 565 元，旧香水作价 20 元，共销售 100 瓶高档香水。

（3）为迎接新年，给本企业职工每人发放一个礼品盒，内有高档化妆品和洗发水一瓶，高档化妆品出厂不含税价 400 元，洗发水出厂不含税价 30 元，本企业职工共计 150 人。

（4）当月对外销售高档化妆品，取得不含税销售价款 80 万元，同时收取包装物租金 3 万元。

（5）将自产的新型高档口红馈赠关系单位，该批口红成本 20 万元，成本利润率 5%，无同类口红市场价格。

（其他相关资料：高档化妆品消费税税率为 15%）

要求：根据上述资料，计算该企业当期应向税务机关缴纳的消费税。

六、进阶练习答案

（一）单选题

1. 【答案】C

【解析】选项 C 消费税的征收范围具有选择性，不具有普遍性，不是所有消费品都征收消费税。

2. 【答案】A

【解析】选项 B 酒精不属于应税消费品；选项 C 卷烟在零售环节不征消费税；选项 D 批

发木制一次性筷子，只有卷烟在批发环节缴纳消费税，其余消费品在批发环节不征消费税。

3. 【答案】D

【解析】选项 AC 白酒和高档化妆品不在零售环节缴税；选项 B 木制筷子不属于消费税征税范围，木制一次性筷子属于消费税征税范围，但不在零售环节缴税；选项 D 超豪华小汽车在零售环节缴纳消费税。

4. 【答案】A

【解析】以蒸馏酒或食用酒精为酒基，具有国家相关部门批准的国食健字或卫食健字文号并且酒精度低于 38 度（含）的配制酒，按“其他酒”10% 税率征收消费税。

5. 【答案】D

【解析】变压器油、导热类油等绝缘油类产品不属于润滑油，不征收消费税。

6. 【答案】C

【解析】小汽车税目征税范围包括：乘用车；中轻型商用客车；超豪华小汽车。

7. 【答案】B

【解析】选项 AC 外购的小汽车和鞭炮、焰火已经缴纳过消费税；选项 D 委托加工收回的应税消费品不高于受托方的计税价格直接出售，不征收消费税；选项 B 金银首饰是在零售环节缴纳消费税。

8. 【答案】D

【解析】自产应税消费品、委托加工收回的应税消费品、外购的应税消费品用于连续生产应税消费品均在出厂销售时缴纳消费税，移送使用环节不缴纳消费税；选项 D 自产的应税消费品用于连续生产非应税消费品属于视同销售行为，在移送使用时缴纳消费税。

9. 【答案】B

【解析】外购已税实木地板为原料生产的实木地板，可以按当期生产领用数量计算扣除外购的应税消费品已纳的消费税。

10. 【答案】A

【解析】对于“酒”这个税目，只有从葡萄酒生产企业购进、进口葡萄酒连续生产应税葡萄酒的，准予扣除所耗用应税葡萄酒已纳消费税税款，其余白酒、啤酒等不允许扣除已纳消费税。

11. 【答案】B

【解析】外贸企业受其他外贸企业委托代理出口应税消费品，可以免税并退税，但受非生产性的商贸企业委托代理出口应税消费品是不予退（免）税的。

12. 【答案】C

【解析】首先需要判断是甲类啤酒还是乙类啤酒，两者的划分是看每吨啤酒的价格是否超过 3 000 元，本题中每吨啤酒的价格是 [870 000 + 30 000 ÷ (1 + 13%)] ÷ 300 = 2 988.50（元），小于 3 000 元/吨，所以属于乙类啤酒，应纳的消费税 = 300 × 220 = 66 000（元）。

13. 【答案】D

【解析】面对卷烟首先需要判断是甲类卷烟还是乙类卷烟，A 牌卷烟每条价格是 150 000 ÷ 400 = 375（元），大于 70 元/条，A 牌卷烟属于甲类卷烟；B 牌卷烟每条价格是 14 300 ÷ (1 + 13%) ÷ 200 = 63.27（元），小于 70 元/条，B 牌卷烟属于乙类卷烟。当月应纳的消费税 =

15 ×56% +400 ×0.00006 +1.43 ÷（1 +13%）×36% +200 ×0.00006 =8.9（万元）。

14.【答案】A

【解析】（4 000 ×400 +4 000 ×10 +260 000）÷（1 +13%）×5% =84 070.8（元）

15.【答案】B

【解析】代收代缴消费税 =[15 +5 +2 ÷（1 +13%）] ÷（1 -5%）×5% =1.15（万元）

16.【答案】B

【解析】进口环节消费税 =500 ×（1 +20%）÷（1 -5%）×5% =31.58（万元）

进口环节增值税 =500 ×（1 +20%）÷（1 -5%）×13% =82.11（万元）

17.【答案】C

【解析】外购已税高档化妆品生产的高档化妆品可以按生产领用数量抵扣消费税，所以本题可以抵扣的消费税 =40 ×5% ×50% =1（万元）。

18.【答案】A

【解析】该外贸公司出口高尔夫球应退的增值税 =30 ×9% =2.7（万元）

该外贸公司出口高尔夫球应退的消费税 =30 ×10% =3（万元）

合计退税 =2.7 +3 =5.7（万元）

19.【答案】D

【解析】选项 D 纳税人采取预收款结算方式的，纳税义务发生时间是发出应税消费品的当天。

20.【答案】D

【解析】进口的应税消费品，由进口人或者其代理人向报关地海关申报纳税。

（二）多选题

1.【答案】AB

【解析】选项 C 不是消费税的纳税人，零售环节只有金银首饰还有超豪华小汽车需要缴纳消费税；选项 D 对于委托加工应税消费品，委托方是消费税的纳税人。

2.【答案】BC

【解析】选项 A 销售香皂只缴纳增值税，不属于消费税征收范围，不缴纳消费税；选项 D 进口钻石在进口环节缴纳增值税，但不需要缴纳消费税，钻石的纳税环节是在零售环节。

3.【答案】ABC

【解析】选项 D 气缸容量 250 毫升（不含）以下的小排量摩托车不征收消费税。

4.【答案】AB

【解析】选项 C 按木制一次性筷子税目征税；选项 D 按电池税目 4% 征收消费税。

5.【答案】AC

【解析】白酒和卷烟采用复合计征的方式；选项 BD 实行的是从价计征。

6.【答案】ABC

【解析】纳税人通过自设非独立核算门市部销售的自产应税消费品，应当按照门市部对外销售额或者销售数量征收消费税，选项 D 移送到非独立核算门市部待销售，还没有销售，不缴纳消费税，销售时再需缴纳消费税。

7.【答案】ACD

【解析】纳税人用于换取生产资料和消费资料，投资入股和抵偿债务等方面的应税消费品，应当以纳税人同类应税消费品的最高销售价格作为计税依据计算消费税。

8.【答案】ABCD

【解析】选项ABCD都是正确答案。

9.【答案】ABC

【解析】选项D采用以旧换新方式销售的金银首饰，应按实际收取的不含增值税的全部价款确定计税依据征收消费税。

10.【答案】ABC

【解析】选项ABC是自产应税消费品用于赞助、职工福利、管理部门，应在移送使用时缴纳消费税；选项D是自产应税消费品用于连续生产应税消费品，移送使用时不需要缴纳消费税。

11.【答案】BCD

【解析】选项A外购已税烟丝生产的卷烟，可以扣除烟丝的消费税。

12.【答案】AC

【解析】选项B纳税人应将卷烟销售额与其他商品销售额分开核算，未分开核算的，一并征收消费税；选项D批发企业在计算纳税时不得扣除已含的生产环节的消费税税款。

13.【答案】CD

【解析】选项A对受托方处以代收代缴税款50%以上3以下的罚款；选项B不需由受托方补缴，由委托方补缴税款。

14.【答案】AC

【解析】选项A甲企业出厂销售12辆小汽车应缴纳生产环节消费税 $=120\times12\times25\%=360$（万元）；甲企业将2辆小汽车以145万元/辆元销售给某明星，消费税税率按照生产环节税率和零售环节税率加总计算，应纳消费税 $=145\times(25\%+10\%)\times2=101.5$（万元）；甲企业合计应纳消费税 $=360+101.5=461.5$（万元）。选项B汽车销售中心零售12辆超豪华小汽车应纳零售环节消费税 $=150\times12\times10\%=180$（万元）；选项C甲企业的销项税额是 $=120\times12\times13\%+145\times2\times13\%=224.9$（万元）。

15.【答案】BD

【解析】选项A白酒企业对收取的押金并入当期销售额计征消费税，逾期不再计征；选项C，纳税人用于换取生产资料和消费资料，投资入股和抵偿债务等方面的应税消费品，应当以纳税人同类应税消费品的最高销售价格作为计税依据计算消费税，其他用途按平均销售价格作为计税依据计算消费税。

16.【答案】BC

【解析】选项A，白酒消费税最低计税价格由白酒生产企业自行申报，税务机关核定；选项D，除税务总局已核定消费税最低计税价格的白酒外，其他按规定需要核定消费税最低计税价格的白酒，由各省、自治区、直辖市和计划单列市国家税务局核定。

17.【答案】ABCD

【解析】选项ABCD都属于正确答案。

18.【答案】ACD

【解析】选项 A 纳税人将自产的应税消费品用于馈赠，在移送使用时需要缴纳消费税；选项 C 纳税人采取赊销方式销售应税消费品，纳税义务时间是书面合同约定的收款日期的当天，书面合同没有约定收款日期或者无书面合同的，为发出应税消费品的当天；选项 D 纳税人将委托加工收回的应税消费品用于连续生产应税消费品，不需要缴纳消费税。

19. 【答案】AC

【解析】选项 A，进口金银首饰、钻石就无需在进口环节缴纳消费税；选项 C 委托加工应税消费品如果受托方没有代收代缴消费时，则由委托方补缴税款。

20. 【答案】ABCD

【解析】选项 ABCD 都属于正确答案。

21. 【答案】ABC

【解析】纳税人利用废矿物油为原料生产的润滑油基础油、汽油、柴油等工业油料免征消费税。

（三）计算问答题

1. 【答案及解析】

（1）本月甲企业向乙企业销售白酒应缴纳消费税 = [400 + (20 + 5) ÷ (1 + 13%)] × 20% + 30 × 2 000 × 0.5 ÷ 10 000 = 87.42（万元）

【提示】品牌使用费和包装物押金应作增值税价税分离后并入销售额计算消费税。白酒采用复合计税的方法计算缴纳消费税。

（2）乙企业已代收代缴消费税 = (10 × 90% + 3 + 1 + 10 × 2 000 × 0.5 ÷ 10 000) ÷ (1 − 20%) × 20% + 10 × 2 000 × 0.5 ÷ 10 000 = 4.5（万元）

【提示】购入粮食是为了委托加工生产 13% 税率的货物，所以扣除率是 10%。

（3）本月甲酒厂销售委托加工收回的白酒应缴纳的消费税 0。

【提示】委托加工收回的白酒对外销售，以不高于受托方的计税价格出售的，为直接出售，不再缴纳消费税，本题中受托方的计税价格 = (10 × 90% + 3 + 1 + 10 × 2 000 × 0.5 ÷ 10 000) ÷ (1 − 20%) = 17.5（万元），甲酒厂销售价格是 16.5 万元，所以不需再缴纳消费税，消费税 0。

（4）应纳的消费税 = 250 × 20 = 5 000（元）

【提示】啤酒首先判断是甲类还是乙类啤酒，啤酒的出厂价是 [100 000 + 20 000 ÷ (1 + 13%)] ÷ 20 = 5 884.96（元/吨），大于 3 000 元/吨的标准，所以本题销售的自产啤酒是甲类啤酒。

（5）甲酒厂销售酒精应纳的消费税为 0。

【提示】酒精不属于消费税的征税范围。

（6）销项税额 = [400 + (20 + 5) ÷ (1 + 13%)] × 13% + 16.5 × 13% + [10 + 3 ÷ (1 + 13%)] × 13% + 5 × 13% = 59.32（万元）

进项税额 = 10 × 10% + (3 + 1) × 13% = 1.52（万元）

当期应纳增值税 = 59.32 − 1.52 = 57.8（万元）

2. 【答案及解析】

（1）该卷烟厂本月应纳进口环节关税 = 150 × 10% = 15（万元）

该卷烟厂本月进口环节增值税 =（150 + 15）/（1 - 30%）× 13% = 30.64（万元）

该卷烟厂本月进口环节消费税 =（150 + 15）/（1 - 30%）× 30% = 70.71（万元）

（2）业务（2）自产烟丝对外出售应纳消费税 = 5 × 30% = 1.5（万元）

自产烟丝连续生产卷烟不缴纳消费税。

业务（3）卷烟用于职工福利属于视同销售，应纳消费税 = 20 × 250 × 80 × 56% + 20 × 150 = 227 000（元）= 22.7（万元）

业务（4）应纳消费税 = 3 000 000 × 56% + 150 × 150 = 1 702 500（元）= 170.25（万元）

业务（5）应纳消费税 = 100 × 250 × 80 × 60% × 56% + 100 × 60% × 150 = 681 000（元）= 68.1（万元）

业务（6）应纳消费税 = 20 × 250 × 88 × 56% + 20 × 150 = 249 400（元）= 24.94（万元）

纳税人用于换取生产资料、消费资料、投资入股、抵偿债务的自产应税消费品，要按照同类消费品最高销售价格计算缴纳消费税。

该卷烟厂当期应向税务机关缴纳的消费税 = 1.5 + 22.7 + 170.25 + 68.1 + 24.94 - 70.71 × 60% = 245.06（万元）

3. 【答案及解析】

（1）甲厂当月增值税进项税 = 13 - 10 ÷（1 - 10%）× 10% = 11.89（万元）

甲厂当月增值税销项税额 = [500 + 500 ÷ 10 000 ×（1 000 + 500）] × 13% = 74.75（万元）

当月应纳的增值税 = 74.75 - 11.89 = 62.86（万元）

（2）当月应纳的消费税 = [500 + 500 ÷ 10 000 ×（1 000 + 500）] × 5% - 100 × 5% × 80% = 24.75（万元）

4. 【答案及解析】

业务（2）应纳消费税 = 100 × 565 ÷（1 + 13%）× 15% = 7 500（元）

业务（3）应纳消费税 = 150 ×（400 + 30）× 15% = 9 675（元）

业务（4）应纳消费税 = [800 000 + 30 000 ÷（1 + 13%）] × 15% = 123 982.3（元）

业务（5）应纳消费税 = 200 000 ×（1 + 5%）÷（1 - 15%）× 15% = 37 058.82（元）

应纳消费税 = 7 500 + 9 675 + 123 982.3 + 37 058.82 - 200 000 × 15% = 148 216.12（元）

第四章　企业所得税法

一、2020 年新教材内容主要变化

1. 新增“铁路债券取得的利息收入，在一定期限内减半征收企业所得税”的规定；
2. 新增“永续债企业所得税处理”的规定；
3. 新增“企业通过规定渠道用于目标脱贫地区的扶贫捐赠支出，准予在计算企业所得税应纳税所得额时据实扣除”的政策；
4. 新增“固定资产加速折旧优惠的行业范围到全部制造业”的规定；
5. 新增“对符合条件的从事污染防治的第三方企业减按 15% 的税率征收企业所得税”的规定；
6. 新增“跨境电子商务综合试验区核定征收企业所得税”的规定；
7. 调整“一些税收优惠政策的起止年份”。

二、本章近 5 年考情分析

本章是税法考试重点章，本章是考试中分值最多，考点最多，重点最多，是难度最大的一章。考试中各种题型都会出现，综合题必然考核一道题。由于企业所得税的综合性，经常与流转税、小税种（尤其是土地增值税）相联系，跨章节联合出题。近 5 年考试平均分值 20 左右，重要程度无需多言。大家都知道所得税是考试重要的税种，好几年在和增值税 PK 中胜出，成为分值的冠军。2020 年预计考试分值在 20 分左右。

三、本章内容

第一单元　纳税人、征税对象与税率
第二单元　应纳税所得额的计算（重要）
第三单元　资产的税务处理
第四单元　资产损失的所得税处理
第五单元　企业重组的所得税处理
第六单元　税收优惠（重要）
第七单元　应纳税额的计算（重要）
第八单元　征收管理

四、重难点解析

第一单元　纳税人、征税对象与税率

重难点 1：纳税人★★

1. 在中华人民共和国境内的企业和其他取得收入的组织（统称企业）为企业所得税的纳税人。

【小贴士】不以企业冠名的其他取得收入的组织，也是企业所得税的纳税人。

【小贴士】以企业冠名的个人独资企业和合伙企业不是企业所得税的纳税人。个人独资企业和合伙企业（非法人）的个人投资者缴纳个人所得税，不是企业所得税的纳税人。

【小贴士】个人独资企业、合伙企业是指依据中国法律、行政法规的规定成立在中国境内的个人独资企业和合伙企业，不包括境外依据外国法律成立的个人独资企业和合伙企业。

2. 居民企业和非居民企业。

依据属人兼属地（居民管辖权和地域管辖权）的税收管辖权，缴纳企业所得税的企业分为居民企业和非居民企业，分别承担不同的纳税义务。

（1）居民企业。

居民企业，是指依法在中国境内成立，或者依照外国（地区）法律成立但实际管理机构在中国境内的企业。（两个标准，符合一个）

【小贴士】实际管理机构，是指对企业的生产经营、人员、账务、财产等实施实质性全面管理和控制的机构。

（2）非居民企业。

非居民企业，是指依照外国（地区）法律成立且实际管理机构不在中国境内，但在中国境内设立机构、场所的，或者在中国境内未设立机构、场所，但有来源于中国境内所得的企业。

【经典真题】

【多选题·2008】依据企业所得税法的规定，判定居民企业的标准有（　　）。

A. 登记注册地标准　　B. 所得来源地标准

C. 经营行为实际发生地标准　　D. 实际管理机构所在地标准

【答案】AD

【解析】居民企业，是指依法在中国境内成立，或者依照外国（地区）法律成立但实际管理机构在中国境内的企业。

【经典模拟题】

【单选题】根据企业所得税法的规定，下列企业属于非居民企业的是（　　）。

A. 依法在中国境内成立的外商独资企业

B. 依法在境外成立但实际管理机构在中国境内的外国企业

C. 在中国境内未设立机构、场所，且没有来源于中国境内所得的外国企业

D. 在中国境内未设立机构、场所，但有来源于中国境内所得的外国企业

【答案】D

【解析】选项 AB：属于我国的居民企业；选项 C：不属于我国企业所得税的纳税人。

【多选题】根据企业所得税法的规定，划分居民企业和非居民企业管辖权的标准有（　　）。

A. 地域管辖权　　B. 居民管辖权　　C. 公民管辖权　　D. 所得来源管辖权

【答案】AB

【解析】根据企业所得税相关规定，划分居民企业和非居民企业管辖权的标准为居民管辖权和地域管辖权。

重难点 2：征税对象★★

按照所得的内容划分	生产经营所得（正常经营期间）
	其他所得（正常经营期间）
	清算所得（清算期间）
按照所得的来源地划分	境内所得
	境外所得

（一）居民企业的征税对象

来源于中国境内、境外的所得（无限纳税）。

（二）非居民企业的征税对象（有限纳税）

1. 对于在境内设立机构场所的非居民企业，要就其来源于境内，以及发生在境外但与境内所设机构、场所有实际联系的所得缴纳企业所得税；（境内和境外）

2. 非居民企业在中国境内未设立机构、场所的，或者虽设立机构、场所但取得的所得与其所设机构、场所没有实际联系的，应当就其来源于中国境内的所得缴纳企业所得税。（境内）

【小贴士】机构、场所，包括：

（1）管理机构、营业机构、办事机构；

（2）工厂、农场、开采自然资源的场所；

（3）从事建筑、安装、装配、修理、勘探等工程作业的场所；

（4）其他从事生产经营活动的机构、场所；

（5）营业代理人。

（三）所得来源地的确定

1. 销售货物所得，按照交易活动发生地确定；

2. 提供劳务所得，按照劳务发生地确定；

3. 不动产转让所得按照不动产所在地确定，动产转让所得按照转让动产的企业或者机构、场所所在地确定，权益性投资资产转让所得按照被投资企业所在地确定；

4. 股息、红利等权益性投资所得，按照分配所得的企业所在地确定；

5. 利息所得、租金所得、特许权使用费所得，按照负担、支付所得的企业或者机构、场所所在地确定，或者按照负担、支付所得的个人的住所地确定；

6. 其他所得，由国务院财政、税务主管部门确定。

【经典真题】

【单选题·2008】依据企业所得税法的规定，下列各项中按负担所得的企业或者机构、场所所在地确定所得来源地的是（　　）。

A. 销售货物所得　　B. 权益性投资所得

C. 动产转让所得　　D. 特许权使用费所得

【答案】D

【多选题·2012】注册地与实际管理机构所在地均在法国的某银行，取得的下列各项所得中，应按规定缴纳我国企业所得税的有（　　）。

A. 转让位于我国的一处不动产取得的财产转让所得

B. 在香港证券交易所购入我国某公司股票后取得分红所得

C. 在我国分行为我国某公司提供理财咨询服务收入

D. 该银行为位于日本的某电站提供流动资金贷款取得的利息收入

【答案】ABC

【多选题·2019】下列关于所得来源地确定方法的表述中，符合企业所得税法规定的有（　　）。

A. 股权转让所得按照转出方所在地确定

B. 销售货物所得按照交易活动发生地确定

C. 不动产转让所得按照不动产所在地确定

D. 特许权使用费所得按照收取特许权使用费所得的企业所在地确定

【答案】BC

【经典模拟题】

【单选题】依据企业所得税法的规定，下列各项中，按照分配所得的企业所在地确定所得来源地的是（　　）。

A. 提供劳务所得　　B. 权益性投资资产转让所得

C. 权益性投资所得　　D. 特许权使用费所得

【答案】C

【单选题】根据企业所得税法的规定，企业转让动产的所得来源地是（　　）。

A. 交易活动发生地　　B. 转让动产的企业所在地

C. 负担、支付所得的企业所在地　　D. 受让动产的企业所在地

【答案】B

【解析】选项 A：销售货物所得，按照交易活动发生地确定；选项 C：利息所得、租金所得、特许权使用费所得，按照负担、支付所得的企业或者机构、场所所在地确定，或者按

照负担、支付所得的个人的住所地确定；选项BD：动产转让所得按照转让动产的企业或者机构、场所所在地确定。

重难点3：税率★★

企业所得税的纳税人不同，适用的税率也不同。

税率种类	具体税率	适用范围
基本税率	25%	适用于居民企业
		中国境内设有机构、场所且所得与机构、场所有实际联系的非居民企业
优惠税率	减按20%	符合条件的小型微利企业
	减按15%	（1）国家重点扶持的高新技术企业； （2）经认定的技术先进型服务企业
扣缴义务人代扣代缴	20%（实际征税时适用10%税率）	适用于在中国境内未设立机构、场所，或者虽设立机构、场所但取得的所得与其所设机构、场所没有实际联系的非居民企业

【小贴士】针对不同的外国企业，可能适用的不同税率：

（1）有机构、有联系，税率25%；

（2）有机构、境内无联系，税率10%；

（3）有机构、境外无联系，不纳税；

（4）无机构、有所得，税率10%；

（5）无机构、无所得，不是我国企业所得税纳税人，不纳税。

上述前四种外国企业，属于我国企业所得税的纳税人。

【经典模拟题】

【单选题】下列所得，实际适用10%的企业所得税税率的是（　　）。

A. 居民企业来自于境外的所得

B. 小型企业来自于境内的所得

C. 在中国境内未设立经营机构的非居民企业来自于境内的股息所得

D. 高新技术企业来自于境内的所得

【答案】C

【解析】在中国境内未设立机构、场所的或者虽设立机构、场所但取得的所得与其所设机构、场所没有实际联系的非居民企业取得来源于境内的所得适用10%的税率。

第二单元　应纳税所得额的计算

应纳税所得额是企业所得税的计税依据。

应纳税所得额，是企业每一个纳税年度的收入总额，减除不征税收入、免税收入、各项扣除以及允许弥补的以前年度亏损后的余额。

1. 直接计算法的应纳税所得额计算公式（税法口径）

应纳税所得额 = 收入总额 – 不征税收入 – 免税收入 – 各项扣除金额 – 允许弥补的以前年度亏损

2. 间接计算法的应纳税所得额计算公式（会计口径）

应纳税所得额 = 会计利润总额 ± 纳税调整项目金额

【小贴士】企业应纳税所得额的计算以权责发生制为原则，属于当期的收入和费用，不论款项是否收付，均作为当期的收入和费用；不属于当期的收入和费用，即使款项已经在当期收付，均不作为当期的收入和费用。

重难点 1：收入总额★★★

企业的收入总额，包括以货币形式和非货币形式从各种来源取得的收入。

1. 货币形式的收入包括：现金、存款、应收账款、应收票据、准备持有至到期的债券投资、债务的豁免等。

2. 非货币形式的收入：包括固定资产、生物资产、无形资产、股权投资、存货、不准备持有至到期的债券投资、劳务以及有关权益等。

【小贴士】企业以非货币形式取得的收入，应当按照公允价值确定收入额，即按照市场价格确定的价值。

【经典模拟题】

【多选题】企业按照公允价值确定收入的收入形式包括（　　）。

A. 债务的豁免　　　　B. 股权投资

C. 劳务　　　　D. 准备持有至到期的债券投资

【答案】BC

【解析】选项 AD：属于货币形式的收入。

（一）一般收入的确认（9 项）

1. 销售货物收入。

企业销售商品同时满足下列条件的，应确认收入的实现：

（1）商品销售合同已经签订，企业已将商品所有权相关的主要风险和报酬转移给购货方；

（2）企业对已售出的商品既没有保留通常与所有权相联系的继续管理权，也没有实施有效控制；

（3）收入的金额能够可靠地计量；

（4）已发生或将发生的销售方的成本能够可靠地核算。

【小贴士】企业所得税确认收入的四条基本原则，与新会计准则确认收入的五条原则存在差异，缺少会计准则中关于“商业实质”和“对价很可能收回”等条件。

2. 提供劳务收入。

企业在各个纳税期末，提供劳务交易的结果能够可靠估计的，应采用完工进度（完工百分比）法确认提供劳务收入。

【小贴士】提供劳务交易的结果能够可靠估计，是指同时满足下列条件：（1）收入的金额能够可靠地计量；（2）交易的完工进度能够可靠地确定；（3）交易中已发生和将发生的成本能够可靠地核算。

【小贴士】企业提供劳务完工进度的确定，可选用下列方法：（1）已完工作的测量；（2）已提供劳务占劳务总量的比例；（3）发生成本占总成本的比例。

【经典模拟题】

【多选题】2019年末，某建安公司拟对一座正在施工的办公楼按照完工进度法确认其提供劳务的收入。下列测算方法，符合企业所得税相关规定的有（　　）。

A. 已完工作的测量　　B. 发生成本占总成本的比例

C. 已提供劳务占劳务总量的比例　　D. 已建造时间占合同约定时间的比例

【答案】ABC

【解析】企业提供劳务完工进度的确定，可选用下列方法：（1）已完工作的测量；（2）已提供劳务占劳务总量的比例；（3）发生成本占总成本的比例。

3. 转让财产收入。

转让财产收入，是指企业转让固定资产、生物资产、无形资产、股权、债权等取得的收入。

【小贴士】股权转让所得的确认：

（1）转让收入确认时间：企业转让股权收入，应于转让协议生效且完成股权变更手续时，确认收入的实现。

（2）转让所得金额确认：转让股权收入扣除为取得该股权所发生的成本后，为股权转让所得。企业在计算股权转让所得时，不得扣除被投资企业未分配利润等股东留存收益中按该项股权所可能分配的金额。

【经典模拟题】

【单选题】2019年1月甲居民企业以800万元直接投资乙居民企业，取得股权40%。2020年2月，甲企业将所持乙企业股权全部转让。取得转让收入1 000万元。投资期间乙企业累计盈余公积和未分配利润400万元。下列关于甲企业股权转让业务的税务处理，正确的是（　　）。

A. 应确认应纳税所得额160万元　　B. 应确认股权转让所得200万元

C. 应确认应纳税所得额1 000万元　　D. 应确认股息红利所得840万元

【答案】B

【解析】（1）转让股权收入扣除为取得该股权所发生的成本后，为股权转让所得；（2）企业在计算股权转让所得时，不得扣除被投资企业未分配利润等股东留存收益中按该项股权所可能分配的金额；（3）应确认应纳税所得额=1 000-800=200（万元）。

【计算问答题】2020年初，甲公司以实物资产100万元直接投资于乙居民企业，取得乙居民企业25%的股权。2020年10月，甲公司将持有乙居民企业的股权全部转让，取得收入120万元（不含税），转让时乙居民企业在甲公司投资期间形成的未分配利润为50万元。

问题：计算甲公司转让股权的应纳税所得额。

【答案及解析】(1) 企业在计算股权转让所得时，不得扣除被投资企业未分配利润等股东留存收益中按该项股权所可能分配的金额；(2) 甲公司股权转让应纳税所得额 = 120 - 100 = 20（万元）。

4. 股息、红利等权益性投资收益。

除另有规定外，按被投资企业作出利润分配决定的日期确认收入。

(1) 被投资企业将股权（票）溢价所形成的资本公积转为股本的，不作为投资方企业的股息、红利收入，投资方企业也不得增加该项长期投资的计税基础。

(2) 被投资企业以未分配利润、盈余公积转增资本，作为投资方企业的股息、红利收入；投资方企业增加该项长期投资的计税基础。

【小贴士】对内地企业投资者通过沪港通投资香港联交所上市股票税务处理。

(1) 取得的转让差价所得，计入其收入总额，依法征收企业所得税。

(2) 取得的股息红利所得，计入其收入总额，依法计征企业所得税。其中，内地居民企业连续持有 H 股满 12 个月取得的股息红利所得，免征企业所得税。

5. 利息收入。

(1) 按照合同约定的债务人应付利息的日期确认收入的实现。

【小贴士】国债利息免税；国债转让收入应缴纳企业所得税。

(2) 企业混合性投资业务企业所得税处理。

企业混合性投资业务，是指兼具权益和债权双重特性的投资业务。同时符合下列 5 个条件的混合性投资业务，按照债权性投资业务进行企业所得税处理。(明股实债)

一是被投资企业接受投资后，需按投资合同或协议约定的利率定期支付利息；(保底利息、固定利润、固定股息)

二是有明确的投资期限或特定的投资条件，并在投资期满或者满足特定投资条件后，被投资企业需要赎回投资或偿还本金；

三是投资企业对被投资企业净资产不拥有所有权；

四是投资企业不具有选举权和被选举权；

五是投资企业不参与被投资企业日常生产经营活动。

【小贴士】符合上述规定的混合性投资业务，按下列规定进行企业所得税处理：

(1) 投资企业应于被投资企业应付利息的日期，确认收入的实现并计入当期应纳税所得额；被投资企业应于应付利息的日期，确认利息支出，按规定进行税前扣除。

(2) 对于被投资企业赎回的投资，投资双方应于赎回时将赎价与投资成本之间的差额确认为债务重组损益，分别计入当期应纳税所得额。

6. 租金收入。

(1) 按照合同约定的承租人应付租金的日期确认收入的实现。

【小贴士】租金收入，是指有形资产使用权转让收入。

(2) 跨年度租金收入的税务处理。

如果交易合同或协议中规定租赁期限跨年度，且租金提前一次性支付的，根据收入与费用配比原则，出租人可对上述已确认的收入，在租赁期内，分期均匀计入相关年度收入。

【经典模拟题】

【计算问答题】2020 年 7 月 1 日，甲公司将闲置的机器设备租赁给乙公司，租赁期为 5 年，每年租金 100 万元，共计租金 500 万元。2020 年 7 月 1 日，甲公司一次收取了 5 年的租金 500 万元。

问题：计算甲公司企业所得税时，计入 2020 年收入总额的租金收入。

【答案及解析】（1）根据权责发生制和收入与费用配比原则，甲公司每年确认收入 100 万元；（2）企业所得税按年征收，2020 年当年可以计入的租金收入为 100 万元的一半，即 50 万元。

7. 特许权使用费收入。

【小贴士】特许权使用费收入，是指无形资产使用权转让收入。

【小贴士】租金收入，是指有形资产使用权转让收入。

按照合同约定的应付特许权使用费的日期确认收入的实现。

【小贴士】三类收入是按合同约定日期确认收入的实现：一是利息收入；二是租金收入；三是特许权使用费收入。

8. 接受捐赠收入。

在实际收到捐赠资产的日期确认收入的实现。

【小贴士】接受非货币性资产的捐赠，其公允价值，计入应纳税所得额的内容包括受赠资产价值和由捐赠企业代为支付的增值税，不包括由受赠企业另外支付或应付的相关税费。

9. 其他收入。

其他收入，指企业取得的除上述规定收入外的其他收入，包括企业资产溢余收入、逾期未退包装物押金收入、确实无法偿付的应付款项、已作坏账损失处理后又收回的应收款项、债务重组收入、补贴收入、违约金收入、汇兑收益等。

【小贴士】税法上的“其他收入”，不同于会计上的“其他业务收入”，学员应注意辨析。

（二）特殊收入的确认（6 项）

1. 以分期收款方式销售货物的，按照合同约定的收款日期确认收入的实现。

2. 企业受托加工制造大型机械设备、船舶、飞机，以及从事建筑、安装、装配工程业务或者提供其他劳务等，持续时间超过 12 个月的，按照纳税年度内完工进度或者完成的工作量确认收入的实现。

3. 采取产品分成方式取得收入的，按照企业分得产品的日期确认收入的实现，其收入额按照产品的公允价值确定。

4. 企业发生非货币性资产交换，以及将货物、财产、劳务用于捐赠、偿债、赞助、集资、广告、样品、职工福利或者利润分配等用途的，应当视同销售货物、转让财产或者提供劳务，但国务院财政、税务主管部门另有规定的除外。

【小贴士】企业视同销售收入，是计算广宣费、业务招待费扣除限额的基数。

5. 企业投资者持有 2019～2023 年发行的铁路债券取得的利息收入，减半征收企业所得税。（新）

6. 永续债企业所得税处理（新）。

（1）作为股权的永续债（明债实股）。

自2019年1月1日起，企业发行的永续债，可以适用股息、红利企业所得税政策，即：投资方取得的永续债利息收入属于股息、红利性质，按照相关规定进行处理，其中，发行方和投资方均为居民企业的，永续债利息收入可以适用企业所得税法规定的居民企业之间的股息、红利等权益性投资收益免征企业所得税规定；同时发行方支付的永续债利息支出不得在企业所得税前扣除。

（2）作为债权的永续债（实债）。

企业发行符合规定条件的永续债，也可以按照债券利息适用企业所得税政策，即：发行方支付的永续债利息支出准予在其企业所得税前扣除；投资方取得的永续债利息收入应当依法纳税。

【小贴士】作为债权的永续债，是指符合下列条件中5条（含）以上的永续债：

（1）被投资企业对该项投资具有还本义务；

（2）有明确约定的利率和付息频率；

（3）有一定的投资期限；

（4）投资方对被投资企业净资产不拥有所有权；

（5）投资方不参与被投资企业日常生产经营活动；

（6）被投资企业可以赎回，或满足特定条件后可以赎回；

（7）被投资企业将该项投资计入负债；

（8）该项投资不承担被投资企业股东同等的经营风险；

（9）该项投资的清偿顺序位于被投资企业股东持有的股份之前。

【小贴士】发行永续债的企业对每一永续债产品的税收处理方法一经确定，不得变更。企业对永续债采取的税收处理办法与会计核算方式不一致的，发行方、投资方在进行税收处理时须做出相应纳税调整。

（三）处置资产收入的确认

1. 内部处置资产，其资产所有权在形式和实质上均不发生改变，不视同销售确认收入，但将资产移至境外的除外。具体情形如下：

（1）将资产用于生产、制造、加工另一产品。

（2）改变资产形状、结构或性能。

（3）改变资产用途。（如自建商品房转为自用或经营）

（4）将资产在总机构及其分支机构之间转移。

（5）上述两种或两种以上情形的混合。

（6）其他不改变资产所有权属的用途。

【小贴士】内部处置资产不视同销售，相关资产的计税基础延续计算。

2. 资产移送他人，其资产所有权属已发生改变，按视同销售确定收入。具体情形如下：

（1）用于市场推广或销售。

（2）用于交际应酬。

（3）用于职工奖励或福利。

（4）用于股息分配。

（5）用于对外捐赠。

（6）其他改变资产所有权属的用途。

【小贴士】除另有规定外，资产移送他人视同销售时，自制的资产，按同类资产同期对外售价确定收入；外购的资产，应按照被移送资产的公允价值确定销售收入。

【小贴士】判断企业所得税中的视同销售，关键看资产所有权是否转移。

【小贴士】企业所得税与增值税、消费税等流转税的视同销售规则是存在差异的。将自产货物用于企业内部行为，诸如在建工程、管理部门、境内分公司，企业所得税不视同销售，增值税和消费税则视其是否离开征税范围而判别其是否作视同销售处理。

【小贴士】会计销售收入≠企业所得税的视同销售≠增值税的视同销售

视同销售收入对比（自产货物为例）

项目	会计	增值税	所得税
统一核算，异地移送用于销售（境内）	×	√	×
职工奖励或福利	√	√	√
投资	√	√	√
分配	√	√	√
赠送	×	√	√

【经典真题】

【多选题·2011】根据企业所得税处置资产确认收入的相关规定，下列各项行为中，应视同销售的有（　　）。

A. 将生产的产品用于市场推广

B. 将生产的产品用于职工福利

C. 将资产用于境外分支机构加工另一产品

D. 将资产在总机构及其境内分支机构之间转移

【答案】ABC

【解析】选项D：属于境内总分机构之间的转移，资产所有权没有转移，企业所得税不视同销售。

【单选题·2016】企业在境内发生的处置资产的下列情形中，应视同销售确认企业所得税应税收入的是（　　）。

A. 将资产用于职工奖励或福利　　B. 将资产用于加工另一种产品

C. 将资产结构或性能改变　　D. 将资产在总分支机构之间转移

【答案】A

【解析】选项BCD：资产所有权在形式和实质上均不发生改变，不视同销售确认收入。

【经典模拟题】

【单选题】2020年5月，甲面包生产企业给职工发放自产面包和当月外购的面粉作为福利，其中面包的成本为20万元，同期对外销售价格为25万元；面粉的公允价值为10万元。

根据企业所得税法相关规定，该企业发放上述福利应确认的收入是（　　）万元。（上述金额均不含增值税）

A. 10　　B. 20　　C. 30　　D. 35

【答案】D

【解析】上述福利应确认收入 = 25 + 10 = 35（万元）。

（四）非货币性资产投资企业所得税处理

【小贴士】非货币性资产，是指现金、银行存款、应收账款、应收票据以及准备持有至到期的债券投资等货币性资产以外的资产。

1. 投资方与被投资方。

投资的企业必须是居民企业，被投资企业也必须是居民企业。

【小贴士】非货币性资产投资，既可以非货币性资产出资设立新的居民企业，也可将非货币性资产注入现存的居民企业。

2. 收入的实现与所得的确定。

（1）应于投资协议生效并办理股权登记手续时，确认非货币性资产转让收入的实现；

（2）企业以非货币性资产对外投资，应对非货币性资产进行评估并按评估后的公允价值扣除计税基础后的余额，计算确认非货币性资产转让所得。

3. 税收递延。

居民企业以非货币性资产对外投资确认的非货币性资产转让所得，可在不超过5年期限内，分期均匀计入相应年度的应纳税所得额，按规定计算缴纳企业所得税。

4. 递延纳税的停止。

（1）企业在对外投资5年内（再）转让上述股权或投资收回的，应停止执行递延纳税政策，并就递延期内尚未确认的非货币性资产转让所得，在转让股权或投资收回当年的企业所得税年度汇算清缴时，一次性计算缴纳企业所得税。

（2）企业在对外投资5年内注销的，应停止执行递延纳税政策，并就递延期内尚未确认的非货币性资产转让所得，在注销当年的企业所得税年度汇算清缴时，一次性计算缴纳企业所得税。

【经典真题】

【单选题·2018】某居民企业以其持有的一处房产投资设立一家公司，如不考虑特殊性税务处理，下列关于该投资行为涉及企业所得税处理的是（　　）。

A. 以房产的账面价值作为被投资方的计税基础

B. 以房产对外投资确认的转让所得，按6年分期均匀计入相应年度的应纳税所得额

C. 以签订投资协议的当天为纳税申报时间

D. 对房产进行评估，并按评估后的公允价值扣除计税基础后的余额确认房产的转让所得

【答案】D

【解析】选项A：以房产的公允价值作为被投资方的计税基础；选项B：以房产对外投资确认的转让所得不超过5年期限内，分期均匀计入相应年度的应纳税所得额；选项C：应于投资协议生效并办理股权登记手续时，确认非货币性资产转让收入的实现。

（五）企业转让上市公司限售股有关所得税处理

【小贴士】关于限售股

在2005年之前，中国股市处于股权分置状态，上市公司股票分为流通股和非流通股。2005年4月，中国证监会正式启动股权分置改革试点，即通过非流通股股东向流通股股东支付对价的方式，购买"流通权"，非流通股就变为了流通股股份，这些非流通股股份转化的流通股均有一定的限售期，称之为股权分置改革限售股。

【小贴士】关于代持股

股权分置改革前，由于监管限制，一些个人投资者往往通过法人企业代持的方式购买非流通股，形成"代持股"现象。

1. 企业在限售股解禁前转让限售股征税问题。

（1）企业应按减持在证券登记结算机构登记的限售股取得的全部收入，计入企业当年度应税收入计算纳税。

（2）企业持有的限售股在解禁前已签订协议转让给受让方，但未变更股权登记、仍由企业持有的，企业实际减持该限售股取得的收入，计入企业当年度应税收入计算纳税后，其余额转付给受让方的，受让方不再纳税。

【举例】甲公司持有某公司限售股股票10万股，购买成本为10万元，因资金紧张协议转让给乙公司，作价50万元，乙公司又作价70万元卖给了丙公司，两次转让均未在证券登记结算机构过户。限售股解禁后，甲公司将限售股抛售，取得收入100万元。

【解析】（1）甲公司转让限售股所得：100－10＝90（万元）；（2）甲公司将纳税后的余额转付给丙公司时，由于甲公司已经就90万元所得全部纳税，因此丙公司不再纳税。

2. 企业转让代个人持有的限售股取得的收入，应作为企业应税收入计算纳税。

转让所得＝转让收入－限售股原值和合理税费

【小贴士】企业未能提供完整、真实的限售股原值凭证，不能准确计算该限售股原值的，一律按该限售股转让收入的15%，核定为该限售股原值和合理税费。

【小贴士】按规定完成纳税义务后的限售股转让收入余额转付给实际所有（个）人时不再纳税。

【小贴士】依法院判决、裁定等原因，通过证券登记结算公司，企业将其代持的个人限售股直接变更到实际所有人名下的，不视同转让限售股。

【举例】2004年5月，李某将10万元交付给甲有限公司用以购买非流通股，甲有限公司属于代持股公司。后来通过股权分置改革，该股成为限售股。2019年5月，甲有限公司将限售股转让，取得100万元收入，但是不能准确计算限售股原值。

【解析】（1）甲有限公司将限售股转让，应缴纳企业所得税＝100×（1－15%）×25%＝21.25（万元）；（2）甲有限公司将剩余的78.75万元交付给实际出资人李某时，李某不再缴纳个人所得税。

【经典真题】

【单选题·2016】某企业转让代个人持有的限售股，取得转让收入68万元，但不能提供真实的限售股原值凭证。该企业就限售股转让应缴纳的企业所得税是（　　）万元。

A. 13.6　　B. 14.45　　C. 15.3　　D. 12.75

【答案】B

【解析】应纳所得税额 =68×(1 -15%)×25% =14.45（万元）。

【经典模拟题】

【单选题】2019 年 5 月，某法院依法裁定某高新技术企业将其代个人持有的面值 100 万元的限售股，通过证券登记结算公司变更到实际持有人名下。该企业该笔业务应缴纳企业所得税（　　）万元。

A. 15.0　　B. 25　　C. 12.5　　D. 0

【答案】D

【解析】依法院判决、裁定等原因，通过证券登记结算公司，企业将其代持的个人限售股直接变更到实际所有人名下的，不视同转让限售股。

（六）企业接收政府和股东划入资产的所得税处理

1. 企业接收政府划入资产的企业所得税处理。

【小贴士】企业接收政府划入资产，包括企业接收政府投资资产、政府指定用途资产、政府无偿划入资产。

（1）投资划入（国家资本金）。

县级以上人民政府及有关部门将国有资产作为股权投资划入企业的，企业应将其作为国家资本金（包括资本公积）处理，不确认收入。

【小贴士】属于非货币性资产的，其计税基础应按政府确定的接收价值确定。

（2）无偿划入且指定专门用途（不征税收入）。

县级以上人民政府及有关部门将国有资产无偿划入企业，凡指定专门用途，且企业已按专项用途管理的，可作为不征税收入处理。

【小贴士】该项资产属于非货币性资产的，应按政府确定的接收价值计算不征税收入。

（3）其他无偿划入（应税收入）。

企业接收县级以上人民政府及有关部门无偿划入资产，属于前述二种情形以外的，按政府确定的该项资产的接收价值计入当期收入总额计算缴纳企业所得税。

【小贴士】政府没有确定接收价值的，按资产的公允价值计算确定应税收入。

【小贴士】政府部门将资产出租给企业，不属于划入资产。

【经典模拟题】

【单选题】县级以上人民政府及有关部门将国有资产无偿划入企业，凡指定专门用途，且企业已按专项用途管理的，应（　　）。

A. 作为国家资本金处理　　B. 作为不征税收入处理

C. 作为免税收入处理　　D. 确定应税收入

【答案】B

2. 企业接收股东划入资产的企业所得税处理。

【小贴士】包括约定作为资本金（包括资本公积）、作为收入两种情况。

（1）企业接收股东划入资产（包括股东赠与资产、上市公司在股权分置改革过程中接收原非流通股股东和新非流通股股东赠与的资产、股东放弃本企业的股权，下同），凡合同、协议约定作为资本金（包括资本公积）且在会计上已做实际处理的，不计入企业的收入总额，企业应按公允价值确定该项资产的计税基础。

（2）企业接收股东划入资产，凡作为收入处理的，应按公允价值计入收入总额，计算缴纳企业所得税，同时按公允价值确定该项资产的计税基础。

（七）相关收入实现的确认

【小贴士】以下内容学员应注意掌握收入实现的时间，以及收入确定的金额。

【小贴士】学员应注意辨析“增值税纳税义务发生时间”与“企业所得税收入确认时间”，以及“会计上收入确认时间”的差异。

1. 销售商品收入。

范围	收入确认具体规定
销售商品收入	（1）销售商品采用托收承付方式的，在办妥托收手续时确认收入 （2）销售商品采取预收款方式的，在发出商品时确认收入 （3）销售商品需要安装和检验的，在购买方接受商品以及安装和检验完毕时确认收入。如果安装程序比较简单，可在发出商品时确认收入 （4）销售商品采用支付手续费方式委托代销的，在收到代销清单时确认收入（区别增值税）

2. 提供劳务收入。

（1）安装费，应根据安装完工进度确认收入；安装工作是商品销售附带条件，安装费在确认商品销售实现时确认收入。

（2）宣传媒介的收费，应在相关的广告或商业行为出现于公众面前时确认收入；广告的制作费根据制作广告的完工进度确认收入。

（3）软件费，为特定客户开发软件的收费，应根据开发的完工进度确认收入。

（4）服务费，包含在商品售价内可区分的服务费，在提供服务的期间分期确认收入。

（5）艺术表演、招待宴会和其他特殊活动，在相关活动发生时确认收入。

【小贴士】收费涉及几项活动的，预收的款项应合理分配给每项活动，分别确认收入。

【经典模拟题】

【单选题】下列关于企业所得税应税收入的确认时间，正确的是（　　）。

A. 销售商品采用托收承付方式的，在办妥托收手续时确认收入的实现

B. 销售货物采用预收款方式的，以收到预收款的时间确认收入的实现

C. 销售商品采用支付手续费方式委托代销的，发出货物 180 天后确认收入的实现

D. 宣传媒介的收费，应根据制作广告的完工进度确认收入的实现

【答案】A

【解析】选项 B：销售货物采用预收款方式的，以发出货物的时间确认收入的实现；选项 C：销售商品采用支付手续费方式委托代销的，以收到代销清单的时间确认收入的实现；选项 D：宣传媒介的收费，应在相关广告出现于公众面前时确认收入的实现。

(6) 会员费。

①会籍会员费+其他单项商品服务费方式，即时确认；入会会员只允许取得会籍，所有其他服务或商品都要另行收费的，在取得该会员费时确认收入。

②会籍会员费+免费或低价商品服务费方式，受益期内分期确认（变相劳务费）。

(7) 特许权费，属于提供设备和其他有形资产的特许权费，在交付资产或转移资产所有权时确认收入；属于提供初始及后续服务的特许权费，在提供服务时确认收入。

3. 售后回购。

采用售后回购方式销售商品的，销售的商品按售价确认收入，回购的商品作为购进商品处理；如不符合销售收入条件的，收到的款项应确认为负债，回购价格大于原售价的，差额应在回购期间确认为利息费用。

4. 以旧换新，应当按照销售商品收入确认条件确认收入，回收的商品作为购进商品处理。

5. 折扣方式销售收入的确认。

商业折扣	应当按照扣除商业折扣后的金额确定销售商品收入金额
现金折扣	应当按扣除现金折扣前的金额确定销售商品收入金额，现金折扣在实际发生时作为财务费用扣除
折让方式销售	企业已经确认销售收入的售出商品发生销售折让和销售退回，应当在发生当期冲减当期销售商品收入

6. 买一赠一不属于捐赠，应将总的销售金额按各项商品的公允价值的比例来分摊确认各项的销售收入。

【经典模拟题】

【计算问答题】某商场采用“买一赠一”方式销售彩色电视机10台，开具增值税普通发票注明不含税金额60 000元，税额7 800元，同时赠送电水壶10台，每台电水壶成本500元，市场不含税销售价格600元。

问题：依据企业所得税法相关规定，计算该商场该业务确认彩色电视机的销售收入。

【答案及解析】(1) 企业以买一赠一等方式组合销售本企业商品的，不属于捐赠，应将总的销售金额按各项商品的公允价值的比例来分摊确认各项的销售收入；(2) 应确认彩色电视机销售收入 $=60\,000/(60\,000+600\times10)\times60\,000=54\,545.45$（元）。

7. 其他收入的确认。

企业取得财产转让收入、债务重组收入、接受捐赠收入、无法偿付的应付款收入等，不论是以货币形式、还是非货币形式体现，除另有规定外，均应一次性计入确认收入的年度计算缴纳企业所得税。

重难点2：不征税收入和免税收入★★

(一) 不征税收入（3项）

1. 财政拨款。

财政拨款，是指各级人民政府对纳入预算管理的事业单位、社会团体等组织拨付的财政资金，但国务院和国务院财政、税务主管部门另有规定的除外。

2. 依法收取并纳入财政管理的行政事业性收费、政府性基金。

【小贴士】企业依照法律、法规及国务院有关规定收取并上缴财政的政府性基金和行政事业性收费，应计入当年收入总额。作为不征税收入，于上缴财政的当年在计算应纳税所得额时（再）从收入总额中减除；未上缴财政的部分，不得从收入总额中减除。

【小贴士】企业按照规定缴纳的、主管部门批准设立的行政事业性收费，准予在计算应纳税所得额时扣除。

3. 国务院规定的（企业）其他不征税收入。

是指企业取得的，由国务院财政、税务主管部门规定专项用途并经国务院批准的财政性资金。

（1）除国家投资和资金使用后要求归还本金以外的国家投资，企业取得的各类财政性资金，均应计入企业当年收入总额。

（2）企业取得的由国务院财政、税务主管部门规定专项用途并经国务院批准的财政性资金，准予作为不征税收入，在计算应纳税所得额时从收入总额中减除。

【小贴士】对企业从县级以上各级人民政府取得的财政性资金，凡同时符合以下条件的，可以作为不征税收入：

（1）企业能够提供资金拨付文件，且文件中规定该资金的专项用途；（有文件）

（2）财政部门或其他拨付资金的政府部门对该资金有专门的资金管理办法或具体管理要求；（有管理）

（3）企业对该资金以及以该资金发生的支出单独进行核算。（单独核算）

【小贴士】企业将符合条件的财政性资金作不征税收入处理后，在5年（60个月）内未发生支出且未缴回财政或其他拨付资金的政府部门的部分，应重新计入取得该资金第六年的收入总额；重新计入应税收入总额的财政性资金发生的支出，允许在计算应纳税所得额时扣除。

【小贴士】企业的不征税收入用于支出所形成的费用，不得在计算应纳税所得额时扣除；企业的不征税收入用于支出所形成的资产，其计算的折旧、摊销不得扣除。

（二）免税收入（4项）

1. 国债利息收入。

（1）企业从发行者直接投资购买的国债持有至到期，其从发行者取得的国债利息收入，全额免征企业所得税。

（2）企业到期前转让国债、或者从非发行者投资购买的国债，其持有期间尚未兑付的国债利息收入，免征企业所得税。

尚未兑付的国债利息收入＝国债金额×（适用年利率÷365）×持有天数

（3）企业转让或到期兑付国债取得的价款，减除其购买国债成本，并扣除其持有期间尚未兑付的国债利息收入、交易过程中相关税费后的余额，为企业转让国债收益（损失），应按规定缴纳企业所得税。

【小贴士】国债持有期间的利息持有收入，免税；国债转让的价差收入，应税。

【经典模拟题】

【计算问答题】甲有限公司购入政府发行的年利率为5%的二年期国债100万元，持有

100 天时以 104 万元的价格转让。

问题：计算该公司该笔交易的应纳税所得额。

【答案及解析】（1）持有期间国债利息收入 = 国债金额 ×（适用年利率 ÷365）× 持有天数 =100 ×（5% ÷365）×100 =1.37（万元）；（2）国债转让收入应计入应纳税所得额，国债利息收入免税；（3）该笔交易的应纳税所得额 =104 −1.37 −100 =2.63（万元）。

2. 符合条件的居民企业之间的股息、红利等权益性投资收益。

【小贴士】符合条件是指：（1）居民企业之间（不包括投资到“独资企业、合伙企业、非居民企业”）；（2）直接投资（不包括“间接投资”）；（3）不包括连续持有居民企业公开发行并上市流通的股票在一年（12 个月）以内取得的投资收益；未上市的居民企业之间的投资，不受一年期限限制；（4）属于权益性投资，而非债权性投资。

3. 在中国境内设立机构、场所的非居民企业从居民企业取得与该机构、场所有实际联系的股息、红利等权益性投资收益。

上述权益性投资收益，不包括连续持有居民企业公开发行并上市流通的股票在一年（12 个月）以内取得的投资收益。

【小贴士】非居民企业必须是在境内有机构、场所的非居民企业，境内无机构、场所的非居民企业则无此优惠。

【小贴士】对内地企业投资者通过沪港通投资香港联交所上市股票：

（1）取得的转让差价所得，计入其收入总额，依法征收企业所得税。

（2）取得的股息红利所得，计入其收入总额，依法计征企业所得税。其中，内地居民企业连续持有 H 股满 12 个月取得的股息红利所得，免征企业所得税。

4. 符合条件的非营利组织的收入。

符合条件的非营利组织下列收入为免税收入：

（1）接受其他单位或者个人捐赠的收入；

（2）除《企业所得税法》规定的财政拨款以外的其他政府补助收入，但不包括因政府购买服务取得的收入；

（3）按照省级以上民政、财政部门规定收取的会费；（省级）

（4）不征税收入和免税收入孳生的银行存款利息收入；

（5）财政部、国家税务总局规定的其他收入。

【小贴士】非营利组织的营利性收入，依法纳税。

【小贴士】符合条件的非营利组织是指：

（1）依法履行非营利组织登记手续。

（2）从事公益性或者非营利性活动。

（3）取得的收入除用于与该组织有关的、合理的支出外，全部用于登记核定或者章程规定的公益性或者非营利性事业。

（4）财产及其孳生息不用于分配。

（5）按照登记核定或者章程规定，该组织注销后的剩余财产用于公益性或者非营利性目的，或者由登记管理机关转赠给与该组织性质、宗旨相同的组织，并向社会公告。

（6）投入人对投入该组织的财产不保留或者享有任何财产权利。

（7）工作人员工资福利开支控制在规定的比例内，不变相分配该组织的财产。

（8）国务院财政、税务主管部门规定的其他条件。

【小贴士】上述免税收入发生的费用或形成的资产计提的折旧、摊销可以税前扣除。

【小贴士】企业的不征税收入用于支出所形成的费用，不得在计算应纳税所得额时扣除；企业的不征税收入用于支出所形成的资产，其计算的折旧、摊销不得扣除。

【举例】国债利息收入用来购买汽车计提的折旧，可以税前扣除；但是用财政拨款买来的汽车，其计提折旧不得税前扣除。（配比原则）

【经典真题】

【多选题·2009】依据企业所得税优惠政策，下列收入中，属于免税收入的有（　　）。

A. 企业购买国债取得的利息收入

B. 非营利组织从事营利性活动取得的收入

C. 在境内设立机构的非居民企业从非上市居民企业取得与该机构有实际联系的红利收入

D. 在中国境内设立机构的非居民企业连续持有上市公司股票不足 12 个月取得的投资收益

【答案】AC

【解析】选项 B：非营利组织的营利性收入，依法纳税；选项 D：在中国境内设立机构的非居民企业连续持有上市公司股票不足 12 个月取得的投资收益，不属于免税范围。

【多选题·2018】某民办学校计划按照非营利组织的免税收入认定条件，申请学费收入免征企业所得税。下列各项中，属于非营利组织免税收入认定条件的有（　　）。

A. 工作人员工资福利开支控制在规定的比例内

B. 投入人对投入该学校的财产不保留或者享有任何财产权利

C. 依法履行非营利组织登记手续

D. 财产及孳生息可以在合理范围内根据确定的标准用于分配

【答案】ABC

【经典模拟题】

【单选题】根据企业所得税法的相关规定，下列收入属于居民企业不征税收入的是（　　）。

A. 债务的豁免

B. 接受其他企业的捐赠款

C. 依法收取并纳入财政管理的行政事业性收费

D. 取得的权益性投资收益

【答案】C

【解析】不征税收入包括：（1）财政拨款；（2）依法收取并纳入财政管理的行政事业性收费、政府性基金；（3）国务院规定的其他不征税收入（专项用途财政性资金）。

【多选题】根据企业所得税法的规定，下列收入中，属于企业所得税不征税收入的有（　　）。

A. 财政拨款　　　　B. 国债利息收入

C. 物资及现金溢余　　D. 依法收取并纳入财政管理的政府性基金

【答案】AD

【解析】（1）选项B：国债利息收入属于免税收入；（2）选项C：企业资产溢余属于应当征税的其他收入。

重难点3：税前扣除原则和范围★★★

（一）扣除项目的原则

企业申报的扣除项目和金额要真实、合法，才能税前扣除。扣除项目的原则包括：权责发生制原则、配比原则、相关性原则、确定性原则、合理性原则。

【小贴士】根据《企业所得税法》规定，对企业依据财务会计制度规定，并实际在财务会计处理上已确认的支出，凡没有超过《企业所得税法》和有关税收法规规定的税前扣除范围和标准的，可按企业实际会计处理确认的支出，在企业所得税前扣除，计算其应纳税所得额。

【经典模拟题】

【单选题】以下不属于企业所得税税前扣除原则的有（　　）。

A. 合理性原则　　B. 相关性原则　　C. 稳健性原则　　D. 确定性原则

【答案】C

【解析】企业所得税税前扣除原则包括：权责发生制原则、配比原则、相关性原则、确定性原则、合理性原则。

（二）扣除项目的范围

企业实际发生的与取得收入直接相关的、合理的支出，包括成本、费用、税金、损失和其他支出，准予在计算应纳税所得额时扣除。

【小贴士】相关性原则，是指企业可扣除的实际发生的支出必须与取得应税收入直接相关。

【小贴士】合理性原则，是指符合生产经营活动常规、必要和正常的支出。

1. 成本，是指企业在生产经营活动中发生的销售成本、销货成本、业务支出以及其他耗费。

【小贴士】成本要与收入相匹配；视同销售成本也要与视同销售收入相匹配。

【小贴士】企业外销货物的成本包括不予免征和抵扣的增值税。

【小贴士】出口货物不得免征和抵扣的税额计入成本。

【举例】甲有限公司为增值税一般纳税人，2019年全年取得产品销售收入总额9 000万元（不含增值税，下同），应扣除的产品销售成本7 000万元。另外，该公司当年还将自制的产品对外赠送，其成本为100万元，市场公允价值120万元。

【解析】该公司2019年度产品销售收入总额 = 9 000 + 120 = 9 120（万元），扣除的产品销售成本 = 7 000 + 100 = 7 100（万元）。

2. 费用，是指企业每一个纳税年度在生产、经营商品及提供劳务等过程中发生的销售费用、管理费用和财务费用，已计入成本的有关费用除外。

费用项目	部分重要费用列示
销售费用	(1)广告费和业务宣传费是否超支(重要); (2)销售佣金是否符合对象、方式、比例
管理费用	(1)业务招待费是否超支(重要); (2)保险费是否符合规定标准
财务费用	(1)利息费用是否超过标准(重要); (2)借款费用资本化与费用化的区分

3. 税金。

准予扣除税金的方式	具体可扣除税金
在发生当期直接扣除	(1)消费税、城建税、出口关税、资源税、土地增值税(房企)、房产税、车船税、城镇土地使用税、印花税、环境保护税。 (2)教育费附加和地方教育附加(视同税金扣除)
在发生当期计入相关资产的成本,在以后各期间接分摊扣除	车辆购置税、契税、耕地占用税、进口关税、按规定不得抵扣的增值税等

【小贴士】不得税前扣除的税金,包括:企业所得税、可以抵扣的增值税。

【小贴士】学员应注意辨析计入存货成本中的税金与销售税金的差异。计入存货成本中的税金,如不能抵扣的增值税等,它们随存货的领用逐渐扣除。

【经典模拟题】

【多选题】以下税金可以在计算企业所得税前扣除的是(　　)。

A. 购买存货允许抵扣的增值税　　B. 消费税

C. 车辆购置税　　D. 企业所得税

【答案】BC

【解析】选项AD:不得在企业所得税前扣除的税金,包括企业所得税和允许抵扣的增值税;选项BC:可以当期直接或分期间接分摊扣除。

4. 损失,是指企业在生产经营活动中发生的固定资产和存货的盘亏、毁损、报废损失,转让财产损失,呆账损失,坏账损失,自然灾害等不可抗力因素造成的损失以及其他损失。

【小贴士】企业发生的损失,减除责任人赔偿和保险赔款后的余额,依照规定扣除。(净损失)

【小贴士】企业已经作为损失处理的资产,在以后纳税年度又全部收回或者部分收回时,应当计入当期收入。

5. 其他支出,是指除成本、费用、税金、损失外,企业经营活动中发生的有关的、合理的支出,以及符合国务院财政、税务主管部门规定的其他支出。

(三)扣除项目及其标准(特别重要)

1. 工资、薪金支出。

(1)基本规定。

企业发生的合理的工资、薪金支出准予据实扣除。

【小贴士】合理，是指有制度标准、符合商业常规。如属于国有性质的企业，其工资薪金，不得超过政府有关部门给予的限定数额；超过部分，不得计入企业工资薪金总额，也不得在计算企业应纳税所得额时扣除。

【小贴士】据实，可扣除的工资薪金有“实际发放”的特征。如企业税前扣除项目的工资薪金支出，应该是企业已经实际支付给其职工的金额，不是应该支付的职工薪酬。另外，企业在年度汇算清缴结束前向员工实际支付的已预提汇缴年度工资薪金，准予在汇缴年度按规定扣除。

【举例】2019 年 12 月 31 日，某公司“应付职工薪酬”账户贷方发生额 100 万元，借方实际发放工资 90 万元。

【解析】企业所得税前只能扣除 90 万元，而不是 100 万元。但是企业在年度汇算清缴结束前向员工支付了 10 万元，则准予在汇缴清缴时按规定扣除。

（2）特殊规定。

A. 企业接受外部劳务派遣用工所实际发生的费用，应分两种情况按规定在税前扣除：

一是按照协议（合同）约定直接支付给劳务派遣公司的费用，应作为劳务费支出。

二是直接支付给员工个人的费用，应作为工资薪金支出和职工福利费支出。其中属于工资薪金支出的费用，准予计入企业工资薪金总额的基数，作为计算其他各项相关费用扣除的依据。

B. 企业因雇用季节工、临时工、实习生、返聘离退休人员所实际发生的费用，应区分为工资薪金支出和职工福利费支出，并按规定在企业所得税前扣除。其中属于工资薪金支出的，准予计入企业工资薪金总额的基数，作为计算其他各项相关费用扣除的依据。

【小贴士】上述非福利部门的非常规用工的工资属于工资薪金总额，可作为计算其他各项相关费用扣除的依据；福利部门的非常规用工的工资则属于职工福利费支出。

C. 居民企业实行股权激励计划有关企业所得税处理问题。

一是对股权激励计划实行后立即可以行权的，上市公司可以根据实际行权时该股票的公允价格与激励对象实际行权支付价格的差额和数量，计算确定作为当年上市公司工资、薪金支出在税前扣除。

二是对股权激励计划实行后，需要一定等待期方可行权的，上市公司等待期内会计上计算确认的相关成本费用，不得在对应年度计算缴纳企业所得税时扣除。在股权激励计划可行权后，上市公司方可根据该股票实际行权时的公允价格与当年激励对象实际行权支付价格的差额及数量，计算确定作为当年上市公司工资薪金支出，依照税法规定税前扣除。

（3）企业福利性补贴支出税前扣除的相关规定。

列入企业员工工资薪金制度、固定与工资薪金一起发放的福利性补贴，符合条件的，可作为企业发生的工资、薪金支出，按规定在税前扣除。

【小贴士】作为工资、薪金支出的的“福利性补贴”条件包括：

（1）福利性补贴纳入工资薪金制度管理，且工资薪金制度是经过公司治理机构按照正当程序制定的。

（2）对企业的工资薪金制度规范性和合理性的要求。

（3）一定时期内福利性补贴相对固定。

（4）对实际发放的福利性补贴，已依法履行了代扣代缴个人所得税义务。

（5）有关福利性补贴的安排，不以减少或逃避税款为目的。

不能同时符合上述合理工资、薪金支出条件的福利性补贴，应作为职工福利费，按规定计算限额税前扣除。

【经典模拟题】

【计算问答题】2017 年 1 月，某上市公司对本公司 10 名高级管理人员实施股票期权激励政策，该公司与 10 名高管约定如在本公司连续服务 3 年，即可以 3 元/股的价格购买本公司股票 10 000 股。2020 年 1 月，10 名管理人员全部行权，行权日股票收盘价 10 元/股。

问题：计算行权时该公司所得税前应扣除的费用金额。

【答案及解析】（1）根据企业所得税法相关规定，在股权激励计划可行权后，上市公司方可根据该股票实际行权时的公允价格与当年激励对象实际行权支付价格的差额及数量，计算确定作为当年上市公司工资、薪金支出，依照规定税前扣除；（2）行权时该公司所得税前应扣除的费用 = (10 − 3) × 10 000 × 10 = 700 000（元）。

2. 职工福利费、工会经费、职工教育经费（重要）。

项目	准予扣除的限度	超过规定比例部分的处理
职工福利费	不超过工资薪金总额 14% 的部分	不得扣除
工会经费	不超过工资薪金总额 2% 的部分	不得扣除
职工教育经费	不超过工资薪金总额 8% 的部分	准予在以后纳税年度结转扣除

（1）工资薪金总额。

工资薪金总额，是按规定实际发放的工资薪金总和，不包括企业的职工福利费、职工教育经费、工会经费以及养老保险费、医疗保险费、失业保险费、工伤保险费等社会保险费和住房公积金。（不包括三费和四险一金）

作为计算基数的企业工资薪金，还要注意是否“合理”和“据实”，超过规定标准的职工工资总额不得在企业所得税前扣除，也不能作为计算“三费”的依据。

【小贴士】企业发生的职工福利费，应单独设置账册进行核算，没有单独设置的，税务机关责令企业在规定期限内改正。逾期仍未改正的，可对其进行核定。

（2）职工教育经费的特殊规定。

一是软件生产企业发生的职工教育经费中的职工培训费用，可以全额在企业所得税前扣除。

【小贴士】软件生产企业，应准确划分职工教育经费中的职工培训费支出，对不能准确划分的，以及准确划分后职工教育经费中扣除职工培训费用的余额，一律按照工资薪金总额 8% 的比例扣除。

二是核力发电企业为培养核电厂操纵员发生的培养费用，可作为企业的发电成本在税前扣除。

【小贴士】企业应将核电厂操纵员培养费与员工的职工教育经费严格区分，单独核算，员工实际发生的职工教育经费支出不得计入核电厂操纵员培养费直接扣除。

三是航空企业实际发生的飞行员养成费、飞行训练费、乘务训练费、空中保卫员训练费等空勤训练费用，可以作为航空企业运输成本在税前扣除。

【小贴士】上述三项费用不是采用计提或预提的方法支出，而采用的是“据实支出、限额控制”的方法。其中，只有职工教育经费超支的，可结转下年，用以后年度未用完的限额扣除。

【经典模拟题】

【计算问答题】2019 年，甲有限公司支付正式职工的合理工资薪金总额 1 000 万元、非福利部门临时工工资 50 万元、福利部门临时工工资 10 万元。企业当年拔缴的工会经费 30 万元。

问题：在计算企业所得税时，工会经费应调增的应纳税所得额。

【答案及解析】（1）企业因雇用临时工实际发生的费用，应当区分为工资薪金支出和职工福利费支出，并按规定在企业所得税前扣除。其中属于工资薪金支出的，准予计入企业工资薪金总额的基数，作为计算其他各项相关费用扣除的依据；（2）工会经费的扣除限额 =（1 000 + 50）× 2% = 21（万元），应调增应纳税所得额 = 30 − 21 = 9（万元）。

【计算问答题】甲软件生产企业，2019 年实际发生的合理的工资薪金支出 1 000 万元，职工福利费支出 150 万元，职工教育经费支出 200 万元（含职工培训费用 70 万元），假设该企业无其他纳税调整事项。

问题：计算该企业 2019 年应调增的应纳税所得额。

【答案及解析】（1）职工福利费应调增应纳税所得额 = 150 − 1 000 × 14% = 10（万元）；（2）职工教育经费应调增应纳税所得额 = 200 − 70 − 1 000 × 8% = 50（万元）；（3）合计应调增应纳税所得额 = 10 + 50 = 60（万元）。

3. 社会保险费。

（1）按照政府规定的范围和标准缴纳“四险一金”，准予扣除。

（2）企业为投资者或者职工支付的补充养老保险费、补充医疗保险费，在国务院财税部门规定的范围和标准内，准予扣除；超过的部分，不予扣除。

【小贴士】企业参加财产保险（商业保险），按照规定缴纳的保险费，准予扣除。

（3）企业依照国家有关规定为特殊工种职工支付的人身安全保险费可以扣除。

（4）企业职工因公出差乘坐交通工具发生的人身意外保险费支出，准予扣除。

（5）除国务院财政、税务主管部门规定可以扣除的其他商业保险费外，企业为投资者或职工支付的商业保险费，不得扣除。

【小贴士】纳税人为其投资者或雇员个人，向商业保险机构投保的非社保类的人寿保险或财产保险，不得在企业所得税前扣除，而且在支付时应代扣代缴个人所得税。

【举例】2019 年 10 月，甲有限公司为 100 名员工支付家庭财产保险费，每人 1 000 元，合计 100 000 元。

【解析】企业为员工个人支付的商业保险，除另有规定外，税前不得扣除，应纳税调增 100 000 元，并代扣代缴个人取得商业保险所得的个人所得税。

4. 利息费用。(重要)

(1) 非金融企业向金融企业借款的利息支出、金融企业的各项存款利息支出和同业拆借利息支出、企业经批准发行债券的利息支出，准予据实扣除。

(2) 非金融企业向非金融企业借款的利息支出，不超过按照金融企业同期同类贷款利率计算的数额的部分，准予扣除。

【小贴士】学员应注意辨析：(1) 金融企业与非金融企业的差异；(2) 金融企业不等同于银行，金融企业包括银行和非银行金融机构。

【小贴士】同期同类贷款利率，既可以是金融企业公布的同期同类平均利率，也可以是金融企业对某些企业提供的实际贷款利率。

(3) 关联企业利息费用的扣除。

企业从其关联方接受的债权性投资与权益性投资的比例超过规定标准而发生的利息支出，不得在计算应纳税所得额时扣除。同时，还要注意利率的合理性。

第一，从资本结构角度判别借款总量。

具体债资比例，金融企业5∶1；其他企业2∶1。超过债资比例的利息不得在当年和以后年度扣除。

第二，通过合理利率标准，来判别那些未超过债资比例的利息是否符合合理的水平，使利率水平符合合理性。

【举例】甲有限公司向其关联方借款5 000万，借款期限一年，借款利率8%。

已知：关联方对甲有限公司权益性投资2 000万；同期同类银行利率5%。

【解析】(1) 甲有限公司会计处理：利息支出＝5 000×8%＝400（万元）；(2) 甲有限公司税务处理，首先确定债资比例借款金额为2 000×2＝4 000（万元），5 000万元借款中4 000万元的利息可税前扣除，超过4 000万元的1 000万元借款利息不得税前扣除；然后按银行利率计算税前可扣除的利息支出＝4 000×5%＝200（万元）。

【小贴士】关联企业利息支出税前扣除的例外：

企业如果能够按照税法及其实施条例的有关规定，提供相关资料，并证明与关联方相关交易活动符合独立交易原则的；或者该企业的实际税负不高于境内关联方的，其实际支付给境内关联方的利息支出，在计算应纳税所得额时准予扣除。

(4) 企业向关联方自然人借款的利息支出。

企业向股东或其他与企业有关联关系的自然人借款的利息支出，符合规定条件的（关联方债资比例和利率合理性标准），准予扣除。

(5) 企业向非关联方自然人借款的利息支出。

企业向除上述规定以外的内部职工或其他人员借款的利息支出，其借款情况同时符合以下条件的，其利息支出在不超过按照金融企业同期同类贷款利率计算的数额的部分，准予扣除：

一是企业与个人之间的借贷是真实、合法、有效的，并且不具有非法集资目的或其他违反法律、法规的行为；

二是企业与个人之间签订了借款合同。

【经典模拟题】

【计算问答题】2019 年度，甲有限公司发生两笔借款业务：

（1）1 月初，向某经批准从事信托投资业务的公司借款 100 万元，期限 6 个月，年利率 8%，借款用途为生产经营周转资金；

（2）1 月初，向某大型超市借入与第一笔借款同期的生产经营周转资金 100 万元，支付借款利息 10 万元。

问题：计算该公司 2019 年度税前可扣除的利息费用。

【答案及解析】（1）向金融机构的借款利息可据实扣除 = 100 × 8% ÷ 12 × 6 = 4（万元）；（2）向非金融企业借入款项可扣除的利息费用限额 = 100 × 8% ÷ 12 × 6 = 4（万元）< 10 万元，只能限额扣除；可税前扣除的利息费用合计 = 4 + 4 = 8（万元）。

【计算问答题】2019 年 12 月 31 日，甲有限公司归还关联企业一年期借款本金 1 200 万元，并支付利息费用 90 万元；同期该公司向建设银行某分行贷款 1 000 万元，借款期 1 年，支付利息 58 万元。已知：关联企业对该公司的权益性投资额为 480 万元。

问题：计算应纳税所得额时，关联企业利息费用调整金额。

【答案及解析】关联企业利息费用调整金额 = 90 − 480 × 2（债资比例）× 5.8% = 34.32（万元）。

5. 借款费用。

企业在生产经营活动中发生的合理的不需要资本化的借款费用，准予扣除。

（1）企业为购置、建造固定资产、无形资产和经过 12 个月以上的建造才能达到预定可销售状态的存货发生借款的，在有关资产购置、建造期间发生的合理的借款费用，应当作为资本性支出计入有关资产的成本，并依照税法的规定扣除；有关资产交付使用后发生的借款利息，可在发生当期扣除。

（2）企业通过发行债券、取得贷款、吸收保户储金等方式融资而发生的合理的费用支出，符合资本化条件的，应计入相关资产成本；不符合资本化条件的，应作为财务费用，准予在企业所得税前据实扣除。

【小贴士】不需资本化的融资费用，不必分期摊销，可直接据实扣除。

【经典模拟题】

【计算问答题】2019 年初，甲有限公司向某银行借款 1 000 万元用于建造厂房，借款期限从 2019 年 1 月 1 日至 12 月 31 日，该公司已支付当年全年借款利息 60 万元，该厂房于 2019 年 8 月 31 日达到预定可使用状态并交付使用，10 月 1 日完成工程结算。

问题：计算该公司当年所得税前可扣除的利息费用。

【答案及解析】该公司当年税前可扣除的利息费用 = 60 ÷ 12 × 4 = 20（万元）。

6. 汇兑损失。

汇兑损失，除已经计入有关资产成本以及与向所有者进行利润分配相关的部分外，准予扣除。

7. 业务招待费。(重要)

(1) 企业发生的与生产经营活动有关的业务招待费支出，按照发生额的 60% 扣除，但最高不得超过当年销售（营业）收入的 5‰。

【小贴士】销售（营业）收入，包括销售货物收入、提供劳务收入等主营业务收入、让渡资产使用权（收取资产租金或使用费）收入等其他业务收入，还包括视同销售收入。但不包括营业外收入和投资收益。(从事股权投资业务的企业除外)

【小贴士】如果企业是以生产销售和提供服务为主，让渡资产使用权收入，属于"其他业务收入"；如果企业是以租赁业务为主，让渡资产使用权收入，属于"主营业务收入"。

【小贴士】业务招待费开支存在一个标准（60%）和一个限度（5‰），需要将标准和限度进行比较，以其小者作为可扣除金额。

(2) 对从事股权投资业务的企业（包括集团公司总部、创投企业等），其从被投资企业所分配的股息、红利以及股权转让收入，可以按规定的比例计算业务招待费扣除限额。

【小贴士】从事股权投资业务的企业，其业务招待费的税前扣除限额基数包括三个部分：营业收入和所分配股息、红利以及股权转让收入。

(3) 企业在筹建期间，发生的与筹办活动有关的业务招待费支出，可按实际发生额的 60% 计入企业筹办费，并按有关规定在税前扣除。

【小贴士】筹建费的扣除，纳税人可采用在生产经营当年一次性扣除，或者作为长期待摊费用不短于 3 年摊销。

【小贴士】业务招待费的税前扣除限额的计算基数"销售（营业）收入"同广告费和业务宣传费的税前扣除限额的计算基数。

【经典模拟题】

【计算问答题】2019 年，甲有限公司销售货物收入 3 800 万元，设备出租收入 500 万元，视同销售货物收入 700 万元，转让厂房收入 100 万元，接受捐赠收入 10 万元，国债利息收入 10 万元，债务重组收益 10 万元，当年实际发生业务招待费 50 万元。

问题：计算该公司当年可在所得税前列支的业务招待费金额。

【答案及解析】确定计算招待费的扣除限额的基数 = 3 800 + 500 + 700 = 5 000（万元）

(1) 按照发生额的标准 60% 计算：50 × 60% = 30（万元）；

(2) 按照限度 5‰计算：5 000 × 5‰ = 25（万元）。

经比较，其当年可在所得税前列支的业务招待费金额是 25 万元。

8. 广告费和业务宣传费。(重要)

(1) 企业发生的符合条件的广告费和业务宣传费支出，除国务院财政、税务主管部门另有规定外，不超过当年销售（营业）收入 15% 的部分，准予扣除；超过部分，准予在以后纳税年度结转扣除。

(2) 自 2016 年 1 月 1 日起至 2020 年 12 月 31 日止，对化妆品制造或销售、医药制造和饮料制造（不含酒类制造）企业发生的广告费和业务宣传费支出，不超过当年销售（营业）收入 30% 的部分，准予扣除；超过部分，准予在以后纳税年度结转扣除。

【小贴士】化妆品强调"制造或销售"，医药和饮料只强调"制造"，且饮料制造不含酒类制造。

（3）烟草企业的烟草广告费和业务宣传费支出，一律不得在计算应纳税所得额时扣除。

（4）企业在筹建期间，发生的广告费和业务宣传费支出，可按实际发生额计入企业筹办费，并按有关规定在税前扣除。

（5）对签订广告费和业务宣传费分摊协议（简称分摊协议）的关联企业，其中一方发生的不超过当年销售（营业）收入税前扣除限额比例内的广告费和业务宣传费支出，可以在本企业扣除，也可以将其中的部分或全部按照分摊协议归集至另一方扣除。另一方在计算本企业广告费和业务宣传费支出企业所得税前扣除限额时，可将按照上述办法归集至本企业的广告费和业务宣传费不计算在内。

【小贴士】销售（营业）收入，包括销售货物收入、提供劳务收入等主营业务收入、让渡资产使用权（收取资产租金或使用费）收入等其他业务收入，还包括视同销售收入。但不包括营业外收入和投资收益（从事股权投资业务的企业除外）。

【小贴士】如果企业是以生产销售和提供服务为主，让渡资产使用权收入，属于“其他业务收入”；如果企业是以租赁业务为主，让渡资产使用权收入，属于“主营业务收入”。

【小贴士】（1）业务招待费和业务宣传费不是同一个概念；（2）广告费、业务宣传费不再区分扣除标准，统一计算扣除标准。

【小贴士】广告费和业务宣传费的超标准部分，可无限期向以后纳税年度结转，属于税法与会计制度的暂时性差异；而业务招待费的超标准部分不得向以后纳税年度结转扣除，属于税法与会计制度的永久性差异。

【小贴士】学员应注意区别广告费、业务宣传费与赞助费的不同。广告费支出的三个条件是：

（1）通过市场监管部门批准的专门机构制作；

（2）已实际支付费用并取得相应发票；

（3）通过一定媒体传播。

【小贴士】与生产经营无关的非广告性质的赞助费支出在所得税前不得列支。

【经典模拟题】

【计算问答题】2019 年，甲有限公司实现商品销售收入 2 000 万元，另发生现金折扣 100 万元，接受捐赠收入 50 万元，获得投资收益 50 万元。该企业当年实际发生业务招待费 30 万元，广告费 240 万元（已取得相应发票），业务宣传费 80 万元。

问题：计算 2019 年度该公司在企业所得税前可扣除的业务招待费、广告费和业务宣传费。

【答案及解析】（1）销售商品涉及现金折扣，应按照扣除现金折扣前的金额确定销售收入；（2）可扣除业务招待费：$2\ 000 \times 5‰ = 10$（万元）$< 30 \times 60\% = 18$（万元），可扣除业务招待费 10 万元；（3）可扣除广告费、业务宣传费：$2\ 000 \times 15\% = 300$（万元）< 320 万元 $(240 + 80)$，可扣除广告费和业务宣传费 300 万元。该公司可税前扣除的业务招待费、广告费和业务宣传费合计 $= 10 + 300 = 310$（万元）。

9. 环境保护专项资金。

企业依照法律、行政法规有关规定提取的用于环境保护、生态恢复等方面的专项资金准予扣除；上述专项资金提取后改变用途的，不得扣除。

【小贴士】上述规定是企业按照规定可提取的资金，而非实际发生的支出。

10. 租赁费。

（1）属于经营性租赁发生的租入固定资产租赁费：根据租赁期限均匀扣除。

（2）属于融资性租赁发生的租入固定资产租赁费：构成融资租入固定资产价值的部分应当提取折旧费用，分期扣除；租赁费支出不得直接扣除。

【小贴士】经营性租赁，出租方提取折旧费用，承租方扣除租赁费支出；融资性租赁，承租方提取折旧费用，不得扣除租赁费支出。

【小贴士】学员应注意辨析“租赁费”和“折旧费用”的差异。

【经典模拟题】

【计算问答题】2019年9月，甲有限公司发生经营性租入固定资产业务，租赁期10个月，租赁费100万元，企业当年实际支付租赁费100万元。

问题：计算甲有限公司2019年税前允许扣除的租赁费。

【答案及解析】（1）属于经营性租赁发生的租入固定资产租赁费，根据租赁期限均匀扣除；（2）2019年税前允许扣除的租赁费 = 100 ÷ 10 × 4（个月）= 40（万元）。

11. 劳动保护费。

企业发生的合理的劳动保护支出，准予扣除。

【小贴士】劳动保护支出主要是工作服、安全保护用品、防暑降温用品等支出。

【小贴士】劳动保护费不同于职工福利费。例如，防暑降温用品属于劳动保护费，没有开支的金额比例限制；防暑降温费用，属于职工福利费，有开支的金额比例限制。

【小贴士】企业根据其工作性质和特点，由企业统一制作并要求员工工作时统一着装所发生的工作服饰费用，可以作为企业合理的支出给予税前扣除。（两个统一）

【小贴士】劳动保护费不得发放现金，否则将被视作工资、薪金支出或职工福利费支出。

【经典模拟题】

【单选题】计算企业应纳税所得额时，下列支出可在发生当期直接扣除的是（　　）。

A. 长期股权投资的支出　　B. 购买生产用原材料的支出

C. 企业发生的合理的劳动保护支出　　D. 购买生产用无形资产的支出

【答案】C

【解析】选项A：企业对外投资期间，投资资产的成本在计算应纳税所得额时不得扣除；选项BD：购买资产的支出形成企业相应资产的计税基础，不能在发生当期直接扣除。

12. 公益性捐赠支出。（重要）

公益性捐赠，是指企业通过公益性社会组织或县级（含县级）以上人民政府及其部门，用于《公益事业捐赠法》规定的公益事业的捐赠。

企业实际发生的公益性捐赠支出，在年度利润总额12%以内的部分，准予在计算应纳税所得额时扣除。

【小贴士】2016年9月1日起，超过年度利润总额12%的部分，准予以后三年内在计算应纳税所得额时结转扣除。

【小贴士】年度利润总额，是指企业按照国家统一会计制度的规定计算的年度会计利润，且尚未扣除允许弥补的以前年度的亏损。

【小贴士】公益性捐赠的扣除（区别非公益性捐赠），必须同时符合三个条件：（1）捐赠必须是公益性的，非公益性的不得扣除；（2）捐赠必须是间接（通过）发生的，直接的捐赠不得扣除；（3）捐赠必须是通过依法取得公益性捐赠税前扣除资格的非营利机构或政府机构发生的捐赠，通过营利机构或个人发生的捐赠不得扣除。

【小贴士】企业在对公益性捐赠支出计算扣除时，应先扣除以前年度结转的捐赠支出，再扣除当年发生的捐赠支出。即结转后，先发生的支出先扣除。

【小贴士】公益性捐赠包括货币捐赠和非货币捐赠：（1）接受捐赠的货币性资产，应当按照实际收到的金额计算；（2）接受捐赠的非货币资产，应当以其公允价值计算。

【小贴士】企业以非货币性资产（自产的货物）对外捐赠，应分解为销售非货币性资产和对外捐赠两项业务进行所得税处理。

【小贴士】企业将自产货物用于对外捐赠，按照公允价值计算缴纳增值税。

【小贴士】自2019年1月1日至2022年12月31日，企业通过公益性社会组织或者县级（含县级）以上人民政府及其组成部门和直属机构，用于目标脱贫地区的扶贫捐赠支出，准予在计算企业所得税应纳税所得额时据实扣除。在政策执行期限内，目标脱贫地区实现脱贫的可继续适用上述政策。（新）

【小贴士】企业同时发生扶贫捐赠支出和其他公益性捐赠支出，在计算公益性捐赠支出年度扣除限额时，符合上述条件的扶贫捐赠支出不计算在内。

【举例1】甲有限公司“捐赠支出”30万元，其中，10万元系通过公益性社会团体向红十字事业的捐赠，10万元系通过民政部门捐赠给“减灾委员会”，10万元系直接向某贫困小学发生的捐赠。

【解析1】（1）通过公益性社会团体向红十字事业的捐赠10万元，通过民政部门向“减灾委员会”捐赠的10万元，在年度利润总额12%以内可以在税前扣除，超过部分，3年内结转扣除；（2）对直接捐赠给贫困小学的10万元属于直接向受赠人的捐赠，全额调增应纳税所得额。

【举例2】甲有限公司由2018年结转的公益性捐赠支出为2万元，2019年实际发生的符合限额扣除条件的公益性捐赠支出为8万元，2019年利润总额为100万元。

【解析2】（1）2019年公益性捐赠支出扣除限额 $=100\times12\%=12$（万元）；（2）以前年度结转的公益性捐赠支出+当年发生公益性捐赠支出 $=2+8=10$（万元），小于企业当年扣除限额12万元，准予在2019年税前扣除的公益性捐赠支出为10万元。

【经典模拟题】

【多选题】根据企业所得税法的规定，企业下列支出超过规定扣除限额标准，准予向以后年度结转扣除的有（　　）。

A. 业务宣传费支出　　B. 公益性捐赠支出

C. 广告费支出　　D. 职工教育经费支出

【答案】ABCD

【解析】超过税法规定扣除限额标准，准予向以后年度结转扣除的费用有：（1）职工教育经费；（2）广告费和业务宣传费支出；（3）公益性捐赠支出（3年内）。

13. 有关资产的费用。

（1）企业转让各类固定资产发生的费用，允许扣除；

（2）企业按规定计算的固定资产的折旧费、无形资产和递延资产的摊销费，准予扣除。

14. 总机构分摊的费用。

非居民企业在中国境内设立的机构、场所，就其中国境外总机构发生的与该机构、场所生产经营有关的费用，能够提供总机构出具的费用汇集范围、定额、分配依据和方法等证明文件，并合理分摊的，准予扣除。

15. 资产损失。

企业当期发生的固定资产和流动资产的盘亏、毁损净损失，由其提供清查盘存资料，经主管税务机关审核后，准予扣除。

【小贴士】本部分内容与“资产损失的所得税处理”有关。

【小贴士】企业发生非正常损失时，不得从销项税额中抵扣的进项税额，应视同企业财产损失，申报后在企业所得税前按规定扣除。

【经典模拟题】

【计算问答题】2020年5月，甲有限公司因管理不善，损失库存外购原材料33万元（含运费3万元），取得保险公司赔款10万元。

问题：计算甲有限公司所得税前扣除的损失数额。

【答案及解析】（1）不得抵扣的进项税 $= (33-3) \times 13\% + 3 \times 9\% = 4.17$（万元）；（2）所得税税前扣除的损失 $= 33 + 4.17 - 10 = 27.17$（万元）。

16. 其他准予扣除项目。

准予扣除的其他费用包括会员费、合理的会议费、差旅费、违约金、诉讼费用等。

17. 手续费及佣金支出。

企业发生的与生产经营有关的手续费及佣金支出，不超过计算限额以内的部分，准予扣除；超过部分，不得扣除。

【小贴士】对于与生产经营有关的手续费、佣金支出有以下方面的限制：

（1）手续费、佣金有支付对象的限制。

手续费、佣金的支付对象应该是具有合法经营资格的中介服务企业或个人，不能是交易双方人员（含代理人、代表人）。

（2）手续费及佣金支出有计算基数和开支比例限制。

第一，财产保险企业按当年全部保费收入扣除退保金等后余额的15%（含本数，下同）计算限额；超过部分，允许结转以后年度扣除。（调）

第二，人身保险企业按当年全部保费收入扣除退保金等后余额的10%计算限额。

第三，电信企业在发展客户、拓展业务等过程中（如委托销售电话入网卡、电话充值卡等），需向经纪人、代办商支付手续费及佣金的，其实际发生的相关手续费及佣金支出，不

超过企业当年收入总额5%的部分，准予在企业所得税前据实扣除。（计算限额的基数是年收入总额）

第四，对于其他企业，按与具有合法经营资格中介服务机构或个人所签订服务协议或合同确认的收入金额的5%计算限额。（计算限额的基数是年收入总额）

第五，从事代理服务、主营业务收入为手续费、佣金的企业（如证券、期货、保险代理等企业），其为取得该类收入而实际发生的营业成本（包括手续费及佣金支出），准予在企业所得税前据实扣除。（无比例限制）

（3）手续费及佣金支出既不能变换名目计入回扣、业务提成、返利、进场费等费用，也不能坐冲收入。

（4）手续费和佣金有支付方式限制。

除委托个人代理外，企业以现金等非转账方式支付的手续费及佣金不得在税前扣除。

【小贴士】企业为发行权益性证券支付给有关证券承销机构的手续费及佣金，不得在税前扣除。

【小贴士】资本化的手续费不得当期扣除。企业已计入固定资产、无形资产等相关资产的手续费及佣金支出，应当通过折旧、摊销等方式分期扣除，不得在发生当期直接扣除。

18. 企业维简费支出。

维简费，是指企业从成本费用中提取的专用于维持简单再生产的资金。

企业实际发生的维简费支出，应区分收益性支出与资本性支出：

（1）属于收益性支出的，可作为当期费用税前扣除；

（2）属于资本性支出的，应计入有关资产成本，并按规定计提折旧费用或摊销费用在税前扣除。

【小贴士】企业预提的维简费，不得在当期税前扣除。

19. 企业参与政府统一组织的工矿棚户区等改造支出。（了解）

企业参与政府统一组织的工矿棚户区改造、林区棚户区改造、垦区危房改造并同时符合一定条件的棚户区改造支出，准予税前扣除。

【小贴士】根据规定，对企业依据财务会计制度规定，并实际在财务会计处理上已确认的支出，凡没有超过《企业所得税法》和有关税收法规规定的税前扣除范围和标准的，可按企业实际会计处理确认的支出，在企业所得税前扣除，计算其应纳税所得额。

【小贴士】上述扣除项目中：

（1）税会差异可结转下年的项目包括：职工教育经费的超支数；广告费和业务宣传费的超支数；公益性捐赠支出的超支数（3年）。

（2）在符合扣除原则的前提下，按照实际发生额扣除的项目包括：工资、薪金（合理和据实）；社保；财险；向金融企业借款利息和发行债券利息；汇兑损失；劳动保护费；环境保护专项资金（限定用途）。

（3）限定比例扣除的项目包括（特别重要）：职工福利费；职工教育经费；工会经费；业务招待费；公益性捐赠；广告费和业务宣传费；向非金融企业或个人借款的利息；（部分）手续费及佣金。

（4）限定手续扣除的项目包括：总机构分摊的费用；资产损失。

重难点4：不得扣除的项目★★★

计算应纳税所得额时不得扣除的项目：

1. 向投资者支付的股息、红利等权益性投资收益款项。

2. 企业所得税税款。

3. 税收滞纳金。

4. 罚金、罚款和被没收财物的损失，指纳税人违反国家有关法律、法规规定，被有关部门处以的罚款，以及被司法机关处以的罚金和被没收财物；但不包括经营性罚款和逾期归还银行贷款而支付的罚息。

【小贴士】行政性罚款不得扣除，经营性罚款可以扣除。

5. 超过规定标准的捐赠支出。

【小贴士】年度利润总额12%以内的公益性捐赠支出可以扣除；非公益性的捐赠（直接捐赠）不得扣除。

【小贴士】超过规定标准的公益性捐赠支出，准予以后三年内在计算应纳税所得额时结转扣除。

6. 赞助支出，是指企业发生的与生产经营活动无关的各种非广告性质的赞助支出。

7. 未经核定的准备金支出，是指不符合国务院财政、税务主管部门规定的各项资产减值准备、风险准备等准备金。

8. 企业之间支付的管理费、企业内营业机构之间支付的租金和特许权使用费，以及非银行企业内营业机构之间支付的利息，不得扣除。

【小贴士】企业之间支付的管理费，不得扣除。

【小贴士】企业内营业机构之间支付的租金和特许权使用费，不得扣除；企业之间支付的租金、特许权使用费和利息，可以扣除。

【小贴士】非银行企业内营业机构之间支付的利息，不得扣除；银行企业营业机构之间支付的利息，可以扣除。

9. 与取得收入无关的其他支出。

【经典真题】

【单选题·2014】下列各项支出中，可以在计算企业所得税应纳税所得额时扣除的是（　　）。

A. 向投资者支付的股息　　B. 合理的劳动保护支出

C. 为投资者支付的商业保险费　　D. 内设营业机构之间支付的租金

【答案】B

【单选题·2015】以下各项支出中，按照企业所得税法的规定可税前扣除的是（　　）。

A. 税收滞纳金　　B. 非广告性赞助

C. 企业所得税税款　　D. 按规定缴纳的财产保险费

【答案】D

【单选题·2017】下列支出在计算企业所得税应纳税所得额时，准予按规定扣除的是（　　）。

A. 企业之间发生的管理费支出

B. 企业筹建期间发生的广告费支出

C. 企业内营业机构之间发生的特许权使用费支出

D. 企业内营业机构之间发生的租金支出

【答案】B

【解析】选项ACD：企业之间支付的管理费、企业内营业机构之间支付的租金和特许权使用费，以及非银行企业内营业机构之间支付的利息，不得在企业所得税前扣除。

【单选题·2019】企业发生的下列支出中，在计算企业所得税应纳税所得额时准予扣除的是（　　）。

A. 税收滞纳金

B. 被没收财物的损失

C. 向投资者支付的股息

D. 因延期交货支付给购买方的违约金

【答案】D

【经典模拟题】

【单选题】下列支出，可以在企业所得税税前扣除的是（　　）。

A. 子公司支付给母公司的管理费

B. 企业内设营业机构之间支付的租金

C. 企业内设营业机构之间支付的特许权使用费

D. 银行企业内设营业机构之间支付的利息

【答案】D

【解析】企业之间支付的管理费（选项A）、企业内营业机构之间支付的租金和特许权使用费（选项BC），以及非银行企业内营业机构之间支付的利息，不得扣除。

【多选题】软件企业的下列支出，在计算应纳税所得额时可在发生当期据实扣除的有（　　）。

A. 职工培训费

B. 劳动保护费

C. 诉讼费

D. 非广告性赞助支出

【答案】ABC

【解析】选项D：非广告性赞助支出不得在企业所得税税前扣除。

重难点5：亏损弥补★★

【小贴士】亏损，是指企业按照企业所得税法计算的亏损，而非企业按照国家统一会计制度计算的亏损。

1. 基本规定。

纳税人发生年度亏损的，可以用下一纳税年度的所得弥补；下一纳税年度的所得不足弥补的，可以逐年延续弥补，但是延续弥补期最长不得超过5年。

【小贴士】亏损弥补三要点：（1）亏损，是按照税法调整后的亏损额；（2）以亏损年度的下一年算起，连续计算五年，中间不得中断；（3）先亏先补，后亏后补。

【小贴士】企业在汇总计算缴纳企业所得税时，其境外营业机构的亏损不得抵减境内营业机构的盈利。

【举例1】甲有限公司2018年亏损100万元，2019年利润200万元。

【解析1】（1）如果不允许补亏，2019年甲有限公司纳税200×25%＝50（万元）；（2）如果允许补亏，甲有限公司纳税（－100＋200）×25%＝25（万元）。

【举例2】经税务机关审定的甲有限公司连续7年应纳税所得额情况如下表。

单位：万元

年度	2013	2014	2015	2016	2017	2018	2019
应纳税所得额	－170	－60	40	30	40	50	65

【解析2】（1）2013年亏损额170万元，弥补期为2014～2018年，尚有未弥补的亏损10万元；（2）2014年亏损额60万元，弥补期为2015～2019年，60万元的亏损额全部弥补。

2. 特殊规定。

自2018年1月1日起，当年具备高新技术企业或科技型中小企业资格的企业，其具备资格年度之前5个年度发生的尚未弥补完的亏损，准予结转以后年度弥补，最长结转年限由5年延长至10年。

3. 其他相关规定。

（1）企业筹办期间不计算为亏损年度。

企业自开始生产经营的年度，为开始计算企业损益的年度。企业从事生产经营之前进行筹办活动期间发生筹办费用支出，不得计算为当期的亏损；对于筹办期间发生的费用支出，可在开始经营之日的当年一次性扣除，也可以按照税法有关长期待摊费用的处理规定处理，但一经选定，不得改变。

（2）税务查补所得可用于弥补亏损。

税务机关对企业以前年度纳税情况进行检查时调增的应纳税所得额，凡企业以前年度发生亏损且该亏损属于企业所得税法规定允许弥补的，应允许调增的应纳税所得额弥补该亏损。弥补该亏损后仍有余额的，按照企业所得税法规定计算缴纳企业所得税。

（3）以往年度漏扣少扣的支出可在5年的期限内追补确认。

对企业发现以前年度实际发生的、按照税收规定应在企业所得税前扣除而未扣除或者少扣除的支出，企业作出专项申报及说明后，准予追补至该项目发生年度计算扣除，但追补确认期限不得超过5年。

【小贴士】企业由于上述原因多缴的企业所得税税款，可以在追补确认年度企业所得税应纳税款中抵扣，不足抵扣的，可以向以后年度递延抵扣或申请退税。（多缴税可抵可退）

【小贴士】亏损企业追补确认以前年度未在企业所得税前扣除的支出，或盈利企业经过追补确认后出现亏损的，应首先调整该项支出所属年度的亏损额，然后再按照弥补亏损的原则计算以后年度多缴的企业所得税款，并按前款规定处理。

第三单元　资产的税务处理

企业资产，包括固定资产、生物资产、无形资产、长期待摊费用、投资资产、存货等，均以历史成本为计税基础。

【小贴士】历史成本，是指企业取得该项资产时实际发生的支出。

【小贴士】资产的计税基础不等于会计账面成本，资产的计税基础可理解为未来可税前列支的金额。

【小贴士】企业持有各项资产期间，资产的增值或减值，除按规定可以确认损益外，不得调整该资产的计税基础。

重难点1：固定资产的税务处理★★★

（一）固定资产计税基础（了解）

以“历史成本”或“公允价值+相关税费”或“重置完全价值”为计税基础。

（二）固定资产折旧的范围（反向列举）

下列固定资产不得计算折旧扣除：

1. 房屋、建筑物以外未投入使用的固定资产。

【小贴士】房屋、建筑物不管是否投入使用，均可以计提折旧；房屋、建筑物以外的固定资产，能否提折旧，看是否投入使用。

2. 以经营租赁方式租入的固定资产。

3. 以融资租赁方式租出的固定资产。

经营租赁与融资租赁对比

租赁类别	如租入设备	如租出设备	折旧规定
经营租赁	可扣除租赁费	可以计提折旧扣除	出租方提折旧
融资租赁	可以计提折旧扣除	不得计提折旧扣除	承租方提折旧

4. 已足额提取折旧仍继续使用的固定资产。

5. 与经营活动无关的固定资产。

6. 单独估价作为固定资产入账的土地。

7. 其他不得计算折旧扣除的固定资产。

（三）固定资产折旧的方法

1. 固定资产按照直线法计算的折旧，准予扣除。

2. 企业自固定资产投入使用月份的次月起计算折旧；停止使用的固定资产的次月起停止计算折旧。

3. 加速折旧，最低不能低于（税法）规定折旧年限的60%。

【小贴士】本部分内容，与税收优惠中固定资产加速折旧相关政策一起掌握。

（四）固定资产折旧的计提年限

固定资产计算折旧的最低年限如下：

1. 房屋、建筑物，为20年；

2. 飞机、火车、轮船、机器、机械和其他生产设备，为10年；

3. 与生产经营活动有关器具、工具、家具等，为5年；

4. 飞机、火车、轮船以外的运输工具，为4年；

5. 电子设备，为3年。

（五）折旧年限的其他规定（重要）

1. 会计上提取减值准备不得税前扣除，折旧按税法确定的计税基础计算扣除；

2. 按税法规定加速折旧的，其折旧额可全额在税前扣除；

3. 会计年限折旧年限小于税法最低折旧年限的，差额部分纳税调增；

4. 会计折旧年限大于税法最低折旧年限的，按会计年限计算扣除。

【小贴士】会计折旧年限已满，税法最低年限未到且税收折旧尚未足额扣除，尚未足额扣除的折旧可在剩余年限继续扣除。

（六）固定资产改扩建的税务处理

企业对房屋、建筑物固定资产在未足额提取折旧前进行改扩建。

1. 属于推倒重置的，该资产原值减除提取折旧后的净值，应并入重置后的固定资产计税成本，并在该固定资产投入使用后的次月起，按照税法规定的折旧年限，一并计提折旧。

2. 属于提升功能、增加面积的，该固定资产的改扩建支出，并入该固定资产计税基础，并从改扩建完工投入使用后的次月起，重新按税法规定的该固定资产折旧年限计提折旧，如该改扩建后的固定资产尚可使用的年限低于税法规定的最低年限的，可以按尚可使用的年限计提折旧。

【经典真题】

【单选题·2010节选】6月企业为了提高产品性能与安全度，从国内购入2台安全生产设备并于当月投入使用，增值税专用发票注明价款400万元，进项税52万元，企业选择采用直线法按5年计提折旧，残值率8%（经税务机构认可），税法规定该设备直线法折旧年限为10年。计算应纳税所得额时，安全生产设备折旧费当年应调整金额（　　）万元。

A. 18.40　　B. 33.25　　C. 36.80　　D. 43.01

【答案】A

【解析】（1）会计上的折旧 = 400 ×（1 - 8%）÷ 5 ÷ 12 × 6 = 36.8（万元）；（2）所得税允许扣除的折旧 = 400 ×（1 - 8%）÷ 10 ÷ 12 × 6 = 18.4（万元）；（3）安全生产设备折旧费纳税调增额 = 36.8 - 18.4 = 18.4（万元）。

重难点2：生物资产的税务处理★

1. 生物资产分为消耗性生物资产、生产性生物资产和公益性生物资产。

【小贴士】消耗性生物资产，是指生长中的农田作物、用材林、存栏待售的牲畜；生产性生物资产，是指经济林、薪炭林、产畜、役畜。

【小贴士】税法只对生产性生物资产作出了计税基础和折旧的规定，而不包括消耗性生物资产和公益性生物资产。

2. 生产性生物资产按照直线法计算的折旧，准予扣除。

3. 生产性生物资产计算折旧的最低年限：

（1）林木类生产性生物资产，为10年；

（2）畜类生产性生物资产，为3年。

【小贴士】生产性生物资产，可理解为“固定资产”。

【经典真题】

【单选题·2008】下列各项中，依据企业所得税法相关规定可计提折旧的生物资产是（　　）。

A. 经济林　　B. 防风固沙林　　C. 用材林　　D. 存栏待售牲畜

【答案】A

【解析】生物资产中可以折旧的生产性生物资产包括经济林、薪炭林、产畜和役畜。

【单选题·2009】某农场外购奶牛支付价款20万元，依据企业所得税相关规定，税前扣除方法为（　　）。

A. 一次性在税前扣除

B. 按奶牛寿命在税前分期扣除

C. 按直线法以不低于3年折旧年限计算折旧税前扣除

D. 按直线法以不低于10年折旧年限计算折旧税前扣除

【答案】C

【解析】奶牛属于产畜类生产性生物资产，按不低于3年计提折旧。

重难点3：无形资产的税务处理★★

在计算应纳税所得额时，企业按照规定计算的无形资产摊销费用，准予扣除。

1. 下列无形资产不得摊销扣除：

（1）自行开发的支出已在计算应纳税所得额时扣除的无形资产；

（2）自创商誉；

（3）与经营活动无关的无形资产；

（4）其他不得计算摊销费用扣除的无形资产。

2. 无形资产的摊销。

（1）无形资产按照直线法（取得当月摊销）计算的摊销费用，准予扣除。无形资产的摊销年限不得低于10年。

【小贴士】企业自固定资产投入使用月份的次月起计算折旧；停止使用的固定资产的次月起停止计算折旧。

（2）投资或者受让的无形资产，有关法律规定或者合同约定了使用年限的，可以按照规定或者约定的使用年限分期摊销。

（3）外购商誉支出，企业整体转让或者清算时，准予扣除。

【小贴士】学员应注意辨析“自创商誉”与“外购商誉”税务处理的差异。

【经典模拟题】

【单选题】下列各项中，可计算摊销在企业所得税税前扣除的有（　　）。

A. 自创商誉

B. 外购专利权

C. 房屋、建筑物以外的未投入使用的固定资产

D. 单独估价作为固定资产入账的土地

【答案】B

【解析】选项 ACD：自创商誉，单独估价作为固定资产入账的土地以及房屋、建筑物以外的未投入使用的固定资产，不得在企业所得税前计提摊销或折旧扣除。

重难点 4：长期待摊费用的税务处理★★★

长期待摊费用，是指企业发生的应在一个年度以上或几个年度进行摊销的费用。

在计算应纳税所得额时，企业发生的下列支出作为长期待摊费用，按照规定摊销的，准予扣除：

1. 已足额提取折旧的固定资产的改建支出，按照固定资产预计尚可使用年限分期摊销。

【小贴士】学员应注意辨析“未足额提取折旧前进行改扩建”与“已足额提取折旧的固定资产的改建支出”税务处理的差异。

2. 租入固定资产的改建支出，按照合同约定的剩余租赁期限分期摊销。

3. 固定资产的大修理支出，按照固定资产尚可使用年限分期摊销。

【小贴士】固定资产的大修理支出不等同于固定资产的修理支出。固定资产的修理支出可在发生当期直接扣除；固定资产的大修理支出，则要按照固定资产尚可使用年限分期摊销。

【小贴士】固定资产的大修理支出，是指同时符合下列条件的支出：

（1）修理支出达到取得固定资产时的计税基础 50% 以上；

（2）修理后固定资产的使用年限延长 2 年以上。

4. 其他应当作为长期待摊费用的支出，自支出发生月份的“次月”起，分期摊销，摊销年限不得低于 3 年。

【经典真题】

【单选题 · 2015】企业发生的下列支出中，可在发生当期直接在企业所得税税前扣除的是（　　）。

A. 固定资产改良支出

B. 租入固定资产的改建支出

C. 固定资产的日常修理支出

D. 已足额提取折旧的固定资产的改建支出

【答案】C

【解析】选项 ABD：均作为长期待摊费用，分期摊销在企业所得税前扣除。

【多选题·2017】下列支出中，可作为长期待摊费用核算的有（　　）。

A. 固定资产的大修理支出

B. 租入固定资产的改建支出

C. 已足额提取折旧的固定资产的改建支出

D. 接受捐赠固定资产的改建支出

【答案】ABC

【解析】企业发生的下列支出作为长期待摊费用处理：（1）已足额提取折旧的固定资产的改建支出。（2）租入固定资产的改建支出。（3）固定资产的大修理支出。（4）其他应当作为长期待摊费用的支出。

【经典模拟题】

【单选题】2019 年 5 月，某商贸公司以经营租赁方式租入临街商铺一间，租期 5 年。2020 年 5 月该公司发生商铺改建支出 50 万元。关于该笔改建支出，正确的企业所得税处理是（　　）。

A. 按 2 年分期摊销扣除　　B. 按 4 年分期摊销扣除

C. 在发生的当期一次性扣除　　D. 按 5 年分期摊销扣除

【答案】B

【解析】租入固定资产的改建支出，按照合同约定的剩余租赁期限分期摊销。

重难点 5：存货的税务处理★

1. 企业使用或者销售存货，按照规定计算的存货成本，准予在计算应纳税所得额时扣除。

2. 企业使用或者销售的存货的成本计算方法，可以在“先进先出法、加权平均法、个别计价法”中选用一种。计价方法一经选用，不得随意变更。

【小贴士】存货成本的计算方法，不得采用“后进先出法”。

重难点 6：投资资产的税务处理★★★

1. 企业对外投资期间，投资资产的成本在计算应纳税所得额时不得扣除。

2. 企业在转让或者处置投资资产时，投资资产的成本准予扣除。

【小贴士】静态投资资产（投资期间）不得扣除；动态转让或者处置投资资产时，可以扣除。

3. 投资企业撤回或减少投资。

投资企业从被投资企业撤回或减少投资，其取得的资产中：

（1）相当于初始出资的部分，应确认为投资收回；

（2）相当于被投资企业累计未分配利润和累计盈余公积按减少实收资本比例计算的部分，应确认为股息所得（符合条件的，免税）；

（3）其余部分确认为投资资产转让所得。

【小贴士】扣除的未分配利润和盈余公积金额应按照注册资本比例计算，不得按照公司章程规定分红比例计算。

【小贴士】企业在计算股权转让所得时，不得扣除被投资企业未分配利润等股东留存收益中按该项股权可能分配的金额。

【举例】2018年，甲有限公司对乙股份公司投资1 000万元，占乙股份公司30%股份，乙股份公司的章程规定甲有限公司的分红比例为20%。

2020年1月，经乙股份公司股东大会决议，同意甲有限公司抽回其投资，甲有限公司分得现金2 000万元。

截至2019年底，乙股份公司共有未分配利润和盈余公积3 000万元。（假定只考虑所得税）

【解析】甲有限公司分得现金2 000万元的税务处理：

（1）1 000万元应确认为投资收回；

（2）股息红利所得 = 3 000 × 30% = 900（万元）

（3）投资资产转让所得 = 2 000 - 1 000 - 900 = 100（万元）

【经典模拟题】

【单选题】甲投资公司2009年10月将2 400万元投资于未公开上市的乙公司，取得乙公司40%的股权。2012年5月，甲公司撤回其在乙公司的全部投资，共计从乙公司收回4 000万元。撤资时乙公司的累计未分配利润为600万元，累计盈余公积为400万元。则甲公司撤资应确认的投资资产转让所得为（　　）万元。

A. 0　　B. 400　　C. 1 200　　D. 1 600

【答案】C

【解析】甲公司撤资应确认的投资资产转让所得 = 4 000 - 2 400 -（600 + 400）× 40% = 1 200（万元）。

重难点7：税法规定与会计规定差异的处理★★★

1. 税法规定与会计规定不一致时，应依照税法规定予以调整。

2. 企业依法清算时，以其清算终了后的清算所得为应纳税所得额，按规定缴纳企业所得税。

【小贴士】清算所得，是指企业全部资产可变现价值或交易价格减除资产净值、清算费用以及相关税费等后的余额。

计算公式：

企业清算所得 = 企业的全部资产可变现价值或者交易价格 - 资产净值 - 清算费用 - 相关税费

3. 投资方企业从被清算企业分得的剩余资产，其中相当于从被清算企业累计未分配利润和累计盈余公积中应当分得的部分，应当确认为股息所得；剩余资产扣除上述股息所得后的余额，超过或者低于投资成本的部分，应当确认为投资资产转让所得或者损失。

【小贴士】投资方企业，从被清算企业分得的剩余资产的税务处理，与撤回或减少投资的所得税处理类似，但不同于股权转让的税务处理。

【小贴士】（1）企业转让股权，确认转让收益，不确认持有收益；（2）企业撤回或减少投资，分别确认持有收益和转让收益；（3）企业清算分得剩余资产，分别确认持有收益和转让收益。

【举例】甲有限公司对乙股份公司投资 500 万元，拥有乙股份公司 30% 的股份。2020 年 5 月，乙股份公司因故进入公司清算程序。甲有限公司从乙股份公司清算组处取得了清算资产 350 万元，其中，属于从乙股份企业累计未分配利润和累计盈余公积中应当取得的资产为 150 万元。

【解析】甲有限公司应确认的投资转让损失 = 350 – 150 – 500 = – 300（万元）

4. 自 2011 年 7 月 1 日起，企业当年度实际发生的相关成本、费用，由于各种原因未能及时取得该成本、费用的有效凭证，企业在预缴季度所得税时，可暂按账面发生金额进行核算；但在汇算清缴时，应补充提供该成本、费用的有效凭证。

第四单元　资产损失的所得税处理

重难点 1：资产损失的定义★

资产损失，是指企业在生产经营活动中实际发生的、与取得应税收入有关的资产损失。

【小贴士】资产，是指企业拥有或者控制的、用于经营管理活动相关的资产，包括现金、银行存款、应收及预付款项（包括应收票据、各类垫款、企业之间往来款项）等货币性资产，存货、固定资产、无形资产、在建工程、生产性生物资产等非货币性资产，以及债权性投资和股权（权益）性投资。

重难点 2：资产损失扣除政策★

1. 现金损失。

现金损失，按照短缺额减除责任人赔偿后的余额确认损失。

2. 货币性存款损失。

企业将货币资金存入法定具有吸收存款职能的机构，而无法收回的部分可以作为损失扣除。

3. 坏账损失。

企业除贷款类债权外的应收、预付账款，符合下列条件之一的，可以扣除：

（1）债务人依法宣告破产、关闭、解散、被撤销，或者被依法注销、吊销营业执照，其清算财产不足清偿的；

（2）债务人死亡，或者依法被宣告失踪、死亡，其财产或者遗产不足清偿的；

（3）债务人逾期 3 年以上未清偿，且有确凿证据证明已无力清偿债务的；

（4）与债务人达成债务重组协议或法院批准破产重整计划后，无法追偿的；

（5）因自然灾害、战争等不可抗力导致无法收回的；

（6）国务院财政、税务主管部门规定的其他条件。

【小贴士】上述应收、预付账款减除可收回金额后确认的无法收回的应收、预付款项（净损失），可以作为坏账损失在计算应纳税所得额时扣除。

4. 股权投资损失。

企业的股权投资符合下列条件之一的，可以扣除：

（1）被投资方依法宣告破产、关闭、解散、被撤销，或者被依法注销、吊销营业执照的；

（2）被投资方财务状况严重恶化，累计发生巨额亏损，已连续停止经营3年以上，且无重新恢复经营改组计划的；

（3）对被投资方不具有控制权，投资期限届满或者投资期限已超过10年，且被投资单位因连续3年经营亏损导致资不抵债的；

（4）被投资方财务状况严重恶化，累计发生巨额亏损，已完成清算或清算期超过3年以上；

（5）国务院财政、税务主管部门规定的其他条件。

【小贴士】上述投资额减除可收回金额后确认的无法收回的股权投资，可以作为股权投资损失在计算应纳税所得额时扣除。

5. 固定资产和存货损失。

（1）盘亏的固定资产或存货，该固定资产的账面净值或存货的成本减除责任人赔偿后的余额确认损失；

（2）毁损、报废的固定资产或存货，该固定资产的账面净值或存货的成本减除残值、保险赔款和责任人赔偿后的余额确认损失；

（3）被盗的固定资产或存货，该固定资产的账面净值或存货的成本减除保险赔款和责任人赔偿后的余额确认损失。

【小贴士】企业因存货盘亏、毁损、报废、被盗等原因不得从增值税销项税额中抵扣的进项税额，可以与存货损失一起在计算应纳税所得额时扣除。

6. 资产损失扣除其他规定。

（1）已经扣除的资产损失，在以后纳税年度收回时，其收回部分应当作为收入计入收回当期的应纳税所得额。

（2）境内、境外营业机构发生的资产损失应分开核算，对境外营业机构由于发生资产损失而产生的亏损，不得在计算境内所得时扣除。

（3）损失扣除的证据、证明。

企业对其扣除的各项资产损失，应当提供能够证明资产损失确属已实际发生的合法证据，包括具有法律效力的外部证据、具有法定资质的中介机构的经济鉴证证明、具有法定资质的专业机构的技术鉴定证明等。

重难点3：资产损失税前扣除管理★★

（一）企业资产损失税前扣除管理的基本原则

1. 准予在企业所得税前扣除的资产损失，包括实际资产损失和法定资产损失。

（1）实际资产损失，是指企业在实际处置、转让资产过程中发生的合理损失；

（2）法定资产损失，是指企业虽未实际处置、转让资产，但符合规定条件计算确认的损失。

【小贴士】企业发生的资产损失，应按规定的程序和要求向主管税务机关申报后方能在税前扣除；未经申报的损失，不得在税前扣除。

【小贴士】资产损失取消了审批制度，取而代之的是“申报扣除”制度。

（二）实际资产损失的扣除

实际资产损失，应当在其实际发生且会计上已作损失处理的年度申报扣除。

企业以前年度发生的实际资产损失未能在当年税前扣除的，可以按照规定，向税务机关说明并进行专项申报扣除。准予追补至该项损失发生年度扣除，其追补确认期限一般不得超过五年，但特殊原因形成的资产损失，其追补确认期限经国家税务总局批准后可适当延长。

【小贴士】企业因以前年度实际资产损失未在税前扣除而多缴的企业所得税税款，可在追补确认年度企业所得税应纳税款中予以抵扣，不足抵扣的，向以后年度递延抵扣。

【小贴士】企业实际资产损失发生年度扣除追补确认的损失后出现亏损的，应先调整资产损失发生年度的亏损额，再按弥补亏损的原则计算以后年度多缴的企业所得税税款，并按前款办法进行税务处理。

（三）法定资产损失的扣除

法定资产损失，应当在会计上已作损失处理的年度申报扣除。

企业以前年度发生的法定资产损失未能在当年税前扣除的，可以按照规定，向税务机关说明并进行专项申报扣除。即法定资产损失，应在申报年度扣除。

【小贴士】实际资产损失，在发生年度扣除；法定资产损失，在申报年度扣除。

第五单元　企业重组的所得税处理

【小贴士】本单元是本章最难的部分，但不是考试的重点内容。

重难点1：企业重组的认定★

（一）企业重组的概念

企业重组，是指企业在日常经营活动以外发生的法律结构或经济结构重大改变的交易，包括企业法律形式改变、债务重组、股权收购、资产收购、合并、分立等。

（二）企业重组的支付对价形式

1. 股权支付；

2. 非股权支付；

3. 股权支付和非股权支付的结合支付。

（三）股权支付与非股权支付的概念

1. 股权支付，是指企业重组中购买、换取资产的一方支付的对价中，以本企业或其控股企业的股权、股份作为支付的形式；

2. 非股权支付，是指以本企业的现金、银行存款、应收款项、本企业或其控股企业股权和股份以外的有价证券、存货、固定资产、其他资产以及承担债务等作为支付的形式。

（四）相关概念

1. 资产的计税基础，是指企业收回资产账面价值过程中，计算应纳税所得额时按照税法规定可以自应税经济利益中抵扣的金额。

【小贴士】资产的计税基础，可理解为未来可税前列支的金额。

2. 公允价值，是指在公平交易中，熟悉情况的交易双方自愿进行资产交换或者债务清偿的金额。

（五）企业重组的税务处理

分为一般性税务处理和特殊性税务处理两种，采用何种税务处理取决于交易额度大小和股权性交易大小。

【小贴士】一般性税务处理，习惯上称应税重组或者一般重组；特殊性税务处理，习惯上称特殊重组。

重难点2：企业重组的一般性税务处理方法★

【小贴士】企业重组的一般性税务处理的基本思路：被重组方确认重组损益，重组方取得股权和资产的计税基础按照公允价值为基础确定。

（一）企业法律形式的改变

以下两种情况应视同清算分配：

1. 企业由法人转变为个人独资企业、合伙企业等非法人组织；
2. 企业登记注册地转移至境外。

其他法律形式简单改变，直接变更税务登记即可。

【小贴士】视同企业进行清算、分配，股东重新投资成立新企业；（新）企业的全部资产以及股东投资的计税基础均应以公允价值为基础确定。

【举例】甲有限公司股东会决议改变公司组织形式，由有限公司变为甲普通合伙企业。

【解析】甲有限公司需要清算，分配；原股东变为甲普通合伙企业的合伙人，新的甲普通合伙企业全部资产以及（原）股东投资的计税基础均应以公允价值为基础确定。

（二）企业债务重组（重要）

1. 以非货币资产清偿债务，应当分解为转让相关非货币性资产、按非货币性资产公允价值清偿债务两项业务，确认相关资产的所得或损失。

【小贴士】相当于两笔业务：一笔是销售资产业务，一笔是抵偿债务的收益或损失。

【经典模拟题】

【计算问答题】甲化妆品生产企业为增值税一般纳税人，2020年5月与乙公司达成债务重组协议，甲化妆品生产企业以自产的化妆品抵偿所欠乙公司一年前发生的债务150万元，该批化妆品成本为100万元，市场不含税价值130万元。

问题：计算该项业务甲企业应缴纳的企业所得税。（不考虑其他税费）

【答案及解析】（1）甲企业以自产货物抵债应确认所得 = 130 - 100 = 30（万元）；（2）债务重组所得 = 150 - (130 + 130 × 13%) = 3.1（万元）；（3）甲企业该项业务应缴纳企业所得税 = (30 + 3.1) × 25% = 8.28（万元）。

2. 发生债权转股权的，应当分解为债务清偿和股权投资两项业务，确认有关债务清偿所得或损失。

3. 以低于债务计税基础的金额偿还债务。

债务人应当按照支付的债务清偿额低于债务计税基础的差额，确认债务重组所得（相当于减免了一部分债务）；债权人应当按照收到的债务清偿额低于债权计税基础的差额（相当于资产折价抵债），确认债务重组损失。

【小贴士】债务人的相关所得税纳税事项原则上保持不变。

（三）企业股权收购、资产收购重组交易

1. 股权收购，是指一家企业购买另一家企业的股权，以实现对被收购企业的控制的交易；资产收购，是指一家企业购买另一家企业实质经营性资产的交易。

2. 税务处理：

（1）被收购方应确认股权、资产转让所得或损失。

（2）收购方取得股权或资产的计税基础应以公允价值为基础确定。

（3）被收购企业的相关所得税事项原则上保持不变。

【举例】2020 年 5 月，甲有限公司以 800 万元的银行存款购买取得乙企业的部分经营性资产，乙企业该部分经营性资产的账面价值 500 万元，计税基础 600 万元，公允价值 800 万元。

【解析】（1）甲有限公司购买该经营性资产后，应以该资产的公允价值 800 万元确定计税基础；（2）乙企业应确认资产转让所得为 800 − 600 = 200（万元）。

【经典真题】

【多选题 · 2017】下列关于企业股权收购重组的一般性税务处理的表述中，正确的有（　　）。

A. 被收购方应确认股权的转让所得或损失

B. 被收购企业的相关所得税事项原则上保持不变

C. 收购方取得被收购方股权的计税基础以被收购股权的原有计税基础确定

D. 收购方取得股权的计税基础应以公允价值为基础确定

【答案】ABD

【解析】选项 C：收购方取得股权或资产的计税基础应以公允价值为基础确定。

（四）企业合并

1. 企业合并的概念

企业合并，是指一家或多家企业将其全部资产和负债转让给另一家现存或新设企业，被合并企业股东换取合并企业股权或非股权支付，实现两个或两个以上企业的依法合并。

2. 税务处理

（1）合并企业应按公允价值确定接受被合并企业各项资产和负债的计税基础。

（2）被合并企业及其股东都应按清算进行所得税处理。

（3）被合并企业的亏损不得在合并企业结转弥补。

【经典真题】

【多选题 · 2016】企业实施合并重组，适用企业所得税一般性税务处理方法时，下列处理正确的有（　　）。

A. 被合并企业及其股东都应按清算进行所得税处理

B. 合并企业应按账面价值确定接受被合并企业负债的计税基础

C. 被合并企业的亏损不得在合并企业结转弥补

D. 合并企业应按公允价值确定接受被合并企业各项资产的计税基础

【答案】ACD

【解析】一般性税务处理的前提下，企业合并，当事各方应按下列规定处理：(1) 合并企业应按公允价值确定接受被合并企业各项资产和负债的计税基础；(2) 被合并企业及其股东都应按清算进行所得税处理；(3) 被合并企业的亏损不得在合并企业结转弥补。

【经典模拟题】

【单选题】下列关于企业合并实施一般性税务处理的说法，正确的是（　　）。

A. 被合并企业的亏损可按比例在合并企业结转弥补

B. 合并企业应按照账面净值确认被合并企业各项资产的计税基础

C. 被合并企业股东应按清算进行所得税处理

D. 合并企业应按照协商价格确认被合并企业各项负债的计税基础

【答案】C

【解析】选项 A：被合并企业的亏损不得在合并企业结转弥补；选项 BD：合并企业应按公允价值确定接受被合并企业各项资产和负债的计税基础。

（五）企业分立

1. 企业分立的概念。

企业分立，一家企业将部分或全部资产分离转让给现存或新设的企业，被分立企业股东换取分立企业股权或非股权支付，实现企业的依法分立。

2. 税务处理：

(1) 被分立企业对分立出去资产，应按公允价值确认资产转让所得或损失。

(2) 分立企业，应按公允价值确认接受资产的计税基础。

(3) 被分立企业继续存在时，其股东取得的对价应视同被分立企业分配进行处理。

(4) 被分立企业不再继续存在时，被分立企业及其股东都应按清算进行所得税处理。

(5) 企业分立，相关企业的亏损不得相互结转弥补。

重难点 3：企业重组的特殊性税务处理方法★★

（一）适用特殊性税务处理的条件

1. 具有合理的商业目的，且不以减少、免除或者推迟缴纳税款为主要目的；

2. 被收购、合并或分立部分资产或股权比例符合规定的比例；

3. 企业重组后的连续 12 个月内不改变重组资产原来的实质性经营活动；

4. 重组交易对价中涉及股权支付金额符合规定的比例；

5. 企业重组中取得股权支付的原主要股东，在重组后连续 12 个月内，不得转让所取得的股权。

【小贴士】一个目的、两个比例、两个 12 月。

【小贴士】股权收购、资产收购、企业合并、企业分立，特殊性税务重组规定的比例条件：

(1) 股权收购和资产收购，不低于被收购股权、资产比例的 50%，股权支付金额不低于其交易支付总额的 85%；

（2）企业合并和分立，股权支付金额不低于其交易支付总额的85%。

（二）企业重组符合上述条件，交易各方对其交易中的股权支付部分，特殊性税务处理的规定

1. 企业债务重组。

（1）企业债务重组，确认的应纳税所得额占该企业当年应纳税所得额50%以上，可以在5个纳税年度的期间内，均匀计入各年度的应纳税所得额。

【小贴士】特殊性体现为纳税责任递延。

（2）企业发生债权转股权业务，对债务清偿和股权投资两项业务暂不确认有关债务清偿所得或损失，股权投资的计税基础以原债权的计税基础确定。企业的其他相关所得税事项保持不变。

2. 股权收购。

收购企业购买的股权不低于被收购企业全部股权的50%，且收购企业在该股权收购发生时的股权支付金额不低于其交易支付总额的85%，可以选择按以下规定处理：

（1）被收购企业的股东取得收购企业股权的计税基础，以被收购股权的原有计税基础确定。

（2）收购企业取得被收购企业股权的计税基础，以被收购股权的原有计税基础确定。

（3）收购企业、被收购企业的原有各项资产和负债的计税基础和其他相关所得税事项保持不变。

3. 资产收购。

受让企业收购的资产不低于转让企业全部资产的50%，且受让企业在该资产收购发生时的股权支付金额不低于其交易支付总额的85%，可以选择按以下规定处理：

（1）转让企业取得受让企业股权的计税基础，以被转让资产的原有计税基础确定。

（2）受让企业取得转让企业资产的计税基础，以被转让资产的原有计税基础确定。

4. 企业合并。

企业股东在该企业合并发生时取得的股权支付金额不低于其交易支付总额的85%，以及同一控制下且不需要支付对价的企业合并，可以选择按以下规定处理：

（1）合并企业接受被合并企业资产和负债的计税基础，以被合并企业的原有计税基础确定。

（2）被合并企业合并前的相关所得税事项由合并企业承继。

（3）可由合并企业弥补的被合并企业亏损的限额 = 被合并企业净资产公允价值 × 截至合并业务发生当年年末国家发行的最长期限的国债利率。

（4）被合并企业股东取得合并企业股权的计税基础，以其原持有的被合并企业股权的计税基础确定。

【经典模拟题】

【计算问答题】某摩托车生产企业合并一家小型股份公司，股份公司全部资产公允价值为5 700万元、全部负债为3 200万元、未超过弥补年限的亏损额为620万元。合并时摩托车生产企业给股份公司的股权支付额为2 300万元、银行存款200万元。该合并业务符合企业

重组特殊税务处理的条件且选择此方法执行。（假定当年国家发行的最长期限的国债年利率为6%）

问题：计算合并企业弥补的被合并企业亏损的限额。

【答案及解析】可由合并企业弥补的被合并企业亏损的限额 = 被合并企业净资产公允价值 × 截至合并业务发生当年年末国家发行的最长期限的国债利率 =（5 700 - 3 200）× 6% = 150（万元）。

5. 企业分立。

被分立企业所有股东按原持股比例取得分立企业的股权，分立企业和被分立企业均不改变原来的实质经营活动，且被分立企业股东在该企业分立发生时取得的股权支付金额不低于其交易支付总额的85%，可以选择按以下规定处理：

（1）分立企业接受被分立企业资产和负债的计税基础，以被分立企业的原有计税基础确定。

（2）被分立企业已分立出去资产相应的所得税事项由分立企业承继。

（3）被分立企业未超过法定弥补期限的亏损额可按分立资产占全部资产的比例进行分配，由分立企业继续弥补。

（4）被分立企业的股东取得分立企业的股权（新股），如需部分或全部放弃原持有的被分立企业的股权（旧股），"新股"的计税基础应以放弃"旧股"的计税基础确定。如不需放弃"旧股"，则其取得"新股"的计税基础可从以下两种方法中选择确定：

一是直接将"新股"的计税基础确定为零；

二是以被分立企业分立出去的净资产占被分立企业全部净资产的比例先调减原持有的"旧股"的计税基础，再将调减的计税基础平均分配到"新股"上。

【小贴士】重组交易各方按上述1至5项规定，对交易中股权支付暂不确认有关资产的转让所得或损失的，其非股权支付仍应在交易当期确认相应的资产转让所得或损失，并调整相应资产的计税基础。

【经典真题】

【计算问答题·2014节选】甲公司将80%持股的某子公司股权全部转让，取得股权对价300万元，取得现金对价20万元。该笔股权的历史成本为200万元，转让时的公允价值为320万元。该子公司的留存收益为50万元。此项重组业务已办理了特殊重组备案手续。

问题：计算上述业务的纳税调整额。

【答案及解析】（1）非股权支付对应的资产转让所得 =（320 - 200）×（20 ÷ 320）= 7.5（万元）；（2）纳税调减所得额 =（320 - 200）- 7.5 = 112.5（万元）。

6. 居民企业之间特殊情形划转资产的税务处理。

对100%直接控制的居民企业之间，以及受同一或相同多家居民企业100%直接控制的居民企业之间按账面净值划转股权或资产，凡具有合理商业目的、不以减少、免除或者推迟缴纳税款为主要目的，股权或资产划转后连续12个月内不改变被划转股权或资产原来实质性经营活动，且划出方企业和划入方企业均未在会计上确认损益的，可以选择按以下规定进行特殊性税务处理：

（1）划出方企业和划入方企业均不确认所得。

（2）划入方企业取得被划转股权或资产的计税基础，以被划转股权或资产的原账面净值确定。

（3）划入方企业取得的被划转资产，应按其原账面净值计算折旧扣除。

【经典模拟题】

【多选题】对100%直接控制的居民企业之间按照账面净值划转资产，符合特殊性税务处理条件的下列税务处理，正确的有（　　）。

A. 划入方企业取得的被划转资产，应按其账面原值计算折旧扣除

B. 划入方企业取得被划转资产的计税基础以账面原值确定

C. 划入方企业不确认所得

D. 划入方企业取得的被划转资产，应按其账面净值计算折旧扣除

【答案】CD

【解析】对100%直接控制的居民企业之间，按照账面净值划转股权或资产，可以选择按以下规定进行特殊性税务处理：（1）划出方企业和划入方企业均不确认所得；（2）划入方企业取得被划转股权或资产的计税基础，以被划转股权或资产的原账面净值确定；（3）划入方企业取得的被划转资产，应按其原账面净值计算折旧扣除。

（三）特殊性税务处理附加条件（了解）

企业发生涉及境内与境外之间的股权和资产收购交易，除应符合前述条件外，还同时符合下列条件：

1. 非居民企业向其100%直接控股的另一非居民企业转让其拥有的居民企业股权，没有因此造成以后该项股权转让所得预提税负变化，且转让方非居民企业向主管税务机关书面承诺在3年（含3年）内不转让其拥有受让方非居民企业的股权；

2. 非居民企业向与其具有100%直接控股关系的居民企业转让其拥有的另一居民企业股权；

3. 居民企业以其拥有的资产或股权向其100%直接控股的非居民企业进行投资。

（四）企业合并、分立的税收优惠政策适用（了解）

1. 企业合并。

在企业吸收合并中，合并后的存续企业性质及适用税收优惠的条件未发生改变的，可以继续享受合并前该企业剩余期限的税收优惠，其优惠金额按存续企业合并前一年的应纳税所得额（亏损计为零）计算。

2. 企业分立。

在企业存续分立中，分立后的存续企业性质及适用税收优惠的条件未发生改变的，可以继续享受分立前该企业剩余期限的税收优惠，其优惠金额按该企业分立前一年的应纳税所得额（亏损计为零）乘以分立后存续企业资产占分立前该企业全部资产的比例计算。

（五）企业重组前后12个月内资产、股权交易的税务处理（了解）

企业在重组发生前后，连续12个月内分步对其资产、股权进行交易，应根据实质重于形式原则将上述交易作为一项企业重组交易进行处理。

（六）企业重组特殊性税务处理的备案（了解）

企业发生符合规定的特殊性重组条件并选择特殊性税务处理的，当事各方应在该重组业务完成当年企业所得税年度申报时，向主管税务机关提交书面备案资料，证明其符合各类特殊性重组规定的条件。

【小贴士】企业未按规定书面备案的，一律不得按特殊重组业务进行税务处理。

第六单元　税收优惠

企业所得税法的税收优惠方式包括：免税、减税、加计扣除、加速折旧、减计收入、税额抵免等。

具体可以分为税基式减免优惠、税率式减免优惠、税额式减免优惠。

【小贴士】税收优惠内容很多，学员应重点掌握有比例、有限额的税收优惠政策。

重难点1：免征与减征优惠（4项）★★★

（一）从事农、林、牧、渔业项目的所得

1. 企业从事下列项目的所得，免征企业所得税：

（1）蔬菜、谷物、薯类、油料、豆类、棉花、麻类、糖料、水果、坚果的种植；

（2）农作物新品种的选育；

（3）中药材的种植；

（4）林木的培育和种植；

（5）牲畜、家禽的饲养；

（6）林产品的采集；

（7）灌溉、农产品初加工、兽医、农技推广、农机作业和维修等农、林、牧、渔服务业项目；

（8）远洋捕捞。

2. 企业从事下列项目的所得，减半征收企业所得税

（1）花卉、茶以及其他饮料作物和香料作物的种植；

（2）海水养殖、内陆养殖。

【小贴士】学员应注意辨析"免征"与"减半征收"的具体范围。

【经典模拟题】

【单选题】下列所得，可享受企业所得税减半征收优惠的是（　　）。

A. 种植油料作物的所得　　B. 种植豆类作物的所得

C. 种植香料作物的所得　　D. 种植糖料作物的所得

【答案】C

【解析】企业从事下列项目的所得，减半征收企业所得税：（1）花卉、茶以及其他饮料作物和香料作物的种植；（2）海水养殖、内陆养殖。

【多选题】根据企业所得税法的规定，下列所得中，减半征收企业所得税的有（　　）。

A. 海水养殖　　B. 内陆养殖　　C. 香料种植　　D. 家禽饲养

【答案】ABC

【解析】选项 D：家禽饲养为免税项目。

（二）从事国家重点扶持的公共基础设施项目投资经营的所得

自项目取得第一笔生产经营收入所属纳税年度起，第 1 ~ 3 年免征企业所得税，第 4 ~ 6 年减半征收企业所得税。（三免三减半）

【小贴士】优惠开始的年度是“取得第一笔生产经营收入所属纳税年度”，而非“获利年度”或“成立年度”等。

【小贴士】企业承包经营、承包建设和内部自建自用上述项目，不得享受企业所得税的上述优惠。

【小贴士】企业投资经营符合规定条件和标准的公共基础设施项目，采用一次核准、分批次（如码头、泊位、航站楼、跑道、路段、发电机组等）建设，凡同时符合以下条件的，可按每一批次为单位计算所得，并享受企业所得税“三免三减半”优惠：

（1）不同批次在空间上相互独立；

（2）每一批次自身具备取得收入的功能；

（3）以每一批次为单位进行会计核算，单独计算所得，并合理分摊期间费用。

（三）从事符合条件的环境保护、节能节水项目的所得

自项目取得第一笔生产经营收入所属纳税年度起，第 1 ~ 3 年免征企业所得税，第 4 ~ 6 年减半征收企业所得税。（三免三减半）

【小贴士】优惠开始的年度是“取得第一笔生产经营收入所属纳税年度”，而非“获利年度”等。

【小贴士】在减免税期限内转让的，受让方自受让之日起，可在剩余期限内享受规定的减免税优惠；减免税期限届满后转让的，受让方不得就该项目重复享受减免税待遇。

（四）符合条件的技术转让所得（重要）

1. 基本规定。

在一个纳税年度内，居民企业技术转让所得不超过 500 万元的部分，免征企业所得税；超过 500 万元的部分，减半征收企业所得税。

计算公式：

技术转让所得 = 技术转让收入 - 技术转让成本 - 相关税费

或技术转让所得 = 技术转让收入 - 无形资产摊销费用 - 相关税费 - 应分摊期间费用

其中技术转让收入，是指当事人履行技术转让合同后获得的价款，不包括销售或转让设备、仪器、零部件、原材料等非技术性收入。

【小贴士】技术转让的范围，包括居民企业转让专利技术、计算机软件著作权、集成电路布图设计权、植物新品种、生物医药新品种、转让 5 年以上（含 5 年）非独占许可使用权以及财政部和国家税务总局确定的其他技术。

【小贴士】学员应注意辨析“技术转让所得”与“技术转让收入”的差异。

2. 相关规定。

（1）享受技术转让所得减免企业所得税优惠的企业，应单独计算技术转让所得，并合理分摊企业的期间费用；没有单独计算的，不得享受技术转让所得企业所得税优惠。

（2）技术转让应签订技术转让合同。其中，境内的技术转让须经省级以上（含省级）科技部门认定登记；跨境的技术转让须经省级以上（含省级）商务部门认定登记，涉及财政经费支持的技术转让，需省级以上（含省级）科技部门审批。

（3）居民企业取得禁止出口和限制出口技术转让所得，不享受技术转让减免企业所得税优惠政策。

【小贴士】居民企业从直接或间接持有股权之和达到100%的关联方取得的技术转让所得，不享受技术转让减免企业所得税优惠政策。（家人之间）

【经典模拟题】

【多选题】居民企业的下列所得，可以享受企业所得税技术转让所得优惠政策的有（　　）。

A. 转让拥有5年以上非独占许可使用权的所得

B. 转让计算机软件著作权的所得

C. 转让植物新品种的所得

D. 从直接或间接持有股权之和达100%的关联方取得的转让所得

【答案】ABC

【解析】选项D：居民企业从直接或间接持有股权之和达到100%的关联方取得的技术转让所得，不享受技术转让减免企业所得税优惠政策。

【计算问答题】2020年5月，境内甲居民企业将自行开发的一项专利权转让，取得转让收入700万元，与该项技术转让有关的成本和费用为100万元，技术转让所得为600万元。（适用的企业所得税税率为25%）

问题：计算甲居民企业就该项技术转让应缴纳的企业所得税。

【答案及解析】（1）500万元以内的部分免征企业所得税，超过500万元的部分，减半征收企业所得税；（2）应缴纳企业所得税＝（700－100－500）×25%×50%＝12.50（万元）。

重难点2：高新技术企业优惠★★

国家需要重点扶持的高新技术企业，减按15%的税率征收企业所得税。

【小贴士】高新技术企业最重要的条件：拥有核心自主知识产权。

（一）高新技术企业认定条件

1. 企业申请认定时须注册成立一年以上。

2. 企业通过自主研发、受让、受赠、并购等方式，获得对其主要产品（服务）在技术上发挥核心支持作用的知识产权的所有权。

3. 对企业主要产品（服务）发挥核心支持作用的技术属于《国家重点支持的高新技术领域》规定的范围。

4. 企业从事研发和相关技术创新活动的科技人员占企业当年职工总数的比例不低于10%。

5. 企业近三个会计年度的研究开发费用总额占同期销售收入总额的比例符合如下要求：

（1）近一年销售收入小于5 000万元（含）的企业，比例不低于5%；

（2）近一年销售收入在5 000万元至2亿元（含）的企业，比例不低于4%；

（3）近一年销售收入在2亿元以上的企业，比例不低于3%。

其中，企业在中国境内发生的研究开发费用总额占全部研究开发费用总额的比例不低于60%。

6. 近一年高新技术产品（服务）收入占企业同期总收入的比例不低于60%。

7. 企业创新能力评价应达到相应要求。

8. 企业申请认定前一年内未发生重大安全、重大质量事故或严重环境违法行为。

【小贴士】高新技术企业应在资格期满前3个月内提出复审申请，在通过复审之前，在其高新技术企业资格有效期内，其当年企业所得税暂按15%的税率预缴。

（二）高新技术企业资格的取消

已认定的高新技术企业有下列行为之一的，由认定机构取消其高新技术企业资格：

1. 在申请认定过程中存在严重弄虚作假行为的。

2. 发生重大安全、重大质量事故或有严重环境违法行为的。

3. 未按期报告与认定条件有关重大变化情况，或累计两年未填报年度发展情况报表的。

【小贴士】对被取消高新技术企业资格的企业，由认定机构通知税务机关按《征管法》及有关规定，追缴其自发生上述行为之日所属年度起，已享受的高新技术企业税收优惠。

重难点3：技术先进型服务企业优惠★

经认定的技术先进型服务企业，减按15%的税率征收企业所得税。技术先进型服务企业必须同时符合以下条件：

1. 在中国境内（不包括港、澳、台地区）注册的法人企业。

2. 从事《技术先进型服务业务认定范围（试行）》中的一种或多种技术先进型服务业务，采用先进技术或具备较强的研发能力。

3. 具有大专以上学历的员工占企业职工总数的50%以上。

4. 从事《技术先进型服务业务认定范围（试行）》中的技术先进型服务业务取得的收入占企业当年总收入的50%以上。

5. 从事离岸服务外包业务取得的收入不低于企业当年总收入的35%。

重难点4：小型微利企业优惠★★★

（一）小型微利企业界定

小型微利企业，是指从事国家非限制和禁止行业，且同时符合年度应纳税所得额不超过300万元、从业人数不超过300人（不分行业）、资产总额不超过5 000万元（不分行业）三个条件的企业。

【小贴士】企业性质，为全部生产经营活动产生的所得，均负有我国企业所得税纳税义务的企业，包括采取查账征收方式和核定征收方式的企业，不包括非居民企业。

【小贴士】从业人数，包括与企业建立劳动关系的职工人数和企业接受的劳务派遣用工人数。

【小贴士】从业人数和资产总额指标，应按企业全年的季度平均值确定。具体计算公式如下：

季度平均值 =（季初值 + 季末值）÷2

全年季度平均值 = 全年各季度平均值之和 ÷4

年度中间开业或者终止经营活动的，以其实际经营期作为一个纳税年度确定上述相关指标。

（二）优惠期间

2019 年 1 月 1 日至 2021 年 12 月 31 日。（调）

（三）具体规定

1. 年应纳税所得额不超过 100 万元的部分，减按 25% 计入应纳税所得额，按 20% 的税率缴纳企业所得税；

2. 对年应纳税所得额超过 100 万元但不超过 300 万元的部分，减按 50% 计入应纳税所得额，按 20% 的税率缴纳企业所得税。

【经典模拟题】

【计算问答题】某小型微利企业 2019 年全年销售收入 700 万元，销售成本为 450 万元，可扣除的销售税金和费用共计 100 万元。

问题：计算该企业 2019 年度应缴纳的企业所得税。

【答案及解析】（1）该企业 2019 年优惠前应纳税所得额 =（700 − 450 − 100）= 150（万元）；（2）优惠后应纳税所得额 = 100 × 25% +（150 − 100）× 50% = 50（万元）；（3）应缴纳企业所得税额 = 50 × 20% = 10（万元）。

重难点 5：加计扣除优惠★★★

（一）企业研究开发费（包括高科技型中小企业）

1. 一般规定。

企业开展研发活动中实际发生的研发费用，未形成无形资产计入当期损益的，在按规定据实扣除的基础上，在 2018 年 1 月 1 日至 2020 年 12 月 31 日期间，再按照实际发生额的 75% 在税前加计扣除；形成无形资产的，按照无形资产成本的 175% 在税前摊销。

【小贴士】未形成无形资产的，计算会计利润时，研发费用已计入管理费用全额扣除；在计算应纳税所得额时，研发费用再加扣 75%，调减应纳税所得额。

【小贴士】除法律另有规定外，无形资产的摊销年限不低于 10 年。

【举例】如果企业研究开发费用一共 300 万元，其中研究阶段的支出 100 万元，已列入管理费用；开发阶段的支出 200 万元，形成无形资产。

【解析】（1）未形成无形资产计入当期损益的，可扣除 = 100 + 100 × 75% = 175（万元）；（2）形成无形资产的，可分 10 年摊销，每年摊销 = 200 × 175% ÷ 10 = 35（万元）。

【经典真题】

【单选题 · 2018 改编】科技型中小企业开展研发活动中实际发生的研发费用，在企业所得税税前加计扣除的比例为（　　）。

A. 50%　　B. 75%　　C. 25%　　D. 100%

【答案】B

2. 其他规定。

（1）企业开展研发活动中实际发生的研发费用形成无形资产的，其资本化的时点与会计处理保持一致。

（2）失败的研发活动所发生的研发费用，可享受税前加计扣除政策。

（3）无论委托方是否享受研发费用税前加计扣除政策，受托方均不得加计扣除。

（4）委托方委托关联方开展研发活动的，受托方需向委托方提供研发过程中实际发生的研发项目费用支出明细情况。

（二）委托境外研发费用与税前加计扣除

企业委托境外的研发费用，按照费用实际发生额的 80% 计入委托方的委托境外研发费用。委托境外研发费用不超过境内符合条件的研发费用 2/3 的部分，可以按规定在企业所得税前加计扣除。

（三）企业安置残疾人员所支付的工资

企业支付给残疾职工的工资，在进行企业所得税预缴申报时，允许据实计算扣除；在年度终了进行企业所得税年度申报和汇算清缴时，再按照支付给残疾职工工资的 100% 加计扣除。

【小贴士】此项税收优惠政策属于纳税调减，不影响会计利润，不影响计算三项经费的工资总额。

重难点 6：创投企业优惠★★★

创业投资企业，采取股权投资方式直接投资于初创科技型企业满 2 年的，可以按照其投资额的 70% 在股权持有满 2 年的当年抵扣该创业投资企业的应纳税所得额；当年不足抵扣的，可以在以后纳税年度结转抵扣。

【小贴士】此项税收优惠政策抵扣的是“应纳税所得额”，而非“应纳税额”。

【经典模拟题】

【单选题】2017 年 5 月，甲有限公司作为创业投资企业向境内某初创科技型企业直接投资 200 万元。2019 年该公司实现利润 890 万元；未经税务部门核准，提取风险准备金 10 万元，该公司无其他纳税调整事项。已知企业所得税税率为 25%。2019 年该企业应纳所得税税额为（　　）万元。

A. 82.5　　B. 85　　C. 187.5　　D. 190

【答案】D

【解析】该公司应纳企业所得税税额 = [（890 + 10）- 200 × 70%] × 25% = 190（万元）。

重难点 7：加速折旧优惠★★

（一）一般规定

企业的固定资产由于技术进步等原因，确需加速折旧的，可以缩短折旧年限或者采取加速折旧的方法。可以采取缩短折旧年限或者采取加速折旧方法的固定资产包括：

1. 由于技术进步，产品更新换代较快的固定资产；

2. 常年处于强震动、高腐蚀状态的固定资产。

【小贴士】采取缩短折旧年限，最低折旧年限不得低于税法规定折旧年限的60%；采取加速折旧，可以采取双倍余额递减法或者年数总和法。

（二）加速折旧的特殊规定

1. 所有企业的加速折旧规定。

（1）企业在2018年1月1日至2020年12月31日期间新购进的设备、器具（指除房屋、建筑物以外的固定资产），单位价值不超过500万元的，允许一次性计入当期成本费用在计算应纳税所得额时扣除，不再分年度计算折旧；单位价值超过500万元的，仍按相关规定执行。

（2）单位价值不超过5 000元的固定资产，允许一次性计入当期成本费用在计算应纳税所得额时扣除，不再分年度计算折旧。

2. 生物药品制造等6行业加速折旧规定。

（1）适用6行业范围。

生物药品制造业；专用设备制造业；铁路、船舶、航空航天和其他运输设备制造业；计算机、通信和其他电子设备制造业；仪器仪表制造业；信息传输、软件和信息技术服务业。

（2）加速折旧方法。

2014年1月1日后新购进的固定资产，可缩短折旧年限或采取加速折旧的方法；新购进的研发和生产经营共用的仪器、设备，单位价值不超过100万元的，允许一次性计入当期成本费用在计算应纳税所得额时扣除，不再分年度计算折旧；单位价值超过100万元的，可缩短折旧年限或采取加速折旧的方法。

【小贴士】企业按规定缩短折旧年限的，对其购置的新固定资产，最低折旧年限不得低于税法规定的折旧年限的60%；企业购置已使用过的固定资产，其最低折旧年限不得低于税法规定的最低折旧年限减去已使用年限后剩余年限的60%。采取加速折旧方法的，可采取双倍余额递减法或者年数总和法。上述规定之外的企业固定资产加速折旧所得税处理问题，继续按照企业所得税法及其实施条例和现行税收政策规定执行。

3. 四个领域重点行业加速折旧规定。

对轻工、纺织、机械、汽车四个领域重点行业企业2015年1月1日后新购进的固定资产（包括自行建造，下同），允许缩短折旧年限或采取加速折旧方法。

对四个领域重点行业小型微利企业2015年1月1日后新购进的研发和生产经营共用的仪器、设备，单位价值不超过100万元（含）的，允许在计算应纳税所得额时一次性全额扣除；单位价值超过100万元的，允许缩短折旧年限或采取加速折旧方法。

企业按上述规定缩短折旧年限的，对其购置的新固定资产，最低折旧年限不得低于规定折旧年限的60%；对其购置的已使用过的固定资产，最低折旧年限不得低于规定的最低折旧年限减去已使用年限后剩余年限的60%。最低折旧年限一经确定，不得改变。

企业按上述规定采取加速折旧方法的，可以采用双倍余额递减法或者年数总和法。加速折旧方法一经确定，不得改变。

【小贴士】为支持制造业企业加快技术改造和设备更新，自2019年1月1日起，固定资产加速折旧优惠的行业范围，扩大至全制造业领域。(新)

重难点8：减计收入优惠★★

减计收入，是指企业以《资源综合利用企业所得税优惠目录》规定的资源作为主要原材料，生产国家非限制和禁止并符合国家和行业相关标准的产品取得的收入，减按90%计入收入总额。

重难点9：税额抵免优惠★★★

企业“购置并实际使用”规定的“环境保护、节能节水、安全生产”等专用设备的，该专用设备的投资额的10%可以从企业当年的应纳税额中抵免；当年不足抵免的，可以在以后5个纳税年度结转抵免。

【小贴士】享受上述优惠的企业，应当实际购置并自身实际投入使用上述规定的专用设备。

【小贴士】企业购置上述专用设备在5年内转让、出租的，应当停止享受企业所得税优惠，并补缴已经抵免的企业所得税税款。

【小贴士】增值税一般纳税人购进固定资产的进项税额，如允许抵扣，其专用设备投资额不包括进项税额；如进项税额不允许抵扣，其专用设备投资额应为增值税专用发票上注明的价税合计金额。

【小贴士】此项税收优惠政策抵免的是“应纳税额”，而非“应纳税所得额”。

【经典模拟题】

【计算问答题】甲企业为小型微利企业（增值税一般纳税人），2018年购买国产环保专用设备一台，取得的增值税普通发票，价税合计11.7万元。

已知：(1) 甲企业有2013年尚未弥补的亏损80万元；(2) 2018年未弥补亏损前应纳税所得额为85万元；(3) 2019年应纳税所得额为200万元。

问题：计算甲企业2019年实际应缴纳的企业所得税。

【答案及解析】(1) 2013年的亏损，到2018年弥补期满，2018年弥补亏损后的所得 $=85-80=5$（万元），购买国产环保专用设备投资抵免额 $=11.7\times10\%=1.17$（万元）；2018年应纳税额 $=5\times50\%\times20\%=0.5$（万元）< 抵免额1.17万元，国产设备投资可以在2018年部分抵免0.5万元，剩余0.67万元留抵到下一年；(2) 2019年企业应纳税额 $=100\times25\%\times20\%+100\times50\%\times20\%=15$（万元）；抵免后实际应缴纳企业所得税 $=15-0.67=14.33$（万元）。

重难点10：民族自治地方优惠★

民族自治地方的自治机关，对本民族自治地方的企业应缴纳的企业所得税中属于地方分享的部分，可以决定减征或者免征。自治州、自治县决定减征或者免征的，须报省、自治区、直辖市人民政府批准。

【小贴士】对民族自治地方内，国家限制和禁止行业的企业，不得减征或者免征企业所得税。

重难点11：非居民企业优惠★★

优惠种类	具体规定
低税率征收	在我国未设立机构场所，或设立机构场所，但取得的所得与机构场所没有实际联系的非居民企业减按10%的税率征收企业所得税
免征企业所得税	非居民企业的下列所得免征企业所得税： （1）外国政府向中国政府提供贷款取得的利息所得； （2）国际金融组织向中国政府和居民企业提供优惠贷款取得的利息所得； （3）经国务院批准的其他所得

【经典真题】

【多选题·2014；2018】下列利息所得中，免征企业所得税的有（　　）。

A. 外国政府向中国政府提供贷款取得的利息所得

B. 国际金融组织向中国政府提供优惠贷款取得的利息所得

C. 国际金融组织向中国居民企业提供优惠贷款取得的利息所得

D. 外国银行的中国分行向中国居民企业提供贷款取得的利息所得

【答案】ABC

【解析】非居民企业取得下列所得免征企业所得税：（1）外国政府向中国政府提供贷款取得的利息所得；（2）国际金融组织向中国政府和居民企业提供优惠贷款取得的利息所得；（3）经国务院批准的其他所得。

【经典模拟题】

【计算问答题】美国A公司在中国境内未设立机构、场所，2019年取得境内上市公司甲股份公司股息、红利100万元，取得境内上市公司乙股份公司分配的股息、红利50万元；取得境内丙有限公司支付的境内房屋转让收入100万元，该项房屋原值80万元，已计提折旧20万元。经查明，美国A公司连续持有甲股份公司股票10个月，持有乙股份公司股票15个月。

问题：计算2019年度美国A公司在我国应缴纳的企业所得税。

【答案及解析】（1）美国A公司在我国境内未设立机构、场所，所以权益性投资收益不免税；（2）美国A公司转让房屋净值为＝80－20＝60（万元）；（3）美国A公司应缴纳企业所得税＝[100＋50＋(100－60)]×10%＝19（万元）。

重难点12：特殊行业优惠★

（一）鼓励软件产业和集成电路产业发展

1. 两免三减半。

2018年1月1日后投资新设的集成电路线宽小于130纳米，且经营期在10年以上的集成电路生产企业或项目，第1～2年免征企业所得税，第3～5年按照25%的法定税率减半征收企业所得税，并享受至期满为止。

（1）对企业，按照集成电路生产企业享受优惠的，优惠期自企业获利年度起计算；

（2）对项目，按照集成电路生产项目享受优惠的，优惠期自项目取得第一笔生产经营收入所属纳税年度起计算。

2. 五免五减半。

2018 年 1 月 1 日后投资新设的集成电路线宽小于 65 纳米或投资额超过 150 亿元，且经营期在 15 年以上的集成电路生产企业或项目，第 1 ~5 年免征企业所得税，第 6 ~10 年按照 25% 的法定税率减半征收企业所得税，并享受至期满为止。

（1）对企业，按照集成电路生产企业享受优惠的，优惠期自企业获利年度起计算；

（2）对项目，按照集成电路生产项目享受优惠的，优惠期自项目取得第一笔生产经营收入所属纳税年度起计算。

【小贴士】学员应注意辨析上述两项税收优惠中，（1）“获利年度”不同于“盈利年度”；（2）对“企业”与对“项目”享受优惠的起算时间的差异。

3. 2017 年 12 月 31 日前设立，但未获利的集成电路线宽小于 0.25 微米或投资额超过 80 亿元，且经营期在 15 年以上的集成电路生产企业，自获利年度起第 1 ~5 年免征企业所得税，第 6 ~10 年按照 25% 的法定税率减半征收企业所得税，并享受至期满为止。

4. 2017 年 12 月 31 日前设立，但未获利的集成电路线宽小于 0.8 微米（含）的集成电路生产企业，自获利年度起第 1 ~2 年免征企业所得税，第 3 ~5 年按照 25% 的法定税率减半征收企业所得税，并享受至期满为止。

（二）鼓励证券投资基金发展

1. 对证券投资基金从证券市场中取得的收入，包括买卖股票、债券的差价收入，股权的股息、红利收入，债券的利息收入及其他收入，暂不征收企业所得税。

2. 对投资者从证券投资基金分配中取得的收入，暂不征收企业所得税。

3. 对证券投资基金管理人运用基金买卖股票、债券的差价收入，暂不征收企业所得税。

（三）节能服务公司的优惠政策

符合条件的节能服务公司实施合同能源管理项目，符合企业所得税税法有关规定的，自项目取得第一笔生产经营收入所属纳税年度起，第 1 ~3 年免征企业所得税，第 4 ~6 年按照 25% 的法定税率减半征收企业所得税。

（四）从事污染防治的第三方企业优惠政策（新）

自 2019 年 1 月 1 日起至 2021 年 12 月 31 日，对符合条件的从事污染防治的第三方企业减按 15% 的税率征收企业所得税。第三方防治企业，是指受排污企业或政府委托，负责环境污染治理设施（包括自动连续监测设施）运营维护的企业。

重难点 13：其他优惠★

（一）西部大开发的税收优惠

1. 鼓励类企业。

对设在西部地区国家鼓励类产业企业，在 2011 年 1 月 1 日至 2020 年 12 月 31 日期间，减按 15% 的税率征收企业所得税。

2. 特殊行业。

对西部地区2010年12月31日前新办的交通、电力、水利、广播电视企业，其享受的企业所得税按15%的税率“两免三减半”优惠可以继续享受到期满为止。

【小贴士】上述优惠主体应是自建、运营项目的企业，单纯承揽项目建设的施工企业不享受“两免三减半”优惠。

【小贴士】学员可适当关注西部的界定范围。

（二）其他税收优惠

对企业取得的2009年及以后年度发行的地方政府债券利息所得，免征企业所得税。

第七单元 应纳税额的计算

重难点1：居民企业应纳税额的计算★★★

（一）计算公式

1. 应纳税所得额计算公式。

（1）直接计算法。

应纳税所得额＝收入总额－不征税收入－免税收入－各项扣除金额－允许弥补的以前年度亏损

（2）间接计算法。

应纳税所得额＝会计利润总额±纳税调整项目金额

2. 应纳税额计算公式。

应纳税额＝应纳税所得额×适用税率－减免税额－抵免税额

【小贴士】综合题考试，一般会要求运用间接计算法的公式计算应纳税所得额。

（二）应用举例

【经典真题】

【单选题·2009】 2008年某居民企业实现产品销售收入1 200万元，视同销售收入400万元，债务重组收益100万元，发生的成本费用总额1 600万元，其中业务招待费支出20万元。假定不存在其他纳税调整事项，2008年度该企业应纳企业所得税（　　）万元。

A. 16.2　　B. 16.8　　C. 27　　D. 28

【答案】D

【解析】业务招待费税前扣除限额计算：（1 200＋400）×5‰＝8（万元）＜20×60%＝12（万元）

业务招待费应调增应纳税所得额＝20－8＝12（万元）

应纳税所得额＝1 200＋400＋100－1 600＋12＝112（万元）

该企业应纳企业所得税税额＝112×25%＝28（万元）

【经典模拟题】

【计算问答题】 某企业为居民企业，2019年发生经营业务如下：

（1）取得产品销售收入 4 000 万元；

（2）发生产品销售成本 2 600 万元；

（3）发生销售费用 770 万元（其中广告费 650 万元），管理费用 480 万元（其中业务招待费 25 万元），财务费用 60 万元；

（4）销售税金 160 万元（含增值税 120 万元）；

（5）营业外收入 80 万元，营业外支出 50 万元（含通过公益性社会团体向贫困山区捐款 30 万元，支付税收滞纳金 6 万元）；

（6）计入成本、费用中的实发工资总额 200 万元，拨缴职工工会经费 5 万元，发生职工福利费 31 万元，发生职工教育经费 7 万元。

要求：计算该企业 2019 年度实际应纳的企业所得税。

【答案及解析】

（1）会计利润总额 $=4\,000+80-2\,600-770-480-60-40-50=80$（万元）

（2）广告费和业务宣传费调增所得额 $=650-4\,000\times15\%=650-600=50$（万元）

（3）业务招待费调增所得额 $=25-15=10$（万元），$4\,000\times5‰=20$（万元）$>25\times60\%=15$（万元）

（4）捐赠支出应调增所得额 $=30-80\times12\%=20.4$（万元）

（5）工会经费应调增所得额 $=5-200\times2\%=1$（万元）

（6）职工福利费应调增所得额 $=31-200\times14\%=3$（万元）

（7）职工教育经费扣除限额 $=200\times8\%=16$（万元），实际发生额小于扣除限额，不作纳税调整。

（8）应纳税所得额 $=80+50+10+20.4+6+1+3=170.4$（万元）

（9）该企业 2019 年应缴纳企业所得税 $=170.4\times25\%=42.6$（万元）

【计算问答题】某工业企业为居民企业，2019 年度发生经营业务如下：

全年取得产品销售收入 5 600 万元，发生产品销售成本 4 000 万元；其他业务收入 800 万元，其他业务成本 694 万元；取得购买国债的利息收入 40 万元；缴纳非增值税销售税金及附加 300 万元；发生的管理费用 760 万元，其中新技术的研究开发费用 60 万元、业务招待费用 70 万元；发生财务费用 200 万元；取得直接投资其他未上市居民企业的权益性收益 34 万元（已在投资方所在地按 15% 的税率缴纳了所得税）；取得营业外收入 100 万元，发生营业外支出 250 万元（其中含公益捐赠 38 万元）。

要求：计算该企业 2019 年应纳的企业所得税。

【答案及解析】

（1）利润总额 $=5\,600+800+40+34+100-4\,000-694-300-760-200-250=370$（万元）

（2）国债利息收入免征企业所得税，应调减所得额 40 万元。

（3）技术研究开发费调减所得额 $=60\times75\%=45$（万元）

（4）按实际发生业务招待费的 60% 计算 $=70\times60\%=42$（万元），按销售（营业）收入的 $5‰=(5\,600+800)\times5‰=32$（万元），按照规定税前扣除限额应为 32 万元，实际应调增应纳税所得额 $=70-32=38$（万元）。

（5）取得直接投资其他未上市居民企业的权益性收益属于免税收入，应调减应纳税所得额34万元。

（6）捐赠扣除标准 = 370 × 12% = 44.4（万元），实际捐赠额38万元小于扣除标准44.4万元，可按实捐数扣除，不做纳税调整。

（7）应纳税所得额 = 370 − 40 − 45 + 38 − 34 = 289（万元）

（8）该企业2019年应缴纳企业所得税 = 289 × 25% = 72.25（万元）

【计算问答题】某科技型中小企业，职工90人，资产总额2 800万元。2019年度生产经营业务如下：

（1）取得产品销售收入3 000万元，国债利息收入20万元；

（2）与产品销售收入配比的成本2 200万元；

（3）发生销售费用252万元，管理费用390万元（其中业务招待费28万元，新产品研发费用120万元）；

（4）向非金融企业借款200万元，支付年利息费用18万元（金融企业同期同类借款年利息率为6%）；

（5）企业所得税前准许扣除的税金及附加32万元；

（6）10月购进符合《环境保护专用设备企业所得税优惠目录》的专用设备，取得的增值税专用发票注明金额10万元，增值税进项税额1.3万元，该设备当月投入使用；

（7）计入成本、费用中的实发工资总额200万元，拨缴职工工会经费4万元，发生职工福利费35万元，发生职工教育经费10万元。

要求：计算该企业2019年度应纳的企业所得税。

【答案及解析】

（1）会计利润总额 = 3 000 + 20 − 2 200 − 252 − 390 − 18 − 32 = 128（万元）

（2）国债利息收入免征企业所得税，应调减所得额20万元。

（3）业务招待费应调增所得额 = 28 − 15 = 13（万元），28 × 60% = 16.8（万元）> 3 000 × 5‰ = 15（万元）

（4）新产品研发费用应调减所得额 = 120 × 75% = 90（万元）

（5）利息费用支出应调增所得额 = 18 − 200 × 6% = 6（万元）

（6）工会经费应调整所得额 = 4 − 200 × 2% = 0（万元）

（7）职工福利费应调增所得额 = 35 − 200 × 14% = 7（万元）

（8）职工教育经费扣除限额 = 200 × 8% = 16（万元），职工教育经费实际发生额小于扣除限额，不用作纳税调整。

（9）应纳税所得额 = 128 − 20 + 13 − 90 + 6 + 7 = 44（万元）

（10）该企业2019年度应缴企业所得税 = 44 × 25% × 20% − 10 × 10% = 1.2（万元）

重难点2：居民企业核定征收应纳税额的计算★★

（一）核定征收企业所得税的范围

1. 依照法律、行政法规的规定可以不设置账簿的；

2. 依照法律、行政法规的规定应当设置但未设置账簿的；

3. 擅自销毁账簿或者拒不提供纳税资料的；

4. 虽设置账簿，但账目混乱或者成本资料、收入凭证、费用凭证残缺不全，难以查账的；

5. 发生纳税义务，未按规定期限申报，经税务机关责令限期申报，逾期不申报的；

6. 申报计税依据明显偏低，又无正当理由的。

【小贴士】专门从事股权（股票）投资业务的企业，不得核定征收企业所得税。

（二）核定征收的方法

1. 核定应税所得率（定率），适用于能正确核算（查实）、合理计算推定纳税人的收入总额，或者能正确核算（查实）、合理计算推定纳税人的成本费用总额。

2. 核定税额（定额），适用于纳税人的收入总额和成本费用总额均不能查实和合理计算推定的情形。

【小贴士】税务机关采用下列方法核定征收企业所得税：

（1）参照当地同类行业或者类似行业中经营规模和收入水平相近的纳税人的税负水平核定；

（2）按照应税收入额或成本费用支出额定率核定；

（3）按照耗用的原材料、燃料、动力等推算或测算核定；

（4）按照其他合理方法核定。

【小贴士】采用上述所列一种方法不足以正确核定应纳税所得额或应纳税额的，可以同时采用两种以上的方法核定。采用两种以上方法测算的应纳税额不一致时，可按测算的应纳税额从高核定。

（三）应纳所得税额的计算（重要）

1. 应纳税所得额 = 应税收入额 × 应税所得率

2. 应纳税所得额 = 成本（费用）支出额 ÷（1 – 应税所得率）× 应税所得率

应纳所得税额 = 应纳税所得额 × 适用税率

【小贴士】实行应税所得率方式核定征收企业所得税的纳税人，经营多业的，无论其经营项目是否单独核算，均由税务机关根据其主营项目确定适用的应税所得率。

【小贴士】纳税人的生产经营范围、主营业务发生重大变化，或应纳税额增减变化达到20%的，应及时向税务机关申报调整已确定的应纳税额或应税所得率。

【小贴士】对采取应税所得率方式核定征收的企业，取得的转让股权（股票）收入，应全额计入应税收入额，按照主营项目（业务）确定适用的应税所得率计算征税。

【小贴士】“应税所得率”可理解为会计上的“利润率”。

【经典模拟题】

【单选题】某小型微利企业，因无法准确核算成本支出，被税务机关确定为核定征收企业所得税，企业 2019 年收入总额 490 万元，另外，7 月取得股票转让收入 10 万元，转让成本 7 万元，核定应税所得率 15%，该企业 2019 年应纳企业所得税（　　）万元。

A. 3.75　　B. 7.5　　C. 15　　D. 16

【答案】A

【解析】（1）对采取应税所得率方式核定征收的企业，取得的转让股权（股票）收入，应全额计入应税收入额，按照主营项目（业务）确定适用的应税所得率计算征税；（2）该企业当年优惠前应纳税所得额 =（490 + 10）×15% = 75（万元），优惠后应纳税所得额 = 75 × 25% = 18.75（万元），缴纳企业所得税 = 18.75 ×20% = 3.75（万元）。

【单选题】2019 年某居民企业向主管税务机关申报应税收入总额 120 万元，成本费用支出总额 127.5 万元，全年亏损 7.5 万元。经税务机关检查，成本费用核算准确，但收入总额不能确定。税务机关对该企业采取核定征税办法，应税所得率为 25%。2019 年度该企业应纳企业所得税（　　）万元。

A. 10.07　　B. 10.15　　C. 10.5　　D. 10.63

【答案】D

【解析】该企业应纳税所得额 = 127.5 ÷（1 − 25%）×25% = 42.5（万元），应纳所得税额 = 42.5 ×25% = 10.63（万元）。

【单选题】依据企业所得税核定征收办法规定，纳税人的生产经营范围、主营业务发生重大变化，或应纳税额增减变化达到（　　）的，应及时向税务机关申报调整已确定的应纳税额或应税所得率。

A. 10%　　B. 20%　　C. 30%　　D. 40%

【答案】B

重难点 3：非居民企业应纳税额的计算★★★

（一）基本规定

非居民企业在中国境内未设立机构、场所的，或者虽设立机构、场所但取得的所得与其所设机构、场所没有实际联系的，应当就其来源于中国境内的所得缴纳企业所得税。其应纳税所得额按照下列方法计算：

1. 股息、红利等权益性投资收益和利息、租金、特许权使用费所得，以收入全额为应纳税所得额；

2. 转让财产所得，以收入全额减除财产净值后的余额为应纳税所得额；

3. 其他所得，参照前两项规定的方法计算应纳税所得额。

（二）转让股权的税务处理

转让财产所得，包含转让股权等权益性投资资产（简称“股权”）的所得。

1. 股权转让收入减除股权净值后的余额，为股权转让所得应纳税所得额。

2. 股权转让收入，是指股权转让人转让股权所收取的对价，包括货币形式和非货币形式的各种收入。

3. 股权净值，是指取得该股权的计税基础。股权的计税基础，是股权转让人投资入股时向中国居民企业实际支付的出资成本，或购买该项股权时向该股权的原转让人实际支付的股权受让成本。

【小贴士】股权在持有期间发生减值或者增值，按照国务院财政、税务主管部门规定可以确认损益的，股权净值应进行相应调整。

【小贴士】多次投资或收购的同项股权被部分转让的，从该项股权全部成本中按照转让比例计算确定被转让股权对应的成本。

【小贴士】企业在计算股权转让所得时，不得扣除被投资企业未分配利润等股东留存收益中按该项股权所可能分配的金额。

（三）扣缴企业所得税应纳税额的计算

扣缴企业所得税应纳税额 = 应纳税所得额 × 实际征收率

（四）其他相关规定

1. 扣缴义务人扣缴企业所得税的，应当按照扣缴义务发生之日人民币汇率中间价折合成人民币，计算非居民企业应纳税所得额。扣缴义务发生之日为相关款项实际支付或者到期应支付之日。

2. 取得收入的非居民企业，在主管税务机关责令限期缴纳税款前自行申报缴纳应源泉扣缴税款的，应当按照填开税收缴款书之日前一日人民币汇率中间价折合成人民币，计算非居民企业应纳税所得额。

3. 主管税务机关责令取得收入的非居民企业限期缴纳应源泉扣缴税款的，应当按照主管税务机关作出限期缴税决定之日前一日人民币汇率中间价折合成人民币，计算非居民企业应纳税所得额。

【举例】2020 年 5 月，甲有限公司向境外某非居民企业支付特许权使用费 100 万元，计算甲有限公司扣缴所得税税额。

【解析】扣缴所得税税额 = 100/（1 + 6%）× 10% = 9.43（万元）

【经典真题】

【多选题 · 2008】在中国境内未设立机构、场所的非居民企业从中国境内取得的下列所得，应按收入全额计算征收企业所得税的有（　　）。

A. 转让财产所得　　B. 股息所得

C. 利息所得　　D. 特许权使用费所得

【答案】BCD

【解析】选项 A：转让财产所得，以收入全额减除财产净值后的余额为应纳税所得额。

【单选题 · 2019】在中国境内未设立机构、场所的非居民企业，计算企业所得税应纳税所得额所用的下列方法中，符合税法规定的是（　　）。

A. 股息所得以收入全额为应纳税所得额

B. 财产转让所得以转让收入全额为应纳税所得额

C. 租金所得以租金收入减去房屋折旧为应纳税所得额

D. 特许权使用费所得以收入减去特许权摊销费用为应纳税所得额

【答案】A

【解析】选项 ACD：股息、红利等权益性投资收益和利息、租金、特许权使用费所得，以收入全额为应纳税所得额；选项 B：转让财产所得，以收入全额减除财产净值后的余额为应纳税所得额。

重难点 4：非居民企业的核定征收★★

【小贴士】本部分内容所涉及的非居民企业，可理解为有机构、场所的非居民企业。

非居民企业因会计账簿不健全，资料残缺难以查账，或者其他原因不能准确计算并据实申报其应纳税所得额的，税务机关有权采取一定方法核定其应纳税所得额。

（一）核定方法

1. 按收入总额核定应纳税所得额，适用于能够正确核算收入或通过合理方法推定收入总额，但不能正确核算成本费用的非居民企业。

应纳税所得额 = 收入总额 × 经税务机关核定的利润率

2. 按成本费用核定应纳税所得额，适用于能够正确核算成本费用，但不能正确核算收入总额的非居民企业。

应纳税所得额 = 成本费用总额 ÷（1 − 经税务机关核定的利润率）× 经税务机关核定的利润率

3. 按经费支出换算收入核定应纳税所得额，适用于能够正确核算经费支出总额，但不能正确核算收入总额和成本费用的非居民企业。

应纳税所得额 = 经费支出总额 ÷（1 − 经税务机关核定的利润率）× 经税务机关核定的利润率

（二）利润率的确定

税务机关可按照以下标准确定非居民企业的利润率：

1. 从事承包工程作业、设计和咨询劳务的，利润率为 15% ~30%；

2. 从事管理服务的，利润率为 30% ~50%；

3. 从事其他劳务或劳务以外经营活动的，利润率不低于 15%。

【小贴士】税务机关有根据认为，非居民企业的实际利润率明显高于上述标准的，可以按照比上述标准更高的利润率核定其应纳税所得额。

（三）特殊情况下（劳务收入）的核定方法

非居民企业与中国居民企业签订机器设备或货物销售合同，同时提供设备安装、装配、技术培训、指导、监督服务等劳务，但是其销售货物合同中未列明提供上述劳务服务收费金额，或者计价不合理的，主管税务机关可以根据实际情况，参照相同或相近业务的计价标准核定劳务收入。无参照标准的，以不低于销售货物合同总价款的 10% 为原则，确定非居民企业的劳务收入。

重难点 5：房地产开发企业所得税预缴税款的处理★

房地产开发企业，按当年实际利润率据实分季（或月）预缴企业所得税的，对开发、建造的住宅、商业用房以及其他建筑物、附着物、配套设施等开发产品，在未完工前采取预售方式销售取得的预售收入，按照规定的预计利润率分季（或月）计算出预计利润额，计入利润总额预缴，开发产品完工、结算计税成本后按照实际利润再行调整。

第八单元 征收管理

重难点 1：纳税地点★★

1. 居民企业的纳税地点。

除另有规定外，居民企业以企业登记注册地为纳税地点；但登记注册地在境外的，以实际管理机构所在地为纳税地点。

【小贴士】居民企业在中国境内设立不具有法人资格的营业机构的，应当汇总计算并缴纳企业所得税。

2. 非居民企业，以机构、场所所在地或扣缴义务人所在地为纳税地点。

重难点2：纳税期限★★

企业所得税采取按年计征，分月或者分季预缴，年终汇算清缴，多退少补。

1. 企业在一个纳税年度中间开业，或者由于合并、关闭等原因终止经营活动，使该纳税年度的实际经营期不足12个月的，应当以其实际经营期为1个纳税年度。

2. 企业依法清算，应以清算期间为1个纳税年度。

【小贴士】企业应当自年度终了之日起5个月内，向税务机关报送年度企业所得税纳税申报表，并汇算清缴，结清应缴应退税款。

【小贴士】企业在年度中间终止经营活动的，应当自实际经营终止之日起60日内，向税务机关办理当期企业所得税汇算清缴。

【经典模拟题】

【单选题】某境内居民企业由于生产经营不善，于2020年5月停止生产经营，要办理注销登记。企业在注销前办理了2019年的企业所得税汇算清缴，调整后所得额为亏损200万元，至此，企业2015年的亏损还有100万元没有弥补。清算期弥补亏损前计算的清算所得为300万元。则清算期间的企业所得税为（　　）万元。

A. 100　　B. 0　　C. 25　　D. 75

【答案】C

【解析】清算期间是独立的纳税年度，2015年的100万元亏损，只能结转到2020年的汇算清缴弥补，而不能结转清算期间弥补；清算期间的应纳税所得额300－200＝100（万元），应纳企业所得税＝100×25%＝25（万元）。

重难点3：纳税申报★★

按月或按季预缴的，企业应当自月份或者季度终了之日起15日内，向税务机关报送预缴企业所得税纳税申报表，预缴税款。

【小贴士】企业在报送企业所得税纳税申报表时，应当按照规定附送财务会计报告和其他有关资料。

重难点4：源泉扣缴★★

（一）扣缴义务人

1. 法定扣缴义务人：支付人为扣缴义务人。

支付人，是指依照有关法律规定或者合同约定，对非居民企业直接负有支付相关款项义务的单位和个人。

【小贴士】法定扣缴，是指基于非居民企业在我国境内未设立机构、场所却有来源于我

国的所得，或虽然设立机构、场所，但所得与该机构场所无实际联系的情形，适用税率10%。（有税收协定，按协定执行）

2. 指定扣缴义务人：税务机关可指定工程价款或劳务费支付人为扣缴义务人。

【小贴士】指定扣缴，是指基于非居民企业在我国境内设立了工程、劳务等机构、场所，但缺乏核算能力的情形，适用税率25%。

（二）扣税时间

税款由扣缴义务人在每次支付或者到期应支付时，从支付或者到期应支付的款项中扣缴。

【小贴士】到期应支付的款项，是指纳税人按照权责发生制原则应当记入相关成本、费用的应付款项。

（三）入库申报时间

扣缴义务人每次代扣的税款，应自代扣之日起7日内缴入国库，并向所在地的税务机关报送扣缴企业所得税报告表。

重难点5：跨地区经营汇总纳税企业所得税征收管理★

（一）适用范围与基本原则

1. 适用范围。

适用于在中国境内跨省（自治区、直辖市和计划单列市）设立不具有法人资格分支机构（另有规定的除外）的居民企业。

2. 基本原则。

统一计算、分级管理、就地预缴、汇总清算、财政调库。

（二）具体规定

1. 汇总纳税企业汇总计算的企业所得税，包括预缴税款和汇算清缴应缴应退税款。

（1）50%在各分支机构之间分摊，各分支机构根据分摊税款就地办理缴库。

（2）50%由总机构分摊缴纳，其中25%就地办理缴库，25%就地全额缴入中央国库。

2. 总分机构分摊税款的计算。

（1）总机构分摊税款＝汇总纳税企业当期应纳所得税额×50%

（2）分支机构按以下公式计算分摊税款：

所有分支机构分摊税款总额＝汇总纳税企业当期应纳所得税额×50%

某分支机构分摊税款＝所有分支机构分摊税款总额×该分支机构分摊比例

3. 分支机构分摊比例的计算。

（1）总机构在每月或每季度终了之日起10日内，按照上年度各省市分支机构的营业收入、职工薪酬和资产总额三个因素，将统一计算的企业当期应纳税额的50%在各分支机构之间进行分摊。分摊时三个因素权重依次为0.35、0.35和0.30。

【小贴士】当年新设立的分支机构第2年起参与分摊；当年撤销的分支机构自办理注销税务登记之日起不参与分摊。

【小贴士】三级及以下分支机构，其营业收入、职工薪酬和资产总额统一计入二级分支机构。

（2）某分支机构分摊比例的计算公式。

某分支机构分摊比例 =（该分支机构营业收入/各分支机构营业收入之和）×0.35 +（该分支机构职工薪酬/各分支机构职工薪酬之和）×0.35 +（该分支机构资产总额/各分支机构资产总额之和）×0.30

【小贴士】公式中的分支机构，仅指需要参与就地预缴的分支机构。

重难点6：合伙企业所得税的征收管理★

（一）纳税人

合伙企业以每一个合伙人为纳税人。

合伙企业合伙人是自然人的，缴纳个人所得税；合伙人是法人和其他组织的，缴纳企业所得税。

（二）“先分后税”的原则

合伙企业生产经营所得和其他所得，采取“先分后税”的原则。生产经营所得和其他所得包括合伙企业分配给所有合伙人的所得和企业当年留存的所得。（利润）

（三）确定应纳税所得额的原则

合伙企业的生产经营所得和其他所得，按照下列方法确定各个合伙人应分配的应纳税所得额：

1. 按照合伙协议约定的分配比例确定应纳税所得额。

2. 合伙协议未约定或者约定不明确的，按照合伙人协商决定的分配比例确定应纳税所得额。

3. 协商不成的，按照合伙人实缴出资比例确定应纳税所得额。

4. 无法确定出资比例的，按照合伙人数量平均计算每个合伙人的应纳税所得额。

【小贴士】合伙协议不得约定将全部利润分配给部分合伙人。

（四）亏损抵减的规定

合伙企业的合伙人是法人和其他组织的，合伙人在计算其缴纳企业所得税时，不得用合伙企业的亏损抵减其盈利。

重难点7：居民企业报告境外投资和所得信息的管理★

居民企业成立或参股外国企业，或处置已持有的外国企业股份或有表决权股份，符合下列情形之一，且按照中国会计制度可确认的，应当在办理企业所得税预缴申报时，向主管税务机关填报《居民企业参股外国企业信息报告表》：

1. 居民企业直接或间接持有外国企业股份或有表决权股份，达到10%（含）以上；

2. 居民企业在被投资外国企业中，直接或间接持有的股份或有表决权股份自不足10%的状态改变为达到或超过10%的状态；

3. 居民企业在被投资外国企业中，直接或间接持有的股份或有表决权股份自达到或超过10%的状态改变为不足10%的状态。

【小贴士】非居民企业在境内设立机构、场所，取得发生在境外但与其所设机构、场所有实际联系的所得的，参照上述规定报告相关信息。

重难点8：跨境电子商务综合试验区核定征收企业所得税（新）★

综试区，是指经国务院批准的跨境电子商务综合试验区（简称综试区）；所称跨境电商企业，是指自建跨境电子商务销售平台或利用第三方跨境电子商务平台开展电子商务出口的企业。

自2020年1月1日起，对综试区内的跨境电商企业核定征收企业所得税。

1. 综试区内的跨境电商企业，同时符合下列条件的，试行核定征收企业所得税：

（1）在综试区注册，并在注册地跨境电子商务线上综合服务平台登记出口货物日期、名称、计量单位、数量、单价、金额的；

（2）出口货物通过综试区所在地海关，办理电子商务出口申报手续的；

（3）出口货物未取得有效进货凭证，其增值税、消费税享受免税政策的。

2. 综试区内核定征收的跨境电商企业应准确核算收入总额，并采用应税所得率方式核定征收企业所得税。应税所得率统一按照4%确定。

3. 综试区内实行核定征收的跨境电商企业，符合小型微利企业优惠政策条件的，可享受小型微利企业所得税优惠政策；其取得的收入属于免税收入的，可享受免税收入优惠政策。

【本章总结】

1. 本章学习的整体思路：

（1）应纳税所得额＝收入总额－不征税收入－免税收入－各项扣除金额－允许弥补的以前年度亏损

（2）实际应纳所得税额＝[（收入总额－不征税收入－免税收入）－各项扣除金额－允许弥补的以前年度亏损]×税率－企业所得税减免、抵免优惠税额－境外所得税抵免额

2. 以前年度，综合题之一必考企业所得税，重要程度不言而喻！对历年综合题，学员必须仔细研读。

3. 本章的掌握与熟悉：

（1）掌握各项应税收入确认的规定；

（2）掌握税前各项扣除的规定，特别是有比例、有限额、有结转的规定；

（3）掌握税收优惠的内容；

（4）掌握应纳税所得额、应纳税额的计算；（间接法计算公式）

（5）熟悉不征税收入、免税收入的内容；

（6）熟悉资产的税务处理中"固定资产"部分的规定；

（7）熟悉企业重组中"特殊性税务处理"的规定；

（8）熟悉征收管理的内容。

4. 与其他章节及税种的关系：

（1）与第一章税法总论：企业所得税是中央与地方共享税；

（2）与第十二章国际税收税务管理实务部分内容联系紧密，学习中注意一并掌握；

（3）除可以抵扣的增值税、企业所得税外，其他税种（包括附加费）均可以在企业所得税前直接或分期摊销扣除；

（4）与增值税：企业因存货等资产盘亏、毁损、报废、被盗等原因不得从增值税销项税额中抵扣的进项税额，可以与存货等资产损失一起在计算应纳税所得额时扣除；

（5）与增值税、消费税（包括会计）：在收入的时间确认、视同销售的确认等存在的差异，需要掌握；

（6）与个人所得税：两个“所得税”相关规定结合掌握。

五、进阶练习

（一）单选题

1. 下列单位不属于企业所得税纳税人的是（　　）。

A. 在中国境内成立的法人企业

B. 在中国境内成立的个人独资企业

C. 依照外国法律成立但实际管理机构在中国境内的企业

D. 在中国境内未设立机构、场所，但有来源于中国境内所得的企业

2. 依照企业所得税法的规定，下列说法正确的是（　　）。

A. 在中国境内成立的企业只根据境内所得缴纳企业所得税

B. 依然外国法律成立的但实际管理机构在中国境内的企业只根据境内所得缴纳企业所得税

C. 非居民企业在中国境内设立机构、场所的，应当就其所设机构、场所取得的来源于中国境内的所得，以及发生在中国境外但与其机构、场所有实际联系的所得，缴纳企业所得税

D. 非居民企业在中国境内设立机构、场所的，但所得与其所设机构、场所没有实际联系的，可以不缴纳企业所得税

3. 依据企业所得税的相关规定，不动产转让所得来源地的判定标准是（　　）。

A. 交易活动发生地

B. 支付所得的企业或者机构、场所所在地

C. 转让不动产的企业或者机构、场所所在地

D. 不动产所在地

4. 依据企业所得税法的规定，股息、红利等权益性投资所得来源地的判定标准是（　　）。

A. 按照分配所得的企业所在地确定

B. 按照负担、支付所得的企业或者机构、场所所在地确定

C. 按照投资方所在地确定

D. 按照交易活动发生地确定

5. 依据企业所得税法的规定，下列说法不符合规定的是（　　）。

A. 企业转让股权收入，应于转让协议生效且完成股权变更手续时，确认收入的实现

B. 企业在计算股权转让所得时，可以扣除被投资企业未分配利润等股东留存收益中按该项股权所可能分配的金额

C. 被清算企业的股东分得的剩余资产的金额，其中相当于被清算企业累计未分配利润

和累计盈余公积中按该股东所占股份比例计算的部分，应确认为股息所得

D. 被投资企业将股权（票）溢价所形成的资本公积转为股本的，不作为投资方企业的股息、红利收入，投资方企业也不得增加该项长期投资的计税基础

6. 以下关于企业所得税收入确认时间的表述中，正确的是（　　）。

A. 股息、红利等权益性投资收益，按照被投资方作出利润分配决定的日期确认收入的实现

B. 利息收入，按照实际收到利息的日期确认收入的实现

C. 接受捐赠收入，按照合同约定的捐赠日期确认收入的实现

D. 销售商品采取预收款方式的，在收到预收款时确认收入的实现

7. 下列属于企业内部处置资产的情形是（　　）。

A. 自建商品房转为自用　　B. 自产产品用于交际应酬

C. 自产产品用于职工奖励　　D. 自产产品用于市场推广

8. 2019 年 11 月，某居民企业转让代个人持有的解禁后的限售股，取得转让收入 510 万元，该限售股的原值是 100 万，缴纳合理税费 6 万元。按照企业所得税的相关规定，该企业转让代个人持有的限售股应缴纳企业所得税（　　）万元。

A. 51　　B. 127.5　　C. 102.5　　D. 101

9. 按照企业所得税的相关规定，下列说法中，不正确的是（　　）。

A. 销售商品以旧换新的，应当按照销售商品收入确认条件确认收入，回收的商品作为购进商品处理

B. 销售商品涉及现金折扣的，现金折扣在实际发生时作为财务费用扣除

C. 销售商品采取买一赠一方式组合销售的，赠送的部分属于视同销售收入

D. 企业发生销售折让和销售退回，应当在发生当期冲减当期的销售商品收入

10. 下列收入不属于免税收入的是（　　）。

A. 国债利息收入

B. 符合条件的居民企业之间的股息、红利等权益性收益

C. 在中国境内设立机构、场所的非居民企业从居民企业取得与该机构、场所有实际联系的股息红利等权益性投资收益（持有股票时间超过 12 个月）

D. 在中国境内不设立机构、场所的非居民企业从居民企业取得的股息、红利等权益性投资收益

11. 某居民企业购入中央政府发行的年利息率为 4% 的二年期国债 1 000 万元，持有 180 天时以 1 050 万元的价格转让。该企业就该笔交易计算企业所得税时应纳税所得额是（　　）万元。（不考虑其他税费）

A. 0　　B. 30　　C. 30.27　　D. 50

12. 2017 年 8 月，某上市公司对本公司 10 名高级管理人员实施股票期权激励政策，约定如在公司连续服务 2 年，即可以 2 元/股的价格购买本公司股票 5 000 股。2019 年 8 月，10 名高级管理人员全部行权，行权日股票收盘价 30 元/股。行权当年该上市公司企业所得税前可作为工资薪金支出扣除的金额是（　　）元。

A. 0　　B. 100 000　　C. 1 500 000　　D. 1 400 000

13. 关于下列费用扣除，说法不正确的是（　　）。

A. 职工福利费支出，不超过工资薪金总额 14% 的部分准予扣除

B. 工会经费，不超过工资薪金总额 2% 的部分准予扣除

C. 职工教育经费，不超过工资薪金总额 8% 的部分准予扣除，超过部分，准予在以后年度结转扣除

D. 企业参加财产保险缴纳的保险费，不得扣除

14. 某境内居民企业 2019 年度“财务费用”账户中利息金额 50 万元，分别是向银行借款的 300 万元资金用于生产用，贷款年限 1 年，年利率 7%，借款利息 21 万元；向居民企业甲企业（与本企业无关联关系）借款 290 万元用于生产用，贷款期限 1 年，年利率 10%，利息 29 万元。该企业 2019 年度在计算应纳税所得额时允许扣除的利息费用是（　　）万元。

A. 21　　B. 41.3　　C. 50　　D. 59

15. 某生产企业 2019 年度取得销售自产货物收入 7 000 万元，出租房产收入 500 万元，当年管理费用中的业务招待费 100 万元，该企业当年度可在企业所得税前扣除的业务招待费为（　　）万元。

A. 35　　B. 37.5　　C. 60　　D. 100

16. 某化妆品销售企业 2019 年度取得销售化妆品收入 8 000 万元，包装物租金收入 10 万元，当年发生广告费和业务宣传费支出 3 000 万元，该企业当年度可在企业所得税前扣除的广告费和业务宣传费支出为（　　）万元。

A. 1 200　　B. 1 201.5　　C. 2 400　　D. 2 403

17. 2019 年某居民企业主营业务收入 6 000 万元、其他业务收入 500 万元，与收入配比的成本 5 100 万元，全年费用和税金共计 800 万元，营业外支出 70 万元（其中含公益性捐赠支出 60 万元）。该企业当年无其他纳税调整事项，则 2019 年度该企业应缴纳企业所得税（　　）万元。

A. 132.5　　B. 133.3　　C. 134.1　　D. 135

18. 下列有关固定资产计税基础的说法不正确的是（　　）。

A. 外购的固定资产，以购买价款和支付的相关税费以及直接归属于使该资产达到预定用途发生的其他支出为计税基础

B. 自行建造的固定资产，以竣工结算前发生的支出为计税基础

C. 盘盈的固定资产，以同类固定资产的重置完全价值为计税基础

D. 通过捐赠、投资、非货币性资产交换、债务重组等方式取得的固定资产，以该资产的公允价值为计税基础

19. 下列关于生物资产的税务处理，说法不正确的是（　　）。

A. 生产性生物资产按照直线法计算的折旧，准予扣除

B. 企业应当自生产性生物资产投入使用月份的次月起计算折旧

C. 停止使用的生产性生物资产，应当自停止使用月份的次月起停止计算折旧

D. 生产性生物资产计算折旧的最低年限是 10 年

20. 关于无形资产摊销的税务处理，说法正确的是（　　）。

A. 自行开发的支出已在计算应纳税所得额时扣除的无形资产可以计算摊销费用扣除

B. 自创商誉可以计算摊销费用，在计算应纳税所得额时扣除

C. 无形资产的摊销，采取直线法计算

D. 无形资产的摊销年限不得低于 5 年

21. 对于长期待摊费用，下列说法不正确的是（　　）。

A. 已足额提取折旧的固定资产的改建支出，按照固定资产预计尚可使用年限分期摊销

B. 租入固定资产的改建支出，按照合同约定的剩余租赁期限分期摊销

C. 固定资产大修理支出，按照固定资产尚可使用年限分期摊销

D. 其他应当作为长期待摊费用的支出，自支出发生月份的当月起，分期摊销，摊销年限不得低于 3 年

22. 在计算企业所得税时，通过支付现金以外的方式取得的存货，以（　　）为成本。

A. 公允价值　　B. 公允价值和支付的相关税费

C. 购买价款和支付的相关税费　　D. 材料费、人工费和分摊的间接费用

23. 在计算企业所得税时，通过支付现金方式取得的投资资产，以（　　）为成本。

A. 购买价款　　B. 购买价款和支付的相关税费

C. 公允价值　　D. 公允价值和支付的相关税费

24. 关于投资资产的税务处理，下列说法不正确的是（　　）。

A. 企业对外投资期间，投资资产的成本在计算应纳税所得额时不得扣除

B. 企业在转让或者处置投资资产时，投资资产的成本准予扣除

C. 被投资企业发生的经营亏损，投资企业可将其确认为投资损失

D. 居民企业以非货币资产对外投资确认的非货币资产转让所得，可在不超过 5 年期限内，分期均匀计入相应年度的应纳税所得额，按规定计算缴纳企业所得税

25. 某生产企业（增值税一般纳税人）2019 年 12 月因管理不善丢失一批 10 月份从一般纳税人处购进的已抵扣进项税额的原材料，账面成本 10 000 元（含一般纳税人提供运输服务收取的运费 300 元），相关责任人赔偿 2 000 元，该业务在企业所得税前可扣除的损失金额为（　　）元。

A. 8 000　　B. 9 288　　C. 10 000　　D. 12 000

26. 对于资产损失扣除政策，说法不正确的是（　　）。

A. 企业因存货盘亏、毁损、报废、被盗等原因不得从增值税销项税额中抵扣的进项税额，不允许与存货损失一起在计算应纳税所得额时扣除

B. 企业在计算应纳税所得额时已经扣除的资产损失，在以后纳税年度全部或者部分收回时，其收回部分应当作为收入计入收回当期的应纳税所得额

C. 企业境内、境外营业机构发生的资产损失应分开核算

D. 对境外营业机构由于发生资产损失而产生的亏损，不得在计算境内应纳税所得额时扣除

27. 2019 年 11 月 A 企业以吸收方式合并 B 企业，合并业务符合特殊性税务处理的条件。合并时 B 企业净资产账面价值 2 200 万元，市场公允价值 2 500 万元，弥补期限内的亏损 170 万元，截至当年年末国家发行的最长期限的国债利率为 5%。2019 年可以由 A 企业弥补的 B 企业的亏损额为（　　）万元。

A. 110　　B. 125　　C. 130　　D. 170

28. 企业从事下列项目的所得，免征企业所得税的是（　　）。

A. 花卉的种植　　B. 茶的种植　　C. 中药材的种植　　D. 海水养殖

29. 下列企业不享受“三免三减半”的是（　　）。

A. 从事国家重点扶持的公共基础设施项目的投资经营所得

B. 符合条件的环境保护、节能节水项目所得

C. 符合条件的电网企业新建项目所得

D. 集成电路线宽小于65 纳米或投资额超过150 亿元，经营期在15 年以上的集成电路生产企业所得

30. 以下关于税收优惠的说法，不正确的是（　　）。

A. 小型微利企业年应纳税所得额不超过100 万元的部分，减按25%计入应纳税所得额，按20%税率缴纳企业所得税；对年应纳税所得额超过100 万元但不超过300 万元的部分，减按50%计入应纳税所得额，按20%税率缴纳企业所得税

B. 企业发生的研究开发费用，未形成无形资产计入当期损益的，按规定据实扣除的基础上，再按照研究开发费用的75%加计扣除

C. 企业安置残疾人员的，在按照规定据实扣除的基础上，按照残疾职工工资的100%加计扣除

D. 创业投资企业采取股权投资方式直接投资于初创科技型企业满2 年的，可以按照其投资额的70%在股权持有满2 年的当年抵扣该创业投资企业的应纳税额

31. 2019 年12 月某企业（增值税一般纳税人）购进一台安全生产设备并投入使用（该设备属于安全生产专用设备企业所得税优惠目录列举项目），取得增值税专用发票注明设备价款200 万元、进项税额26 万元，该厂当年可抵免企业所得税税额（　　）万元。

A. 20　　B. 26　　C. 200　　D. 226

32. 企业以《资源综合利用企业所得税优惠目录》规定的资源作为主要原材料，生产国家非限制和禁止并符合国家和行业相关标准的产品取得的收入（　　）。

A. 减按90%计入收入总额　　B. 减按90%计入应纳税所得额

C. 免征企业所得税　　D. 减半计征企业所得税

33. 在中国境内未设立机构、场所的非居民A 企业从中国境内B 企业取得房屋租金收入218 万元（含增值税），A 企业应缴纳的预提所得税为（　　）万元。

A. 20　　B. 21.8　　C. 50　　D. 54.5

34. 以下关于纳税地点的规定，说法不正确的是（　　）。

A. 除税收法律、行政法规另有固定外，居民企业以企业登记注册地为纳税地点

B. 登记注册地在境外的，以实际管理机构所在地为纳税地点

C. 居民企业在中国境内设立不具有法人资格的营业机构的，应当汇总计算并缴纳企业所得税

D. 非居民企业在中国境内设立机构、场所但取得的所得与其所设机构、场所没有实际联系的所得，以机构、场所所在地为纳税地点

35. 下列关于企业所得税征收管理的规定，说法不正确的是（　　）。

A. 企业清算时，应当以清算期间作为1个纳税年度

B. 年度终了之日起5个月内，向税务机关报送年度企业所得税纳税申报表

C. 企业在年度中间终止经营活动的，应当自实际经营终止之日起30日内，向税务机关办理当期企业所得税汇算清缴

D. 按月或按季预缴的，应当自月份或者季度终了之日起15日内，向税务机关报送预缴企业所得税纳税申报表，预缴税款

36. 以下关于铁路债券和永续债企业所得税的处理，不正确的是（　　）。

A. 企业投资者持有2019~2023年发行的铁路债券取得的利息收入、减半征收企业所得税

B. 企业发行符合规定条件的永续债，投资方取得的永续债利息收入应当依法纳税，发行方支付的永续债利息支出不得在企业所得税税前扣除

C. 发行方和投资方均为居民企业的，永续债利息收入免征企业所得税，发行方支付的永续债利息支出不得在企业所得税税前扣除

D. 发行永续债的企业对每一永续债产品的税收处理方法一经确定，不得变更

37. 企业通过公益性社会组织或者县级（含县级）以上人民政府及其组成部门和直属机构，用于目标脱贫地区的扶贫捐赠支出，在计算企业所得税应纳税额所得额时（　　）。

A. 不予扣除　　B. 按标准扣除　　C. 减半扣除　　D. 据实扣除

（二）多选题

1. 依据企业所得税法的规定，下列企业属于我国企业所得税纳税人的有（　　）。

A. 在中国境内成立的私营企业

B. 依照外国法律成立但实际管理机构在中国境内的企业

C. 依照外国法律成立且实际管理机构不在中国境内，但在中国境内设立机构、场所的企业

D. 依照外国法律成立且未在中国境内设立机构，但有来源于中国境内所得的企业

2. 依据企业所得税相关规定，下列对所得来源地的确定，说法正确的有（　　）。

A. 动产转让所得按照动产所在地确定

B. 权益性投资资产转让所得按照被投资企业所在地确定

C. 股息、红利等权益性投资所得，按照分配所得的企业所在地确定

D. 利息所得、租金所得、特许权使用费所得，按照负担、支付所得的企业或者机构、场所所在地确定

3. 关于收入确认时间的规定，下列说法正确的有（　　）。

A. 租金收入，按照合同约定的承租人应付租金的日期确认收入的实现

B. 分期收款方式销售货物的，按照合同约定的收款日期确认收入的实现

C. 采取产品分成方式取得收入的，按照企业分得产品的日期确认收入的实现

D. 企业受托加工制造大型机械设备、船舶、飞机，持续时间超过12个月的，制造完成后确认收入

4. 下列情况中属于视同销售，缴纳企业所得税的有（　　）。

A. 将资产在总机构及其分支机构之间转移（机构均在境内）

B. 将资产用于交际应酬

C. 将资产用于股息分配

D. 将资产用于加工另一产品

5. 关于非货币性资产投资企业所得税处理，说法正确的有（　　）。

A. 居民企业以非货币性资产对外投资确认的非货币性资产转让所得，可在不超过 5 年期限内，分期均匀计入相应年度的应纳税所得额，按规定计算缴纳企业所得税

B. 企业以非货币性资产对外投资，应于投资协议生效并办理股权登记手续时，确认非货币性资产转让收入的实现

C. 被投资企业取得非货币性资产的计税基础，应按非货币性资产的公允价值确定

D. 企业在对外投资 5 年内转让上述股权或投资收回的，应停止执行递延纳税政策

6. 下列关于销售收入的表述中，正确的有（　　）。

A. 采用售后回购方式销售商品的，销售的商品按售价确认收入，回购的商品作为购进商品处理

B. 销售商品以旧换新的，按实际收到的差价确认收入

C. 商品销售涉及商业折扣的，应当按照扣除商业折扣后的金额确定销售商品收入金额

D. 企业发生销售折让和销售退回，应当在发生当期冲减当期销售商品收入

7. 确定企业所得税税前扣除项目时应遵循的原则有（　　）。

A. 合理性原则　　B. 确定性原则　　C. 配比原则　　D. 联系性原则

8. 下列税金中，准予在企业所得税前扣除的有（　　）。

A. 可抵扣的增值税　　B. 企业所得税

C. 土地增值税　　D. 房产税

9. 下列各项中，属于企业所得税工资、薪金支出范围的有（　　）。

A. 季节工的工资　　B. 临时工的工资　　C. 实习生的工资　　D. 雇员的年终加薪

10. 下列费用扣除的规定，说法正确的是（　　）。

A. 福利部门工作人员的工资薪金应计入企业职工福利费支出

B. 企业拨缴的工会经费，不超过工资薪金总额 2% 的部分准予扣除，超过部分准予在以后纳税年度结转扣除

C. 软件生产企业发生的职工教育经费中的职工培训费用，可以全额在企业所得税前扣除

D. 企业按照标准为职工缴纳的五险一金准予扣除

11. 企业在生产经营活动中发生的下列利息支出，准予税前据实扣除的有（　　）。

A. 非金融企业向非金融企业借款的利息支出

B. 企业经批准发行债券的利息支出

C. 金融企业的各项存款利息支出

D. 金融企业的同业拆借利息支出

12. 根据企业所得税法规定，下列借款费用应资本化的有（　　）。

A. 企业为建造固定资产发生借款的，在固定资产交付使用后发生的借款利息

B. 企业为购置无形资产发生借款的，该资产购置期间发生的合理的借款费用

C. 企业通过发行债券融资而发生的合理的费用支出，符合资本化条件的，应计入相关资产成本

D. 为经过 12 个月以上的建造才能达到预定可销售状态的存货发生借款的，该存货建造期间发生的合理的借款费用

13. 依据企业所得税的相关规定，发生的广告费和业务宣传费可按当年销售（营业）收入 30% 的限制比例扣除的企业有（　　）。

A. 化妆品制造企业　　B. 化妆品销售企业

C. 医药销售企业　　D. 酒类制造企业

14. 在计算企业所得税时，下列支出允许在税前扣除的有（　　）。

A. 合理的会议费　　B. 企业支付的违约金

C. 企业转让各类固定资产发生的费用　　D. 企业的赞助支出

15. 纳税人在计算企业所得税应纳税所得额时，不得税前扣除的项目有（　　）。

A. 向投资者支付的股息、红利　　B. 未经核定的资产减值准备

C. 司法机关处以的罚金　　D. 企业内营业机构之间支付的租金

16. 以下符合固定资产计税基础的规定的有（　　）。

A. 外购的固定资产，以购买价款和支付的相关税费以及直接归属于使该资产达到预定用途发生的其他支出为计税基础

B. 自行建造的固定资产，以竣工结算前发生的支出为计税基础

C. 盘盈的固定资产，以同类固定资产的重置完全价值为计税基础

D. 通过债务重组方式取得的固定资产，以该资产的公允价值和支付的相关税费为计税基础

17. 下列固定资产不得计算折旧扣除的有（　　）。

A. 未投入使用的房屋　　B. 与经营活动无关的固定资产

C. 单独估价作为固定资产入账的土地　　D. 以融资租赁方式租出的固定资产

18. 以下各项中，属于最低折旧年限为 10 年的固定资产有（　　）。

A. 飞机　　B. 轮船　　C. 房屋　　D. 家具

19. 生产性生物资产，是指为产出农产品、提供劳务或者出租等目的而持有的生物资产，包括（　　）。

A. 经济林　　B. 产畜　　C. 用材林　　D. 水土保持林

20. 下列关于无形资产摊销的相关规定，说法正确的有（　　）。

A. 无形资产的摊销，采取直线法计算

B. 无形资产的摊销年限不得低于 10 年

C. 自创商誉，可以计算摊销费用在税前扣除

D. 外购商誉的支出，在企业整体转让或者清算时，准予扣除

21. 下列支出可作为长期待摊费用进行税务处理的有（　　）。

A. 未提足折旧的固定资产改建支出　　B. 租入固定资产的改建支出

C. 固定资产的大修理支出　　D. 其他应当作为长期待摊费用的支出

22. 企业使用或者销售存货的成本计算方法，可以在（　　）中选用一种。

A. 先进先出法　　B. 加权平均法　　C. 先进后出法　　D. 个别计价法

23. 下列关于投资企业从被投资企业撤回或减少投资的税务处理，符合规定的有（　　）。

A. 取得的资产中，相当于初始出资的部分，应确认为投资收回

B. 取得的资产中，相当于被投资企业累计未分配利润和累计盈余公积按减少实收资本比例计算的部分，应确认为股息所得

C. 被投资企业发生的经营亏损，投资企业可将其确认为投资损失

D. 被投资企业发生的经营亏损，投资企业可以调整减低其投资成本

24. 企业所得税前可扣除的企业资产损失有（　　）。

A. 现金损失　　B. 坏账损失　　C. 股权投资损失　　D. 贷款损失

25. 企业从事下列项目的所得，可以享受企业所得税免税政策的有（　　）。

A. 水果的种植　　B. 农作物新品种的选育

C. 远洋捕捞　　D. 海水养殖

26. 企业下列项目的所得减半征收企业所得税的有（　　）。

A. 茶的种植　　B. 内陆养殖　　C. 牲畜饲养　　D. 林木种植

27. 按照规定可以享受 15% 优惠税率的企业包括（　　）。

A. 高新技术企业

B. 技术先进型服务企业

C. 小微企业

D. 在中国境内不设立机构、场所的非居民企业

28. 在中国境内未设立机构、场所的非居民企业从中国境内取得的下列所得，应按不含增值税收入全额计算征收企业所得税的有（　　）。

A. 特许权使用费所得　　B. 利息所得

C. 租金所得　　D. 转让财产所得

29. 以下关于企业所得税纳税申报，说法正确的有（　　）。

A. 企业按月或按季预缴的，应当自月份或季度终了之日起 15 日内，向税务机关报送预缴企业所得税纳税申报表，预缴税款

B. 企业在报送纳税申报表时，应当按照规定附送财务会计报告和其他有关资料

C. 依照企业所得税法缴纳的企业所得税，可以以外币计算

D. 企业在纳税年度内亏损，可以不用报送纳税申报表

30. 根据企业所得税的相关规定，以下说法正确的有（　　）。

A. 合伙企业合伙人是自然人的，缴纳个人所得税，合伙人是法人和其他组织的，缴纳企业所得税

B. 合伙企业生产经营所得和其他所得采取“先分后税”的原则

C. 合伙企业的合伙人以合伙企业的生产经营所得和其他所得，按照合伙人实缴出资比例确定应纳税所得额

D. 合伙企业的合伙人是法人和其他组织的，合伙人在计算其缴纳企业所得税时，可以用合伙企业的亏损抵减其盈利

（三）综合题

1. 某饮料生产企业 2019 年全年主营业务收入 8 000 万元，其他业务收入 1 500 万元，营业外收入 800 万元，投资收益 1 210 万元，主营业务成本 4 000 万元，其他业务成本 450 万元，营业外支出 600 万元，可以扣除的相关税金及附加 430 万元，销售费用 1 000 万元，管理费用 680 万元，财务费用 50 万元，当年涉及的需要进行纳税调整的业务如下：

（1）计入成本费用的实际发放职工工资 2 000 万元（含临时工工资 50 万元）。发生职工福利费支出 300 万元，拨缴工会经费 50 万元并取得专用收据，发生职工教育经费支出 180 万元。

（2）发生与企业生产经营业务相关的业务招待费支出 100 万元。

（3）发生广告费支出 700 万元，以前年度累计结转至本年的广告费扣除额为 300 万元。

（4）当年到期的国债利息收入 300 万元。

（5）实际发生的研究开发经费 100 万元，未形成无形资产据实计入管理费用。

（6）取得股息 500 万元，其中含来自境内 60% 持股子公司（非上市居民企业）的股息 200 万元；来自 A 国 100% 持股子公司的股息 300 万元（不考虑预提所得税），A 国子公司已在所在国缴纳了企业所得税，海外适用的企业所得税税率为 15%。

（7）营业外支出中含有企业公益性捐赠 100 万元，直接捐赠某灾区 50 万元。

（其他相关资料：除非特别说明，各扣除项目均已取得有效凭证，相关优惠及税收抵免已办理必要手续，不考虑税收协定的影响。）

要求：根据上述资料，按照要求（1）至要求（8）回答下列问题。

（1）计算业务（1）应调整的应纳税所得额；

（2）计算业务（2）应调整的应纳税所得额；

（3）计算业务（3）应调整的应纳税所得额；

（4）计算业务（4）应调整的应纳税所得额；

（5）计算业务（5）应调整的应纳税所得额；

（6）计算业务（6）应调整的境内应纳税所得额、境外已纳所得税款总额、当年抵免限额；

（7）计算业务（7）应调整的应纳税所得额；

（8）计算该企业当年应纳企业所得税额。

2. 位于我国境内某市的一家高新技术企业，2019 年度有关经营情况如下：

（1）全年取得销售产品的不含税收入 8 000 万元，房屋出租取得不含税收入 500 万元。

（2）全年购进原材料取得增值税专用发票，原材料进项税额合计 640 万元并进行了抵扣；购进并使用节能生产专用设备（属于企业所得税优惠目录规定的范围）取得增值税专用发票，注明价款 70 万元、进项税额 9.1 万元，进行了抵扣。

（3）计入成本、费用中的实发工资 700 万元、实际拨缴工会经费 15 万元并取得专用票据，发生职工福利费支出 100 万元、职工教育经费支出 60 万元。

（4）全年销售成本 3 980 万元。

（5）全年发生销售费用 1 500 万元，其中含广告费 1 300 万元。

（6）全年发生管理费用 700 万元，其中含新技术研究开发费 430 万元、与生产经营有关的业务招待费80万元。

（7）全年发生财务费用200万元，其中50万元为购进原材料向银行贷款的利息支出；150万元为向某企业（非关联企业）借款6个月用于生产经营的3 000万元的利息支出，金融机构同期同类贷款年利率为7%。

（8）全年发生营业外支出200万元，其中支付合同违约金6万元，由于违反规定被相关部门处以罚款10万元。

（其他相关资料：该企业产品增值税税率13%，城市维护建设税税率7%，教育费附加征收比率3%，地方教育附加征收比率2%，不考虑其他税费。）

要求：根据上述资料，回答下列问题。

（1）当年该企业计算应纳税所得额可扣除的城建税及附加的合计金额；

（2）当年该企业实现的会计利润；

（3）当年该企业应缴纳的企业所得税额。

六、进阶练习答案

（一）单选题

1.【答案】B

【解析】选项B个人独资企业、合伙企业不适用企业所得税法，需要缴纳个人所得税；选项AC属于我国居民企业；选项D属于非居民企业。

2.【答案】C

【解析】选项AB属于居民纳税人，境内外所得都需缴税；选项D非居民企业在中国境内设立机构、场所的，但所得与其所设机构、场所没有实际联系的，应当就其来源于中国境内的所得缴纳企业所得税。

3.【答案】D

【解析】不动产转让所得按照不动产所在地确定；销售货物所得，按照交易活动发生地确定；利息所得、租金所得、特许权使用费所得，按照负担、支付所得的企业或者机构、场所所在地确定。

4.【答案】A

【解析】股息、红利等权益性投资所得、按照分配所得的企业所在地确定。

5.【答案】B

【解析】企业在计算股权转让所得时，不得扣除被投资企业未分配利润等股东留存收益中按该项股权所可能分配的金额。

6.【答案】A

【解析】选项B利息收入按照合同约定的债务人应付利息的日期确认收入的实现；选项C接受捐赠收入，按照实际收到捐赠自产的日期确认收入的实现；选项D销售商品采取预收款方式的，在发出商品时确认收入。

7.【答案】A

【解析】选项BCD视同销售确定收入；选项A资产所有权没有发生改变，作为内部处置资产，不视同销售确认收入。

8.【答案】B

【解析】企业转让限售股，是以限售股转让收入扣除限售股原值和合理税费后的余额为该限售股转让所得。该企业转让代个人持有的限售股应缴纳企业所得税 =（510 - 100 - 6）× 25% =101（万元）。

9.【答案】C

【解析】企业以买一赠一方式组合销售本企业商品的，不属于捐赠，应将总的销售金额按各项商品的公允价值的比例来分摊确认各项的销售收入。

10.【答案】D

【解析】免税收入包括：国债利息收入；符合条件的居民企业之间的股息、红利等权益性收益；在中国境内设立机构、场所的非居民企业从居民企业取得与该机构、场所有实际联系的股息红利等权益性投资收益（持有股票时间超过12个月）；符合条件的非营利组织的收入。

11.【答案】C

【解析】国债利息收入 = 国债金额 ×（适用年利率 ÷365）× 持有天数 =1 000 ×（4% ÷ 365）×180 =19.73（万元）；国债利息收入免税，转让收入应计入应纳税所得额。该笔交易的应纳税所得额 =1 050 - 19.73 - 1 000 =30.27（万元）。

12.【答案】D

【解析】对股权激励计划实行后，需待一定服务年限或者达到规定业绩条件（以下简称"等待期"）方可行权的，上市公司等待期内会计上计算确认的相关成本费用，不得在对应年度计算缴纳企业所得税时扣除。在股权激励计划可行权后，上市公司方可根据该股票实际行权时的公允价格与当年激励对象实际行权支付价格的差额及数量，计算确定作为当年上市公司工资薪金支出，依照税法规定进行税前扣除。应扣除的金额 =（30 - 2）×10 ×5 000 = 1 400 000（元）。

13.【答案】D

【解析】选项D企业参加财产保险，按照规定缴纳的保险费，准予扣除。企业为投资者或者职工支付的商业保险费，不得扣除。

14.【答案】B

【解析】非金融企业向金融企业借款的利息支出可据实扣除，非金融企业向非金融企业借款的利息支出，不超过按照金融企业同期同类贷款利率计算的数额的部分可据实扣除，超过部分不许扣除，所以本题允许扣除的利息费用是 21 +290 ×7% =41.3（万元）。

15.【答案】B

【解析】业务招待费税前扣除限额1 =（7 000 +500）×5‰ =37.5（万元）< 扣除限额2 = 100 ×60% =60（万元），所以税前可扣除的业务招待费为37.5万元。

16.【答案】D

【解析】化妆品制造或销售、医药制造和饮料制造（不含酒类制造）企业发生的广告费和业务宣传费支出，不超过当年销售（营业）收入30%的部分，准予扣除；超过部分，准予在以后纳税年度结转扣除。该企业当年发生的广告费和业务宣传费扣除限额 =（8 000 +

10）×30% =2 403（万元）<3 000 万元，所以税前可扣除的广告费和业务宣传费为 2 403 万元。

17.【答案】D

【解析】企业发生的公益性捐赠支出，不超过年度利润总额 12% 的部分，准予在当年税前扣除。扣除限额 =（6 000 +500 −5 100 −800 −70）×12% =530 ×12% =63.6（万元）>60 万元，公益性捐赠不需要调整。当年应纳税所得额 =530 +10 =540（万元）当年应纳企业所得税 =540 ×25% =135（万元）。

18.【答案】D

【解析】通过捐赠、投资、非货币性资产交换、债务重组等方式取得的固定资产，以该资产的公允价值和支付的相关税费为计税基础。

19.【答案】D

【解析】生产性生物资产计算折旧的最低年限：林木类生产性生物资产为 10 年；畜类生产性生物资产为 3 年。

20.【答案】C

【解析】选项 AB 不得计算摊销费用扣除，不得计算摊销费用扣除还包括与经营活动无关的无形资产、其他不得计算摊销费用扣除的无形资产；选项 D 无形资产的摊销年限不得低于 10 年。

21.【答案】D

【解析】其他应当作为长期待摊费用的支出，自支出发生月份的次月起，分期摊销，摊销年限不得低于 3 年。

22.【答案】B

【解析】按照企业所得税的规定，通过支付现金以外的方式取得的存货，以存货的公允价值和支付的相关税费为成本。

23.【答案】A

【解析】通过支付现金方式取得投资资产，以购买价款为成本；通过支付现金以外的方式取得的投资资产，以该资产的公允价值和支付的相关税费为成本。

24.【答案】C

【解析】被投资企业发生的经营亏损，由被投资企业按规定结转弥补；投资企业不得调整减低其投资成本，也不得将其确认为投资损失。

25.【答案】B

【解析】企业因存货盘亏、毁损、被盗等原因不得从销项税额中抵扣的进项税额，准予和存货损失一起税前扣除。不得抵扣的进项税额 =（10 000 −300）×13% +300 ×9% =1 288（元），税前扣除的损失金额 =10 000 +1 288 −2 000 =9 288（元）。

26.【答案】A

【解析】企业因存货盘亏、毁损、报废、被盗等原因不得从增值税销项税额中抵扣的进项税额，可以与存货损失一起在计算应纳税所得额时扣除。

27.【答案】B

【解析】特殊性税务处理的吸收合并，可由合并企业弥补的被合并企业的亏损限额为被合并企业净资产的公允价值乘以截至合并业务发生当年年末国家发行的最长期限的国债利率。A 企业弥补的 B 企业的亏损额 = 2 500 × 5% = 125（万元）。

28.【答案】C

【解析】选项 ABD 为减半征收企业所得税，选项 C 是免征企业所得税。

29.【答案】D

【解析】选项 D 的优惠是前五年免征企业所得税，后五年减半征收。

30.【答案】D

【解析】创业投资企业采取股权投资方式直接投资于初创科技型企业满 2 年的，可以按照其投资额的 70% 在股权持有满 2 年的当年抵扣该创业投资企业的应纳税所得额；当年不足抵扣的，可以在以后纳税年度结转抵扣。

31.【答案】A

【解析】企业购置并实际使用规定的环境保护、节能节水、安全生产等专用设备的，该专用设备的投资额的 10% 可以从企业当年的应纳税额中抵免；当年不足抵免的，可以在以后 5 个纳税年度结转抵免。可抵免的企业所得税税额 = 200 × 10% = 20（万元）。

32.【答案】A

【解析】企业以《资源综合利用企业所得税优惠目录》规定的资源作为主要原材料，生产国家非限制和禁止并符合国家和行业相关标准的产品取得的收入，减按 90% 计入收入总额。

33.【答案】A

【解析】在中国境内未设立机构、场所或虽设立机构、场所，但取得的所得与该机构、场所没有实际联系的非居民企业，取得的来源于中国境内的股息、利息、租金、特许权使用费所得，均应就其收入全额征收预提所得税，税率是 10%。A 企业应纳预提所得税 = 218 ÷ (1 + 9%) × 10% = 20（万元）。

34.【答案】D

【解析】非居民企业在中国境内设立机构、场所但取得的所得与其所设机构、场所没有实际联系的所得，以扣缴义务人所在地为纳税地点。

35.【答案】C

【解析】企业在年度中间终止经营活动的，应当自实际经营终止之日起 60 日内，向税务机关办理当期企业所得税汇算清缴。

36.【答案】B

【解析】企业发行符合规定条件的永续债，投资方取得的永续债利息收入应当依法纳税，发行方支付的永续债利息支出准予在其企业所得税税前扣除。

37.【答案】D

【解析】企业通过公益性社会组织或者县级（含县级）以上人民政府及其组成部门和直属机构，用于目标脱贫地区的扶贫捐赠支出，准予在计算企业所得税应纳税额所得额时据实扣除。

（二）多选题

1.【答案】ABCD

【解析】企业所得税的纳税人分为居民企业和非居民企业；居民企业，是指依法在中国境内成立，或者依照外国（地区）法律成立但实际管理机构在中国境内的企业；非居民企业，是指依照外国（地区）法律成立且实际管理机构不在中国境内，但在中国境内设立机构、场所的，或者在中国境内未设立机构、场所，但有来源于中国境内所得的企业。

2.【答案】BCD

【解析】动产转让所得按照转让动产的企业或者机构、场所所在地确定；不动产转让所得按照不动产所在地确定。

3.【答案】ABC

【解析】选项D企业受托加工制造大型机械设备、船舶、飞机，持续时间超过12个月的，按照纳税年度内完工进度或者完成的工作量确认收入的实现。

4.【答案】BC

【解析】选项AD属于内部处置资产，不视同销售确认收入。

5.【答案】ABCD

【解析】选项ABCD都属于正确答案。

6.【答案】ACD

【解析】选项B销售商品以旧换新的，销售商品应当按照销售商品收入确认条件确认收入，回收的商品作为购进商品处理。

7.【答案】ABC

【解析】税前扣除项目时应遵循的原则有权责发生制原则、配比原则、相关性原则、确定性原则、合理性原则。

8.【答案】CD

【解析】企业发生的除企业所得税和允许抵扣的增值税以外的各项税金及其附加，这些已纳税金准予税前扣除。

9.【答案】ABCD

【解析】选项ABCD都属于正确答案。

10.【答案】ACD

【解析】选项B企业拨缴的工会经费，不超过工资薪金总额2%的部分准予扣除，超过部分不准结转。

11.【答案】BCD

【解析】选项A非金融企业向非金融企业借款的利息支出，不超过按照金融企业同期同类贷款利率计算的数额的部分可据实扣除，超过部分不许扣除。

12.【答案】BCD

【解析】企业为购置、建造固定资产、无形资产和经过12个月以上的建造才能达到预定可销售状态的存货发生借款的，在有关资产购置、建造期间发生的合理的借款费用，应当作为资本性支出计入有关资产的成本；有关资产交付使用后发生的借款利息，可在发生当期扣除。

13.【答案】AB

【解析】化妆品制造或销售、医药制造和饮料制造（不含酒类制造）企业发生的广告费和业务宣传费支出，不超过当年销售（营业）收入30%的部分，准予扣除。

14.【答案】ABC

【解析】选项D企业的赞助支出不允许在税前扣除。

15.【答案】ABCD

【解析】选项ABCD都属于正确答案。

16.【答案】ABCD

【解析】选项ABCD都属于正确答案。

17.【答案】BCD

【解析】房屋、建筑物以外未投入使用的固定资产不得计算折旧扣除，房屋、建筑物未投入使用准予计算折旧扣除。

18.【答案】AB

【解析】选项C房屋最低折旧年限为20年；选项D家具最低折旧年限5年。

19.【答案】AB

【解析】选项C用材林属于消耗性生物资产；选项D水土保持林属于公益性生物资产。

20.【答案】ABD

【解析】选项C自创商誉，不得计算摊销费用扣除。

21.【答案】BCD

【解析】企业发生的下列支出作为长期待摊费用，按照规定摊销的，准予扣除：（1）已足额提取折旧的固定资产的改建支出，（2）租入固定资产的改建支出，（3）固定资产的大修理支出，（4）其他应当作为长期待摊费用的支出。

22.【答案】ABD

【解析】存货的成本计算方法，可以在先进先出法、加权平均法、个别计价法中选用一种。计价方法一经选用，不得随便变更。

23.【答案】AB

【解析】投资企业从被投资企业撤回或减少投资，其取得的资产中，相当于初始出资的部分，应确认为投资收回；相当于被投资企业累计未分配利润和累计盈余公积按减少实收资本比例计算的部分，应确认为股息所得；其余部分确认为投资资产转让所得。被投资企业发生的经营亏损，由被投资企业按规定结转弥补；投资企业不得调整减低其投资成本，也不得将其确认为投资损失。

24.【答案】ABCD

【解析】资产损失，是指企业在生产经营活动中实际发生的、与取得应税收入有关的资产损失，包括现金损失、存款损失、坏账损失、贷款损失、股权投资损失、固定资产和存货的盘亏、毁损、报废、被盗损失、自然灾害等不可抗力因素造成的损失以及其他损失。

25.【答案】ABC

【解析】选项D海水养殖享受减半征收企业所得税。

26.【答案】AB

【解析】选项CD享受免征企业所得税的优惠。

27.【答案】AB

【解析】选项C小微企业适用20%税率；选项D中国境内不设立机构、场所的非居民企业减按10%的税率征收企业所得税。

28.【答案】ABC

【解析】选项D转让财产所得，以收入全额减除财产净值后的余额为应纳税所得额。

29.【答案】AB

【解析】选项C依照所得税法缴纳的企业所得税，以人民币计算。所得以人民币以外的货币计算的，应当折合成人民币计算并缴纳税款；选项D企业在纳税年度内无论盈利或者亏损，都应当在规定的期限内，向税务机关报送预缴企业所得税申报表、年度企业所得税纳税申报表、财务会计报告和税务机关规定应当报送的其他有关资料。

30.【答案】AB

【解析】选项C合伙企业的合伙人以合伙企业的生产经营所得和其他所得，按照合伙协议约定的分配比例确定应纳税所得额。合伙协议未约定或者约定不明确的，以全部生产经营所得和其他所得，按照合伙人协商决定的分配比例确定应纳税所得额。协商不成的，以全部生产经营所得和其他所得，按照合伙人实缴出资比例确定应纳税所得额。无法确定出资比例的，以全部生产经营所得和其他所得，按照合伙人数量平均计算每个合伙人的应纳税所得。选项D合伙企业的合伙人是法人和其他组织的，合伙人在计算其缴纳企业所得税时，不得用合伙企业的亏损抵减其盈利。

（三）综合题

1.【答案及解析】

（1）职工福利费税前扣除限额 = 2 000 × 14% = 280（万元），实际支出300万元，应调增应纳税所得额 = 300 − 280 = 20（万元）；工会经费税前扣除限额 = 2 000 × 2% = 40（万元），实际拨缴50万元，调增10万元；职工教育经费税前扣除限额 = 2 000 × 8% = 160（万元），实际发生180万元，应调增应纳税所得额20万元。

业务（1）应调增应纳税所得额 = 20 + 10 + 20 = 50（万元）。

（2）业务招待费实际发生额的60% = 100 × 60% = 60（万元），销售（营业）收入的5‰ =（8 000 + 1 500）× 5‰ = 47.5（万元），业务招待费税前扣除限额为47.5万元，业务（2）应调增应纳税所得额 = 100 − 47.5 = 52.5（万元）。

（3）广告费税前扣除限额 =（8 000 + 1 500）× 30% = 2 850（万元），实际发生700万元未超过扣除限额，准予全额扣除；以前年度累计结转至本年的广告费扣除额300万元，也可以在本年扣除。

业务（3）应调减300万元。

（4）国债利息收入属于免税收入，在计算应纳税所得额时从收入总额中减除；业务（4）应调减应纳税所得额300万元。

（5）可加计扣除研发费用 = 100 × 75% = 75（万元）

业务（5）应调减的应纳税所得额为75万元。

（6）业务（6）应调减的境内应纳税所得额200万元，这是因为符合条件的居民企业之间的股息红利免税。还要调减境外所得300万元，境外已纳所得税款总额 = 300 ÷（1 − 15%）× 15% = 52.94（万元），当年抵免限额 = 300 ÷（1 − 15%）× 25% = 88.24（万元），在国内需补缴税款。

（7）直接捐赠50万元应调增应纳税所得，公益性捐赠需要先计算捐赠限额。利润总额=8 000+1 500+800+1 210-4 000-450-600-430-1 000-680-50=4 300（万元），捐赠限额=4 300×12%=516（万元）>实际公益性捐赠100万元，公益性捐赠不需要调整。

业务（7）调增应纳税所得额50万元。

（8）境内应纳税所得额=4 300+50+52.5-300-300-75-500+50=3 277.50（万元）企业2019年应纳企业所得税额=3 277.50×25%+(88.24-52.94)=854.68（万元）。

2.【答案及解析】

（1）应缴纳的增值税=8 000×13%+500×9%-(640+9.1)=435.9（万元）；

所得税前可扣除城市维护建设税、教育费附加和地方教育附加=435.9×(7%+3%+2%)=52.31（万元）。

（2）该企业实现的会计利润=8 000+500-3 980-1 500-700-200-200-52.31=1 867.69（万元）。

（3）业务（3）税前允许扣除的工会经费限额=700×2%=14（万元）<实际发生额15万元，应调增应纳税所得额=15-14=1（万元）；税前允许扣除的职工福利费限额=700×14%=98（万元）<实际发生额100万元，应调增应纳税所得额=100-98=2（万元）；税前允许扣除的职工教育经费限额=700×8%=56（万元）<实际发生额60万元，应调增应纳税所得额=60-56=4（万元）。

三项共计应调增应纳税所得额=1+2+4=7（万元）。

业务（5）税前允许扣除的广告费限额=(8 000+500)×15%=1 275（万元）<实际发生额1 300万元，应调增应纳税所得额=1 300-1 275=25（万元）。

业务（6）新技术研究开发费用可以加计扣除75%，调减应纳税所得额=430×75%=322.5（万元）。

业务招待费的扣除限额1=(8 000+500)×5‰=42.5（万元）<扣除限额2=80×60%=48（万元），调增应纳税所得额=80-42.5=37.5（万元）。

合计调减应纳税所得额=332.5-37.5=295（万元）

业务（7）非金融企业向非金融企业借款，利息支出扣除限额=3 000×7%×1/2=105（万元）<实际发生额150万元，调增应纳税所得额=150-105=45（万元）。

业务（8）营业外支出中罚款不允许扣除，调增应纳税所得额10万元。

该企业应纳税所得额=1 867.69+7+25-295+45+10=1 659.69（万元）

该企业应缴纳企业所得税=1 659.69×15%-70×10%=241.95（万元）

第五章　个人所得税法

一、2020年新教材内容主要变化

1. 新增“在中国境内无住所的个人居住时间判定标准”;
2. 新增多项“个人所得税税收优惠政策”;
3. 调整“非居民个人和无住所居民个人有关个人所得税的政策”;
4. 新增“公益慈善事业捐赠个人所得税政策”;
5. 新增“2019年度个人所得税综合所得汇算清缴事项”的规定;
6. 调整“偶然所得项目”范围的表述;
7. 新增“建立个人所得税信用管理机制”的内容。

【小贴士】个人所得税，主要以自然人取得的各类应税所得为征税对象而征收的一种所得税。个人所得税的纳税人不仅包括自然人，还包括具有自然人性质的企业，如个体工商户、个人独资企业、合伙企业。

【小贴士】个人所得税的征收模式分为三类:

(1) 分类征收制;

(2) 综合征收制;

(3) 混合征收制，即对纳税人不同来源、性质的所得先分别按照不同的税率征税，然后将全年的各项所得进行汇总征税。2019年，我国个人所得税已初步建立分类与综合相结合的征收模式，即混合征收制。

二、本章近5年考情分析

本章属于税法考试重点章，考试中各种题型一般都会出现，特别是考核个人多种所得的计算问题几乎每年必考。近5年考试平均分值9分左右。2020年预计考试分值在10分左右。

三、本章内容

第一单元　纳税人与征税范围
第二单元　税率与应纳税所得额的确定（重要）
第三单元　税收优惠（重要）
第四单元　境外所得的税额扣除
第五单元　应纳税额的计算（重要）
第六单元　应纳税额计算中的特殊问题处理（重要）
第七单元　征收管理

四、重难点解析

第一单元　纳税人与征税范围

重难点1：纳税人★★

个人所得税的纳税人，包括中国公民、个体工商业户、个人独资企业、合伙企业个人投资者、在中国有所得的外籍人员（包括无国籍人员）和港澳台同胞。

【小贴士】个人所得税的纳税人，依据住所和居住时间两个标准，区分为居民个人和非居民个人，分别承担不同的纳税义务。

（一）居民个人

1. 判定标准。

住所标准和居住时间标准，只要具备一个就成为居民个人。

（1）住所标准。

"在中国境内有住所"，是指因户籍、家庭、经济利益关系而在中国境内习惯性居住。

（2）居住时间标准

"无住所而一个纳税年度内在中国境内居住累计满183天"，是指在一个纳税年度（公历1月1日起至12月31日止）内，在中国境内居住累计满183天。

2. 承担无限纳税义务。

负有无限纳税义务，其所取得的应纳税所得，无论是来源于中国境内还是中国境外任何地方，都要在中国缴纳个人所得税。

（二）非居民个人

1. 判定标准。

非居民个人的判定标准是以下两条必须同时具备：

（1）在中国境内无住所；

（2）在中国境内不居住或在一个纳税年度内在境内居住累计不满183天。

2. 承担有限纳税义务。

只就其来源于中国境内的所得，向中国缴纳个人所得税。

居民个人与非居民个人对比

类别	纳税义务	判定标准
居民个人	无限纳税义务	居民个人的判定： （1）住所标准：是指因户籍、家庭、经济利益关系而在中国境内习惯性居住。 （2）居住时间标准：在中国境内无住所，而一个纳税年度内在中国境内居住累计满183天的个人
非居民个人	有限纳税义务	非居民个人的判定： （1）住所标准：在我国无住所又不居住。 （2）居住时间标准：无住所而一个纳税年度内在境内居住累计不满183天的个人

【举例】某外籍个人贝克汉姆在我国境内无住所，2019 年 7 月 15 日来华工作，2020 年 6 月 20 日结束工作离境，贝克汉姆在 2019 年和 2020 年均为我国的非居民个人。

【解析】这是因为贝克汉姆在我国境内无住所，且在 2019 年和 2020 年两个纳税年度中都未在我国境内居住累计满 183 天。

3. 自 2019 年 1 月 1 日起，无住所个人一个纳税年度内在中国境内累计居住天数，按照个人在中国境内累计停留的天数计算。在中国境内停留的当天满 24 小时的，计入中国境内居住天数，在中国境内停留的当天不足 24 小时的，不计入中国境内居住天数。（新）

重难点 2：征税范围★★★

sf200501

【小贴士】居民个人取得下列第一项至第四项所得（工资、薪金所得，劳务报酬所得，特许权使用费所得，稿酬所得）称为“综合所得”，按纳税年度合并计算个人所得税。

【小贴士】非居民个人取得下列第一项至第四项所得（工资、薪金所得，劳务报酬所得，特许权使用费所得，稿酬所得），按月或者按次分项计算个人所得税。

【小贴士】纳税人（包括居民纳税人，非居民纳税人）取得下列第五项至第九项所得，分别计算个人所得税。

【小贴士】居民纳税人前四项所得为综合所得，按纳税年度合并计算个人所得税；居民纳税人后五项所得分别计算个人所得税。

【小贴士】非居民纳税人第一项至第九项项所得，均按月或者按次分项计算个人所得税。

（一）工资、薪金所得（重要）

工资、薪金所得，是指个人因任职或者受雇而取得的工资、薪金、奖金、年终加薪、劳动分红、津贴、补贴以及与任职或者受雇有关的其他所得。

1. 不属于工资、薪金所得的项目。

具体包括：（1）独生子女补贴；（2）执行公务员工资制度未纳入基本工资总额的补贴、津贴差额和家属成员的副食品补贴；（3）托儿补助费；（4）差旅费津贴、误餐补助，但是单位以误餐补助名义发放给职工的补助、津贴不包括在内；（5）外国来华留学生，领取的生活津贴费、奖学金。

2. 军队干部取得的补贴、津贴中不计入工资、薪金所得项目。

包括：（1）政府特殊津贴；（2）福利补助；（3）夫妻分居补助费；（4）随军家属无工作生活困难补助；（5）独生子女保健费；（6）子女保教补助费；（7）机关在职军以上干部公勤费（保姆费）；（8）军粮差价补贴。

3. 军队干部取得的暂不征税的补贴、津贴。

包括：（1）军人职业津贴；（2）军队设立的艰苦地区补助；（3）专业性补助；（4）基层军官岗位津贴（营连排长岗位津贴）；（5）伙食补贴。

【小贴士】奖金不同于薪金：（1）薪金，一般就是指工资；（2）奖金，是指所有具有工资性质的奖金，奖金包括应税奖金和免税奖金。

【小贴士】劳动分红不同于股份分红：（1）劳动分红（按劳分配）属于劳动所得，列入工资、薪金所得项目征收个人所得税；（2）股份分红（按资分配）属于资本利得，列入利息、股息、红利所得项目征收个人所得税。

【小贴士】学员应注意辨析“误餐”与“午餐”的差异。

（二）劳务报酬所得（重要）

劳务报酬所得，是指个人独立从事各种非雇用的劳务取得的所得。包括：设计、装潢、安装、制图、化验、测试、医疗、法律、会计、咨询、讲学、翻译、审稿、书画、雕刻、影视、录音、录像、演出、表演、广告、展览、技术服务、介绍服务、经纪服务、代办服务以及其他劳务。

【小贴士】区分工资、薪金所得和劳务报酬所得，关键在于是否有雇佣关系。个人独立劳动所得（包括兼职所得）属于非雇佣关系，按劳务报酬所得项目征税。从任职受雇（非独立）单位取得的所得属于工资、薪金所得。

1. 个人兼职取得的收入应按照劳务报酬所得项目缴纳个人所得税。

2. 董事费的相关规定。

（1）个人在公司（包括关联公司）任职、受雇，同时兼任董事（如总经理兼董事）、监事的，应将董事费、监事费与个人工资收入合并，统一按工资、薪金所得项目缴纳个人所得税。（内部董事）

（2）个人由于担任公司董事（如独立董事）、监事职务但不在公司任职、受雇的，所取得的董事费收入，按照劳务报酬所得项目征收个人所得税。（外部董事）

【小贴士】学员应注意辨析“内部董事”与“外部董事”适用所得项目的差异。

3. 对非雇员或雇员免收差旅费、旅游费的营销业绩奖励的不同规定。

企业和单位对其营销业绩突出的非雇员以培训班、研讨会、工作考察等名义组织旅游活动，通过免收差旅费、旅游费对个人实行的营销业绩奖励（包括实物、有价证券等），应根据所发生费用的全额作为该营销人员当期的劳务收入，按照劳务报酬所得项目征收个人所得税。而对于雇员取得上述待遇，按照工资、薪金所得项目计税。

【小贴士】学员应注意辨析“非雇员”与“雇员”适用项目的差异。

（三）稿酬所得

1. 稿酬所得，是指个人因其作品以图书、报刊形式出版、发表而取得的所得。

【小贴士】作品，是指包括中外文字图片、乐谱，以及其他作品等能以图书、报刊方式出版、发表的作品；个人作品，包括本人的著作、翻译的作品等。

【小贴士】作者去世后，财产继承人取得的遗作稿酬，亦应征收个人所得税。

【小贴士】对不以图书、报刊出版、发表的独立翻译、审稿、书画所得归为劳务报酬所得。

2. 对报纸、杂志、出版等单位的职员征税问题。

（1）任职、受雇于报纸、杂志等单位的记者、编辑等专业人员，因在本单位的报纸、杂志上发表作品取得的所得，属于因任职、受雇而取得的所得，应与其当月工资、薪金收入合并，按工资、薪金所得项目征收个人所得税。除上述专业人员以外，其他人员在本单位的报纸、杂志上发表作品取得的所得，应按稿酬所得项目征收个人所得税。

（2）出版社的专业作者撰写、编写或翻译的作品，由本社以图书形式出版而取得的稿费收入，应按稿酬所得项目计算缴纳个人所得税。

【小贴士】区分“稿酬所得”和“劳务报酬所得”，关键看是否（署名）发表。

（四）特许权使用费所得

特许权使用费所得，是指个人提供专利权、商标权、著作权、非专利技术以及其他特许权的使用权取得的所得。包括：

1. 提供著作权的使用权取得的所得，但不包括稿酬所得。

2. 作者将自己的文字作品手稿原件或复印件公开拍卖（竞价）取得的所得。

【小贴士】个人拍卖除自己的文字作品原稿及复印件外的其他财产，按财产转让所得项目缴纳个人所得税。

3. 个人取得特许权的经济赔偿收入。

4. 编剧从电视剧的制作单位取得的剧本使用费。

【小贴士】个人转让著作权，免征增值税。

劳务报酬、稿酬、特许权使用费所得辨析

不以图书、报刊出版、发表的独立翻译、审稿、书画所得	劳务报酬所得
个人因其作品以图书、报刊形式出版、发表取得的所得	稿酬所得
提供著作权的使用权取得的所得	特许权使用费所得

（五）经营所得

经营所得，包括四个方面：

1. 个体工商户从事生产、经营活动取得的所得，个人独资企业投资人、合伙企业的个人合伙人来源于境内注册的个人独资企业、合伙企业生产、经营的所得。

【小贴士】个人独资企业、合伙企业的个人投资者以企业资金为本人、家庭成员及其相关人员支付与企业生产、经营无关的消费性支出及购买住房、汽车等财产性支出，按照"经营所得"计算缴纳个人所得税。

2. 个人依法从事办学、医疗、咨询以及其他有偿服务活动取得的所得。

3. 个人对企业、事业单位承包经营、承租经营以及转包、转租取得的所得。

4. 个人从事其他生产、经营活动取得的所得，包括：

（1）个人从事彩票代销业务取得所得，按照经营所得项目计税。

【小贴士】学员应注意辨析"彩票代销"与"彩票发行"的差异。

（2）从事个体出租车运营的出租车驾驶员取得的收入，按照经营所得项目计税。

【小贴士】出租车驾驶员取得的收入，按照经营所得项目计税，是指出租车"所有权"属于个人所有，包括：（1）出租车归属于个人的；（2）出租车属个人所有，但挂靠出租汽车经营单位或企事业单位，驾驶员向挂靠单位缴纳管理费的；（3）出租汽车经营单位将出租车所有权转移给驾驶员的，出租车驾驶员从事客货运营取得的收入。

【小贴士】出租车"所有权"不属于个人的，是指出租汽车经营单位对出租车驾驶员采取单车承包或承租方式运营，出租车驾驶员从事客货营运取得的收入，该收入按工资、薪金所得项目计税。

（六）利息、股息、红利所得

利息、股息、红利所得，是指个人拥有债权、股权等而取得的利息、股息、红利所得。

【小贴士】国债利息和国家发行的金融债券利息，免征个人所得税。

【小贴士】国债利息收入，免征企业所得税。

1. 企业（个人独资企业、合伙企业除外）为个人投资者，以企业资金为本人、家庭成员及其相关人员支付与企业生产经营无关的消费性支出及购买汽车、住房等财产性支出，视为企业对个人投资者的红利分配，依照利息、股息、红利所得项目计税。

2. 纳税年度内个人投资者，从其投资企业（个人独资企业、合伙企业除外）借款，在该纳税年度终了后既不归还又未用于企业生产经营的，其未归还的借款可视为企业对个人投资者的红利分配，依照利息、股息、红利所得项目计税。

【小贴士】上述支出不允许在企业所得税前扣除。

【小贴士】（所有）企业为投资者以外的雇员购房或购车等财产，依照工资、薪金所得项目计税。

【小贴士】企业为兼职人员的上述类似支出，属于劳务报酬所得。

【小贴士】个人独资企业、合伙企业的个人投资者以企业资金为本人、家庭成员及其相关人员支付与企业生产、经营无关的消费性支出及购买住房、汽车等财产性支出，按照“经营所得”计算缴纳个人所得税。

【小贴士】不同企业为不同的个人购买房屋等财产的税务处理。

不同企业	具体项目
个人独资企业、合伙企业用企业资金为其个人投资者或其家庭成员购买房屋等财产	经营所得
个人独资企业、合伙企业以外的其他企业用企业资金为其个人投资者或其家庭成员购买房屋等财产	利息、股息、红利所得
企业用企业资金为本企业除投资者以外的雇员购买房屋等财产	工资、薪金所得

（七）财产租赁所得

财产租赁所得，是指个人出租建筑物、土地使用权、机器设备、车船以及其他财产取得的所得。

【小贴士】个人取得的财产转租收入，属于财产租赁所得范围，由财产转租人缴纳个人所得税。

【小贴士】产权所有人死亡，在未办理产权继承手续期间，该财产出租且有租金收入的，以领取租金的个人为纳税人。

【小贴士】个人出租房屋涉及多个税种的缴纳，如增值税、城建税、教育费附加、地方教育附加、房产税、城镇土地使用税、印花税、个人所得税等。

（八）财产转让所得

财产转让所得，是指个人转让有价证券、股权、建筑物、土地使用权、机器设备、车船以及其他财产取得的所得。

1. 境内上市公司的股票转让所得，暂免征收个人所得税。

【小贴士】境外股票转让所得，正常征税。

2. 量化资产股份转让。（见第六单元相关内容）

(九) 偶然所得

偶然所得，是指个人得奖、中奖、中彩以及其他偶然性质的所得。下列项目按偶然所得计征个人所得税：

1. 企业对累积消费达到一定额度的顾客，给予额外抽奖机会，个人的获奖所得。

2. 个人取得的企业向个人支付的不竞争款项。

3. 个人为单位或他人提供担保获得收入。

4. 房屋产权所有人将房屋产权无偿赠与他人的，受赠人因无偿受赠房屋取得的受赠收入。

5. 企业在业务宣传、广告等活动中，随机向本单位以外的个人赠送礼品（包括网络红包，下同)，以及企业在年会、座谈会、庆典以及其他活动中向本单位以外的个人赠送礼品，个人取得的礼品收入。

【小贴士】企业若是向本单位的人员赠送礼品，应按工资、薪金所得计税。

【小贴士】偶然所得应缴纳的个人所得税税款，一律由发奖单位或机构代扣代缴。

【小贴士】上述内容在第六单元详细介绍。

【经典真题】

【单选题·2017】个人取得的下列所得，应按照“工资、薪金所得”缴纳个人所得税的是（　　）。

A. 股东取得股份制公司为其购买并登记在该股东名下的小轿车

B. 因公务用车制度改革个人以现金、报销等形式取得的所得

C. 杂志社财务人员在本单位的报刊上发表作品取得的所得

D. 员工因拥有股权而参与企业税后利润分配取得的所得

【答案】B

【解析】选项 AD：按“利息、股息、红利所得”缴纳个人所得税；选项 C：按“稿酬所得”缴纳个人所得税。

【经典模拟题】

【多选题】下列行为中，企业应按照“工资、薪金所得”扣缴个人所得税的有（　　）。

A. 支付给在本公司任职人员的董事费

B. 支付给职工的过节费和旅游费

C. 支付给本单位销售人员的年度考核奖金

D. 支付给职工的差旅费津贴

【答案】ABC

【解析】选项 D：差旅费津贴不属于“工资、薪金所得”项目的收入，不征收个人所得税。

重难点 3：所得来源地的确定★★

【小贴士】学员应注意辨析“所得的来源地”和“所得的支付地”的差异。来源于中国境内的所得，其支付地可能在境内，也可能在境外；来源于中国境外的所得，其支付地可能

在境外，也可能在境内。

除另有规定外，下列所得不论支付地点是否在中国境内，均为来源于中国境内的所得：

1. 因任职、受雇、履约等而在中国境内提供劳务取得的所得。

2. 将财产出租给承租人在中国境内使用而取得的所得。

3. 转让中国境内的不动产等财产或者在中国境内转让其他财产取得的所得。

4. 许可各种特许权在中国境内使用而取得的所得。

5. 从中国境内企业、事业单位、其他组织以及居民个人取得的利息、股息、红利所得。

【举例】我国境内某中外合资企业，聘请外籍人员詹姆斯担任该企业总经理，合同期5年。合同规定其月薪8 000美元，其中3 000美元由该企业支付，5 000美元由境外母公司支付。

【解析】詹姆斯每月收入8 000美元所计算的所得，为来源于我国境内的所得。因为所得支付地不等于所得来源地，其任职受雇在中国境内提供劳务而取得的所得，不管何地支付，都属于来源于中国境内的所得。

【经典真题】

【多选题·2014】某外籍个人受某外国公司委派于2013年8月开始赴中国担任其驻华首席代表，截至2013年12月31日未离开中国。该外籍个人2013年取得的下列所得中，属于来源于中国境内所得的有（　　）。

A. 9月出席境内某经济论坛做主题发言取得的收入

B. 因在中国任职而取得的由境外总公司发放的工资收入

C. 10月将其拥有的境外房产出租给中国一公司驻该国常设机构取得的租金收入

D. 11月将其拥有的专利技术许可一境外公司在大陆的分支机构使用取得的收入

【答案】ABD

【解析】选项C：将财产出租给承租人在中国境内使用而取得的所得，属于来源于中国境内的所得。

【单选题·2018】个人取得的下列所得中，应确定为来源于中国境内所得的是（　　）。

A. 在境外开办教育培训取得的所得

B. 拥有的专利在境外使用而取得的所得

C. 从境外上市公司取得的股息所得

D. 将境内房产转让给外国人取得的所得

【答案】D

【解析】选项ABC：均不属于来源于中国境内的所得。

第二单元　税率与应纳税所得额的确定

重难点1：税率★★

个人所得税有两种税率形式：超额累进税率、比例税率。

1. 综合所得，适用3%～45%的七级超额累进税率。

综合所得个人所得税税率表（居民个人适用）

级数	全年应纳税所得额	税率（%）	速算扣除数（元）
1	不超过 36 000 元的	3	0
2	超过 36 000 元至 144 000 元的部分	10	2 520
3	超过 144 000 元至 300 000 元的部分	20	16 920
4	超过 300 000 元至 420 000 元的部分	25	31 920
5	超过 420 000 元至 660 000 元的部分	30	52 920
6	超过 660 000 元至 960 000 元的部分	35	85 920
7	超过 960 000 元的部分	45	181 920

【小贴士】全年应纳税所得额，是指依照税法的规定，居民个人取得综合所得以每一纳税年度收入额减除费用 6 万元以及专项扣除、专项附加扣除和依法确定的其他扣除后的余额。

【小贴士】非居民个人取得工资、薪金所得，劳务报酬所得，稿酬所得和特许权使用费所得，依照上表按月换算后，即月度税率表计算应纳税额。

2. 经营所得，适用 5% ~35% 的五级超额累进税率。

经营所得个人所得税税率表

级数	全年应纳税所得额	税率（%）	速算扣除数（元）
1	不超过 30 000 元的	5	0
2	超过 30 000 元至 90 000 元的部分	10	1 500
3	超过 90 000 元至 300 000 元的部分	20	10 500
4	超过 300 000 元至 500 000 元的部分	30	40 500
5	超过 500 000 元的部分	35	65 500

【小贴士】全年应纳税所得额，是指依照税法规定，每一纳税年度的收入总额减除成本、费用以及损失后的余额。

3. 其他所得适用税率。

利息、股息、红利所得，财产租赁所得，财产转让所得和偶然所得，适用比例税率，税率为 20%。

【小贴士】财产租赁所得中，个人出租住房取得的所得减按 10% 的税率征税。

【小贴士】个人出租住房取得的租金收入，减按 1.5% 的征收率计征增值税。

【小贴士】个人出租住房取得的租金收入，减按 4% 的税率计征房产税。

重难点 2：应纳税所得额的确定★★★

个人所得税的征税方法有三种：

1. 按年计征：居民个人取得的综合所得，经营所得。

2. 按月计征：非居民个人取得的工资、薪金所得。

【小贴士】非居民个人取得的劳务报酬所得、稿酬所得、特许权使用费所得，按次计征。

3. 按次计征：利息、股息、红利所得，财产租赁所得，偶然所得。

【经典真题】

【多选题·2018 改编】个人取得的下列所得中，适用按年征收个人所得税的有（ ）。

A. 经营作坊取得的所得

B. 将房产以年租的方式取得的租金所得

C. 转让不动产取得的所得

D. 居民个人取得的综合所得

【答案】AD

【解析】选项 BC：财产租赁所得和财产转让所得，按次计税。

（一）每次收入的确定

1. 非居民个人取得劳务报酬所得、稿酬所得、特许权使用费所得，属于一次性收入的，以取得该项收入为一次；属于同一项目连续性收入的，以一个月内取得的收入为一次。

2. 财产租赁所得，以一个月内取得的收入为一次。

3. 利息、股息、红利所得，以支付利息、股息、红利时取得的收入为一次。

4. 偶然所得，以每次取得该项收入为一次。

5. 居民个人的劳务报酬所得。

（1）完成一次劳务后取得收入，属于只有一次性的收入，应以每次提供劳务取得的收入为一次。

（2）如果一次性劳务报酬收入以分月支付方式取得的，适用同一事项连续取得收入，以 1 个月内取得的收入为一次的规定。

6. 稿酬所得。

（1）同一作品再版取得的所得，应视为另一次稿酬所得计征个人所得税；

（2）同一作品先在报刊上连载，然后再出版，或者先出版，再在报刊上连载的，应视为两次稿酬所得征税，即连载作为一次，出版作为另一次；

（3）同一作品在报刊上连载取得收入的，以连载完成后取得的所有收入合并为一次，计征个人所得税；

（4）同一作品在出版和发表时，以预付稿酬或分次支付稿酬等形式取得的收入，应合并计算为一次；

（5）同一作品出版、发表后，因添加印数而追加稿酬的，应与以前出版、发表时取得的稿酬合并计算为一次，计征个人所得税。

【经典真题】

【单选题·2016】某作家的一部长篇小说从 2016 年 3 月 1 日起在某报纸副刊上连载，每日刊出一期，到 5 月 31 日结束，共刊出 92 期，每期稿酬 500 元。2 月 10 日该作家取得该社预付稿酬 3 000 元，开始连载后报社每周支付一次稿酬，至 5 月 31 日已结清全部稿酬。下列关于报社代扣代缴稿酬个人所得税表述正确的是（ ）。

A. 应以每周支付稿酬作为一次稿酬，据以代扣代缴个人所得税

B. 应以每月实际支付稿酬作为一次稿酬，据以代扣代缴个人所得税

C. 应以实际支付的全部稿酬作为一次稿酬，据以代扣代缴个人所得税

D. 应以预付稿酬作为一次稿酬，据以代扣代缴个人所得税

【答案】C

【解析】同一作品在报刊上连载取得收入的，以连载完成后取得的所有收入合并为一次，计征个人所得税。

（二）应纳税所得额和费用减除标准

1. 居民个人的综合所得概述。（重要）

以每一纳税年度的收入额减除费用6万元，以及专项扣除、专项附加扣除和依法确定的其他扣除后的余额，为应纳税所得额。

关于年度收入额的确定：

（1）工资薪金：全部收入作为收入额。

（2）劳务报酬、特许权使用费：收入的80%作为收入额。

【小贴士】劳务报酬所得、特许权使用费所得以收入减除20%的费用后的余额为收入额。

（3）稿酬：收入的80%减按70%计算，即收入的56%作为收入额。

【小贴士】学员应注意辨析“收入”与“收入额”的差异。

关于年度各项扣除：

（1）减除固定“生计费”：全年减除6万元；

（2）专项扣除（三险一金），包括居民个人按照国家规定的范围和标准缴纳的基本养老保险、基本医疗保险、失业保险等社会保险费和住房公积金等；

（3）专项附加扣除（6项），包括子女教育、继续教育、大病医疗、住房贷款利息或者住房租金、赡养老人等支出；

（4）依法确定的其他扣除，包括个人缴付符合国家规定的企业年金、职业年金，个人购买符合国家规定的商业健康保险（200元/月，2 400元/年）、税收递延型商业养老保险的支出，以及国务院规定可以扣除的其他项目。

【小贴士】专项扣除、专项附加扣除和依法确定的其他扣除，以居民个人一个纳税年度的应纳税所得额为限额；一个纳税年度扣除不完的，不结转以后年度扣除。

2. 个人所得税专项附加扣除标准。（重要）

第一，子女教育。

子女，是指婚生子女、非婚生子女、继子女、养子女。父母之外的其他人担任未成年人的监护人的，比照执行。扣除标准：每个子女每月1 000元定额扣除。

【小贴士】学前教育阶段：子女年满3周岁当月至小学入学前一月。

【小贴士】学历教育：子女接受全日制学历教育入学的当月，至全日制学历教育结束的当月。

【小贴士】父母可以选择由其中一方按扣除标准的100%扣除，也可以选择由双方分别按扣除标准的50%扣除，具体扣除方式在一个纳税年度内不能变更。

第二，继续教育。

学历（学位）继续教育扣除标准：每月400元定额扣除。

【小贴士】学历（学位）继续教育，为在中国境内接受学历（学位）继续教育入学的当

月至学历（学位）继续教育结束的当月，同一学历（学位）继续教育的扣除期限最长不得超过48个月。

【小贴士】职业资格继续教育、专业技术人员职业资格继续教育扣除标准，在取得相关证书的当年，按照3 600元定额扣除。

【小贴士】个人接受本科及以下学历（学位）继续教育，符合税法规定扣除条件的，可以选择由其父母扣除，也可以选择由本人扣除。

第三，关于大病医疗。

在一个纳税年度内，纳税人发生的与基本医保相关的医药费用支出，扣除医保报销后个人负担（指医保目录范围内的自付部分）累计超过1.5万元的部分，由纳税人在办理年度汇算清缴时，在8万元限额内据实扣除。

【小贴士】纳税人发生的医药费用支出，可以选择由本人或者其配偶扣除。

【小贴士】未成年子女发生的医药费用支出，可以选择由其父母一方扣除。

【小贴士】纳税人及其配偶、未成年子女发生的医药费用支出，按规定应分别计算扣除额。

第四，关于住房贷款利息。

纳税人本人或者配偶，单独或者共同使用商业银行或者住房公积金个人住房贷款，为本人或者其配偶购买中国境内住房，发生的首套住房贷款利息支出，在实际发生贷款利息的年度，按照每月1 000元的标准定额扣除，扣除期限最长不超过240个月。

【小贴士】纳税人只能享受一次首套住房贷款的利息扣除。

【小贴士】首套住房贷款，是指购买住房享受首套住房贷款利率的住房贷款。

【小贴士】经夫妻双方约定，可以选择由其中一方扣除，具体扣除方式在一个纳税年度内不能变更。

【小贴士】夫妻双方婚前分别购买住房发生的首套住房贷款，其贷款利息支出，婚后可以选择其中一套购买的住房，由购买方按扣除标准的100%扣除，也可以由夫妻双方对各自购买的住房分别按扣除标准的50%扣除，具体扣除方式在一个纳税年度内不能变更。

【小贴士】扣除期限，是指贷款合同约定开始还款的当月至贷款全部归还或贷款合同终止的当月，扣除期限最长不得超过240个月。

第五，关于住房租金。

纳税人在主要工作城市没有自有住房，而发生的住房租金支出，可以按照以下标准定额扣除：

（1）直辖市、省会（首府）城市、计划单列市以及国务院确定的其他城市，扣除标准为每月1 500元。

（2）除第（1）所列城市以外，市辖区户籍人口超过100万的城市，扣除标准为每月1 100元；市辖区户籍人口不超过100万的城市，扣除标准为每月800元。

【小贴士】夫妻双方主要工作城市相同的，只能由一方扣除住房租金支出。

【小贴士】纳税人及其配偶在一个纳税年度内，不能同时分别享受住房贷款利息和住房租金专项附加扣除。

第六，关于赡养老人。

纳税人赡养一位及以上被赡养人的赡养支出，统一按照以下标准定额扣除：

（1）纳税人为独生子女的，按照每月2 000元的标准定额扣除；

（2）纳税人为非独生子女的，由其与兄弟姐妹分摊每月2 000元的扣除额度，每人分摊的额度不能超过每月1 000元。

（3）分摊额度可以由赡养人均摊或者约定分摊，也可以由被赡养人指定分摊。约定或者指定分摊的须签订书面分摊协议，指定分摊优先于约定分摊。具体分摊方式和额度在一个纳税年度内不能变更。

【小贴士】被赡养人，是指年满60周岁的父母，以及子女均已去世的年满60岁的祖父母、外祖父母。

【小贴士】父母，是指生父母、继父母、养父母。不包括公公、婆婆，岳父、岳母。

【小贴士】计算时间为被赡养人年满60周岁的当月至赡养义务终止的年末。

【小贴士】纳税人同时赡养多位符合条件的老人，每月最多也只能扣除2 000元，即本项不得累加。

3. 居民个人的综合所得按月/按次预缴相关规定。

（1）工资薪金。

按月预缴时：以累计收入额减除累计的费用、专项扣除、专项附加扣除（5项，不考虑大病医疗）、依法确定的其他扣除等后的余额，为每月预缴的应纳税所得额。

（2）劳务报酬所得。

按次预缴时，以每次收入减除费用800元或20%，为每次预缴的应纳税所得额。

【小贴士】按年汇算清缴时，只有收入的80%并入年综合收入额。

（3）特许权使用费所得（同劳务报酬所得）。

（4）稿酬所得。

按次预缴时，以每次收入减除费用800元或20%，减按70%为每次预缴的应纳税所得额。

4. 非居民个人的相关规定。

非居民个人的工资、薪金所得，劳务报酬所得，稿酬所得，特许权使用费所得，依旧分类分项计税，不实行综合征收。

（1）非居民个人的工资、薪金所得，以每月收入额减除费用五千元后的余额为应纳税所得额；

（2）劳务报酬所得、稿酬所得、特许权使用费所得，以每次收入额为应纳税所得额。

5. 经营所得。

经营所得，以每一纳税年度的收入总额减除成本、费用以及损失后的余额，为应纳税所得额。计算公式：

年应纳税所得额＝年收入总额－成本、费用以及损失

【小贴士】成本、费用，是指生产、经营活动中发生的各项直接支出和分配计入成本的间接费用以及销售费用、管理费用、财务费用。

【小贴士】损失，是指生产、经营活动中发生的固定资产和存货的盘亏、毁损、报废损失，转让财产损失，坏账损失，自然灾害等不可抗力因素造成的损失以及其他损失。

【小贴士】取得经营所得的个人（个体工商户业主、个人独资企业投资者和合伙企业的

自然人投资者本人)，没有综合所得的，计算其每一纳税年度的应纳税所得额时，应当减除：费用6万元、专项扣除、专项附加扣除以及依法确定的其他扣除。

【小贴士】对企事业单位的承包经营、承租经营所得，以每一纳税年度的收入总额，减除必要费用后的余额，为应纳税所得额。每一纳税年度的收入总额，是指纳税人按照承包经营、承租经营合同规定分得的经营利润和工资、薪金性质的所得；所说的减除必要费用，指按年减除6万元。

6. 利息、股息、红利所得和偶然所得。

利息、股息、红利所得和偶然所得，以每次收入额为应纳税所得额。

7. 财产租赁所得。

财产租赁所得，每次收入不超过4 000元的，减除费用800元；4 000元以上的，减除20%的费用，其余额为应纳税所得额。

8. 财产转让所得。

财产转让所得，以转让财产的收入额减除财产原值和合理费用后的余额，为应纳税所得额。

（三）应纳税所得额的其他规定

1. 劳务报酬所得、稿酬所得、特许权使用费所得，以收入减除20%的费用后的余额为收入额；稿酬所得的收入额减按70%计算。

【小贴士】个人兼有不同的劳务报酬所得，应当分别减除费用，计算缴纳个人所得税。

2. 个人所得的形式，包括现金、实物、有价证券和其他形式的经济利益。

（1）所得为实物的，应当按照取得的凭证上所注明的价格计算应纳税所得额，无凭证的实物或者凭证上所注明的价格明显偏低的，参照市场价格核定应纳税所得额。

（2）所得为有价证券的，根据票面价格和市场价格核定应纳税所得额。

（3）所得为其他形式的经济利益的，参照市场价格核定应纳税所得额。

3. 对个人从事技术转让、提供劳务等过程中所支付的中介费，如能提供有效、合法凭证的，允许从其所得中扣除。

【小贴士】居民个人从中国境外取得的所得，可以从其应纳税额中抵免已在境外缴纳的个人所得税税额，但抵免额不得超过该纳税人境外所得依照税法规定计算的应纳税额。

第三单元　税收优惠

【小贴士】个人所得税的税收优惠特别重要，学员需要掌握。

重难点1：免征个人所得税的优惠★★★

1. 省级人民政府、国务院部委、中国人民解放军军以上单位，以及外国组织颁发的科学、教育、技术、文化、卫生、体育、环境保护等方面的奖金（奖学金）。（省级）

【小贴士】上述奖金可理解为非任职、受雇的工资、薪金以外的奖金。

以下奖金收入，视同本项奖金（奖学金），免征个人所得税：

（1）曾宪梓教育基金会教师奖。

（2）学生个人参与“长江小小科学家”活动和“明天小小科学家”活动获得的奖金。

（3）联合国开发计划署和中国青少年发展基金会“国际青少年消除贫困奖”。

（4）中国青年乡镇企业家协会“母亲河（波司登）奖”。

（5）陈嘉庚基金会“陈嘉庚科学奖”。

（6）中国科学院“刘东生青年科学家奖”、“刘东生地球科学奖学金”。

（7）中华全国总工会、科技部、人社部“全国职工职业技能大赛”获奖者取得的奖金收入。

（8）中华环境保护基金会“中华宝钢环境优秀奖”。

（9）国土资源部、李四光地质科学奖基金“李四光地质科学奖”。

（10）国土资源部、黄汲清青年地质科学技术奖基金管理委员会“黄汲清青年地质科学技术奖”。

2. 国债利息、国家发行的金融债券利息、地方政府债券利息、居民储蓄存款利息。

3. 按照国家统一规定发给的补贴、津贴。

4. 福利费、抚恤金、救济金。

5. 保险赔款。

6. 军人的转业费、复员费、退役士兵一次性退役金及地方政府发放的一次性经济补助。

7. 按照国家统一规定发给干部、职工的安家费、退职费、退休工资、离休工资、离休生活补助费。

【小贴士】退休人员再任职取得的收入，在减除按个人所得税法规定的费用扣除标准后，按工资、薪金所得项目计税。

8. 驻华使馆、领事馆的代表、官员和其他人员免税。

9. 中国政府参加的国际公约及签订的协议中规定免税的。

10. 符合规定的见义勇为奖金或奖品。(需经主管税务机关核准)

11. 保险及住房公积金相关规定。(重要)

（1）按规定比例提取并缴付的住房公积金、医疗保险金、基本养老保险金、失业保险金。

（2）领取原提存的住房公积金、医疗保险金、基本养老保险金。

（3）生育妇女按规定取得的生育津贴、生育医疗费或其他属于生育保险性质的津贴、补贴。

（4）工伤职工及其近亲属按规定取得的工伤保险待遇。

（5）按规定的比例缴付的住房公积金、医疗保险金、基本养老保险金和失业保险金存入银行个人账户所取得的利息收入。

12. 对个体工商户或个人，以及个人独资企业和合伙企业从事种植业、养殖业、饲养业和捕捞业（简称“四业”），取得的所得暂不征收个人所得税。

13. 个人举报、协查各种违法、犯罪行为而获得的奖金。

14. 个人办理代扣代缴税款，按规定取得的扣缴手续费。

15. 个人转让自用达5年以上，且是唯一的家庭居住用房取得的所得。(重要)

16. 对高级专家从其劳动人事关系所在单位取得的，单位按国家有关规定向职工统一发放的工资、薪金、津贴、补贴等收入，视同离休、退休工资，免征个税。

除上述收入以外各种名目的津贴补贴收入等，以及高级专家从其劳动人事关系所在单位之外的其他地方取得的培训费、讲课费、顾问费、稿酬等各种收入，依法计征个税。

17. 外籍个人从外商投资企业取得的股息、红利所得。（重要）

【小贴士】外商投资企业不同于外国企业。外商投资企业包括：中外合资企业、中外合作企业、外商独资企业等。

18. 股权分置改革中，非流通股股东通过对价方式向流通股股东支付的股份、现金。

19. 被拆迁人按照国家有关城镇房屋拆迁管理办法规定的标准，取得的拆迁补偿款。（含因棚户区改造而取得的拆迁补偿款）

20. 个人投资者从投保基金公司取得的行政和解金，暂免征收个人所得税。

21. 对个人转让上市公司股票取得的所得，暂免征收个人所得税。（重要）

【小贴士】证券市场个人投资者的证券交易结算资金，在 2008 年 10 月 9 日后（含）孳生的利息所得，暂免征收个人所得税。

22. 上市公司取得的股息红利的差别化政策。（特别重要）

（1）个人从公开发行和转让市场取得的上市公司股票，持股期限超过 1 年的，股息红利所得，暂免征收个人所得税。

（2）持股期限在 1 个月以内（含 1 个月）的，其股息红利所得，全额计入应纳税所得额。

（3）持股期限在 1 个月以上至 1 年（含 1 年）的，暂减按 50% 计入应纳税所得额。

【小贴士】自 2019 年 7 月 1 日起至 2024 年 6 月 30 日止，全国中小企业股份转让系统挂牌公司股息红利差别化个人所得税政策也按上述政策执行。（调）

23. 个人取得的下列中奖所得，暂免征收个人所得税。（重要）

（1）单张有奖发票奖金所得不超过 800 元（含）的，暂免征收个人所得税；个人取得单张有奖发票奖金所得超过 800 元的，应全额按照个人所得税法规定的偶然所得项目征收个人所得税。

（2）购买社会福利有奖募捐奖券、体育彩票一次中奖收入不超过 10 000 元的，暂免征收个人所得税；对一次中奖收入超过 10 000 元的，应按税法规定全额征税。

重难点 2：减征个人所得税的优惠★★

1. 个人投资者持有 2019～2023 年发行的铁路债券取得的利息收入，减按 50% 计入应纳税所得额计算征收个人所得税。（新）

2. 自 2019 年 1 月 1 日起至 2023 年 12 月 31 日，一个纳税年度内在船航行时间累计满 183 天的远洋船员，其取得的工资薪金收入减按 50% 计入应纳税所得额，依法缴纳个人所得税。（新）

【小贴士】一个纳税年度内的在船航行时间，为一个纳税年度内在船航行时间的累计天数；远洋船员可选择在当年预扣预缴税款或者次年个人所得税汇算清缴时，享受上述减征优惠政策。（新）

3. 有下列情形之一的，可以减征个人所得税，具体幅度和期限，由省级人民政府规定，并报同级人大常委会备案：

（1）残疾、孤老人员和烈属的所得。

（2）因严重自然灾害造成重大损失的。

(3) 国务院可以规定其他减税情形，报全国人大常员会备案。

【经典真题】

【单选题·2014】某高校教师 2014 年 8 月所取得的下列收入中，应计算缴纳个人所得税的是（　　）。

A. 国债利息收入

B. 任职高校发放的误餐补助

C. 为某企业开设讲座取得的酬金

D. 任职高校按照规定标准为其缴付的住房公积金

【答案】C

【解析】选项 AD：免征个人所得税；选项 B：发放的误餐补助，不计征个人所得税。

【单选题·2015】个人取得的下列所得中，免予征收个人所得税的是（　　）。

A. 企业职工李某领取原提存的住房公积金

B. 王某在单位任职表现突出获得 5 万元总裁特别奖金

C. 徐某因持有某上市公司股票取得该上市公司年度分红

D. 退休教授张某受聘任另一高校兼职教授每月取得 8 000 元工资

【答案】A

【解析】个人领取原提存的住房公积金、医疗保险金、基本养老保险金等社会保险时，免征个人所得税。

【单选题·2017】个人取得的下列所得，免征个人所得税的是（　　）。

A. 转让国债的所得

B. 提前退休发放的一次性补贴

C. 按国家统一规定发放的补贴、津贴

D. 县级人民政府颁发的教育方面奖金

【答案】C

【解析】选项 A：国债利息收入免征个人所得税，转让国债收入依法纳税；选项 B：机关、企事业单位对未达到法定退休年龄、正式办理提前退休手续的个人，按照统一标准向提前退休工作人员支付一次性补贴，不属于免税的离退休工资收入，应按照“工资、薪金所得”项目计税；选项 D：“省级”人民政府、国务院部委和军以上单位，以及外国组织、国际组织颁发的科学、教育、技术、文化、卫生、体育、环境保护等方面的奖金，免征个人所得税。

【经典真题】

【计算问答题·2018 改编】张某为我国居民个人，2019 年以市场价 200 万元转让 2008 年购入的家庭唯一普通商品住房，原值 60 万元，转让过程中缴纳相关费用 0.6 万元。

问题：判断张某转让住房是否应缴纳个人所得税，并说明理由。

【答案及解析】不缴纳个人所得税。根据规定，个人转让自用达 5 年以上并且是唯一的家庭居住用房取得的所得，免征个人所得税。

【计算问答题·2018 改编】张某为某企业员工，2019 年取得持有期满两年的某 A 股股票分红 6 000 元，另取得持股期 6 个月的另一 A 股股票分红 8 000 元。

问题：计算张某取得的股票分红收入应缴纳的个人所得税。

【答案及解析】(1) 张某取得的股票分红收入应缴纳个人所得税 = 8 000 × 50% × 20% = 800（元）。(2) 根据规定，个人从公开发行和转让市场取得的上市公司股票，持股期限超过 1 年的，股息红利所得，暂免征收个人所得税；持股期限在 1 个月以内（含 1 个月）的，其股息红利所得全额计入应纳税所得额；持股期限在 1 个月以上至 1 年（含 1 年）的，暂减按 50% 计入应纳税所得额；上述所得统一适用 20% 的税率计征个人所得税。

第四单元　境外所得的税额扣除

重难点：境外所得的税额扣除★

居民个人从中国境外取得的所得，可以从其应纳税额中抵免已在境外缴纳的个人所得税税额，但抵免额不得超过该纳税人境外所得依照税法规定计算的应纳税额。

1. 已在境外缴纳的个人所得税税额，是指居民个人来源于中国境外的所得，依照该所得来源国家（地区）的法律，应当缴纳并且实际已经缴纳的所得税税额。

2. 纳税人境外所得依照税法规定计算的应纳税额，是居民个人抵免已在境外缴纳的综合所得、经营所得以及其他所得的所得税税额的限额（简称抵免限额）。

【小贴士】除国务院财政、税务主管部门另有规定外，来源于中国境外一个国家（地区）的综合所得抵免限额、经营所得抵免限额以及其他所得抵免限额之和，为来源于该国家（地区）所得的抵免限额。

【小贴士】居民个人在中国境外一个国家（地区）实际已经缴纳的个人所得税税额，低于依照前款规定计算出的来源于该国家（地区）所得的抵免限额的，应当在中国缴纳差额部分的税款。

【小贴士】超过来源于该国家（地区）所得的抵免限额的，其超过部分不得在本纳税年度的应纳税额中抵免，但是可以在以后纳税年度来源于该国家（地区）所得的抵免限额的余额中补扣。补扣期限最长不得超过五年。

3. 居民个人申请抵免已在境外缴纳的个人所得税税额，应当提供境外税务机关出具的税款所属年度的有关纳税凭证。

【经典模拟题】

【单选题】2020 年 5 月，中国公民李某在 A 国转让股权应纳税所得额 40 000 元，按 A 国税法规定缴纳了个人所得税 6 500 元；在 A 国还取得偶然所得 10 000 元，按 A 国税法规定缴纳了个人所得税 3 000 元。回国后，李某应补缴个人所得税（　　）元。（以上货币均为人民币）

A. 50　　B. 500　　C. 1 000　　D. 1 100

【答案】B

【解析】(1) 境外所得的抵免限额为同一国家（地区）内不同应税项目，依照我国税法计算的应纳税额之和；（2）按我国税法计算的转让股权应纳税额 = 40 000 × 20% = 8 000（元），偶然所得应纳税额 = 10 000 × 20% = 2 000（元），李某在 A 国所得抵免限额 = 8 000 + 2 000 = 10 000（元）> 6 500 + 3 000 = 9 500（元）；李某应在我国补缴个人所得税 = 10 000 − 9 500 = 500（元）。

【计算问答题】 2020 年 5 月，我国居民纳税人李某在新加坡取得当地一家公司支付的劳务报酬金额 10 000 元（折合成人民币，下同），被扣缴个人所得税 1 000 元。同月李某还从美国取得利息收入 1 000 元，被扣缴个人所得税 300 元。经核查，境外完税凭证无误。

问题：计算李某境外所得在我国境内应补缴的个人所得税。（上述所得均为税前所得，李某无其他综合所得。）

【答案及解析】（1）新加坡的所得计算：来自新加坡的劳务报酬所得按我国税法计算应纳税额 = 10 000 × (1 − 20%) × 20% = 1 600（元），被扣缴个人所得税 1 000 元，需要补税 600 元；（2）美国的所得计算：来自美国的利息收入按我国税法计算应纳税额 = 1 000 × 20% = 200（元）。被扣缴个人所得税 300 元，无须补税，剩余 100 元，以后年度有余额再补扣。

第五单元　应纳税额的计算

重难点 1：居民个人综合所得应纳税额的计算★★★

sf200503

（一）预扣预缴的计算

1. 工资、薪金所得（按月预扣预缴）。

扣缴义务人向居民个人支付工资、薪金所得时，应当按照累计预扣法计算预扣税款，并按月办理扣缴申报。

（1）累计预扣法，是指扣缴义务人在一个纳税年度内预扣预缴税款时，以纳税人在本单位截至当前月份工资、薪金所得累计收入减除累计免税收入、累计减除费用、累计专项扣除、累计专项附加扣除和累计依法确定的其他扣除后的余额，为累计预扣预缴应纳税所得额。

（2）累计预扣预缴应纳税所得额，适用居民个人工资、薪金所得预扣预缴率表，计算累计应预扣预缴税额，再减除累计减免税额和累计已预扣预缴税额，其余额为本期应预扣预缴税额。

（3）余额为负值时，暂不退税。纳税年度终了后余额仍为负值时，由纳税人通过办理综合所得年度汇算清缴，税款多退少补。

计算公式：

累计预扣预缴应纳税所得额 = 累计收入 − 累计免税收入 − 累计减除费用 − 累计专项扣除 − 累计专项附加扣除 − 累计依法确定的其他扣除

本期应预扣预缴税额 =（累计预扣预缴应纳税所得额 × 预扣率 − 速算扣除数）− 累计减免税额 − 累计已预扣预缴税额

【小贴士】累计减除费用，按照 5 000 元/月乘以纳税人当年截至本月，在本单位的任职受雇月份数计算。

【小贴士】居民个人向扣缴义务人提供有关信息并依法要求办理专项附加扣除的，扣缴义务人应当按照规定在工资、薪金所得按月预扣预缴税款时予以扣除，不得拒绝。

居民个人工资、薪金所得预扣预缴率表（综合税率表）

级数	累计预扣预缴应纳税所得额	预扣率（%）	速算扣除数（元）
1	不超过36 000元的	3	0
2	超过36 000元至144 000元的部分	10	2 520
3	超过144 000元至300 000元的部分	20	16 920
4	超过300 000元至420 000元的部分	25	31 920
5	超过420 000元至660 000元的部分	30	52 920
6	超过660 000元至960 000元的部分	35	85 920
7	超过960 000元的部分	45	181 920

【举例1】某居民个人2020年每月应发工资均为10 000元，每月减除费用5 000元，“三险一金”等专项扣除为1 500元，全年享受子女教育专项附加扣除，假设没有减免收入及减免税额等情况。

【解析1】按照以下方法计算预扣预缴税额：

1月：(10 000－5 000－1 500－1 000)×3%＝75（元）

2月：[(10 000×2－5 000×2－1 500×2－1 000×2)×3%]－75＝75（元）

【举例2】某居民个人2020年每月应发工资均为30 000元，每月减除费用5 000元，“三险一金”等专项扣除为4 500元，全年享受子女教育、赡养老人两项专项附加扣除，其中赡养老人支出按照1 000元/月的标准定额扣除，假设没有减免收入及减免税额等情况。

【解析2】按照以下方法计算各月应预扣预缴税额：

1月：(30 000－5 000－4 500－2 000)×3%＝555（元）

2月：[(30 000×2－5 000×2－4 500×2－2 000×2)×10%－2 520]－555＝625（元）

上述计算结果表明，由于2月累计预扣预缴应纳税所得额为37 000元，已适用10%的税率，因此2月应预扣预缴税款有所增加。

2. 劳务报酬（按次预缴）。

（1）预扣预缴应纳税所得额＝每次收入－800元或收入的20%

（2）应预扣预缴税额＝预扣预缴应纳税所得额×预扣率－速算扣除数

居民个人劳务报酬所得预扣预缴率表

级数	预扣预缴应纳税所得额	预扣率（%）	速算扣除数（元）
1	不超过20 000元的	20	0
2	超过20 000元至50 000元的部分	30	2 000
3	超过50 000元的部分	40	7 000

【举例】某演员一次取得表演收入40 000元。

【解析】（1）预扣预缴应纳税所得额＝40 000×(1－20%)＝32 000（元）；（2）应预扣预缴税额＝32 000×30%－2 000＝7 600（元）。

3. 特许权使用费所得（按次预缴）。

特许权使用费所得应预扣预缴税额 = 预扣预缴应纳税所得额 ×20%

4. 稿酬所得（按次预缴）。

稿酬所得应预扣预缴税额 = 预扣预缴应纳税所得额 ×20%

【小贴士】按次预缴时，每次收入扣 800 元或 20%，再减按 70% 征收。

【小贴士】合作出书纳税顺序：先分钱，后扣费用，再缴税。

【举例】某作家取得稿酬所得 20 000 元。

【解析】（1）预扣预缴应纳税所得额 = 20 000 ×（1 − 20%）×70% = 11 200（元）；（2）应预扣预缴税额 = 11 200 ×20% = 2 240（元）。

【小贴士】劳务报酬所得、特许权使用费所得、稿酬所得的应纳税所得额确定与汇算清缴时的确定方法不同。

【小贴士】年度预扣预缴税额与年度应纳税额不一致的，由居民个人于次年 3 月 1 日至 6 月 30 日向主管税务机关办理综合所得年度汇算清缴，税款多退少补。

（二）全年综合所得应纳税额的计算

居民个人取得综合所得，以每年收入额减除费用 6 万元以及专项扣除、专项附加扣除和依法确定的其他扣除后的余额，为应纳税所得额。

基本规定一览表

<table>
<tr><td rowspan="2">综合所得具体项目</td><td colspan="2">应纳税所得额</td><td rowspan="2">计税公式</td></tr>
<tr><td>计入综合所得的收入额</td><td>扣除项目</td></tr>
<tr><td>工资、薪金所得</td><td>全额计入收入额</td><td rowspan="4">（1）基本减除费用 6 万元
（2）专项扣除
（3）专项附加扣除
（4）依法确定的其他扣除</td><td rowspan="4">全年应纳税额 = ∑（每一级数的全年应纳税所得额 × 对应级数的适用税率）=（全年收入额 −60 000 元 − 专项扣除 − 享受的专项附加扣除 − 享受的其他扣除）× 适用税率 − 速算扣除数</td></tr>
<tr><td>劳务报酬所得</td><td rowspan="2">实际取得劳务报酬、特许权使用费收入的 80%</td></tr>
<tr><td>特许权使费所得</td></tr>
<tr><td>稿酬所得</td><td>实际取得稿酬收入的 56%（80% × 70%）</td></tr>
</table>

【经典模拟题】

【计算问答题】假定某居民个人 2020 年扣除“四险一金”后共取得含税工资收入 12 万元，除住房贷款专项附加扣除外，纳税人不享受其余专项附加扣除和税法规定的其他扣除。

问题：计算当年应纳个人所得税税额。

【答案及解析】（1）全年应纳税所得额 = 120 000 − 60 000 − 12 000 = 48 000（元）；（2）应纳税额 = 48 000 ×10% − 2 520 = 2 280（元）。

【计算问答题】假定某居民个人为独生子女，2020 年交完社保和住房公积金后共取得税前工资收入 20 万元，劳务报酬 1 万元，稿酬 1 万元。该纳税人有两个小孩且均由其扣除子女教育专项附加，纳税人的父母健在且均已年满 60 岁。

已知：该居民个人已预缴个人所得税额 3 000 元。

问题：计算其当年应纳个人所得税税额及汇算清缴应纳税额。

【答案及解析】（1）全年应纳税所得额 = 200 000 + 10 000 ×80% + 10 000 ×80% ×70% −

60 000 - 12 000 × 2 - 2 000 × 12 = 213 600 - 108 000 = 105 600（元）；（2）应纳税额 = 105 600 × 10% - 2 520 = 8 040（元）；（3）汇算清缴应纳税额 = 8 040 - 3 000 = 5 040（元）。

重难点2：非居民个人取得前四项所得应纳税额的计算★★

【小贴士】非居民个人取得工资、薪金所得，劳务报酬所得，稿酬所得和特许权使用费所得（前四项所得），仍然保留分类征收方式，不使用综合征收的方式，年终不办理汇算清缴。

【小贴士】非居民个人，在一个纳税年度内税款扣缴方法保持不变，达到居民个人条件时，应当告知扣缴义务人基础信息变化情况，年度终了后按照居民个人有关规定办理汇算清缴。

【小贴士】非居民个人取得前四项所得，有扣缴义务人的，由扣缴义务人按月或者按次代扣代缴税款。

（一）应缴纳所得额的计算

1. 工资、薪金所得。

非居民个人的工资、薪金所得，以每月收入额减除费用5 000元后的余额，为应纳税所得额。

2. 劳务报酬所得、稿酬所得、特许权使用费所得。

（1）劳务报酬所得、稿酬所得、特许权使用费所得，以收入减除20%的费用后的余额为收入额；其中，稿酬所得的收入额（再）减按70%计算。（先确定收入额）

（2）劳务报酬所得、稿酬所得、特许权使用费所得，以每次收入额为应纳税所得额。

（二）应纳税额的计算

非居民个人应纳税额的计算，适用非居民个人工资薪金所得、劳务报酬所得、稿酬所得、特许权使用费所得适用税率表，即月度税率表。

税款扣缴计算公式：

非居民个人前四项所得应纳税额 = 应纳税所得额 × 税率 - 速算扣除数

项目	应纳税所得额	适用税率	应纳税额
工资、薪金	每月收入额 - 5 000元	七级超额累进税率（按月或按次适用）	每月或每次应纳税额 = 应纳税所得额 × 适用税率 - 速算扣除数
劳务报酬	实际取得劳务报酬收入的80%		
特许权使用费	实际取得特许权使用费收入的80%		
稿酬	实际取得稿酬收入56%（80% × 70%）		

月度税率表

级数	应纳税所得额	税率（%）	速算扣除数
1	不超过3 000元的	3	0
2	超过3 000元至12 000元的部分	10	210
3	超过12 000元至25 000元的部分	20	1 410
4	超过25 000元至35 000元的部分	25	2 660

续表

级数	应纳税所得额	税率（%）	速算扣除数
5	超过35 000元至55 000元的部分	30	4 410
6	超过55 000元至80 000元的部分	35	7 160
7	超过80 000元的部分	45	15 160

【经典模拟题】

【计算问答题】2020年5月，在某外商投资企业工作的美国专家约翰（非居民个人），取得二笔收入，一是企业发放的工资收入20 000元人民币，二是在某大学讲座取得讲课费8 000元人民币。

问题：分别计算二笔收入约翰应缴纳的个人所得税。

【答案及解析】（1）工资、薪金所得应纳税额=(20 000－5 000)×20%－1 410=1 590（元）；（2）劳务报酬所得应纳税额=8 000×(1－20%)×10%－210=430（元）。

重难点3：经营所得应纳税额的计算★★

经营所得应纳税额=(全年收入总额－成本、费用以及损失)×适用税率－速算扣除数

【小贴士】“经营所得”的税率表采用《五级超额累进税率表》。

（一）个体工商户应纳税额的计算

1. 经营收入总额包括：

销售货物收入、提供劳务收入、转让财产收入、利息收入、租金收入、接受捐赠收入、其他收入。

2. 个体工商户下列支出不得扣除：(重要)

（1）个人所得税税款；

（2）税收滞纳金；

（3）罚金、罚款和被没收财物的损失；

（4）不符合扣除规定的捐赠支出；

（5）赞助支出：是指各种非广告性质支出；

（6）用于个人和家庭的支出；

（7）与取得生产经营收入无关的其他支出；

（8）国家税务总局规定不准扣除的支出。

【小贴士】企业所得税税前不得扣除的项目9项。

3. 对于生产经营与个人、家庭生活混用难以分清的费用，其40%视为与生产经营有关费用，准予扣除。

4. 实际支付给从业人员的、合理的工资薪金支出，准予扣除。

【小贴士】业主本人的费用扣除标准，确定为6万元/年；业主的工资薪金支出不得税前扣除。

5. 为从业人员缴纳的补充养老保险费、补充医疗保险费，分别在不超过从业人员工资总

额5%标准内的部分据实扣除。

【小贴士】业主本人缴纳的补充养老保险费、补充医疗保险费，以当地（地级市）上年度社会平均工资的3倍为计算基数，分别在不超过该计算基数5%标准内的部分据实扣除。

6. 个体工商户向当地工会组织拨缴的工会经费、实际发生的职工福利费支出、职工教育经费支出分别在工资薪金总额的2%、14%、2.5%的标准内据实扣除。

【小贴士】业主本人向当地工会组织缴纳的工会经费、实际发生的职工福利费支出、职工教育经费支出，以当地（地级市）上年度社会平均工资的3倍为计算基数，在上述规定比例内据实扣除。

7. 代其从业人员或他人负担的税款，不得税前扣除。

8. 照章缴纳的摊位费、行政性收费、协会会费等，按实际发生数额扣除。

9. 自申请营业执照之日起至开始生产经营之日止所发生符合规定的费用，除为取得固定资产、无形资产的支出，以及应计入资产价值的汇兑损益、利息支出外，作为开办费。

【小贴士】开办费，可以选择在开始生产经营的当年一次性扣除，也可自生产经营月份起在不短于3年期限内摊销扣除，但一经选定，不得改变。

【小贴士】开始生产经营之日，为取得第一笔销售（营业）收入的日期。

10. 研究开发新产品、新技术、新工艺所发生的开发费用，以及研究开发新产品、新技术而购置单台价值在10万元以下的测试仪器和试验性装置的购置费准予直接扣除。

【小贴士】单台价值在10万元以上（含10万元）的测试仪器和试验性装置，按固定资产管理，不得在当期直接扣除。

11. 资产损失、亏损弥补、保险费、利息支出、业务招待费、广告费和业务宣传费等与企业所得税规定基本相同。

【小贴士】个体工商户与其他企业联营而分得的利润，按"利息、股息、红利所得"项目征收个人所得税。

【小贴士】个体工商户和从事生产、经营的个人，取得与生产、经营活动无关的各项应税所得，应按规定项目分别计算征收个人所得税。

【经典真题】

【多选题·2017改编】对生产经营所得在计算个人所得税时，允许对一些支出项目按一定标准予以税前扣除。下列关于税前扣除项目和标准的表述中，正确的有（　　）。

A. 个体工商户业主的工资薪金可以据实扣除

B. 实际支付给从业人员合理的工资薪金和缴纳的"四险一金"可以税前扣除

C. 在经营过程中发生的业务招待费可据实扣除

D. 以经营租赁方式租入固定资产发生的租赁费支出，按照租赁期限均匀扣除

【答案】BD

【解析】选项A：不得扣除；选项C：按规定比例与限额计算扣除。

（二）个人独资企业和合伙企业应纳税额的计算

有两种计税办法：查账征税、核定征税。

1. 查账征税。

(1) 个人独资企业和合伙企业投资者本人的费用扣除标准统一确定为5 000元/月。投资者的工资不得在税前扣除。

【小贴士】取得经营所得的个人（个体工商户业主、个人独资企业和合伙企业的自然人投资者），没有综合所得的，计算其每一纳税年度的应纳税所得额时，应当减除：费用6万元、专项扣除、专项附加扣除以及依法确定的其他扣除。

(2) 投资者及其家庭发生的生活费用不允许在税前扣除。

(3) 企业生产经营和投资者及其家庭生活共用的固定资产，难以划分的，由主管税务机关根据企业的生产经营类型、规模等具体情况，核定准予在税前扣除的折旧费用的数额或比例。

(4) 企业向其从业人员实际支付的合理的工资、薪金支出，允许在税前扣除。

(5) 企业拨缴的工会经费、发生的职工福利费、职工教育经费支出分别在工资薪金总额2%、14%、2.5%的标准内据实扣除。

(6) 企业每一纳税年度发生的广告费和业务宣传费用，不超过当年销售（营业）收入15%的部分，可据实扣除；超过部分，准予在以后纳税年度结转扣除。

(7) 企业每一纳税年度发生的与其生产经营业务直接相关的业务招待费支出，按照发生额的60%扣除，但最高不得超过当年销售（营业）收入的5‰。

(8) 企业计提的各种准备金不得扣除。

(9) 投资者兴办两个或两个以上企业，并且企业性质全部是独资的，年度终了后，汇算清缴时，应纳税款的计算按以下方法进行：

应纳税所得额 = $\sum$ 各个企业的经营所得

应纳税额 = 应纳税所得额 × 税率 − 速算扣除数

本企业应纳税额 = 应纳税额 ×（本企业的经营所得 ÷ $\sum$ 各企业的经营所得）

本企业应补缴的税额 = 本企业应纳税额 − 本企业预缴的税额

2. 核定征收。（了解）

核定征收计算公式：

(1) 应纳税所得额 = 收入总额 × 应税所得率

(2) 应纳税所得额 = 成本费用支出额 ÷（1 − 应税所得率）× 应税所得率

应纳税额 = 应纳税所得额 × 适用税率

【小贴士】实行核定征税的投资者，不能享受个人所得税的优惠政策。

重难点4：财产租赁所得应纳税额的计算★★★

【小贴士】财产租赁所得，以一个月内取得的收入为一次；个人出租房屋的个人所得税应税收入不含增值税。

【小贴士】财产租赁所得，适用20%的比例税率；对个人按市场价出租的住房，暂减按10%的税率征收个人所得税。（重要）

（一）应纳税所得额

1. 每次（月）收入不足4 000元的：

应纳税所得额 = 每次（月）收入额 - 准予扣除项目 - 修缮费用（800 为限）- 800 元

2. 每次（月）收入 4 000 元以上的：

应纳税所得额 =［每次（月）收入额 - 准予扣除项目 - 修缮费用（800 为限）］×（1 - 20%）

（二）扣除费用范围

财产租赁个人所得，税前税费的扣除有次序规定。即：

税费 + 向出租方支付的租金和增值税（财产转租情况下）+ 修缮费 + 法定扣除标准

1. 在出租财产过程中，缴纳的税金和教育费附加等税费要有完税（缴款）凭证。

2. 个人转租房屋的，其向房屋出租方支付的租金及增值税额，在计算转租所得时予以扣除。

3. 能够提供有效、准确凭证，证明由纳税人负担的该出租财产实际开支的修缮费用。（每月以 800 元为限，一次扣除不完的余额可无限期结转抵扣）

4. 最后减除税法规定的费用扣除标准，即经上述减除后，如果余额不足 4 000 元，则减去 800 元，如果余额超过 4 000 元，则减去 20%。

【小贴士】学员应准确理解税前扣除顺序的含义，即经上述前三项扣除后的余额决定是否再减除 800 元，还是再减除 20%。

（三）应纳税额计算公式

应纳税额 = 应纳税所得额 × 适用税率

【经典模拟题】

【计算问答题】 李某于 2020 年 1 月将其自有的面积为 150 平方米的公寓按市场价出租给张某居住。李某每月取得租金收入 4 500 元，全年租金收入 54 000 元。

问题：计算李某全年租金收入应缴纳的个人所得税（不考虑其他税费）。

【答案及解析】（1）每月应纳税额 = 4 500 ×（1 - 20%）× 10% = 360（元）；（2）全年应纳税额 = 360 × 12 = 4 320（元）。

（如果对租金收入，依法计征城建税、房产税和教育费附加等，应将其从税前的收入中先扣除后再计算个人所得税。）

【承上例】 假定当年 2 月因下水道堵塞找人修理，发生修理费用 1 000 元，有维修部门的正式收据。计算李某 2 月和 3 月应缴纳的个人所得税。

【答案及解析】（1）2 月应纳税额 =（4 500 - 800 - 800）× 10% = 290（元）；（2）3 月应纳税额 =（4 500 - 200）×（1 - 20%）× 10% = 344（元）。

【经典真题】

【计算问答题 · 2017 节选】 李某 3 月将承租的一套住房转租给他人居住。李某承租的住房租金为每月 2 000 元（有房屋租赁合同和合法支付凭证），其转租的租金收入为每月 3 000 元。

问题（1）：回答李某转租住房向房屋出租方支付的租金，是否允许在税前扣除及具体规定。

【答案及解析】 可以在税前扣除。取得转租收入的个人向出租方支付的租金能提供房屋租赁合同和合法支付凭据的，向出租方支付的租金可以税前扣除。

问题（2）：按次序写出转租收入应纳个人所得税的税前扣除项目。

【答案及解析】个人将承租房屋转租取得的租金收入，按照“财产租赁所得”征税，扣除税费按次序包括：（1）财产租赁过程中缴纳的税费；（2）向出租方支付的租金；（3）由纳税人负担的租赁财产实际开支的修缮费用；（4）税法规定的费用扣除标准。

重难点5：财产转让所得应纳税额的计算★★★

（一）应纳税所得额的计算

财产转让所得，以转让财产的收入额减除财产原值和合理费用后的余额，为应纳税所得额。

1. 财产原值，是指：

（1）有价证券，为买入价以及买入时按照规定缴纳的有关费用。

（2）建筑物，为建造费或者购进价格以及其他有关费用。

（3）土地使用权，为取得土地使用权所支付的金额、开发土地的费用以及其他有关费用。

（4）机器设备、车船，为购进价格、运输费、安装费以及其他有关费用。

（5）其他财产，参照以上方法确定。

【小贴士】纳税人未提供完整、准确的财产原值凭证，不能正确计算财产原值的，由主管税务机关核定其财产原值。

2. 合理费用，是指卖出财产时按照规定支付的有关税费。

【小贴士】财产转让所得，适用20%的比例税率。

（二）应纳税额计算公式

应纳税额＝应纳税所得额×适用税率＝（收入总额－财产原值－合理费用）×20%

（三）个人住房转让所得应纳税额的计算（重要）

1. 个人转让住房收入确定。

个人住房转让，应以实际成交价格为转让收入。

【小贴士】纳税人申报的住房成交价格，明显低于市场价格且无正当理由的，征收机关依法有权根据有关信息核定其转让收入，但必须保证各税种计税价格一致。

2. 房屋原值的确定。

对转让住房收入计算个人所得税应纳税所得额时，纳税人可凭原购房合同、发票等有效凭证，经税务机关审核后，允许从其转让收入中减除房屋原值、转让住房过程中缴纳的部分税金及有关合理费用。

（1）商品房：购置该房屋时实际支付的房价款及缴纳的相关税费。

（2）自建住房：实际发生的建造费用及建造和取得产权时实际缴纳的相关税费。

（3）经济适用房：原购房人实际支付的房价款及相关税费，以及按规定缴纳的土地出让金。

【小贴士】经济适用房，包括集资合作建房、安居工程住房。

（4）已购公有住房：原购公有住房标准面积按当地经济适用房价格计算的房价款，加上原购公有住房超标准面积实际支付的房价款以及按规定向财政部门（或原产权单位）交纳的所得收益及相关税费。

（5）城镇拆迁安置住房，其原值分别为：

一是房屋拆迁取得货币补偿后购置房屋的，为购置该房屋实际支付的房价款及缴纳的相关税费；

二是房屋拆迁采取产权调换方式的，所调换房屋原值为《房屋拆迁补偿安置协议》注明的价款及缴纳的相关税费；

三是房屋拆迁采取产权调换方式，被拆迁人除取得所调换房屋，又取得部分货币补偿的，所调换房屋原值为《房屋拆迁补偿安置协议》注明的价款和缴纳的相关税费，减去货币补偿后的余额；

四是房屋拆迁采取产权调换方式，被拆迁人取得所调换房屋，又支付部分货币的，所调换房屋原值为《房屋拆迁补偿安置协议》注明的价款，加上所支付的货币及缴纳的相关税费。

【小贴士】房屋原值的确定：实际支付；实际发生；实际缴纳。

3. 转让住房过程中缴纳的税金。

纳税人在转让住房时，实际缴纳的城建税、教育费附加、土地增值税、印花税（目前二手住房交易暂免）等税金。

4. 合理费用的确定。

合理费用，是指住房装修费用、住房贷款利息、手续费、公证费等费用。

（1）支付的住房装修费用。

一是已购公有住房、经济适用房：最高扣除限额为房屋原值的 15%；

二是商品房及其他住房：最高扣除限额为房屋原值的 10%。

【小贴士】纳税人原购房为装修房，即合同注明房价款中含有装修费（铺装了地板，装配了洁具、厨具等）的，不得再重复扣除装修费用。

（2）支付的住房贷款利息。

纳税人出售以按揭贷款方式购置的住房，其向贷款银行实际支付的住房贷款利息，凭贷款银行出具的有效证明据实扣除。

（3）纳税人按照有关规定实际支付的手续费、公证费等凭有关部门出具的有效证明据实扣除。

【小贴士】个人转让住房涉及增值税的相关规定：

（1）个人将购买不足 2 年的住房对外销售的，按照 5% 的征收率全额缴纳增值税；

（2）个人将购买 2 年以上（含 2 年）的住房对外销售的，除北上广深 4 城市外，免征增值税；北上广深 4 城市，普通住房免税，非普通住房按照 5% 的征收率差额缴纳增值税。

【小贴士】个人转让自用达 5 年以上，且是唯一的家庭居住用房取得的所得，免征个人所得税。

【经典模拟题】

【计算问答题】某人建房一幢，造价 360 000 元，支付其他费用 50 000 元。建成后将房屋出售，售价 600 000 元，售房过程中按规定支付交易税费 35 000 元。

问题：计算其出售房屋应缴纳的个人所得税。

【答案及解析】（1）应纳税所得额 = 600 000 -（360 000 + 50 000）- 35 000 = 155 000（元）；（2）应缴纳个人所得税 = 155 000 × 20% = 31 000（元）。

【计算问答题】2020 年 5 月，吉林省长春市民李某以 100 万元（含税）的价格，将自己居住了不足两年的一套住房出售给了好友刘某，该套住房 95 平方米，此前刘某已有一套住房。已知：李某当年以 80 万元购入该套住房，缴纳税费 1 万元；购入后发生的住房装修费 2 万元。

问题（1）：计算李某出售住房应缴纳的个人所得税。

【答案及解析】（1）李某应缴纳增值税 = 100 ÷（1 + 5%）× 5% = 4.76（万元）；（2）李某应缴纳城建税及教育费附加、地方教育附加 = 4.76 ×（7% + 3% + 2%）= 0.48（万元）；（3）李某应缴纳个人所得税 = [100 ÷（1 + 5%）- 80 - 1 - 2 - 0.48] × 20% = 2.35（万元）。

问题（2）：计算刘某应缴纳的契税。

【答案及解析】刘某应缴纳契税 = 100 ÷（1 + 5%）× 2% = 1.90（万元）。

（四）个人转让离婚析产房屋的征税问题

1. 通过离婚析产的方式分割房屋产权，是夫妻双方对共同共有财产的处置，个人因离婚办理房屋产权过户手续，不征收个人所得税。

2. 个人（再）转让离婚析产房屋所取得的收入，允许扣除其相应的财产原值和合理费用后，余额按照规定的税率缴纳个人所得税；其相应的财产原值，为房屋初次购置全部原值和相关税费之和乘以转让者占房屋所有权的比例。

【小贴士】购置时间，按照个人购买住房取得的房产证或契税完税证明上注明的时间为准。对于同时出具房产证和契税完税证明且二者所注明时间不一致的，按照“孰先”的原则确定购买时间。

（五）个人转让股权应纳税额的计算（重要）

本规定只适用于普通企业或组织的个人股东转让股权，不适用于个人独资企业、合伙企业、境内上市公司。

【小贴士】股权、股份、股票是相关但不相同的概念，区别：

（1）股权，是指自然人股东（简称个人）投资于在中国境内成立的企业或组织（统称被投资企业）的股权。

（2）若投资于股份公司，该股权可称为“股份”；股份的表现形式为“股票”。

（3）股票分为“上市公司股票”与“非上市公司股票”。

【小贴士】对个人转让（上市公司）限售股取得的所得，按照“财产转让所得”项目，适用 20% 的比例税率征收个人所得税。

【小贴士】个人转让股票、股权的计税规则如下：

（1）个人转让沪深上市公司流通股股票、新三板非原始股股票差价，暂免征收个人所得税。

（2）内地个人投资者通过沪港通转让联交所股票差价，暂免征收个人所得税。

（3）香港市场投资者（包括企业和个人）投资上交所上市 A 股取得的转让差价所得，暂免征收（企业或个人）所得税。

(4) 个人转让上市公司限售股、新三板原始股股票，应缴纳个人所得税。

(5) 个人转让非上市公司股票，应缴纳个人所得税。

1. 股权转让具体行为（七类）。

(1) 出售股权；

(2) 公司回购股权；

(3) 发行人首次公开发行新股时，被投资企业股东将其持有的股份以公开发行方式一并向投资者发售；

(4) 股权被司法或行政机关强制过户；

(5) 以股权对外投资或进行其他非货币性交易；

(6) 以股权抵偿债务；

(7) 其他股权转移行为。

【小贴士】以上情形，股权已经发生了实质上的转移，而且转让方也相应获取了报酬或免除了责任，属于股权转让行为，个人就股权转让所得缴纳个人所得税。

2. 股权转让收入的确定。

转让人取得与股权转让相关的各种款项，包括违约金、补偿金以及其他名目的款项、资产、权益等，均应当并入股权转让收入。

【小贴士】股权转让收入，应当按照公平交易原则确定。纳税人转让股权，应当获得与之相匹配的回报，无论回报是何种形式或名义，无论回报取得是在当期或后续期间，都应作为股权转让收入的组成部分。

【小贴士】符合下列情形之一的，主管税务机关可以核定股权转让收入：

(1) 申报的股权转让收入，明显偏低且无正当理由的。

(2) 未按照规定期限办理纳税申报，经税务机关责令限期申报，逾期仍不申报的。

(3) 转让方无法提供或拒不提供股权转让收入的有关资料。

(4) 其他应核定股权转让收入的情形。

【小贴士】符合下列情形之一，视为股权转让收入明显偏低：

(1) 申报的股权转让收入，低于股权对应的净资产份额的。

(2) 申报的股权转让收入，低于初始投资成本或低于取得该股权所支付的价款及相关税费的。

(3) 申报的股权转让收入，低于相同或类似条件下同一企业同一股东或其他股东股权转让收入的。

(4) 申报的股权转让收入，低于相同或类似条件下同类行业的企业股权转让收入的。

(5) 不具合理性的无偿让渡股权或股份。

(6) 主管税务机关认定的其他情形。

【小贴士】符合下列条件之一的股权转让收入明显偏低，视为有正当理由：

(1) 能出具有效文件，证明被投资企业因国家政策调整，生产经营受到重大影响，导致低价转让股权。

(2) 继承或将股权转让给其能提供具有法律效力身份关系证明的配偶、父母、子女、祖父母、外祖父母、孙子女、外孙子女、兄弟姐妹，以及对转让人承担直接抚养或者赡养义务的抚养人或者赡养人。

（3）相关法律、政府文件或企业章程规定，并有相关资料充分证明转让价格合理且真实的本企业员工持有的不能对外转让股权的内部转让。

（4）股权转让双方能够提供有效证据证明其合理性的其他合理情形。

3. 股权转让收入的核定方法。

主管税务机关在对股权转让收入进行核定时，必须按照净资产核定法、类比法、其他合理方法的先后（有）顺序进行选择。

（1）被投资企业账证健全或能够对资产进行评估核算的，应当采用净资产核定法进行核定。

（2）被投资企业净资产难以核实的，如其股东存在其他符合公平交易原则的股权转让或类似情况的股权转让，主管税务机关可以采用类比法核定股权转让收入。

（3）以上方法都无法适用的，可采用其他合理方法。

【小贴士】为了减少纳税人资产评估方面的支出，对6个月内多次发生股权转让的情况，给予了简化处理，对净资产未发生重大变动的，可参照上一次的评估情况。

4. 个人转让股权的原值确认。

（1）以现金出资方式取得。

按照实际支付的价款与取得股权直接相关的合理税费之和确认股权原值。

（2）以非货币性资产出资方式取得。

按照税务机关认可或核定的投资入股时，非货币性资产价格与取得股权直接相关的合理税费之和确认股权原值。

（3）通过无偿让渡方式取得股权。

具备“继承或将股权转让给其能提供具有法律效力身份关系证明的配偶、父母、子女、祖父母、外祖父母、孙子女、外孙子女、兄弟姐妹以及对转让人承担直接抚养或者赡养义务的抚养人或者赡养人”情形的，按取得股权发生的合理税费与原持有人的股权原值之和确认。

（4）被投资企业以资本公积、盈余公积、未分配利润转增股本，个人股东已依法缴纳个人所得税的，以转增额和相关税费之和确认其新转增股本的股权原值。

（5）除以上情形外，由主管税务机关按照避免重复征收个人所得税的原则，合理确认股权原值。

【小贴士】个人转让股权未提供完整、准确的股权原值凭证，不能正确计算股权原值的，由主管税务机关核定其股权原值。

【小贴士】对个人多次取得同一被投资企业股权的，转让部分股权时，采用“加权平均法”确定其股权原值。

【小贴士】股权转让人，已被主管税务机关核定股权转让收入并依法征收个人所得税的，该股权受让人的股权原值以取得股权时发生的合理税费与股权转让人被主管税务机关核定的股权转让收入之和确认。

5. 征收管理。

（1）纳税地点：股权转让所得纳税人，需要在被投资企业所在地办理纳税申报。

（2）扣缴义务人：个人股权转让所得个人所得税，以股权转让方为纳税人，以受让方为扣缴义务人。

【小贴士】受让方无论是企业还是个人，均应按税法规定履行扣缴税款义务。

【经典真题】

【多选题·2018】个人转让股权的下列情形中，税务机关可以核定股权转让收入的有（　　）。

A. 因遭遇火灾而无法提供股权转让收入的相关资料

B. 转让方拒不向税务机关提供股权转让收入的有关资料

C. 申报的股权转让收入明显偏低但有正当理由

D. 未按规定期限申报纳税且超过税务部门责令申报期限仍未申报

【答案】ABD

【解析】选项C：申报的股权转让收入明显偏低且无正当理由的，税务机关可以核定。

（六）个人转让债券类债权时原值的确定

转让债券类债权，采用“加权平均法”确定其应予减除的财产原值和合理费用。

原值的计算公式：

一次卖出某一种类债券允许扣除的买入价和费用 =（纳税人购进的该种类债券买入价和买进过程中缴纳的税费总和/纳税人购进的该种类债券总数量）× 一次卖出的该种类债券的数量 + 卖出的该种类债券过程中缴纳的税费

【小贴士】计算债权原值，应遵循“配比原则”。

【经典模拟题】

【计算问答题】李某购入某企业发行的债券1 000份，每份买入价100元，支付购入债券的税费共计1 500元；8个月后将债券一次卖出600份，每份卖出价120元，支付卖出债券的税费共计1 100元。债券到期，李某取得债券利息收入8 000元。

问题：分别计算李某转让债券和取得债券利息应缴纳的个人所得税。

【答案及解析】（1）一次卖出债券应扣除的买价及费用 =（1 000 × 100 + 1 500）÷ 1 000 × 600 + 1 100 = 62 000（元），应缴纳个人所得税 =（600 × 120 − 62 000）× 20% = 2 000（元）；（2）债券利息收入应缴纳个人所得税 = 8 000 × 20% = 1 600（元）。

重难点6：利息、股息、红利所得应纳税额的计算★★

（一）应纳税所得额的确定

利息、股息、红利所得的基本规定是每次收入全额计税。

【小贴士】利息、股息、红利所得，适用20%的比例税率；储蓄存款利息，暂免征收个人所得税。

【小贴士】关于“次”的规定，以支付利息、股息、红利时取得的收入为一次。

（二）应纳税额计算公式

应纳税额 = 应纳税所得额 × 适用税率

【小贴士】外籍个人从外商投资企业取得的股息、红利所得，暂免征收个人所得税。

【小贴士】个人股东获得转增的股本，应按照“利息、股息、红利所得”项目，适用20%税率征收个人所得税。

【经典模拟题】

【单选题】2019年9月，中国公民李某以10万元的资金购入上交所的某境内上市公司的股票10 000股。2020年3月，该上市公司宣布实施每股0.08元的分红决定，李某在5月将上述股票以13万元的价格转让，李某上述行为应缴纳个人所得税（　　）元。

A. 0　　B. 80　　C. 270　　D. 280

【答案】B

【解析】（1）转让上市公司的股票免征个人所得税；（2）持股期限在1个月以上至1年（含1年）的，暂减按50%计入应纳税所得额；（3）李某应纳个人所得税 = 10 000 × 0.08 × 50% × 20% = 80（元）。

重难点7：偶然所得应纳税额的计算★★

【小贴士】偶然所得，以每次收入额为应纳税所得额；以每次收入为一次。

【小贴士】偶然所得，适用20%的比例税率。

计算公式：

应纳税额 = 应纳税所得额 × 适用税率 = 每次收入额 × 20%

第六单元　应纳税额计算中的特殊问题处理

【小贴士】应纳税额计算中的特殊问题，包括但不限于以下39项内容。

重难点1：关于全年一次性奖金的规定★★★

1. 全年一次性奖金，是指行政机关、企事业单位等扣缴义务人根据其全年经济效益和对雇员全年工作业绩的综合考核情况，向雇员发放的一次性奖金。

2. 全年一次性奖金范围：

（1）年终加薪；（2）实行年薪制、绩效工资办法的单位根据考核情况兑现的年薪；（3）绩效工资。

【小贴士】居民个人取得除全年一次性奖金以外的其他各种名目奖金，如半年奖、季度奖、加班奖、先进奖、考勤奖等，一律与当月工资、薪金合并，按税法规定缴纳个人所得税。

3. 计税方法。

（1）2021年12月31日前（可选择计税）。

方法一：可以不并入当年综合所得，以全年一次性奖金收入除以12个月得到的数额，按照月度税率表，确定适用税率和速算扣除数，单独计算纳税。

应纳税额 = 全年一次性奖金收入 × 适用税率 − 速算扣除数

【小贴士】一个纳税年度内，对每一个纳税人，该计税办法只允许采用一次。（三个

"一")

方法二：也可以选择并入当年综合所得计算纳税。

(2) 2022年1月1日起，居民个人取得全年一次性奖金，应并入当年综合所得计算缴纳个人所得税。

月度税率表

级数	全月应纳税所得额	税率（%）	速算扣除数（元）
1	不超过3 000元的	3	0
2	超过3 000元至12 000元的部分	10	210
3	超过12 000元至25 000元的部分	20	1 410
4	超过25 000元至35 000元的部分	25	2 660
5	超过35 000元至55 000元的部分	30	4 410
6	超过55 000元至80 000元的部分	35	7 160
7	超过80 000元的部分	45	15 160

【经典模拟题】

【计算问答题】居民个人李某2020年在我国境内每月的税后工资为3 800元，12月31日又一次性领取年奖金60 000元。(不考虑其他因素)

问题（1）：计算李某取得年终奖金，选择不并入综合所得应缴纳的个人所得税。

【答案及解析】年终奖金适用的税率和速算扣除数为：按12个月分摊后，每月的奖金＝60 000/12＝5 000（元），根据月度税率表，适用的税率和速算扣除数分别为10%、210元，应纳税额＝60 000×10%－210＝5 790（元）。

问题（2）：计算李某取得年终奖金，选择并入综合所得应缴纳的个人所得税。

【答案及解析】应纳税额＝(60 000＋3 800×12－60 000)×10%－2 520＝2 040（元）。

重难点2：雇主为雇员承担全年一次性奖金部分税款有关个人所得税的计税方法★★

【小贴士】本部分内容介绍选择不并入综合所得的计税方法。

个人所得税应由取得所得的个人缴纳，当雇主另外为雇员负担全年一次性奖金部分个人所得税款，则意味着雇员又额外增加了收入，应将雇主负担的这部分税款并入雇员的全年一次性奖金，换算为应纳税所得额后，按照规定方法计征个人所得税。

1. 雇主为雇员定额负担税款。

应纳税所得额＝雇员取得的全年一次性奖金＋雇主替雇员定额负担的税款

2. 雇主为雇员按比例负担税款。

查找不含税全年一次性奖金的适用税率和速算扣除数：

未含雇主负担税款的全年一次性奖金收入÷12，根据其商数找出不含税级距对应的适用税率A和速算扣除数A。

计算含税全年一次性奖金：

应纳税所得额=(未含雇主负担税款的全年一次性奖金收入-不含税级距的速算扣除数A×雇主负担比例)÷(1-不含税级距的适用税率A×雇主负担比例)

将应纳税所得额÷12，根据其商数找出对应的适用税率B和速算扣除数B，据以计算税款。

计算公式：

应纳税额=应纳税所得额×适用税率B-速算扣除数B

实际缴纳税额=应纳税额-雇主为雇员负担的税额

【小贴士】雇主为雇员负担全年一次性奖金部分税款的税务处理，就是先将税后全年一次性奖金换算为税前的应纳税所得额，然后计算应纳税额。

【小贴士】雇主为雇员负担的个人所得税款，应属于个人工资、薪金的一部分。凡单独作为企业管理费用列支的，在计算企业所得税时不得税前扣除。

【小贴士】个体工商户代其从业人员或他人负担的税款，不得税前扣除。

【举例】2020年3月，甲有限公司员工李某取得2019年的年终奖金30 000元。甲有限公司替他承担600元税款，李某选择不并入当年综合所得的计税方法。

【解析】(1)甲有限公司为李某负担的税额，作为其年终奖的一部分并入李某取得的年终奖，应纳税所得额=雇员取得的全年一次性奖金+雇主替雇员定额负担的税款=30 000+600=30 600(元)；(2)查找税率，30 600/12=2 550(元)，对应的税率为3%；(3)年终奖应纳个人所得税=30 600×3%=918(元)；(4)单位为其负担了600元税款，则李某需自行负担=918-600=318(元)。

重难点3：对在中国境内无住所的个人一次取得数月奖金或年终加薪、劳动分红(不包括按月支付的奖金)的计税方法★

1. 可单独作为1个月的工资、薪金所得，不减除费用，全额计税并且不再按居住天数进行划分计算。

2. 在中国境内无住所的个人在担任境外企业职务的同时，兼任该外国企业在华机构的职务，但并不实际或不经常到华履行该在华机构职务，对其一次取得的数月奖金中属于全月未在华的月份奖金，可不作为来源于中国境内的奖金收入计税。

重难点4：单位将自建住房以低于购置或建造成本价格销售给职工的个人所得税的征税规定★

1. 住房制度改革期间，按照所在地县级以上人民政府规定的房改成本价向职工出售公有住房，职工因支付的房改成本价格低于房屋建造成本价格或市场价格而取得的差价收益，免征个人所得税。

2. 除上述情形外，单位按低于购置或建造成本价格出售住房给职工，职工因此而少支出的差价部分(相当于“工资、薪金所得”)，不并入当年综合所得，以差价收入除以12个月得到的数额，按照月度税率表确定适用税率和速算扣除数，单独计算纳税。

计算公式：

应纳税额=职工实际支付的购房价款低于该房屋的购置或建造成本价格的差额×适用税

率－速算扣除数

【小贴士】差价部分，是指职工实际支付的购房价款低于该房屋的购置或建造成本价格的差额。

【小贴士】差价部分，可理解为“全年一次性奖金”。

重难点5：关于廉租住房的个人所得税规定★

【小贴士】本部分内容相当于“税收优惠”。

1. 对个人按《廉租住房保障办法》规定取得的廉租住房货币补贴，免征个人所得税。

2. 对于所在单位以廉租住房名义发放的不符合规定的补贴，应征收个人所得税。

3. 个人捐赠住房作为公租房，符合税收法律法规规定的，对其公益性捐赠支出未超过其申报的应纳税所得额30%的部分，准予从其应纳税所得额中扣除。（调）

4. 符合地方政府规定条件的城镇住房保障家庭从地方政府领取的住房租赁补贴，免征个人所得税。（新）

重难点6：房屋赠与个人所得税的计算★★★

1. 房屋产权无偿赠与对当事双方不征收个人所得税的情形。

（1）房屋产权所有人将房屋产权无偿赠与配偶、父母、子女、祖父母、外祖父母、孙子女、外孙子女、兄弟姐妹；

（2）房屋产权所有人将房屋产权无偿赠与对其承担直接抚养或者赡养义务的抚养人或者赡养人；

（3）房屋产权所有人死亡，依法取得房屋产权的法定继承人、遗嘱继承人或者受遗赠人。

2. 除上述规定情形外，受赠人因无偿受赠房屋取得的受赠所得，按照偶然所得项目缴纳个人所得税。

应纳税所得额＝房地产赠与合同上标明的赠与房屋价值－受赠人支付的相关税费

【小贴士】赠与合同标明的房屋价值，明显低于市场价格或房地产赠与合同未标明赠与房屋价值的，主管税务机关可依据市场评估价格或采取其他合理方式确定受赠人的应纳税所得额。

3. 受赠人转让受赠房屋。

受赠人（再）转让受赠房屋，按财产转让所得项目缴纳个人所得税。

应纳税所得额＝转让受赠房屋的收入－原捐赠人取得该房屋的实际购置成本－赠与和转让过程中受赠人支付的相关税费

【经典模拟题】

【计算问答题】2017年5月，姐姐以160万元的价格购入一套住房，居住了两年后，于2019年5月，无偿赠送给了自己的妹妹，妹妹取得房屋后，于2020年5月将该房屋转让，取得不含增值税转让收入200万元。

已知：妹妹受赠及转让房屋过程中，共缴纳可以扣除的相关税费20万元。

问题（1）：妹妹受赠住房是否缴纳个人所得税。

【答案及解析】妹妹不缴纳个人所得税。根据规定，个人将房屋产权无偿赠与配偶、父母、子女、祖父母、外祖父母、孙子女、外孙子女、兄弟姐妹，不征收个人所得税。

问题（2）：计算妹妹转让住房应缴纳的个人所得税。

【答案及解析】（1）受赠人转让受赠房屋的，以其转让受赠房屋的收入减除原捐赠人取得该房屋的实际购置成本以及赠与和转让过程中受赠人支付的相关税费后的余额，为受赠人的应纳税所得额。（2）妹妹转让房屋应缴纳个人所得税 =（200－160－20）×20% =4（万元）。

重难点7：关于外籍个人有关津贴的政策★★★

1. 2019年1月1日至2021年12月31日期间，外籍个人符合居民个人条件的，可以选择享受个人所得税专项附加扣除，也可以选择按照相关文件规定，享受住房补贴、语言训练费、子女教育费等津贴、补贴免税优惠政策，但不得同时享受。

【小贴士】外籍个人一经选择，在一个纳税年度内不得变更。

2. 自2022年1月1日起，外籍个人不再享受住房补贴、语言训练费、子女教育费等津贴、补贴免税优惠政策，应按规定享受专项附加扣除政策。

3. 享受免税优惠的外籍个人津贴包括：

（1）外籍个人以非现金形式或实报实销形式取得的住房补贴、伙食补贴、搬迁费、洗衣费；外籍个人按合理标准取得的境内、外出差补贴，以及外籍个人取得的探亲费、语言训练费、子女教育费等。

【小贴士】可以享受免征优惠的探亲费，仅限于外籍个人在我国的受雇地与其家庭所在地（包括配偶或父母居住地）之间搭乘交通工具，且每年不超过两次的费用。

（2）受雇于我国境内企业的外籍个人（不包括香港澳门居民个人），因家庭等原因居住在香港、澳门，每个工作日往返于内地与香港、澳门等地区，由此境内企业（包括其关联企业）给予在香港或澳门住房、伙食、洗衣、搬迁等非现金形式或实报实销形式的补贴，凡能提供有效凭证的，经主管税务机关审核确认的。

（3）在香港或澳门进行语言培训、子女教育而取得的费用补贴，凡能提供有效支出凭证等材料的，经主管税务机关审核确认为合理的部分。

重难点8：在外商投资企业、外国企业和外国驻华机构工作的中方人员取得的工资、薪金所得的征税问题★

1. 两处取得工资、薪金的税务处理。

中方人员，凡是由雇佣单位和派遣单位分别支付的，由雇佣单位在支付工资、薪金时，按税法法规减除费用，计算扣缴个人所得税；派遣单位支付的工资、薪金不再减除费用，以支付全额直接确定适用税率，计算扣缴个人所得税。

【小贴士】中方人员，应持两处支付单位提供的原始明细工资、薪金单（书）和完税凭证原件，选择并固定到一地税务机关申报每月工资、薪金收入，汇算清缴其工资、薪金收入的个人所得税，多退少补。

2. 上交派遣（介绍）单位的费用扣除。

对可以提供有效合同或有关凭证，能够证明其工资、薪金所得的一部分，按照有关法规上交派遣（介绍）单位的，可扣除其实际上交的部分，按其余额计征个人所得税。

【经典模拟题】

【计算问答题】2020 年 5 月，李某作为某外商投资企业雇用的中方人员，从该外商投资企业取得薪金 8000 元。同月，李某还取得其所在的派遣单位发给的工资 4 000 元。（不考虑李某应享受的专项扣除、专项附加扣除和依法确定的其他扣除等因素）

问题：该外商投资企业、派遣单位应如何扣缴李某的个人所得税。

【答案及解析】（1）外商投资企业应为李某扣缴的个人所得税 =（8 000 - 5 000）×3% = 90（元）；（2）派遣单位应为李某扣缴的个人所得税为 =4 000 ×3% =120（元）。

重难点 9：关于非居民个人和无住所居民个人有关个人所得税的政策★★

无住所的个人，可能是居民纳税人，也可能是非居民纳税人，取决于在中国的居住时间，对其工资、薪金征税时首先要判定纳税人身份，以确定其纳税义务。居民纳税人无限纳税义务，非居民纳税人有限纳税义务。

1. 工资、薪金所得来源地的确定。

（1）个人实际在中国境内工作期间取得的工资、薪金，不论是由中国境内还是境外企业或个人雇主支付，均属来源于中国境内的所得；

（2）个人实际在中国境外工作期间取得的工资、薪金，不论是由中国境内还是境外企业或个人雇主支付，均属于来源于中国境外的所得。

2. 无住所的个人取得工资薪金所得纳税义务。

居住时间	纳税人性质	境内所得		境外所得	
		境内支付	境外支付	境内支付	境外支付
累计不超过 90 天	短期非居民	√	免税	×高管交	×
累计 90 ~ 183 天	长期非居民	√	√	×高管交	×
累计满 183 天的年度连续不满 6 年	短期居民	√	√	√	免税
累计满 183 天的年度连续满 6 年	长期居民	√	√	√	√

【小贴士】在中国境内居住累计满 183 天的任一年度中有一次离境超过 30 天的，其在中国境内居住累计满 183 天的年度的连续年限重新起算。

【经典模拟题】

【单选题】下列关于个人所得税的表述中，不正确的是（　　）。

A. 在中国境内无住所，但一个纳税年度内在中国境内居住满 183 天的个人，为居民个人

B. 连续或累计在中国境内居住不超过 90 天的非居民个人，其所取得的中国境内所得并由境内支付的部分免税

C. 在中国境内无住所，且一个纳税年度内在中国境内一次居住不超过 30 天的个人，为

非居民个人

D. 在境内居住累计满183天的年度连续满6年后，不符合规定优惠条件的无住所居民个人，其从境内、境外取得的全部工资、薪金所得均应计算缴纳个人所得税

【答案】B

【解析】选项B，连续或累计在中国境内居住不超过90天的非居民个人，其所取得的中国境内所得并由境外支付的部分免税。

【计算问答题】法国居民罗伯特先生在中国境内无住所，2020年4月18日来中国境内工作，6月份在中国工作了18天后回国，6月取得由中国境内外资企业支付的月工薪3万元人民币，法国公司每月支付的工薪折合人民币2万元。

问题：计算罗伯特先生2020年6月份应缴纳个人所得税的工资薪金收入额。

【答案及解析】应缴纳个人所得税的工资薪金收入额 = (30 000 + 20 000) × (30 000 ÷ 50 000) × (18 ÷ 30) = 18 000（元）。

重难点10：对个人因解除劳动合同取得经济补偿金的征税方法★★★

个人与用人单位解除劳动关系，取得一次性补偿收入（包括用人单位发放的经济补偿金、生活补助费和其他补助费），在当地上年职工平均工资3倍数额以内的部分，免征个人所得税；超过3倍数额的部分，不并入当年综合所得，单独适用综合所得税率表，计算纳税。

【小贴士】个人在解除劳动关系合同后，再次任职、受雇的，已纳税的一次性补偿收入不再与再次任职、受雇的工资薪金所得合并。

【小贴士】个人领取一次性补偿收入时按照国家和地方政府规定的比例实际缴纳的住房公积金、医疗保险费、基本养老保险费、失业保险费，可以在计征其一次性补偿收入的个人所得税时予以扣除。

【小贴士】企业职工从破产企业取得的一次性安置费收入，免征个人所得税。

【经典模拟题】

【计算问答题】2020年5月，李某和其任职的甲有限公司签订了解除劳动关系协议，协议约定，甲有限公司一次性支付李某经济补偿金100 000元。该公司所在地上年职工平均工资20 000元。

问题：计算甲有限公司支付李某一次性经济补偿金应扣缴的个人所得税。

【答案及解析】（1）超过免税标准的补偿金为100 000 - 20 000 × 3 = 40 000（元），适用10%税率、速算扣除数2 520（元）；（2）应扣缴个人所得税 = 40 000 × 10% - 2 520 = 1 480（元）。

重难点11：关于实行内部退养办法人员取得收入的征税问题★★

实行内部退养的个人，在其办理内部退养手续后至法定离退休年龄之间，从原任职单位取得的工资、薪金，不属于离退休工资，应按工资、薪金所得项目计征个税。

1. 个人在办理内部退养手续后，从原任职单位取得的一次性收入，应按办理内部退养手

续后至法定离退休年龄之间的所属月份进行平均，并与领取当月的工资、薪金所得合并后减除当月费用扣除标准，以余额为基数确定适用税率。

2. 个人在办理内部退养手续后，至法定退休年龄之间重新就业取得的工资、薪金所得，应与其从原任职单位取得的同一月份的工资、薪金所得合并缴纳个人所得税，再将当月工资、薪金加上取得的一次性收入，减去费用扣除标准，按适用税率计征个人所得税。

重难点12：个人提前退休取得补贴收入征收个人所得税的规定★★

自2019年1月1日起，个人办理提前退休手续而取得的一次性补贴收入，应按照办理提前退休手续至法定离退休年龄之间实际年度数平均分摊，确定适用税率和速算扣除数，单独适用综合税率表，计算纳税。

计算公式：

应纳税额＝{[（一次性补贴收入÷办理提前退休手续至法定退休年龄的实际年度数）－费用扣除标准]×适用税率－速算扣除数}×办理提前退休手续至法定退休年龄的实际年度数

【经典模拟题】

【计算问答题】2020年1月，李某办理了提前退休手续，距法定退休年龄还有5年，取得一次性补贴收入250 000元。

问题：计算李某就一次性补贴收入应缴纳的个人所得税。

【答案及解析】（1）按提前退休年度数平均：250 000÷5＝50 000（元）；（2）由于商数未超过年度费用扣除标准60 000元，因此李某无需缴纳个人所得税。

重难点13：企业年金、职业年金个人所得税的规定★★★

企业年金（职业年金），是指企业（事业单位）及其职工按照规定，在依法参加基本养老保险的基础上，自愿建立的补充养老保险制度。企业年金（职业年金），主要由个人缴费、企业缴费和年金基金投资运营收益三部分组成。

【小贴士】自2014年1月1日起，企业年金、职业年金个人所得税的计算征收采用“递延纳税”政策，即在年金缴费环节和年金基金投资运营收益分配环节暂不征收个人所得税，将纳税义务递延到个人实际领取年金的环节。

1. 缴费时的个人所得税处理。

（1）单位缴费部分：计入个人账户时暂不缴纳个人所得税。

（2）个人缴费部分：不超过本人缴费工资计税基数的4%标准内的部分，暂从个人当期的应纳税所得额中扣除。（双重限制：基数不超标；比例不超标）

【小贴士】本人缴费工资计税基数，是不超过工作地所在设区城市上一年度职工月平均工资300%，超过上述标准缴付的年金单位缴费和个人缴费部分，应并入个人当期的工资、薪金所得征税。

2. 年金基金投资运营收益。

分配计入个人账户时，个人暂不缴纳个人所得税。

3. 领取时的个人所得税处理。(重要)

个人达到国家规定的退休年龄领取的企业年金或职业年金，按工资、薪金所得项目纳税，不并入综合所得，全额单独计算应纳个人所得税。

(1) 按月领取的，适用月度税率表计算纳税。

(2) 按季领取的，平均分摊计入各月，按每月领取额适用月度税率表计算纳税。

(3) 按年领取的，适用年度综合所得税率表计算纳税。

(4) 一次性领取的特殊规定。

个人因出境定居或个人死亡其指定的受益人或法定继承人一次性领取的，适用综合税率表计算纳税；除上述特殊原因外一次性领取年金个人账户资金或余额的，适用月度税率表计算纳税。

【小贴士】学员应注意辨析不同情形下适用“月度税率表”与“综合税率表”的差异。特别是上述(4)不同情形适用税率表的差异。

【小贴士】对“月度税率表”与“综合税率表”的差异，学员可理解为“月度税率表”税负较重，“综合税率表”税负较轻。

【小贴士】“缴费工资”不同于工资收入，一般情形下“缴费工资”低于工资收入。

【小贴士】单位和个人按规定比例提取并缴付的住房公积金、医疗保险金、基本养老保险金、失业保险金免征个人所得税；领取原提存的住房公积金、医疗保险金、基本养老保险金、失业保险金免征个人所得税。

【经典模拟题】

【计算问答题】2020年5月，甲有限公司员工李某取得工资收入6 000元，岗位津贴500元，当月企业年金个人缴费部分200元。李某个人缴费工资计税基数为每月3 000元。

问题：计算李某当月预扣预缴的个人所得税。

【答案及解析】(1) 对个人缴费部分，在不超过本人缴费工资计税基数的4%标准内的部分，暂从个人当期的应纳税所得额中扣除，即3 000×4%＝120(元)；(2) 预扣预缴应纳税所得额＝6 000＋500－120－5 000＝1 380(元)，适用税率为3%，应预扣预缴个人所得税＝1 380×3%＝41.4(元)。

重难点14：办理补充养老保险退保和提供担保的征税方法★

单位为职工个人购买商业性补充养老保险等，在办理投保手续时应作为个人所得税的工资、薪金所得项目，按税法规定缴纳个人所得税；因各种原因退保，个人未取得实际收入的，已缴纳的个人所得税应予以退回。

【小贴士】个人为单位或他人提供担保获得收入，应按偶然所得项目计算缴纳个人所得税。

重难点15：商业健康保险个人所得税政策★★

适用商业健康保险税收优惠政策的纳税人，是指取得工资薪金所得、连续性劳务报酬所得的个人，以及取得个体工商户生产经营所得、对企事业单位的承包承租经营所得的个体工商户业主、个人独资企业投资者、合伙企业合伙人和承包承租经营者。

1. 对个人购买符合规定的商业健康保险产品的支出，允许在当年（月）计算应纳税所得额时予以税前扣除，扣除限额为 2 400 元/年（200 元/月）。

2. 单位统一为员工购买符合规定的商业健康保险产品的支出，应分别计入员工个人工资薪金，视同个人购买，按上述限额予以扣除。

重难点 16：个人兼职和退休人员再任职取得收入个人所得税的征税办法★★

1. 个人兼职取得的收入，应按照劳务报酬所得项目缴纳个人所得税。

2. 退休人员再任职取得的收入，在减除按个人所得税法规定的费用扣除标准后，按工资、薪金所得项目缴纳个人所得税。

【小贴士】学员应注意辨析“个人兼职”与“退休人员再任职”适用应税项目的差异。

重难点 17：企业促销展业赠送礼品个人所得税的规定★

1. 属于下列情形之一的，不征收个人所得税：

（1）通过价格折扣、折让方式向个人销售商品（产品）和提供服务。

（2）在向个人销售商品（产品）和提供服务的同时给予赠品，如个人购手机赠话费、入网费，或购话费赠手机等。

（3）对累积消费达到一定额度的个人按消费积分反馈礼品。

2. 属于下列情形之一的，取得该项所得的个人应依法缴纳个人所得税：

（1）企业在业务宣传、广告等活动中，随机向本单位以外的个人赠送礼品（包括网络红包，下同），以及企业在年会、座谈会、庆典以及其他活动中向本单位以外的个人赠送礼品，对个人取得的礼品所得；但企业赠送的具有价格折扣或折让性质的消费券、代金券、抵用券、优惠券等礼品除外。

（2）企业对累积消费达到一定额度的顾客，给予额外抽奖机会，个人的获奖所得。

【小贴士】上述所得按照偶然所得项目，全额适用 20% 的税率计税。

【小贴士】企业赠送的礼品，是自产产品（服务）的，按该产品（服务）的市场销售价格确定个人的应税所得；是外购商品（服务）的，按该商品（服务）的实际购置价格确定个人的应税所得。

【经典真题】

【多选题 · 2014】张某在足球世界杯期间参加下列活动所获收益，应缴纳个人所得税的有（　　）。

A. 参加某电商的秒杀活动，以 100 元购得原价 2 000 元的足球鞋一双

B. 为赴巴西看球，开通手机全球漫游套餐，获赠价值 1 500 元的手机一部

C. 参加某电台举办世界杯竞猜活动，获得价值 6 000 元的赴巴西机票一张

D. 作为某航空公司金卡会员被邀请参加世界杯抽奖活动，抽得市价 2 500 元球衣一套

【答案】CD

【解析】选项 A：属于通过价格折扣、折让方式获得商品（产品），不征个税；选项 B：

属于企业在向个人销售商品（产品）和提供服务的同时给予赠品，不征个税；选项 CD：按照“偶然所得”征收个税。

重难点 18：企业为股东个人购买汽车的个人所得税征税方法★★

企业（不包括个体工商户、个人独资企业、合伙企业）为股东购买车辆并将车辆所有权办到股东个人名下，应按照利息、股息、红利所得项目征收个人所得税。

【小贴士】考虑到该股东个人名下的车辆同时也为企业经营使用的，允许合理减除部分所得；减除的具体数额，由主管税务机关根据车辆的实际使用情况合理确定。

重难点 19：企业资金为个人购房的个人所得税征税方法★★

个人取得以下情形的房屋或其他资产，不论所有权人是否将财产无偿或有偿交付企业使用，其实质均为企业对个人进行了实物性质的分配，应依法计征个税：

1. 企业出资购买房屋及其他财产，将所有权登记为投资者个人、投资者家庭成员或企业其他人员的；

2. 企业投资者个人、投资者家庭成员或企业其他人员向企业借款用于购买房屋及其他财产，将所有权登记为投资者、投资者家庭成员或企业其他人员，且借款年度终了后未归还借款的。

【小贴士】对个人独资企业、合伙企业的个人投资者或其家庭成员取得的上述所得，按经营所得项目计征个税。

【小贴士】对除个人独资企业、合伙企业以外其他企业（法人企业）的个人投资者或其家庭成员取得的上述所得，按利息、股息、红利所得项目计征个税。

【小贴士】对（所有）企业其他人员（非投资者，如雇员）取得上述所得，按工资、薪金所得项目计征个税。

【小贴士】学员应注意辨析上述情形适用应税项目的差异，即看企业性质，又看个人身份。

重难点 20：个人取得拍卖收入征收的个人所得税规定★★★

【小贴士】作者将自己的文字作品手稿原件或复印件拍卖取得的所得，按特许权使用费所得纳税。

【经典模拟题】

【计算问答题】2020 年 5 月，我国居民纳税人李某拍卖自己的文学作品手稿原件，取得收入 8 000 元。

问题：说明李某取得的拍卖收入缴纳个人所得税时适用的所得项目和预扣率，并计算李某预扣预缴的个人所得税。

【答案及解析】（1）适用所得项目为“特许权使用费所得”，预扣率为 20%；（2）预扣预缴个人所得税 =8 000 ×（1 -20%）×20% =1 280（元）。

1. 个人拍卖除文字作品原稿及复印件外的其他财产，应以其转让收入额减除财产原值和合理费用后的余额为应纳税所得额，按照财产转让所得纳税。

【举例】"齐白石卖画"，按特许权使用费所得项目纳税；"卖齐白石的画"，按财产转让所得项目纳税。

应纳税额=(转让收入额-财产原值-拍卖财产过程中缴纳的税金及有关合理费用)×20%

【小贴士】如不能提供合法、完整、准确的财产原值凭证，不能正确计算财产原值的：

(1) 拍卖品为经文物部门认定是海外回流文物的，按转让收入额的2%征收率计征个人所得税。计算公式：

应纳税额=应税收入×2%

(2) 拍卖其他财产的，按转让收入额的3%征收率计征个人所得税。计算公式：

应纳税额=应税收入×3%

2. 财产拍卖所得应纳税额，由拍卖单位负责代扣代缴，并按规定向拍卖单位所在地主管税务机关办理纳税申报。

重难点21：个人以非货币资产投资的个人所得税规定★★★

【小贴士】非货币性资产投资，包括以非货币性资产出资设立新的企业，以及以非货币性资产出资参与企业增资扩股、定向增发股票、股权置换、重组改制等投资行为。

个人以非货币性资产投资，属于个人转让非货币性资产和投资同时发生。对个人转让非货币性资产的所得，应按照财产转让所得项目，依法计税。

1. 收入确认。

个人以非货币性资产投资，应按评估后的公允价值确认非货币性资产转让收入。

2. 扣除项目。

(1) 非货币性资产原值，为纳税人取得该项资产时实际发生的支出。纳税人不能提供相关证明资料，不能准确计算原值的，主管税务机关可依法进行核定。

(2) 合理税费，是指纳税人在非货币性资产投资过程中，发生的与资产转移相关的税金及合理费用。

【小贴士】允许扣除的税费必须与非货币性资产投资相关，且具有合理性。

计算公式：

应纳税所得额=非货币性资产转让收入-该资产原值及合理税费

3. 征收管理。

(1) 纳税义务发生时间。

应于非货币性资产转让、取得被投资企业股权时，确认非货币性资产转让收入的实现。

(2) 纳税期限。

个人应在发生上述应税行为的次月15日内，向主管税务机关申报纳税。

【小贴士】纳税人一次性缴税有困难的，可合理确定分期缴纳计划并报主管税务机关备案后，自发生上述应税行为之日起不超过5个公历年度内（含）分期缴纳个人所得税。

【小贴士】交易过程中取得现金补价的，现金部分应优先用于缴税；现金不足以缴纳的部分，可分期缴纳。

【小贴士】个人在分期缴税期间（再）转让其持有的上述全部或部分股权，并取得现金收入的，该现金收入应优先用于缴纳尚未缴清的税款。

（3）纳税地点。

纳税人以不动产投资的，以不动产所在地税务机关为主管税务机关；纳税人以其持有的企业股权对外投资的，以该企业所在地税务机关为主管税务机关；对纳税人以其他非货币性资产投资的情形，以被投资企业所在地税务机关为主管税务机关。

重难点22：个人终止投资经营收回款项征收个人所得税的规定★★

1. 个人终止投资经营，从被投资企业或合作项目、被投资企业的其他投资者以及合作项目的经营合作人取得股权转让收入、违约金、补偿金、赔偿金及以其他名目收回的款项等，均属于个人所得税应税收入，应按财产转让所得项目缴纳个人所得税。

2. 计算公式：

（1）应纳税所得额＝个人取得的股权转让收入、违约金、补偿金、赔偿金以及其他名目收回款项合计数－原实际出资额（投入额）及相关税费

（2）应纳税额＝应纳税所得额×20%

【小贴士】企业所得税法规定，投资企业从被投资企业撤回或减少投资，其取得的资产：

（1）相当于初始出资的部分，应确认为投资收回；

（2）相当于被投资企业累计未分配利润和累计盈余公积按减少实收资本比例计算的部分，应确认为股息所得（符合条件的，免税）；

（3）其余部分确认为投资资产转让所得。

重难点23：创业投资企业个人合伙人和天使投资个人有关个人所得税的规定★★★

（一）合伙创投企业（重要）

合伙创投企业，采取股权投资方式直接投资于初创科技型企业满2年（24个月，下同）的，其个人合伙人可以按照对初创科技型企业投资额的70%抵扣个人合伙人从合伙创投企业分得的经营所得；当年不足抵扣的，可以（无限期）在以后纳税年度结转抵扣。

【小贴士】上述规定中有三主体：一是个人合伙人、二是创投企业、三是初创科技型企业，学员应注意辨析。

【小贴士】上述规定中“个人合伙人从合伙创投企业分得的经营所得”的确定，一般是指按照合伙企业合伙协议的约定分配比例，计算每名合伙人分配的经营所得。

【小贴士】上述规定中“个人合伙人可以按照对初创科技型企业投资额的70%”的确定，是指合伙企业按照每名合伙人的投资比例，计算其分配的可抵扣投资额。即按照合伙创投企业投资的初创科技型企业的全部实缴投资额的70%，乘以每名合伙人实缴投资额比例，进行计算。实缴投资额比例，是指按照投资符合抵扣条件当年12月31日的实缴投资比例计算。

【经典模拟题】

【计算问答题】2018年5月1日，甲合伙创投企业投资于某初创科技型企业500万元，截至2020年5月1日，该投资符合投资抵扣税收优惠政策（不考虑其他符合投资抵扣税收

优惠的投资）。李某是该合伙创投企业的个人合伙人，2020 年 12 月 31 日，李某对该合伙创投企业实缴出资 300 万元，占全部合伙人实缴出资比例的 10%。该合伙创投企业 2020 年度实现经营所得 200 万元，按照合伙协议的约定，李某的分配比例为 15%。

问题：计算李某 2020 年度实际可抵扣投资额。

【答案及解析】（1）该合伙创投企业截至 2020 年末，符合投资抵扣条件的投资共 500 万元，可抵扣投资额 = 500 万元 × 70% = 350（万元）；（2）2020 年末，李某对合伙创投企业的实缴出资比例为 10%，则李某分得的可抵扣投资额 = 350 × 10% = 35（万元）；（3）2020 年度，按照合伙协议的约定，李某分配经营所得 = 200 × 15% = 30（万元）。

因此，李某 2020 年实际可抵扣投资额为 30 万元，当年不足抵扣的 5 万元（35 - 30），可以在以后纳税年度结转抵扣。

（二）天使投资个人

1. 天使投资个人采取股权投资方式，直接投资于初创科技型企业满 2 年的，可以按照投资额的 70% 抵扣转让该初创科技型企业股权取得的应纳税所得额；当期不足抵扣的，可以在以后取得转让该初创科技型企业股权的应纳税所得额时结转抵扣。

2. 天使投资个人投资多个初创科技型企业的，对其中办理注销清算的初创科技型企业，天使投资个人对其投资额的 70% 尚未抵扣完的，可自注销清算之日起 36 个月内抵扣天使投资个人转让其他初创科技型企业股权取得的应纳税所得额。

3. 初创科技型企业接受天使投资个人投资满 2 年，在上海证券交易所、深圳证券交易所上市的，天使投资个人转让该企业股票时，按照现行限售股有关规定执行，其尚未抵扣的投资额，在税款清算时一并计算抵扣。

【小贴士】享受上述规定的税收政策的投资，仅限于通过向被投资初创科技型企业直接支付现金方式取得的股权投资，不包括受让其他股东的存量股权。

重难点 24：关于创业投资企业个人合伙人所得税政策的规定★★

创投企业，可以选择按单一投资基金核算或者按创投企业年度所得整体核算两种方式之一，对其个人合伙人来源于创投企业的所得计算个人所得税应纳税额。

【小贴士】创投企业，是指符合《创业投资企业管理暂行办法》或者《私募投资基金监督管理暂行办法》关于创业投资企业（基金）的有关规定，并按照上述规定完成备案且规范运作的合伙制创业投资企业（基金）。

【小贴士】创投企业选择按单一投资基金核算的，其个人合伙人从该基金应分得的股权转让所得和股息红利所得，按照 20% 税率计算缴纳个人所得税。

【小贴士】创投企业选择按年度所得整体核算的，其个人合伙人应从创投企业取得的所得，按照经营所得项目、5% ~ 35% 的超额累进税率计算缴纳个人所得税。

（一）单一投资基金核算

单一投资基金核算，是指单一投资基金（包括不以基金名义设立的创投企业）在一个纳税年度内，从不同创业投资项目取得的股权转让所得和股息红利所得，按下述方法分别核算纳税：

1. 股权转让所得。

（1）单个投资项目的股权转让所得，按年度股权转让收入扣除对应股权原值和转让环节合理费用后的余额计算。

（2）单一投资基金的股权转让所得，按一个纳税年度内不同投资项目的所得和损失相互抵减后的余额计算，余额大于或等于零的，即确认为该基金的年度股权转让所得；余额小于零的，该基金年度股权转让所得按零计算且不能跨年结转。

【小贴士】个人合伙人，按照其应从基金年度股权转让所得中分得的份额计算其应纳税额，并由创投企业在次年 3 月 31 日前代扣代缴个人所得税。

【小贴士】如符合上述重难点 23 规定条件的，创投企业个人合伙人可以按照被转让项目对应投资额的 70%，抵扣其应从基金年度股权转让所得中分得的份额后，再计算其应纳税额，当期不足抵扣的，不得向以后年度结转。

【经典模拟题】

【计算问答题】甲有限合伙企业，创投基金规模为 5 000 万元。其中，李某投资甲有限合伙企业 500 万元，占该创投基金的份额为 10%。甲有限合伙企业投资于 A 项目 800 万元，获得被投资公司 15% 的股权。2 年后，甲有限合伙企业将所投的 A 项目以 1 500 万元转让。

问题：计算该转让行为李某的个人所得税应纳税额。

【答案及解析】李某个人所得税应纳税额 =（1 500 - 800）×10% ×20% =14（万元）。

2. 股息红利所得。

单一投资基金的股息红利所得，以其来源于所投资项目分配的股息、红利收入以及其他固定收益类证券等收入的全额计算。个人合伙人，按照其应从基金股息红利所得中分得的份额计算其应纳税额，并由创投企业按次代扣代缴个人所得税。

【小贴士】除前述可以扣除的成本、费用之外，单一投资基金发生的包括投资基金管理人的管理费和业绩报酬在内的其他支出，不得在核算时扣除。

（二）创投企业年度所得整体核算

创投企业年度所得整体核算，是指将创投企业以每一纳税年度的收入总额减除成本、费用以及损失后，计算应分配给个人合伙人的所得。年度核算亏损的，准予按有关规定向以后年度结转。

【小贴士】如符合上述重难点 23 规定条件的，创投企业个人合伙人可以按照被转让项目对应投资额的 70%，抵扣其可以从创投企业应分得的经营所得后，再计算其应纳税额。

【小贴士】按照经营所得项目计税的个人合伙人，没有综合所得的，可依法减除基本减除费用、专项扣除、专项附加扣除以及国务院确定的其他扣除。但是，从多处取得经营所得的，应汇总计算个人所得税，只减除一次上述费用和扣除。

（三）其他相关规定

1. 创投企业，选择按单一投资基金核算或按创投企业年度所得整体核算后，3 年内不能变更。

2. 创投企业选择按单一投资基金核算的，应当在完成备案的 30 日内，向主管税务机关进行核算方式备案；未按规定备案的，视同选择按创投企业年度所得整体核算。

3. 本政策执行期限：2019 年 1 月 1 日起至 2023 年 12 月 31 日止；本政策仅适用于个人合伙人，即：自然人合伙人。

【小贴士】单一投资基金核算，按照 20% 税率计算缴纳个人所得税的所得，仅限于分得的股权转让所得和股息红利所得。

【小贴士】按年度所得整体核算的，按照经营所得项目、5% ~35% 的超额累进税率计算缴纳个人所得税，则包括从创投企业取得的所有所得。

重难点 25：个人因购买和处置债权取得所得征收个人所得税的方法★★

【小贴士】个人通过招标、竞拍或其他方式购置债权以后，通过相关司法或行政程序主张债权而取得的所得，应按照财产转让所得项目缴纳个人所得税。

个人取得“打包”债权，只处置部分债权的，其应纳税所得额按以下方式确定：

1. 以每次处置部分债权的所得，作为一次财产转让所得征税。

2. 应税收入的确定。

按照个人取得的货币资产和非货币资产的评估价值或市场价值的合计数确定。

3. 扣除项目的确定。

所处置债权成本费用（即财产原值），按下列公式计算：

当次处置债权成本费用 = 个人购置“打包”债权实际支出 × 当次处置债权账面价值（或拍卖机构公布价值）÷“打包”债权账面价值（或拍卖机构公布价值）

【小贴士】个人购买和处置债权过程中发生的拍卖招标手续费、诉讼费、审计评估费以及缴纳的税金等合理税费，在计算个人所得税时允许扣除。

【经典模拟题】

【计算问答题】中国公民李某购买“打包”债权实际支出为 60 万元，2020 年 5 月处置该债权的 30%，取得处置收入 30 万元，在债权处置过程中发生相关费用 2 万元。

问题：计算李某处置“打包”债权应缴纳的个人所得税。

【答案及解析】（1）个人通过招标、竞拍或其他方式购置债权以后，通过相关司法或行政程序主张债权而取得的所得，应按照“财产转让所得”项目缴纳个人所得税；（2）李某处置“打包”债权应缴纳个人所得税 = (30 − 60 × 30% − 2) × 20% = 2（万元）。

重难点 26：个人转让限售股征收个人所得税规定★★

1. 个人转让（上市公司）限售股按照财产转让所得，适用 20% 征收个人所得税。

计算公式：

应纳税所得额 = 限售股转让收入 −（限售股原值 + 合理税费）

应纳税额 = 应纳税所得额 ×20%

2. 收入确认与扣除项目。

（1）限售股转让收入，是指转让限售股股票实际取得的收入。

（2）限售股原值，是指限售股买入时的买入价及按照规定缴纳的有关费用。

（3）合理税费，是指转让限售股过程中发生的印花税、佣金、过户费等与交易相关的税费。

【小贴士】纳税人未能提供完整、真实的限售股原值凭证的，不能准确计算限售股原值，主管税务机关一律按限售股转让收入的15%核定限售股原值及合理税费。

3. 限售股在解禁前被多次转让的，转让方对每一次转让所得均应按规定缴纳个人所得税。

【小贴士】纳税人同时持有限售股及该股流通股的，其股票转让所得，按照限售股优先原则，即视同先转让限售股，按规定计缴个税。

重难点27：关于企业改组改制过程中个人取得的量化资产征税问题★★

1. 对职工个人以股份形式取得的仅作为分红依据，不拥有所有权的企业量化资产，不征收个税。（形式上取得企业量化资产）

2. 对职工个人以股份形式取得的拥有所有权的企业量化资产，暂缓征收个税。（实质上取得企业量化资产）

3. 个人将（实质上取得企业量化资产）股份转让时，就其转让收入额，减除个人取得该股份时实际支付的费用支出和合理转让费用后的余额，按财产转让所得项目计征个税。

4. 对职工个人以股份形式取得的企业量化资产参与企业分配而获得的股息、红利，应按利息、股息、红利所得项目征收个税。

【经典模拟题】

【多选题】2008年5月，某国有企业改制为股份制企业。该企业职工李某，在企业改制过程中以21 000元的成本取得了价值30 000元拥有所有权的量化股份。8个月后，获得了企业分配的股息1 000元。此后，李某以40 000元的价格将股份转让。不考虑转让过程中的税费，以下有关李某个人所得税计征的表述中，正确的有（　　）。

A. 李某取得量化股份时暂缓计征个人所得税

B. 对李某取得的量化股份价值与支付成本的差额9 000元，应在取得当月与当月工资薪金合并，按“工资、薪金所得”计征个人所得税

C. 对李某取得的1 000元股息，应按“利息、股息、红利所得”计征个人所得税

D. 对李某转让量化股份取得的收入应以19 000元为计税依据，按“财产转让所得”计征个人所得税

【答案】ACD

【解析】选项B：暂缓征收个人所得税。

重难点28：转让全国中小企业股份转让系统挂牌公司股票个人所得税政策★★

（一）转让非原始股

自2018年11月1日（含）起，对个人转让新三板挂牌公司非原始股取得的所得，暂免征收个人所得税。（相当于转让“上市公司”的股票，免征个人所得税）

【小贴士】非原始股，是指个人在新三板挂牌公司挂牌后取得的股票，以及由上述股票孳生的送、转股。

（二）转让原始股

对个人转让新三板挂牌公司原始股取得的所得，按照财产转让所得，适用20%的比例税率征收个人所得税。

【小贴士】原始股，是指个人在新三板挂牌公司挂牌前取得的股票，以及在该公司挂牌前和挂牌后由上述股票孳生的送、转股。

（三）征收管理

1. 2019年9月1日之前，个人转让新三板挂牌公司原始股的个人所得税，征收管理办法按照现行股权转让所得有关规定执行，以股票受让方为扣缴义务人，由被投资企业所在地税务机关负责征收管理。

2. 2019年9月1日（含）起，个人转让新三板挂牌公司原始股的个人所得税，以股票托管的证券机构为扣缴义务人，由股票托管的证券机构所在地主管税务机关负责征收管理。

重难点29：个人投资者收购企业股权后将原盈余积累转增股本征收个人所得税的规定★★★

股权收购后，企业将原账面金额中的盈余积累向个人投资者（新股东）转增股本，个人所得税的不同处理如下：

1. 新股东以不低于净资产（所有者权益）价格收购股权的，企业原盈余积累已全部计入股权交易价格，新股东取得盈余积累转增股本（实收资本）的部分，不征收个人所得税。

【小贴士】“盈余积累”不同于会计上的“盈余公积”。

【小贴士】“实收资本”与“股本”含义相同。

【经典模拟题】

【计算问答题】甲有限公司所有者权益（净资产）为200万元，其中：（1）实收资本100万元，（2）资本公积30万元（其中资本溢价20万元），（3）盈余公积30万元，（4）未分配利润40万元。李某与甲有限公司经协商以250万元整体收购该公司。（假定李某盈余积累100万元全部转增实收资本）

已知：甲有限公司股东为自然人股东。

问题（1）：李某收购完成后转增实收资本是否缴纳个人所得税并说明理由。

【答案及解析】李某取得股权后，转增实收资本，无需缴纳个人所得税。根据规定，新股东以不低于净资产（所有者权益）价格收购股权的，企业原盈余积累已全部计入股权交易价格，新股东取得盈余积累转增股本（实收资本）的部分，不征收个人所得税。

问题（2）：计算甲有限公司原股东转让行为应缴纳的个人所得税。

【答案及解析】股权转让应缴纳个人所得税 $=[250-(100+20)]\times 20\%=26$（万元）

2. 新股东以低于净资产价格收购股权的，企业原盈余积累中，对于股权收购价格减去原股本（实收资本）的差额部分已经计入股权交易价格，新股东取得盈余积累转增股本（实收资本）的部分，不征收个人所得税；对于股权收购价格低于原所有者权益的差额部分未计入股权交易价格，新股东取得盈余积累转增股本（实收资本）的部分，应按照利息、股息、红利所得项目征收个人所得税。

【小贴士】新股东以低于净资产价格收购企业股权后转增股本，应按照下列顺序进行：

（1）先转增应税的盈余积累部分；

（2）再转增免税的盈余积累部分。

【经典模拟题】

【计算问答题】甲一人有限公司所有者权益（净资产）为200万元，其中：（1）实收资本100万元；（2）资本公积30万元（其中资本溢价20万元）；（3）盈余公积30万元；（4）未分配利润40万元。李某与甲有限公司经协商以160万元整体收购该公司。（假定李某盈余积累100万元全部转增实收资本）

已知：甲有限公司股东为自然人股东。

问题（1）：李某收购完成后转增实收资本是否缴纳个人所得税并说明理由；若缴纳，计算应缴纳的个人所得税。

【答案及解析】李某取得股权后，转增实收资本需要缴纳个人所得税。根据规定，股权收购价格减去原实收资本的差额部分即（160－100＝60万元），已经计入股权交易价格，新股东取得盈余积累转增实收资本的部分，不征收个人所得税；对于股权收购价格低于原所有者权益的差额部分（200－160＝40万元）未计入股权交易价格，新股东取得盈余积累转增实收资本的部分，应按照利息、股息、红利所得项目征收个人所得税。即盈余积累100万元中有60万元是不征收个税的，剩余40万元需要缴纳个税，李某应缴纳个人所得税＝40×20%＝8（万元）。

问题（2）：计算甲有限公司原股东转让行为应缴纳的个人所得税。

【答案及解析】股权转让应缴纳个人所得税＝［160－（100＋20）］×20%＝8（万元）

重难点30：企业转增股本个人所得税规定★★★

1. 股份制企业用资本公积金转增股本不属于股息、红利性质的分配，对个人取得的转增股本数额，不作为个人所得，不征收个人所得税。

2. 股份制企业用盈余公积金派发红股，属于股息、红利性质的分配，对个人取得的红股数额，应作为个人所得征税。

【小贴士】“资本公积金”，是指股份制企业股票溢价发行收入所形成的资本公积金。与此不相符合的其他资本公积金分配个人所得部分，应当依法征收个人所得税。

【小贴士】学员应注意辨析“资本公积金”与“盈余公积”的差异。

3. 中小高新技术企业递延纳税。

（1）自2016年1月1日起，全国范围内的中小高新技术企业（未上市或未在新三板挂牌交易的）以未分配利润、盈余公积、资本公积向个人股东转增股本时，个人股东一次缴纳个人所得税确有困难的，可根据实际情况自行制定分期缴税计划，在不超过5个公历年度内（含）分期缴纳，并将有关资料报主管税务机关备案。

【小贴士】中小高新技术企业，是指注册在中国境内实行查账征收的、经认定取得高新技术企业资格，且年销售额和资产总额均不超过2亿元、从业人数不超过500人的企业。

（2）股东（再）转让股权并取得现金收入的，该现金收入应优先用于缴纳尚未缴清的税款。

（3）在股东转让该部分股权之前，企业依法宣告破产，股东进行相关权益处置后没有取得收益或收益小于初始投资额的，主管税务机关对其尚未缴纳的个人所得税可不予追征。

【小贴士】上述政策与个人以非货币资产投资的个人所得税处理相同。

4. 个人股东获得转增的股本，应按照利息、股息、红利所得项目，适用20%税率征收个人所得税。

5. 上市公司、上市中小高新技术企业或在全国中小企业股份转让系统挂牌的中小高新技术企业向个人股东转增股本，股东应纳的个人所得税，继续按现行有关股息红利差别化个人所得税政策执行。

【小贴士】企业向个人转增股本，根据上述规定，有3种不同情况的征税规则：

（1）个人取得上市（含新三板，下同）企业转增的股本（不含以股票发行溢价形成的资本公积转增股本），执行股息红利差别化税收政策；

（2）个人取得非上市或没有在新三板挂牌交易的中小高新技术企业转增股本，并符合上述3条所述条件的，可在5年内分期纳税；

（3）个人从非上市其他企业转增股本，应一次性按利息、股息、红利所得计缴税款。

重难点31：个人股票期权所得个人所得税的征税方法（上市公司）★★

企业员工股票期权（简称股票期权），是指上市公司按照规定的程序授予本公司及其控股企业员工的一项权利，该权利允许被授权员工在未来时间内以某一特定价格购买本公司一定数量的股票。

【小贴士】上述“某一特定价格”被称为“授予价”或“施权价”，即根据股票期权计划可以购买股票的价格，一般为股票期权授予日的市场价格或该价格的折扣价格，也可以是按照事先设定的计算方法约定的价格；“授予日”，也称“授权日”，是指公司授予员工上述权利的日期；“行权”，也称“执行”，是指员工根据股票期权计划选择购买股票的过程；员工行使上述权利的当日为“行权日”，也称“购买日”。

（一）不可公开交易的股票期权

不可公开交易的个人股票期权所得征收个人所得税的方法：

1. 施权时，不征税；

2. 员工行权时，按施权价低于购买日公平市价（当日收盘价）的差额，按工资、薪金所得征收个人所得税；

【小贴士】如在行权日之前转让股票期权，以转让净收益，按工资、薪金所得项目缴税。

3. 行权后境内上市公司股票再转让，获得差价，暂不征个人所得税。（除另有规定外，对于员工转让境外上市公司股票，按财产转让所得征税）

4. 因拥有股权，参与税后利润分配所得，按利息、股息、红利所得项目征收个人所得税。（实行股息、红利差别化政策）

5. 应纳税款的计算。

居民个人取得股票期权、股票增值权、限制性股票、股权奖励等股权激励，在2021年12月31日前，不并入当年综合所得，全额单独适用综合所得税率表，计算纳税。

应纳税额 = 股权激励收入 × 适用税率 − 速算扣除数

【小贴士】居民个人一个纳税年度内，取得两次以上（含两次）股权激励的，应合并按上述规定计算纳税。

【小贴士】个人行权后的境内上市公司股票再行转让取得的所得，暂不征收个人所得税。

（二）可公开交易的股票期权

员工接受可公开交易的股票期权（授权时约定可转让，且存在公开市场及挂牌价格），按以下规定进行税务处理：

1. 授权日，按照工资、薪金所得项目征收个人所得税。

2. 行权日前转让的，按照财产转让所得项目征收个人所得税。

3. 行权时，不计算征税。

4. 行权后的股票（再）转让，按照财产转让所得项目征收个人所得税。

【小贴士】转让境内上市公司股票，暂免征收个人所得税；转让境外上市公司股票依法纳税。

5. 行权后不转让而参与企业税后利润分配，按照利息、股息、红利所得项目征收个人所得税。

【小贴士】学员应注意辨析“不可公开交易的股票期权”与“可公开交易的股票期权”税务处理的差异。

重难点32：股票增值权所得和限制性股票所得的个人所得税规定★★

1. 股票增值权，是指上市公司授予公司员工在未来一定时期和约定条件下，获得规定数量的股票价格上升所带来收益的权利。被授权人在约定条件下行权，上市公司按照行权日与授权日二级市场股票差价乘以授权股票数量，发放给被授权人现金。

股票增值权某次行权应纳税所得额＝(行权日股票价格－授权日股票价格)×行权股票份数

2. 限制性股票，是指上市公司按照股权激励计划约定的条件，授予公司员工一定数量本公司的股票。

应纳税所得额＝(股票登记日股票市价＋本批次解禁股票当日市价)÷2×本批次解禁股票份数－被激励对象实际支付的资金总额×(本批次解禁股票份数÷被激励对象获取的限制性股票总份数)

3. 对于个人从上市公司（含境内、外上市公司）取得的股票增值权所得和限制性股票所得，比照“股票期权所得”的有关规定，计算征收个人所得税。

4. 关于纳税义务发生时间。

（1）股票增值权：为上市公司向被授权人兑现股票增值权所得的日期；

（2）限制性股票：为每一批次限制性股票解禁的日期。

重难点33：完善股权激励（非上市公司）和技术入股有关个人所得税的规定★★★

（一）对符合条件的非上市公司股票期权、股权期权、限制性股票和股权奖励实行递延纳税政策

1. 非上市公司授予本公司员工的股票期权、股权期权、限制性股票和股权奖励，符合规定条件的，经向主管税务机关备案，可实行递延纳税政策，即员工在取得股权激励时可暂不纳税，递延至转让该股权时纳税。

（1）股权转让时，按照股权转让收入减除股权取得成本以及合理税费后的差额，适用财产转让所得项目，按照20%的税率计算缴纳个人所得税。

（2）股权转让时，股票（权）期权取得成本按行权价确定，限制性股票取得成本按实际出资额确定，股权奖励取得成本为零。

2. 享受递延纳税政策的非上市公司股权激励（包括股票期权、股权期权、限制性股票和股权奖励，下同）须同时满足以下条件：

（1）属于境内居民企业的股权激励计划。

（2）股权激励计划经公司董事会、股东（大）会审议通过。未设股东（大）会的国有单位，经上级主管部门审核批准。股权激励计划应列明激励目的、对象、标的、有效期、各类价格的确定方法、激励对象获取权益的条件、程序等。

（3）激励标的应为境内居民企业的本公司股权。股权奖励的标的可以是技术成果投资入股到其他境内居民企业所取得的股权。激励标的股票（权）包括通过增发、大股东直接让渡以及法律法规允许的其他合理方式授予激励对象的股票（权）。

（4）激励对象应为公司董事会或股东（大）会决定的技术骨干和高级管理人员，激励对象人数累计不得超过本公司最近6个月在职职工平均人数的30%。

（5）股票（权）期权自授予日起应持有满3年，且自行权日起持有满1年；限制性股票自授予日起应持有满3年，且解禁后持有满1年；股权奖励自获得奖励之日起应持有满3年。

【小贴士】上述时间条件，须在股权激励计划中列明。

（6）股票（权）期权自授予日至行权日的时间不得超过10年。

（7）实施股权奖励的公司及其奖励股权标的公司所属行业均不属于《股权奖励税收优惠政策限制性行业目录》范围。公司所属行业按公司上一纳税年度主营业务收入占比最高的行业确定。

3. 股权激励计划所列内容不同时满足上述第2款规定的全部条件，或递延纳税期间公司情况发生变化，不再符合上述第2款第4至6项条件的，不得享受递延纳税优惠，应按规定计算缴纳个人所得税。

【小贴士】全国中小企业股份转让系统挂牌公司按照上述规定执行。

（二）对上市公司股票期权、限制性股票和股权奖励适当延长纳税期限

1. 上市公司授予个人的股票期权、限制性股票和股权奖励，经向主管税务机关备案，个人可自股票期权行权、限制性股票解禁或取得股权奖励之日起，在不超过12个月的期限内缴纳个人所得税。

2. 上市公司股票期权、限制性股票应纳税款的计算，继续按照相关规定执行。股权奖励应纳税款的计算比照上述规定执行。

【小贴士】上市公司，是指其股票在上海证券交易所、深圳证券交易所上市交易的股份有限公司。

（三）对技术成果投资入股实施选择性税收优惠政策

【小贴士】本政策适用主体包括企业与个人。

1. 企业或个人以技术成果投资入股到境内居民企业，被投资企业支付的对价全部为股票（权）的，企业或个人可选择继续按现行有关税收政策执行，也可选择适用递延纳税优惠政策。

选择技术成果投资入股递延纳税政策的，经向主管税务机关备案，投资入股当期可暂不纳税，允许递延至转让股权时，按股权转让收入减去技术成果原值和合理税费后的差额计算缴纳“所得税”。

2. 企业或个人选择适用上述任一项政策，均允许被投资企业按技术成果投资入股时的评估值入账并在企业所得税前摊销扣除。

【小贴士】技术成果投资入股，是指纳税人将技术成果所有权让渡给被投资企业、取得该企业股票（权）的行为。

【小贴士】对股权激励或技术成果投资入股选择适用递延纳税政策的，企业应在规定期限内到主管税务机关办理备案手续。未办理备案手续的，不得享受递延纳税优惠政策。

重难点34：科技人员取得职务科技成果转化现金奖励有关个人所得税政策★

（一）税收优惠

非营利性科研机构和高校，从职务科技成果转化收入中给予科技人员的现金奖励，可减按50%计入科技人员当月工资、薪金所得项目，依法缴纳个人所得税。

【小贴士】现金奖励，是指非营利性科研机构和高校在取得科技成果转化收入三年（36个月）内奖励给科技人员的现金。

（二）非营利性科研机构和高校的界定

非营利性科研机构和高校，包括国家设立的科研机构和高校，依法批准设立的民办非营利性科研机构和高校。

（三）享受税收优惠，须同时符合以下条件：

1. 科技人员，是指对完成或转化职务科技成果作出重要贡献的人员。

2. 科技成果转化，是指向他人转让科技成果或者许可他人使用科技成果。

3. 非营利性科研机构和高校转化科技成果，应当签订技术合同，并根据《技术合同认定登记管理办法》，在技术合同登记机构进行审核登记，并取得技术合同认定登记证明。

【小贴士】非营利性科研机构和高校应健全科技成果转化的资金核算，不得将正常工资、奖金等收入列入科技人员职务科技成果转化现金奖励享受税收优惠。

重难点35：证券投资基金个人所得税的规定★

1. 对个人投资者买卖基金单位获得的差价收入，在对个人买卖股票的差价收入未恢复征收个人所得税以前，暂不征收个人所得税。（不征）

2. 对投资者从基金分配中获得的股票的股息、红利收入以及企业债券的利息收入，由上市公司和发行债券的企业在向基金派发股息、红利、利息时代扣代缴20%的个人所得税，基金向个人投资者分配股息、红利、利息时，不再代扣代缴个人所得税。（应征）

3. 对投资者从基金分配中获得的国债利息、储蓄存款利息以及买卖股票价差收入，在国债利息收入、个人储蓄存款利息收入以及个人买卖股票差价收入未恢复征收所得税以前，暂不征收所得税。（不征）

4. 对个人投资者从基金分配中获得的企业债券差价收入，应按税法规定对个人投资者征收个人所得税，税款由基金在分配时依法代扣代缴。（应征）

重难点36：律师事务所从业人员取得收入征收个人所得税的有关规定★★

1. 作为投资者的律师。

律师个人出资兴办的独资和合伙性质的律师事务所，比照经营所得项目征收个人所得税，出资律师本人的工资，薪金不得扣除。

【小贴士】合伙制律师事务所，应将年度经营所得全额作为基数，按出资比例或者事先约定的比例计算各合伙人应分配的所得，据以征收个人所得税。

2. 作为雇员的律师。

律师事务所支付给雇员所得，按工资、薪金所得项目缴纳个人所得税。

作为律师事务所雇员的律师与律师事务所按规定的比例对收入分成，律师事务所不负担律师办理案件支出的费用（如交通费、资料费、通讯费及聘请人员等费用），律师的分成收入按规定扣除办理案件支出的费用后，余额与律师事务所发给的工资合并，按工资、薪金所得项目计征个人所得税。

【小贴士】律师从其分成收入中扣除办理案件支出费用的标准，在律师当月分成收入的30%比例内确定。

3. 作为兼职的律师。

兼职律师从律师事务所取得工资、薪金性质的所得，律师事务所在代扣代缴其个人所得税时，不再减除规定的费用扣除标准，以收入全额（取得分成收入的为扣除办理案件支出费用后的余额）直接扣缴个人所得税。

4. 律师再聘请人员。

律师（上述三种情形的律师）以个人名义再聘请其他人员为其工作而支付的报酬，应由该律师按劳务报酬所得项目负责代扣代缴个人所得税。

5. 律师取得的法律顾问费或其他酬金，均按劳务报酬所得项目征收个人所得税，税款由支付报酬的单位或个人扣缴。

【小贴士】学员应注意辨析作为律师不同身份适用应税项目的差异。

重难点37：保险营销员、证券经纪人佣金收入的政策★

保险营销员、证券经纪人取得的佣金收入，属于劳务报酬所得，以不含增值税的收入减除20%的费用后的余额为收入额。

收入额减去展业成本以及附加税费后，并入当年综合所得，计算缴纳个人所得税。

【小贴士】保险营销员、证券经纪人展业成本按照收入额的25%计算。

并入综合所得的金额＝收入额－展业成本－附加税费＝不含增值税的收入×（1－20%）×（1－25%）－附加税费

【小贴士】扣缴义务人向保险营销员、证券经纪人支付佣金收入时，应按照“累计预扣法”计算预扣税款。

重难点38：北京2022年冬奥会和冬残奥会个人所得税的规定★★

1. 个人捐赠北京2022年冬奥会、冬残奥会、测试赛的资金和物资支出，可在计算个人应纳税所得额时予以全额扣除。

2. 对受北京冬奥组委邀请的，在北京2022年冬奥会、冬残奥会、测试赛期间临时来华，从事奥运相关工作的外籍顾问以及裁判员等外籍技术官员取得的，由北京冬奥组委、测试赛赛事组委会支付的劳务报酬免征个人所得税。

3. 对于参赛运动员因北京2022年冬奥会、冬残奥会、测试赛比赛获得的奖金和其他奖赏收入，按现行税收法律法规的有关规定征免（或征或免）应缴纳的个人所得税。

4. 对国际奥委会及其相关实体、国际残奥委会及其相关实体的外籍雇员、官员、教练员、训练员以及其他代表在2019年6月1日至2022年12月31日期间临时来华，从事与北京冬奥会相关的工作，取得由北京冬奥组委支付或认定的收入，免征个人所得税。（新）

【小贴士】上述人员的身份及收入由北京冬奥组委出具证明文件，北京冬奥组委定期将该类人员名单及免税收入相关信息报送税务部门。

重难点39：关于公益慈善事业捐赠个人所得税政策（新）★★★

（一）基本规定

1. 个人通过境内公益性社会组织、县级以上人民政府及其部门等国家机关，向教育、扶贫、济困等公益慈善事业的捐赠（简称公益捐赠），发生的公益捐赠支出，可以按照个人所得税法有关规定在计算应纳税所得额时扣除。

2. 个人发生的公益捐赠支出金额，按照以下规定确定：

（1）捐赠货币性资产的，按照实际捐赠金额确定；

（2）捐赠股权、房产的，按照个人持有股权、房产的财产原值确定；

（3）捐赠除股权、房产以外的其他非货币性资产的，按照非货币性资产的市场价格确定。

（二）居民个人公益性捐赠的相关规定

1. 居民个人按照以下规定扣除公益捐赠支出：

（1）居民个人发生的公益捐赠支出可以在财产租赁所得、财产转让所得、利息股息红利所得、偶然所得（统称分类所得）、综合所得或者经营所得中扣除。在当期一个所得项目扣除不完的公益捐赠支出，可以按规定在其他所得项目中继续扣除；

（2）居民个人发生的公益捐赠支出，在综合所得、经营所得中扣除的，扣除限额分别为当年综合所得、当年经营所得应纳税所得额的百分之三十；在分类所得中扣除的，扣除限额为当月分类所得应纳税所得额的百分之三十；

（3）居民个人根据各项所得的收入、公益捐赠支出、适用税率等情况，自行决定在综合所得、分类所得、经营所得中扣除的公益捐赠支出的顺序。

2. 居民个人在综合所得中扣除公益捐赠支出的，应按照以下规定处理：

（1）居民个人取得工资薪金所得的，可以选择在预扣预缴时扣除，也可以选择在年度汇算清缴时扣除。

【小贴士】居民个人选择在预扣预缴时扣除的，应按照累计预扣法计算扣除限额，其捐赠当月的扣除限额为截至当月累计应纳税所得额的百分之三十（全额扣除的从其规定，下同）。个人从两处以上取得工资薪金所得，选择其中一处扣除，选择后当年不得变更。

（2）居民个人取得劳务报酬所得、稿酬所得、特许权使用费所得的，预扣预缴时不扣除公益捐赠支出，统一在汇算清缴时扣除。

（3）居民个人取得全年一次性奖金、股权激励等所得，且按规定采取不并入综合所得而单独计税方式处理的，公益捐赠支出扣除比照分类所得的扣除规定处理。

3. 居民个人发生的公益捐赠支出，可在捐赠当月取得的分类所得中扣除。当月分类所得应扣除未扣除的公益捐赠支出，可以按照以下规定追补扣除：

（1）扣缴义务人已经代扣但尚未解缴税款的，居民个人可以向扣缴义务人提出追补扣除申请，退还已扣税款。

（2）扣缴义务人已经代扣且解缴税款的，居民个人可以在公益捐赠之日起 90 日内提请扣缴义务人向征收税款的税务机关办理更正申报追补扣除，税务机关和扣缴义务人应当予以办理。

（3）居民个人自行申报纳税的，可以在公益捐赠之日起 90 日内向主管税务机关办理更正申报追补扣除。

【小贴士】居民个人捐赠当月有多项多次分类所得的，应先在其中一项一次分类所得中扣除。已经在分类所得中扣除的公益捐赠支出，不再调整到其他所得中扣除。

【小贴士】应纳税所得额，是指计算扣除捐赠额之前的应纳税所得额。

（三）经营所得公益性捐赠的相关规定

在经营所得中扣除公益捐赠支出应按以下规定处理：

1. 个体工商户发生的公益捐赠支出，在其经营所得中扣除。

2. 个人独资企业、合伙企业发生的公益捐赠支出，其个人投资者应当按照捐赠年度合伙企业的分配比例（全额分配），计算归属于每一个人投资者的公益捐赠支出，个人投资者应将其归属的个人独资企业、合伙企业公益捐赠支出和本人需要在经营所得扣除的其他公益捐赠支出合并，在其经营所得中扣除。

3. 在经营所得中扣除公益捐赠支出的，可以选择在预缴税款时扣除，也可以选择在汇算清缴时扣除。

【小贴士】经营所得采取核定征收方式的，不扣除公益捐赠支出。

（四）非居民个人发生的公益捐赠的相关规定

非居民个人发生的公益捐赠支出，未超过其在公益捐赠支出发生的当月应纳税所得额百分之三十的部分，可以从其应纳税所得额中扣除。扣除不完的公益捐赠支出，可以在经营所得中继续扣除。

【小贴士】非居民个人按规定可以在应纳税所得额中扣除公益捐赠支出而未实际扣除的，可按照前述规定追补扣除。

（五）其他规定

1. 国务院规定对公益捐赠全额税前扣除的，按照规定执行。个人同时发生按百分之三十扣除和全额扣除的公益捐赠支出，自行选择扣除次序。

2. 公益性社会组织、国家机关在接受个人捐赠时，应当按照规定开具捐赠票据；个人索取捐赠票据的，应予以开具。

3. 机关、企事业单位统一组织员工开展公益捐赠的，纳税人可以凭汇总开具的捐赠票据和员工明细单扣除。

4. 个人应留存捐赠票据，留存期限为五年。

【小贴士】上述39项特殊问题，应注意以下几点：

（1）应注意辨析“哪些应征”“哪些不征”“哪些免征”；

（2）应注意辨析“应税项目”，适用的具体应税项目；

（3）应注意辨析适用工资、薪金所得项目时，具体征税适用的是“综合税率表”还是“月度税率表”；

（4）应注意辨析有些项目之间计税方法、税收优惠等的相同性、相似性。

第七单元　征收管理

【小贴士】个人所得税的纳税办法，有自行申报纳税和全员全额扣缴申报纳税两种。

重难点1：自行申报纳税★★

自行申报纳税，是由纳税人自行在税法规定的纳税期限内，向税务机关申报取得的应税所得项目和数额，如实填写个人所得税的纳税申报表，并按税法规定计算应纳税额，据此缴纳个人所得税的一种方法。

有下列情形之一的，纳税人应当依法办理纳税申报：

1. 取得综合所得需要办理汇算清缴。

2. 取得应税所得没有扣缴义务人。

3. 取得应税所得，扣缴义务人未扣缴税款。

4. 取得境外所得。

5. 因移居境外注销中国户籍。

6. 非居民个人在中国境内从两处以上取得工资、薪金所得。

7. 国务院规定的其他情形。

【小贴士】以下内容就上述6中情形分别说明。

（一）取得综合所得需要办理汇算清缴的纳税申报

取得综合所得需要办理汇算清缴的情形：

1. 从两处以上取得综合所得，且综合所得年收入额减除专项扣除后的余额超过6万元。

2. 取得劳务报酬所得、稿酬所得、特许权使用费所得中一项或者多项所得，且综合所得年收入额减除专项扣除的余额超过6万元。

3. 纳税年度内预缴税额低于应纳税额。

4. 纳税人申请退税。

【小贴士】需要办理汇算清缴的纳税人，应当在取得所得的次年3月1日至6月30日内，向任职、受雇单位所在地主管税务机关办理纳税申报。

【小贴士】纳税人有两处以上任职、受雇单位的，选择向其中一处任职、受雇单位所在地主管税务机关办理纳税申报。

【小贴士】纳税人没有任职、受雇单位的，向户籍所在地或经常居住地主管税务机关办理纳税申报。

【小贴士】纳税人申请退税，应当提供其在中国境内开设的银行账户，并在汇算清缴地就地办理税款退库。

【小贴士】在办理2019年度和2020年度的综合所得年度汇算清缴时，2019年1月1日至2020年12月31日居民个人取得的综合所得，年度综合所得收入不超过12万元且需要汇算清缴补税的，或者年度汇算清缴补税金额不超过400元的，居民个人可免于办理个人所得税综合所得汇算清缴。但是，居民个人取得综合所得时存在扣缴义务人未依法预扣预缴税款的情形除外。（新）

【小贴士】在办理2019年度及以后年度的综合所得年度汇算清缴时，残疾、孤老人员和烈属取得综合所得办理汇算清缴且汇算清缴地与预扣预缴地规定不一致的，用预扣预缴地规定计算的减免税额与用汇算清缴地规定计算的减免税额相比较，按照孰高值确定减免税额。（新）

（二）取得经营所得的纳税申报

【小贴士】税法对“经营所得”没有规定扣缴义务人。

1. 纳税人取得经营所得，按年计算个人所得税，由纳税人在月度或季度终了后15日内，向经营管理所在地主管税务机关办理预缴纳税申报。

2. 在取得所得的次年3月31日前，向经营管理所在地主管税务机关办理汇算清缴。

3. 从两处以上取得经营所得的，选择向其中一处经营管理所在地主管税务机关办理年度汇总申报。

（三）取得应税所得，扣缴义务人未扣缴税款的纳税申报

1. 居民个人取得综合所得的，且符合前述（一）所述需要办理汇算清缴情形的，应当按照（一）项规定办理汇算清缴。

2. 非居民个人取得工资、薪金所得，劳务报酬所得，稿酬所得，特许权使用费所得的，应当在取得所得的次年6月30日前，向扣缴义务人所在地主管税务机关办理纳税申报。

【小贴士】有两个以上扣缴义务人均未扣缴税款的，选择向其中一处扣缴义务人所在地主管税务机关办理纳税申报。

【小贴士】非居民个人在次年6月30日前离境（临时离境除外）的，应当在离境前办理纳税申报。

3. 纳税人取得利息、股息、红利所得，财产租赁所得，财产转让所得和偶然所得的，应当在取得所得的次年6月30日前，按相关规定向主管税务机关办理纳税申报。

（四）取得境外所得的纳税申报

居民个人从中国境外取得所得的，应当在取得所得的次年3月1日至6月30日内，向中国境内任职、受雇单位所在地主管税务机关办理纳税申报。

【小贴士】在中国境内没有任职、受雇单位的，向户籍所在地或中国境内经常居住地主管税务机关办理纳税申报；户籍所在地与中国境内经常居住地不一致的，选择其中一地主管

税务机关办理纳税申报。

【小贴士】在中国境内没有户籍的，向中国境内经常居住地主管税务机关办理纳税申报。

（五）因移居境外注销中国户籍的纳税申报

纳税人因移居境外注销中国户籍的，应当在申请注销中国户籍前，向户籍所在地主管税务机关办理纳税申报，进行税款清算。

（六）非居民个人在中国境内从两处以上取得工资、薪金所得的纳税申报

非居民个人，在中国境内从两处以上取得工资、薪金所得的，应当在取得所得的次月 15 日内，向其中一处任职、受雇单位所在地主管税务机关办理纳税申报。

【小贴士】纳税申报方式：纳税人可以采用远程办税端、邮寄等方式申报，也可以直接到主管税务机关申报。

【小贴士】纳税人在办理纳税申报时需要享受税收协定待遇的，按照享受税收协定待遇有关办法办理。

重难点 2：全员全额扣缴申报纳税★★★

全员全额扣缴申报，是指扣缴义务人应当在代扣税款的次月 15 日内，向主管税务机关报送其支付所得的所有个人（非纳税人）的有关信息、支付所得数额、扣除事项和数额、扣缴税款的具体数额和总额以及其他相关涉税信息资料。

【小贴士】扣缴义务人，是指向个人支付所得的单位或者个人。

【小贴士】扣缴义务人向个人支付应税款项时，应当依照个人所得税法规定预扣或者代扣税款，按时缴库，并专项记载备查。

（一）代扣预扣税款的范围

1. 全额扣缴申报范围包括：个人所得税法中除经营所得以外所列的各个所得（8 项）项目。

【小贴士】所得支付，包括：现金支付、汇拨支付、转账支付和以有价证券、实物以及其他形式的支付。

2. 申报内容：包含扣缴义务人支付所得（不论是否达到纳税标准）的所有个人的有关信息、支付所得数额、扣除事项和数额、扣缴税款的具体数额和总额以及其他相关涉税信息资料。

3. 扣缴义务人向居民个人支付工资、薪金所得时，应当按照累计预扣法计算预扣税款，并按月办理扣缴申报。

4. 扣缴义务人向居民个人支付劳务报酬所得、稿酬所得、特许权使用费所得时，应当按次或者按月预扣预缴税款。

居民个人办理年度综合所得汇算清缴时，应当依法计算劳务报酬所得、稿酬所得、特许权使用费所得的收入额，并入年度综合所得计算应纳税款，税款多退少补。

5. 扣缴义务人支付利息、股息、红利所得，财产租赁所得，财产转让所得或者偶然所得时，应当依法按次或者按月代扣代缴税款。

【小贴士】纳税人需要享受税收协定待遇的，应当在取得应税所得时主动向扣缴义务人提出，并提交相关信息、资料，扣缴义务人代扣代缴税款时按照享受税收协定待遇有关办法办理。

【经典模拟题】

【单选题】不实行个人所得税全员全额扣缴申报的应税所得有（　　）。

A. 劳务报酬所得　　B. 财产转让所得

C. 个人独资企业经营所得　　D. 工资、薪金所得

【答案】C

【解析】选项 C：税法对"经营所得"没有规定扣缴义务人。

（二）非居民个人的相关规定

非居民个人取得工资、薪金所得，劳务报酬所得，稿酬所得和特许权使用费所得，有扣缴义务人的，由扣缴义务人按月或者按次代扣代缴税款，不办理汇算清缴。

【小贴士】非居民个人在一个纳税年度内税款扣缴方法保持不变，达到居民个人条件时，应当告知扣缴义务人基础信息变化情况，年度终了后按照居民个人有关规定办理汇算清缴。

（三）其他相关规定

1. 居民个人向扣缴义务人提供有关信息，并依法要求办理专项附加扣除的，扣缴义务人应当按照规定在工资、薪金所得按月预扣预缴税款时予以扣除，不得拒绝。

2. 扣缴义务人应当按照纳税人提供的信息计算税款、办理扣缴申报，不得擅自更改纳税人提供的信息。

3. 扣缴义务人发现纳税人提供的信息与实际情况不符的，可以要求纳税人修改。纳税人拒绝修改的，扣缴义务人应当报告税务机关，税务机关应当及时处理。

4. 纳税人发现扣缴义务人提供或者扣缴申报的个人信息、支付所得、扣缴税款等信息与实际情况不符的，有权要求扣缴义务人修改。扣缴义务人拒绝修改的，纳税人应当报告税务机关，税务机关应当及时处理。

5. 对扣缴义务人按照规定扣缴的税款，按年付给 2% 的手续费。但不包括税务机关、司法机关等查补或者责令补扣的税款。

6. 扣缴义务人未将扣缴的税款解缴入库的，不影响纳税人按照规定申请退税，税务机关应当凭纳税人提供的有关资料办理退税。

【小贴士】扣缴义务人不按规定履行代扣代缴义务的，税务机关负责向纳税人追缴税款，但对扣缴义务人将依照《征管法》的规定，处以应扣未扣税款 50% 以上 3 倍以下的罚款。

7. 扣缴义务人每月或者每次预扣、代扣的税款，应当在次月 15 日内缴入国库，并向税务机关报送《个人所得税扣缴申报表》。

重难点 3：办理 2019 年度个人所得税综合所得汇算清缴事项的规定（新）★★

（一）2019 年度汇算的内容

依据税法规定，2019 年度终了后，居民个人（简称纳税人）需要汇总 2019 年 1 月 1 日至 12 月 31 日取得的工资薪金、劳务报酬、稿酬、特许权使用费等四项所得（综合所得）的收入额，减除费用 6 万元以及专项扣除、专项附加扣除、依法确定的其他扣除和符合条件的公益慈善事业捐赠（简称捐赠）后，适用综合所得个人所得税税率并减去速算扣除数，计算本年度最终应纳税额，再减去 2019 年度已预缴税额，得出本年度应退或应补税额，向税务

机关申报并办理退税或补税。

具体计算公式如下：

汇算应退或应补税额 =［（综合所得收入额 –60 000 元 –“三险一金”等专项扣除 – 子女教育等专项附加扣除 – 依法确定的其他扣除 – 捐赠）× 适用税率 – 速算扣除数］–2019 年已预缴税额

【小贴士】2019 年度汇算仅计算并结清本年度综合所得的应退或应补税款，不涉及以前或往后年度，也不涉及财产租赁等其他分类所得，以及纳税人按规定选择不并入综合所得计算纳税的全年一次性奖金等所得。

（二）无需办理年度汇算的纳税人

依据税法规定，纳税人在 2019 年度已依法预缴个人所得税且符合下列情形之一的，无需办理年度汇算：

1. 纳税人年度汇算需补税但年度综合所得收入不超过 12 万元的；

2. 纳税人年度汇算需补税金额不超过 400 元的；

3. 纳税人已预缴税额与年度应纳税额一致或者不申请年度汇算退税的。

（三）需要办理年度汇算的纳税人

依据税法规定，符合下列情形之一的，纳税人需要办理年度汇算：

1. 2019 年度已预缴税额大于年度应纳税额且申请退税的。包括：

（1）2019 年度综合所得收入额不超过 6 万元但已预缴个人所得税；

（2）年度中间劳务报酬、稿酬、特许权使用费适用的预扣率高于综合所得年适用税率；

（3）预缴税款时，未申报扣除或未足额扣除减除费用、专项扣除、专项附加扣除、依法确定的其他扣除或捐赠，以及未申报享受或未足额享受综合所得税收优惠。

2. 2019 年度综合所得收入超过 12 万元且需要补税金额超过 400 元的。包括：

（1）取得两处及以上综合所得；

（2）合并后适用税率提高导致已预缴税额小于年度应纳税额。

（四）可享受的税前扣除

下列未申报扣除或未足额扣除的税前扣除项目，纳税人可在年度汇算期间办理扣除或补充扣除：

1. 纳税人及其配偶、未成年子女在 2019 年度发生的，符合条件的大病医疗支出；

2. 纳税人在 2019 年度未申报享受或未足额享受的子女教育、继续教育、住房贷款利息或住房租金、赡养老人专项附加扣除，以及减除费用、专项扣除、依法确定的其他扣除；

3. 纳税人在 2019 年度发生的符合条件的捐赠支出。

（五）办理时间

纳税人办理 2019 年度汇算的时间为 2020 年 3 月 1 日至 6 月 30 日。在中国境内无住所的纳税人在 2020 年 3 月 1 日前离境的，可以在离境前办理年度汇算。

（六）办理方式

纳税人可自主选择下列办理方式：

1. 自行办理年度汇算。

2. 通过取得工资薪金或连续性取得劳务报酬所得的扣缴义务人代为办理。

3. 委托涉税专业服务机构或其他单位及个人（受托人）办理，受托人需与纳税人签订授权书。

（七）办理渠道

1. 纳税人可优先通过网上税务局（包括手机 APP）办理年度汇算，税务机关将按规定为纳税人提供申报表预填服务；

2. 不方便通过上述方式办理的，也可以通过邮寄方式或到办税服务厅办理。

（八）申报信息及资料留存

纳税人办理年度汇算时，除向税务机关报送年度汇算申报表外，如需修改本人相关基础信息，新增享受扣除或者税收优惠的，还应按规定一并填报相关信息。

【小贴士】纳税人以及代办年度汇算的扣缴义务人，需将年度汇算申报表以及与纳税人综合所得收入、扣除、已缴税额或税收优惠等相关资料，自年度汇算期结束之日起留存5年。

（九）接受年度汇算申报的税务机关

纳税人自行办理或受托人为纳税人代为办理2019年度汇算的税务机关：

1. 向纳税人任职受雇单位所在地的主管税务机关申报；

2. 有两处及以上任职受雇单位的，可自主选择向其中一处单位所在地的主管税务机关申报；

3. 纳税人没有任职受雇单位的，向其户籍所在地或者经常居住地的主管税务机关申报；

4. 扣缴义务人在年度汇算期内，为纳税人办理年度汇算的，向扣缴义务人的主管税务机关申报。

（十）年度汇算的退税、补税

1. 关于退税。

纳税人申请年度汇算退税，应当提供其在中国境内开设的符合条件的银行账户。税务机关按规定审核后，在接受年度汇算申报的税务机关所在地（即汇算清缴地）就地办理税款退库。

【小贴士】纳税人2019年度综合所得收入额不超过6万元且已预缴个人所得税的，税务机关在网上税务局（包括手机 APP）提供便捷退税功能，纳税人可以在2020年3月1日至5月31日期间，通过简易申报表办理年度汇算退税。

2. 关于补税。

纳税人办理年度汇算补税的，可以通过网上银行、办税服务厅 POS 机刷卡、银行柜台、非银行支付机构等方式缴纳。

（十一）年度汇算服务

纳税人如需提前或延后办理的，可与税务机关预约或通过网上税务局（包括手机 APP）在法定年度汇算期内办理。

重难点4：专项附加扣除的操作办法★★★

（一）享受扣除及办理时间

1. 子女教育。

（1）学前教育阶段，为子女年满3周岁当月至小学入学前一月。

（2）学历教育，为子女接受全日制学历教育入学的当月至全日制学历教育结束的当月。

2. 继续教育。

（1）学历（学位）继续教育，为在中国境内接受学历（学位）继续教育入学的当月至学历（学位）继续教育结束的当月。

（2）技能人员职业资格继续教育、专业技术人员职业资格继续教育，为取得相关证书的当年。

【小贴士】上述期间包含因病或其他非主观原因休学，但学籍继续保留的休学期间，以及施教机构按规定组织实施的寒暑假等假期。

3. 大病医疗，为医疗保障信息系统记录的医药费用实际支出的当年。

4. 住房贷款利息，为贷款合同约定开始还款的当月至贷款全部归还或贷款合同终止的当月，扣除期限最长不得超过240个月。

5. 住房租金，为租赁合同（协议）约定的房屋租赁期开始的当月至租赁期结束的当月。提前终止合同（协议）的，以实际租赁期限为准。

6. 赡养老人，为被赡养人年满60周岁的当月至赡养义务终止的年末。

【小贴士】享受上述（不包括大病医疗）专项附加扣除的纳税人，自符合条件开始，可以向支付工资、薪金所得的扣缴义务人提供上述专项附加扣除有关信息，由扣缴义务人在预扣预缴税款时，按其在本单位本年可享受的累计扣除额办理扣除；也可以在次年3月1日至6月30日内，向汇缴地主管税务机关办理汇算清缴申报时扣除。

【小贴士】纳税人同时从两处以上取得工资、薪金所得，并由扣缴义务人办理上述专项附加扣除的，对同一专项附加扣除项目，一个纳税年度内，纳税人只能选择从其中一处扣除。

【小贴士】（只有）享受大病医疗专项附加扣除的纳税人，由其在次年3月1日至6月30日内，自行向汇缴地主管税务机关办理汇算清缴申报时扣除。

【小贴士】扣缴义务人办理工资、薪金所得预扣预缴税款时，应当根据纳税人报送的《个人所得税专项附加扣除信息表》（简称《扣除信息表》）为纳税人办理专项附加扣除。

【小贴士】纳税人年度中间更换工作单位的，在原单位任职、受雇期间已享受的专项附加扣除金额，不得在新任职、受雇单位扣除。原扣缴义务人应当自纳税人离职不再发放工资薪金所得的当月起，停止为其办理专项附加扣除。

【小贴士】纳税人未取得工资、薪金所得，仅取得劳务报酬所得、稿酬所得、特许权使用费所得需要享受专项附加扣除的，应当在次年3月1日至6月30日内，自行向汇缴地主管税务机关报送《扣除信息表》，并在办理汇算清缴申报时扣除。

【小贴士】一个纳税年度内，纳税人在扣缴义务人预扣预缴税款环节未享受或未足额享受专项附加扣除的，可以在当年内向支付工资、薪金的扣缴义务人申请在剩余月份发放工资、薪金时补充扣除，也可以在次年3月1日至6月30日内，向汇缴地主管税务机关办理汇算清缴时申报扣除。

（二）报送信息及留存备查资料

1. 纳税人选择在扣缴义务人发放工资、薪金所得时享受专项附加扣除的，首次享受时应当填写并向扣缴义务人报送《扣除信息表》。

【小贴士】纳税年度中间相关信息发生变化的，纳税人应当更新《扣除信息表》相应栏次，并及时报送给扣缴义务人。

【小贴士】更换工作单位的纳税人，需要由新任职、受雇扣缴义务人办理专项附加扣除的，应当在入职的当月，填写并向扣缴义务人报送《扣除信息表》。

2. 纳税人次年需要由扣缴义务人继续办理专项附加扣除的，应当于每年12月份对次年享受专项附加扣除的内容进行确认，并报送至扣缴义务人。纳税人未及时确认的，扣缴义务人于次年1月起暂停扣除，待纳税人确认后再行办理专项附加扣除。

【小贴士】扣缴义务人应当将纳税人报送的专项附加扣除信息，在次月办理扣缴申报时一并报送至主管税务机关。

3. 纳税人选择在汇算清缴申报时享受专项附加扣除的，应当填写并向汇缴地主管税务机关报送《扣除信息表》。

4 纳税人将需要享受的专项附加扣除项目信息填报至《扣除信息表》相应栏次。

【小贴士】填报要素完整的，扣缴义务人或者主管税务机关应当受理；填报要素不完整的，扣缴义务人或者主管税务机关应当及时告知纳税人补正或重新填报。

【小贴士】纳税人未补正或重新填报的，暂不办理相关专项附加扣除，待纳税人补正或重新填报后再行办理。

5. 纳税人享受子女教育专项附加扣除，应当填报配偶及子女的姓名、身份证件类型及号码、子女当前受教育阶段及起止时间、子女就读学校以及本人与配偶之间扣除分配比例等信息。

【小贴士】纳税人需要留存备查资料包括：子女在境外接受教育的，应当留存境外学校录取通知书、留学签证等境外教育佐证资料。

6. 纳税人享受继续教育专项附加扣除，接受学历（学位）继续教育的，应当填报教育起止时间、教育阶段等信息。

【小贴士】纳税人需要留存备查资料包括：纳税人接受技能人员职业资格继续教育、专业技术人员职业资格继续教育的，应当留存职业资格相关证书等资料。

7. 纳税人享受住房贷款利息专项附加扣除，应当填报住房权属信息、住房坐落地址、贷款方式、贷款银行、贷款合同编号、贷款期限、首次还款日期等信息；纳税人有配偶的，填写配偶姓名、身份证件类型及号码。

【小贴士】纳税人需要留存备查资料包括：住房贷款合同、贷款还款支出凭证等资料。

8. 纳税人享受住房租金专项附加扣除，应当填报主要工作城市、租赁住房坐落地址、出租人姓名及身份证件类型和号码或者出租方单位名称及纳税人识别号（社会统一信用代码）、租赁起止时间等信息；纳税人有配偶的，填写配偶姓名、身份证件类型及号码。

【小贴士】纳税人需要留存备查资料包括：住房租赁合同或协议等资料。

9. 纳税人享受赡养老人专项附加扣除，应当填报纳税人是否为独生子女、月扣除金额、被赡养人姓名及身份证件类型和号码、与纳税人关系；有共同赡养人的，需填报分摊方式、共同赡养人姓名及身份证件类型和号码等信息。

【小贴士】纳税人需要留存备查资料包括：约定或指定分摊的书面分摊协议等资料。

10. 纳税人享受大病医疗专项附加扣除，应当填报患者姓名、身份证件类型及号码、与纳税人关系、与基本医保相关的医药费用总金额、医保目录范围内个人负担的自付金额等信息。

【小贴士】纳税人需要留存备查资料包括：大病患者医药服务收费及医保报销相关票据原件或复印件，或者医疗保障部门出具的纳税年度医药费用清单等资料。

【小贴士】纳税人应当对报送的专项附加扣除信息的真实性、准确性、完整性负责。

【小贴士】纳税人可以通过远程办税端、电子或者纸质报表等方式，向扣缴义务人或者主管税务机关报送个人专项附加扣除信息。

（三）后续管理

1. 纳税人应当将《扣除信息表》及相关留存备查资料，自法定汇算清缴期结束后保存5年。

【小贴士】纳税人报送给扣缴义务人的《扣除信息表》，扣缴义务人应当自预扣预缴年度的次年起留存5年。

2. 扣缴义务人应当及时按照纳税人提供的信息计算办理扣缴申报，不得擅自更改纳税人提供的相关信息。

【小贴士】除纳税人另有要求外，扣缴义务人应当于年度终了后两个月内，向纳税人提供已办理的专项附加扣除项目及金额等信息。

3. 纳税人有下列情形之一的，主管税务机关应当责令其改正；情形严重的，应当纳入有关信用信息系统，并按照国家有关规定实施联合惩戒；涉及违反《征管法》等法律法规的，税务机关依法进行处理：

（1）报送虚假专项附加扣除信息；

（2）重复享受专项附加扣除；

（3）超范围或标准享受专项附加扣除；

（4）拒不提供留存备查资料；

（5）税务总局规定的其他情形。

【小贴士】纳税人在任职、受雇单位报送虚假扣除信息的，税务机关责令改正的同时，通知扣缴义务人。

重难点5：反避税的规定★★

（一）适用的情形

有下列情形之一的，税务机关有权按照合理方法进行纳税调整：

1. 个人与其关联方之间的业务往来不符合独立交易原则，而减少本人或者其关联方应纳税额，且无正当理由。

2. 居民个人控制的，或者居民个人和居民企业共同控制的设立在实际税负明显偏低的国家（地区）的企业，无合理经营需要，对应当归属于居民个人的利润不作分配或者减少分配。

3. 个人实施其他不具有合理商业目的的安排而获取不当税收利益。

（二）反避税措施

税务机关依照前述规定情形作出纳税调整，需要补征税款的，应当补征税款，并依法加收利息。

1. 加收的利息，应当按照税款所属纳税申报期最后一日中国人民银行公布的与补税期间同期的人民币贷款基准利率计算。

2. 自税款纳税申报期满次日起至补缴税款期限届满之日止按日加收。

3. 纳税人在补缴税款期限届满前补缴税款的，利息加收至补缴税款之日。

重难点6：自然人纳税识别号的规定★

1. 自然人纳税人识别号，是自然人纳税人办理各类涉税事项的唯一代码标识。

【小贴士】有中国公民身份号码的，以其中国公民身份号码作为纳税人识别号；没有中国公民身份号码的，由税务机关赋予其纳税人识别号。

2. 纳税人首次办理涉税事项时，应当向税务机关或者扣缴义务人出示有效身份证件，并报送相关基础信息。有效身份证件，一般是指《居民身份证》。

重难点7：将《税收完税证明》调整为《纳税记录》的规定★

从2019年1月1日起，纳税人申请开具税款所属期为2019年1月1日（含）以后的个人所得税缴（退）税情况证明的，税务机关不再开具《税收完税证明》，调整为开具《纳税记录》。

重难点8：建立个人所得税纳税信用管理机制（新）★

1. 全面实施个人所得税申报信用承诺制。

2. 建立健全个人所得税纳税信用记录。

3. 建立自然人失信行为认定机制。

4. 对个人所得税守信纳税人提供更多便利和机会。

5. 对个人所得税严重失信当事人实施联合惩戒。

6. 强化信息安全和隐私保护。

7. 建立异议解决和失信修复机制。

【本章总结】

1. 个人所得税每年都会考核“计算问答题”，偶尔年份会考核“综合题”，所以对2018年以前的考试真题需要熟悉，对2019年的考试真题需要掌握。

2. 本章的掌握与熟悉：

（1）掌握应税所得9个项目的具体规定，熟悉征税范围的界定，如应征、不征、免征、按什么项目征；

（2）熟悉“综合所得税率表”“月度所得税率表”“经营所得税率表”，掌握除前三表外的其他税率；

（3）掌握各个应税项目应税收入及扣除项目的确定，进一步掌握各个应税项目应纳税所得额的计算，再进一步掌握各个应税项目应纳税额的计算；

（4）必须掌握综合所得的预缴与年终汇缴的计算；

（5）熟悉税收优惠的内容；

（6）熟悉征收管理中“全员全额扣缴申报纳税”的内容，掌握“专项附加扣除的操作办法”的内容；

（7）本章相关“数字”“时间”多数需要熟悉或掌握。

3. 与其他税种的关系：

与企业所得税：两个所得税有很多相同或相似的规定，需要同时记忆。

五、进阶练习

（一）单选题

1. 我国目前个人所得税的征收模式是（　　）。

A. 分类征收制　　B. 综合征收制　　C. 复合征收制　　D. 混合征收制

2. 居民个人是指在中国境内有住所，或者无住所而在中国境内居住满一定天数的个人，该天数是指（　　）。

A. 一个纳税年度在中国境内居住累计满 90 天

B. 一个纳税年度在中国境内居住累计满 183 天

C. 一个纳税年度在中国境内居住累计满 365 天

D. 一个纳税年度在中国境内居住连续满 183 天

3. 以下应按工资、薪金所得征税的项目是（　　）。

A. 差旅费津贴　　B. 误餐补助

C. 外国来华留学生的奖学金　　D. 年终加薪

4. 某高校教师为出版社审稿所得属于（　　）。

A. 工资、薪金所得　　B. 稿酬所得

C. 劳务报酬所得　　D. 特许权使用费所得

5. 下列属于稿酬所得的项目是（　　）。

A. 某工程师在刊物上发表文章取得的报酬

B. 提供著作权的使用权而取得的报酬

C. 将国外的文学作品翻译取得的报酬

D. 个人在本公司任职，同时兼任董事，取得的董事费收入

6. 根据个人所得税专项附加扣除暂行办法的有关规定，下列表述中，不正确的是（　　）。

A. 子女教育支出按照每个子女每月 1 000 元的标准定额扣除

B. 纳税人接受技能人员职业资格继续教育的支出，在取得相关证书的当年按照 3 600 元定额扣除

C. 纳税人发生的大病医疗支出，在 80 000 元限额内据实扣除

D. 纳税人为独生子女的，赡养老人支出按照每月 2 000 元的标准定额扣除

7. 下列项目中，属于“工资、薪金所得”的是（　　）。

A. 上市公司用本企业资金为优秀员工购买房屋

B. 上市公司个人股东从该公司借款，在该纳税年度终了后既不归还又未用于公司生产经营

C. 个人独资企业的个人投资者用企业资金为本人购买汽车

D. 有限责任公司的个人投资者用公司资金为本人购买汽车

8. 下列各项中，按照“偶然所得”计算缴纳个人所得税的是（　　）。

A. 企业对累积消费达到一定额度的个人按消费积分反馈礼品

B. 福利彩票中奖收入 5 万元

C. 消费者以八折的优惠价格购买服装

D. 消费者在购买电器的同时取得商家赠送的围裙一条

9. 下列所得来源地的确定，说法不正确的是（　　）。

A. 在中国境内提供劳务取得的所得属于来源于中国境内的所得

B. 将财产出租给承租人在中国境外使用而取得的所得属于来源于中国境内的所得

C. 转让中国境内的不动产而取得的所得属于来源于中国境内的所得

D. 许可各种特许权在中国境内使用而取得的所得属于来源于中国境内的所得

10. 承包、承租人对企业经营成果不拥有所有权，仅是按合同规定取得一定所得的，其所得按（　　）所得项目征税。

A. 工资、薪金　　B. 经营所得

C. 利息、股息、红利所得　　D. 劳务报酬

11. 居民个人取得的下列应税所得中，按次计征个人所得税的是（　　）。

A. 经营所得　　B. 财产租赁所得

C. 劳务报酬所得　　D. 稿酬所得

12. 以下属于我国个人所得税法中规定的专项扣除的项目是（　　）。

A. 住房公积金　　B. 大病医疗

C. 继续教育　　D. 符合规定的职业年金

13. 中国公民王先生的大儿子在英国读大学，小儿子在国内某小学二年级就读。2019 年王先生的两个儿子各自有 3 个月的寒暑假期。经与妻子约定，子女教育支出双方各扣除 50%。2019 年王先生申报缴纳个人所得税时，可以扣除的子女教育支出为（　　）元。

A. 9 000　　B. 12 000　　C. 18 000　　D. 24 000

14. 纳税人在中国境内接受学历（学位）继续教育的支出，在学历（学位）教育期间按照每月（　　）元定额扣除。

A. 1 500　　B. 1 100　　C. 1 000　　D. 400

15. 中国公民李先生及其妻子在 2019 年均发生了与基本医保相关的医药费用支出。李先生扣除医保报销后个人负担（医保目录范围内的自付部分，下同）27 000 元，其妻子扣除医保报销后个人负担 80 000 元。李先生夫妇选择在李先生一方扣除大病医疗支出。则李先生在个人所得税汇算清缴时，一共可以扣除的大病医疗支出为（　　）元。

A. 27 000　　B. 77 000　　C. 80 000　　D. 107 000

16. 中国公民王先生于 2018 年使用商业银行贷款为本人购买中国境内住房，每月支付房贷利息 3 000 元，王先生与其妻子约定，房贷利息支出专项附加扣除由王先生扣除。2019 年

王先生申报缴纳个人所得税时，可以扣除的住房贷款利息支出为（　　）元。

A. 12 000　　B. 24 000　　C. 36 000　　D. 48 000

17. 中国公民李先生系独生子女，父母已相继过世，李先生赡养85岁的爷爷奶奶。2019年李先生申报缴纳个人所得税时，最多可以扣除的赡养老人支出为（　　）元。

A. 0　　B. 12 000　　C. 18 000　　D. 24 000

18. 我国公民赵先生于2019年12月获得福利彩票中奖收入30 000元，当即将中奖收入10 000元通过国家机关捐赠给某贫困地区（取得捐赠证明），则应缴纳的个人所得税为（　　）元。

A. 4 000　　B. 4 200　　C. 6 000　　D. 8 000

19. 下列所得中，需按规定缴纳个人所得税的是（　　）。

A. 国家发行的金融债券利息

B. 军人的转业费

C. 外籍个人从外商投资企业取得的股息、红利所得

D. 个人转让自用达2年以上并且是唯一的家庭居住用房取得的所得

20. 个人取得的下列所得中，应征个人所得税的是（　　）。

A. 个人办理代扣代缴税款手续，按规定取得的扣缴手续费

B. 个人投资者从投保基金公司取得的行政和解金

C. 个人购买体育彩票中奖收入11 000元

D. 个人转让上市公司股票取得的所得

21. 个人独资企业生产经营活动中，投资者的生产经营费用和个人、家庭费用混合在一起，并且难以划分的，则生产经营有关费用按（　　）扣除。

A. 0　　B. 10%　　C. 20%　　D. 40%

22. 个体工商户研究开发新产品、新技术而购置一定价值的测试仪器和试验性装置的购置费准予在计算个人所得税应纳税所得额时直接扣除，该仪器、装置的单台价值（　　）。

A. 在5万元以下　　B. 在10万元以下

C. 在15万元以下　　D. 在100万元以下

23. 中国公民孙某2019年将其拥有的闲置住房出租给李某居住，合同约定每月不含增值税租金5 000元；8月发生房屋修缮费用1 300元，支付的修缮费及缴纳的相关税费均能提供合法票据。孙某8月取得的租金收入应缴纳的个人所得税为（　　）元。（不考虑其他税费）

A. 290　　B. 296　　C. 336　　D. 672

24. 下列关于居民个人2019年取得全年一次性奖金的表述中，不正确的是（　　）。

A. 居民个人取得的全年一次性奖金，在2021年12月31日前可选择并入当年综合所得计税，也可以选择单独计税

B. 在一个纳税年度内，对每一个纳税人，全年一次性奖金单独计税的计税办法只允许采用一次

C. 自2021年1月1日起，居民个人取得全年一次性奖金，应并入当年综合所得计算缴纳个人所得税

D. 加班费和考勤奖与当月工资、薪金收入合并缴纳个人所得税

25. 自 2019 年 1 月 1 日至 2021 年 12 月 31 日，对自主就业退役士兵从事个体经营的，自办理个体工商户登记当月起，在 3 年内按每户每年（　　）元为限额依次扣减其当年实际应缴纳的增值税、城市维护建设税、教育费附加、地方教育附加和个人所得税。

A. 8 000　　B. 10 000　　C. 12 000　　D. 15 000

26. 甲公司为了留住人才，2019 年 12 月以 76 万元（不含增值税）的价格向职工周某出售一套二居室住房，该住房系公司 2018 年以 100 万元的价格购置。当月甲公司应扣缴周某个人所得税（　　）元。

A. 31 080　　B. 46 590　　C. 52 430　　D. 150 590

27. 中国居民陈某转让限售股取得收入 20 000 元，不能提供完整真实的限售股原值凭证，则陈某应纳个人所得税税额为（　　）元。

A. 0　　B. 3 400　　C. 4 000　　D. 6 800

28. 企业向个人赠送礼品的下列情形中，应征收个人所得税的是（　　）。

A. 企业通过价格折扣方式向个人销售商品

B. 企业向个人销售商品的同时给予赠品

C. 企业对累积消费达到一定额度的个人按消费积分反馈礼品

D. 企业对累积消费达到一定额度的顾客，给予额外抽奖机会，个人的获奖所得

29. 依法批准设立的非营利性研究开发机构和高等学校根据规定，从职务科技成果转化收入中给予科技人员的现金奖励，可减按（　　）计入科技人员当月“工资、薪金所得”，依法缴纳个人所得税。

A. 25%　　B. 50%　　C. 75%　　D. 100%

30. 根据试点地区开展个人税收递延型商业养老保险的相关规定，取得工资薪金、连续性劳务报酬所得的个人，其缴纳的保费准予在申报扣除当月计算应纳税所得额时予以限额据实扣除，扣除限额为（　　）。

A. 按照当月工资薪金、连续性劳务报酬收入的 5% 和 1 000 元孰低办法确定

B. 按照当月工资薪金、连续性劳务报酬收入的 5% 和 1 000 元孰高办法确定

C. 按照当月工资薪金、连续性劳务报酬收入的 6% 和 1 000 元孰低办法确定

D. 按照当月工资薪金、连续性劳务报酬收入的 6% 和 1 000 元孰高办法确定

（二）多选题

1. 下列各项中，属于我国个人所得税纳税人的有（　　）。

A. 中国公民　　B. 在中国有所得的外国人

C. 个人独资企业　　D. 合伙企业个人投资者

2. 军队干部取得的下列补贴、津贴中，暂不征收个人所得税的有（　　）。

A. 军人职业津贴　　B. 军队设立的艰苦地区补助

C. 专业性补助　　D. 伙食补贴

3. 根据个人所得税法的相关规定，居民个人取得的下列各项所得中，属于综合所得的有（　　）。

A. 工资、薪金所得　　B. 劳务报酬所得

C. 特许权使用费所得　　　　　　　　D. 财产转让所得

4. 下列各项中，应按“经营所得”项目征收个人所得税的有（　　）。

A. 出租车属个人所有，但挂靠出租汽车经营单位的出租车驾驶员取得的收入

B. 合伙企业的个人投资者以企业资金为本人购买的汽车

C. 个人独资企业的个人投资者以企业资金为本人购买的住房

D. 法人制企业的个人投资者以企业资金为本人购买的汽车

5. 居民个人取得的下列所得中，按年计征的有（　　）。

A. 劳务报酬所得　　B. 经营所得　　C. 财产租赁所得　　D. 稿酬所得

6. 根据个人所得税法的相关规定，下列关于每次收入的确定，说法正确的有（　　）。

A. 非居民个人稿酬所得以每次出版、发表取得的收入为一次

B. 非居民个人劳务报酬所得属于一次性收入的，以取得该项收入为一次

C. 财产租赁所得，以一个月内取得的收入为一次

D. 偶然所得，以每次收入为一次

7. 根据个人所得税专项附加扣除暂行办法的有关规定，下列表述中，正确的有（　　）。

A. 纳税人年满 3 岁的子女未接受学前教育，则不允许按扣除标准扣除

B. 个人接受硕士研究生继续教育，可以选择由其父母按子女教育扣除

C. 夫妻双方婚前分别购买住房发生的首套住房贷款，其贷款利息支出，可在婚后分别对各自购买的住房分别按扣除标准的 50% 扣除

D. 住房租金支出由签订租赁住房合同的承租人扣除

8. 下列关于大病医疗专项附加扣除的表述中，不正确的有（　　）。

A. 纳税人发生的与基本医保相关的医药费用支出，扣除医保报销后个人负担（指医保目录范围内的自付部分）累计超过 15 000 元的部分，由纳税人在办理年度汇算清缴时，在 60 000 元限额内据实扣除

B. 纳税人发生的医药费用支出可以选择由本人或者其配偶扣除

C. 未成年子女发生的医药费用支出可以选择由其父母一方扣除

D. 纳税人及其配偶、未成年子女发生的医药费用支出，可以汇总在一起计算扣除额

9. 个人取得的下列所得中，不征收或暂不征收个人所得税的有（　　）。

A. 个人独资企业从事种植业、养殖业、饲养业和捕捞业取得的所得

B. 被拆迁人按照标准取得的拆迁补偿款

C. 乡镇企业的职工和农民取得的青苗补偿费

D. 保险赔款

10. 根据个人所得税法的相关规定，下列关于经营所得的表述中，正确的有（　　）。

A. 取得经营所得的个人，没有综合所得的，在计算其每一纳税年度的应纳税所得额时可以分别减除费用 6 万元、专项扣除、专项附加扣除以及依法确定的其他扣除

B. 个体工商户业主的工资薪金支出可以税前扣除

C. 投资者兴办两个或两个以上企业的，企业的年度经营亏损不能跨企业弥补

D. 个体工商户代其从业人员负担的税款，不得税前扣除

11. 根据个人所得税法的相关规定，个体工商户的业主在计算其经营所得时，下列费用准予在个人所得税税前据实扣除的有（　　）。

A. 为研究开发新产品而购置一台 12 万元的测试仪器的购置费

B. 合理的劳动保护支出

C. 按照规定缴纳的行政性收费

D. 生产经营与个人、家庭生活混用难以分清的费用的 40% 部分

12. 计算个人转让住房应缴纳的个人所得税时允许扣除的税金有（　　）。

A. 城市维护建设费　　B. 教育费附加

C. 土地增值税　　D. 印花税

13. 关于企业年金的个人所得税处理，下列表述中正确的有（　　）。

A. 企业按标准缴纳的企业年金单位缴费部分，在计入个人账户时，个人暂不缴纳个人所得税

B. 年金基金投资运营收益分配计入个人账户时，个人暂不纳税

C. 个人达到国家规定的退休年龄，领取的企业年金符合规定的，不并入综合所得，全额单独计算应纳税款

D. 个人死亡后，法定继承人一次性领取的年金个人账户余额，适用月度税率表计算纳税

14. 关于解除劳动关系取得一次性补偿收入的个人所得税处理，下列表述不正确的有（　　）。

A. 个人与用人单位解除劳动关系取得一次性补偿收入，免征个人所得税

B. 个人与用人单位解除劳动关系取得一次性补偿收入，全额并入当年综合所得

C. 个人与用人单位解除劳动关系取得一次性补偿收入，在当地上年职工平均工资 3 倍数额以内的部分，免征个人所得税

D. 个人与用人单位解除劳动关系取得一次性补偿收入，超过当地上年职工平均工资 3 倍数额的部分，不并入当年综合所得，单独适用综合所得税率表，计算纳税

15. 集体所有制企业改制为股份合作制企业时，职工拥有所有权的量化股份，下列说法正确的有（　　）。

A. 取得量化资产暂缓征收个人所得税

B. 持有量化资产期间获得的股息、红利，应按“利息、股息、红利”项目征收个人所得税

C. 转让股份按财产转让所得计征个人所得税

D. 转让股份暂缓征收个人所得税

16. 根据个人所得税法的相关规定，下列关于累计预扣法的表述中正确的有（　　）。

A. 居民个人取得的劳务报酬所得，按照累计预扣法计算预扣税款

B. 纳税年度终了计算出的本期应预扣预缴税额为负值时，由纳税人通过办理综合所得年度汇算清缴，税款多退少补

C. 累计预扣预缴应纳税所得额 = 累计收入 - 累计免税收入 - 累计减除费用 - 累计专项扣除 - 累计专项附加扣除 - 累计依法确定的其他扣除

D. 年度预扣预缴税额与年度应纳税额不一致的，由居民个人于次年 3 月 31 日前向主管

税务机关办理综合所得年度汇算清缴，税款多退少补

17. 根据个人所得税法的相关规定，下列各项中，说法正确的有（　　）。

A. 个人从公开发行和转让市场取得的上市公司股票，持股期限在1个月以内（含1个月）的，其股息红利所得全额计入应纳税所得额

B. 个人从公开发行和转让市场取得的上市公司股票，持股期限在1个月以上至1年（含1年）的，其股息红利所得暂减按50%计入应纳税所得额

C. 个人从公开发行和转让市场取得的上市公司股票，持股期限超过1年的，其股息红利所得全额计入应纳税所得额

D. 个人转让限售股取得的所得暂不征收个人所得税

18. 下列各项中，不符合个人所得税有关规定的有（　　）。

A. 个人出租自有住房取得的所得可按照20%税率征收个人所得税

B. 对个人转让已自用3年并且是家庭唯一居住用房取得的所得免征个人所得税

C. 法人制企业个人投资者以企业资金为本人买房，依照经营所得征收个人所得税

D. 房屋产权所有人将房屋产权无偿赠与配偶，对当事双方不征收个人所得税

19. 下列按工资、薪金所得征收个人所得税的项目有（　　）。

A. 个人取得的公务用车、通信补贴收入

B. 全年一次性奖金

C. 个人获得的不竞争款项

D. 特聘教授取得的岗位津贴

20. 以下外籍个人取得的津贴，可以免征个人所得税的有（　　）。

A. 外籍个人取得的合理的语言训练费

B. 外籍个人按合理标准取得的境内、外出差补贴

C. 以非现金形式取得的住房补贴和搬迁费所得

D. 外籍个人取得的合理的探亲费

21. 以下对个人取得拍卖收入征收个人所得税的说法正确的有（　　）。

A. 作者将自己的文字作品手稿原件或复印件拍卖取得的所得，按照“财产转让所得”项目缴纳个人所得税

B. 个人拍卖除文字作品原稿及复印件外的其他财产，按照“特许权使用费”所得项目缴纳个人所得税

C. 对个人财产拍卖所得征收个人所得税时，以该项财产最终拍卖成交价格为其转让收入额

D. 个人财产拍卖所得应纳的个人所得税税款，由拍卖单位负责代扣代缴

22. 根据现行的个人所得税政策，下列各项说法正确的有（　　）。

A. 实行内部退养的个人在其办理内部退养手续后至法定离退休年龄之间从原任职单位取得的工资、薪金，应按“工资、薪金”项目计征个人所得税

B. 单位为职工个人购买商业性补充养老保险等，在办理投保手续时应按“工资、薪金所得”项目缴纳个人所得税

C. 单位统一为员工购买符合规定的商业健康保险产品，视同个人购买，自购买产品的

当月起，在不超过规定标准内按月扣除

D. 律师以个人名义再聘请其他人员为其工作而支付的报酬，应由该律师按“劳务报酬所得”项目代扣代缴个人所得税

23. 根据个人所得税政策，以下说法不正确的有（　　）。

A. 保险营销员、证券经纪人取得佣金收入，属于劳务报酬所得

B. 律师事务所，比照“经营所得”项目征收个人所得税

C. 个人转让新三板挂牌公司非原始股取得的所得，按照“财产转让所得”征收个人所得税

D. 个人转让新三板挂牌公司原始股取得的所得，暂免征收个人所得税

24. 企业向个人赠送礼品，应依法缴纳个人所得税的有（　　）。

A. 企业对累积消费达到一定额度的个人按消费积分反馈礼品

B. 企业在召开座谈会的过程中，向本单位以外的个人赠送礼品

C. 企业在业务宣传活动中随机向本单位以外的个人赠送礼品

D. 企业通过价格折扣方式向个人销售商品

25. 纳税人享受住房贷款利息专项附加扣除，应当填报的信息有（　　）。

A. 住房权属信息　　B. 贷款方式　　C. 贷款银行　　D. 贷款期限

26. 下列关于扣缴义务人的相应规定，说法正确的有（　　）。

A. 支付工资、薪金所得的扣缴义务人应当于年度终了后一个月内，向纳税人提供其个人所得和已扣缴税款等信息

B. 扣缴义务人不得擅自更改纳税人提供的信息

C. 扣缴义务人依法履行代扣代缴义务，纳税人不得拒绝

D. 扣缴义务人每月或者每次预扣、代扣的税款，应当在次月十五日内缴入国库

27. 以下符合享受专项附加扣除的计算时间的有（　　）。

A. 学前教育阶段，为子女年满 3 周岁当月至小学入学前一月

B. 住房贷款利息，为贷款合同约定开始还款的当月至贷款全部归还或贷款合同终止的当月

C. 赡养老人，为被赡养人年满 60 周岁的当月至赡养义务终止的月末

D. 技能人员职业资格继续教育、专业技术人员职业资格继续教育，为取得相关证书的当年

28. 根据个人所得税法的相关规定，下列关于办理汇算清缴期限的表述中，说法正确的有（　　）。

A. 居民个人取得综合所得，需要办理汇算清缴的，在取得所得的次年 3 月 1 日至 6 月 30 日内办理汇算清缴

B. 居民个人从中国境外取得所得，在取得所得的次年 3 月 1 日至 6 月 30 日内申报纳税

C. 经营所得，在取得所得的次年 3 月 31 日前办理汇算清缴

D. 非居民个人在中国境内从两处以上取得工资、薪金所得，在取得所得的次年 3 月 1 日至 6 月 30 日内申报纳税

29. 纳税人应当依法自行办理纳税申报的情形有（　　）。

A. 取得应税所得没有扣缴义务人

B. 取得应税所得，扣缴义务人未扣缴税款

C. 取得财产租赁所得

D. 取得境外所得

30. 实行个人所得税全员全额扣缴申报的应税所得有（　　）。

A. 工资、薪金所得　　B. 特许权使用费所得

C. 偶然所得　　D. 个体工商户经营所得

（三）计算问答题

1. 2019 年我国某省会城市公民张某取得如下收入：

（1）每月工资收入 9 400 元，按照标准缴纳三险一金 1 040 元，每月奖金 1 000 元；12 月取得年终奖 22 000 元。

（2）业余时间兼职课外辅导，每月从兼职单位取得报酬 3 500 元，兼职 8 个月。

（3）10 月份在报社发表文章，获得稿酬 6 000 元。

（4）1 月 1 日出租一处住房，不含增值税租金 4 500 元/月，租期 10 个月。

（5）8 月取得某上市公司分派的股息 10 000 元，系上年 12 月份购买的股票，8 月底将持有的该股票转让，获得收入 100 000 元。

（6）转让境外上市公司股票取得转让净所得 55 000 元，在境外缴纳个人所得税 9 000 元。

（7）通过拍卖行拍卖一幅字画，取得收入 15 000 元，该幅字画购买时实际支付的价款及其他费用共计 6 500 元，拍卖时实际支付相关费用 400 元。

（8）购买体育彩票，中奖收入 20 000 元。

（其他相关资料：张某系独生子，父母均已年满 60 周岁，张某向任职单位提供有关信息并依法要求办理专项附加扣除。）

要求：根据上述资料，回答下列问题。

（1）张某的兼职单位合计应预扣预缴的个人所得税；

（2）报社对张某的稿酬应预扣预缴的个人所得税；

（3）如果张某就全年一次性奖金选择单独计税，则计算综合所得和全年一次性奖金共应缴纳的个人所得税；

（4）张某出租住房取得所得应纳的个人所得税；（不考虑相关税费）

（5）张某股息收入应纳的个人所得税；

（6）张某转让境外上市公司股票应在我国补缴的个人所得税；

（7）张某拍卖字画取得的收入应纳的个人所得税；

（8）张某彩票中奖收入应纳的个人所得税。

2. 某高校教师李某 2019 年取得的收入情况如下：

（1）每月工资收入 10 000 元，按规定标准缴纳的三险一金合计为 1 100 元。

（2）4 月份出版一部专著，取得稿酬 100 000 元。

（3）5 月份李某通过拍卖行将自己的文字作品手稿原件进行拍卖，取得拍卖收入 150 000 元。

（4）6 月份将自己的一项著作权许可他人使用，取得收入 200 000 元。

（5）7 月份将 2 年前购买的住房对外出售，该住房不含增值税原值是 800 000 元，房屋不含增值税销售收入 1 000 000 元，转让过程中发生的已经缴纳除个人所得税、增值税以外的税费共计 30 000 元。

（6）购买福利彩票中奖获得 3 000 元奖金。

（7）自 1 月 1 日起将自有的一套住房对外出租，每月不含增值税租金 3 000 元，租期为一年，全年租金收入 36 000 元。其中，8 月份发生修缮费用 1 500 元。

（8）9 月取得国债利息收入 2 000 元，取得企业债券利息收入 6 000 元。

（其他相关资料：李某已婚，有两个子女，一个孩子 2 岁半，另一个孩子 4 岁，夫妻双方约定由李某扣除；李某是非独生子，父母已年满 70 周岁，和哥哥约定双方平均分摊扣除赡养老人支出，李某已向学校提供有关信息并依法要求办理专项附加扣除。）

要求：根据上述资料，回答下列问题。

（1）李某销售住房应缴纳的个人所得税。

（2）李某彩票中奖应缴纳的个人所得税。

（3）李某出租住房应缴纳的个人所得税。

（4）李某利息收入应缴纳的个人所得税。

（5）李某综合所得应缴纳的个人所得税。

六、进阶练习答案

（一）单选题

1.【答案】D

【解析】目前，我国个人所得税已初步建立分类与综合相结合的征收模式，即混合征收制的模式。

2.【答案】B

【解析】居民个人是指在中国境内有住所，或者无住所而一个纳税年度在中国境内居住累计满 183 天的个人。

3.【答案】D

【解析】选项 ABC 不属于纳税人工资、薪金所得的范畴，是个人取得的不予征税的项目；选项 D 属于工资、薪金所得项目。

4.【答案】C

【解析】高校教师审稿所得属于劳务报酬所得，不属于稿酬所得。

5.【答案】A

【解析】选项 B 属于特许权使用费所得；选项 C 属于劳务报酬所得；选项 D 属于工资、薪金所得。

6.【答案】C

【解析】选项 C 纳税人发生的大病医疗支出，扣除医保报销后个人负担（指医保目录范围内的自付部分）累计超过 15 000 元的部分，由纳税人在办理年度汇算清缴时，在 80 000

元限额内据实扣除。

7.【答案】A

【解析】选项 C 属于“经营所得”；选项 BD 属于“利息、股息、红利所得”。

8.【答案】B

【解析】选项 A 企业对累积消费达到一定额度的个人按消费积分反馈礼品，不征个人所得税；选项 C 企业通过价格折扣、折让方式向个人销售商品（产品）和提供服务，不征个人所得税；选项 D 企业在向个人销售商品（产品）和提供服务的同时给予赠品，不征个人所得税。

9.【答案】B

【解析】将财产出租给承租人在中国境内使用而取得的所得属于来源于中国境内的所得。

10.【答案】A

【解析】承包、承租人对企业经营成果不拥有所有权，仅是按合同规定取得一定所得的，其所得按工资、薪金所得项目征税；承包、承租人按合同的规定只向发包、出租方缴纳一定费用后，企业经营成果归其所有的，承包、承租人取得的所得，按经营所得中对企事业单位的承包、承租经营所得项目项目征税。

11.【答案】B

【解析】选项 CD 居民个人的工资薪金所得、劳务报酬所得、稿酬所得以及特许权使用费所得，属于“综合所得”，按年计算个人所得税；选项 A 经营所得也是按年计征；选项 B 财产租赁所得按次计征个人所得税。

12.【答案】A

【解析】选项 A 属于我国个人所得税法中规定的专项扣除项目；选项 B、C 属于专项附加扣除项目；选项 D 属于依法确定的其他扣除。

13.【答案】B

【解析】纳税人的子女接受全日制学历教育的相关支出（包括在中国境外接受教育的支出），按照每个子女每月 1 000 元的标准定额扣除。父母可以选择由其中一方按扣除标准的 100% 扣除，也可以选择由双方分别按扣除标准的 50% 扣除。另学历教育扣除期间包含因病或其他非主观原因休学但学籍继续保留的休学期间，以及施教机构按规定组织实施的寒暑假等假期。王先生 2019 年可以扣除子女教育支出 = 1 000 × 50% × 12 × 2 = 12 000（元）。

14.【答案】D

【解析】纳税人在中国境内接受学历（学位）继续教育的支出，在学历（学位）教育期间按照每月 400 元定额扣除。同一学历继续教育的扣除期限不能超过 48 个月。

15.【答案】B

【解析】纳税人发生的与基本医保相关的医药费用支出扣除医保报销后个人负担累计超过 15 000 元的部分，由纳税人在办理年度汇算清缴时，在 80 000 元限额内据实扣除。李先生本人支出超出 15 000 元的部分 = 27 000 − 15 000 = 12 000（元）< 80 000 元限额；其妻子支出超出 15 000 元的部分 = 80 000 − 15 000 = 65 000（元）< 80 000 元限额，所以李先生可以扣除的大病医疗支出 = 12 000 + 65 000 = 77 000（元）。

16.【答案】A

【解析】纳税人本人或者配偶单独或者共同使用商业银行或者住房公积金个人住房贷款为本人或者其配偶购买中国境内住房，发生的首套住房贷款利息支出，在实际发生贷款利息的年度，按照每月1 000元的标准定额扣除，扣除期限最长不超过240个月。王先生2019年可以扣除的住房贷款利息支 = 1 000 × 12 = 12 000（元）。

17.【答案】D

【解析】纳税人为独生子女的，赡养老人的支出按照每月2 000元的标准定额扣除，被赡养人是指年满60岁的父母，以及子女均已去世的年满60岁的祖父母、外祖父母。李先生2019年可以扣除的赡养老人支出 = 2 000 × 12 = 24 000（元）。

18.【答案】B

【解析】捐赠扣除限额 = 30 000 × 30% = 9 000（元），应缴纳个人所得税 =（30 000 − 9 000）× 20% = 4 200（元）。

19.【答案】D

【解析】个人转让自用达5年以上并且是唯一的家庭居住用房取得的所得免征个人所得税。

20.【答案】C

【解析】选项C购买体育彩票一次中奖收入不超过10 000元的，暂免征收个人所得税；对一次中奖收入超过10 000元的，应按税法规定全额征税。

21.【答案】A

【解析】个人独资企业和合伙企业投资者及其家庭发生的生活费用不允许在税前扣除。投资者及其家庭发生的生活费用与企业生产经营费用混合在一起，并且难以划分的，全部视为投资者个人及其家庭发生的生活费用，不允许在税前扣除。

22.【答案】B

【解析】个体工商户研究开发新产品、新技术、新工艺所发生的开发费用，以及研究开发新产品、新技术而购置单台价值在10万元以下的测试仪器和试验性装置的购置费准予直接扣除；单台价值在10万元以上（含10万元）的测试仪器和试验性装置，按固定资产管理，不得在当期直接扣除。

23.【答案】C

【解析】由纳税人负担的实际发生的修缮费每月以800元为限扣除，未扣完的部分下次继续扣除，直到扣完为止。孙某8月取得的租金收入应缴纳的个人所得税 =（5 000 − 800）×（1 − 20%）× 10% = 336（元）。

24.【答案】C

【解析】自2022年1月1日起，居民个人取得全年一次性奖金，应并入当年综合所得计算缴纳个人所得税。

25.【答案】C

【解析】自2019年1月1日至2021年12月31日，对自主就业退役士兵从事个体经营的，自办理个体工商户登记当月起，在3年内按每户每年12 000元为限额依次扣减其当年实际应缴纳的增值税、城市维护建设税、教育费附加、地方教育附加和个人所得税。

26.【答案】B

【解析】单位按低于购置或建造成本价格出售住房给职工，职工因此而少支出的差价部分（100－76＝24 万元），符合规定的，不并入当年综合所得，以差价收入除以 12 个月得到的数额，按照月度税率表确定适用税率和速算扣除数，单独计算纳税。240 000÷12＝20 000（元），查找“月度税率表”，确定税率为 20%，速算扣除数为 1 410 元，周某购置住房少支付差价的部分应缴纳个人所得税＝240 000×20%－1 410＝46 590（元）。

27. 【答案】B

【解析】如果纳税人未能提供完整、真实的限售股原值凭证，不能准确计算限售股原值的，主管税务机关一律按限售股转让收入的 15% 核定限售股原值及合理税费。陈某应缴纳个人所得税＝20 000×（1－15%）×20%＝3 400（元）。

28. 【答案】D

【解析】选项 ABC 与销售直接相关，属于不征收个人所得税的情形；选项 D 带有额外性和偶然性，取得该项所得的个人应按“偶然所得”项目缴纳个人所得税，税款由提供奖品的企业代扣代缴。

29. 【答案】B

【解析】依法批准设立的非营利性研究开发机构和高等学校根据规定，从职务科技成果转化收入中给予科技人员的现金奖励，可减按 50% 计入科技人员当月“工资、薪金所得”，依法缴纳个人所得税。

30. 【答案】C

【解析】根据试点地区开展个人税收递延型商业养老保险的相关规定，取得工资薪金、连续性劳务报酬所得的个人，其缴纳的保费准予在申报扣除当月计算应纳税所得额时予以限额据实扣除，扣除限额按照当月工资薪金、连续性劳务报酬收入的 6% 和 1 000 元孰低办法确定。

（二）多选题

1. 【答案】ABCD

【解析】个人所得税的纳税人包括中国公民、个体工商业户、个人独资企业、合伙企业个人投资者以及在中国有所得的外籍人员和港澳台同胞。

2. 【答案】ABCD

【解析】军队干部取得的暂不征税的补贴、津贴包括：（1）军人职业津贴，（2）军队设立的艰苦地区补助，（3）专业性补助，（4）基层军官岗位津贴（营连排长岗位津贴），（5）伙食补贴。

3. 【答案】ABC

【解析】居民个人取得工资薪金所得、劳务报酬所得、稿酬所得以及特许权使用费所得，称为“综合所得”，按纳税年度合并计算个人所得税。

4. 【答案】ABC

【解析】选项 D 除个人独资企业、合伙企业以外的其他企业的个人投资者以企业资金为本人购买的汽车，视为企业对个人投资者的红利分配，按“利息、股息、红利所得”征收个人所得税。

5. 【答案】ABD

【解析】经营所得、居民个人取得的综合所得按年计征；选项C财产租赁所得按次计征。

6.【答案】ABCD

【解析】选项ABCD都正确。

7.【答案】CD

【解析】选项A纳税人只要子女年满3岁，就可以按子女教育支出进行扣除。选项B个人接受本科及以下学历（学位）继续教育，符合税法规定扣除条件的，可以选择由其父母扣除，也可以选择由本人扣除。

8.【答案】AD

【解析】选项A纳税人发生的与基本医保相关的医药费用支出，扣除医保报销后个人负担（指医保目录范围内的自付部分）累计超过15 000元的部分，由纳税人在办理年度汇算清缴时，在80 000元限额内据实扣除；选项D纳税人及其配偶、未成年子女发生的医药费用支出，应按前述规定分别计算扣除额。

9.【答案】ABCD

【解析】选项ABCD都正确。

10.【答案】ACD

【解析】选项B个体工商户业主的工资薪金支出不得税前扣除。

11.【答案】BCD

【解析】选项A个体工商户研究开发新产品、新技术、新工艺所发生的开发费用，以及研究开发新产品、新技术而购置单台价值在10万元以下的测试仪器和试验性装置的购置费准予直接扣除；单台价值在10万元以上（含10万元）的测试仪器和试验性装置，按固定资产管理，不得在当期直接扣除。

12.【答案】ABCD

【解析】选项ABCD都正确。

13.【答案】ABC

【解析】选项D个人因出境定居而一次性领取的年金个人账户资金，或个人死亡后，其指定的受益人或法定继承人一次性领取的年金个人账户余额，适用综合所得税率表计算纳税。对个人除上述特殊原因外一次性领取年金个人账户资金或余额的，适用月度税率表计算纳税。

14.【答案】AB

【解析】个人与用人单位解除劳动关系取得一次性补偿收入（包括用人单位发放的经济补偿金、生活补助费和其他补助费），在当地上年职工平均工资3倍数额以内的部分，免征个人所得税；超过3倍数额的部分，不并入当年综合所得，单独适用综合所得税率表，计算纳税。

15.【答案】ABC

【解析】集体所有制企业在改制为股份合作制企业时，对职工个人以股份形式取得的拥有所有权的企业量化资产，暂缓征收个人所得税；待个人将股份转让时，就其转让收入额，减除个人取得该股份时实际支付的费用支出和合理转让费用后的余额，按“财产转让所得”项目计征个人所得税。持有量化资产期间获得的股息、红利，应按“利息、股息、红利”项目征收个人所得税。

16.【答案】BC

【解析】选项 A 扣缴义务人向居民个人支付“工资、薪金所得”时，应当按照累计预扣法计算预扣税款，并按月办理扣缴申报；选项 D 年度预扣预缴税额与年度应纳税额不一致的，由居民个人于次年 3 月 1 日至 6 月 30 日向主管税务机关办理综合所得年度汇算清缴，税款多退少补。

17.【答案】AB

【解析】选项 C 个人从公开发行和转让市场取得的上市公司股票，持股期限在 1 个月以内（含 1 个月）的，其股息红利所得全额计入应纳税所得额；持股期限在 1 个月以上至 1 年（含 1 年）的，暂减按 50% 计入应纳税所得额；持股期限超过 1 年的，暂免征收个人所得税；选项 D 个人转让限售股取得的所得，按照“财产转让所得”征收个人所得税。

18.【答案】ABC

【解析】选项 A 个人出租自有住房的收入按 10% 税率征收个人所得税；选项 B 对个人转让自用 5 年以上并且是唯一的家庭居住用房取得的所得，免征个人所得税；选项 C 法人制企业个人投资者以企业资金为本人买房，依照利息、股息、红利所得项目征收个人所得税。

19.【答案】ABD

【解析】选项 C 按偶然所得缴纳个人所得税；选项 ABD 属于工资、薪金所得项目。

20.【答案】ABCD

【解析】选项 ABCD 都正确。

21.【答案】CD

【解析】选项 A 作者将自己的文字作品手稿原件或复印件拍卖取得的所得，按照“特许权使用费”所得项目缴纳个人所得税；选项 B 个人拍卖除文字作品原稿及复印件外的其他财产，按照“财产转让所得”所得项目缴纳个人所得税。

22.【答案】ABD

【解析】选项 C 单位统一为员工购买符合规定的商业健康保险产品，视同个人购买，自购买产品的次月起，在不超过 200 元/月的标准内按月扣除。

23.【答案】CD

【解析】选项 C 个人转让新三板挂牌公司非原始股取得的所得，暂免征收个人所得税选项 D 个人转让新三板挂牌公司原始股取得的所得，按照“财产转让所得”征收个人所得税。

24.【答案】BC

【解析】选项 AD 与销售直接相关，属于不征收个人所得税的情形。

25.【答案】ABCD

【解析】纳税人享受住房贷款利息专项附加扣除，应当填报住房权属信息、住房坐落地址、贷款方式、贷款银行、贷款合同编号、贷款期限、首次还款日期等信息；纳税人有配偶的，填写配偶姓名、身份证件类型及号码。

26.【答案】BCD

【解析】选项 A 支付工资、薪金所得的扣缴义务人应当于年度终了后两个月内，向纳税人提供其个人所得和已扣缴税款等信息。

27.【答案】ABD

【解析】赡养老人专项附加扣除的计算时间，为被赡养人年满 60 周岁的当月至赡养义务终止的年末。

28.【答案】ABC

【解析】选项 D 非居民个人在中国境内从两处以上取得工资、薪金所得，在取得所得的次月 15 日内申报纳税。

29.【答案】ABD

【解析】有下列情形之一的，纳税人应当依法办理纳税申报：(1) 取得综合所得需要办理汇算清缴，(2) 取得应税所得没有扣缴义务人，(3) 取得应税所得，扣缴义务人未扣缴税款，(4) 取得境外所得，(5) 因移居境外注销中国户籍，(6) 非居民个人在中国境内从两处以上取得工资、薪金所得，(7) 国务院规定的其他情形。选项 C 应采用代扣代缴的方式。

30.【答案】ABC

【解析】实行个人所得税全员全额扣缴申报的应税所得包括：(1) 工资、薪金所得，(2) 劳务报酬所得，(3) 稿酬所得，(4) 特许权使用费所得，(5) 利息、股息、红利所得，(6) 财产租赁所得，(7) 财产转让所得，(8) 偶然所得。

(三) 计算问答题

1.【答案及解析】

(1) 兼职取得的所得属于劳务报酬所得。

兼职单位应预扣预缴的个人所得税 = (3 500 − 800) × 20% × 8 = 4 320 (元)

(2) 报社预扣预缴个人所得税 = 6 000 × (1 − 20%) × 20% × (1 − 30%) = 672 (元)

(3) 综合所得应纳税额 = [9 400 × 12 + 1 000 × 12 + 3 500 × (1 − 20%) × 8 + 6 000 × (1 − 20%) × 70% − (5 000 + 1 040 + 2 000) × 12] × 10% − 2 520 = 2 888 (元)

22 000 ÷ 12 = 1 833.33 (元)，确定全年一次性奖金适用税率 3%，

应纳税额 = 22 000 × 3% = 660 (元)

合计应缴纳个人所得税 = 2 888 + 660 = 3 548 (元)

(4) 张某出租住房共应纳个人所得税 = 4 500 × (1 − 20%) × 10% × 10 = 3 600 (元)

(5) 股息收入应纳个人所得税 = 10 000 × 50% × 20% = 1 000 (元)

(6) 转让境外上市公司股票抵免限额 = 55 000 × 20% = 11 000 (元) > 在境外实际缴纳税额 9 000 元，应在我国补缴个人所得税 = 11 000 − 9 000 = 2 000 (元)

(7) 拍卖字画取得的收入应纳个人所得税 = (15 000 − 6 500 − 400) × 20% = 1 620 (元)

(8) 彩票中奖收入应纳个人所得税 = 20 000 × 20% = 4 000 (元)

2.【答案及解析】

(1) 李某销售住房应缴纳的个人所得税 = (1 000 000 − 800 000 − 30 000) × 20% = 34 000 (元)

(2) 李某彩票中奖应缴纳的个人所得税 0。

福利彩票、体育彩票中奖收入 10 000 元以下免税。

(3) 李某出租住房应缴纳的个人所得税 = (3 000 − 800 − 800) × 10% + (3 000 − 700 − 800) × 10% + (3 000 − 800) × 10% × 10 = 2 490 (元)

（4）李某利息收入应缴纳的个人所得税 $= 6\ 000 \times 20\% = 1\ 200$（元）

（5）应纳税所得额 $= [10\ 000 \times 12 + 100\ 000 \times (1 - 20\%) \times 70\% + 150\ 000 \times (1 - 20\%) + 200\ 000 \times (1 - 20\%)] - 60\ 000 - 1\ 100 \times 12 - (1\ 000 \times 12 + 1\ 000 \times 12) = 358\ 800$（元）

全年应纳税额 $= 358\ 800 \times 25\% - 31\ 920 = 57\ 780$（元）

第六章 城市维护建设税法和烟叶税法

一、2020 年新教材内容主要变化

按照《烟叶税法》规范了烟叶税应纳税额计算公式的表述。

二、本章近 5 年考情分析

本章属于税法考试非重点章，包括城市维护建设税法、烟叶税法、教育费附加和地方教育附加三部分内容，其中城市维护建设税法相对重要。考试一般以单项选择题、多项选择题命题，偶尔会涉及计算问答题或综合题。近 5 年考试平均分值 2 分左右。2020 年考试分值预计在 3 分左右。

三、本章内容

第一单元　城市维护建设税法
第二单元　烟叶税法
第三单元　教育费附加和地方教育附加

四、重难点解析

第一单元　城市维护建设税法

重难点 1：纳税人与征税范围★★

1. 城市维护建设税（简称"城建税"）是对从事经营活动，缴纳增值税、消费税的单位和个人征收的一种税。

2. 城建税，以缴纳增值税、消费税的单位和个人为纳税人（含外籍单位和外籍个人）。

（1）增值税、消费税的扣缴义务人同时也是城建税的扣缴义务人。

（2）除特殊环节（进口）外，只要纳税人缴纳增值税或消费税，都会涉及城建税的缴纳。

【小贴士】城建税的特点：

（1）专款专用——税款保证用于城市公用事业和公共设施的维护和建设。

（2）附加税——城建税本身没有特定的课税对象，征管方法完全比照增值税、消费税的有关规定办理。城建税的附加税特点，使其与增值税、消费税的征免有一定的联系，但是也存在特殊规则。

（3）根据城镇规模设计不同的比例税率。

重难点2：税率、计税依据与应纳税额的计算★★★

（一）税率的基本规定

城建税采用地区差别比例税率：

1. 纳税人所在地为市区的，税率为7%（包括撤县建市的县级市）；

2. 纳税人所在地为县城、镇的，税率为5%；

3. 纳税人所在地不在市区、县城或镇的，税率为1%。

【小贴士】开采海洋石油资源的中外合作油（气）田所在地在海上，其城建税适用1%的税率。

（二）税率的特殊规定

1. 代收代扣城建税。

由受托方代扣代缴、代收代缴增值税、消费税的单位和个人，其代扣代缴、代收代缴的城建税按受托方所在地适用税率执行。

【经典模拟题】

【计算问答题】2020年5月，甲市A化妆品厂委托乙县B加工厂加工一批高档化妆品，委托方A化妆品厂提供的原材料成本为75 000元，支付的加工费10 000元（不含增值税），受托方B加工厂无同类化妆品的市场销售价格。

已知：高档化妆品消费税税率15%。（不考虑其他因素）

问题（1）：计算B加工厂应缴纳的增值税和城建税。

【答案及解析】（1）B加工厂应缴纳增值税 =10 000×13% =1 300（元）；（2）B加工厂应缴纳城建税 =1 300×5% =65（元）。

问题（2）：计算B加工厂代收代缴的消费税和城建税。

【答案及解析】（1）B加工厂应代收代缴消费税 =（75 000 +10 000）÷（1 −15%）×15% =15 000（元）；（2）B加工厂应代收代缴城建税 =15 000×5% =750（元）。

2. 流动经营城建税。

流动经营等无固定纳税地点的单位和个人，在经营地缴纳增值税、消费税的，其城建税的缴纳按经营地适用税率执行。

（三）城建税计税依据包含的因素

1. 纳税人向税务机关实际缴纳的增值税、消费税。

2. 纳税人被税务机关查补的增值税、消费税。

3. 纳税人出口货物免抵的增值税。

（四）城建税计税依据不包含的因素（重要）

1. 纳税人进口环节由海关代征的增值税、消费税。

2. 除增值税、消费税以外的其他税，如企业所得税、城镇土地使用税等。

3. 非税款项，如纳税人违反“两税”有关规定而被加收的滞纳金和罚款等。

【小贴士】对实行增值税期末留抵退税的纳税人，允许其从城建税、教育费附加和地方教育附加的计税（征）依据中扣除退还的增值税税额。

【经典真题】

【单选题·2016】企业缴纳的下列税额中，应作为城市维护建设税计税依据的是（　　）。

A. 消费税税额　　B. 房产税税额

C. 关税税额　　D. 城镇土地使用税税额

【答案】A

【解析】选项 BCD：城建税计税依据不包含除增值税、消费税以外的其他税。

（五）应纳税额的计算（重要）

城建税计算公式：

应纳税额 =（实纳增值税 + 实纳消费税）× 适用税率

【经典真题】

【单选题·2014】位于市区的甲汽车轮胎厂，2014 年 5 月实际缴纳增值税和消费税 362 万元，其中包括由位于县城的乙企业代收代缴的消费税 30 万元、进口环节增值税和消费税 50 万元、被税务机关查补的增值税 12 万元。补交增值税同时缴纳的滞纳金和罚款共计 8 万元。则甲厂本月应向所在市区税务机关缴纳的城市维护建设税为（　　）。

A. 18.9 万元　　B. 19.74 万元　　C. 20.3 万元　　D. 25.34 万元

【答案】B

【解析】甲厂本月应向所在市区税务机关缴纳的城市维护建设税 =（362 - 30 - 50）× 7% = 19.74（万元）。

【单选题·2015】位于市区的甲企业 2015 年 7 月销售产品缴纳增值税和消费税共计 50 万元，被税务机关查补增值税 15 万元并处罚款 5 万元，甲企业 7 月应缴纳的城市维护建设税为（　　）。

A. 3.25 万元　　B. 4.9 万元　　C. 3.5 万元　　D. 4.55 万元

【答案】D

【解析】甲企业 7 月应缴纳的城市维护建设税 =（50 + 15）× 7% = 4.55（万元）。

重难点 3：税收优惠和征收管理★★

（一）税收优惠（重要）

【小贴士】城建税原则上不单独规定减免税。

1. 城建税，按减免后实际缴纳的“增值税、消费税”税额计征，即随增值税、消费税的减免而减免。

2. 对于因减免税而需进行增值税、消费税退库的，城建税也同时退库。

3. 对出口产品退还增值税、消费税的，不退还已缴纳的城建税（出口不退）。

4. 对增值税、消费税实行先征后返、先征后退、即征即退办法的，除另有规定外，对随增值税、消费税附征的城建税，一律不予退（返）还。

5. 海关对进口产品代征的增值税、消费税，不征收城建税（进口不征）。

6. 为支持国家重大水利工程建设，对国家重大水利工程建设基金免征城建税。

【小贴士】对实行增值税期末留抵退税的纳税人，允许其从城建税、教育费附加和地方教育附加的计税（征）依据中扣除退还的增值税税额。

【小贴士】学员应注意辨析：(1)“出口产品”与“进口产品”，对是否缴纳城建税的不同规定；(2)“减免增值税、消费税”与“增值税、消费税实行先征后返、先征后退、即征即退”，对是否减免城建税的不同规定。

【经典真题】

【多选题·2014】下列关于城市维护建设税减免税规定的表述中，正确的有（　　）。

A. 城市维护建设税随“增值税、消费税”的减免而减免

B. 国家重大水利工程建设基金免城市维护建设税

C. 对由海关代征的进口产品增值税和消费税应减半征收城市维护建设税

D. 因减免税而对“增值税、消费税”进行退库的，可同时对已征收的城市维护建设税实施退库

【答案】ABD

【解析】选项C：海关对进口产品代征的增值税、消费税，不征收城市维护建设税。

【多选题·2014】下列关于城市维护建设税计税依据的表述中，正确的有（　　）。

A. 免征“增值税、消费税”时应同时免征城市维护建设税

B. 对出口产品退还增值税的，不退还已缴纳的城市维护建设税

C. 纳税人被查补“增值税、消费税”时应同时对查补的“增值税、消费税”补缴城市维护建设税

D. 纳税人违反“增值税、消费税”有关税法被加收的滞纳金应计入城市维护建设税的计税依据

【答案】ABC

【解析】选项D：纳税人违反“增值税、消费税”有关税法而加收的滞纳金和罚款，是税务机关对纳税人违法行为的经济制裁，不作为城建税的计税依据。

【多选题·2017】下列关于城市维护建设税计税依据的表述中，正确的有（　　）。

A. 对出口产品退还增值税的，同时退还已缴纳的城市维护建设税

B. 经税务机关正式审批的当期免抵增值税税额应计入城市维护建设税的计税依据

C. 纳税人违反增值税法规定被加收的滞纳金应计入城市维护建设税的计税依据

D. 纳税人被查补消费税时应同时对查补的消费税补缴城市维护建设税

【答案】BD

【解析】选项A：对出口产品不退还已缴纳的城建税；选项C：纳税人因违反“两税”有关规定而加收的滞纳金和罚款，不作为城建税的计税依据。

【经典模拟题】

【单选题】位于县城的某纳税人当月应纳增值税5万元，减免3万元，补缴2个月前漏交的增值税0.5万元。本月应缴城市维护建设税（　　）万元。

A. 0.125　　B. 0.18　　C. 0.135　　D. 0.245

【答案】A

【解析】本月应缴纳城市维护建设税 =(5 -3 +0.5)×5% =0.125(万元)。

【单选题】某企业（位于县城）2020 年 5 月拖欠增值税 50 万元，经税务机关查出后，补缴了拖欠的增值税，同时加罚了滞纳金和罚款合计 5 万元。该企业应缴纳城市维护建设税（　　）万元。

A. 0.4　　B. 2.1　　C. 2.5　　D. 2.9

【答案】C

【解析】该企业应缴纳城市维护建设税 =50 ×5% =2.5（万元）。

（二）征收管理

1. 纳税环节。

城建税的纳税环节，为纳税人实际缴纳增值税、消费税的环节。

2. 纳税地点。

纳税人缴纳增值税、消费税的地点，就是该纳税人缴纳城建税的地点。

【小贴士】城建税纳税地点的特殊规定

（1）代收代扣。

由受托方代收代扣增值税、消费税的，代收代扣城建税按照受托方所在地的规定税率，在代收代扣方所在地缴纳城建税。

（2）异地预缴。

纳税人跨地区提供建筑服务、销售和出租不动产的，应在建筑服务发生地、不动产所在地预缴增值税时，以预缴增值税税额为计税依据，并按预缴增值税所在地的城建税适用税率和教育费附加征收率就地计算缴纳城建税和教育费附加。

【小贴士】预缴增值税的纳税人在其机构所在地申报缴纳增值税时，以其实际缴纳的增值税税额为计税依据，并按机构所在地的城建税适用税率和教育费附加征收率就地计算缴纳城建税和教育费附加。

（3）跨省开采的油田，下属生产单位与核算单位不在一个省内的，在油井所在地缴纳增值税，同时一并缴纳城建税。

（4）流动经营。

对流动经营等无固定纳税地点的单位和个人，应随同增值税、消费税在经营地按适用税率缴纳城建税。

3. 纳税期限。

城建税的纳税期限分别与增值税、消费税的纳税期限一致。

【小贴士】具体纳税期限，由主管税务机关根据纳税人增值税、消费税应纳税额的大小分别核定；不能按照固定期限纳税的，可以按次纳税。

【经典真题】

【多选题·2017】下列关于城市维护建设税纳税地点的表述中，正确的有（　　）。

A. 纳税人应在增值税和消费税的纳税地缴纳

B. 纳税人跨地区提供建筑服务的，在建筑服务发生地预缴

C. 跨省开采的油田，下属生产单位与核算单位不在一个省内的，在核算单位所在地纳税

D. 无固定纳税地点的流动经营者应随同增值税和消费税在经营地缴纳

【答案】ABD

【解析】选项 C：跨省开采的油田，其下属生产单位与核算单位不在一个省内的，其生产的原油，在油井所在地缴纳增值税、城建税。

【经典模拟题】

【单选题】下列关于城市维护建设税纳税地点的表述中，不正确的是（　　）。

A. 无固定纳税地点的个人，为经常居住地

B. 代收代缴增值税、消费税的单位，为税款代收地

C. 代扣代缴增值税、消费税的个人，为税款代扣地

D. 跨地区提供建筑服务随预缴增值税而缴纳城建税的单位，为建筑服务发生地

【答案】A

【解析】选项 A：对流动经营等无固定纳税地点的单位和个人，应随同增值税、消费税在经营地按适用税率缴纳城建税。

第二单元　烟叶税法

烟叶税，是以纳税人收购烟叶实际支付的价款总额为计税依据征收的一种税。

重难点 1：纳税人与征税范围★★

1. 纳税人。

在中华人民共和国境内，依照《烟草专卖法》的规定收购烟叶的单位为烟叶税的纳税人。

【小贴士】烟叶税的纳税人仅限于单位，不包括个人。

2. 征税范围：晾晒烟叶、烤烟叶。

重难点 2：税率和应纳税额的计算★★

（一）税率

烟叶税实行比例税率，税率为 20%。

（二）应纳税额的计算

应纳税额 = 实际支付的价款 ×20% = 收购金额 ×（1 +10%）×20%

纳税人收购烟叶实际支付的价款总额包括：

纳税人支付给烟叶生产销售单位和个人的烟叶收购价款和价外补贴。其中，价外补贴统一按烟叶收购价款的 10% 计算。

【小贴士】学员应注意辨析“价款总额”“收购价款（金额）”“价外补贴”的差异。

【小贴士】烟叶税，要注意与增值税的农产品进项税抵扣内容结合掌握。

烟叶进项税额 = 收购金额 ×（1 +10%）×（1 +20%）× 扣除率 = 收购金额 ×1. 1 ×1. 2 × 扣除率 = 收购金额 ×1. 32 × 扣除率

【经典真题】

【单选题·2017改编】某烟草公司2020年3月8日支付烟叶收购价款88万元，另向烟农支付了价外补贴10万元。该烟草公司3月收购烟叶应缴纳的烟叶税为（　　）。

A. 17.6万元　　B. 19.36万元　　C. 21.56万元　　D. 19.6万元

【答案】B

【解析】应缴纳烟叶税=88×(1+10%)×20%=19.36（万元）。

【经典模拟题】

【计算问答题】2020年5月，某卷烟厂收购烟叶生产卷烟，收购凭证上注明价款50万元，并向烟叶生产者支付了收购价款10%的价外补贴，并于当月全部领用生产烟丝。

问题：计算该卷烟厂5月份收购烟叶可抵扣的进项税额。

【答案及解析】（1）烟叶作为农产品，其进项税额可计算抵扣；（2）烟叶进项税额=（收购价款+价外补贴+烟叶税）×10%=50×(1+10%)×(1+20%)×10%=6.6（万元）。

重难点3：征收管理★★

【小贴士】烟叶税的征收管理，依照《烟叶税法》及《征管法》的有关规定执行。

1. 纳税义务发生时间：纳税人收购烟叶的当天。

2. 纳税地点：向烟叶收购地的主管税务机关申报纳税。

3. 纳税期限。

《烟叶税法》实施之后，烟叶税按月计征，纳税人应当于纳税义务发生月终了之日起15日内申报并缴纳税款。

【经典真题】

【单选题·2017改编】某烟草公司2020年3月8日到邻县收购烟草支付价款88万元，另向烟农支付了10%价外补贴，下列纳税事项的表述中，正确的是（　　）。

A. 烟草公司3月收购烟叶应缴纳烟叶税19.6万元

B. 烟草公司3月收购烟叶应缴纳烟叶税17.6万元

C. 烟草公司收购烟叶的纳税义务发生时间是3月8日

D. 烟草公司应向公司所在地主管税务机关申报缴纳烟叶税

【答案】C

【解析】选项AB：应缴纳烟叶税=88×(1+10%)×20%=19.36（万元）；选项D：烟草公司应向收购地的主管税务机关申报缴纳烟叶税。

【经典模拟题】

【单选题】根据现行烟叶税法规定，下列说法正确的是（　　）。

A. 烟叶税实行定额税率

B. 烟叶税的纳税地点为烟叶收购地

C. 烟叶税的纳税人是销售烟叶的单位

D. 没收违法收购的烟叶，由销售烟叶的单位按销售额纳税

【答案】B

【解析】选项 A：烟叶税实行比例税率，税率为 20%；选项 C：烟叶税的纳税人是在境内收购烟叶的单位；选项 D：查处没收的违法收购的烟叶，由收购罚没烟叶的单位按照购买金额计算缴纳烟叶税。

【多选题】某市甲烟草有限公司到相邻的乙县收购烟叶，2020 年 3 月 8 日支付烟叶收购价款 100 万元，另对烟农支付了价外补贴，下列纳税事项的表述中，正确的是（　　）。

A. 甲烟草有限公司应在 2020 年 4 月 8 日前申报缴纳烟叶税

B. 甲烟草有限公司收购烟叶的纳税义务发生时间是 2020 年 3 月 8 日

C. 甲烟草有限公司 3 月收购烟叶应缴纳烟叶税 22 万元

D. 甲烟草有限公司应向乙县主管税务机关申报缴纳烟叶税

【答案】BCD

【解析】选项 A：烟叶税按月计征，纳税人应当于纳税义务发生月终了之日起 15 日内申报并缴纳税款；选项 C：纳税人收购烟叶实际支付的价款总额包括纳税人支付给烟叶生产销售单位和个人的烟叶收购价款和价外补贴。其中，价外补贴统一按烟叶收购价款的 10% 计算，其应缴纳烟叶税 = 100 ×（1 + 10%）× 20% = 22（万元）。

第三单元　教育费附加和地方教育附加

重难点：教育费附加和地方教育附加★★

教育费附加和地方教育附加，是对缴纳增值税、消费税的单位和个人，就其实际缴纳的税额为计算依据征收的一种附加费。

1. 征收比率。

教育费附加征收比率为 3%，地方教育附加征收比率统一为 2%。

2. 计算公式。

（1）应纳教育费附加 =（实纳增值税 + 实纳消费税）× 3%

（2）应纳地方教育附加 =（实纳增值税 + 实纳消费税）× 2%

3. 其他规定。

（1）城建税除税率以外的其他规定，同样适用于教育费附加和地方教育附加。

（2）按月纳税的月销售额或营业额不超过 10 万元（按季度纳税的季度销售额或营业额不超过 30 万元）的缴纳义务人，免征教育费附加、地方教育附加。

【小贴士】上述规定的纳税义务人即包括小规模纳税人，也包括一般纳税人。上述规定只适用于二个附加，城建税适用于其他规定。

【经典模拟题】

【单选题】2020 年 5 月，位于市区的某公司被税务机关查补增值税 45 000 元、消费税 25 000 元、企业所得税 30 000 元；另外，被加收滞纳金 3 000 元、被处罚款 5 000 元。该企

业应补缴城市维护建设税和教育费附加（　　）元。

A. 5 000　　B. 7 000　　C. 8 000　　D. 5 600

【答案】B

【解析】应补缴城建税和教育费附加 =（45 000 + 25 000）×（7% + 3%）= 7 000（元）。

【本章总结】

1. 以前年度考试，出现过消费税与城建税结合命题的情形。

2. 本章的掌握与熟悉。

（1）本章涉及的数字（如税率、征收比率、价外补贴比例等），均需要掌握；

（2）掌握城建税税收优惠的内容；

（3）熟悉城建税计税依据的包括与不包括；

（4）熟悉烟叶进项税额抵扣的计算。

3. 与其他税种及章节的关系。

（1）与增值税：烟叶作为农产品，其进项税额可以计算抵扣；

（2）与第十三章税收征收管理法：由税务机关征收的教育费附加、地方教育附加不是税，不能采取《征管法》规定的措施。

五、进阶练习

（一）单选题

1. 下列关于城市维护建设税的说法，正确的是（　　）。

A. 只要缴纳增值税就要缴纳城市维护建设税

B. 只要缴纳消费税就要缴纳城市维护建设税

C. 海关对进口产品代征的增值税、消费税，同时代征城市维护建设税

D. 对于因减免税而需进行增值税、消费税退库的，城市维护建设税也可同时退库

2. 甲生产企业地处某县城，2019 年 11 月有审核批准的增值税免抵税额 10 万元，当月实际缴纳消费税 30 万元，甲企业当月应缴纳城市维护建设税（　　）万元。

A. 1　　B. 1.5　　C. 2　　D. 2.8

3. 下列关于纳税地点的表述，说法不正确的是（　　）。

A. 跨省开采的油田，下属生产单位与核算单位不在一个省内的，在油井所在地缴纳增值税的同时一并缴纳城市维护建设税

B. 纳税人跨地区提供建筑服务的，应在建筑服务发生地预缴增值税时，预缴城市维护建设税

C. 代扣代缴城市维护建设税的纳税地点在纳税人机构所在地

D. 流动经营无固定纳税地点的单位和个人，城市维护建设税在经营地缴纳

4. 位于某市的 A 生产企业（属增值税一般纳税人）2019 年 12 月缴纳进口环节增值税 100 万元，内销产品缴纳增值税 300 万元；本月将位于市内的一处写字楼（系 2016 年 4 月购入）对外出租，取得含税租金收入 50 万元（选择简易计税方法计税），该企业本月应缴纳城

市维护建设税和教育费附加、地方教育附加合计（　　）万元。

A. 30.24　　B. 36.29　　C. 36.54　　D. 48.29

5. 位于某县一卷烟厂（一般纳税人）委托某市一卷烟厂（一般纳税人）加工一批烟丝。委托方提供原材料50 000元（不含增值税），支付加工费3 000元（不含增值税），烟丝消费税税率为30%，受托方无同类烟丝市场价格。受托方代收代缴消费税时，应代收代缴的城市维护建设税为（　　）元。

A. 611.54　　B. 1 135.71　　C. 1 590　　D. 2 345.13

6. 下列表述说法正确的是（　　）。

A. 缴纳增值税的个人不需要缴纳城市维护建设税

B. 流动经营的无固定纳税地点的纳税人，应随同增值税、消费税在居住地缴纳城市维护建设税

C. 对实行增值税期末留抵税额的纳税人，允许从其城市维护建设税计税依据中扣除退还的增值税税额

D. 对于减免税而需进行增值税、消费税退库的，其缴纳的城市维护建设税一律不予退还

7. 下列关于城市维护建设税的说法，说法不正确的是（　　）。

A. 城市维护建设税随增值税、消费税的减免而减免

B. 对增值税实行先征后返、先征后退的，城市维护建设税也可以实行先征后返、先征后退

C. 国家重大水利工程建设基金免征城市维护建设税

D. 城市维护建设税的纳税期限分别与增值税、消费税的纳税期限一致

8. 某烟草公司（增值税一般纳税人）2019年12月收购烟叶50 000千克，价款500 000元，则其12月份应纳烟叶税（　　）元。

A. 90 000　　B. 100 000　　C. 110 000　　D. 120 000

9. 下列关于烟叶税的规定，说法不正确的是（　　）。

A. 烟叶税实行比例税率20%

B. 烟叶税的纳税义务发生时间为纳税人收购烟叶的当日

C. 烟叶税的纳税地点是烟叶收购地

D. 纳税人应当于纳税义务发生月终了次日起15日内申报并缴纳税款

（二）多选题

1. 下列行为中，不需要缴纳城市维护建设税、教育费附加和地方教育附加的有（　　）。

A. 开发商销售房产　　B. 个人购买住房

C. 个人转让著作权　　D. 医疗机构提供的医疗服务

2. 城市维护建设税的计税依据不包括（　　）。

A. 进口环节代征的增值税额　　B. 进口环节代征的消费税额

C. 罚款　　D. 滞纳金

3. 某生产企业（一般纳税人）生产销售木制筷子，其取得的销售收入应缴纳的税费有（　　）。

A. 增值税　　B. 消费税

C. 城市维护建设税　　　　　　　　　　D. 教育费附加

4. 下列情形中，不缴纳城市维护建设税的有（　　）。

A. 某个人缴纳的车辆购置税

B. 某企业进口高尔夫球杆被海关代征的消费税

C. 某个人从事金融商品转让直接免征的增值税

D. 某生产企业出口货物经批准免抵的增值税

5. 依据城市维护建设税的有关规定，下列说法中正确的有（　　）。

A. 城市维护建设税的纳税环节发生在增值税、消费税纳税环节之后

B. 城市维护建设税计税依据不包括加收的滞纳金和罚款

C. 税务机关免征或减征增值税、消费税，同时免征或减征城市维护建设税

D. 城市维护建设税适用的税率均应按纳税人所在地的税率执行

6. 关于城市维护建设税的适用税率，下列表述正确的有（　　）。

A. 城市维护建设税实行地区差别比例税率

B. 由受托方代收代缴、代扣代缴增值税、消费税的，可按受托方所在地的规定税率就地缴纳城市维护建设税

C. 流动经营等无固定纳税地点的纳税人在居住地按适用税率缴纳城市维护建设税

D. 在市区的企业城市维护建设税的税率是5%

7. 位于市区的某生产企业为增值税一般纳税人，主要从事货物的出口以及内销，其出口货物适用免抵退税办法。2020年1月，该企业当期应纳增值税为 –20 万元，当期免抵退税额为60万元。不考虑企业其他业务，下列表述正确的有（　　）。

A. 当期应退还该企业增值税60万元

B. 当期应退还该企业增值税20万元

C. 当期应退还该企业城市维护建设税1.4万元

D. 当期该企业应缴纳城市维护建设税2.8万元

8. 以下关于城市维护建设税、教育费附加的说法，正确的有（　　）。

A. 因减免税消费税退库的，城市维护建设税和教育费附加也可同时退库

B. 进口环节代征消费税也要代征城市维护建设税、教育费附加

C. 对增值税实行即征即退办法的，一般情况下附征的城市维护建设税不予退还

D. 对出口产品退还增值税的，不退还已缴纳的城市维护建设税和教育费附加

9. 根据烟叶税的有关规定，下列说法不正确的有（　　）。

A. 在境内收购烤烟叶的单位和个人是烟叶税的纳税人

B. 烟叶税的纳税义务发生时间为纳税人运回烟叶的当日

C. 纳税人收购烟叶，应当回机构所在地的主管税务机关申报纳税

D. 烟叶税实行定额税率

10. 以下关于烟叶税的规定正确的有（　　）。

A. 收购烟叶的单位为烟叶税的纳税人

B. 烟叶税的征税对象包括晾晒烟叶、烤烟叶

C. 烟叶税实行比例税率，税率为20%

D. 纳税人应当自纳税义务发生之日起5日内申报纳税

六、进阶练习答案

（一）单选题

1.【答案】D

【解析】选项A、B、C：进口环节海关代征的增值税、消费税不缴纳城市维护建设税。

2.【答案】C

【解析】对经国家税务局正式审核批准的当期免抵的增值税税额应纳入城市维护建设税和教育费附加的计征范围，甲企业应纳城市维护建设税 =（10 +30）×5% =2（万元）。

3.【答案】C

【解析】流动经营等无固定纳税地点的单位和个人，在经营地缴纳增值税、消费税的，其城市维护建设税税率在经营地按经营地适用税率执行。

4.【答案】B

【解析】出口不退、进口不征，所以该公司应缴纳城市维护建设税和教育费附加、地方教育附加合计 =300 ×（7% +3% +2%）+50 ÷（1 +5%）×5% ×（7% +3% +2%）=36 +0.29 =36.29（万元）。

5.【答案】B

【解析】受托方应代收代缴城市维护建设税 =（50 000 +3 000）÷（1 −30%）×30% ×5% =1 135.71（元）。

6.【答案】C

【解析】选项A：缴纳增值税的个人应当照章缴纳城市维护建设税；选项B：流动经营的无固定纳税地点的纳税人应随同增值税、消费税在经营地缴纳城市维护建设税；选项D：对于因减免税而需进行增值税、消费税退库的，城市维护建设税也可同时退库。

7.【答案】B

【解析】对增值税、消费税实行先征后返、先征后退、即征即退办法的，除另有规定外，城市维护建设税和教育费附加，一律不退（返）还。

8.【答案】C

【解析】该烟草公司应纳烟叶税 =500 000 ×（1 +10%）×20% =110 000（元）。

9.【答案】D

【解析】纳税人应当于纳税义务发生月终了之日起15日内申报并缴纳税款。

（二）多选题

1.【答案】BCD

【解析】选项B：个人购买房屋行为，不会涉及缴纳增值税和消费税，所以不需要缴纳城市维护建设税、教育费附加和地方教育附加；选项C、D：免征增值税，同时也免征城市维护建设税、教育费附加和地方教育附加。

2.【答案】ABCD

【解析】选项ABCD都属于正确答案。

3. 【答案】ACD

【解析】纳税人生产销售的木制筷子属于增值税的征收范围，但不属于消费税的征收范围，在征收增值税的同时，应征收城市维护建设税和教育费附加。

4. 【答案】ABC

【解析】选项A：城市维护建设税的纳税人是实际缴纳增值税、消费税的单位和个人，只缴纳车辆购置税的个人，不缴纳城市维护建设税；选项B：进口环节海关代征的消费税不附征城市维护建设税；选项C：城市维护建设税随增值税、消费税减免而减免；选项D：经税务局正式审核批准的当期免抵的增值税税额，尽管没有实际缴纳，但也应纳入城市维护建设税和教育费附加的计税（征）依据，分别按规定的税（费）率征收城市维护建设税和教育费附加。

5. 【答案】BC

【解析】选项A：城市维护建设税的纳税环节，就是纳税人缴纳增值税、消费税的环节；选项D：城市维护建设税的适用税率，一般按纳税人所在地的适用税率执行，但下列两种情况，其城市维护建设税按缴纳增值税、消费税所在地的规定税率就地缴纳：（1）由受托方代扣代缴、代收代缴增值税、消费税的单位和个人，其代扣代缴、代收代缴的城市维护建设税按受托方所在地适用税率执行；（2）流动经营等无固定纳税地点的单位和个人在经营地缴纳增值税、消费税的，其城市维护建设税的缴纳按经营地适用税率执行。

6. 【答案】AB

【解析】选项C：流动经营等无固定纳税地点的单位和个人，在经营地缴纳增值税、消费税的，其城市维护建设税税率在经营地按经营地适用税率执行；选项D：在市区的企业城建税的税率是7%。

7. 【答案】BD

【解析】选项AB：该企业当期应纳增值税为-20万元，当期免抵退税额为60万元，当期应退税额为20万元，当期免抵税额=60-20=40（万元）；选项C：对出口产品退还增值税、消费税的，不退还已缴纳的城市维护建设税；选项D：生产企业出口货物实行免、抵、退税办法后，经审核批准的当期免抵的增值税税额应纳入城市维护建设税的计征范围，计算缴纳城市维护建设税。当期该企业应缴纳城市维护建设税=40×7%=2.8（万元）。

8. 【答案】ACD

【解析】选项B：对城市维护建设税、教育费附加都有进口不征、出口不退的规则。

9. 【答案】ABCD

【解析】选项A：在中国境内收购烟叶的“单位”为烟叶税的纳税人；选项B：烟叶税的纳税义务发生时间为纳税人收购烟叶的当日；选项C：纳税人收购烟叶，向烟叶收购地的主管税务机关申报纳税；选项D：烟叶税实行“比例税率”，税率为20%。

10. 【答案】ABC

【解析】选项D：纳税人应当于纳税义务发生月份终了之日起15日内申报并缴纳税款。

第七章 关税法和船舶吨税法

一、2020 年新教材内容主要变化

2020 年教材本章基本无变化。

二、本章近 5 年考情分析

本章属于税法考试非重点章，包括关税法、船舶吨税法相关内容，其中关税法相对重要。考试一般以单项选择题、多项选择题命题。需要注意的是，关税的计算会与进口增值税、进口消费税、进口车辆购置税一并出现在计算问答题或综合题当中，关税计算的正确与否，直接影响进口增值税、进口消费税、进口车辆购置税的计算。近 5 年本章考试平均分值在 4 分左右。2020 年考试分值预计在 4 分左右。

三、本章内容

第一单元　关税征税对象与纳税人
第二单元　关税进出口税则
第三单元　关税完税价格与应纳税额的计算（重要）
第四单元　关税减免规定
第五单元　关税征收管理
第六单元　船舶吨税法

四、重难点解析

第一单元　关税征税对象与纳税人

关税，是海关依法对进出境货物、物品征收的一种税。

所谓“境”是指关境，又称“海关境域”“关税领域”，是国家《海关法》全面实施的领域。

重难点 1：征税对象★★

关税的征税对象，是准许进出境的货物（贸易性）和物品（个人）。

【小贴士】货物和物品在计征关税时有不同的计税规则。

（1）货物，是指贸易性商品；

（2）物品，指入境旅客随身携带的行李物品、个人邮递物品、各种运输工具上的服务人员携带进口的自用物品、馈赠物品以及其他方式进境的个人物品。

重难点2：纳税人★★

关税的纳税人为：

1. 进口货物收货人；
2. 出口货物发货人；
3. 进出境物品的所有人和推定的所有人（携带人、收件人、寄件人或托运人等）。

【经典模拟题】

【多选题】下列各项中，属于关税纳税人的有（　　）。

A. 进口货物的收货人

B. 出口货物的发货人

C. 进出境物品的携带人

D. 进口货物的发货人

【答案】ABC

【解析】关税的纳税人，包括进口货物的收货人、出口货物的发货人、进出境物品的所有人和推定所有人（携带人、收件人、寄件人或托运人等）。

第二单元　关税进出口税则

进出口税则，是一国政府根据国家关税政策和经济政策，通过一定立法程序制定公布实施的进出口货物和物品应税的关税税率表。

进出口税则以税率表为主体，税率表包括税则商品分类目录和税率栏两大部分。

重难点1：关税税率★★

（一）进口关税税率

1. 税率设置与适用。

我国进口税则设有：最惠国税率、协定税率、特惠税率、普通税率、关税配额税率等。对进口货物在一定期限内可实行暂定税率。

【小贴士】适用最惠国税率的进口货物有暂定税率的，应当适用暂定税率。

【小贴士】适用协定税率、特惠税率的进口货物有暂定税率的，应当从低适用税率。

【小贴士】适用普通税率的进口货物，不适用暂定税率。

【经典模拟题】

【单选题】适用特惠税率、协定税率的进口货物有暂定税率的，应当（　　）。

A. 适用特惠税率

B. 适用协定税率

C. 适用暂定税率

D. 从低适用税率

【答案】D

【解析】适用协定税率、特惠税率的进口货物有暂定税率的，应当从低适用税率。

2. 税率种类与计征办法。

按征收关税的标准，可以分成从价税、从量税、复合税、选择税、滑准税。

（1）从价税：是最常用的关税计税标准。

（2）从量税：是以进口商品的数量、重量、体积、容量等计量单位为计税标准（如原油、啤酒）。

（3）复合税：是对某种进口商品同时使用从价和从量计征的一种计征关税的方法（如录像机、放像机、摄像机、数字照相机）。

（4）选择税：是对一种进口商品同时定有从价税和从量税两种税率，征税根据物价水平，选择税额较高的一种适用。

（5）滑准税：是一种关税税率随进口商品价格由高到低而由低到高设置计征关税的方法（反向变动）。

【小贴士】滑准税是一种特殊的从价定率征税方法。

【经典真题】

【单选题·2009；2019】关税税率随进口商品价格由高到低而由低到高设置，这种计征关税的方法称为（　　）。

A. 从价税　　B. 从量税　　C. 复合税　　D. 滑准税

【答案】D

（二）出口关税税率（了解）

我国现行税则对100余种商品征收出口关税；对部分出口商品可实行暂定税率。

（三）特别关税（了解）

包括：报复性关税、反倾销税与反补贴税、保障性关税。

【小贴士】进口适用税率的选择，是根据货物的不同原产地而确定的，适用最惠国税率、协定税率、特惠税率的国家或地区的名单，由国务院关税税则委员会决定，报国务院批准后执行。

【小贴士】原产地不明的进口货物，实行普通税率。

【经典真题】

【单选题·2016】下列机构中，有权决定征收特别关税的货物、适用国别、税率、期限和征收办法的是（　　）。

A. 财政部　　B. 海关总署

C. 商务部　　D. 国务院关税税则委员会

【答案】D

【解析】适用最惠国税率、协定税率、特惠税率的国家或地区的名单，由国务院关税税则委员会决定，报国务院批准后执行。

重难点2：税率的运用★★★

（一）一般规定

进出口货物，应当适用海关接受该货物申报进口或者出口之日实施的税率征税。

【小贴士】税务机关负责征收的税种，税率在一定时期内相对固定；而关税税率相对变化较频繁。

（二）特殊规定

不同进出口方式下，税率的具体运用有不同的规定。

1. 进口货物到达前，经海关核准先行申报的，应当按照装载此货物的运输工具申报进境之日实施的税率征税。

2. 进口转关运输货物，应适用指运地海关接受该货物申报进口之日实施的税率。货物运抵指运地前，经海关核准先行申报的，应适用装载此货物的运输工具抵达指运地之日实施的税率。

【小贴士】指运地，即托运人指定的货物运往地，也就是目的港。转关运输货物是海关监管货物；转关运输是指由进境地入境后，运往另一设关地点办理进口海关手续的货物。

3. 出口转关运输货物，应适用启运地海关接受该货物申报出口之日实施的税率。

4. 经海关批准，实行集中申报的进出口货物，应适用每次货物进出口时海关接受该货物申报之日实施的税率征税。

5. 因超过规定期限未申报而由海关依法变卖的进口货物，其税款计征应适用装载该货物的运输工具申报进境之日实施的税率。

6. 因纳税人违反规定需要追征税款的进出口货物，应当适用违反规定的行为发生之日实施的税率；行为发生之日不能确定的，适用海关发现该行为之日实施的税率。

（三）保税、减免税等货物的补税规定

已申报进境并放行的保税货物、减免税货物、租赁货物或已申报进出境并放行的暂时进出境货物，有下列行为之一需要缴纳税款的，适用海关接受纳税人再次填写报关单申报办理纳税及有关手续之日实施的税率：

1. 保税货物经批准不复运出境的；

2. 保税仓储货物转入国内市场销售的；

3. 减免税货物经批准转让或移作他用的；

4. 可暂不缴纳税款的暂时进出境货物，经批准不复运出境或进境的；

5. 租赁进口货物，分期缴纳税款的。

【经典模拟题】

【单选题】下列各项关于关税适用税率的表述中，正确的是（　　）。

A. 出口货物，按货物实际出口离境之日实施的税率征税

B. 进口货物，应当适用海关接受该货物申报进口之日实施的税率征税

C. 进口转关运输货物，应适用进境地海关接受该货物申报进口之日实施的税率

D. 进口货物到达前，经海关核准先行申报的，应当按照货物实际进境之日实施的税率征税

【答案】B

【多选题】下列关于我国关税税率运用的表述中，正确的有（　　）。

A. 经海关批准，实行集中申报的进出口货物，适用每次货物进出口时海关接受该货物申报之日实施的税率征税

B. 出口转关运输货物，按目的地海关接受该货物申报出口之日实施的税率征税

C. 进口转关运输货物，适用指运地海关接受该货物申报进口之日实施的税率征税

D. 进口货物到达前，经海关核准先行申报的，按装载货物的运输工具申报进境之日实施的税率征税

【答案】ACD

【解析】选项B：出口转关运输货物，按启运地海关接受该货物申报出口之日实施的税率征税。

第三单元　关税完税价格与应纳税额的计算

重难点1：原产地规定★★

原产地的确定直接影响进口关税税率的确定，产自不同国家或地区的进口货物适用不同的关税税率。

我国采用“全部产地生产标准”与“实质性加工标准”两种标准确认原产地。

【经典模拟题】

【多选题】下列属于我国确定进口货物原产地标准的是（　　）。

A. 实质性加工标准　　B. 最后销售地标准

C. 最初产地生产标准　　D. 全部产地生产标准

【答案】AD

【解析】我国进口货物原产地确认标准，采用了“全部产地生产标准”和“实质性加工标准”两种国际上通用的原产地标准。

（一）全部产地生产标准

全部产地生产标准，是指进口货物“完全在一个国家内生产或制造”，生产国或制造国即该货物的原产国。

1. 在该国领土或领海内开采的矿产品；
2. 在该国领土上收获或采集的植物产品；
3. 在该国领土上出生或由该国饲养的活动物及从其所得产品；
4. 在该国领土上狩猎或捕捞所得的产品；
5. 在该国的船只上卸下的海洋捕捞物及由该国船只在海上取得的其他产品；
6. 在该国加工船上加工上述第5项所列物品所得的产品；
7. 在该国收集的只适用于做再加工的废碎料和废旧物品；
8. 在该国完全使用上述1~7项所列产品加工成的制成品。

（二）实质性加工标准

实质性加工标准，是适用于确定有两个或两个以上国家参与生产的产品的原产国的标准，以最后一个对货物进行经济上可以视为实质性加工的国家作为有关货物的原产国。

实质性加工，是指符合以下两个条件之一：

（1）加工后，进出口税则4位数税号一级的税则归类发生改变。

（2）加工增值部分占新产品总值比例超过30%及以上的。

【经典真题】

【多选题·2012】下列有关进口货物原产地的确定，符合我国关税相关规定的有（　　）。

A. 从俄罗斯船只上卸下的海洋捕捞物，其原产地为俄罗斯

B. 在澳大利亚开采并经新西兰转运的铁矿石，其原产地为澳大利亚

C. 由中国台湾提供棉纱，在越南加工成衣，经澳门包装转运的西服，其原产地为越南

D. 在南非开采并经中国香港加工的钻石，加工增值部分占该钻石总值比例为20%，其原产地为中国香港

【答案】ABC

【解析】选项D：实质性加工，是指产品加工后，在进出口税则中四位数税号一级的税则归类已经有了改变，或者加工增值部分所占新产品总值的比例已超过30%及以上的。

（三）其他（了解）

对机器、仪器、器材或车辆所用零件、部件、配件、备件及工具，与主件同时进口且数量合理的，其原产地按主件的原产地确定；分别进口的，按各自的原产地确定。

重难点2：关税完税价格★★★

关税完税价格，是指货物（不包括物品）的关税计税价格。

一般进口货物完税价格，包括货物的货价、货物运抵我国境内输入地点起卸前的运输及其相关费用、保险费。

计算公式：

进口货物完税价格＝货价＋采购费用（包括货物运抵中国关境内输入地起卸前的运输、保险和其他劳务等费用）

【小贴士】确定进口货物完税价格的方法主要有两类：成交价格估价方法和进口货物海关估价方法。

（一）成交价格估价方法（重要）

进口货物，以海关审定的成交价格为基础的到岸价格（CIF）为完税价格。

到岸价格，是指货物在采购地的正常价格，加上国外已征的出口税和运抵我国输入地点起卸前的包装费、运费、保险费、手续费等费用。

1. 需要计入完税价格的项目（6项）：

（1）由买方负担的除购货佣金以外的佣金和经纪费。

（2）由买方负担的与该货物视为一体的容器费用。

（3）由买方负担的包装材料和包装劳务费用。

（4）与该货物的生产和向我国境内销售有关的，由买方以免费或者低于成本的方式提供并可以按适当比例分摊的料件、工具、模具、消耗材料及类似货物的价款，以及在境外开发、设计等相关服务的费用。

（5）与该货物有关并作为卖方向我国销售该货物的一项条件，应当由买方直接或间接支付的特许权使用费。但在估定完税价格时，单独列明的进口货物在境内的复制权费不得计入关税完税价格。

（6）卖方直接或间接从买方对该货物进口后转售、处置或使用所得中获得的收益。

【小贴士】购货佣金，是买方为采购商品向自己的采购代理人支付的劳务费用。

【小贴士】卖方佣金，是买方为采购商品向销售代理人支付的劳务费用。

2. 下列费用，不得计入完税价格：

（1）购货佣金。

（2）厂房、机械、设备等货物进口后发生的建设、安装、装配、维修和技术援助的费用（保修费用除外）。

（3）货物运抵我国境内输入地点起卸之后的运输及其相关费用、保险费。

（4）进口关税、进口环节海关代征税及其他国内税。

（5）为在境内复制进口货物而支付的费用。

（6）境内外技术培训及境外考察费用。

（7）符合条件的为进口货物而融资产生的利息费用。

【经典真题】

【多选题·2011】下列各项中，应当计入进口货物关税完税价格的有（　　）。

A. 由买方负担的购货佣金

B. 由买方负担的境外包装材料费用

C. 由买方负担的境外包装劳务费用

D. 由买方负担的与进口货物视为一体的容器费用

【答案】BCD

【解析】选项 A：由买方负担的除购货佣金以外的佣金和经纪费要计入关税完税价格，购货佣金不得计入关税完税价格。

【多选题·2014】下列税费中，应计入进口货物关税完税价格的有（　　）。

A. 进口环节缴纳的消费税

B. 单独支付的境内技术培训费

C. 由买方负担的境外包装材料费用

D. 由买方负担的与该货物视为一体的容器费用

【答案】CD

【解析】选项 AB：不得计入完税价格共 7 项，包括 AB 选项。

【经典模拟题】

【单选题】下列属于进口关税完税价格组成部分的是（　　）。

A. 进口人向自己采购代理人支付的购货佣金

B. 与进口货物有关的特许权使用费

C. 进口设备报关后的安装调试费用

D. 进口人报关后的境内技术培训费用

【答案】B

【解析】选项 ACD：不得计入完税价格共 7 项，包括 ACD 选项。

【计算问答题】2020 年 5 月，我国某进出口公司从加拿大进口一批纺织原料，共 5 000 吨，货物以境外口岸离岸价格成交，单价折合人民币为 12 000 元，买方承担境外包装费每吨 500 元人民币；另外，向卖方支付的佣金每吨 1 000 元人民币，向自己的采购代理人支付佣金每吨 600 元人民币，进口后发生运输和装卸费用为每吨 350 元人民币。

已知：该货物运抵中国海关境内输入地起卸前的运输、保险费为每吨 2 000 元人民币。

问题：计算该批纺织原料的关税完税价格。

【答案及解析】(1) 计入进口货物完税价格的，包括货价、支付的佣金（不包括买方向自己采购代理人支付的购货佣金）、买方负担的包装费和与该货物视为一体的容器费、进口途中的运费（不包括进口后发生的运输装卸费）及其相关费用、保险费；(2) 关税完税价格 = (12 000 + 500 + 1 000 + 2 000) × 5 000/10 000 = 7 750（万元）。

（二）进口货物海关估价方法

对进口货物的价格，不符合成交价格条件或成交价格不能确定的，海关经了解有关情况，并且与纳税人进行价格磋商后，依次（有顺序）使用的方法包括：

(1) 相同货物成交价格估价方法；

(2) 类似货物成交价格估价方法；

(3) 倒扣价格估价方法；

完税价格 = 境内售价 - 通常的利润和一般费用（包括直接费用和间接费用）- 通常支付的佣金 - 境内运费等 - 进口关税、进口环节海关代征税及其他国内税

(4) 计算价格估价方法；

完税价格 = 料件成本和加工费用 + 通常的利润和一般费用（包括直接费用和间接费用）+ 入境前的运费及相关费用、保险费

【小贴士】上述倒扣价格估价方法 (3) 和计算价格估价方法 (4) 的适用顺序可以颠倒。

(5) 合理方法。

【小贴士】海关在采用合理方法确定进口货物的完税价格时，不得使用以下价格：

(1) 境内生产的货物在境内的销售价格；

(2) 可供选择的价格中较高的价格；

(3) 货物在出口地市场的销售价格；

(4) 以计算价格方法规定的有关各项之外的价值或费用计算的价格；

(5) 出口到第三国或地区的货物的销售价格；

(6) 最低限价或武断、虚构的价格。

（三）进口货物完税价格中的运输及相关费用、保险费的计算（重要）

1. 运费及相关费用。

(1) 进口货物的运输及相关费用，应当按照由买方实际支付或应当支付的费用计算，如果进口货物的运输及相关费用无法确定的，海关应按该货物进口同期的正常运输成本审查确定。

(2) 运输工具作为进口货物，利用自身动力进境的，海关在审查确定完税价格时，不再另行计入运输及相关费用。

2. 保险费。

进口货物的保险费，应按实际支付的费用计算。但是，如果进口货物的保险费无法确定

或未实际发生，海关应当按照“货价加运费”的3‰计算保险费。

计算公式：

保险费=(货价+运费)×3‰

3. 邮运进口的货物，应当以邮费作为运输及其相关费用、保险费。

【经典模拟题】

【单选题】2020年5月，某进出口公司进口一批红酒，成交价格为200万元人民币，关税税率为14%，货物运输率为2%，但是进口货物的保险费无法确定，该贸易公司应缴纳的关税（　　）万元。

A. 28.28　　B. 28.54　　C. 28.64　　D. 28.65

【答案】D

【解析】该贸易公司应缴纳关税=200×(1+2%)×(1+3‰)×14%=28.65（万元）。

【经典真题】

【综合题节选·2018改编】某市一家进出口公司为增值税一般纳税人，2020年5月发生以下业务：

从国外进口中档护肤品一批，该批货物在国外的买价为200万元人民币，由进出口公司支付的购货佣金10万元人民币，运抵我国海关卸货前发生的运输费为30万元人民币，保险费无法确定。该批货物已报关，取得海关开具的增值税专用缴款书。

已知：进口护肤品的关税税率为10%，增值税税率为13%。

问题：（1）计算上述业务应缴纳的进口关税；（2）计算上述业务应缴纳的进口环节增值税。

【答案及解析】（1）关税完税价格=(200+30)+(200+30)×3‰=230.69（万元）；关税应纳税额=230.69×10%=23.07（万元）；（2）增值税应纳税额=(230.69+23.07)×13%=32.99（万元）。

（四）出口货物的完税价格

1. 以成交价格为基础的完税价格。

出口货物的完税价格，由海关以该货物向境外销售的成交价格为基础审查确定。

（1）不包括出口关税税额。

（2）包括货物运至我国境内输出地点装载前的运输及相关费用、保险费。

（3）不包括在货物价款中，单独列明的货物运至我国境内输出地点装载后的运输及其相关费用、保险费。

计算公式：

完税价格=(离岸价格-单独列明的境外运费及其相关费用、保险费)÷(1+出口关税税率)

2. 出口货物海关估价方法。

出口货物的成交价格不能确定时，海关经了解有关情况，并且与纳税人进行价格磋商后，完税价格由海关依次（有顺序）使用下列方法估定：

（1）同时或大约同时向同一国家或地区出口的相同货物的成交价格；

（2）同时或大约同时向同一国家或地区出口的类似货物的成交价格；

（3）根据境内生产相同或类似货物的成本、利润和一般费用（包括直接费用和间接费用）、境内发生的运输及其相关费用、保险费计算所得的价格；

（4）按照合理方法估定的价格。

【经典真题】

【单选题·2014 改编】我国某公司 2020 年 5 月从国内甲港口出口一批锌锭到国外，货物成交价格 148 万元（不含出口关税），另外，支付货物运抵甲港口装载前的运输费、保险费共计 10 万元，支付甲港口到国外目的地港口之间的运输保险费 20 万元。锌锭出口关税税率为 20%。该公司出口锌锭应缴纳的出口关税为（　　）。

A. 25.6 万元　　B. 29.6 万元　　C. 31.6 万元　　D. 34 万元

【答案】C

【解析】该公司应缴纳出口关税 =（148 + 10）×20% = 31.6（万元）。

【单选题·2017】下列出口货物成交价格包含的税收和费用中，应计入出口货物关税完税价格的是（　　）。

A. 出口关税税额

B. 单独列明支付给境外的佣金

C. 货物运至我国境内输出地点装载前的运输费用

D. 我国离境口岸至境外口岸之间的保险费

【答案】C

【解析】出口货物完税价格，由海关以该货物向境外销售的成交价格为基础审查确定，并应当包括货物运至境内输出地点“装载前”的运输及其相关费用、保险费。但其中包含的出口关税税额，应当扣除。

【多选题·2018】下列各项费用中，应计入出口货物完税价格的有（　　）。

A. 货价中单独列明由买方承担的佣金

B. 卖方出口货物时向买方直接收取的卖方佣金

C. 货物运至我国境内输出地点装载前的保险费

D. 货价中单独列明的货物运至我国境内输出地点装载后的运输费用

【答案】BC

【解析】选项 AB：支付给自己采购代理人的佣金不计入关税完税价格，但是“卖方佣金”和“中介佣金”需要计入关税完税价格中；选项 CD：出口货物的完税价格，由海关以该货物的成交价格为基础审查确定，并且应当包括货物运至我国境内输出地点装载前的运输及其相关费用、保险费。不包括“装载后”的运输费用。

重难点 3：应纳税额的计算★★

关税应纳税额计算有如下公式：

1. 从价计税应纳税额。

关税税额 = 应税进（出）口货物数量 × 单位完税价格 × 税率

2. 从量计税应纳税额。

关税税额 = 应税进（出）口货物数量 × 单位货物税额

3. 复合计税应纳税额。

关税税额 = 应税进（出）口货物数量 × 单位货物税额 + 应税进（出）口货物数量 × 单位完税价格 × 税率

4. 滑准税应纳税额。

关税税额 = 应税进（出）口货物数量 × 单位完税价格 × 滑准税税率

【小贴士】关税税额的计算公式，进口货物在进口环节海关代征的增值税、消费税的组价公式，建议学员一并记忆。

【经典模拟题】

【计算问答题】大连某进出口公司从美国进口货物一批，货物以离岸价格成交，成交价折合人民币为 1 410 万元（包括单独计价并经海关审查属实的向境外采购代理人支付的购货佣金 10 万元，但不包括为使用该货物而向境外支付的软件费 50 万元、向卖方支付的佣金 15 万元），另支付货物运抵我国大连港的运费、保险费等 35 万元。

假设该货物适用关税税率为 20%、增值税税率为 13%、消费税税率为 10%。

问题：分别计算该公司进口环节应缴纳的关税、消费税和增值税税额。

【答案及解析】进口货物完税价格 = 离岸价 + 软件费 + 向卖方支付的佣金 − 购货佣金 + 运保费。关税完税价格 = 1 410 + 50 + 15 − 10 + 35 = 1 500（万元）

（1）进口环节应缴纳关税 = 1 500 × 20% = 300（万元）

进口消费税、增值税组成计税价格 = (1 500 + 300) ÷ (1 − 10%) = 2 000（万元）

（2）进口环节海关应代征消费税 = 2 000 × 10% = 200（万元）

（3）进口环节海关应代征增值税 = 2 000 × 13% = 260（万元）

重难点 4：跨境电子商务零售“进口”税收政策★★

【小贴士】跨境电子商务零售进口商品，按照货物征收关税和进口环节增值税、消费税。

（一）适用范围

适用于从其他国家或地区进口的、《跨境电子商务零售进口商品清单》范围内的以下商品：

1. 所有通过与海关联网的电子商务交易平台交易，能够实现交易、支付、物流电子信息“三单”比对的跨境电子商务零售进口商品；

2. 未通过与海关联网的电子商务交易平台交易，但快递、邮政企业能够统一提供交易、支付、物流等电子信息，并承诺承担相应法律责任进境的跨境电子商务零售进口商品。

【小贴士】不属于跨境电子商务零售进口的个人物品，以及无法提供交易、支付、物流等电子信息的跨境电子商务零售进口商品，按现行规定执行。

（二）计征限额

在限值以内进口的跨境电子商务零售进口商品：

1. 关税税率暂设为 0%；

2. 进口环节增值税、消费税取消免征税额，暂按法定应纳税额的70%征收；

【小贴士】限额，是指单次交易限值为人民币5 000元，个人年度交易限值为人民币26 000元。

【小贴士】超过单次限值、累加后超过个人年度限值的单次交易、以及完税价格超过5 000元限值的单个不可分割商品，均按照一般贸易方式全额征税。

（三）计征规定

1. 纳税人。

购买跨境电子商务零售进口商品的个人作为纳税人，电子商务企业、电子商务交易平台企业或物流企业可作为代收代缴义务人。

2. 计税依据：

（1）应征关税 = 完税价格 × 关税税率（关税税率为0）

（2）法定计征的消费税 = [（完税价格 + 关税）/（1 - 消费税税率）] × 消费税税率

应征消费税 = 法定计征的消费税 ×70%

（3）法定计征的增值税 =（完税价格 + 关税 + 法定计征的消费税税额）× 增值税税率

应征增值税 = 法定计征的增值税 ×70%

【小贴士】自海关放行之日起30日内退货的，可申请退税，并相应调整个人年度交易总额。

【经典真题】

【多选题·2017】跨境电子商务零售进口商品按照货物征收关税，下列企业可以作为代收代缴义务人的有（　　）。

A. 物流企业　　B. 商品生产企业

C. 电子商务交易平台企业　　D. 电子商务企业

【答案】ACD

【解析】跨境电子商务零售进口商品，按照货物征收关税和进口环节增值税、消费税，购买跨境电子商务零售进口商品的个人作为纳税人，实际交易价格（包括货物零售价格、运费和保险费）作为完税价格，电子商务企业、电子商务交易平台企业或物流企业可作为代收代缴义务人。

第四单元　关税减免规定

关税的减免分为法定减免、特定减免、暂时减免和临时减免四种类型。

重难点1：法定减免税★★★

法定减免，是依照关税基本法规的规定，对列举的课税对象给予的减免。无须纳税人提出申请，海关可按规定直接予以减免税。海关对法定减免税货物一般不进行后续管理。

下列货物、物品予以减免关税：

1. 关税税额在人民币50元以下的一票货物，可免征关税。

2. 无商业价值的广告品和货样，可免征关税。

3. 外国政府、国际组织无偿赠送的物资，可免征关税。
4. 进出境运输工具装载的途中必需的燃料、物料和饮食用品，可予免税。
5. 在海关放行前损失的货物，可免征关税（全损）。
6. 在海关放行前遭受损坏的货物，可根据海关认定的受损程度减征关税（部分受损）。
7. 我国缔结或参加的国际条约规定减征、免征关税的货物、物品，按规定予以减免关税。
8. 法律规定减征、免征关税的其他货物、物品。

重难点2：特定减免税★

特定减免税，也称为政策性减免税，是指在法定减免税之外，国家按国际通行规则和我国实际情况，制定发布的特定或政策性减免税。包括：

1. 科教用品。
2. 残疾人专用品。
3. 慈善捐赠物资。
4. 加工贸易产品。
5. 边境贸易进口物资。

重难点3：暂时免税★★

暂时进境或者暂时出境的货物，在进境或者出境时纳税人向海关缴纳相当于应纳税款的保证金或者提供其他担保的，可以暂不缴纳关税，并应当自进境或者出境之日起6个月内复运出境或者复运进境；需要延长复运出境或者复运进境期限的，纳税人应当根据海关总署的规定向海关办理延期手续。暂时进境或者暂时出境的货物包括：

1. 在展览会、交易会、会议及类似活动中展示或者使用的货物。

【小贴士】上述所列暂时进境货物在规定的期限内未复运出境的，或者暂时出境货物在规定的期限内未复运进境的，海关应当依法征收关税。

2. 文化、体育交流活动中使用的表演、比赛用品。
3. 进行新闻报道或者摄制电影、电视节目使用的仪器、设备及用品。
4. 开展科研、教学、医疗活动使用的仪器、设备及用品。
5. 在上述第1项至第4项所列活动中使用的交通工具及特种车辆。
6. 货样。
7. 供安装、调试、检测设备时使用的仪器、工具。
8. 盛装货物的容器。
9. 其他用于非商业目的的货物。

【小贴士】上述2至9项所列暂时进境货物在规定的期限内未复运出境的，海关应当按照该货物的完税价格和其在境内滞留时间与折旧时间的比例计算征收进口关税。

【经典真题】

【多选题·2014改编】下列进口货物中，法定免征进口关税的有（　　）。

A. 国际组织无偿赠送的物资　　B. 具有一定商业价值的货样

C. 海关放行后损坏的进口货物　　D. 关税税额为人民币 30 元的一票货物

【答案】AD

【解析】选项 B：无商业价值的广告品和货样，可免征关税；选项 C：在海关放行前损失的货物，可免征关税。

【多选题·2019】下列进口的货物或物品中，免征关税的有（　　）。

A. 无商业价值的广告品　　B. 国际组织无偿赠送的货物

C. 在海关放行前损失的货物　　D. 外国政府无偿援助的物资

【答案】ABCD

第五单元　关税征收管理

重难点 1：关税缴纳★★

1. 关税申报。

（1）进口货物自运输工具申报进境之日起 14 日内向海关申报；

（2）除海关特准的外，出口货物在运抵海关监管区后装货的 24 小时以前向海关申报。

2. 纳税期限。

纳税人应自海关填发税款缴款书之日起 15 日内缴纳关税。

【小贴士】不能按期缴纳税款，经依法提供税款担保后，可延期缴纳，但最长不得超过 6 个月。

重难点 2：关税的强制执行★★

关税的强制执行措施，包括加收滞纳金和强制征收。

1. 征收关税滞纳金。

关税滞纳金金额 = 滞纳关税税额 × 滞纳金征收比率（万分之五）× 滞纳天数

2. 强制征收。

如纳税人自缴纳税款期限届满之日起 3 个月仍未缴纳税款，经海关关长批准，海关可以采取强制扣缴、变价抵缴等强制措施。

【经典真题】

【单选题·2006】某公司进口一批货物，海关于 2006 年 3 月 1 日填发税款缴款书，但公司迟至 3 月 27 日才缴纳 500 万元的关税。海关应征收关税滞纳金（　　）万元。

A. 2.75　　B. 3　　C. 6.5　　D. 6.75

【答案】B

【解析】滞纳 12 天，海关应征收关税滞纳金 = 500 × 12 × 0.5‰ = 3（万元）。

【多选题·2016】下列措施中，属于《海关法》赋予海关可以采取的强制措施有（　　）。

A. 补征税额　　B. 强制扣缴　　C. 变价抵缴　　D. 征收关税滞纳金

【答案】BCD

【解析】强制措施主要有两类：（1）征收关税滞纳金；（2）强制征收，如纳税义务人自缴纳税款期限届满之日起3个月仍未缴纳税款，经直属海关关长或其授权的隶属海关关长批准，海关可以采取强制扣缴、变价抵缴等强制措施。

重难点3：关税退还★★

关税退还，是指海关将实际征收多于应当征收的税额（溢征关税）退还给纳税人的一种行政行为。

1. 溢征关税，海关发现后应立即退还。

2. 纳税人发现的，申请退税时限为缴纳税款之日起1年内。纳税人可以书面形式要求海关退还多缴的税款并加算银行同期活期存款利息。

【小贴士】有下列情况之一，纳税人可自缴纳税款之日起1年内，申请退还关税：

（1）已征进口关税的货物，因品质或规格原因，原状退货复运出境的；

（2）已征出口关税的货物，因品质或规格原因，原状退货复运进境，并已重新缴纳因出口而退还的国内环节有关税收的；

（3）已征出口关税的货物，因故未装运出口，申报退关的。

重难点4：关税补征和追征★★

关税的补征和追征，是指海关在纳税人按海关核定的税额缴纳关税后，发现实际征收税额少于应征税额（短征关税）时，责令纳税人补缴所差税款的一种行政行为。

1. 关税补征，是非因纳税人违反海关规定造成的少征或漏征关税，关税补征期为缴纳税款或货物、物品放行之日起1年内。

2. 关税追征，是因纳税人违反海关规定造成少征或漏征关税，关税追征期为缴纳税款或货物、物品放行之日起3年内，并加收少征或漏征税款万分之五的滞纳金。

【小贴士】补征和追征的差异在于导致少纳税款的责任不同，责任的不同也带来补征与追征时限的不同。

【小贴士】关税溢征、补征、追征之比较

具体情形	关税不同规定
关税溢征	（1）海关发现的，应立即退还； （2）纳税人发现的，自缴纳税款之日起1年内书面申请退税，并加算银行同期活期存款利息
关税补征	海关发现的，自缴纳税款或货物、物品放行之日起1年内补征，不加收滞纳金
关税追征	自纳税人缴纳税款或者货物、物品放行之日起3年内追征，按日加收万分之五的滞纳金

重难点5：关税纳税争议★

纳税人同海关发生争议时，可以向海关申请复议，但同时应当在规定期限内按海关核定的税额缴纳关税，逾期则构成滞纳，海关有权按规定采取强制执行措施。

纳税人自海关填发缴款书之日起60日内，向原征税的海关的上一级海关提出复议申请。

【小贴士】对征税行为的争议，按税务机关规定缴纳税款、滞纳金或提供担保后，才可以申请行政复议；行政复议是诉讼的必经前置程序。

【关税小结】

1. 进口环节增值税、消费税、关税的计算，是以前年度常考不衰的组合命题点。

2. 关税的掌握与熟悉。

（1）掌握进口货物的完税价格的一般规定；

（2）掌握完税价格中运输及相关费用、保险费的计算；

（3）掌握关税的减免；

（4）熟悉关税税率的运用；

（5）熟悉出口货物完税价格的计算；

（6）熟悉关税应纳税额的计算；

（7）熟悉关税的补证与追征。

3. 与其他章节及税种的关系。

（1）与其他税种不同，关税（包括吨税）的缴纳在征管方面不适用《征管法》；

（2）与增值税、消费税：进口货物组成计税价格计算应纳增值税、应纳消费税，计税价格包含关税完税价格、关税税额、消费税税额。

第六单元　船舶吨税法

重难点1：征税范围和税率★★

（一）征税范围

自境外港口进入境内港口的船舶（简称“应税船舶”），应当缴纳船舶吨税（简称“吨税”）。

（二）税率

吨税采用定额税率，分为优惠税率和普通税率。

1. 优惠税率。

（1）中华人民共和国国籍的应税船舶；

（2）船籍国（地区）与我国签订含有相互给予船舶税费最惠国待遇条款的条约或者协定的应税船舶。

2. 普通税率。

除了适用优惠税率的船舶之外的其他应税船舶，适用普通税率。

【小贴士】拖船按照发动机功率每千瓦折合净吨位0.67吨。

【小贴士】无法提供净吨位证明文件的游艇，按照发动机功率每千瓦折合净吨位0.05吨。

【小贴士】拖船和非机动驳船分别按相同净吨位船舶税率的50%计征税款。

重难点2：应纳税额的计算★★

吨税按照船舶净吨位和吨税执照期限征收。

计算公式为：

应纳税额＝船舶净吨位×定额税率（元/净吨）

【小贴士】净吨位，是指由船籍国（地区）政府签发或者授权签发的船舶吨位证明书上标明的净吨位。

【小贴士】应税船舶负责人申领吨税执照时，应当向海关提供下列文件：

（1）船舶国籍证书或者海事部门签发的船舶国籍证书收存证明；

（2）船舶吨位证明。

【经典模拟题】

【计算问答题】英国某运输公司一艘货轮驶入我国某港口，该货轮净吨位为 20 000 吨，货轮负责人已向我国海关领取了吨税执照，在港口停留期为 90 天，英国已与我国签订有相互给予船舶税费最惠国待遇条款的条约。

问题：计算该货轮负责人应向我国海关缴纳的吨税。

【答案及解析】（1）根据吨税的相关规定，该货轮应享受优惠税率，每净吨位 6.6 元；（2）应缴纳吨税 =20 000 ×6.6 =132 000（元）。

重难点 3：税收优惠★★★

（一）直接优惠

下列船舶免征吨税：

1. 应纳税额在人民币 50 元以下的船舶。
2. 自境外以购买、受赠、继承等方式取得船舶所有权的初次进口到港的空载船舶。
3. 吨税执照期满后 24 小时内不上下客货的船舶。
4. 非机动船舶（不包括非机动驳船）。
5. 捕捞、养殖渔船。
6. 避难、防疫隔离、修理、改造、终止运营或者拆解，并不上下客货的船舶。
7. 军队、武装警察部队专用或者征用的船舶。
8. 警用船舶。
9. 依照法律规定应当予以免税的外国驻华使领馆、国际组织驻华代表机构及其有关人员的船舶。
10. 国务院规定的其他船舶。

（二）延期优惠

在吨税执照期限内，应税船舶发生下列情形之一的，海关按照实际发生的天数批注延长吨税执照期限：

1. 避难、防疫隔离、修理、改造，并不上下客货。
2. 军队、武装警察部队征用。

【经典真题】

【多选题·2014】下列船舶中，免征船舶吨税的有（　　）。

A. 养殖渔船　　B. 非机动驳船

C. 军队征用的船舶　　D. 应纳税额为人民币 100 元的船舶

【答案】AC

【解析】选项 B：非机动驳船按相同净吨位船舶税率的 50% 计征船舶吨税；选项 D：应纳税额为人民币 50 元以下的船舶，免征船舶吨税。

【单选题·2018】下列从境外进入我国港口的船舶中，免征船舶吨税的是（　　）。

A. 养殖渔船

B. 非机动驳船

C. 拖船

D. 吨税执照期满后 24 小时内上下客货的船舶

【答案】A

【解析】选项 BC：非机动驳船和拖船分别按相同净吨位船舶税率的 50% 计征税款；选项 D：吨税执照期满后 24 小时内“不上下”客货的船舶免征船舶吨税。

重难点 4：征收管理★★

1. 征收机关。

吨税由海关负责征收；海关征收吨税应制发缴款凭证。

2. 纳税义务发生时间。

吨税纳税义务发生时间，为应税船舶进入港口的当日。

应税船舶在吨税执照期满后尚未离开港口的，应当申领新的吨税执照，自上一次执照期满的次日起续缴吨税。

3. 纳税期限。

应税船舶负责人应当自海关填发吨税缴款凭证之日起 15 日内缴清税款。未按期缴清税款的，自滞纳税款之日起至缴清税款之日止，按日加收滞纳税款 0.5‰的税款滞纳金。

【小贴士】应税船舶在吨税执照期限内，因修理、改造导致净吨位变化的，吨税执照继续有效。

4. 纳税担保

应税船舶到达港口前，经海关核准先行申报并办结出入境手续的，应税船舶负责人应当向海关提供与其依法履行吨税缴纳义务相适应的担保；应税船舶到达港口后，依照规定向海关申报纳税。

下列财产、权利可以用于担保：

（1）人民币、可自由兑换货币；

（2）汇票、本票、支票、债券、存单；

（3）银行、非银行金融机构的保函；

（4）海关依法认可的其他财产、权利。

5. 吨税执照在期满前毁损或者遗失的，应当向原发照海关书面申请核发吨税执照副本，不再补税。

6. 吨税税款、滞纳金、罚款以人民币计算。

【吨税小结】

1. 吨税的掌握与熟悉。

（1）掌握税收优惠的内容；

（2）熟悉征收管理的内容。

2. 与其他章节及税种的关系。

（1）与其他税种不同，吨税（包括关税）的缴纳在征管方面不适用《征管法》；

（2）与车船税：吨税仅是针对船舶的，车船税不仅包括船舶还有车辆；吨税针对的是外国籍船舶或是行驶在境外的船舶，车船税的征收对象是中国籍车船和行驶在境内的车船。

五、进阶练习

（一）单选题

1. 原产于我国参加的含有关税优惠条款的区域性贸易协定有关缔约方的进口货物，采用的税率是（　　）。

A. 最惠国税率　　B. 协定税率　　C. 特惠税率　　D. 普通税率

2. 我国海关计征关税标准主要是（　　）。

A. 从价税　　B. 从量税　　C. 复合税　　D. 滑准税

3. 对于税率的运用，下列说法不正确的是（　　）。

A. 进口货物，应当适用海关接受该货物申报进口之日实施的税率

B. 出口货物，应当适用海关接受该货物申报出口之日实施的税率

C. 进口货物到达前，经海关核准先行申报的，应当适用装载该货物的运输工具申报进境之日实施的税率

D. 经批准集中申报的进出口货物，应当适用每次货物进出口当日实施的税率

4. “实质性加工”是指产品加工后，在进出口税则中四位数税号一级的税则归类已经有了改变，或者加工增值部分所占新产品总值的比例已经超过（　　）及以上的。

A. 20%　　B. 30%　　C. 40%　　D. 50%

5. 以下项目需计入进口货物关税完税价格的是（　　）。

A. 货物运抵境内输入地点起卸前的运输及其相关费用

B. 进口环节海关代征的增值税

C. 货物运抵境内输入地点起卸后发生的运输及其相关费用

D. 境外考察费用

6. 下列费用中不计入进口货物关税完税价格的是（　　）。

A. 买方负担的容器费用　　B. 买方负担的经纪费

C. 由买方负担的包装费　　D. 由买方负担的购货佣金

7. 下列项目中，属于进口货物关税完税价格组成部分的是（　　）。

A. 进口人向自己的境外采购代理人支付的劳务费用

B. 为在境内复制进口货物而支付的费用

C. 进口设备的保修费用

D. 货物运抵境内输入地点起卸之后的运输费用

8. 某企业2019年12月进口设备一台，设备价格折合人民币是30万元，支付境外自己的采购代理人佣金2万元，运抵我国境内输入地点起卸前的运费0.8万元，保险费0.2万元。该企业进口环节应纳关税（　　）万元。（关税税率20%）

A. 6　　B. 6.2　　C. 6.4　　D. 6.6

9. 某企业进口一批货物，货价折合人民币4 000万元，支付到达我国境内输入地点起卸前的运费折合人民币50万元，该批货物进口关税税率为15%，未发生保险费，该企业进口该批货物应缴纳关税（　　）万元。

A. 600　　B. 607.5　　C. 608.4　　D. 609.32

10. 下列项目中，应计入出口货物完税价格的是（　　）。

A. 货物运至我国境内输出地点装载前的运输费

B. 单独列明的货物运至我国境内输出地点装载后的运输费

C. 单独列明的货物运至我国境内输出地点装载后的保险费

D. 出口关税

11. 依据关税的有关规定，下列进口货物中可享受特定减免税的是（　　）。

A. 无商业价值的广告品

B. 国际组织无偿赠送的物资

C. 海关放行前损失的货物

D. 科研机构进口国内不能生产的科学研究和教学用品

12. 暂时进境或者暂时出境的下列货物，在进境或者出境时纳税义务人向海关缴纳相当于应纳税款的保证金或者提供其他担保的，可以暂不缴纳关税，并应当自进境或者出境之日起（　　）个月内复运出境或者复运进境。

A. 3　　B. 6　　C. 9　　D. 12

13. 按中国海关法现行规定，进出口货物、物品放行后，海关发现少征或者漏征税款，应当自缴纳税款或者货物、物品放行之日起（　　）内补征税款。

A. 1年　　B. 3年　　C. 5年　　D. 10年

14. A国国籍一艘货轮停靠在我国某港口，该货轮净吨位为2 500吨。货船负责人已向我国海关领取了吨税执照，在港口停留期限为30天，A国已与我国签订有相互给予船舶税费最惠国待遇条款。已知超过2 000净吨但不超过10 000净吨的船舶，30天期限的普通税率为4.0元/净吨，优惠税率为2.9元/净吨，其应纳的船舶吨税为（　　）元。

A. 0　　B. 3 625　　C. 7 250　　D. 10 000

15. 应税船舶发现多缴纳船舶吨税的，可以自缴纳税款之日起（　　）内以书面形式要求海关退还多缴的税款并加算银行同期活期存款利息。

A. 一年　　B. 二年　　C. 三年　　D. 五年

（二）多选题

1. 以下进口商品征收复合税的有（　　）。

A. 录像机　　B. 摄像机　　C. 原油　　D. 啤酒

2. 已申报进境并放行的保税货物、减免税货物、租赁货物或者已申报进出境并放行的暂时进出境货物，有规定情形之一需缴纳税款的，应当适用海关接受纳税义务人再次填写报关单申报办理纳税及有关手续之日实施的税率，这些规定情形包括（　　）。

A. 保税货物经批准不复运出境的

B. 保税仓储货物转入国内市场销售的

C. 减免税货物经批准转让或者移作他用的

D. 可暂不缴纳税款的暂时进出境货物，经批准不复运出境或者进境的

3. 我国原产地规定采用（　　）。

A. 初始加工标准　　B. 全部产地生产标准

C. 实质性加工标准　　D. 最后加工标准

4. 由买方负担的下列费用中，应计入进口货物关税完税价格的有（　　）。

A. 境外保险费　　B. 境外运输费　　C. 境外经纪费　　D. 境外考察费

5. 进口货物海关估价方法有（　　）。

A. 相同货物成交价格估价方法　　B. 类似货物成交价格估价方法

C. 倒扣价格估价方法　　D. 计算价格估价方法

6. 海关遵循客观、公平、统一的原则，以客观量化的数据资料为基础审查确定进口货物的完税价格，不得使用的价格有（　　）。

A. 境内生产的货物在境内的销售价格

B. 可供选择的价格中较高的价格

C. 货物在出口地市场的销售价格

D. 出口到第三国或者地区的货物的销售价格

7. 使用倒扣价格方法审查确定进口货物关税完税价格时，应扣除的项目有（　　）。

A. 同类货物在境内第一销售环节销售时支付的佣金

B. 进口增值税

C. 运抵境内输入地点起卸后的运输费

D. 运抵境内输入地点起卸前的运输费

8. 关于进口货物完税价格中的运输及相关费用、保险费的规定，下列说法正确的有（　　）。

A. 进口货物的运输及其相关费用无法确定的，海关应当按照该货物进口同期的正常运输成本审查确定

B. 运输工具作为进口货物，利用自身动力进境的，海关在审查确定完税价格时，不再另行计入运输及其相关费用

C. 进口货物的保险费无法确定或者未实际发生，完税价格中则不包括保险费

D. 邮运进口的货物，应当以邮费作为运输及其相关费用、保险费

9. 跨境电子商务零售进口税收政策，下列说法正确的有（　　）。

A. 跨境电子商务零售进口商品单次交易限值为人民币 5 000 元，个人年度交易限值为人民币 26 000 元

B. 在限值内进口的商品，关税税率暂设为 0%

C. 在限值内进口环节增值税、消费税暂按法定应纳税额的50%征收

D. 超过单次限值的商品，按照一般贸易方式全额计税

10. 下列货物、物品可享受法定免税的有（　　）。

A. 关税税额在人民币50元以下的一票货物

B. 外国政府无偿赠送的物资

C. 海关放行前损失的货物

D. 境外自然人无偿向中国红十字总会捐赠的直接用于慈善事业的物资

11. 根据关税的有关规定，下列说法正确的有（　　）。

A. 由于纳税人违反海关规定而少征或漏征的关税，海关在1年内可以追征

B. 由于纳税人违反海关规定而少征或漏征的关税，海关在3年内可以追征

C. 非因纳税人违反海关规定造成的少征或漏征的关税，海关应自纳税人缴纳税款之日起1年内补征

D. 非因纳税人违反海关规定造成的少征或漏征的关税，海关应自纳税人缴纳税款之日起3年内补征

12. 下列关于关税的征收管理的规定说法正确的有（　　）。

A. 纳税人自缴纳税款期限届满之日起3个月仍未缴纳税款，经直属海关关长或者其授权的隶属海关关长批准，海关可以采取强制扣缴、变价抵缴等强制措施

B. 纳税人同海关发生纳税争议，可自海关填发税款缴纳书之日起60日内，向原征税海关的上一级海关提出复议申请

C. 海关行政复议机关应当自受理复议申请之日起90日内做出复议决定

D. 纳税人对海关复议决定不服，可自收到复议决定书之日起60日内，向人民法院提起诉讼

13. 以下关于关税的缴纳说法正确的有（　　）。

A. 纳税人应当自海关填发税款缴纳书之日起15日内缴纳税款

B. 纳税人因不可抗力不能按期缴纳税款的，经依法提供税款担保后，可以延期缴纳税款，但最长不得超过3个月

C. 征收关税滞纳金自关税缴纳期限届满滞纳日起，至纳税人缴纳关税之日止，按滞纳税款万分之五的比例按日征收

D. 已征出口关税的货物，因故未装运出口，申报退关的，纳税人自缴纳税款之日起1年内，可以申请退还关税

14. 以下船舶免征船舶吨税的有（　　）。

A. 非机动船舶

B. 警用船舶

C. 吨税执照期满后48小时内不上下客货的船舶

D. 防疫隔离不上下客货的船舶

15. 以下关于船舶吨税的征收管理，说法正确的有（　　）。

A. 船舶吨税纳税义务发生时间为应税船舶进入港口的当日

B. 应税船舶负责人应当自海关填发吨税缴款凭证之日起十五日内缴清税款

C. 应税船舶在吨税执照期限内，因修理、改造导致净吨位变化的，吨税执照继续有效

D. 应税船舶在吨税执照期限内，因税目税率调整或者船籍改变而导致适用税率变化的，吨税执照继续有效

六、进阶练习答案

（一）单选题

1. 【答案】B

【解析】选项 A：最惠国税率适用原产于与我国共同适用最惠国待遇条款的 WTO 成员或地区的进口货物，或原产于与我国签订有相互给予最惠国待遇条款的双边贸易协定的国家或地区进口的货物，以及原产于我国境内的货物；选项 C：特惠税率适用原产于与我国签订有特殊优惠关税协定的国家或地区的进口货物；选项 D：普通税率适用于原产于上述国家或地区以外的其他国家或地区的进口货物。

2. 【答案】A

【解析】我国海关计征关税标准主要是从价税。

3. 【答案】D

【解析】选项 D：经批准集中申报的进出口货物，应当适用每次货物进出口时海关接受该货物申报之日实施的税率。

4. 【答案】B

【解析】“实质性加工”是指产品加工后，在进出口税则中四位数税号一级的税则归类已经有了改变，或者加工增值部分所占新产品总值的比例已经超过 30% 及以上的。

5. 【答案】A

【解析】进口货物的完税价格包括货物的货价、货物运抵境内输入地点起卸前的运输及其相关费用、保险费。

6. 【答案】D

【解析】由买方负担的购货佣金不计入进口货物关税完税价格。

7. 【答案】C

【解析】选项 A：计入关税完税价格的佣金不包括购货佣金（进口人向自己的境内外采购代理人支付的劳务费用）。选项 BD：为在境内复制进口货物而支付的费用和货物运抵境内输入地点起卸之后的运输费用都属于进口后发生的费用，不应计入进口货物关税的完税价格。

8. 【答案】B

【解析】支付给境外自己采购代理人佣金属于不需要计入关税完税价格的购货佣金。关税完税价格 $=30+0.8+0.2=31$（万元），应纳关税 $=31\times20\%=6.2$（万元）。

9. 【答案】D

【解析】如果进口货物的保险费无法确定或未实际发生，海关应按“货价加运费”两者总额的 3‰计算保险费。

该企业进口该批货物应缴纳关税 $=(4\,000+50)\times(1+3‰)\times15\%=609.32$（万元）。

10. 【答案】A

【解析】出口货物的完税价格，由海关以该货物向境外销售的成交价格为基础审查确定，并应包括货物运至我国境内输出地点装载前的运输及其相关费用、保险费，但其中包含的出口关税税额，应扣除。

11. 【答案】D

【解析】选项 ABC 享受的是法定减免税。

12. 【答案】B

【解析】暂时进境或者暂时出境的下列货物，在进境或者出境时纳税义务人向海关缴纳相当于应纳税款的保证金或者提供其他担保的，可以暂不缴纳关税，并应当自进境或者出境之日起 6 个月内复运出境或者复运进境。

13. 【答案】A

【解析】按中国海关法现行规定，进出口货物、物品放行后，海关发现少征或者漏征税款，应当自缴纳税款或者货物、物品放行之日起 1 年内补征税款。

14. 【答案】C

【解析】应纳船舶吨税 $=2\ 500\times2.9=7\ 250$（元）。

15. 【答案】C

【解析】应税船舶发现多缴纳船舶吨税的，可以自缴纳税款之日起 3 年内以书面形式要求海关退还多缴的税款并加算银行同期活期存款利息。

（二）多选题

1. 【答案】AB

【解析】选项 CD 征收从量税。

2. 【答案】ABCD

【解析】已申报进境并放行的保税货物、减免税货物、租赁货物或者已申报进出境并放行的暂时进出境货物，有下列情形之一需缴纳税款的，应当适用海关接受纳税义务人再次填写报关单申报办理纳税及有关手续之日实施的税率：（1）保税货物经批准不复运出境的；（2）保税仓储货物转入国内市场销售的；（3）减免税货物经批准转让或者移作他用的；（4）可暂不缴纳税款的暂时进出境货物，经批准不复运出境或者进境的；（5）租赁进口货物，分期缴纳税款的。

3. 【答案】BC

【解析】我国目前原产地规定采用“全部产地生产标准”和“实质性加工标准”两种国际上通用的原产地标准。

4. 【答案】ABC

【解析】选项 D：境外考察费用不计入进口货物的完税价格中。

5. 【答案】ABCD

【解析】选项 ABCD 都属于正确答案。

6. 【答案】ABCD

【解析】使用合理方法时，海关以客观量化的数据资料为基础审查确定完税价格，但不得使用以下价格：（1）境内生产的货物在境内的销售价格；（2）可供选择的价格中较高的价格；（3）货物在出口地市场的销售价格；（4）以计算价格估价方法规定之外的价值或费用计算的相同或类似货物的价格；（5）出口到第三国或地区的货物的销售价格；（6）最低限价或武断、虚构的价格。

7.【答案】ABC

【解析】选项ABD：都属于进口货物完税价格之外的项目，应予扣除；选项D：属于进口货物完税价格之内的项目，不能扣除。

8.【答案】ABD

【解析】选项C：进口货物的保险费无法确定或者未实际发生，海关应当按照“货价加运费”两者总额的3‰计算保险费。

9.【答案】ABD

【解析】选项C：在限值内进口环节增值税、消费税暂按法定应纳税额的70%征收。

10.【答案】ABC

【解析】选项D属于特定减免税。

11.【答案】BC

【解析】由于纳税人违反海关规定而少征或漏征的关税，海关在3年内可以追征；非因纳税人违反海关规定造成的少征或漏征的关税，海关应予补征，补征期限为缴纳税款或货物、物品放行之日起1年内。

12.【答案】AB

【解析】选项C：海关行政复议机关应当自受理复议申请之日起60日内做出复议决定，并以复议决定书的形式正式答复纳税人；选项D：纳税人对海关复议决定不服，可以自收到复议决定书之日起15日内，向人民法院提起诉讼。

13.【答案】ACD

【解析】选项B：纳税人因不可抗力不能按期缴纳税款的，经依法提供税款担保后，可以延期缴纳税款，但最长不得超过6个月。

14.【答案】ABD

【解析】选项C：吨税执照期满后24小时内不上下客货的船舶，免征吨税。

15.【答案】ABCD

【解析】选项ABCD都属于正确答案。

第八章 资源税法和环境保护税法

一、2020 年新教材内容主要变化

根据 2020 年 9 月 1 日起实施的《资源税法》，资源税法部分从新编写。

二、本章近 5 年考情分析

本章属于税法考试次重点章，包括资源税法和环境保护税法。其中，资源税是近年来改革力度最大的税种之一，是考试中的重点税种；环境保护税，是 2018 年新增的小税种。考试一般以单项选择题、多项选择题命题，资源税会单独以计算问答题形式命题，或者和增值税结合以计算问答题的形式出现。近 5 年考试分值平均 7 分左右。2020 年预计考试分值在 8 分左右。

三、本章内容

第一单元　资源税法
第二单元　环境保护税法

四、重难点解析

第一单元　资源税法

资源税，是对在中华人民共和国领域及管辖海域开发应税资源的单位和个人，课征的一种税。

重难点 1：纳税人★★

在中华人民共和国领域和中华人民共和国管辖的其他海域开发应税资源的单位和个人，为资源税的纳税人，应当依照资源税法规定缴纳资源税。

【小贴士】缴纳资源税的应税产品的开发地点是“境内”，所以资源税有“进口不征，出口不退”的规则。

【小贴士】应税资源产品（简称“应税产品”）的具体范围，由《资源税税目税率表》（简称《税目税率表》）确定。

【小贴士】单位和个人以应税产品投资、分配、抵债、赠与、以物易物等，视同销售，应按规定计算缴纳资源税。

【经典真题】

【多选题·2005】下列各项中，属于资源税纳税人的有（　　）。

A. 境内开采原煤的国有企业

B. 进口铁矿石的私营企业

C. 境内开采石灰石的个体经营者

D. 我国管辖海域开采天然原油的外商投资企业

【答案】ACD

【解析】选项B：资源税进口不征。

重难点2：税目与税率★★★

（一）税目（征税范围）

资源税税目包括能源矿产、金属矿产、非金属矿产、水气矿产、盐5大类，在5个税目下面又设有若干子目。

1. 能源矿产。

（1）原油，是指开采的天然原油，不包括人造石油。

（2）天然气、页岩气、天然气水合物。

（3）煤炭，包括原煤和以未税原煤加工的洗选煤。

（4）煤成（层）气。

（5）铀、钍。

（6）油页岩、油砂、天然沥青、石煤。

（7）地热。

2. 金属矿产。

（1）黑色金属。

（2）有色金属。

3. 非金属矿产。

（1）矿物类。

（2）岩石类。

（3）宝玉石类，包括宝石、玉石、宝石级金刚石、玛瑙、黄玉、碧玺。

4. 水气矿产。

（1）二氧化碳气、硫化氢气、氦气、氡气。

（2）矿泉水。

5. 盐。

（1）钠盐、钾盐、镁盐、锂盐。

（2）天然卤水。

（3）海盐。

【小贴士】上述各税目征税时有的对原矿征税，有的对选矿征税，具体适用的征税对象按照《税目税率表》的规定执行，主要包括三类：（1）按原矿征税；（2）按选矿征税；（3）按原矿或者选矿征税。

【经典模拟题】

【多选题】下列各项中，应征收资源税的有（　　）。

A. 进口的天然气　　　　B. 专门开采的天然气

C. 海盐　　　　　　　　　　　　　　　　D. 开发的矿泉水

【答案】BCD

【解析】选项A：进口天然气，不属于资源税征税范围。

（二）税率

资源税按照《税目税率表》实行从价计征或者从量计征，分别以应税产品的销售额乘以纳税人具体适用的比例税率或者以应税产品的销售数量乘以纳税人具体适用的定额税率计算。

【小贴士】《税目税率表》中规定可以选择实行从价计征或者从量计征的，具体计征方式由省级人民政府提出，报同级人大常委会决定，并报全国人大常委会和国务院备案。

【小贴士】资源税实行幅度比例税率的，其具体适用税率由省级人民政府在规定的税率幅度内提出，报同级人大常委会决定，并报全国人大常委会和国务院备案。（政府提出、人大决定）

【小贴士】纳税人开采或者生产不同税目应税产品的，应当分别核算不同税目应税产品的销售额或者销售数量；未分别核算或者不能准确提供不同税目应税产品的销售额或者销售数量的，从高适用税率。

重难点3：计税依据★★

资源税的计税依据为应税产品的销售额或销售量，各税目的征税对象包括原矿、选矿等，根据《税目税率表》的规定，地热、砂石、矿泉水和天然卤水可采用从价计征或从量计征的方式，其他应税产品统一适用从价定率征收的方式。

【小贴士】原矿和选矿的销售额或者销售量应当分别核算，未分别核算的，从高确定计税销售额或者销售数量。

（一）从价定率征收的计税依据

从价定率征收的计税依据为计税销售额。计税销售额，是指纳税人销售应税产品向购买方收取的全部价款和价外费用，不包括增值税销项税额。

1. 资源税计税依据包含的因素。

（1）向购买方收取的全部价款；

（2）价外向购买方收取的价外收费。

2. 资源税计税依据不包含的因素。

（1）符合条件的运杂费用；

（2）符合条件的代垫运输费；

（3）代收的政府性基金或者行政事业性收费；

（4）增值税销项税额。

【小贴士】价外费用，是指销售方价外向购买方收取的手续费、补贴、基金、集资费、返还利润、奖励费、违约金、延期付款利息、赔偿金、包装费、包装物租金、储备费、优质费、代收款项、代垫款项及其他各种性质的价外收费。

【小贴士】同时符合以下条件的运杂费用，纳税人在计算应税产品计税销售额时，可予以扣减：

（1）包含在应税产品销售收入中；

（2）属于纳税人销售应税产品环节发生的运杂费用，具体是指运送应税产品从坑口或者洗选（加工）地到车站、码头或者购买方指定地点的运杂费用；

（3）取得相关运杂费用发票或者其他合法有效凭据；

（4）将运杂费用与计税销售额分别进行核算。

【小贴士】纳税人扣减的运杂费用明显偏高，导致应税产品价格偏低且无正当理由的，主管税务机关可以合理调整计税价格。

【小贴士】学员应注意辨析“符合条件的运杂费用”与“符合条件的代垫运输费”的差异。

3. 原矿销售额与选矿销售额的换算或折算。

（1）对同一种应税产品，征税对象为选矿的，纳税人销售原矿时，应将原矿销售额换算为选矿销售额缴纳资源税；（原矿到选矿为换算）

（2）征税对象为原矿的，纳税人销售自采原矿加工的选矿，应将选矿销售额折算为原矿销售额缴纳资源税；（选矿到原矿为折算）

【小贴士】换算比或折算率原则上应通过原矿售价、精矿售价和选矿比计算，也可通过原矿销售额、加工环节平均成本和利润计算。

（3）金矿以标准金锭为征税对象，纳税人销售金原矿、金精矿的，应比照上述规定将其销售额换算为金锭销售额缴纳资源税。

4. 特殊情形下销售额的确定。

（1）纳税人开采应税矿产品由其关联单位对外销售的，按其关联单位的销售额征收资源税。（反避税措施）

【小贴士】纳税人与其关联企业之间的业务往来，应当按照独立企业之间的业务往来收取或者支付价款、费用。不按照独立企业之间的业务往来收取或者支付价款、费用，而减少其计税销售额的，税务机关可以按照《征管法》的有关规定进行合理调整。

（2）纳税人既有对外销售应税产品，又有将应税产品用于除连续生产应税产品以外的其他方面的（包括用于非生产项目和生产非应税产品），则自用的这部分应税产品按纳税人对外销售应税产品的平均价格计算销售额征收资源税。

（3）纳税人将其开采的应税产品直接出口的，按其离岸价格（不含增值税）计算销售额征收资源税。

5. 其他相关规定（已税产品的税务处理）。

（1）纳税人用已纳资源税的应税产品进一步加工应税产品销售的，不再缴纳资源税。

（2）纳税人以自采未税产品和外购已税产品混合销售，或者混合加工为应税产品销售的，在计算加工后的应税产品计税销售额时，准予扣减已单独核算的已税产品购进金额；未单独核算的，一并计算缴纳资源税；已税产品购进金额当期不足扣减的可结转下期扣减。

（3）纳税人核算并扣减当期外购已税产品购进金额，应依据外购已税产品的增值税发票、海关进口增值税专用缴款书或者其他合法有效凭据。

（4）外购原矿或者选矿形态的已税产品与本产品征税对象不同的，在计算应税产品计税销售额时，应对混合销售额或者外购已税产品的购进金额进行换算或者折算。

（二）从量定额征收的计税依据

实行从量定额征收的以销售数量为计税依据。

销售数量的具体规定为：

1. 销售数量，包括纳税人开采或者生产应税产品的实际销售数量和视同销售的自用数量。

2. 纳税人不能准确提供应税产品销售数量的，以应税产品的产量或者主管税务机关确定的折算比换算成的数量为计征资源税的销售数量。

3. 纳税人以自产的液体盐加工固体盐，按固体盐税额征税，以加工的固体盐数量为课税数量。

【小贴士】纳税人以外购的液体盐加工固体盐，其加工固体盐所耗用液体盐的已纳税额准予抵扣。

【经典真题】

【单选题·2010】纳税人开采应税矿产品销售的，其资源税的征税数量为（　　）。

A. 开采数量　　B. 实际产量　　C. 计划产量　　D. 销售数量

【答案】D

（三）视同销售（重要）

1. 视同销售的情形。

应当征收资源税的视同销售的自产自用产品，包括用于非生产项目和生产非应税产品两类。视同销售具体包括以下情形：

（1）纳税人以自采原矿直接加工为非应税产品的，视同原矿销售；

（2）纳税人以自采原矿洗选（加工）后的选矿连续生产非应税产品的，视同选矿销售；

（3）以应税产品投资、分配、抵债、赠与、以物易物等，视同应税产品销售。

【经典模拟题】

【单选题】关于资源税的处理中，下列说法正确的是（　　）。

A. 以自采原矿加工为非应税产品，视同销售非应税产品缴纳资源税

B. 以自采原矿加工为选矿无偿赠送，视同销售选矿缴纳资源税

C. 以自采的原煤加工为洗煤自用，视同销售原煤缴纳资源税

D. 以自采原矿洗选后的选矿连续生产非应税产品，视同销售原矿缴纳资源税

【答案】B

【解析】选项A：以自采原矿加工为非应税产品的，视同销售原矿；选项C：以自采原煤加工为洗煤自用的，视同销售洗煤；选项D：以自采原矿洗选后的选矿连续生产非应税产品，视同销售选矿。

2. 视同销售计税价格。

纳税人有视同销售应税产品行为而无销售价格的，或者申报的应税产品销售价格明显偏低且无正当理由的，主管税务机关应按下列（有）顺序确定其应税产品计税价格：

（1）按纳税人最近时期同类产品的平均销售价格确定；（看自己）

（2）按其他纳税人最近时期同类产品的平均销售价格确定；（看他人）

（3）组成计税价格＝成本×（1＋成本利润率）÷（1－资源税税率）；（组价）

（4）按后续加工非应税产品销售价格，减去后续加工环节的成本利润后确定；

（5）按其他合理方法确定。

【小贴士】学员应注意辨析“资源税”、“增值税”、“消费税”的视同销售计税价格计算的差异。

重难点4：应纳税额的计算★★

（一）从价定率方式应纳税额的计算

实行从价定率方式征收资源税的，根据应税产品的销售额和规定的适用税率计算应纳税额，具体计算公式为：

应纳税额＝销售额×适用税率

【经典真题】

【单选题·2012改编】某油田2020年5月共计开采原油8 000吨，当月销售原油6 000吨，取得不含税销售收入18 000 000元，同时还向购买方收取违约金22 600元，优质费5 650元；支付运输费用20 000元（运输发票已比对）。已知销售原油的资源税税率为6%，则该油田5月应缴纳的资源税为（　　）元。

A. 1 082 700　　B. 932 534.48　　C. 1 080 000　　D. 1 081 500

【答案】D

【解析】取得违约金和优质费属于价外费用，需要价税分离；应缴纳资源税＝[18 000 000＋（22 600＋5 650）÷（1＋13%）]×6%＝1 081 500（元）。

【经典模拟题】

【计算问答题】某油田2020年5月销售原油20 000吨，开具增值税专用发票取得销售额10 000万元、增值税税额1 300万元。已知：原油资源税税率为6%。

问题：计算该油田5月应缴纳的资源税。

【答案及解析】销售原油应纳税额＝10 000×6%＝600（万元）

【经典真题】

【计算问答题·2017改编】某石化企业为增值税一般纳税人，2020年5月发生以下业务：

（1）从国外某石油公司进口原油50 000吨，支付不含税价款折合人民币9 000万元，其中包含包装费及保险费折合人民币10万元。

（2）开发原油10 000吨，并将开发的原油对外销售6 000吨，取得含税销售额2 260万元，同时向购买方收取延期付款利息2.26万元、包装费1.13万元，另外支付运输费用7.02万元。

（3）将开采的原油1 000吨通过关联公司对外销售，关联公司的对外含税售价为0.37万元/吨。

（4）用开采的原油2 000吨加工生产汽油1 300吨。

其他相关资料：原油的资源税税率为6%。

要求：根据上述资料，按照下列序号回答问题，如有计算需计算出合计数。

问题（1）：说明业务（1）中该石化企业是否应对从国外某石油公司进口的原油计算缴纳资源税，如需要计算缴纳，计算应缴纳的资源税额。

问题（2）：计算业务（2）应缴纳的资源税额。

问题（3）：计算业务（3）应缴纳的资源税额。

问题（4）：计算业务（4）应缴纳的资源税额。

【答案及解析】

（1）不需要缴纳资源税。资源税的纳税人，是在中华人民共和国领域及管辖海域开发应税资源的单位和个人。资源税法规定，仅对在境内开发应税产品的单位和个人征收，进口的矿产品不征收资源税，对出口应税产品也不免征或退还已纳资源税。

（2）实行从价定率征收的以销售额作为计税依据。销售额，是指纳税人销售应税产品向购买方收取的全部价款和价外费用，但不包括收取的增值税销项税额和运杂费用；延期付款利息和包装费均属于价外费用；应缴纳资源税额＝(2 260＋2.26＋1.13)/(1＋13%)×6%＝120.18（万元）。

（3）纳税人开采应税产品由其关联单位对外销售的，按其关联单位的销售额征收资源税；应缴纳资源税额＝1 000×0.37/(1＋13%)×6%＝19.65（万元）。

（4）将开采的资源税应税产品连续加工非应税产品的，于移送使用时缴纳资源税；应缴纳资源税额＝2 000×2 260/6 000/(1＋13%)×6%＝40（万元）。

（二）从量定额方式应纳税额的计算

实行从量定额征收资源税的，根据应税产品的课税数量和规定的单位税额计算应纳税额，具体计算公式为：

应纳税额＝课税数量×单位税额

代扣代缴应纳税额＝收购未税矿产品的数量×适用的单位税额

【举例】某砂石开采企业2020年5月销售砂石3 000立方米，已知：资源税率为2元/立方米。计算该企业5月应缴纳的资源税。

【解析】销售砂石应缴纳资源税＝3 000×2＝6 000（元）

重难点5：煤炭应纳税额的计算★★★

（一）应纳税额的计算

煤炭资源税应纳税额，按照原煤或者洗煤计税销售额乘以适用税率计算。

1. 原煤计税销售额，是指纳税人销售原煤向购买方收取的全部价款和价外费用，不包括收取的增值税销项税额以及从坑口到车站、码头或购买方指定地点的运输费用。

2. 洗煤计税销售额，按洗煤销售额乘以折算率计算。

洗煤销售额，是指纳税人销售洗煤向购买方收取的全部价款和价外费用，包括洗副产品的销售额，不包括收取的增值税销项税额以及从洗煤厂到车站、码头或购买方指定地点的运输费用。

3. 在计算煤炭销售额时，原煤及洗煤销售额中包含的运输费用、建设基金以及伴随运销产生的装卸、仓储、港杂等费用的扣减，凡取得相应凭据的，允许在计算煤炭计税销售额时予以扣减。

【小贴士】运输费用明显高于当地市场价格，导致应税煤炭产品价格偏低，且无正当理由的，主管税务机关有权合理调整计税价格。

（二）洗煤折算率

折算率，可通过洗煤销售额扣除洗选环节成本、利润计算，也可通过洗煤市场价格与其所用同类原煤市场价格的差额及综合回收率计算。

洗选煤折算率计算公式如下：

公式一：洗选煤折算率＝（洗选煤平均销售额－洗选环节平均成本－洗选环节平均利润）÷洗选煤平均销售额×100%

公式二：洗选煤折算率＝原煤平均销售额÷（洗选煤平均销售额×综合回收率）×100%

综合回收率＝洗选煤数量÷入洗前原煤数量×100%

洗选煤应纳税额＝洗选煤销售额×折算率×适用税率

（三）特殊情形销售额的确定

纳税人申报的原煤或洗煤销售价格，明显偏低且无正当理由的，或者有视同销售应税煤炭行为而无销售价格的，主管税务机关应按下列（有）顺序确定计税价格：

1. 按纳税人最近时期同类原煤或洗煤的平均销售价格确定。

2. 按其他纳税人最近时期同类原煤或洗煤的平均销售价格确定。

3. 组成计税价格，计算公式：

组成计税价格＝成本×（1＋成本利润率）÷（1－资源税税率）

4. 按其他合理方法确定。

【小贴士】纳税人与其关联企业之间的业务往来，应当按照独立企业之间的业务往来收取或支付价款、费用；不按照独立企业之间的业务往来收取或支付价款、费用，而减少其应纳税收入的，税务机关有权按照《征管法》及其实施细则的有关规定进行合理调整。

（四）扣减额的计算

1. 纳税人将自采原煤与外购原煤（包括煤矸石）进行混合后销售的，应当准确核算外购原煤的数量、单价及运费，在确认计税依据时可以扣减外购相应原煤的购进金额。

计税依据＝当期混合原煤销售额－当期用于混售的外购原煤的购进金额

外购原煤的购进金额＝外购原煤的购进数量×单价

【小贴士】纳税人将自采原煤连续加工的洗选煤与外购洗选煤进行混合后销售的，比照上述有关规定计算缴纳资源税。

2. 纳税人以自采原煤和外购原煤混合加工洗选煤的，应当准确核算外购原煤的数量、单价及运费，在确认计税依据时可以扣减外购相应原煤的购进金额。

计税依据＝当期洗选煤销售额×折算率－当期用于混洗混售的外购原煤的购进金额

外购原煤的购进金额＝外购原煤的购进数量×单价

【小贴士】纳税人扣减当期外购原煤或者洗选煤购进额的，应当以增值税专用发票、普通发票或者海关报关单作为扣减凭证。

（五）征收管理及特殊销售情形

1. 纳税人销售应税煤炭的，在销售环节缴纳资源税。

2. 纳税人以自采原煤直接或者经洗选加工后连续生产焦炭、煤气、煤化工、电力及其他煤炭深加工产品的，视同销售，在原煤或者洗选煤移送环节缴纳资源税。

3. 纳税人煤炭开采地与洗选、核算地不在同一行政区域（县级以上）的，煤炭资源税在煤炭开采地缴纳。纳税人在本省、自治区、直辖市范围开采应税煤炭，其纳税地点需要调整的，由省级税务机关决定。

【经典真题】

【单选题·2015 改编】某煤炭开采企业2020年5月销售洗煤5万吨，开具增值税专用发票注明金额5 000万元；另外，取得从洗煤厂到码头不含增值税的运费收入50万元（取得相应凭据）。假设洗煤的折算率为80%，资源税税率为10%，该企业销售洗煤应缴纳的资源税为（　　）万元。

A. 400　　B. 404　　C. 505　　D. 625

【答案】A

【解析】应纳资源税 =5 000 ×80% ×10% =400（万元）

【计算问答题·2017 改编】某煤炭开采企业，为增值税一般纳税人，2020年5月发生如下业务：

（1）开采原煤50万吨，其中20万吨销售给电力公司，不含税售价为0.07万元/吨（该售价为该企业销售原煤的平均售价）；

（2）向某能源公司销售甲型洗煤8万吨，含税售价为0.113万元/吨（该售价为该企业销售洗煤的平均售价），另收取洗煤厂到购买方的运输费113万元，洗煤的综合回收率为80%；

（3）将乙型洗煤10万吨用于连续生产焦炭，乙型洗煤无市场同期同类可比售价，其成本为0.08万元/吨，成本利润率为10%。

其他相关资料：原煤的资源税率为8%。

要求：根据上述资料，按照下列序号回答问题，如有计算需计算出合计数。

问题（1）：计算业务（1）应缴纳资源税；

问题（2）：计算业务（2）中洗煤的折算率；

问题（3）：计算业务（2）应缴纳的资源税；

问题（4）：计算业务（3）应缴纳的资源税。（假定该企业甲乙两类洗煤折算率一致）

【答案及解析】

（1）应缴纳资源税 =200 000 ×0.07 ×8% =1 120（万元）。

（2）洗煤折算率 = 原煤平均销售额 ÷（洗煤平均销售额 × 综合回收率）×100% =0.07 ÷[0.113 ÷（1 +13%）×80%] ×100% =87.50%。

（3）洗选煤销售额，包括洗选煤副产品的销售额，不包括收取的增值税销项税额以及从洗选煤厂到车站、码头或购买方指定地点的运输费用；应缴纳资源税 =80 000 ×0.113 ÷（1 +13%）×87.50% ×8% =560（万元）。

（4）纳税人以自采原煤直接或者经洗选加工后连续生产焦炭、煤气、煤化工、电力及其他煤炭深加工产品的，视同销售，在原煤或者洗煤移送环节缴纳资源税；乙型洗选煤销售额 $=100\ 000\times0.08\times(1+10\%)/(1-8\%)=9\ 565.22$（万元），应缴纳资源税 $=9\ 565.22\times87.50\%\times8\%=669.56$（万元）。

重难点 6：减税、免税项目★★★

（一）有下列情形之一的，免征资源税

1. 开采原油以及油田范围内运输原油过程中用于加热的原油、天然气；

2. 煤炭开采企业因安全生产需要抽采的煤成（层）气。

（二）有下列情形之一的，减征资源税：

1. 从低丰度油气田开采的原油、天然气减征 20% 资源税。

2. 高含硫天然气、三次采油和从深水油气田开采的原油、天然气，减征 30% 资源税。

3. 稠油、高凝油减征 40% 资源税。

4. 从衰竭期矿山开采的矿产品，减征 30% 资源税。

【小贴士】对开采稠油、高凝油、高含硫天然气、低丰度油气资源及三次采油的陆上油气田企业，根据以前年度符合上述减税规定的原油、天然气销售额占其原油、天然气总销售额的比例，确定资源税综合减征率和实际征收率，计算资源税应纳税额。计算公式为：

综合减征率 $=\sum$（减税项目销售额 × 减征幅度 × 6%）÷ 总销售额

实际征收率 = 6% − 综合减征率

应纳税额 = 总销售额 × 实际征收率

（三）可由省级人民政府决定的减税或者免税

有下列情形之一的，省级人民政府可以决定减税或者免税：

1. 纳税人开采或者生产应税产品过程中，因意外事故或者自然灾害等原因遭受重大损失的；

2. 纳税人开采共伴生矿、低品位矿、尾矿。

【小贴士】上述两项的免征或者减征的具体办法，由省级人民政府提出，报同级人大常委会决定，并报全国人大常委会和国务院备案。

（四）其他减税、免税（了解）

为促进页岩气开发利用，有效增加天然气供给，经国务院同意，自 2018 年 4 月 1 日至 2021 年 3 月 31 日，对页岩气资源税（按 6% 的规定税率）减征 30%。

【小贴士】纳税人的免征、减征项目，应当单独核算销售额或者销售数量；未单独核算或者不能准确提供销售额和销售数量的，不予免税或者减税。

【小贴士】关于税收优惠税率，学员应注意辨析“减征”与“减按”的差异。

【经典真题】

【多选题·2011 改编】下列各项关于资源税减免税规定的表述中，正确的有（　　）。

A. 对出口的应税产品免征资源税

B. 对进口的应税产品不征收资源税

C. 开采原油过程中用于加热的原油免征资源税

D. 开采应税产品过程中因自然灾害有重大损失的可由省级人民政府减征资源税

【答案】BCD

【解析】选项A：资源税进口不征、出口不退。

【多选题·2016改编】企业开发和生产的下列资源产品中，应当征收资源税的有（　　）。

A. 人造石油

B. 深水油气田开采的天然气

C. 煤炭开采企业因安全生产需要抽采的煤成（层）气

D. 从衰竭期矿山开采的矿产品

【答案】BD

【解析】选项A：不属于资源税的征税范围；选项C：免征资源税。

【经典模拟题】

【单选题】2020年5月，某原油开采企业（增值税一般纳税人）销售原油取得不含税销售额3 560万元，开采过程中的加热使用原油1吨，用10吨原油与汽车生产企业换取一辆汽车，原油不含税销售价格0.38万元/吨，原油资源税率6%，该企业5月应缴纳资源税（　　）万元。

A. 182.56　　B. 213.60　　C. 213.83　　D. 213.85

【答案】C

【解析】（1）开采原油过程中用于加热的原油，免税；（2）应缴纳资源税 =（3 560 + 0.38 ×10）×6% =213.83（万元）。

重难点7：征收管理★★

（一）纳税义务发生时间

1. 纳税人销售应税产品，其纳税义务发生时间为：

（1）纳税人采取分期收款结算方式的，其纳税义务发生时间，为销售合同规定的收款日期的当天。

（2）纳税人采取预收货款结算方式的，其纳税义务发生时间，为发出应税产品的当天。

（3）纳税人采取除分期收款和预收货款以外其他结算方式的，其纳税义务发生时间，为收讫销售款或者取得索取销售款凭据的当天。

2. 纳税人自产自用应税产品的纳税义务发生时间，为移送使用应税产品的当天。

3. 扣缴义务人代扣代缴税款的纳税义务发生时间，为支付首笔货款或首次开具支付货款凭据的当天。（重要）

【小贴士】资源税纳税义务发生时间的规定与增值税、消费税规定基本相同，只是资源税进口不征，所以资源税没有进口环节纳税义务发生时间的规定。

【经典真题】

【多选题·2008】下列各项中，符合资源税纳税义务发生时间规定的有（　　）。

A. 采取分期收款结算方式的为实际收到款项的当天

B. 采取预收货款结算方式的为发出应税产品的当天

C. 自产自用应税产品的为移送使用应税产品的当天

D. 采取其他结算方式的为收讫销售款或取得索取销售款凭据的当天

【答案】BCD

【解析】选项 A：纳税人采用分期收款结算方式的，其纳税义务发生时间为销售合同规定的收款日期的当天。

（二）纳税期限（重要）

1. 资源税按月或者按季申报缴纳；不能按固定期限计算缴纳的，可以按次申报缴纳。

2. 纳税人按月或者按季申报缴纳的，应当自月度或者季度终了之日起 15 日内，向税务机关办理纳税申报并缴纳税款。

（三）纳税环节和纳税地点

1. 纳税环节

（1）资源税在应税产品的销售或自用环节计算缴纳。纳税人以自采原矿加工选矿产品的在原矿移送使用时不缴纳资源税，在选矿销售或自用时缴纳资源税。

（2）纳税人以自采原矿直接加工为非应税产品或者以自采原矿加工的选矿连续生产非应税产品的，在原矿或者选矿移送环节计算缴纳资源税。

（3）以应税产品投资、分配、抵债、赠与、以物易物等，在应税产品所有权转移时缴纳资源税。

（4）纳税人以自采原矿加工金锭的，在金锭销售或自用时缴纳资源税。纳税人销售自采原矿或者自采原矿加工的金精矿、粗金，在原矿或者金精矿、粗金销售时缴纳资源税，在移送使用时不缴纳资源税。

2. 纳税地点

纳税人应当向应税产品开采地或者生产地税务机关申报缴纳资源税。

（四）征收机关

资源税由税务机关按照《资源税法》和《征管法》的规定征收管理。

重难点 8：水资源税改革试点实施办法★★

自 2017 年 12 月 1 日起，北京、天津、山西、内蒙古、河南、山东、四川、陕西、宁夏 9 个省区市纳入水资源税改革试点，由征收水资源费改为征收水资源税。

（一）纳税人

除规定情形外，水资源税的纳税人为直接取用地表水、地下水的单位和个人，包括直接从江、河、湖泊（含水库）和地下取用水资源的单位和个人。

【小贴士】下列情形，不缴纳水资源税：

1. 农村集体经济组织及其成员从本集体经济组织的水塘、水库中取用水的；

2. 家庭生活和零星散养、圈养畜禽饮用等少量取用水的；

3. 水利工程管理单位为配置或者调度水资源取水的；

4. 为保障矿井等地下工程施工安全和生产安全必须进行临时应急取用（排）水的；

5. 为消除对公共安全或者公共利益的危害临时应急取水的；

6. 为农业抗旱和维护生态与环境必须临时应急取水的。

（二）税率

1. 一般规定

按不同取用水性质实行差别（定额）税率，具体适用税率，授权试点省份省级人民政府确定。

2. 特殊规定

（1）地下水税额要高于地表水。

（2）超采区地下水税额要高于非超采区。

（3）严重超采地区的地下水税额要大幅高于非超采地区。

（4）对超计划或超定额用水加征 1～3 倍。

（5）对特种行业从高征税。

（6）对超过规定限额的农业生产取用水、农村生活集中式饮水工程取用水从低征税。

（三）应纳税额的计算

水资源税实行从量计征。

取水用途	计税依据	计算公式
一般取用水	实际取用水量	应纳税额 = 实际取用水量 × 适用税额
疏干排水	实际取用水（排水）量	
水力发电和火力发电贯流式（不含循环式）冷却取用水	实际发电量	应纳税额 = 实际发电量 × 适用税额

（四）税收减免

下列情形，予以免征或者减征水资源税：

1. 规定限额内的农业生产取用水免征水资源税；

2. 取用污水处理再生水，免征水资源税；

3. 除接入城镇公共供水管网以外，军队、武警部队通过其他方式取用水的，免征水资源税；

4. 抽水蓄能发电取用水，免征水资源税；

5. 采油排水经分离净化后在封闭管道回注的，免征水资源税；

6. 财政部、税务总局规定的其他免征或者减征情形。

【小贴士】学员应适当关注“不缴纳水资源税”与“税收减免”的差异。

【经典模拟题】

【多选题】下列免征水资源税的有（　　）。

A. 抽水蓄能发电取用水

B. 取用污水处理再生水

C. 农业生产取用水

D. 采油排水经分离净化后在封闭管道回注水

【答案】ABD

【解析】选项 C：在规定限额内的农业生产取用水，免征水资源税。

（五）征收管理

1. 征管模式：税务征管、水利核量、自主申报、信息共享。

2. 纳税义务发生时间：纳税人取用水资源的当日。

3. 纳税期限。

（1）除农业生产取用水外，按季或者按月征收。

（2）对超过规定限额的农业生产取用水水资源税可按年征收。

（3）不能按固定期限计算纳税的，可以按次申报纳税。

4. 申报期限。

自纳税期满或者纳税义务发生之日起 15 日内申报纳税。

5. 纳税地点。

由生产经营所在地的主管税务机关征收管理，跨省（区、市）调度的水资源，由调入区域所在地的税务机关征收水资源税。

【本单元小结】

1. 以前年度，资源税单独考核过计算问答题。

2. 本单元的掌握与熟悉。

（1）掌握资源税的计税依据、税额计算；

（2）掌握资源税的税收优惠；

（3）掌握资源税的纳税义务发生时间；

（4）熟悉资源税的税目和税率；

（5）熟悉资源税的纳税环节和纳税地点；

（6）熟悉水资源税的不征或减免的情形；

（7）熟悉水资源税的纳税期限。

3. 与其他税种的关系。

（1）与增值税：凡是需要同时计算资源税和增值税的矿产品，在计算增值税时，大多适用基本税率 13%，但是天然气适用低税率 9%；

（2）与企业所得税：在计算企业所得税应纳税所得额时，资源税可在企业所得税前扣除；

（3）与消费税：资源税与消费税在纳税人、纳税环节、视同销售等内容有相同或相似的规定。

第二单元　环境保护税法

环境保护税（简称“环保税”），是对在中华人民共和国领域和中华人民共和国管辖的其他海域，直接向环境排放应税污染物的企业事业单位和其他生产经营者征收的一种税。

【小贴士】《环境保护税法》自 2018 年 1 月 1 日起施行。

【小贴士】应税污染物，是指《环境保护税法》所规定的大气污染物、水污染物、固体废物和（工业）噪声。

环保税，具有以下基本特点：

1. 属于调节型税种。

2. 其渊源是排污收费制度。

3. 属于综合型环境税。

4. 属于直接排放税。

5. 对大气污染物、水污染物规定了幅度定额税率。

6. 采用税务、环保部门紧密配合的征收方式。

7. 收入纳入一般预算收入，全部划归地方。

【经典模拟题】

【多选题】以下符合环境保护税基本特点的有（　　）。

A. 其渊源是排污收费制度

B. 属于综合型环境税

C. 属于间接排放税

D. 收入纳入一般预算收入，全部划归地方

【答案】ABD

【解析】选项C：环境保护税属于直接排放税。

重难点1：纳税人★★

环保税的纳税人，是在中华人民共和国领域和中华人民共和国管辖的其他海域，直接向环境排放应税污染物的企业事业单位和其他生产经营者。

【小贴士】环保税的纳税人，须有直接向环境排放应税污染物的行为。

【小贴士】有下列情形之一的，不属于直接向环境排放污染物，不缴纳相应污染物的环保税：

（1）企业事业单位和其他生产经营者向依法设立的污水集中处理、生活垃圾集中处理场所排放应税污染物的；

（2）企业事业单位和其他生产经营者在符合国家和地方环境保护标准的设施、场所贮存或者处置固体废物的；

（3）达到省级人民政府确定的规模标准，并且有污染物排放口的畜禽养殖场，应当依法缴纳环保税，但依法对畜禽养殖废弃物进行综合利用和无害化处理的，不属于直接向环境排放污染物，不缴纳环保税。

【小贴士】依法设立的城乡污水集中处理、生活垃圾集中处理场所超过国家和地方规定的排放标准向环境排放应税污染物的，应当缴纳环保税。

重难点2：税目与税率★★

（一）税目（征税范围）

环保税的税目、税额，依照《环境保护税法》所附《环境保护税税目税额表》执行。具体包括大气污染物、水污染物、固体废物和（工业）噪声四大类。

【小贴士】对《环境保护税税目税额表》的内容，学员应适当的关注。

（二）税率

环保税采用定额税率。其中：

1. 固体废物和噪声，税额标准是全国统一的。

2. 大气污染物和水污染物，具体适用税额的确定和调整，由省级人民政府在《环境保护税税目税额表》规定的税额幅度内提出，报同级人大常委会决定，并报全国人大常委会和国务院备案。

3. 计税单位。

环保税的计税单位，大气污染物、水污染物为“每污染当量”、固体废物为“每吨”、（工业）噪声为“超标分贝”。

【经典真题】

【多选题·2018】下列污染物中，属于环境保护税征收范围的有（　　）。

A. 建筑噪声　　B. 二氧化硫　　C. 煤矸石　　D. 氮氧化物

【答案】BCD

【解析】选项 A：环保税的税目，包括大气污染物、水污染物、固体废物和噪声，其中噪声特指的是工业噪声，不包括建筑噪声和交通噪声。

重难点 3：计税依据和应纳税额的计算★★

（一）计税依据确定的基本方法

1. 应税污染物的计税依据，按照下列方法确定：

（1）应税大气污染物，按照污染物排放量折合的污染当量数确定；

（2）应税水污染物，按照污染物排放量折合的污染当量数确定；

（3）应税固体废物，按照固体废物的排放量确定；

（4）应税噪声，按照超过国家规定标准的分贝数确定。

【小贴士】应税大气污染物、水污染物的污染当量数，以该污染物的排放量除以该污染物的污染当量值计算。每种应税大气污染物、水污染物的具体污染当量值，依照《环境保护税法》所附《应税污染物和当量值表》执行。

2. 应税污染物的确定方法（有顺序）。

（1）纳税人安装使用符合国家规定和监测规范的污染物自动监测设备的，按照污染物自动监测数据计算。

（2）纳税人未安装使用污染物自动监测设备的，按照监测机构出具的符合国家有关规定和监测规范的监测数据计算。

（3）因排放污染物种类多等原因不具备监测条件的，按照国务院环境保护主管部门规定的排污系数、物料衡算方法计算。

（4）不能按照上述第 1 项至第 3 项规定的方法计算的，按照省级人民政府环境保护主管部门规定的抽样测算的方法核定计算。

【经典真题】

【单选题·2019】下列应税污染物中，在确定计税依据时只对超过规定标准的部分征收环境保护税的是（　　）。

A. 固体废物　　B. 工业噪声　　C. 水污染物　　D. 大气污染物

【答案】B

【多选题·2019】下列应税污染物中，按照污染物排放量折合的污染当量数作为环境保护税计税依据的有（　　）。

A. 噪声　　B. 煤矸石　　C. 水污染物　　D. 大气污染物

【答案】CD

（二）大气污染物应纳税额的计算

1. 计税依据。

污染物排放量折合的污染当量数。

应税大气污染物污染当量数 = 该污染物的排放量 ÷ 该污染物的污染当量值

【小贴士】每一排放口，或者没有排放口的应税大气污染物，按照污染当量数从大到小排序，对前三项污染物征收环保税。

2. 应纳税额的计算。

应纳税额 = 污染当量数 × 具体适用税额

【举例】某企业2020年5月向大气直接排放二氧化硫、氟化物各100千克，一氧化碳200千克、氯化氢80千克，假设当地大气污染物每污染当量税额1.2元，该企业只有一个排放口。计算应缴纳的环保税税额。

【解析】计算该企业应缴纳的环保税分三步：

（1）计算各污染物的污染当量数。

污染当量数 = 该污染物的排放量 ÷ 该污染物的污染当量值

二氧化硫污染当量数 = 100/0.95 = 105.26

氟化物污染当量数 = 100/0.87 = 114.94

一氧化碳污染当量数 = 200/16.7 = 11.98

氯化氢污染当量数 = 80/10.75 = 7.44

（2）按污染当量数排序。

氟化物污染当量数（114.94）> 二氧化硫污染当量数（105.26）> 一氧化碳污染当量数（11.98）> 氯化氢污染当量数（7.44）

该企业只有一个排放口，排序选取计税前三项污染物为：氟化物、二氧化硫、一氧化碳。

（3）计算应纳税额。

应纳税额 = (114.94 + 105.26 + 11.98) × 1.2 = 278.62（元）。

（三）水污染物应纳税额的计算

1. 计税依据。

污染物排放量折合的污染当量数。

应税水污染物的污染当量数 = 该污染物的排放量 ÷ 该污染物的污染当量值

【小贴士】每一排放口的应税水污染物，按照《应税污染物和当量值表》，区分第一类水污染物和其他类水污染物，按照污染当量数从大到小排序。对第一类水污染物按照前五项征收环保税，对其他类水污染物按照前三项征收环保税。

2. 应纳税额的计算（适用监测数据法的水污染物）。

适用监测数据法的水污染物（包括第一类水污染物和其他类水污染物）的应纳税额，为污染当量数乘以具体适用税额。

应纳税额 = 污染当量数 × 具体适用税额

【举例】甲化工厂是环境保护税纳税人，该厂仅有 1 个污水排放口且直接向河流排放污水，已安装使用符合国家规定和监测规范的污染物自动监测设备。检测数据显示，该排放口 2020 年 5 月共排放污水 6 万吨（折合 6 万立方米），应税污染物为六价铬，浓度为六价铬 0.5mg/L。计算该化工厂 5 月份应缴纳的环保税（该厂所在省的水污染物税率为 2.8 元/污染当量，六价铬的污染当量值为 0.02）。

【解析】（1）计算污染当量数。

六价铬污染当量数 = 排放总量 × 浓度值 ÷ 当量值 = 60 000 000 × 0.5 ÷ 1 000 000 ÷ 0.02 = 1 500

（2）应纳税额 = 1 500 × 2.8 = 4 200（元）。

3. 应纳税额的计算（适用抽样测算法）。

适用抽样测算法的情形，纳税人按照环境保护税法所附《禽畜养殖业、小型企业和第三产业水污染物当量值》表所规定的当量值计算污染当量数。

（1）规模化禽畜养殖业排放的水污染物应纳税额。计算公式：

污染当量数 = 禽畜养殖数量 ÷ 污染当量值

应纳税额 = 污染当量数 × 具体适用税额

（2）小型企业和第三产业排放的水污染物污染当量数，以污水排放量（吨）除以污染当量值（吨）计算。计算公式：

应纳税额 = 污水排放量（吨）÷ 污染当量值（吨）× 适用税额

（3）医院排放的水污染物，其污染当量数以病床数或者污水排放量除以相应的污染当量值计算。计算公式：

应纳税额 = 医院床位数 ÷ 污染当量值 × 适用税额

应纳税额 = 污水排放量 ÷ 污染当量值 × 适用税额

【举例 1】某养殖场，2020 年 2 月养牛存栏量为 100 头，污染当量值为 0.1 头，假设当地水污染物适用税额为每污染当量 2.8 元，当月应纳环保税税额计算如下：

水污染物当量数 = 100 ÷ 0.1 = 1 000

应纳税额 = 1 000 × 2.8 = 2 800（元）。

【举例 2】某餐饮公司，通过安装水流量计测得 2020 年 2 月排放污水量为 60 吨，污染当量值为 0.5 吨。假设当地水污染物适用税额为每污染当量 2.8 元，当月应纳环保税税额计算如下：

水污染物当量数 = 60 ÷ 0.5 = 120

应纳税额 = 120 × 2.8 = 336（元）。

【举例 3】某县医院，床位 56 张，每月按时消毒，无法计量月污水排放量，污染当量值为 0.14 床，假设当地水污染物适用税额为每污染当量 2.8 元，当月应纳环保税税额计算如下：

水污染物当量数 = 56 ÷ 0.14 = 400

应纳税额 = 400 × 2.8 = 1 120（元）。

（四）固体废物应纳税额的计算（重要）

1. 计税依据（固体废物排放量）。

固体废物的排放量，为当期应税固体废物的产生量减去当期应税固体废物的贮存量、处置量、综合利用量的余额。计算公式为：

固体废物的排放量 = 当期固体废物的产生量 − 当期固体废物的综合利用量 − 当期固体废物的贮存量 − 当期固体废物的处置量

【小贴士】(1) 固体废物的贮存量、处置量，是指在符合国家和地方环境保护标准的设施、场所贮存或者处置的固体废物数量；(2) 固体废物的综合利用量，是指按照国务院发展改革、工业和信息化主管部门关于资源综合利用要求，以及国家和地方环境保护标准进行综合利用的固体废物数量。

2. 应纳税额的计算。

应纳税额 = 固体废物排放量 × 具体适用税额

【举例】2020 年 2 月，甲有限公司产生尾矿 1 000 吨，其中综合利用的尾矿 100 吨（符合国家相关规定），在符合国家和地方环境保护标准的设施贮存 200 吨，尾矿环保税适用税额为每吨 15 元。计算该公司当月尾矿应缴纳的环保税。

【解析】应纳税额 =（1 000 − 100 − 200）× 15 = 10 500（元）。

（五）噪声应纳税额的计算

1. 计税依据。

超过国家规定标准的分贝数。

【小贴士】超过国家规定标准的分贝数，是指实际产生的工业噪声与国家规定的工业噪声排放标准限值之间的差值。

【小贴士】噪声计税几点说明

(1) 一个单位边界上有多处噪声超标，根据最高一处超标声级计算应纳税额；当沿边界长度超过 100 米有两处以上噪声超标，按照两个单位计算应纳税额。

(2) 一个单位有不同地点作业场所的，应当分别计算应纳税额，合并计征。

(3) 昼、夜均超标的环境噪声，昼、夜分别计算应纳税额，累计计征。

(4) 声源一个月内超标不足 15 天的，减半计算应纳税额。

(5) 夜间频繁突发和夜间偶然突发厂界超标噪声，按等效声级和峰值噪声两种指标中超标分贝值高的一项计算应纳税额。

2. 应纳税额的计算。

应纳税额 = 超过国家规定标准的分贝数对应的具体适用税额

【小贴士】纳税人有下列情形之一的，以其当期应税大气污染物、水污染物的产生量作为污染物的排放量：（产生量等于排放量，属于惩罚措施）

(1) 未依法安装使用污染物自动监测设备，或者未将污染物自动监测设备与环境保护主管部门的监控设备联网。

(2) 损毁或者擅自移动、改变污染物自动监测设备。

（3）篡改、伪造污染物监测数据。

（4）通过暗管、渗井、渗坑、灌注或者稀释排放以及不正常运行防治污染设施等方式违法排放应税污染物。

（5）进行虚假纳税申报。

【小贴士】纳税人有下列情形之一的，以其当期应税固体废物的产生量作为固体废物的排放量：（产生量等于排放量，属于惩罚措施）

（1）非法倾倒应税固体废物。

（2）进行虚假纳税申报。

【经典模拟题】

【多选题】下列情形中，以纳税人当期污染物产生量作为排放量计征环境保护税的有（　　）。

A. 未依法安装使用污染物自动监测设备

B. 通过暗管方式违法排放污染物

C. 篡改、伪造污染物监测数据

D. 进行虚假纳税申报

【答案】ABCD

【解析】纳税人有下列情形之一的，以其当期应税大气污染物、水污染物的产生量作为污染物的排放量：（1）未依法安装使用污染物自动监测设备或者未将污染物自动监测设备与环境保护主管部门的监控设备联网；（2）损毁或者擅自移动、改变污染物自动监测设备；（3）篡改、伪造污染物监测数据；（4）通过暗管、渗井、渗坑、灌注或者稀释排放以及不正常运行防治污染设施等方式违法排放应税污染物；（5）进行虚假纳税申报。

重难点4：税收减免★★★

（一）暂免征税项目

下列情形，暂予免征环保税：

1. 农业生产（不包括规模化养殖）排放应税污染物的。

2. 机动车、铁路机车、非道路移动机械、船舶和航空器等流动污染源排放应税污染物的。

3. 依法设立的城乡污水集中处理、生活垃圾集中处理场所排放相应应税污染物，不超过国家和地方规定的排放标准的。

4. 纳税人综合利用的固体废物，符合国家和地方环境保护标准的。

5. 国务院批准免税的其他情形。

（二）减征税额项目

1. 纳税人排放应税大气污染物或者水污染物的浓度值低于国家和地方规定的污染物排放标准30%的，减按75%征收环保税。

2. 纳税人排放应税大气污染物或者水污染物的浓度值低于国家和地方规定的污染物排放标准50%的，减按50%征收环保税。

【小贴士】减征税额项目，只包括“应税大气污染物和水污染物”。

【经典真题】

【单选题·2018】下列情形中，属于直接向环境排放污染物从而应缴纳环境保护税的是（　　）。

A. 企业在符合国家和地方环境保护标准的场所处置固体废物的

B. 事业单位向依法设立的生活垃圾集中处理场所排放应税污染物的

C. 企业向依法设立的污水集中处理场所排放应税污染物的

D. 依法设立的城乡污水集中处理场所超过国家和地方规定的排放标准排放应税污染物的

【答案】D

【解析】选项D：依法设立的城乡污水集中处理、生活垃圾集中处理场所排放相应应税污染物，不超过国家和地方规定的排放标准的，免征环保税。

【经典模拟题】

【多选题】关于环境保护税，下列说法正确的有（　　）。

A. 环境保护税纳税人不包括家庭和个人

B. 环境保护税税率为统一比例税率

C. 环境保护税收入全部归地方

D. 机动车和船舶排放的应税污染物暂时免征环境保护税

【答案】ACD

【解析】选项B：环境保护税采用定额税率。

重难点5：征收管理★★

（一）县级以上地方人民政府应当建立税务机关、环境保护主管部门和其他相关单位分工协作工作机制，加强环保税征收管理，保障税款及时足额入库

（二）纳税义务发生时间、纳税地点

1. 纳税义务发生时间，为纳税人排放应税污染物的当日。

2. 纳税人应当向应税污染物排放地的税务机关，申报缴纳环保税。

【小贴士】应税污染物排放地是指：

（1）应税大气污染物、水污染物：排放口所在地；

（2）应税固体废物、应税噪声：产生地。

（三）纳税期限

环保税按月计算，按季申报缴纳；不能按固定期限计算缴纳的，可以按次申报缴纳。

1. 纳税人按季申报缴纳的，应当自季度终了之日起15日内，向税务机关办理纳税申报并缴纳税款。

2. 纳税人按次申报缴纳的，应当自纳税义务发生之日起15日内，向税务机关办理纳税申报并缴纳税款。

（四）纳税资料复核

1. 纳税人申报缴纳时，应当向税务机关报送所排放应税污染物的种类、数量，大气污染物、水污染物的浓度值，以及税务机关根据实际需要要求纳税人报送的其他纳税资料。

2. 税务机关发现纳税人的纳税申报数据资料异常，或者纳税人未按照规定期限办理纳税申报的，可以提请环境保护主管部门进行复核，环境保护主管部门应当自收到税务机关的数据资料之日起15日内向税务机关出具复核意见。税务机关应当按照环境保护主管部门复核的数据资料调整纳税人的应纳税额。

（五）纳税不能免除污染责任

直接向环境排放应税污染物的企事业单位和其他生产经营者，除依照《环境保护税法》规定缴纳环保税外，应当对所造成的损害依法承担责任，即纳税不能免除污染责任。

【本单元小结】

1. 本单元的掌握与熟悉。

（1）掌握环保税的纳税人，须有直接向环境排放应税污染物的行为；

（2）掌握应税固体废物差额计税的规定；

（3）掌握税收减免的内容；

（4）熟悉应税污染物的税目及环保税的计税单位；

（5）熟悉纳税义务发生时间、纳税地点的规定。

2. 与其他章节及税种的关系。

（1）与第一章税法总论：环保税收入纳入一般预算收入，全部划归地方；

（2）与企业所得税：在计算企业所得税应纳税所得额时，环保税可（直接）在企业所得税前扣除。

五、进阶练习

（一）单选题

1. 下列关于资源税纳税人的规定，说法正确的是（　　）。

A. 资源税对在中国境内外开采或生产应税产品的单位和个人征收

B. 进口矿产品和盐的单位和个人是资源税的纳税人

C. 对出口应税产品实行免征或退还已纳资源税

D. 单位和个人以应税产品进行投资，应计算缴纳资源税

2.《资源税法》所列的税目有（　　）个。

A. 160　　B. 162　　C. 164　　D. 166

3. 从低丰度油气田开采的原油、天然气减征（　　）资源税。

A. 20%　　B. 30%　　C. 40%　　D. 50%

4. 可选择实行从量计征的应税产品是（　　）。

A. 铁矿　　B. 石墨　　C. 石灰石　　D. 砂石

5. 资源税纳税人以自采原矿直接加工为非应税产品的，视同（　　）。

A. 原矿销售　B. 精矿销售　C. 应税产品销售　D. 非应税产品销售

6. 某煤炭开采企业开采原煤50万吨，2019年销售原煤30万吨，非生产性自用3万吨，另有15万吨未税原煤连续加工洗选煤，2万吨待售。已知该油田每吨原煤不含税售价为3 000元，适用的资源税税率为10%，则该企业当年应纳的资源税税额为（　　）万元。

A. 9 000　B. 9 900　C. 14 400　D. 15 000

7. 某煤矿企业2019年12月销售自采原煤取得不含税收入800万元；用自采未税原煤连续加工成洗选煤对外销售800吨，每吨不含税售价0.4万元，将200吨洗选煤用于抵偿债务。已知洗选煤折算率为90%，资源税税率为10%，该煤矿当月应纳资源税为（　　）万元。

A. 80　B. 88　C. 116　D. 120

8. 以下关于特殊情形销售额的说法不正确的是（　　）。

A. 纳税人开采应税矿产品由其关联单位对外销售的，按其关联单位的销售额征收资源税

B. 纳税人将其开采的应税产品直接出口的，按其离岸价格（不含增值税）计算销售额征收资源税

C. 纳税人用已纳资源税的应税产品进一步加工应税产品销售的，不再缴纳资源税

D. 纳税人将应税产品用于除连续生产应税产品以外的其他方面的，自用的应税产品不再缴纳资源税

9. 以下关于资源税纳税环节的说法，不正确的是（　　）。

A. 资源税在应税产品的销售或自用环节计算缴纳

B. 纳税人以自采原矿直接加工为非应税产品，在原矿移送环节计算缴纳资源税

C. 纳税人以自采原矿加工金锭的，在原矿移送环节计算缴纳资源税

D. 以应税产品投资，在应税产品所有权转移时计算缴纳资源税

10. 某原油生产企业将外购原油和自产原油按照1∶3的比例混合在一起销售，2019年12月销售混合原油2 000吨，取得不含增值税销售额300万元，经增值税发票确认，外购原油单价800元/吨（不含增值税），该原油资源税税率为6%，当期该原油生产企业应纳的资源税为（　　）万元。

A. 0　B. 12.8　C. 15.6　D. 18

11. 纳税人开采销售共伴生矿，共伴生矿与主矿产品销售额没有分开核算的，共伴生矿（　　）。

A. 暂不计征资源税

B. 按主矿产品的税目和适用税率计征资源税

C. 按伴生矿税率计征资源税

D. 减半征收资源税

12. 以下关于水资源税税率的表述，不正确的是（　　）。

A. 超采区地下水税额要高于非超采区　B. 地下水税额要高于地表水

C. 对特种行业从低征税　D. 对超计划或超定额用水加征1~3倍

13. 以下符合水资源减免规定的是（　　）。

A. 规定限额内的农业生产取用水，免征水资源税

B. 取用污水处理再生水，免征水资源税

C. 抽水蓄能发电取用水，免征水资源税

D. 军队接入城镇公共供水管网取用水，免征水资源税

14. 以下关于环境保护税的特点，说法不正确的是（　　）。

A. 属于单一型环境税

B. 属于直接排放税

C. 采用税务、环保部门紧密配合的征收方式

D. 收入全部划归地方

15. 某餐饮公司，通过安装水流量计测得 2019 年 12 月排放污水量为 100 吨，污染当量值为0.5 吨。假设当地水污染物适用税额为每污染当量2.8 元，当月应纳环境保护税（　　）元。

A. 140　　B. 280　　C. 560　　D. 580

16. 某县医院，床位 140 张，每月按时消毒，无法计量月污水排放量，污染当量值为 0.14 床，假设当地水污染物适用税额为每污染当量 2.4 元，每月应纳环境保护税（　　）元。

A. 336　　B. 470.4　　C. 1 246　　D. 2 400

17. 假设某企业 2020 年 1 月产生炉渣 1 000 吨，其中在符合国家和地方环境保护标准的设施贮存 300 吨。炉渣环保税适用税额为每吨 25 元，该企业当月炉渣应缴纳环境保护税（　　）元。

A. 7 500　　B. 17 500　　C. 25 000　　D. 32 500

18. 下列情形应缴纳环境保护税的是（　　）。

A. 农业生产排放应税污染物

B. 存栏 1 000 头猪的养猪场排放应税污染物

C. 机动车行驶排放应税污染物

D. 纳税人综合利用的固体废物，符合国家和地方环境保护标准的

19. 某企业 2020 年 1 月连续 20 天发生的工业噪声分贝超过国家标准 13 分贝。按照环保税税目税额表规定，噪声超标 13 ~ 15 分贝的，应纳税额每月 5 600 元。则该企业当月应纳环保税（　　）元。

A. 0　　B. 1 866.67　　C. 2 800　　D. 5 600

（二）多选题

1. 下列各项中，应征收资源税的有（　　）。

A. 进口铁矿　　B. 出口天然气

C. 以未税原煤加工洗选煤　　D. 开采销售煤炭

2. 按照现行资源税优惠政策规定，下列说法正确的有（　　）。

A. 煤炭开采企业因安全生产需要抽采的煤成（层）气免征资源税

B. 高含硫天然气减征 30% 资源税

C. 高凝油减征 40% 资源税

D. 页岩气资源税（按 6% 的规定税率）减征 40%

3. 根据资源税暂行条例规定，下列说法不正确的有（　　）。

A. 原油是指开采的天然原油，不包括人造石油

B. 对页岩气资源税减征 50%

C. 天然气包括专门开采的天然气、与原油同时开采的天然气，地面抽采煤层气

D. 高含硫天然气资源税减征 30%

4. 某天然气开采企业销售天然气，当月缴纳情况说法正确的有（　　）。

A. 按照天然气不含增值税的销售额缴纳增值税

B. 按照天然气不含增值税的销售额缴纳消费税

C. 按照天然气不含增值税的销售额缴纳资源税

D. 按照缴纳的增值税、消费税税额缴纳城建税

5. 下列选项中，符合资源税有关规定的有（　　）。

A. 同时符合规定条件的运杂费用，纳税人在计算应税产品销售额时，可予以扣减

B. 纳税人以自产的液体盐加工固体盐，按固体盐税额征税

C. 纳税人以外购的液体盐加工固体盐，其加工固体盐所耗用液体盐的已纳税额准予抵扣

D. 纳税人以自采原矿洗选后的精矿连续生产非应税产品的，视同原矿销售

6. 资源税视同销售具体包括以下情形（　　）。

A. 纳税人以自采原矿直接加工为非应税产品的，视同原矿销售

B. 纳税人以自采原矿洗选（加工）后的精矿连续生产非应税产品的，视同精矿销售

C. 以应税产品投资、分配、抵债，视同应税产品销售

D. 以应税产品赠与、以物易物的，视同应税产品销售

7. 下列各项中，符合资源税纳税义务发生时间规定的有（　　）。

A. 采取分期收款结算方式的为销售合同规定的收款日期的当天

B. 采取预收货款结算方式的为收到预收款的当天

C. 自产自用应税产品的为移送使用应税产品的当天

D. 扣缴义务人代扣代缴税款的，其纳税义务发生时间为支付首笔货款或首次开具支付货款凭据的当天

8. 以下关于资源税的表述不正确的有（　　）。

A. 进口的矿产品和盐不征收资源税

B. 纳税人在开采主矿产品过程中伴采的其他应税矿产品，凡未单独规定适用税额的，一律按主矿产品或视同主矿产品税目征收资源税

C. 在生产、进口、批发、零售各环节均应征收资源税

D. 中外合作油气田，不缴纳资源税

9. 在水资源税试点规定中，下列情形不缴纳水资源税的有（　　）。

A. 农村集体经济组织及其成员从本集体经济组织的水塘中取用水的

B. 为农业抗旱和维护生态与环境必须临时应急取水的

C. 水利工程管理单位为配置或者调度水资源取水的

D. 为消除公共利益的危害临时应急取水的

10. 以下属于环境保护税特点的有（　　）。

A. 属于调节型税种

B. 属于直接排放税

C. 对大气污染物、水污染物规定了幅度定额税率

D. 采用税务、环保部门紧密配合的征收方式

11. 以下关于应税污染物的计税依据，说法正确的有（　　）。

A. 应税大气污染物按照污染物排放量折合的污染当量数确定

B. 应税水污染物按照污染物排放量折合的污染当量数确定

C. 应税固体废物按照污染物排放量折合的污染当量数确定

D. 应税噪声按照污染物排放量折合的污染当量数确定

12. 下列关于环境保护税税收减免规定，说法不正确的有（　　）。

A. 船舶排放应税污染物免征环境保护税

B. 农业生产（不包括规模化养殖）排放应税污染物的

C. 纳税人排放应税大气污染物或者水污染物的浓度值低于国家和地方规定的污染物排放标准百分之三十的，减按百分之五十征收环境保护税

D. 纳税人排放应税大气污染物或者水污染物的浓度值低于国家和地方规定的污染物排放标准百分之五十的，减按百分之四十征收环境保护税

13. 以下符合环境保护税政策规定的有（　　）。

A. 环保税的纳税义务发生时间是纳税人排放应税污染物的当日

B. 纳税人应当向应税污染物排放地的税务机关申报缴纳环境保护税

C. 纳税人按季申报缴纳的，应当自季度终了之日起五日内，办理纳税申报并缴纳税款

D. 纳税人按次申报缴纳的，应当自月份终了之日起十五日内，办理纳税申报并缴纳税款

（三）计算问答题

1. 某原煤生产企业为增值税一般纳税人，2019 年 12 月发生以下业务：

（1）当月开采原煤 10 000 吨。对外销售原煤 8 000 吨，每吨不含税单价 700 元，收取不含税价款 560 万元，另向购买方收取运杂费 5 万元（能提供相关发票）。

（2）将本月开采的原煤 500 吨用于对外投资；另将本月开采的原煤 500 吨用于换取一辆小汽车。

（3）本月开采的 1 000 吨原煤用于生产洗选煤，对外销售取得不含增值税销售额 80 万元。

（4）本月进口原煤 1 000 吨，关税完税价格 100 万元。

假设该企业所在地原煤的资源税税率为 8%，洗选煤的折算率为 80%。

要求：根据上述资料回答下列问题（单位：万元）。

（1）计算业务（1）销售原煤应缴纳的资源税。

（2）计算业务（2）应缴纳的资源税。

（3）计算业务（3）销售洗选煤应缴纳的资源税。

（4）计算该企业当月应纳资源税合计金额。

2. 某企业 2019 年 12 月直接排放二氧化硫、氟化物各 150 千克，一氧化碳、氯化物各 120 千克，烟尘 80 千克。已知，二氧化硫、氟化物、一氧化碳、氯化氢、烟尘的污染当最值分别为 0.95 千克、0.87 千克、16.7 千克、10.75 千克、2.18 千克，假设当地大气污染物每污染当量税额 2 元，该企业只有一个排放口。

要求：根据上述资料回答下列问题。

（1）计算各项污染物的污染当量数。

（2）计算该企业当月应纳的环境保护税。

六、进阶练习答案

（一）单选题

1. 【答案】D

【解析】选项 A：资源税仅对在中国境内开采或生产应税产品的单位和个人征收；选项 B：进口的矿产品和盐不征收资源税；选项 C：对出口应税产品不免征或退还已纳资源税。

2. 【答案】C

【解析】《资源税法》所列的税目有 164 个。

3. 【答案】A

【解析】从低丰度油气田开采的原油、天然气减征 20% 资源税。

4. 【答案】D

【解析】选项 D：砂石可实行从量计征；选项 ABC：实行从价计征。

5. 【答案】A

【解析】资源税视同销售包括以下情形：（1）纳税人以自采原矿直接加工为非应税产品的，视同原矿销售；（2）纳税人以自采原矿洗选（加工）后的精矿连续生产非应税产品的，视同精矿销售；（3）以应税产品投资、分配、抵债、赠与、以物易物等，视同应税产品销售。

6. 【答案】B

【解析】开采原煤销售和非生产性自用的原煤都应缴纳资源税，将原煤用于生产洗选煤免征资源税。该油田企业应纳资源税 =（30 +3）×3 000 ×10% =9 900（万元）。

7. 【答案】C

【解析】纳税人将其开采的原煤加工为洗选煤销售的，以洗选煤销售额乘以折算率作为应税煤炭销售额计算缴纳资源税，纳税人将其开采的原煤加工为洗选煤换用于抵偿债务的，视同销售洗选煤计算缴纳资源税。应纳资源税 =800 ×10% +（800 +200）×0.4 ×90% ×10% =116（万元）。

8. 【答案】D

【解析】纳税人将应税产品用于除连续生产应税产品以外的其他方面的，则自用的这部分应税产品按纳税人对外销售应税产品的平均价格计算销售额征收资源税。

9. 【答案】C

【解析】纳税人以自采原矿加工金锭的，在金锭销售或自用时缴纳资源税。

10. 【答案】C

【解析】外购原油的购进金额 =2 000 ×1/4 ×800 ÷10 000 =40（万元）；应税原油计税依据 =300 −40 =260（万元）；应纳资源税 =260 ×6% =15.6（万元）。

11. 【答案】B

【解析】纳税人开采销售共伴生矿，共伴生矿与主矿产品销售额分开核算的，对共伴生矿暂不计征资源税；没有分开核算的，共伴生矿按主矿产品的税目和适用税率计征资源税。

12.【答案】C

【解析】选项C对特种行业从高征税。

13.【答案】D

【解析】除接入城镇公共供水管网以外，军队、武警部队通过其他方式取用水的，免征水资源税。

14.【答案】A

【解析】环保税具有以下特点：(1) 属于调节型税种；(2) 其渊源是排污收费制度；(3) 属于综合型环境税；(4) 属于直接排放税；(5) 对大气污染物、水污染物规定了幅度定额税率；(6) 采用税务、环保部门紧密配合的征收方式；(7) 收入纳入一般预算收入，全部划归地方。

15.【答案】C

【解析】水污染物当量数 = 100 ÷ 0.5 = 200；应纳税额 = 200 × 2.8 = 560（元）。

16.【答案】D

【解析】水污染物当量数 = 140 ÷ 0.14 = 1 000；应纳税额 = 1 000 × 2.4 = 2 400（元）。

17.【答案】B

【解析】固体废物的计税依据需要用减法计算：固体废物排放量 = 当期固体废物的产生量 - 当期固体废物的综合利用量 - 当期固体废物的贮存量 - 当期固体废物的处置量

炉渣排放量 = 1 000 - 300 = 700（吨）

环境保护税应纳税额 = 700 × 25 = 17 500（元）。

18.【答案】B

【解析】选项A：农业生产（不包括规模化养殖）排放应税污染物的暂免征收环保税；选项C：机动车、铁路机车、非道路移动机械、船舶和航空器等流动污染源排放应税污染物的暂免征收环保税；选项D：不属于直接向环境排放应税污染物，不需要缴纳环保税。

19.【答案】D

【解析】应税噪声的应纳税额为超过国家规定标准分贝数对应的具体适用税额。该企业当月应纳环保税 5 600（元）。

（二）多选题

1.【答案】BCD

【解析】资源税只对在中华人民共和国领域及管辖海域内开采应税矿产品或生产盐课税，对进口资源不征收资源税，出口不免征资源税，以未税原煤加工的洗选煤属于资源税征税范围。

2.【答案】ABC

【解析】选项D：页岩气资源税（按6%的规定税率）减征30%。

3.【答案】BC

【解析】选项B：页岩气资源税减征30%；选项C：天然气指专门开采或者与原油同时开采的天然气，地面抽采煤层气免征资源税。

4.【答案】AC

【解析】销售天然气应缴纳资源税和增值税，并随增值税税额缴纳城建税。天然气不属于消费税的征税范围，不征收消费税。

5. 【答案】ABC

【解析】选项D纳税人以自采原矿洗选后的精矿连续生产非应税产品的，视同精矿销售。

6. 【答案】ABCD

【解析】资源税视同销售具体包括以下情形：（1）纳税人以自采原矿直接加工为非应税产品的，视同原矿销售；（2）纳税人以自采原矿洗选（加工）后的精矿连续生产非应税产品的，视同精矿销售；（3）以应税产品投资、分配、抵债、赠与、以物易物等，视同应税产品销售。

7. 【答案】ACD

【解析】选项B：纳税人采取预收款结算方式的，其资源税纳税义务发生时间为发出应税产品的当天。

8. 【答案】CD

【解析】选项C：资源税的纳税环节具有单一性，仅在开采或生产应税资源销售环节或自用环节征税，之后流转环节不再征收资源税；选项D：中外合作油气田需缴纳资源税。

9. 【答案】ABCD

【解析】下列情形，不缴纳水资源税：（1）农村集体经济组织及其成员从本集体经济组织的水塘、水库中取用水的；（2）家庭生活和零星散养圈养畜禽饮用等少量取用水的；（3）水利工程管理单位为配置或者调度水资源取水的；（4）为保障矿井等地下工程施工安全和生产安全必须进行临时应急取用（排）水的；（5）为消除对公共安全或者公共利益的危害临时应急取水的；（6）为农业抗旱和维护生态与环境必须临时应急取水的。

10. 【答案】ABCD

【解析】环境保护税具有以下基本特点：（1）属于调节型税种；（2）其渊源是排污收费制度；（3）属于综合型环境税；（4）属于直接排放税；（5）对大气污染物、水污染物规定了幅度定额税率；（6）采用税务、环保部门紧密配合的征收方式；（7）收入纳入一般预算收入，全部划归地方。

11. 【答案】AB

【解析】选项C：应税固体废物按照固体废物的排放量确定；选项D：应税噪声按照超过国家规定标准的分贝数确定。

12. 【答案】CD

【解析】选项C：纳税人排放应税大气污染物或者水污染物的浓度值低于国家和地方规定的污染物排放标准百分之三十的，减按百分之七十五征收环境保护税；选项D：纳税人排放应税大气污染物或者水污染物的浓度值低于国家和地方规定的污染物排放标准百分之五十的，减按百分之五十征收环境保护税。

13. 【答案】AB

【解析】选项C：纳税人按季申报缴纳的，应当自季度终了之日起十五日内，办理纳税申报并缴纳税款；选项D：纳税人按次申报缴纳的，应当自纳税义务发生之日起十五日内，办理纳税申报并缴纳税款。

（三）计算问答题

1.【答案及解析】

（1）业务（1）销售原煤应缴纳的资源税 = 560 × 8% = 44.8（万元）

（2）业务（2）应缴纳的资源税 =（500 + 500）× 700 × 8%/10 000 = 5.6（万元）

用于对外投资和以物易物的原煤都应该计算缴纳资源税。

（3）业务（3）该企业销售洗选煤应缴纳的资源税 = 80 × 80% × 8% = 5.12（万元）

（4）业务（4）进口原煤不征收资源税

该企业当月应纳资源税合计 = 44.8 + 5.6 + 5.12 = 55.52（万元）

2.【答案及解析】

（1）污染当量数 = 该污染物的排放量 ÷ 该污染物的污染当量值

二氧化硫污染当量数 = 150/0.95 = 157.89

氟化物污染当量数 = 150/0.87 = 172.41

一氧化碳污染当量数 = 120/16.7 = 7.19

氯化氢污染当量数 = 120/10.75 = 11.16

烟尘污染当量数 = 80/2.18 = 36.70

（2）按污染当量数给 5 项污染物排序，对大气污染物确定排序前三项的污染物征收环保税。

氟化物污染当量数（172.41）> 二氧化硫污染当量数（157.89）> 烟尘污染当量数（36.70）> 氯化氢污染当量数（11.16）> 一氧化碳污染当量数（7.19）该企业只有一个排放口，排序选取计税前三项污染物：氟化物、二氧化硫、烟尘。

就排序前三项的污染物的污染当量数之和和规定的定额税率计算应纳税额。

应税大气污染物的应纳税额 = 污染当量数 × 适用税额

应纳税额 =（172.41 + 157.89 + 36.70）× 2 = 734（元）

第九章 城镇土地使用税法和耕地占用税法

一、2020年新教材内容主要变化

1. 新增二项城镇土地使用税的税收优惠政策；

2. 按照《耕地占用税法》修改耕地占用税的征税范围、税率、税收优惠、征收管理等政策。

二、本章近5年考情分析

本章属于税法考试非重点章，包括城镇土地使用税法和耕地占用税法二部分内容，其中城镇土地使用税法相对重要。考试一般以单项选择题、多项选择题命题，偶尔计算问答题、综合题会涉及。近5年本章考试平均分值4分左右。2020年预计考试分值在4分左右。

三、本章内容

第一单元　城镇土地使用税法

第二单元　耕地占用税法

四、重难点解析

第一单元　城镇土地使用税法

城镇土地使用税，是以开征区域内的国家所有或集体所有的土地为征税对象，对拥有土地使用权的单位和个人征收的一种税。

重难点1：纳税人与征税范围★★

（一）纳税人

1. 城镇土地使用税由拥有土地使用权的单位或个人缴纳。

2. 拥有土地使用权的单位和个人不在土地所在地的，其土地的实际使用人和代管人为纳税人。

3. 土地使用权未确定或权属纠纷未解决的，由实际使用人纳税。

4. 土地使用权共有的，由共有各方分别纳税。

5. 在城镇土地使用税征税范围内，承租集体所有建设用地的，由直接从集体经济组织承租土地的单位和个人，缴纳城镇土地使用税。

（二）征税范围

城镇土地使用税的征税范围包括在城市、县城、建制镇和工矿区内的国家所有和集体所有的土地。

【小贴士】征税范围不包括农村。

【小贴士】建立在城市、县城、建制镇、工矿区以外的工矿企业，不需要缴纳城镇土地使用税。

【小贴士】城市的征税范围包括市区和郊区；县城的征税范围为县人民政府所在地的城镇；建制镇的征税范围为镇人民政府所在地。

【经典模拟题】

【多选题】根据城镇土地使用税纳税人的相关规定，下列说法正确的有（　　）。

A. 个人拥有土地使用权的，以个人为纳税人

B. 单位拥有土地使用权的，以单位为纳税人

C. 土地使用权出租的，以承租人为纳税人

D. 土地使用权属未确定的，以实际使用人为纳税人

【答案】ABD

【解析】选项C：土地使用权出租的，以出租人为纳税人。

重难点2：税率、计税依据和应纳税额的计算★★

（一）税率

城镇土地使用税采用定额税率，即采用有幅度的差别税额。

【小贴士】城镇土地使用税适用四档地区幅度差别定额税率，每档最高税率是最低税率的20倍。

【小贴士】经省、自治区、直辖市人民政府批准，经济落后地区的适用税额标准可适当降低，但降低额不得超过税率表中规定的最低税额的30%。（降低有限度）

【小贴士】经济发达地区的适用税额标准可适当提高，但须报财政部批准。（提高须审批）

（二）计税依据

城镇土地使用税，以纳税人实际占用的土地面积为计税依据。

纳税人实际占用土地面积，按下列方法确定：

1. 省级人民政府确定的单位组织测定土地面积的，以测定的面积为计税依据。

2. 尚未组织测量土地面积，但纳税人持有政府部门核发的土地使用证书的，以证书确认的土地面积为计税依据。

3. 尚未核发土地使用证书的，以申报的土地面积为计税依据，待核发土地使用证以后再作调整。

【小贴士】上述顺序：一测定；二证书；三申报。

4. 对在征税范围内单独建造的地下建筑用地，按规定征收城镇土地使用税。

（1）已取得地下土地使用权证的，按土地使用权证确认的土地面积计算应征税款；

（2）未取得地下土地使用权证或地下土地使用权证上未标明土地面积的，按地下建筑垂直投影面积计算应征税款。

【小贴士】对上述单独建造的地下建筑用地，暂按应征税款的50%征收城镇土地使用税。但地上地下相连的建筑物不执行上述规定。

(三) 应纳税额的计算 (重要)

基本计算公式:

全年应纳税额 = 实际占用应税土地面积 (平方米) × 适用税额

单独建造的地下建筑物的税额计算公式:

全年应纳税额 = 证书确认应税土地面积或地下建筑物垂直投影面积 (平方米) × 适用税额 × 50%

【小贴士】土地使用权由几方共有的，由共有各方按照各自实际使用的土地面积占总面积的比例，分别计算缴纳城镇土地使用税 (先分后税)。

【经典真题】

【单选题 · 2012】甲企业位于某经济落后地区，2011 年 12 月取得一宗土地的使用权 (未取得土地使用证书)，2012 年 1 月已按 1 500 平方米申报缴纳城镇土地使用税。2012 年 4 月该企业取得了政府部门核发的土地使用证书，上面注明的土地面积为 2 000 平方米。已知该地区适用每平方米 0.9 元至 18 元的固定税额，当地政府规定的固定税额为每平方米 0.9 元，并另按照国家规定的最高比例降低税额标准。则该企业 2012 年应该补缴的城镇土地使用税为 (　　) 元。

A. 0　　B. 315　　C. 945　　D. 1 260

【答案】B

【解析】(1) 尚未核发土地使用证书的，应由纳税人申报土地面积，据以纳税，待核发土地使用证以后再作调整；经济落后地区，城镇土地使用税的适用税额标准可适当降低，但降低额不得超过规定最低税额标准的 30%；(2) 应补缴城镇土地使用税 = (2 000 − 1 500) × 0.9 × (1 − 30%) = 315 (元)。

【单选题 · 2017】某企业 2016 年度拥有位于市郊的一宗地块，其地上面积为 1 万平方米，单独建造的地下建筑面积为 4 000 平方米 (已取得地下土地使用权证)。该市规定的城镇土地使用税税率为 2 元/平方米。则该企业 2016 年度就此地块应缴纳的城镇土地使用税为 (　　)。

A. 0.8 万元　　B. 2 万元　　C. 2.8 万元　　D. 2.4 万元

【答案】D

【解析】(1) 对在城镇土地使用税征税范围内单独建造的地下建筑用地，按规定征收城镇土地使用税。其中，已取得地下土地使用权证的，按土地使用权证确认的土地面积计算应征税款。并且单独建造的地下建筑用地暂按应征税款的 50% 征收城镇土地使用税；(2) 该企业 2016 年度此地块应缴纳的城镇土地使用税 = 1 × 2 + 0.4 × 2 × 50% = 2.4 (万元)。

重难点 3：税收优惠 ★★★

作为地方性税种，城镇土地使用税的税收优惠分为两个层次：一是税法条例中明确规定的法定税收优惠；二是各省级税务局确定减免的税收优惠。

【小贴士】学员应注意辨析城镇土地使用税二个层次税收优惠的不同规定，学习时既要掌握税收优惠的具体规定，又要熟悉优惠规定属于哪个层次。

（一）法定免缴城镇土地使用税的优惠（17项）

1. 国家机关、人民团体、军队自用（办公用地和公务用地）的土地。如国家机关、人民团体的办公楼用地，军队的训练场用地等。

2. 由国家财政部门拨付事业经费的单位自用（业务用地）的土地。如学校的教学楼、操场、食堂等占用的土地。

3. 宗教寺庙、公园、名胜古迹自用的土地。

宗教寺庙自用的土地，是指举行宗教仪式等的用地和寺庙内的宗教人员生活用地。公园、名胜古迹自用的土地，是指供公共参观游览的用地及其管理单位的办公用地。

【小贴士】上述单位的生产、经营用地和其他用地，不属于免税范围，应按规定缴纳城镇土地使用税，如公园、名胜古迹中附设的营业单位如影剧院、饮食部、茶社、照相馆等使用的土地。

4. 市政街道、广场、绿化地带等公共用地。

5. 直接用于农、林、牧、渔业的生产用地。

【小贴士】这部分土地是指直接从事于种植养殖、饲养的专业用地，不包括农副产品加工场地和生活办公用地。

6. 经批准开山填海整治的土地和改造的废弃土地，从使用的月份起免缴城镇土地使用税5~10年（自开自用）。

7. 对非营利性医疗机构、疾病控制机构和妇幼保健机构等卫生机构自用的土地，免征城镇土地使用税。

8. 企业办的学校、医院、托儿所、幼儿园，其用地能与企业其他用地明确区分的，免征城镇土地使用税。

【小贴士】房产税也有相关规定。

9. 免税单位无偿使用纳税单位的土地（如公安、海关等单位使用铁路、民航等单位的土地），免征城镇土地使用税；纳税单位无偿使用免税单位的土地，纳税单位应照章缴纳城镇土地使用税。

【小贴士】学员应注意“无偿使用”与“无租使用”的差异。

【小贴士】纳税单位与免税单位共同使用、共有使用权土地上的多层建筑，对纳税单位可按其占用的建筑面积占建筑总面积的比例计征城镇土地使用税。

【小贴士】房产税也有相关规定。

10. 对行使国家行政管理职能的中国人民银行总行（含国家外汇管理局）所属分支机构自用的土地，免征城镇土地使用税（同国家机关）。

11. 对特殊用地划分了征免税界限和给予政策性减免税照顾。具体规定如下：

（1）对石油天然气生产建设中用于地质勘探、钻井、井下作业、油气田地面工程等施工临时用地暂免征收城镇土地使用税。

（2）对企业的铁路专用线、公路等用地，在厂区以外、与社会公用地段未加隔离的，暂免征收城镇土地细税。

（3）对企业厂区以外的公共绿化用地和向社会开放的公园用地，暂免征收城镇土地使用税。

（4）对盐场的盐滩、盐矿的矿井用地，暂免征收城镇土地使用税。

12. 自2019年1月1日至2021年12月31日，对专门经营农产品的农产品批发市场、农贸市场使用（包括自有和承租，下同）的房产、土地，暂免征收城镇土地使用税。对同时经营其他产品的农产品批发市场和农贸市场使用的房产、土地，按其他产品与农产品交易场地面积的比例确定征免城镇土地使用税。

【小贴士】享受上述税收优惠的房产、土地，是指农产品批发市场、农贸市场直接为农产品交易提供服务的房产、土地。

【小贴士】农产品批发市场、农贸市场的行政办公区、生活区，以及商业餐饮娱乐等非直接为农产品交易提供服务的房产、土地，不属于规定的优惠范围，应按规定征收城镇土地使用税。

13. 到2019年12月31日止（含当日），对物流企业自有的（包括自用和出租）大宗商品仓储设施用地和物流企业承租用于大宗商品仓储设施的土地，减按所属土地等级适用税额标准的50%计征城镇土地使用税。

【小贴士】物流企业的办公、生活区用地及其他非直接从事大宗商品仓储的用地，不属于优惠范围，应按规定征收城镇土地使用税。

14. 自2018年10月1日至2020年12月31日，对按照去产能和调结构政策要求停产停业、关闭的企业，自停产停业次月起，免征城镇土地使用税。企业享受免税政策的期限累计不得超过两年。

15. 自2019年1月1日至2021年12月31日，对国家级、省级科技企业孵化器、大学科技园和国家备案众创空间自用以及无偿或通过出租等方式提供给在孵对象使用的土地，免征城镇土地使用税。

16. 自2019年1月1日至2021年12月31日，对城市公交站场、道路客运站场、城市轨道交通系统运营用地，免征城镇土地使用税。（新）

【小贴士】城市轨道交通系统免征范围，不包括旅游景区等单位内部为特定人群服务的轨道系统。

17. 自2019年1月1日至2020年12月31日，对向居民供热收取采暖费的供热企业，为居民供热所使用的厂房及土地免征城镇土地使用税。（新）

【小贴士】对供热企业其他厂房及土地，应当按照规定征收城镇土地使用税。

【经典真题】

【单选题·2009】某盐场2008年度占地200 000平方米，其中办公楼占地20 000平方米，盐场内部绿化占地50 000平方米，盐场附属幼儿园占地10 000平方米，盐滩占地120 000平方米。盐场所在地城镇土地使用税单位年税额每平方米0.7元。该盐场2008年应缴纳的城镇土地使用税为（　　）元。

A. 14 000　　B. 49 000　　C. 56 000　　D. 140 000

【答案】B

【解析】应缴纳城镇土地使用税 =（200 000 - 10 000 - 120 000）×0.7 = 49 000（元）。

【单选题·2014】下列土地中，免征城镇土地使用税的是（　　）。

A. 营利性医疗机构自用的土地

B. 公园内附设照相馆使用的土地

C. 生产企业无偿使用海关部门的免税土地

D. 公安部门无偿使用铁路企业的应税土地

【答案】D

【解析】选项AB：为经营性用地，照章纳税；选项C：纳税单位无偿使用免税单位的土地，纳税单位应照章缴纳城镇土地使用税。

【经典模拟题】

【单选题】某县肉制品加工企业2020年占地60 000平方米，其中办公占地5 000平方米，生猪养殖基地占地28 000平方米，肉制品加工车间占地16 000平方米，企业内部道路及绿化占地11 000平方米。企业所在地城镇土地使用税单位税额每平方米0.8元。该企业全年应缴纳城镇土地使用税（　　）元。

A. 16 800元　　B. 25 600元　　C. 39 200元　　D. 48 000元

【答案】B

【解析】直接用于农、林、牧、渔业的生产用地免征土地使用税，但不包括农副产品加工场地和生活办公用地。对企业厂区以外的公共绿化用地暂免征收土地使用税，企业厂区以内的照章征税；应缴纳城镇土地使用税＝(60 000－28 000)×0.8＝25 600（元）。

【计算问答题】2019年12月，甲有限公司与某市政府机关因各自办公所需共同购得一栋办公楼，占地面积3 000平方米，建筑面积10 000平方米，楼高4层。按照双方签订的合同约定，甲有限公司只占用1层。该办公楼所在地城镇土地使用税的年税额为5元/平方米。

问题：计算该公司与政府机关2020年共计应缴纳城镇土地使用税。

【答案及解析】(1) 国家机关、人民团体、军队自用的土地，免税；(2) 甲有限公司应缴纳城镇土地使用税＝3 000×(1－3/4)×5＝3 750（元）。

（二）由省级税务局确定的减免优惠

1. 个人所有的居住房屋及院落用地。
2. 房产管理部门在房租调整改革前经租的居民住房用地。
3. 免税单位职工家属的宿舍用地。
4. 集体和个人办的各类学校、医院、托儿所、幼儿园用地。

【经典真题】

【多选题·2018】下列土地中，属于法定免缴城镇土地使用税的有（　　）。

A. 个人所有的居住房屋用地

B. 免税单位无偿使用纳税单位的土地

C. 名胜古迹自用土地

D. 国家财政部门拨付事业经费的学校用地

【答案】BCD

【解析】选项A：属于省、自治区、直辖市税务局确定的土地使用税减免优惠，不属于“法定减免”。

【经典模拟题】

【多选题】下列各项中，不属于《城镇土地使用税暂行条例》直接规定的免税项目的是（　　）。

A. 个人所有的居住房屋及院落用地　　B. 公立大学自用的土地

C. 免税单位职工家属的宿舍用地　　D. 集体办的医院、托儿所和幼儿园用地

【答案】ACD

【解析】选项B：属于由国家财政部门拨付事业经费的单位自用的土地。

重难点4：征收管理★★

（一）纳税期限

城镇土地使用税，按年计算、分期缴纳。

（二）纳税义务发生时间

【小贴士】纳税人占用土地，一般是从次月起发生城镇土地使用税的纳税义务。

【小贴士】只有新征用耕地，是在批准征用之日起满一年时开始缴纳城镇土地使用税。

具体情形	纳税义务发生时间
购置新建商品房	房屋交付使用之次月起
购置存量房	房地产权属登记机关签发房屋权属证书之次月起
出租、出借房产	交付出租、出借房产之次月起
以出让或转让方式有偿取得土地使用权的	应由受让方从合同约定交付土地时间的次月起缴纳城镇土地使用税；合同未约定交付土地时间的，由受让方从合同签订的次月起缴纳城镇土地使用税
新征用的耕地	批准征用之日起满一年时
新征用的非耕地	批准征用次月起
纳税人因土地权利状态发生变化而依法终止城镇土地使用税纳税义务的	其应纳税款的计算应截止到土地权利发生变化的当月末

【小贴士】为避免对一块土地同时征收耕地占用税和城镇土地使用税，税法规定，凡是缴纳了耕地占用税的，从批准征用之日起满1年时征收土地使用税；征用非耕地因不需要缴纳耕地占用税，应从批准征用之次月起征收土地使用税。

【经典真题】

【单选题·2008】某人民团体有A、B两栋办公楼，A栋占地3 000平方米，B栋占地1 000平方米。2007年3月30日至12月31日该团体将B栋出租。当地城镇土地使用税的税率为每平方米15元，该团体2007年应缴纳城镇土地使用税（　　）。

A. 3 750元　　B. 11 250元　　C. 12 500元　　D. 15 000元

【答案】B

【解析】人民团体自用的 A 楼免征城镇土地使用税，但出租的 B 楼属于经营使用，不享受免税政策，应从交付出租、出借房产之次月起，缴纳城镇土地使用税。B 楼应缴纳城镇土地使用税 =1 000×15×9÷12 =11 250（元）。

【多选题·2017】下列关于城镇土地使用税纳税义务发生时间的表述中，正确的有（　　）。

A. 纳税人新征用的非耕地，自批准征用次月起缴纳城镇土地使用税

B. 纳税人购置新建商品房，自房屋交付使用之次月起缴纳城镇土地使用税

C. 纳税人新征用的耕地，自批准征用之日起满 6 个月时开始缴纳城镇土地使用税

D. 纳税人出租房产，自合同约定应付租金日期的次月起缴纳城镇土地使用税

【答案】AB

【解析】选项 C：纳税人新征用的耕地，自批准征用之日起满 1 年时开始缴纳城镇土地使用税；选项 D：纳税人出租、出借房产，自交付出租、出借房产之次月起缴纳城镇土地使用税。

【单选题·2019】某企业 2018 年初占用土地 25 000 平方米，其中托儿所占地 1 000 平方米，其余为生产经营用地；6 月购置一栋办公楼，占地 2 000 平方米。该企业所在地城镇土地使用税年税额为 6 元/平方米，则该企业 2018 年应缴纳城镇土地使用税为（　　）。

A. 144 000 元　　B. 150 000 元　　C. 151 000 元　　D. 156 000 元

【答案】B

【解析】应缴纳城镇土地使用税 =（25 000 −1 000）×6 +2 000×6×6÷12 =150 000（元）。

【多选题·2019】下列关于城镇土地使用税纳税义务发生时间的表述中，符合税法规定的有（　　）。

A. 纳税人出租房产，自交付出租房产之次月起纳税

B. 纳税人出借房产，自交付出借房产之次月起纳税

C. 纳税人新征用的耕地，自批准征用之次月起纳税

D. 纳税人购置新建商品房，自房屋交付使用之次月起纳税

【答案】ABD

【解析】选项 C：纳税人新征用的耕地，自批准征用之日起满 1 年时开始缴纳城镇土地使用税。

（三）纳税地点和征收机构

城镇土地使用税的纳税地点为土地所在地，由土地所在地的税务机关负责征收。

【本单元小结】

1. 本单元的掌握与熟悉。

（1）掌握应纳税额的计算；

（2）掌握税收优惠的内容；

（3）熟悉征税范围的内容；

（4）熟悉计税依据的规定；

（5）熟悉纳税义务发生时间的规定。

2. 与其他税种的关系。

（1）与房产税：两税关系密切，与房产税在纳税义务人、征税范围、税收优惠和纳税义务发生时间上存在一定的共性；

（2）与企业所得税：城镇土地使用税计入“税金及附加”，可在企业所得税前扣除，可与企业所得税结合命制综合题；

（3）与耕地占用税：纳税人新征用的耕地，自批准征用之日起满 1 年时开始缴纳城镇土地使用税；纳税人新征用的非耕地，自批准征用次月起缴纳城镇土地使用税。

第二单元　耕地占用税法

耕地占用税，是对占用耕地建房或从事其他非农业建设的单位和个人，就其实际占用的耕地面积征收的一种税，它属于对特定土地资源占用课税。

重难点 1：纳税人与征税范围★★

（一）纳税人（调）

耕地占用税的纳税人，是指在境内占用耕地建设建筑物、构筑物或者从事非农业建设的单位和个人。

1. 经批准占用耕地的，纳税人为农用地转用审批文件中标明的建设用地人。

2. 农用地转用审批文件中未标明建设用地人的，纳税人为用地申请人，其中用地申请人为各级人民政府的，由同级土地储备中心、自然资源主管部门或政府委托的其他部门、单位履行耕地占用税申报纳税义务。

3. 未经批准占用耕地的，纳税人为实际用地人。

sf200902

（二）征税范围（调）

1. 基本规定。

（1）耕地占用税的征税范围，包括纳税人占用耕地建设建筑物、构筑物或者从事非农业建设的国家所有和集体所有的耕地。

（2）耕地，是指用于种植农作物的土地，包括菜地、园地。其中，园地包括花圃、苗圃、茶园、果园、桑园和其他种植经济林木的土地。

（3）占用鱼塘及其他农用土地建房或从事其他非农业建设，也视同占用耕地，必须依法征收耕地占用税。

【小贴士】占用已开发从事种植、养殖的滩涂、草场、水面和林地等从事非农业建设，由省、自治区、直辖市本着有利于保护土地资源和生态平衡的原则，结合具体情况确定是否征收耕地占用税。

2. 具体规定。

（1）园地，包括果园、茶园、橡胶园、其他园地。

（2）林地，包括乔木林地、竹林地、红树林地、森林沼泽、灌木林地、灌丛沼泽、其他林地，不包括城镇村庄范围内的绿化林木用地，铁路、公路征地范围内的林木用地，以及河流、沟渠的护堤林用地。

（3）草地，包括天然牧草地、沼泽草地、人工牧草地，以及用于农业生产并已由相关行政主管部门发放使用权证的草地。

（4）农田水利用地，包括农田排灌沟渠及相应附属设施用地。

（5）养殖水面，包括人工开挖或者天然形成的用于水产养殖的河流水面、湖泊水面、水库水面、坑塘水面及相应附属设施用地。

（6）渔业水域滩涂，包括专门用于种植或者养殖水生动植物的海水潮浸地带和滩地，以及用于种植芦苇并定期进行人工养护管理的苇田。

【小贴士】直接为农业生产服务的生产设施，是指直接为农业生产服务而建设的建筑物和构筑物。

【经典真题】

【多选题·2011】根据耕地占用税有关规定，下列各项土地中属于耕地的有（　　）。

A. 果园　　B. 花圃　　C. 茶园　　D. 菜地

【答案】ABCD

重难点2：税率、计税依据和应纳税额的计算★★

（一）税率

耕地占用税采用地区差别定额税率。

各地区耕地占用税的适用税额，由省级人民政府在规定的税额幅度内提出，报同级人大常委会决定，并报全国人大常委会和国务院备案。（政府提出、人大决定）

在人均耕地低于0.5亩的地区，省、自治区、直辖市可以根据当地经济发展情况，适当提高耕地占用税的适用税额，但提高的部分不得超过税法确定的适用税额的50%。

【小贴士】占用基本农田的，应当按照适用税额加征150%。

（二）计税依据

耕地占用税，以纳税人实际占用的属于耕地占用税征税范围的土地（简称“应税土地”）面积为计税依据，按应税土地当地适用税额计税，实行一次性征收。

（三）税额计算

应纳税额为纳税人实际占用的应税土地面积（平方米）乘以适用税额。

1. 基本计算公式为：

应纳税额＝应税土地面积×适用税额

2. 加按150%征收耕地占用税的计算公式为：

应纳税额＝应税土地面积×适用税额×150%

【小贴士】应税土地面积包括经批准占用面积和未经批准占用面积，以平方米为单位。适用税额，是指省级人大常委会决定的应税土地所在地县级行政区的现行适用税额。

【举例】某市一家企业新占用20 000平方米耕地用于工业建设，所占耕地适用的定额税率为20元/平方米。计算该企业应纳的耕地占用税。

【解析】应纳税额＝20 000×20＝400 000（元）

【经典模拟题】

【单选题】在人均耕地低于0.5亩的地区，省、自治区、直辖市可以根据当地经济发展情况，适当提高耕地占用税的适用税额，但提高的部分不得超过税法规定适用税额的比例是（　　）。

A. 20%　　B. 30%　　C. 50%　　D. 100%

【答案】C

重难点3：税收优惠和征收管理★★★

（一）免征耕地占用税

1. 军事设施占用耕地。

免税的军事设施，是指《军事设施保护法》所列建筑物、场地和设备。

2. 学校、幼儿园、社会福利机构、医疗机构占用耕地。

【小贴士】学校内经营性场所和教职工住房占用耕地的，按照当地适用税额缴纳耕地占用税。（新）

3. 农村烈士遗属、因公牺牲军人遗属、残疾军人以及符合农村最低生活保障条件的农村居民，在规定用地标准以内新建自用住宅，免征耕地占用税。

（二）减征耕地占用税

1. 铁路线路、公路线路、飞机场跑道、停机坪、港口、航道、水利工程占用耕地，减按每平方米2元的税额征收耕地占用税。

【小贴士】专用铁路和铁路专用线占用耕地的，按照当地适用税额缴纳耕地占用税。

【小贴士】专用公路和城区内机动车道占用耕地的，按照当地适用税额缴纳耕地占用税。

2. 农村居民在规定用地标准以内占用耕地新建自用住宅，按照当地适用税额减半征收耕地占用税。

【小贴士】农村居民经批准搬迁，新建自用住宅占用耕地不超过原宅基地面积的部分，免征耕地占用税。

【小贴士】免征或者减征耕地占用税后，纳税人改变原占地用途，不再属于免征或者减征耕地占用税情形的，应当按照当地适用税额补缴耕地占用税。

3. 纳税人临时占用耕地，是指经自然资源主管部门批准，在一般不超过2年内临时使用耕地并且没有修建永久性建筑物的行为。依法复垦应由自然资源主管部门会同有关行业管理部门认定并出具验收合格确认书。（新）

4. 因挖损、采矿塌陷、压占、污染等损毁耕地属于税法所称的非农业建设，应依照税法规定缴纳耕地占用税；自自然资源、农业农村等相关部门认定损毁耕地之日起3年内依法复垦或修复，恢复种植条件的，比照相关规定办理退税。（新）

5. 在农用地转用环节，用地申请人能证明建设用地人符合税法规定的免税情形的，免征用地申请人的耕地占用税；在供地环节，建设用地人使用耕地用途符合税法规定的免税情形的，由用地申请人和建设用地人共同申请，按退税管理的规定退还用地申请人已经缴纳的耕地占用税。（新）

【经典真题】

【多选题·2009】下列各项中，应征收耕地占用税的有（　　）。

A. 铁路线路占用耕地　　B. 学校占用耕地

C. 公路线路占用耕地　　D. 军事设施占用耕地

【答案】AC

【解析】选项 BD：免征耕地占用税。

【单选题·2014】下列耕地占用的情形中，属于免征耕地占用税的是（　　）。

A. 医院占用耕地　　B. 建厂房占用鱼塘

C. 高尔夫球场占用耕地　　D. 商品房建设占用林地

【答案】A

【解析】选项 BCD：需要缴纳耕地占用税。

【单选题·2017】下列占用耕地的行为中，免征耕地占用税的是（　　）。

A. 停机坪占用耕地　　B. 飞机场跑道占用耕地

C. 公路线路占用耕地　　D. 军事设施占用耕地

【答案】D

【单选题·2018】下列占用耕地的情形中，应减征耕地占用税的是（　　）。

A. 医院占用耕地　　B. 养老院占用耕地

C. 停机坪占用耕地　　D. 省政府批准成立的技工学校占用耕地

【答案】C

【解析】选项 ABD：免征耕地占用税。

【经典模拟题】

【计算问答题】象牙山村民广坤有一处果园，占地 8 000 平方米，2020 年 5 月将其中的 3 000 平方米改造为花圃，另外将 200 平方米建造自用住宅（在规定用地标准以内）。

已知：该地适用的耕地占用税定额税率为每平方米 20 元。

问题：计算广坤应缴纳的耕地占用税。

【答案及解析】（1）果园改造为花圃无需缴纳耕地占用税；（2）广坤应缴纳耕地占用税 = 200 × 20 × 50% = 2 000（元）。

【计算问答题】象牙山村民刘能经批准搬迁，搬迁前住宅占用耕地 100 平方米，搬迁后新建自用住宅占用耕地 180 平方米。

已知：该地适用的耕地占用税定额税率为每平方米 20 元。

问题：计算刘能应缴纳的耕地占用税。

【答案及解析】（1）农村居民在规定用地标准以内占用耕地新建自用住宅，按照当地适用税额减半征收耕地占用税；其中农村居民经批准搬迁，新建自用住宅占用耕地不超过原宅基地面积的部分，免征耕地占用税；（2）刘能应缴纳耕地占用税 =（180 − 100）× 20 × 50% = 800（元）。

（三）征收管理

耕地占用税由税务机关负责征收。

1. 纳税义务发生时间。

（1）耕地占用税的纳税义务发生时间，为纳税人收到自然资源主管部门办理占用耕地手续的书面通知的当日。纳税人应当自纳税义务发生之日起三十日内申报缴纳耕地占用税。

（2）未经批准占用耕地的，耕地占用税纳税义务发生时间为自然资源主管部门认定的纳税人实际占用耕地的当日。

（3）因挖损、采矿塌陷、压占、污染等损毁耕地的纳税义务发生时间为自然资源、农业农村等相关部门认定损毁耕地的当日。

（4）纳税人占地类型、占地面积和占地时间等纳税申报数据材料，以自然资源等相关部门提供的相关材料为准；未提供相关材料或者材料信息不完整的，经主管税务机关提出申请，由自然资源等相关部门自收到申请之日起30日内出具认定意见。

纳税人应当自纳税义务发生之日起三十日内申报缴纳耕地占用税。

2. 纳税申报（调）。

（1）纳税人占用耕地，应当在耕地所在地申报纳税。

（2）纳税人的纳税申报数据资料异常或者纳税人未按照规定期限申报纳税的，包括下列情形：

①纳税人改变原占地用途，不再属于免征或者减征耕地占用税情形，未按照规定进行申报的；

②纳税人已申请用地但尚未获得批准先行占地开工，未按照规定进行申报的；

③纳税人实际占用耕地面积大于批准占用耕地面积，未按照规定进行申报的；

④纳税人未履行报批程序擅自占用耕地，未按照规定进行申报的；

⑤其他应提请相关部门复核的情形。

（3）纳税人因建设项目施工或者地质勘查临时占用耕地，应当依照本法的规定缴纳耕地占用税。纳税人在批准临时占用耕地期满之日起一年内依法复垦，恢复种植条件的，全额退还已经缴纳的耕地占用税。

（4）耕地占用税的征收管理，依照《耕地占用税法》和《征管法》的规定执行。

【经典模拟题】

【多选题】下列关于耕地占用税的表述中，不正确的有（　　）。

A. 建设直接为农业生产服务的生产设施而占用农用耕地的，不征收耕地占用税

B. 耕地占用税的纳税义务发生时间为占用耕地的当日

C. 纳税人应当自纳税义务发生之日起30日内，申报缴纳耕地占用税

D. 纳税人在批准临时占用耕地期满之日起半年年内依法复垦，恢复种植条件的，全额退还已经缴纳的耕地占用税

【答案】BD

【解析】选项B：耕地占用税的纳税义务发生时间，为纳税人收到自然资源主管部门办理占用耕地手续的书面通知的当日；选项D：纳税人因建设项目施工或者地质勘查临时占用耕地，应当依照规定缴纳耕地占用税，纳税人在批准临时占用耕地期满之日起一年内依法复垦，恢复种植条件的，全额退还已经缴纳的耕地占用税。

耕地占用税与城镇土地使用税之比较

不同税种	征税范围	纳税人	纳税环节
耕地占用税	有耕地的地区	占用者	一次课征
城镇土地使用税	城市、县城、建制镇、工矿区	持（保）有者	按年计算、分期缴纳

【本单元小结】

1. 本单元的掌握与熟悉。

（1）掌握税收优惠的内容；

（2）熟悉征税范围的内容；

（3）熟悉征收管理的时限与相关手续。

2. 与其他税种的关系。

（1）与城镇土地使用税（略）；

（2）与土地增值税：耕地占用税计入房地产开发成本，计算土地增值额时可扣除。

五、进阶练习

（一）单选题

1. 下列关于城镇土地使用税纳税人的表述，说法不正确的是（　　）。

A. 拥有土地使用权的单位和个人为纳税义务人

B. 拥有土地使用权的单位和个人不在土地所在地的，其土地的实际使用人或代管人为纳税义务人

C. 土地使用权未确定或权属纠纷未解决的，可暂不缴纳税款

D. 在城镇土地使用税征税范围内，承租集体所有建设用地的，直接从集体经济组织承租土地的单位和个人为纳税义务人

2. 甲企业与乙企业按 1∶1 的比例共同拥有一块土地的使用权，该土地占地面积 1 000 平方米，城镇土地使用税每平方米年税额 8 元，甲企业当年应缴纳的城镇土地使用税为（　　）元。

A. 0　　B. 4 000　　C. 6 000　　D. 8 000

3. 经济落后地区，城镇土地使用税的适用税额标准可适当降低，但降低额不得超过上述规定最低税额的（　　）。

A. 10%　　B. 20%　　C. 30%　　D. 40%

4. 对地下建筑用地暂按应征税款的（　　）征收城镇土地使用税。

A. 0　　B. 25%　　C. 50%　　D. 75%

5. 2019 年某企业实际占地 100 000 平方米，其中医院占地 1 800 平方米，幼儿园占地 1 500 平方米，绿化用地 1 000 平方米，其余为企业厂房用地，该企业所在地区城镇土地使用税年税额为 5 元/平方米，该厂当年应缴纳城镇土地使用税（　　）元。

A. 478 500　　B. 483 500　　C. 488 500　　D. 500 000

6. 下列用地，应征收城镇土地使用税的是（　　）。

A. 政府部门的办公楼用地　　B. 企业办的学校用地

C. 非营利性医疗机构自用的土地　　D. 名胜古迹的饮食部用地

7. 下列表述不符合城镇土地使用税有关规定的是（　　）。

A. 城镇土地使用税按年计算，分期缴纳

B. 纳税人购置新建商品房，自房屋交付使用之次月起，缴纳城镇土地使用税

C. 纳税人新征用的耕地，自批准征用之日起满一年时开始缴纳城镇土地使用税

D. 纳税人新征用的非耕地，自批准征用之日起满一年时开始缴纳城镇土地使用税

8. 以下关于城镇土地使用税的说法不正确的是（　　）。

A. 城镇土地使用税的开征区域包括城市、县城、建制镇和工矿区

B. 城镇土地使用税以纳税人实际占用的土地面积为计税依据

C. 纳税单位与免税单位共同使用土地，免征城镇土地使用税

D. 城镇土地使用税在土地所在地缴纳

9. 以下关于耕地占用税的表述不正确的是（　　）。

A. 耕地占用税对占用耕地实行一次性征收

B. 耕地占用税的纳税人不包括个人

C. 占用花圃用以建房的应缴纳耕地占用税

D. 占用鱼塘用以建房的应缴纳耕地占用税

10. 某企业经批准占用基本农田 20 000 平方米，其中 2 000 平方米用于建造学校、1 000 平方米用于建造医院，其余用于建造厂房。当地耕地占用税税额为 40 元/平方米。该企业应缴纳耕地占用税（　　）万元。

A. 68　　B. 80　　C. 102　　D. 120

11. 下列耕地占用行为，减半征收耕地占用税的是（　　）。

A. 农村居民在规定用地标准以内新建自用住宅占用耕地

B. 农村烈士遗属在规定用地标准以内新建自用住宅占用耕地

C. 社会福利机构占用耕地

D. 医疗机构占用耕地

12. 以下关于耕地占用税的税收优惠，说法不正确的是（　　）。

A. 农村居民经批准搬迁，新建自用住宅占用耕地不超过原宅基地面积的部分，免征耕地占用税

B. 免征或减征耕地占用税后，纳税人改变原占地用途，不需要补缴耕地占用税

C. 纳税人临时占用耕地，应当缴纳耕地占用税

D. 建设直接为农业生产服务的生产设施占用耕地，不征收耕地占用税

13. 以下关于耕地占用税的征收管理的规定，说法正确的是（　　）。

A. 耕地占用税的纳税义务发生时间为纳税人占用耕地的当天

B. 纳税人应当自纳税义务发生之日起 15 日内申报缴纳耕地占用税

C. 纳税人因建设项目施工或者地质勘查临时占用耕地，应当缴纳耕地占用税

D. 纳税人在批准临时占用耕地期满之日起一年内依法复垦，恢复种植条件的，退还

50%的耕地占用税

14. 某农户有一处菜地，占地1 000平方米，2019年12月将其中的800平方米改造为茶园，其余200平方米建造自用住宅（在规定用地标准以内）。已知该地适用的耕地占用税定额税率为每平方米35元。则该农户应缴纳的耕地占用税为（　　）元。

A. 3 500　　B. 7 000　　C. 17 500　　D. 35 000

15. 下列用地不免征城镇土地使用税的是（　　）。

A. 城市公交战场

B. 道路客运站场

C. 物流企业自有的大宗商品仓储设施用地

D. 城市轨道交通系统运营用地

（二）多选题

1. 下列选项中，应计算缴纳城镇土地使用税的有（　　）。

A. 军队的训练场用地　　B. 寺庙宗教人员生活用地

C. 公园照相馆用地　　D. 企业办公楼用地

2. 纳税人实际占用的土地面积是城镇土地使用税的计税依据，其具体内容有（　　）。

A. 省人民政府确定的单位组织测定的土地面积

B. 尚未组织测量，根据政府部门核发的土地使用证书上确认的土地面积

C. 纳税人持有土地使用证书但认为不准确而自测申报的土地面积

D. 省人民政府确定的单位尚未组织测量且纳税人未取得土地使用证书而自测申报的土地面积

3. 下列选项中，属于法定免缴城镇土地使用税的有（　　）。

A. 疾病控制机构自用的土地　　B. 广场、绿化地带等公共用地

C. 免税单位无偿使用纳税单位的土地　　D. 个人办的幼儿园用地

4. 下列土地由省、自治区、直辖市税务局确定减免城镇土地使用税的有（　　）。

A. 盐场的盐滩用地

B. 专门经营农产品的农产品批发市场用地

C. 个人所有的居住房屋及院落用地

D. 集体办的医院用地

5. 下列关于城镇土地使用税的纳税义务发生时间的表述正确的有（　　）。

A. 纳税人出租、出借房产，自交付出租、出借房产之次月起缴纳城镇土地使用税

B. 纳税人购置存量房，自房屋交付使用之次月起缴纳城镇土地使用税

C. 以出让或转让方式有偿取得土地使用权的，应由受让方从合同约定交付土地时间的次月起缴纳城镇土地使用税

D. 纳税人新征用的耕地，自批准征用次月起缴纳城镇土地使用税

6. 下列各项中，符合城镇土地使用税规定的有（　　）。

A. 城镇土地使用税在土地所在地缴纳

B. 纳税人使用的土地不属于同一省管辖的，由纳税人向机构所在地税务机关缴纳

C. 在同一省管辖范围内，纳税人跨地区使用的土地，其纳税地点由各省税务局确定

D. 城镇土地使用税的收入纳入地方财政预算管理

7. 根据耕地占用税相关制度的规定，以下说法正确的有（　　）。

A. 纳税人占用鱼塘应缴纳耕地占用税　　B. 纳税人临时占用耕地应缴纳耕地占用税

C. 铁路线路占用耕地免征耕地占用税　　D. 农民占用耕地建房免征耕地占用税

8. 下列用地行为，应征收耕地占用税的有（　　）。

A. 军事设施占用耕地　　B. 公路线路占用耕地

C. 修建港口占用耕地　　D. 开发房产占用耕地

9. 以下符合耕地占用税法规定的有（　　）。

A. 农村居民在规定用地标准以内占用耕地新建自用住宅，按照当地适用税额减半征收耕地占用税

B. 占用基本农田的，应当按照适用税额加征 150%

C. 纳税人应当自纳税义务发生之日起 30 日内申报缴纳耕地占用税

D. 耕地占用税对占用耕地实行一次性征收

六、进阶练习答案

（一）单选题

1. 【答案】C

【解析】城镇土地使用税的纳税人：（1）拥有土地使用权的单位和个人为纳税义务人；（2）拥有土地使用权的单位和个人不在土地所在地的，其土地的实际使用人或代管人为纳税义务人；（3）土地使用权未确定或权属纠纷未解决的，其实际使用人为纳税义务人；（4）土地使用权共有的，共有各方都是纳税义务人，由共有各方分别纳税；（5）在城镇土地使用税征税范围内，承租集体所有建设用地的，直接从集体经济组织承租土地的单位和个人为纳税义务人。

2. 【答案】B

【解析】甲企业按实际占用土地面积计算缴纳城镇土地使用税。甲企业占用土地面积 = 1 000 × 50% = 500（平方米），甲企业当年应纳城镇土地使用税 = 500 × 8 = 4 000（元）。

3. 【答案】C

【解析】经济落后地区，城镇土地使用税的适用税额标准可适当降低，但降低额不得超过上述规定最低税额的 30%。经济发达地区的适用税额标准可以适当提高，但须报财政部批准。

4. 【答案】C

【解析】对地下建筑用地暂按应征税款的 50% 征收城镇土地使用税。

5. 【答案】A

【解析】应缴纳城镇土地使用税 =（100 000 − 1 800 − 1 500 − 1 000）× 5 = 478 500（元）。

6. 【答案】D

【解析】选项 A：国家机关、人民团体、军队自用的土地免征城镇土地使用税，自用指的是单位本身办公用地和公务用地；选项 B：企业办的学校免征城镇土地使用税；选项 C：

非营利性医疗机构自用的土地免征城镇土地使用税；选项 D：名胜古迹中附设的营业单位如影剧院、饮食部等使用的土地，应征收城镇土地使用税。

7. 【答案】D

【解析】纳税人新征用的非耕地，自批准征用次月起缴纳城镇土地使用税。

8. 【答案】C

【解析】选项 C：纳税单位与免税单位共同使用、共有使用权土地上的多层建筑，对纳税单位可按其占用的建筑面积占建筑总面积的比例计征城镇土地使用税。

9. 【答案】B

【解析】耕地占用税的纳税人指占用耕地从事非农业建设的单位和个人。

10. 【答案】C

【解析】学校、幼儿园、社会福利机构、医疗机构占用耕地免征耕地占用税。占用基本农田的，应当按照适用税额加征 150%。应缴纳耕地占用税 =（20 000 - 2 000 - 1 000）×40×150%/10 000 = 102（万元）。

11. 【答案】A

【解析】选项 A：农村居民在规定用地标准以内占用耕地新建自用住宅，按照当地适用税额减半征收耕地占用税；选项 BCD：免征耕地占用税。

12. 【答案】B

【解析】免征或者减征耕地占用税后，纳税人改变原占地用途，不再属于免征或者减征耕地占用税情形的，应当按照当地适用税额补缴耕地占用税。

13. 【答案】C

【解析】选项 A：耕地占用税的纳税义务发生时间为纳税人收到自然资源主管部门办理耕地手续的书面通知的当日；选项 B：纳税人应当自纳税义务发生之日起30 日内申报缴纳耕地占用税；选项 D：纳税人在批准临时占用耕地期满之日起一年内依法复垦，恢复种植条件的，全额退还已经缴纳的耕地占用税。

14. 【答案】A

【解析】菜地改造成茶园属于农业用途，不属于耕地占用税的征税范围；农民在规定用地标准以内建造自用住宅占用耕地，按当地适用税额减半征收耕地占用税。该农户应缴纳的耕地占用税 = 200×35×50% = 3 500（元）。

15. 【答案】C

【解析】物流企业自有的大宗商品仓储设施用地减按所属土地等级适用税额标准的 50% 计征城镇土地使用税。

（二）多选题

1. 【答案】CD

【解析】CD 选项都属于经营用土地，应照章缴纳城镇土地使用税。选项 A 属于军队自用的土地，免征城镇土地使用税；选项 B 属于宗教寺庙自用的土地，免征城镇土地使用税。

2. 【答案】ABD

【解析】纳税义务人实际占用的土地面积按下列办法确定：（1）凡由省、自治区、直辖市人民政府确定的单位组织测定土地面积的，以测定的面积为准；（2）尚未组织测定，但纳税人持有政府部门核发的土地使用证书的，以证书确认的土地面积为准；（3）尚未核发土地使用证书的，应由纳税人申报土地面积，据以纳税，等到核发土地使用证以后再作调整。

3.【答案】ABC

【解析】选项D：个人办的幼儿园用地不属于法定免缴城镇土地使用税的范围，而是由省、自治区、直辖市税务局确定减免的项目。

4.【答案】CD

【解析】选项AB按照税法规定免征城镇土地使用税；选项CD属于由省、自治区、直辖市税务局确定减免城镇土地使用税的情况。

5.【答案】AC

【解析】选项B：不正确，纳税人购置存量房，自办理房屋权属转移、变更登记手续，房地产权属登记机关签发房屋权属证书之次月起，缴纳城镇土地使用税；选项D：纳税人新征用的耕地，自批准征用之日起满1年时开始缴纳城镇土地使用税。

6.【答案】ACD

【解析】选项B纳税人使用的土地不属于同一省、自治区、直辖市管辖范围的，由纳税人分别向土地所在地的税务机关缴纳城镇土地使用税。

7.【答案】AB

【解析】选项C：铁路线路占用耕地减按每平方米2元的税额征收耕地占用税；选项D：农民在规定用地标准以内占用耕地新建自用住宅，按当地适用税额减半征收耕地占用税。

8.【答案】BCD

【解析】选项A：军事设施占用耕地免征耕地占用税；选项BC：铁路线路、公路线路、飞机场跑道、停机坪、港口、航道占用耕地，减按每平方米2元的税额征收耕地占用税；选项D：开发房产正常缴纳耕地占用税。

9.【答案】ABCD

【解析】选项ABCD都属于正确答案。

第十章 房产税法、契税法和土地增值税法

一、2020 年新教材内容主要变化

1. 新增“对农产品批发市场、农贸市场专门用于经营农产品的房产、土地，暂免征收房产税”的相关税收优惠政策；

2. 新增“对向居民供热收取采暖费的供热企业，为居民供热所使用的厂房及土地免征房产税”的相关税收优惠政策。

二、本章近 5 年考情分析

本章属于税法考试次重点章，包括房产税法、契税法和土地增值税法三部分内容。房产税法、契税法为考试的非重点税种，一般以单项选择题、多项选择题命题。但是土地增值税是考试中的重点税种，小税种当中的重点，除以单项选择题、多项选择题命题外，每年基本会考核计算问答题。近 5 年本章考试平均分值 11 分左右。2020 年预计考试分值在 12 分左右。

三、本章内容

第一单元　房产税法

第二单元　契税法

第三单元　土地增值税法

四、重难点解析

第一单元　房产税法

房产税是以房屋为征税对象，按照房屋的计税余值或租金收入，向产权所有人征收的一种财产税。

重难点 1：纳税人与征税范围★★

（一）纳税人

房产税以在征税范围内的房屋产权所有人（或受益人）为纳税人。其中：

1. 产权属国家所有的，由经营管理单位纳税；产权属集体和个人所有的，由集体单位和个人纳税。

2. 产权出典的，由承典人纳税（非出典人）。

3. 产权所有人、承典人不在房屋所在地的，由房产代管人或者使用人纳税。

4. 产权未确定及租典纠纷未解决的，由房产代管人或者使用人纳税。

5. 纳税单位和个人无租使用房产管理部门、免税单位及纳税单位的房产，由使用人（即纳税单位和个人）代为缴纳房产税。

【小贴士】学员应注意辨析房屋出典与房屋出租行为的区别，二者纳税人不同。

【小贴士】房产税的纳税人按照谁受益、谁纳税的原则确定。

【经典真题】

【多选题·2013】下列情形中，应由房产代管人或者使用人缴纳房产税的有（　　）。

A. 房屋产权未确定的

B. 房屋产权所有人不在房屋所在地的

C. 房屋租典纠纷未解决的

D. 房屋承典人不在房屋所在地的

【答案】ABCD

【经典模拟题】

【单选题】下列关于房产税纳税人的说法，正确的是（　　）。

A. 产权出典的，由出典人缴纳房产税

B. 产权属于国家所有的，由经营管理单位缴纳房产税

C. 无论产权所有人是否在房屋所在地，均由产权所有人缴纳房产税

D. 纳税单位无租使用免税单位房产的，由免税单位缴纳房产税

【答案】B

【解析】选项A：产权出典的，由承典人纳税；选项C：产权所有人、承典人不在房屋所在地的，由房产代管人或者使用人纳税；选项D：纳税单位和个人无租使用免税单位的房产，应由使用人代为缴纳房产税。

（二）征税范围

1. 房产的概念。

房产，是以房屋形态表现的财产，即有屋面和围护结构（有墙或两边有柱），能够遮风避雨，可供人们在其中生产、学习、工作、娱乐、居住或储藏物资的场所。

【小贴士】房产不等于建筑物，独立于房屋之外的建筑物，如围墙、烟囱、水塔、变电塔、油池油柜、酒窖菜窖、酒精池、糖蜜池、室外游泳池、玻璃暖房、砖瓦石灰窑以及各种油气罐等，则不属于房产。

2. 房产税的征税范围。

房产税在城市、县城、建制镇和工矿区征收，不包括农村。

【小贴士】房地产开发企业建造的商品房（相当于工业企业的产品），在出售前，不征收房产税；对出售前房地产开发企业已使用或出租、出借的商品房应按规定征收房产税。

【小贴士】房产税的征税范围与城镇土地使用税的征税范围一致。

【小贴士】房产税的征税对象可理解为经营性房产属于征税范围，非经营性的房产一般不纳税。

【经典真题】

【单选题·2014】下列房屋及建筑物中，属于房产税征税范围的是（　　）。

A. 农村的居住用房

B. 建在室外的露天游泳池

C. 个人拥有的市区经营性用房

D. 房开企业尚未使用或出租而待售的商品房

【答案】C

【解析】个人拥有的市区经营性用房属于房产税征收范围，其余选项不征房产税。

重难点2：税率★★

房产税采用比例税率，有两档规定税率，另有一档优惠税率。

1. 自有房产用于生产经营，税率为1.2%；

2. 出租非居住的房产取得租金收入，税率为12%；

3. 个人出租住房（不分出租后用途），优惠税率为4%。

重难点3：计税依据和应纳税额的计算★★★

房产税的计税依据有两种，一是从价计征，即对经营性自用的房屋，以房产的计税余值作为计税依据；二是从租计征，即对于出租的房屋，以租金收入作为计税依据。

（一）计税依据（从价计征）

从价计征，按照房产原值一次减除10%～30%损耗后的计税余值计征。

计税余值，是指依照税法规定按房产原值一次减除10%至30%的损耗以后的余额。扣除比例由当地省级人民政府确定。

房产原值，是指纳税人按照会计制度规定，在会计核算账簿“固定资产”科目中记载的房屋原价（不扣减折旧额）。

1. 房产原值应包含地价。

（1）对按照房产原值计税的房产，无论会计上如何核算，房产原值均应包含地价，包括为取得土地使用权支付的价款、开发土地发生的成本费用等。

（2）宗地容积率低于0.5的，按房产建筑面积的2倍计算土地面积并据此确定计入房产原值的地价，即计入房产原值的地价所对应的土地面积不超过房产建筑面积的2倍。

【小贴士】容积率，是指建筑面积与占地面积的比率。

【小贴士】房产原值明显不合理的应予评估；没有原值的由所在地税务机关参考同类房屋的价值核定。

【经典真题】

【单选题·2017】某企业2016年3月投资1 500万元取得5万平方米的土地使用权，用于建造面积为3万平方米的厂房，建筑成本和费用为2 000万元，2016年4月底竣工验收并投入使用。对该厂房征收房产税时所确定的房产原值是（　　）万元。

A. 2 900　　B. 3 500　　C. 5 000　　D. 3 800

【答案】B

【解析】对按照房产原值计税的房产，无论会计上如何核算，房产原值均应包含地价，包括为取得土地使用权支付的价款、开发土地发生的成本费用等。“营改增”前购建的房地产，所支付价款全额计入成本。计征房产税的房产原值＝1 500＋2 000＝3 500（万元）。

2. 附属设备和配套设施的计税规定。

房产原值应包括与房屋不可分割的各种附属设备或一般不单独计算价值的配套设施。

（1）凡以房屋为载体，不可随意移动的附属设备和配套设施，如给排水、采暖、消防、中央空调、电气及智能化楼宇设备等，无论在会计核算中是否单独记账与核算，都应计入房产原值，计征房产税。

（2）对于更换房屋附属设备和配套设施的，在其价值计入房产原值时，可扣减原来相应设备和设施的价值。

（3）对附属设备和配套设施中易损坏、需要经常更换零配件，更新后不再计入房产原值。

【小贴士】纳税人对原有房屋进行改建、扩建，要相应增加房屋原值。

3. 居民住宅区内业主共有的经营性房产的计税依据。

由实际经营（包括自营和出租）的代管人或使用人缴纳房产税。

（1）自营的，依照房产原值减除 10% ~30% 后的余值计征，没有房产原值或不能将业主共有房产与其他房产的原值准确划分开的，由房产所在地税务机关参照同类房产核定房产原值。

（2）出租的，依照租金收入计征。

4. 对投资联营的房产的规定。

（1）以房产投资联营，投资者参与投资利润分红、共担风险的，房产所有权已经转移给被投资方，由被投资方按照"房产余值"作为计税依据计征房产税。（真投资）

（2）以房产投资收取固定收入、不承担经营风险的，视同出租，房产所有权未发生转移，由投资方按照"租金收入"作为计税依据计征房产税。（假投资）

【举例1】A 以房产与其他投资人共同投资设立甲有限公司，对甲有限公司共担风险，共负盈亏，则被投资联营甲有限公司为房产税纳税人，从价计税。

【举例2】A 以房产投资甲有限公司，只收取固定收入，不承担联营风险的，则投资人 A 为房产税纳税人，从租计税。

5. 对融资租赁房屋应纳房产税的规定。

融资租赁的房产，由承租人自融资租赁合同约定开始日的次月起依照房产余值缴纳房产税；合同未约定开始日的，由承租人自合同签订的次月起依照房产余值缴纳房产税。

【经典真题】

【单选题·2011】下列各项中，应作为融资租赁房屋房产税计税依据的是（　　）。

A. 房产售价　　B. 房产余值　　C. 房产原值　　D. 房产租金

【答案】B

【解析】融资租赁的房产，由承租人自融资租赁合同约定开始日的次月起依照房产余值缴纳房产税；合同未约定开始日的，由承租人自合同签订的次月起依照房产余值缴纳房产税。

6. 地下建筑物应纳房产税的规定。

凡在房产税征收范围内的具备房屋功能的地下建筑，均应当依照有关规定征收房产税。

地下建筑物分为两类，与地上房屋相连的地下建筑物和独立的地下建筑物，有不同的征税规则。

(1) 对于与地上房屋相连的地下建筑。

如房屋的地下室、地下停车场、商场的地下部分等，应将地下部分与地上房屋视为一个整体，按照地上房屋建筑的有关规定计算征收房产税。

(2) 独立的地下建筑物。

在进行10% ~30%的扣除前先对房产的原值进行确定：

一是地下建筑物为工业用途的，以房屋原价的50% ~60%作为应税房产原值；

二是地下建筑物为商业及其他用途的，以房屋原价的70% ~80%作为应税房产原值。

【小贴士】单独建造的地下建筑物可以享受“折扣优惠”；与地上建筑物相连的建筑物则没有“折扣优惠”。

【小贴士】学员应注意辨析“房产原价”、“房产原值”、“房产余值”的差异；还要注意辨析地上房产与地下独立房产计算房产余值的顺序。

(二) 计税依据 (从租计征)

房产出租的，以房产不含税租金收入为房产税的计税依据。

1. 如果是以劳务或者其他形式为报酬抵付房租收入的，应根据当地同类房产的租金水平，确定一个标准租金额从租计征。

2. 对出租房产，租赁双方签订的租赁合同约定有免收租金期限的，免收租金期间由产权所有人按照房产余值缴纳房产税。

【小贴士】免租期不同于无租使用房产。

【小贴士】纳税人出租不动产，租赁合同中约定免租期的，不属于增值税视同销售服务，不需要对该行为缴纳增值税，但是免租期内由产权所有人按房产余值从价计算缴纳房产税。

【经典真题】

【多选题·2010】下列各项中，应依照房产余值缴纳房产税的有（　　）。

A. 融资租赁的房产

B. 产权出典的房产

C. 无租使用其他单位的房产

D. 用于自营的居民住宅区内业主共有的经营性房产

【答案】ABCD

【多选题·2015】下列项目中，应以房产租金作为计税依据征收房产税的有（　　）。

A. 以融资租赁方式租入的房屋

B. 以经营租赁方式租出的房屋

C. 居民住宅区内业主自营的共有经营性房屋

D. 以收取固定收入、不承担联营风险方式投资的房屋

【答案】BD

【单选题·2019】下列情形中，应该从价计征房产税的是（　　）。

A. 单位出租地下人防设施的

B. 以劳务为报酬抵付房租的

C. 个人出租房屋用于生产经营的

D. 以居民住宅区内业主共有的经营性房产进行自营的

【答案】D

【经典模拟题】

【计算问答题】2018 年 12 月，甲有限公司与乙商户签订房屋租赁合同，将一幢原值 1 000 万元的写字楼租给乙商户使用。合同约定如下：

（1）租期为 2 年，自 2019 年 1 月至 2020 年 12 月，2019 年 1 月、2 月免收租金。

（2）每月租金 10 万元（不含增值税）。

（3）写字楼于 2018 年 12 月交付乙商户，乙商户自 2019 年 3 月起每月交付租金。

已知：当地的房产原值减除比例为 20%。

问题：计算甲有限公司 2019 年应缴纳的房产税。

【答案及解析】（1）对出租房产，租赁双方签订的租赁合同约定有免收租金期限的，免收租金期间由产权所有人按照房产余值缴纳房产税；（2）甲有限公司 2019 年 1 月、2 月从价计税，应交房产税 =1 000 ×（1 -20%）×1.2% ×2/12 =1.6（万元），甲有限公司 2019 年 3 月至 12 月从租计税 =10 ×12% ×10 =12（万元）；（3）甲有限公司 2019 年应缴纳房产税 =1.6 +12 =13.6（万元）

（三）应纳税额的计算

1. 一般房产税应纳税额的计算

计税方法	计税依据	税率	计税公式
从价	房产原值一次减除 10% ~30% 损耗后的余值；（含地价）	年税率 1.2%	应纳税额 = 应税房产原值 ×（1 - 扣除比例）×1.2%
从租	不含税租金收入；以劳务或其他形式为报酬抵付房租收入的，按当地同类房产租金水平确定	12%	应纳税额 = 不含增值税租金收入 ×12% 或 4%
	个人按市场价格出租的居住用房	4%	

2. 地下建筑物房产税应纳税额的计算。

（1）工业用途房产，以房屋原价的 50% ~60% 作为应税房产原值。

应纳税额 = 应税房产原值 ×（1 - 原值减除比例）×1.2%

（2）商业和其他用途房产，以房屋原价的 70% ~80% 作为应税房产原值。

应纳税额 = 应税房产原值 ×（1 - 原值减除比例）×1.2%

【小贴士】出租的地下建筑，按照出租地上房屋建筑的有关规定计算征收房产税。

【经典真题】

【单选题 · 2010】某公司 2008 年购进一处房产，2009 年 5 月 1 日用于投资联营（收取固定收入，不承担联营风险），投资期 3 年，当年取得固定收入 160 万元。该房产原值 3 000 万元，当地政府规定的减除幅度为 30%，该公司 2009 年应缴纳的房产税为（　　）。

A. 21.2 万元　　B. 27.6 万元　　C. 29.7 万元　　D. 44.4 万元

【答案】B

【解析】以房产投资联营，收取固定收入，不承担联营风险的，由出租方按租金收入计算缴纳房产税；应缴纳房产税 =3 000 ×（1 - 30%）×1.2% ×4/12 +160 ×12% =27.6（万元）。

【单选题·2012】某上市公司2011年以5 000万元购得一处高档会所，然后加以改建，支出500万元在后院新建一露天泳池，支出500万元新增中央空调系统，拆除200万元的照明设施，再支付500万元安装智能照明和楼宇声控系统，会所于2011年底改建完毕并对外营业。当地省政府规定计算房产余值扣除比例为30%，2012年该会所应缴纳为房产税（　　）。

A. 42万元　　B. 48.72万元　　C. 50.4万元　　D. 54.6万元

【答案】B

【解析】应缴纳房产税 =（5 000 +500 - 200 +500）×（1 - 30%）×1.2% =48.72（万元）。

【单选题·2016】某工厂企业2016年2月自建的厂房竣工并投入使用，该厂房的原值是8 000万元，其中用于储存物资的独立地下室为800万元，假设房产原值的减除比例为30%，地下室应税原值为房产原价的60%。该企业2016年应缴纳房产税（　　）。

A. 56万元　　B. 59.14万元　　C. 53.76万元　　D. 61.60万元

【答案】C

【解析】应缴纳房产税 =（8 000 - 800）×（1 - 30%）×1.2% ×10/12 +800 ×60% ×（1 - 30%）×1.2% ×10/12 =53.76（万元）。

【经典模拟题】

【单选题】李某拥有两处房产，一处原值100万元的房产供自己和家人居住，另一处原值30万元的房产于2019年7月1日出租给老王，老王租房的目的非居住，而是用于开超市，老王按市场价每月支付不含税租金1 200元。李某当年应缴纳房产税为（　　）。

A. 288元　　B. 576元　　C. 840元　　D. 864元

【答案】A

【解析】应缴纳房产税 =1 200 ×6 ×4% =288（元）。

重难点4：税收优惠★★

（一）国家机关、人民团体、军队自用的房产免征房产税

【小贴士】上述单位对出租房产以及非自身业务使用的生产、营业用房，不属于免税范围。

【小贴士】上述单位对其所属的附属工厂、商店、招待所等不属于单位公务、业务的用房，应照章纳税。

（二）由国家财政部门拨付事业经费的单位，包括实行全额或差额预算管理的事业单位所有的，本身业务范围内使用的房产免征房产税

（三）宗教寺庙、公园、名胜古迹自用的房产免征房产税

【小贴士】宗教寺庙、公园、名胜古迹中附设的营业单位，如影剧院、饮食部、茶社、照相馆等所使用的房产及出租的房产，不属于免税范围，应照章纳税。

（四）个人所有非营业用的房产免征房产税

【小贴士】对个人拥有的营业用房或者出租的房产，不属于免税房产，应照章纳税。

（五）经财政部批准免税的其他房产

1. 非营利性医疗机构、疾病控制机构和妇幼保健机构等卫生机构自用房产，免征房产税。

2. 按政府规定价格出租的公有住房和廉租住房，包括企业和自收自支事业单位向职工出租的单位自有住房，房管部门向居民出租的公有住房，落实私房政策中带户发还产权并以政府规定租金标准向居民出租的私有住房等，暂免征收房产税。

3. 经营公租房的租金收入，免征房产税。

【小贴士】公共租赁住房经营管理单位，应单独核算公共租赁住房租金收入，未单独核算的，不得享受免征房产税优惠政策。

（六）自 2018 年 10 月 1 日至 2020 年 12 月 31 日，对按照去产能和调结构政策要求停产停业、关闭的企业，自停产停业次月起，免征房产税、城镇土地使用税。企业享受免税政策的期限累计不得超过两年

（七）自 2019 年 1 月 1 日至 2021 年 12 月 31 日，对国家级、省级科技企业孵化器、大学科技园和国家备案众创空间自用以及无偿或通过出租等方式提供给在孵对象使用的房产，免征房产税

（八）自 2019 年 1 月 1 日至 2021 年 12 月 31 日，对高校学生公寓免征房产税

（九）自 2019 年 1 月 1 日至 2021 年 12 月 31 日，对农产品批发市场、农贸市场（包括自有和承租，下同）专门用于经营农产品的房产、土地，暂免征收房产税。对同时经营其他产品的农产品批发市场和农贸市场使用的房产、土地，按其他产品与农产品交易场地面积的比例确定征免房产税（新）

【小贴士】享受上述税收优惠的房产、土地，是指农产品批发市场、农贸市场直接为农产品交易提供服务的房产、土地。农产品批发市场、农贸市场的行政办公区、生活区，以及商业餐饮娱乐等非直接为农产品交易提供服务的房产、土地，不属于规定的优惠范围，应按规定征收房产税。

（十）自 2019 年 1 月 1 日至 2020 年 12 月 31 日，对向居民供热收取采暖费的供热企业，为居民供热所使用的厂房及土地免征房产税；对供热企业其他厂房及土地，应当按照规定征收房产税（新）

1. 对专业供热企业，按其向居民供热取得的采暖费收入占全部采暖费收入的比例，计算免征的房产税。

2. 对兼营供热企业，视其供热所使用的厂房及土地与其他生产经营活动所使用的厂房及土地是否可以区分，按照不同方法计算免征的房产税。可以区分的，对其供热所使用厂房及土地，按向居民供热取得的采暖费收入占全部采暖费收入的比例，计算免征的房产税。难以区分的，对其全部厂房及土地，按向居民供热取得的采暖费收入占其营业收入的比例，计算免征的房产税。

3. 对自供热单位，按向居民供热建筑面积占总供热建筑面积的比例，计算免征供热所使用的厂房及土地的房产税。

【小贴士】根据（财税〔2004〕39 号）的规定，对国家拨付事业经费和企业办的各类学校、托儿所、幼儿园自用的房产、土地，免征房产税、城镇土地使用税。

【经典真题】

【单选题·2009】某企业2008年房产原值共计9 000万元，其中该企业所属的幼儿园和子弟学校用房原值分别为300万元、800万元，当地政府确定计算房产余值的扣除比例为25%，该企业2008年应缴纳的房产税（　　）万元。

A. 71.1　　B. 73.8

C. 78.3　　D. 81

【答案】A

【解析】应缴纳房产税＝(9 000－300－800)×(1－25%)×1.2%＝71.1（万元）。

【多选题·2014】下列房屋中，免征房产税的有（　　）。

A. 居民个人出租的住房　　B. 公园管理部门自用的办公用房

C. 按政府规定价格出租的公有住房　　D. 军队自用的房产

【答案】BCD

【解析】选项A：对个人拥有的营业用房或者出租的房产，不属于免税房产，应照章纳税。

【经典模拟题】

【多选题】下列各项中，符合房产税优惠政策规定的有（　　）。

A. 个人所有的营业用房产免征房产税

B. 宗教寺庙、名胜古迹自用的房产免征房产税

C. 大学附属招待所使用的房产免征房产税

D. 经营公租房的租金收入免征房产税

【答案】BD

【解析】选项A：个人所有非营业用的房产免征房产税；选项C：由国家财政部门拨付事业经费的单位，包括实行全额或差额预算管理的事业单位所有的，本身业务范围内使用的房产免征房产税。

重难点5：征收管理★★

（一）纳税义务发生时间

1. 纳税人将原有房产用于生产经营，从生产经营之月起，缴纳房产税。

2. 纳税人自行新建房屋用于生产经营，从建成之次月起，缴纳房产税。

3. 纳税人委托施工企业建设的房屋，从办理验收手续的次月起，缴纳房产税。

4. 纳税人购置新建商品房，自房屋交付使用之次月起，缴纳房产税。

5. 纳税人购置存量房，自办理房屋权属转移、变更登记手续，房地产权属登记机关签发房屋权属证书之次月起，缴纳房产税。

6. 纳税人出租、出借房产，自交付出租、出借房产之次月起，缴纳房产税。

7. 房地产开发企业自用、出租、出借本企业建造的商品房，自房屋使用或交付之次月起，缴纳房产税。

8. 纳税人因房产的实物或权利状态发生变化，而依法终止房产税纳税义务的，其应纳税款的计算应截止到房产的实物或权利状态发生变化的当月末。

【小贴士】上述8项，只有第1项将原有房产用于生产经营的，是从“之月”起缴纳房产税，其他强调“次月”，如建成、验收、交付、出租、取证等次月。

【小贴士】由于从价计算房产税计算公式计算出来的是年税额，需要从纳税义务发生时间角度看应纳税额是否需要按月折算。

【经典真题】

【单选题·2015】下列关于房产税纳税义务发生时间的表述中，正确的是（　　）。

A. 纳税人出租房产，自交付房产之月起缴纳房产税

B. 纳税人自行新建房屋用于生产经营，从建成之月起缴纳房产税

C. 纳税人将原有房产用于生产经营，从生产经营之月起缴纳房产税

D. 房地产开发企业自用本企业建造的商品房，自房屋使用之月起缴纳房产税

【答案】C

【解析】选项ABD：纳税义务发生时间均为“次月”。

【多选题·2018】下列关于房产税纳税义务发生时间的表述中，正确的有（　　）。

A. 纳税人自行新建房屋用于生产经营，从建成之月起缴纳房产税

B. 纳税人将原有房产用于生产经营，从生产经营之月起缴纳房产税

C. 纳税人出租房产，自交付出租房产之次月起缴纳房产税

D. 房地产开发企业自用本企业建造的商品房，自房屋使用之次月起缴纳房产税

【答案】BCD

【解析】选项A：纳税人自行新建房屋用于生产经营，从建成之“次月”起缴纳房产税。

【经典模拟题】

【单选题】2020年1月31日，李某将自有住房出租，当月交付使用，每月收取不含税租金5 000元。李某2020年应缴纳房产税（　　）元。

A. 2 200　　B. 2 400

C. 7 200　　D. 6 600

【答案】A

【解析】（1）对个人出租住房，不区分实际用途，均按4%的税率征收房产税；（2）出租、出借房产，自交付出租、出借房产之次月起计征房产税。李某2020年应缴纳房产税 = 5 000 ×4% ×11 =2 200（元）。

（二）纳税期限

房产税实行按年计算、分期缴纳的征收办法，具体纳税期限由省级人民政府确定。

（三）纳税地点、征收机关

房产税在房产所在地缴纳。对房产不在同一地方的纳税人，应按房产的坐落地点分别向房产所在地的税务机关纳税。

【本单元小结】

1. 本单元的掌握与熟悉。

（1）掌握房产税的税率。

（1）掌握房产税的税收优惠和纳税义务发生时间。

（2）熟悉房产税的纳税人、征税对象。

2. 与其他税种的关系。

（1）与增值税："营改增"后，计算房产税的租金不含增值税。

（2）与城镇土地使用税：两税关系密切，房产税与城镇土地使用税在纳税义务人、税收优惠和纳税义务发生时间等存在一定的共性。

（3）与企业所得税：房产税在企业所得税前可（直接）扣除。

第二单元　契税法

契税，是以在中华人民共和国境内转移土地、房屋权属为征税对象，向产权承受人征收的一种财产税。

重难点1：纳税人和征税范围★★

（一）纳税人

契税的纳税义务人是在境内转移土地、房屋权属，承受产权的单位和个人。

（二）征税范围（5项）

契税的征税对象为发生土地使用权和房屋所有权权属转移的土地和房屋。具体征税范围包括：

1. 国有土地使用权出让（不征收土地增值税）。

【小贴士】国有土地使用权出让，是指国家以土地所有者的身份将土地使用权在一定年限内让与土地使用者，并由土地使用者向国家支付土地出让金的行为（土地买卖的一级市场）。

【小贴士】对承受国有土地使用权应支付的土地出让金，要征收契税。不得因减免出让金而减免契税（重要）。

2. 土地使用权转让（征收土地增值税）。

包括出售、赠与、交换、投资、入股、获奖等。

【小贴士】土地使用权的转让，是指土地使用者通过出让等形式取得土地使用权后，将土地使用权出售、交换、赠与等再转让的行为（土地买卖的二级市场）。

【小贴士】上述土地使用权转让，不包括农村集体土地承包经营权的转移。

3. 房屋买卖。

即以货币为媒介，出卖者向购买者过渡房产所有权的交易行为。

某些特殊方式转移土地、房屋权属也视同土地使用权转让、房屋买卖缴纳契税：

（1）以房产抵债或实物交换房屋，视同房屋买卖，由产权承受人按房屋现值缴纳契税。

（2）以房产作投资或入股，应按规定办理房屋产权交易和产权变更登记手续，视同房产买卖，由产权承受方按入股房产现值缴纳契税。

【小贴士】以自有房产作股投入本人独资经营的企业，因未发生权属变化，不需办理房产变更手续，故不缴纳契税。

(3) 买房者不论其购买目的是为了拆用材料还是为了得到旧房后翻建成新房，都要涉及办理产权转移手续，只要发生房屋权属变化，就要照章缴纳契税。

4. 房屋赠与。

房屋的赠与，是指房屋产权所有人将其房屋无偿转让给受赠者的行为，应由受赠人按规定缴纳契税。

(1) 以获奖方式取得房屋产权的，其实质是接受赠与房产，应照章缴纳契税。

(2) 按照《继承法》规定，法定继承不征契税；非法定继承人根据遗嘱承受死者生前的土地、房屋权属，属于赠与行为，应征收契税。

【小贴士】婚姻存续期间夫妻之间变名或加名的免征契税。(财税〔2014〕4号)

5. 房屋交换。

交换价格相等，免征契税；交换价格不等的，由多交付货币、实物、无形资产等其他经济利益的一方缴纳契税。

【小贴士】以预购方式或者预付集资建房款方式承受土地、房屋权属，应视同房屋买卖行为，照章纳税。

【经典模拟题】

【单选题】单位和个人发生下列行为，应缴纳契税的是（　　）。

A. 转让土地使用权　　B. 转让不动产所有权

C. 承受不动产所有权　　D. 赠与不动产所有权

【答案】C

【解析】契税的纳税人是房屋、土地权属的承受方；房屋、土地权属的转让方无须缴纳契税。

【多选题】下列行为中，应缴纳契税的有（　　）。

A. 以获奖方式取得的土地使用权

B. 法定继承人继承土地、房屋权属

C. 以出让方式承受土地权属

D. 以自有房产作价入股本人经营的独资企业

【答案】AC

【解析】选项B：对于《继承法》规定的法定继承人（包括配偶、子女、父母、兄弟姐妹、祖父母、外祖父母）继承土地、房屋权属，不征契税；选项D：同一自然人与其设立的个人独资企业、一人有限公司之间土地、房屋权属的划转，免征契税。

重难点2：税率、计税依据和应纳税额的计算★★

(一) 税率

契税实行幅度比例税率，税率幅度为3%～5%。

（二）计税依据（重要）

1. 土地使用权出让、出售、房屋买卖，其计税依据为成交价格。

【小贴士】国有土地使用权出让，受让者应向国家缴纳出让金，以出让金为依据计算缴纳契税，不得因减免土地出让金而减免契税。

2. 土地使用权赠与、房屋赠与，其计税依据由征收机关参照土地使用权出售、房屋买卖的市场价格核定。

3. 土地使用权交换、房屋交换，其计税依据是所交换的土地使用权、房屋的价格差额。

【小贴士】等价交换免征契税；不等价交换，依交换价格差额征税；即房屋互换：谁支付价格差额，谁交契税。

【小贴士】等价交换房屋不等于实务交换房屋，实务交换房屋应照章纳税。

4. 以划拨方式取得土地使用权，后经批准转让房地产时，由房地产转让者补缴契税，其计税依据为应补缴的土地使用权出让费用或者土地收益。

5. 房屋附属设施征收契税的依据。

（1）不涉及土地使用权和房屋所有权转移变动的，不征收契税。

（2）采取分期付款方式购买房屋附属设施土地使用权、房屋所有权，按合同规定的总价款计算征收契税。(房子可以分期，契税不能分期)

（3）承受的房屋附属设施权属如果是单独计价的，按照当地适用的税率征收契税，如果与房屋统一计价的，适用与房屋相同的税率。

【小贴士】“营改增”后，成交价格等契税的计税依据不含增值税；税务机关核定的计税价格或收入也不含增值税。

【经典真题】

【多选题·2014】下列关于契税计税依据的表述中，正确的有（　　）。

A. 购买的房屋以成交价格作为计税依据

B. 接受赠与的房屋参照市场价格核定计税依据

C. 采取分期付款方式购买的房屋参照市场价格核定计税依据

D. 转让以划拨方式取得的土地使用权，以补交的土地使用权出让金作为计税依据

【答案】ABD

【解析】选项C：采取分期付款方式购买房屋附属设施土地使用权、房屋所有权的，应按合同规定的总价款计征契税。

【单选题·2016】甲企业2016年1月因无力偿还乙企业已到期的债务3 000万元，经双方协商甲企业同意以自有房产偿还债务。该房产的原值5 000万元，净值2 000万元，评估现值9 000万元。乙企业支付了差价款6 000万元，双方办理了产权过户手续。则乙企业计缴契税的计税依据是（　　）。

A. 2 000万元　　B. 6 000万元　　C. 9 000万元　　D. 5 000万元

【答案】C

【解析】以房抵债的，应由产权承受人，按房屋现值缴纳契税。由于本题业务发生在“营改增”之前，故不考虑增值税问题。

【单选题·2017】赠与房屋时，确定契税计税依据所参照的价格或价值是（   ）。

A. 房屋原值　　B. 摊余价值　　C. 协议价格　　D. 市场价格

【答案】D

【解析】土地使用权与房屋的赠与，契税的计税依据由征收机关参照土地使用权出售、房屋买卖的市场价格核定。

（三）应纳税额的计算

计算公式：

应纳税额 = 计税依据 × 税率

【经典真题】

【单选题·2009】居民甲2008年购置了一套价值100万元的新住房，同时对原有的两套住房处理如下：一套出售给居民乙，成交价格50万元；另一套市场价格80万元的住房与居民丙进行等价交换。假定当地省政府规定的契税税率为4%，则居民甲2008年应缴纳的契税为（   ）。

A. 4万元　　B. 6万元　　C. 7.2万元　　D. 9.2万元

【答案】A

【解析】契税以受让方为纳税人，居民之间等价交换房屋的免征契税，甲应纳契税 = 100 × 4% = 4（万元）。

【单选题·2010】居民乙因拖欠居民甲180万元款项无力偿还，2010年6月经当地有关部门调解，以房产抵偿该笔债务，居民甲因此取得该房产的产权并支付给居民乙差价款20万元。假定当地省政府规定的契税税率为5%。下列表述中正确的是（   ）。

A. 居民甲应缴纳契税1万元　　B. 居民乙应缴纳契税1万元

C. 居民甲应缴纳契税10万元　　D. 居民乙应缴纳契税10万元

【答案】C

【解析】承受人应该缴纳契税，应纳契税 = (180 + 20) × 5% = 10（万元）。

【经典模拟题】

【单选题】某公司2020年1月以1 200万元（不含增值税）购入一幢旧写字楼作为办公用房，该写字楼原值2 000万元，已计提折旧900万元。当地适用契税税率3%，该公司购入写字楼应缴纳契税（   ）万元。

A. 30　　B. 36　　C. 24　　D. 60

【答案】B

【解析】契税的计税依据不含增值税。土地使用权出售、房屋买卖，其计税价格为成交价格，应纳税额 = 1 200 × 3% = 36（万元）。

重难点3：税收优惠★★★

（一）一般规定（8项）

1. 国家机关、事业单位、社会团体、军事单位承受土地、房屋用于办公、教学、医疗、科研和军事设施的，免征契税。

2. 城镇职工按规定第一次购买公有住房，免征契税。

【小贴士】上述政策包括经批准购买的集资房、房改房，但是不包括商品房。

3. 因不可抗力灭失住房而重新购买住房的，酌情减免。

4. 土地、房屋被县级以上人民政府征用、占用后，重新承受土地、房屋权属的，由省级人民政府确定是否减免。

5. 承受荒山、荒沟、荒丘、荒滩土地使用权，并用于农、林、牧、渔业生产的，免征契税。

6. 经外交部确认，依照我国法律以及我国缔结或参加的双边和多边条约的规定，应当予以免税的外国驻华使馆、领事馆、联合国驻华机构及其外交代表、领事官员和其他外交人员承受土地、房屋权属的，免征契税。

7. 公租房经营单位购买住房作为公租房，免征契税。

【小贴士】学员应注意辨析上述规定中"免税"、"是否减免"或"酌情减免"的差异。

8. 个人购买住房的契税优惠。

（1）个人购买家庭唯一住房（家庭成员范围包括购房人、配偶以及未成年子女，下同），面积为90平方米及以下的，减按1%的税率征收契税。

（2）个人购买家庭唯一住房，面积为90平方米以上的，减按1.5%的税率征收契税。

（3）个人购买家庭第二套改善性住房，面积为90平方米及以下的，减按1%的税率征收契税。

（4）个人购买家庭第二套改善性住房，面积为90平方米以上的，减按2%的税率征收契税。

【小贴士】北上广深暂不实行上述第（3）、（4）项契税新政策改善性住房政策。

【小贴士】学员应注意辨析上述规定中不同的税收优惠条件，其优惠前提有"唯一"、"第二套"、"改善性"等要求。

【经典真题】

【多选题·2008】下列各项中，免征或不征契税的有（　　）。

A. 国家出让国有土地使用权　　B. 受赠人接受他人赠与的房屋

C. 法定继承人继承土地、房屋权属　　D. 承受荒山土地使用权用于林业生产

【答案】CD

【解析】选项C：属于不征契税项目；选项D：属于免税项目。

【单选题·2009】下列有关契税的表述中，正确的是（　　）。

A. 买房用以拆料或翻建新房的，应缴纳契税

B. 受让农村土地承包经营权的，应缴纳契税

C. 以实物交换房屋的，应以差价部分作为契税的计税依据

D. 承受国有土地使用权，国家免收土地出让金的，应免予缴纳契税

【答案】A

【单选题·2018】下列行为中，应当缴纳契税的是（　　）。

A. 个人以自有房产投入本人独资经营的企业

B. 企业将自有房产与另一企业的房产等价交换

C. 公租房经营企业购买住房作为公租房

D. 企业以自有房产投资于另一企业并取得相应的股权

【答案】D

【解析】选项A：以自有房产作股投入本人独资经营的企业，因未发生权属变化，不需办理房产变更手续，故不缴纳契税；选项B：等价交换房屋、土地权属的，免征契税；选项C：公租房经营单位购买住房作为公租房的，免征契税。

【单选题·2019】下列房产转让的情形中，产权承受方免予缴纳契税的是（　　）。

A. 将房产赠与非法定继承人

B. 以获奖方式承受土地、房屋权属

C. 以自有房产投资入股本人独资经营的企业

D. 以预付集资建房款方式承受土地、房屋权属

【答案】C

【多选题·2019】下列取得房产的情形中，免征契税的有（　　）。

A. 城镇职工第一次购买商品房

B. 城镇职工按规定第一次购买公有住房

C. 公租房经营单位购买住房作为公租房

D. 城镇职工首次取得所在公有制单位集资建成的普通住房

【答案】BCD

【解析】选项AB：城镇职工按规定第一次购买公有住房，免征契税。

【经典模拟题】

【单选题】以下享受免征契税优惠待遇的是（　　）。

A. 城镇职工购买公有住房的

B. 房屋所有者之间互相交换房屋的

C. 社会团体承受土地权属用于办公楼建设的

D. 承受荒山、荒沟、荒丘、荒滩土地使用权，用于工业园建设的

【答案】C

【单选题】吉林省长春市居民李先生和媳妇2018年5月以50万元（不含增值税）购买一套85平方米的住房（家庭唯一）用作婚房，2019年5月女儿出生后，为改善住房条件，以90万元（不含增值税）购买了第二套95平方米的住房，则李先生两次共缴纳契税（　　）。

A. 1.85万元　　B. 2.3万元　　C. 2.6万元　　D. 3.2万元

【答案】B

【解析】(1) 第一套90平方米及以下住房按照1%的税率征收契税，第二套改善性住房超过90平方米，按照2%的税率征收契税；(2) 李先生两次共缴纳契税 $=50\times1\%+90\times2\%=2.3$（万元）。

（二）特殊规定（9项）

1. 企业改制（变更）。

企业整体改制，包括非公司制企业改制为有限公司或股份公司，有限公司变更为股份公司，股份公司变更为有限公司，原企业投资主体存续并在改制（变更）后的公司中所持股权（股份）比例超过75%，且改制（变更）后公司承继原企业权利、义务的，对改制（变更）后公司承受原企业土地、房屋权属，免征契税。

2. 事业单位改制。

事业单位按照国家有关规定改制为企业，原投资主体存续并在改制后企业中出资（股权、股份）比例超过50%的，对改制后企业承受原事业单位土地、房屋权属，免征契税。

3. 公司（企业）合并。

两个或两个以上的公司，依据法律规定、合同约定，合并为一个公司，且原投资主体存续的，对其合并后的公司承受原合并方的土地、房屋权属的，免征契税。

4. 公司（企业）分立。

公司依照法律规定、合同约定分设为两个或两个以上与原公司投资主体相同的公司，对分立后公司承受原公司的土地、房屋权属，免征契税。

5. 企业破产（重要）。

（1）对债权人（包括破产企业职工）承受破产企业土地、房屋权属以抵偿债务的，免征契税。

（2）对非债权人承受破产企业土地、房屋权属，凡按照《劳动法》妥善安置原企业全部职工，与原企业全部职工签订服务年限不少于3年的劳动用工合同的，免征契税；与原企业30%以上职工签订服务年限不少于3年的劳动用工合同的，对其承受所购企业的土地、房屋权属，减半征收契税。

6. 资产划转（重要）。

（1）对承受县级以上人民政府或国有资产管理部门按规定进行行政性调整、划转国有土地、房屋权属的单位，免征契税。

（2）同一投资主体内部所属企业之间土地、房屋权属的划转，包括母公司与其全资子公司之间，同一公司所属全资子公司之间，同一自然人与其设立的个人独资企业、一人有限公司之间土地、房屋权属的划转，免征契税。

【小贴士】母公司以土地、房屋权属向其全资子公司增资，视同划转，免征契税。

【小贴士】以自有房产作股投入本人独资经营的企业，因未发生权属变化，不需办理房产变更手续，故不缴纳契税。

7. 债权转股权。

经国务院批准实施债权转股权的企业，对债权转股权后新设立的公司承受原企业的土地、房屋权属，免征契税。

8. 划拨用地出让或作价出资。

以出让方式或国家作价出资（入股）方式承受原改制重组企业、事业单位划拨用地的，不属于免税范围，对承受方应按规定征收契税。

9. 公司股权（股份）转让。

在股权（股份）转让中，单位、个人承受公司股权（股份），公司土地、房屋权属不发生转移，不征收契税。

【经典真题】

【多选题·2009】下列各项中，符合契税规定的有（　　）。

A. 城镇职工按规定第一次购买公有住房免征契税

B. 某人中奖获得一套市场价格为60万元的住房，应以60万元为计税依据缴纳契税

C. 在股权转让中，单位承受企业股权，企业土地、房屋权属不发生转移，不征收契税

D. 甲向乙无偿赠送一套市场价格为60万元的住房，同时乙向甲赠送一幅市场价格为20万元的书画作品，乙应以40万元为计税依据缴纳契税

【答案】ABC

【解析】以实物交换房屋，应该视同买房，以房屋现值缴纳契税。

【单选题·2011】下列关于契税征管制度的表述中，正确的是（　　）。

A. 对承受国有土地使用权所支付的土地出让金应计征契税

B. 非法定继承人根据遗嘱承受死者生前的房屋权属免征契税

C. 对个人购买普通住房且该住房属于家庭唯一住房的免征契税

D. 以自有房产作股投资于本人独资经营的企业应按房产的市场价格缴纳契税

【答案】A

【多选题·2017】下列方式获取的房屋权属中，可以免征契税的有（　　）。

A. 以实物交换取得的房屋权属

B. 因买房拆料取得的房屋权属

C. 全资子公司承受的母公司划转的房屋权属

D. 债权人承受破产企业抵偿债务的房屋权属

【答案】CD

【多选题·2017】下列方式获得的房屋中，可以免征契税的有（　　）。

A. 居民购置的商品房

B. 因债转股新设立的公司承受原企业的房屋

C. 运动员以获奖方式承受的房屋

D. 医院购买用于门诊部的商铺

【答案】BD

【解析】选项B：经国务院批准实施债权转股权的企业，对债权转股权后新设立的公司承受原企业的土地、房屋权属的，免征契税；选项D：国家机关、事业单位、社会团体、军事单位承受土地、房屋用于办公、教学、医疗、科研和军事设施的，免征契税。

重难点4：征收管理★★

（一）纳税义务发生时间

契税的纳税义务发生时间，是纳税人签订土地、房屋权属转移合同的当天，或者取得其

他具有土地、房屋权属转移合同性质凭证的当天。

【经典模拟题】

【单选题】下列说法中，符合契税纳税义务发生时间规定的是（　　）。

A. 纳税人接收土地、房屋的当天

B. 纳税人支付土地、房屋款项的当天

C. 纳税人办理土地、房屋权属证书的当天

D. 纳税人签订土地、房屋权属转移合同的当天

【答案】D

【解析】契税的纳税义务发生时间，是纳税人签订土地、房屋权属转移合同的当天。

（二）纳税期限、纳税地点

纳税人应当自纳税义务发生之日起10日内，向土地、房屋所在地的契税征收机关办理纳税申报。

（三）契税申报的特殊税务管理规定

1. 根据人民法院、仲裁委员会的生效法律文书发生土地、房屋权属转移，纳税人不能取得销售不动产发票的，可持人民法院执行裁定书原件及相关材料办理契税纳税申报，税务机关应予受理。

2. 购买新建商品房的纳税人在办理契税纳税申报时，由于销售新建商品房的房地产开发企业已办理注销税务登记或者被税务机关列为非正常户等原因，致使纳税人不能取得销售不动产发票的，税务机关在核实有关情况后应予受理。

【小贴士】契税实行“先税后证”管理，对已缴纳契税的购房单位和个人，在未办理房屋权属变更登记前退房的，退还已纳契税；在办理房屋权属变更登记后退房的，不予退还已纳契税。

【本单元小结】

1. 本单元的掌握与熟悉。

（1）掌握计税依据的内容；

（2）特别需要掌握税收优惠的内容；

（3）熟悉契税税额的计算。

2. 与其他税种的关系。

（1）与增值税：“营改增”后，计征契税的成交价格不含增值税。

（2）与土地增值税：契税作为取得土地使用权所支付的金额的组成部分，成为计算土地增值额可扣除的因素；在存量房地产转让不能取得评估价格，但能提供购房发票和契税完税凭证时，契税也成为计算土地增值额可扣除金额的组成部分。

（3）与印花税：契税和印花税都涉及对合同契约的征税，但契税征税范围小于印花税，且契税仅由财产承受人缴纳，印花税则在一般情况下由交易双方缴纳。

第三单元　土地增值税法

土地增值税，是对有偿转让国有土地使用权及地上建筑物和其他附着物产权并取得增值性收入的单位和个人所征收的一种税。

重难点1：纳税人★★

土地增值税的纳税人，是转让国有土地使用权、地上建筑物及其附着物并取得收入的单位和个人。包括内外资企业、行政事业单位、中外籍个人等等。

重难点2：征税范围★★

（一）基本征税范围

土地增值税的基本征税范围包括：

1. 转让国有土地使用权；

2. 地上建筑物及其附着物连同国有土地使用权一并转让；

3. 存量房地产买卖。

【小贴士】土地增值税的基本征税范围不仅仅限于“土地”交易。

【小贴士】土地增值税针对“转让”（二级市场）国有土地使用权征税；“出让”国有土地使用权（一级市场），不征税。另外，未经国家征用的集体土地使用权不得买卖。

【小贴士】产权必须发生转移，土地增值税的征税范围不包括未转让土地使用权、房产所有权的行为。

【小贴士】强调房地产转移要“有偿”，转让房地产是否取得收入。（货币、实物及其他收入）

（二）特殊征税范围（重要）

【小贴士】以下内容学员应注意辨析哪些应征、哪些不征、哪些免征。

1. 属于土地增值税的征税范围的情形（应征）。

（1）转让国有土地使用权；

（2）取得土地使用权后进行房屋开发建造然后出售；

（3）存量房地产买卖；

（4）抵押期满以房地产抵债；（发生权属转让）

（5）单位之间交换房地产；（有实物形态收入）

（6）合作建房建成后转让；

（7）非公益性赠与、赠与给除直系亲属和直接赡养人以外的。

2. 不属于土地增值税的征税范围的情形（不征）。

（1）房地产继承；（无收入）

（2）房地产有条件的赠与；（对象有限定，无收入）

（3）房地产出租；（权属未变）

（4）房地产抵押期内；（权属未变）

（5）房地产评估增值；（无权属转移）

（6）房地产的代建行为。（权属未变）

【小贴士】不予征税的房屋继承，是指房产所有人、土地使用权所有人将房屋产权、土地使用权赠与直系亲属或承担直接赡养义务人的行为。

【小贴士】不予征税的房屋赠与，是指房产所有人、土地使用权所有人通过中国境内非营利的社会团体、国家机关将房屋产权、土地使用权赠与教育、民政和其他社会福利、公益事业的行为。

3. 免征或暂免征收土地增值税的情形。

（1）个人互换自有居住用房地产；（需经税务机关核实）

（2）合作建房建成后按比例分房自用；

（3）与房地产开发企业无关的房地产投资联营；

（4）因国家建设需要依法征用、收回的房地产；

（5）个人转让住房；

（6）建造普通标准住宅出售，增值额未超过扣除项目金额20%的；

（7）企事业单位、社会团体以及其他组织转让旧房作为公租房房源，且增值额未超过扣除项目金额20%的。

【小贴士】上述内容需要与土地增值税的税收优惠内容结合掌握。

【经典真题】

【单选题·2012】下列各项中，属于土地增值税征收范围的是（　　）。

A. 房地产的出租行为　　B. 房地产的抵押行为

C. 房地产的重新评估行为　　D. 个人互换自有住房的行为

【答案】D

【解析】选项ABC：产权未转移，不属于土地增值税征收范围；选项D：属于土地增值税的征收范围，但是经税务机关核实，免征土地增值税。

（三）企业改制重组土地增值税政策

1. 企业整体改制。

非公司制企业整体改制为有限公司或者股份公司、有限公司（股份公司）整体改制为股份公司（有限公司），对改制前的企业将国有土地、房屋权属转移、变更到改制后的企业，暂不征土地增值税。

2. 企业合并。

按照法律规定或者合同约定，两个或两个以上企业合并为一个企业，且原企业投资主体存续的，对原企业将国有土地、房屋权属转移、变更到合并后的企业，暂不征土地增值税。

3. 企业分立。

按照法律规定或者合同约定，企业分设为两个或两个以上与原企业投资主体相同的企业，对原企业将国有土地、房屋权属转移、变更到分立后的企业，暂不征土地增值税。

4. 单位重组。

单位、个人在改制重组时以国有土地、房屋进行投资，对其将国有土地、房屋权属转移、变更到被投资的企业，暂不征土地增值税。

【小贴士】上述4项改制重组有关土地增值税政策不适用于房地产转移任意一方为房地产开发企业的情形。即房地产开发企业的房地产投资、公司制改造、合并、分立中的房地产权属变化，征税；与房地产开发企业无关的重组投资、公司制改造、合并、分立中房地产权属变化，暂不征土地增值税。

【经典真题】

【单选题·2014】下列情形中，应当计算缴纳土地增值税的是（　　）。

A. 工业企业向房地产开发企业转让国有土地使用权

B. 房产所有人通过希望工程基金会将房屋产权赠与西部教育事业

C. 甲企业出资金、乙企业出土地，双方合作建房，建成后按比例分房自用

D. 房地产开发企业代客户进行房地产开发，开发完成后向客户收取代建收入

【答案】A

【解析】选项B：房产所有人通过中国境内非营利的社会团体、国家机关将房屋产权赠与教育、民政和其他社会福利、公益事业的，不属于土地增值税的征税范围；选项C：合作建房后按比例分房自用的，暂免征收土地增值税；选项D：房地产开发公司代客户进行房地产的开发，不属于土地增值税的征税范围。

【单选题·2016】下列房地产交易行为中，应当缴纳土地增值税的是（　　）。

A. 房地产公司出租别墅

B. 非营利的基金会将合作建造的房屋转让

C. 房地产公司通过国家机关将其拥有的房屋赠与学校

D. 城市居民之间互换自有居住用住房且经核实

【答案】B

重难点3：税率★★

土地增值税采用四级超率累进税率，累进依据为增值额与扣除项目金额之间的比率。

级数	增值额与扣除项目金额的比率	税率	速算扣除系数（%）
1	不超过50%的部分	30%	0
2	超过50%～100%的部分	40%	5
3	超过100%～200%的部分	50%	15
4	超过200%的部分	60%	35

【小贴士】土地增值税所采用的四级超率累进税率，是目前我国唯一采用超率累进税率的税种。

【小贴士】土地增值税的税率，考试时非必须提供，建议学员熟悉。

【小贴士】印花税税率学员应熟悉，考试中可以不作为已知条件列示。

【经典模拟题】

【单选题】甲有限公司转让办公楼取得不含税收入1 000万元，计算土地增值额准予扣

除项目金额700万元，则适用税率为（　　）。

A. 30%　　B. 40%　　C. 50%　　D. 60%

【答案】A

【解析】增值额与扣除项目金额的比率 =（1 000 - 700）÷ 700 × 100% = 42.86%，适用第1级税率，即30%。

重难点4：应税收入与扣除项目★★★

土地增值税的计税依据，为转让房地产的增值额。

增值额 = 转让房地产不含税收入 - 税法规定的扣除项目金额

【小贴士】土地增值税，以国家有关部门审批的房地产开发项目为单位进行清算，对于分期开发的项目，以分期项目为单位清算。

【小贴士】土地增值税的计算应当遵循配比原则。举例：

（1）如某房地产开发企业开发二个项目，应按每个项目分别计算缴纳土地增值税。

（2）如某房地产开发企业开发某个项目由A、B二个楼盘构成，整个项目开发过程中的费用应该在二个楼盘之间进行分配，将来销售A楼盘时应该配比A楼盘的费用。

【小贴士】土地增值税的计算，卖地有卖地的方法，卖房有卖房的方法；新房有新办法，老房有老办法。

（一）应税收入

纳税人转让房地产所取得的收入，是指包括货币收入、实物收入和其他收入在内的全部价款及有关的经济利益，不允许从中减除任何成本费用。非货币收入要折合成货币金额计入收入总额。

【小贴士】“营改增”后的房地产销售额，为不含增值税的销售额。

（二）扣除项目的确定（新房5项）

1. 取得土地使用权所支付的金额。

取得土地使用权所支付的金额，是指纳税人为取得土地使用权支付的地价款和按国家统一规定缴纳的有关费用之和。

【小贴士】取得土地使用权所支付的地价款，一般包括三种形式：

（1）以出让方式取得土地使用权的，为支付的土地出让金；

（2）以行政划拨方式取得土地使用权的，为转让土地使用权时按规定补缴的土地出让金；

（3）以转让方式取得土地使用权的，为支付的地价款。

【小贴士】按国家统一规定缴纳的有关费用，是指纳税人在取得土地使用权过程中为办理有关手续，按国家统一规定缴纳的有关登记、过户手续费和契税。

【小贴士】学员应注意辨析“划拨”“出让”“转让”的差异。

2. 房地产开发成本。

房地产开发成本包括：

（1）土地征用及拆迁补偿费。

主要包括土地征用费、耕地占用税、劳动力安置费及有关地上、地下附着物拆迁补偿的净支出、安置动迁用房支出等。

(2) 前期工程费。

包括规划、设计、项目可行性研究和水文、地质、勘察、测绘、“三通一平”等支出。

(3) 建筑安装工程费。

出包方式支付给承包单位的建筑安装工程费；以自营方式发生的建筑安装工程费。

(4) 基础设施费。

包括开发小区内道路、供水、供电、供气、排污、排洪、通讯、照明、环卫、绿化等工程发生的支出。

(5) 公共配套设施费。

包括不能有偿转让的开发小区内公共配套设施发生的支出。

(6) 开发间接费用。

是指直接组织、管理开发项目发生的费用，包括工资、职工福利费、折旧费、修理费、办公费、水电费、劳动保护费、周转房摊销等。

【经典真题】

【计算问答题·2012节选】地处县城的某房地产开发公司，2012年3月对一处已竣工的房地产开发项目进行验收，可售建筑面积共计25 000平方米。该项目的开发销售情况如下：

(1) 该公司取得土地使用权应支付的土地出让金为16 000万元，政府减征了10%，该公司按规定缴纳了契税（税率5%）。公司用一半的土地开发了该地产项目。

(2) 该公司为该项目发生的开发成本为12 000万元。

(3) 该项目发生开发费用600万元，其中利息支出150万元，但不能按转让房地产项目计算分摊。

(4) 4月销售20 000平方米的房屋，共计取得收入40 000万元；另外5 000平方米的房屋出租给他人使用（产权未发生转移），月租金为45万元，租期为8个月。

问题（1）：计算该公司清算土地增值税时允许扣除的土地使用权支付金额。

【答案及解析】[16 000×5% +16 000×(1 −10%)]×50% ×(20 000÷25 000) =6 080（万元）

问题（2）：计算该公司清算土地增值税时允许扣除的开发成本。

【答案及解析】12 000×(20 000÷25 000) =9 600（万元）

3. 房地产开发费用。

【小贴士】学员应注意辨析会计上的期间费用、企业所得税前扣除的期间费用、土地增值税所称的开发费用的差异。

房地产开发费用，是指与房地产开发项目有关的销售费用、管理费用、财务费用。

(1) 纳税人能够按转让房地产项目计算分摊利息支出并能提供金融机构贷款证明的：

允许扣除的房地产开发费用 = 利息 +(取得土地使用权所支付的金额 + 房地产开发成本)×5% 以内

【小贴士】上述利息最高不能超过按商业银行同类同期贷款利率计算的金额。超期利息、超标利息及罚息不得扣除。

(2) 纳税人不能按转让房地产项目计算分摊利息支出，或不能提供金融机构贷款证明的：

允许扣除的房地产开发费用 =（取得土地使用权所支付的金额 + 房地产开发成本）×10% 以内

【小贴士】房地产开发企业既向金融机构借款，又有其他借款的，其房地产开发费用计算扣除时不能同时适用上述（1）、（2）项所述两种办法。

【小贴士】开发费用计算时还须注意以下几个问题：

（1）利息的上浮幅度按国家的有关规定执行，超过上浮幅度的部分不允许扣除。

（2）提供金融机构证明，分摊利息支出。

（3）全部使用自有资金，没有利息支出的，扣除方法：

房地产开发费用 =（取得土地使用权所支付的金额 + 房地产开发成本）×10% 以内

【小贴士】土地增值税清算时，已经计入房地产开发成本的利息支出，应调整至财务费用中计算扣除。

【经典模拟题】

【单选题】某房地产开发公司开发一住宅项目，取得该土地使用权所支付的金额 3 000 万元，房地产开发成本 4 000 万元，利息支出 500 万元（能提供金融机构贷款证明），所在省人民政府规定，能提供金融机构贷款证明的，其他房地产开发费用扣除比例为 4%。该公司计算土地增值税时允许扣除的开发费用为（　　）万元。

A. 780.00　　B. 700.00　　C. 850.00　　D. 500.00

【答案】A

【解析】允许扣除的开发费用 = 500 +（3 000 + 4 000）×4% = 780（万元）。

4. 与转让房地产有关的税金。

（1）房地产开发企业：城建税、教育费附加；

（2）非房地产开发企业：城建税、教育费附加、印花税。（印花税按产权转移书据纳税，税率为 0.5‰）

【小贴士】“营改增”后，转让房地产取得的收入为不含增值税收入，因此转让环节税金中不必重复扣除收入中已不包含的增值税。

5. 财政部确定的其他扣除项目。

从事房地产开发的纳税人新建房转让可加计 20% 扣除。

加计扣除费用 =（取得土地使用权所支付的金额 + 房地产开发成本）×20%

【小贴士】加计扣除仅适用于房地产开发企业转让新建房，非房地产开发企业没有此项规定。

【小贴士】房地产开发企业取得土地使用权后未经开发就转让的，不得加计扣除。

【经典模拟题】

【计算问答题】甲房地产开发公司整体出售了其新建的商品房，相关资料如下：

（1）与商品房相关的取得土地使用权支付金额和开发成本共计 9 000 万元；

（2）该公司没有按房地产项目计算分摊借款利息；项目所在省政府规定，计征土地增值税时房地产开发费用扣除比例按国家规定允许的最高比例执行（10%）；

(3) 与转让该商品房有关的税金为180万元。

问题：分别计算转让该商品房项目缴纳土地增值税时，应扣除的房地产开发费用和其他扣除项目金额。

【答案及解析】(1) 房地产开发费用 = 9 000 × 10% = 900 (万元)；(2) 其他扣除项目 = 9 000 × 20% = 1 800 (万元)。

(三) 扣除项目的确定 (旧房3项)

1. 旧房及建筑物的评估价格 (适用存量房地产转让)。

税法规定，纳税人转让旧房的扣除项目金额，包括：

(1) 房屋及建筑物的评估价格；

(2) 取得土地使用权所支付的地价款；

(3) 按国家统一规定缴纳的有关费用以及在转让环节缴纳的税金。(不含增值税)

评估价格 = 房地产重置成本价 × 成新度折扣率

【小贴士】重置成本价，是对旧房及建筑物，按转让时的建材价格及人工费用计算，建造同样面积、同样层次、同样结构、同样建设标准的新房及建筑物所需花费的成本费用。

【小贴士】评估价格只适用于转让房产行为；只转让土地，一般不需要评估价格。

【举例】甲有限公司一座70年代建造的办公楼，4成新，当年的建造成本为80万元。2020年建造同样的办公楼需2 000万元，2020年转让时的评估价格 = 2 000 × 40% = 800 (万元)。

2. 旧房及建筑物的不能取得评估价格。

纳税人转让旧房及建筑物，凡不能取得评估价格，但能提供购房发票的，经当地税务部门确认，取得土地使用权所支付的金额、旧房及建筑物的评估价格，可按发票所载金额并从购买年度起至转让年度止每年加计5%计算扣除。

【小贴士】计算扣除项目时"每年"按购房发票所载日期起至售房发票开具之日止，每满12个月计一年；超过一年，未满12个月但超过6个月的，可以视同为一年(实际一年)。

【小贴士】对纳税人购房时缴纳的契税，凡能提供契税完税凭证的，准予作为"与转让房地产有关的税金"予以扣除，但不作为加计5%的基数。

【小贴士】契税在计算土地增值税时扣除的不同情形

(1) 可能在"取得土地使用权所支付的金额"中扣除；

(2) 可能在"房屋及建筑物的评估价格"中扣除；

(3) 可能在"与转让房地产有关的税金"中扣除。

契税支付环节		税务处理
取得土地使用权时支付的契税 (新房)		视同"按国家统一规定缴纳的有关费用"，计入"取得土地使用权所支付的金额"中扣除
纳税人转让存量房，其原购入环节缴纳的契税	转让有评估价格的存量房	已经包含在旧房及建筑物的评估价格之中，故计征土地增值税时，不另作为与转让房地产有关的税金予以扣除
	转让无评估价格但能提供购房发票的存量房	凡能提供契税完税凭证的，准予作为"与转让房地产有关的税金"予以扣除，但不作为加计5%的基数

【经典模拟题】

【单选题】2020 年 5 月，甲有限公司销售自用办公楼，不能取得评估价格，该公司提供的购房发票所载购房款为 1 200 万元，购买日期为 2010 年 1 月 1 日。购入及转让环节相关税费 80 万元，其中，购入环节缴纳的契税为 36 万元。该公司在计算土地增值税时允许扣除项目金额（　　）万元。

A. 1 280　　B. 1 880　　C. 1 895　　D. 1 940

【答案】B

【解析】允许扣除项目金额 = 1 200 ×（1 + 5% ×10）+ 80 = 1 880（万元）。

重难点 5：应纳税额的计算★★★

（一）增值额的确定

1. 通过转让收入（不含增值税）减除扣除项目确定。
2. 评估价格的使用。

纳税人有下列情形之一的，按照房地产评估价格计算征收：

（1）隐瞒、虚报房地产成交价格的；

（2）提供扣除项目金额不实的；

（3）转让房地产的成交价格低于房地产评估价格，又无正当理由的。

【小贴士】房地产评估价格，可评估扣除项目，也可评估收入。

【小贴士】按照配比原则，只有已出售（含视同销售、产权属于全体业主所有、无偿移交政府等）房地产的地价成本和建造成本可扣除；未开发以及已开发未出售的地价成本和建造成本不可扣除。

（二）应纳税额的计算方法

应纳税额 = 增值额 × 适用税率 − 扣除项目金额 × 速算扣除系数

计算时注意分步骤列式计算：

第一步，确定应税收入；

第二步，确定扣除项目；

第三步，计算土地增值额；

第四步，计算增值额占扣除项目金额的百分比，确定适用税率和速算扣除系数；

第五步，计算应纳税额。

【举例】增值额超过扣除项目金额 50%，未超过 100%

土地增值税税额 = 增值额 ×40% − 扣除项目金额 ×5%

【经典真题】

【多选题 · 2012】下列情形中，应按评估价格计征土地增值税的有（　　）。

A. 提供扣除项目金额不实的

B. 隐瞒、虚报房地产成交价格的

C. 房地产开发项目全部竣工完成销售需要进行清算

D. 转让房地产的成交价格低于房地产评估价格，又无正当理由的

【答案】ABD

【解析】纳税人有下列情形之一的，按照房地产评估价格计算征收土地增值税：(1) 隐瞒、虚报房地产成交价格的；(2) 提供扣除项目金额不实的；(3) 转让房地产的成交价格低于房地产评估价格，又无正当理由的。

【计算问答题·2018 节选】某房地产开发公司注册地在甲市，2018 年 7 月对其在乙市开发的一房地产项目进行土地增值税清算，相关资料如下：

(1) 2017 年 3 月，公司经“招拍挂”以 24 000 万元取得该房地产项目土地使用权，缴纳了契税。

(2) 自 2017 年 4 月起，公司对受让土地进行项目开发建设，发生开发成本 15 000 万元、发生与该项目相关的利息支出 3 000 万元，并能提供金融机构的贷款证明。

(3) 2018 年 6 月项目实现全部销售，共取得不含税收入 75 000 万元，允许扣除的有关税金及附加 360 万元，已预缴土地增值税 750 万元。

其他相关资料：当地适用的契税税率为 5%，省级政府规定其他开发费用的扣除比例为 5%。

要求：根据上述资料，按照下列序号回答问题，如有计算需计算出合计数。

问题 (2)：计算该公司清算土地增值税时允许扣除的土地使用权支付金额。

【答案及解析】该公司清算土地增值税时允许扣除的土地使用权支付金额 = 24 000 + 24 000 × 5% = 25 200 (万元)。

问题 (3)：计算该公司清算土地增值税时允许扣除项目金额的合计数。

【答案及解析】允许扣除项目金额，包括：

(1) 取得土地使用权所支付的金额 = 25 200 (万元)

(2) 开发成本 = 15 000 (万元)

(3) 开发费用 = 3 000 + (25 200 + 15 000) × 5% = 5 010 (万元)

(4) 允许扣除的税金及附加 = 360 (万元)

(5) 加计扣除项目金额 = (25 200 + 15 000) × 20% = 8 040 (万元)

该公司清算土地增值税时允许扣除项目金额的合计数 = 25 200 + 15 000 + 5 010 + 360 + 8 040 = 53 610 (万元)。

问题 (4)：计算该公司清算土地增值税时应补缴的土地增值税。

【答案及解析】增值额 = 75 000 − 53 610 = 21 390 (万元)

增值率 = 21 390/53 610 × 100% = 39.90%

适用税率为 30%，速算扣除系数为 0。

应补缴的土地增值税 = 21 390 × 30% − 750 = 5 667 (万元)

【经典真题】

【计算问答题·2015 改编】某工业企业 2020 年 3 月 1 日转让其位于县城的一栋办公楼，取得不含增值税销售收入 12 000 万元。2009 年建造该办公楼时，为取得土地使用权支付金额 3 000 万元，发生建造成本 4 000 万元。转让时经政府批准的房地产评估机构评估后，确

定该办公楼的重置成本价为8 000万元。

其他相关资料：产权转移书据印花税税率0.5‰，成新度折扣率60%；增值税选择简易计税。

要求：根据上述资料，按照下列序号回答问题，如有计算需计算出合计数。

问题（1）：请解释重置成本价的含义。

【答案及解析】重置成本价的含义是：对旧房及建筑物，按转让时的建材价格及人工费用计算，建筑同样面积、同样层次、同样结构、同样建设标准的新房及建筑物所需花费的成本费用。

问题（2）：计算土地增值税时该企业办公楼的评估价格。

【答案及解析】计算土地增值税时该企业办公楼的评估价格 = 8 000 × 60% = 4 800（万元）

问题（3）：计算土地增值税时允许扣除的税金。

【答案及解析】应纳增值税 = 12 000 × 5% = 600（万元）；应纳城市维护建设税 = 600 × 5% = 30（万元）；应纳教育费附加和地方教育附加 = 600 ×（3% + 2%）= 30（万元）；应纳印花税 = 12 000 × 0.5‰ = 6（万元）；可扣除的税金 = 30 + 30 + 6 = 66（万元）。

问题（4）：计算土地增值税时允许扣除项目金额的合计数。

【答案及解析】计算土地增值税时允许扣除项目金额的合计数 = 4 800 + 3 000 + 66 = 7 866（万元）

问题（5）：计算转让办公楼应缴纳的土地增值税。

【答案及解析】转让办公楼的增值额 = 12 000 − 7 866 = 4 134（万元）；增值率 = 4 134 ÷ 7 866 × 100% = 52.56%；应纳土地增值税 = 4 134 × 40% − 7 866 × 5% = 1 260.3（万元）。

重难点6：房地产开发企业土地增值税清算★★★

（一）清算单位

土地增值税，以国家有关部门审批的房地产开发项目为单位进行清算，对于分期开发的项目，以分期项目为单位清算。

【小贴士】开发项目中同时包含普通住宅和非普通住宅的，应分别计算增值额。

【小贴士】建造普通标准住宅出售，其增值率未超过20%的，免征土地增值税；增值率超过20%的，应就其全部增值额按规定计税。

【经典真题】

【单选题·2010】对房地产开发公司进行土地增值税清算时，可作为清算单位的是（　　）。

A. 规划申报项目　　B. 审批备案项目　　C. 商业推广项目　　D. 设计建筑项目

【答案】B

（二）清算条件

1. 符合下列情形之一的，纳税人应进行土地增值税的清算：

（1）房地产开发项目全部竣工、完成销售的；

（2）整体转让未竣工决算房地产开发项目的；

（3）直接转让土地使用权的。

2. 符合下列情形之一的，主管税务机关可要求纳税人进行土地增值税清算：

（1）已竣工验收的房地产开发项目，已转让的房地产建筑面积占整个项目可售建筑面积比例在85%以上，或该比例虽未超过85%，但剩余可售建筑面积已经出租或自用的；

（2）取得销售（预售）许可证满三年仍未销售完毕的；

（3）纳税人申请注销税务登记但未办理土地增值税清算手续的；

（4）省税务机关规定的其他情况。

【小贴士】对于主管税务机关可要求纳税人进行清算，且主管税务机关已经确定需要清算的项目，纳税人须在主管税务机关限定的期限内办理清算手续。

【经典真题】

【多选题·2009】下列情形中，纳税人应当进行土地增值税清算的有（　　）。

A. 直接转让土地使用权的

B. 整体转让未竣工决算房地产开发项目的

C. 房地产开发项目全部竣工并完成销售的

D. 取得销售（预售）许可证2年仍未销售完毕的

【答案】ABC

【单选题·2015】下列情形中，纳税人应当进行土地增值税清算的是（　　）。

A. 直接转让土地使用权的

B. 取得销售（预售）许可证满1年仍未销售完毕的

C. 转让未竣工决算房地产开发项目50%股权的

D. 房地产开发项目尚未竣工但已销售面积为50%的

【答案】A

（三）非直接销售和自用房地产的收入确定

1. 房地产开发企业将开发的产品用于职工福利、奖励、对外投资、分配给股东或投资人、抵偿债务、换取其他单位和个人的非货币性资产等，发生所有权转移时应视同销售房地产。

收入按下列方法和顺序确认：

（1）按本企业在同一地区、同一年度销售的同类房地产的平均价格确定；（三同）

（2）由主管税务机关参照当地当年、同类房地产的市场价格或评估价值确定。

【小贴士】税务机关核定的计税价格或收入不含增值税。

2. 房地产开发企业将开发的部分房地产转为企业自用或用于出租等商业用途时，如果产权未产生转移，不征收土地增值税，在税款清算时不列收入，也不得扣除相应的成本和费用。

【小贴士】房地产企业用建造的该项目房地产安置回迁户的，安置用房视同销售处理。

【经典模拟题】

【多选题】房地产公司将开发产品用于下列用途，属于土地增值税视同销售的有（　　）。

A. 安置回迁　　B. 奖励职工　　C. 利润分配　　D. 对外出租

【答案】ABC

【解析】选项 D：房地产开发公司将开发产品对外出租，没有发生权属转移，不属于土地增值税的征税范围。

（四）扣除项目（重要）

【小贴士】土地增值税的扣除项目可分为：可据实扣除的项目、可核定扣除的项目、不可扣除的项目。学员要注意辨析。

1. 可据实扣除的项目。

（1）房地产开发企业开发建造的与清算项目配套的居委会和派出所用房、会所、停车场（库）、物业管理场所、变电站、热力站、水厂、文体场馆、学校、幼儿园、托儿所、医院、邮电通信等公共设施，按以下原则处理：

①建成后产权属于全体业主所有的，其成本、费用可以扣除；

②建成后无偿移交给政府、公用事业单位用于非营利性社会公共事业的，其成本、费用可以扣除；

③建成后有偿转让的，应计算收入，并准予扣除成本、费用。

（2）房地产开发企业销售已装修的房屋，其装修费用可以计入房地产开发成本。

（3）房地产开发企业为取得土地使用权所支付的契税，应视同"按国家统一规定缴纳的有关费用"，计入"取得土地使用权所支付的金额"中扣除。

2. 可核定扣除的项目。

房地产开发企业办理土地增值税清算所附送的前期工程费、建筑安装工程费、基础设施费、开发间接费用（属于开发成本）的凭证或资料不符合清算要求或不实的，税务机关可参照当地建安造价定额资料，核定上述四项开发成本的单位面积金额标准，并据以计算扣除。

3. 不可扣除的项目。

（1）除另有规定外，扣除取得土地使用权所支付的金额、房地产开发成本、费用及与转让房地产有关税金，须提供合法有效凭证；不能提供合法有效凭证的，不予扣除。

（2）房地产开发企业的预提费用，除另有规定外，不得扣除。

（3）房地产开发企业逾期开发缴纳的土地闲置费不得扣除。

【小贴士】房地产开发企业逾期开发缴纳的土地闲置费，在计算企业所得税时可在税前扣除。

4. 质量保证金的扣除规定。

（1）房地产开发企业在工程竣工验收后，根据合同约定，扣留建筑安装施工企业一定比例的工程款，作为开发项目的质量保证金，在计算土地增值税时，建筑安装施工企业就质量保证金对房地产开发企业开具发票的，按发票所载金额予以扣除。

（2）竣工验收后，建筑安装施工企业就质量保证金对房地产开发企业未开具发票的，扣留的质量保证金不得计算扣除。

【小贴士】质量保证金是否可扣除，要看是否有发票，没有取得发票不得扣除。

5. 拆迁安置费的扣除规定。

房地产企业用建造的该项目房地产安置回迁户的，安置用房视同销售处理，同时将此确认为房地产开发项目的拆迁补偿费。

（1）房地产开发企业支付给回迁户的补差价款，计入拆迁补偿费；回迁户支付给房地产开发企业的补差价款，应抵减本项目拆迁补偿费。

（2）开发企业采取异地安置，异地安置的房屋属于自行开发建造的，房屋价值计入本项目的拆迁补偿费；异地安置的房屋属于购入的，以实际支付的购房支出计入拆迁补偿费。

（3）货币安置拆迁的，房地产开发企业凭合法有效凭据计入拆迁补偿费。

【小贴士】属于多个房地产项目共同的成本费用，应按清算项目可售建筑面积占多个项目可售总建筑面积的比例或其他合理的方法，计算确定清算项目的扣除金额。

【经典真题】

【单选题·2007】对房地产开发企业进行土地增值税清算时，下列表述正确的是（　　）。

A. 房地产开发企业的预提费用，除另有规定外，不得扣除

B. 房地产开发企业提供的开发间接费用资料不实的，不得扣除

C. 房地产开发企业提供的前期工程费的凭证不符合清算要求的，不得扣除

D. 房地产开发企业销售已装修房屋，可以扣除的装修费用不得超过房屋价值的10%

【答案】A

【解析】选项BC：属于税务机关可核定扣除的项目；选项D：房地产开发企业销售已装修的房屋，其装修费用可以计入房地产开发成本。

【多选题·2009】进行土地增值税清算时，房地产开发企业开发建造的与清算项目配套的会所等公共设施，其成本费用可以扣除的情形有（　　）。

A. 建成后开发企业转为自用的

B. 建成后开发企业用于出租的

C. 建成后直接赠与其他企业的

D. 建成后产权属于全体业主的

【答案】CD

【解析】进行土地增值税清算时，房地产开发企业开发建造的与清算项目配套的公共设施，建成后产权属于全体业主的，其成本费用可以扣除。

【单选题·2014】房地产开发企业进行土地增值税清算时，下列各项中，允许在计算增值额时扣除的是（　　）。

A. 加罚的利息

B. 已售精装修房屋的装修费用

C. 逾期开发土地缴纳的土地闲置费

D. 未取得建筑安装施工企业开具发票的扣留质量保证金

【答案】B

【解析】选项A：加罚的利息在计算土地增值税时不可以扣除；选项C：房地产开发企业逾期开发缴纳的土地闲置费计算土地增值税时不得扣除；选项D：质量保证金要看发票，没有取得发票是不可以扣除的。

（五）核定征收

房地产开发企业有下列情形之一的，税务机关可以参照与其开发规模和收入水平相近的当地企业的土地增值税税负情况，按不低于预征率的征收率核定征收土地增值税：

1. 依照法律、行政法规的规定应当设置但未设置账簿的；

2. 擅自销毁账簿或者拒不提供纳税资料的；

3. 虽设置账簿，但账目混乱或者成本资料、收入凭证、费用凭证残缺不全，难以确定转让收入或扣除项目金额的；

4. 符合土地增值税清算条件，未按照规定的期限办理清算手续，经税务机关责令限期清算，逾期仍不清算的；

5. 申报的计税依据明显偏低，又无正当理由的。

【小贴士】预征率不同于征收率；核定征收率原则上不得低于5%。

（六）清算后再转让房地产的处理

在土地增值税清算时未转让的房地产，清算后销售或有偿转让的，纳税人应按规定进行土地增值税的纳税申报，扣除项目金额按清算时的单位建筑面积成本费用乘以销售或转让面积计算。

单位建筑面积成本费用＝清算时的扣除项目总金额÷清算的总建筑面积

【经典模拟题】

【计算问答题】2019年，某房地产公司将一建筑面积20 000平方米的楼盘销售了90%，房地产公司进行了已售面积的土地增值税清算，扣除项目总金额3 960万元。2020年，销售其清算时未转让的房地产建筑面积1 000平方米，取得不含税销售收入500万元。

问题：计算清算后转让房地产应缴纳的土地增值税。

【答案及解析】（1）单位建筑面积成本费用＝3 960÷（20 000×90%）＝0.22（万元/平方米）。

扣除项目金额＝1 000×0.22＝220（万元）。

增值额＝500－220＝280（万元）。

增值率＝280/220×100%＝127.27%

（2）应缴纳土地增值税＝280×50%－220×15%＝107（万元）。

【小贴士】纳税人按规定预缴土地增值税后，清算补缴的土地增值税，在主管税务机关规定的期限内补缴的，不加收滞纳金。

重难点7：税收优惠★★

1. 建造普通标准住宅出售，其增值率未超过20%的，免征土地增值税；增值率超过20%的，应就其全部增值额按规定计税。

【小贴士】20%是起征点，19.99%不纳税，20.01%应就其全部增值额按规定计税。

【小贴士】普通标准住宅的应同时满足下列条件：

（1）住宅小区建筑容积率在1.0以上；

（2）单套建筑面积在120平方米以下；

（3）实际成交价格低于同级别土地上住房平均交易价格1.2倍以下。

各省、自治区、直辖市对普通住房的具体标准可以适当浮动，但不得超过上述标准的20%。

【小贴士】对于纳税人既建普通标准住宅又从事其他房地产开发的，应分别核算增值额。不分别核算增值额或不能准确核算增值额的，其建造的普通标准住宅不能适用这一免税规定。

2. 因国家建设需要依法征用、收回的房地产，免税。

3. 因城市实施规划、国家建设的需要而搬迁，由纳税人自行转让原房地产的，免税。

4. 企事业单位、社会团体以及其他组织转让旧房作为公租房房源且增值率未超过20%的，予以免税。

【经典模拟题】

【单选题】下列情形中，需要缴纳土地增值税的是（　　）。

A. 个人销售商铺

B. 企业吸收合并过程中涉及房地产过户

C. 因国家建设需要而被政府收回房地产

D. 因城市实施规划而搬迁，企业自行转让房地产

【答案】A

【解析】选项B：对企业改制、资产整合过程中涉及的土地增值税予以免征；选项C：因国家建设需要而被政府征用、收回的房地产，免税；选项D：因城市实施规划、国家建设需要而搬迁，纳税人自行转让房地产，免税。

重难点8：征收管理★

（一）土地增值税预征

除保障性住房外，东部地区省份预征率不得低于2%，中部和东北地区省份不得低于1.5%，西部地区省份不得低于1%。

【小贴士】预征率不同于征收率；核定征收率原则上不得低于5%。

（二）纳税地点

1. 纳税人是法人。

（1）转让的房地产坐落地与机构所在地或经营所在地一致时，在办理税务登记的原管辖税务机关申报纳税；

（2）转让的房地产坐落地与机构所在地或经营所在地不一致时，在房地产坐落地所管辖的税务机关申报纳税。

2. 纳税人是自然人。

（1）转让的房地产坐落地与居住所在地一致时，在住所所在地税务机关申报纳税；

（2）转让的房地产坐落地与其居住所在地不一致时，在房地产坐落地的税务机关申报纳税。

（三）纳税申报

纳税人应在合同签订后7日内，到房地产所在地主管税务机关申报纳税，并向税务机关提供下列相关资料：房屋及建筑物产权、土地使用权证书；土地转让、房产买卖合同；房地产评估报告及其他与转让房地产有关的资料。

【本单元小结】

1. 土地增值税几乎每年都会考核"计算问答题"，对历年考试真题需要熟悉。

2. 本单元的掌握与熟悉。

（1）掌握土地增值税计算过程中的各项扣除规定，特别是配比原则的应用，利息的扣除规定，开发成本的范围，和房地产转让有关的税金，印花税是否单独扣除，是否有加计扣除等规定；

（2）掌握清算的条件、清算的计算；

（3）熟悉土地增值税税率，掌握除税率外的税法规定的各种比例与数字；

（4）熟悉征税范围的内容；

（5）熟悉转让房地产收入的确定；

（6）土地增值税计算过程会涉及增值税、城建税、耕地占用税、契税、印花税等多个税种，应当熟悉与其他税种的混合计算。

3. 与其他税种的关系。

（1）征税范围：土地增值税、增值税、契税三个税种在征税范围方面存在差异；

（2）与契税：两税之间有共同之处，但土地增值税是在房地产交易过程中对转让方征收，而契税则是针对这一交易行为中的承受方征收的，两个税种调节的目的不同；

（3）与企业所得税：土地增值税是企业所得税税前可（直接）扣除的税种。

五、进阶练习

（一）单选题

1. 以下关于房产税纳税人和征税范围的说法，不正确的是（　　）。

A. 房产税以房产为征税对象

B. 房地产开发企业建造的商品房，在出售前不征收房产税

C. 房产税的征税范围包括农村

D. 产权所有人不在房屋所在地的，由房产代管人或者使用人纳税

2. 下列各项中，符合房产税纳税义务人规定的是（　　）。

A. 房屋产权属于国家所有的，不缴纳房产税

B. 产权属于集体所有的房产出租的，不缴纳房产税

C. 房屋产权出典的，由承典人缴纳房产税

D. 房屋产权未确定的，不缴纳房产税

3. 下列各项，在计算房产税时不应计入房产原值的是（　　）。

A. 采暖设施　　B. 消防设备

C. 智能化楼宇　　D. 室外露天停车场

4. 以下关于房产税计税依据的表述，说法不正确的是（　　）。

A. 以房产投资联营，投资者参与投资利润分红，共担风险的，按房产余值作为计税依据计征房产税

B. 以房产投资，收取固定收入，不承担联营风险的，由出租方按租金收入计缴房产税

C. 融资租赁房屋，由承租人自融资租赁合同约定开始日的当月起依照房产余值缴纳房产税

D. 居民住宅区内业主共有的经营性房产缴纳房产税

5. 2019 年某企业建造办公楼，购买 1 万平方米的土地使用权，支付不含增值税的金额 9 000 万元，新建办公楼建筑面积 8 万平方米，工程成本 1 500 万元，2019 年 12 月底竣工验收，该企业征收房产税的房产原值是（　　）万元。

A. 1 500　　B. 7 500　　C. 9 000　　D. 10 500

6. 某企业拥有 2015 年购入的房产原值为 500 万元，2018 年 12 月 30 日签约，将该房产自 2019 年 3 月 1 日起出租，收取 10 个月含增值税年租金 40 万元，已知当地省政府规定的房产原值减除比例为 20%，该企业选择简易计税办法计算增值税，则该企业 2019 年应缴纳房产税（　　）万元。

A. 4.57　　B. 4.8　　C. 5.37　　D. 9.37

7. 下列出租住房的行为，一律减按 4% 的税率征收房产税的是（　　）。

A. 个人出租在农村的住房　　B. 个人出租在城市的住房

C. 社会团体出租在城市的住房　　D. 社会团体出租在农村的住房

8. 某企业 2019 年有一处独立的地下建筑物，为工业用途房产，房产原价 100 万元，9 月 20 日将其出售。当地省政府规定房产原值减除比例为 20%，工业用途地下建筑以原价的 50% 作为应税房产原值，当年该企业应缴纳房产税（　　）元。

A. 3 600　　B. 4 800　　C. 6 000　　D. 7 200

9. 下列关于房产税的税收优惠表述不正确的是（　　）。

A. 军队自用的房产免征房产税

B. 个人所有非营业用的房产免征房产税

C. 妇幼保健机构自用的房产免征房产税

D. 个人无租使用免税单位的房产免征房产税

10. 以下不符合房产税规定的是（　　）。

A. 纳税人将原有房产用于生产经营，从生产经营之月起缴纳房产税

B. 纳税人购置新建商品房，自房屋交付使用之次月起缴纳房产税

C. 房地产开发企业自用本企业建造的商品房，自房屋使用之次月起缴纳房产税

D. 房产不在同一地方的纳税人在机构所在地的税务机关缴纳房产税

11. 下列行为中，免予缴纳契税的是（　　）。

A. 以抵债方式取得土地使用权

B. 以获奖方式承受土地、房屋权属

C. 以预购方式承受土地、房屋权属

D. 以自有房产作股投入本人独资经营的企业

12. 根据契税的有关规定，下列说法正确的是（　　）。

A. 农村集体土地承包经营权的转移不属于土地使用权的转让

B. 以实物交换房屋，不属于契税征税范围

C. 房屋的受赠人不需要缴纳契税

D. 已缴纳契税的购房个人，办理房屋权属变更登记后退房的，退还已纳契税

13. 下列关于契税计税依据的说法，不正确的是（　　）。

A. 土地使用权出售、房屋买卖，以成交价格为计税依据

B. 房屋赠与，由征收机关参照房屋买卖的市场价格核定

C. 房屋交换，由征收机关参照房屋买卖的市场价格核定

D. 以划拨方式取得土地使用权，经批准转让房地产时，由房地产转让者补交契税，计税依据为补交的土地使用权出让费用或者土地收益

14. 事业单位按照国家有关规定改制为企业，原投资主体存续并在改制后企业中出资（股权、股份）比例超过规定（　　）的，对改制后企业承受原非业单位土地、房屋权属的，免征契税。

A. 30%　　B. 50%　　C. 75%　　D. 100%

15. 企业破产，非债权人承受破产企业土地、房屋权属，按照规定妥善安置原企业全部职工，与原企业全部职工签订服务年限不少于3年的劳动用工合同的，对其承受所购企业土地、房屋权属（　　）契税。

A. 免征　　B. 减按25%征收

C. 减按50%征收　　D. 全额征收

16. 居民甲有两套住房，将一套出售给居民乙，成交价格为1 000 000元；将另一套价值850 000元的住房与居民丙的住房交换，并支付换房差价款100 000元。以下说法正确的是（　　）。（假定适用的契税税率均为3%，上述金额均不含增值税）

A. 甲缴纳契税3 000元，乙缴纳契税30 000元，丙不缴纳契税

B. 甲缴纳契税3 000元，乙不缴纳契税，丙缴纳契税30 000元

C. 甲不缴纳契税，乙缴纳契税30 000元，丙缴纳契税30 000元

D. 甲和丙不缴纳契税，乙缴纳契税30 000元

17. 契税的纳税义务发生时间是（　　）。

A. 纳税人签订土地、房屋权属转移合同或取得其他具有土地、房屋权属转移合同性质凭证的当天

B. 纳税人签订土地、房屋权属转移合同或取得其他具有土地、房屋权属转移合同性质凭证的15日内

C. 纳税人签订土地、房屋权属转移合同或取得其他具有土地、房屋权属转移合同性质凭证的30日内

D. 纳税人签订土地、房屋权属转移合同或取得其他具有土地、房屋权属转移合同性质凭证的60日内

18. 下列各项中，应计算缴纳土地增值税的是（　　）。

A. 企业之间互换房产　　B. 房地产的继承

C. 房地产出租　　D. 房地产重新评估

19. 某企业转让一幢2010年建造的办公楼，建造的造价为1 000万元。经房地产评估机构评定，该楼的重置成本价为2 500万元，成新度折扣率为七成。在计算土地增值税时，该

楼的评估价格为（　　）万元。

A. 700　　B. 1 000　　C. 1 750　　D. 2 500

20. 以下关于土地增值税扣除项目的规定，说法不正确的是（　　）。

A. 房地产开发企业销售已装修的房屋，装修费用可以计入房地产开发成本

B. 房地产开发企业的预提费用，除另有规定外不得扣除

C. 房地产开发企业逾期开发缴纳的土地闲置费可以扣除

D. 房地产企业用建造的该项目房地产安置回迁户的，安置用房视同销售处理

21. 纳税人转让旧房及建筑物，凡不能取得评估价格，但能够提供购房发票的，可按发票所载金额并从购买年度起至转让年度止每年加计（　　）计算扣除。

A. 5%　　B. 10%　　C. 15%　　D. 20%

22. 以下关于土地增值税税收优惠的规定，说法正确的是（　　）。

A. 纳税人建造普通标准住宅出售，增值额未超过扣除项目金额 25% 的，免征土地增值税

B. 对企事业单位、社会团体以及其他组织转让旧房作为公租房房源，且增值额未超过扣除项目金额 25% 的，免征土地增值税

C. 因国家建设需要依法征用、收回的房地产，免征土地增值税

D. 因城市实施规划、国家建设的需要而搬迁，由纳税人自行转让原房地产的，照章缴纳土地增值税

23. 土地增值税纳税人应在签订房地产转让合同后的（　　）日内，到房地产所在地税务机关办理纳税申报。

A. 1　　B. 5　　C. 7　　D. 15

（二）多选题

1. 下列关于房产税纳税人的有关规定，表述正确的有（　　）。

A. 产权属于国家所有的，由经营管理单位纳税

B. 产权属集体和个人所有的，由集体和个人纳税

C. 产权出典的，由承典人纳税

D. 产权所有人不在房屋所在地的，由房产代管人或者使用人纳税

2. 下列关于房产税的有关规定，说法正确的有（　　）。

A. 房地产开发企业建造的商品房出售前已使用应按规定计征房产税

B. 房产税的征税范围包括农村

C. 按房产原值计税的房产，房产原值应包括地价

D. 出租房产，租赁合同约定有免收租金期限的，免收租金期间免交房产税

3. 以下免征房产税的有（　　）。

A. 国家机关的办公用房　　B. 学校的教学楼

C. 个人对外出租住房　　D. 经营公租房的租金收入

4. 根据房产税的相关规定，下列房产中，免征或暂免征收房产税的有（　　）。

A. 高校学生公寓　　B. 按政府规定价格出租的公有住房

C. 个人非营业用的房产　　D. 按政府规定价格出租的廉租住房

5. 以下关于房产税纳税义务时间的表述，说法正确的有（　　）。

A. 纳税人将原有房产用于生产经营，从生产经营之月起缴纳房产税

B. 纳税人自行新建房屋用于生产经营，从建成之次月起缴纳房产税

C. 纳税人委托施工企业建设的房屋，从办理验收手续之当月起缴纳房产税

D. 纳税人购置新建商品房，从房屋交付使用之次月起缴纳房产税

6. 以下关于房产税的规定正确的有（　　）。

A. 宗地容积率低于0.5的，按房产建筑面积的2倍计算土地面积并据此确定计入房产原值的地价

B. 宗地容积率低于1的，按房产建筑面积的2倍计算土地面积并据此确定计入房产原值的地价

C. 融资租赁的房产未约定开始日的，由承租人自合同签订当日起缴纳房产税

D. 纳税人对原有房屋进行改建、扩建的，要相应增加房屋的原值

7. 以下关于房产税征收管理的说法正确的有（　　）。

A. 房产税实行按年计算、分期缴纳的征收方法

B. 房产税实行按月计算、分期缴纳的征收方法

C. 房产税在房产所在地缴纳

D. 房产不在同一地方的纳税人，应按房产的坐落地点分别向房产所在地的税务机关纳税

8. 下列属于契税纳税人的有（　　）。

A. 接受房产抵债的债权人

B. 买房拆料的个人

C. 房屋的受赠人

D. 个人以自有房产作股投入本人独资经营的企业

9. 下列行为应征契税的有（　　）。

A. 农村集体土地承包经营权的转移　　B. 以土地、房屋权属作价投资、入股

C. 获奖方式承受土地、房屋权属　　D. 预购方式承受土地、房屋权属

10. 关于契税的计税依据，下列表述正确的有（　　）。

A. 房屋赠与的计税依据，由征收机关参照房屋买卖的市场价格核定

B. 房屋交换的计税依据，为交换的房屋的价格差额

C. 不涉及土地使用权和房屋所有权转移变动的房屋附属设施，不征收契税

D. 个人无偿赠与不动产给非法定继承人，对受赠人全额征收契税

11. 关于契税优惠政策的规定，下列表述正确的有（　　）。

A. 个人购买家庭唯一住房，面积为90平方米及以下的，免征契税

B. 个人购买家庭第二套改善性住房，面积为90平方米及以下的，减按1%的税率征收契税

C. 承受荒山、荒沟用于农业生产，免征契税

D. 公租房经营单位购买住房作为公租房的，免征契税

12. 以下各项关于企业、事业单位改制重组中涉及的契税规定，说法正确的有（　　）。

A. 事业单位按照规定改制为企业，原投资主体存续并在改制后企业中出资比例超过75%的，对改制后企业承受原事业单位土地、房屋权属，免征契税

B. 两个以上的公司依照相关规定或约定，合并为一个公司，且原投资主体存续的，对合并后公司承受原合并各方土地、房屋权属，免征契税

C. 企业破产，债权人承受破产企业土地、房屋权届，按照规定妥善安置原企业全部职工，与原企业超过 30% 职工签订服务年限不少于 3 年的劳动用工合同的，对其承受所购企业土地、房屋权属，减半征收契税

D. 企业破产，非债权人承受破产企业土地、房屋权届，按照规定妥善安置原企业全部职工，与原企业全部职工签订服务年限不少于 3 年的劳动用工合同的，对其承受所购企业土地、房屋权属，免征契税

13. 以下符合契税征收管理规定的有（　　）。

A. 契税的纳税义务发生时间是纳税人签订土地、房屋权属转移合同的当天

B. 契税的纳税义务发生时间是纳税人取得其他具有土地、房屋权属转移合同性质凭证的当天

C. 纳税人应当自纳税义务发生之日起 7 日内办理纳税申报

D. 契税在纳税人机构所在地的税务机关缴纳

14. 下列事项中，不属于土地增值税征税范围的有（　　）。

A. 国有土地使用权的出让　　B. 国有土地使用权的转让

C. 房地产的继承　　D. 房地产的出租

15. 下列行为中，应计算缴纳土地增值税的有（　　）。

A. 存量房地产的买卖

B. 双方合作建房后转让房产

C. 个人之间互换自有居住用房地产

D. 房产所有人将房屋产权赠与直系亲属

16. 下列各项中，按房地产开发企业开发成本扣除的项目有（　　）。

A. 耕地占用税　　B. 小区绿化支出

C. 利息支出　　D. 项目可行性研究

17. 在计算转让旧房的土地增值税时，以下可作为扣除项目金额的有（　　）。

A. 房屋及建筑物的评估价格

B. 取得土地使用权支付的地价款

C. 按国家规定缴纳的有关费用

D. 转让旧房缴纳的增值税、城建税、教育费附加

18. 房地产开发企业有（　　）情形的，税务机关核定征收土地增值税。

A. 申报的计税依据明显偏低，又无正当理由的

B. 擅自销毁账簿或者拒不提供纳税资料的

C. 符合土地增值税清算条件，未按照规定的期限办理清算手续的

D. 依照法律、行政法规的规定应当设置但未设置账簿的

19. 下列情形中，主管税务机关可要求纳税人进行土地增值税清算的有（　　）。

A. 房地产开发项目全部竣工、完成销售的

B. 纳税人申请注销税务登记但未办理土地增值税清算手续的

C. 取得销售许可证满 3 年仍未销售完毕的

D. 整体转让未竣工决算房地产开发项目的

20. 以下关于土地增值税的扣除项目的规定，说法正确的有（　　）。

A. 房地产开发企业建造的与清算项目配套的公共设施，建成后产权属于全体业主的，成本、费用不得扣除

B. 房地产开发企业销售已装修的房屋，其装修费用可以计入房地产开发成本进行扣除

C. 房地产开发企业扣留建筑施工企业一定比例的工程款，作为开发项目的质量保证金，建筑施工企业对房地产开发企业开具发票的，扣留的保证金不得计算扣除

D. 房地产开发企业建造的与清算项目配套的公共设施，建成后有偿转让的，准予扣除成本、费用

（三）计算问答题

1. 某房地产开发公司（增值税一般纳税人）于 2019 年 3 月从政府手中获得一宗土地使用权，支付土地出让金 5 000 万元，并支付了相关税费，取得相关票据。自 2019 年 4 月起至 2019 年 12 月末，该房地产开发公司在该土地上建造了普通住宅，并全部对外销售完毕。依据销售合同共计取得含税销售收入 35 000 万元。在开发过程中，开发成本共计 8 000 万元，开发销售期间发生管理费用 700 万元、销售费用 1 000 万元、利息费用 400 万元（能够提供金融机构的贷款证明，并可以在整个项目计算分摊）。

（其他相关资料：该公司计算土地增值税可扣除的税金及附加为 200 万元；当地契税税率为 3%；房地产开发费用扣除比例按照规定相关上限执行）

要求：根据上述资料，按照下列序号计算回答问题，每问需计算出合计数。

（1）纳税人是否应进行土地增值税清算？请说明理由。

（2）该房地产开发公司销售写字楼的增值税销项税额。

（3）该房地产开发公司计算土地增值税可扣除金额合计。

（4）该房地产开发公司销售住宅应缴纳的土地增值税。

2. 某企业 2019 年 12 月 1 日转让其位于市区的一栋写字楼，取得不含增值税销售收入 30 000 万元。2013 年建造该写字楼时，支付土地使用权的金额 5 000 万元，建造成本 10 000 万元。转让时经房地产评估机构评估后，确定该写字楼的重置成本价为 18 000 万元，成新度折扣率为 70%，允许扣除的有关税金及附加 2 432 万元。

要求：根据上述资料，按照下列序号回答问题，如有计算需计算出合计数。

（1）计算土地增值税时该企业写字楼的评估价格。

（2）计算土地增值税时允许扣除项目金额。

（3）计算转让写字楼应缴纳的土地增值税。

六、进阶练习答案

（一）单选题

1. 【答案】C

【解析】选项 C：房产税的征税范围不包括农村。

2.【答案】C

【解析】选项A：房屋产权属于国有的，由经营管理单位缴纳房产税；选项B：房屋产权属于集体所有的，由集体单位缴纳房产税；选项D：房屋产权未确定的，由房产代管人或者使用人缴纳房产税。

3.【答案】D

【解析】房产原值应包括与房屋不可分割的各种附属设备或一般不单独计算价值的配套设施，但室外露天停车场不是房产不可分割的一部分，而且也不符合房产定义，故不能计入房产原值。

4.【答案】C

【解析】融资租赁房屋，由承租人自融资租赁合同约定开始日的次月起依照房产余值缴纳房产税。

5.【答案】D

【解析】对按照房产原值计税的房产，无论会计上如何核算，房产原值均应包含地价，包括为取得土地使用权支付的价款、开发土地发生的成本费用等。该企业征收房产税的房产原值 = 9 000 + 1 500 = 10 500（万元）。

6.【答案】D

【解析】该企业2019年应纳房产税 = 500 ×（1 − 20%）× 1.2% × 2/12 + 40/(1 + 5%) × 12% = 0.8 + 4.57 = 5.37（万元）。

7.【答案】B

【解析】选项B：个人出租住房，不分用途，按4%的税率征收房产税；选项AD：房产税征税范围不包括农村；选项C：对企事业单位、社会团体以及其他组织按市场价格向个人出租用于居住的住房，减按4%的税率征收房产税，其他情况按12%的税率计算房产税。

8.【答案】A

【解析】纳税人因房产的实物或权利状态发生变化，而依法终止房产税纳税义务的，其应纳税款的计算应截止到房产的实物或权利状态发生变化的当月末。该企业9月20日转让的房产，其房产税计算到9月末。该企业应缴纳房产税 = 100 × 50% ×（1 − 20%）× 1.2% × 10 000 × 9/12 = 3 600（元）。

9.【答案】D

【解析】纳税单位和个人无租使用房产管理部门、免税单位及纳税单位的房产，应由使用人代为缴纳房产税。

10.【答案】D

【解析】房产税在房产所在地缴纳，房产不在同一地方的纳税人，应按房产的坐落地点分别向房产所在地的税务机关缴纳。

11.【答案】D

【解析】以自有房产作股投入本人独资经营的企业，免纳契税。

12.【答案】A

【解析】选项B：以实物交换房屋，视同房屋买卖，应由产权承受人，按房屋现值缴纳契税；选项C：房屋的受赠人要按规定缴纳契税；选项D：已缴纳契税的购房单位和个人，在未办理房屋权属变更登记前退房的，退还已纳契税，在办理房屋权属变更登记后退房的，不予退还已纳契税。

13.【答案】C

【解析】选项C：土地使用权交换、房屋交换，为所交换的土地使用权、房屋的价格差额。

14.【答案】B

【解析】事业单位按照国家有关规定改制为企业，原投资主体存续并在改制后企业中出资（股权、股份）比例超过50%的，对改制后企业承受原事业单位土地、房屋权属的，免征契税。

15.【答案】A

【解析】企业破产，非债权人承受破产企业土地、房屋权属，并按规定妥善安置原企业全部职工，与原企业全部职工签订服务年限不少于3年的劳动用工合同的，免征契税；与原企业30%以上职工签订服务年限不少于3年的劳动用工合同的，减半征收契税。

16.【答案】A

【解析】（1）房屋买卖以成交价格为依据计税，由承受方缴纳契税；（2）交换房屋、土地权属，价格相等免征契税；价格不等时，由多交付差价的一方缴纳契税。

甲作为交换房屋支付差价的一方应缴纳契税 = 100 000 × 3% = 3 000（元）

乙作为房屋买方应缴纳契税 = 1 000 000 × 3% = 30 000（元）

丙换入甲的房屋不支付差价故不缴纳契税。

17.【答案】A

【解析】契税的纳税义务发生时间是纳税人签订土地、房屋权属转移合同的当天，或者纳税人取得其他具有土地、房屋权属转移合同性质凭证的当天。

18.【答案】A

【解析】选项BCD不属于土地增值税的征税范围。

19.【答案】B

【解析】用评估的重置成本价与成新度折扣率计算评估价格。该楼的评估价格 = 2 500 × 70% = 1 750（万元）。

20.【答案】C

【解析】房地产开发企业逾期开发缴纳的土地闲置费不得扣除。

21.【答案】A

【解析】纳税人转让旧房及建筑物，凡不能取得评估价格，但能够提供购房发票的，可按发票所载金额并从购买年度起至转让年度止每年加计5%计算扣除。

22.【答案】C

【解析】选项A：纳税人建造普通标准住宅出售，增值额未超过扣除项目金额20%的，免征土地增值税；选项B：对企事业单位、社会团体以及其他组织转让旧房作为公租房房源，且增值额未超过扣除项目金额20%的，免征土地增值税；选项D：因城市实施规划、国家建设的需要而搬迁，由纳税人自行转让原房地产的，免征土地增值税。

23.【答案】C

【解析】土地增值税纳税人应在签订房地产转让合同后的7日内，到房地产所在地税务机关办理纳税申报。

（二）多选题

1. 【答案】ABCD

【解析】选项 ABCD 都属于正确答案。

2. 【答案】AC

【解析】选项 B：房产税的征税范围不包括农村；选项 D：出租房产，租赁合同有免收租金期限的，免收租金期间由产权所有人按照房屋原值缴纳房产税。

3. 【答案】ABD

【解析】选项 C：个人对外出租住房，按 4% 的税率征收房产税。

4. 【答案】ABCD

【解析】选项 ABCD 都属于正确答案。

5. 【答案】ABD

【解析】选项 C：纳税人委托施工企业建设的房屋，从办理验收手续之次月起缴纳房产税。

6. 【答案】AD

【解析】选项 B：宗地容积率低于 0.5 的，按房产建筑面积的 2 倍计算土地面积并据此确定计入房产原值的地价；选项 C：融资租赁的房产未约定开始日的，由承租人自合同签订的次月起依照房产余值缴纳房产税。

7. 【答案】ACD

【解析】选项 B：房产税实行按年计算、分期缴纳的征收方法。

8. 【答案】ABC

【解析】选项 D：以自有房产作股投入本人独资经营的企业，免纳契税。

9. 【答案】BCD

【解析】选项 A：农村集体土地承包经营权的转移不属于契税的征税范围。

10. 答案：ABCD

【解析】选项 ABCD 都属于正确答案。

11. 【答案】BCD

【解析】选项 A：个人购买家庭唯一住房，面积为 90 平方米及以下的，减按 1% 的税率征收契税；面积为 90 平方米以上的，减按 1.5% 的税率征收契税。

12. 【答案】BD

【解析】选项 A：事业单位按照规定改制为企业，原投资主体存续并在改制后企业中出资比例超过 50% 的，对改制后企业承受原事业单位土地、房屋权属，免征契税；选项 C：企业破产，债权人承受破产企业抵偿债务的土地、房屋权属，免征契税；非债权人承受破产企业土地、房屋权届，按照规定妥善安置原企业全部职工，与原企业超过 30% 职工签订服务年限不少于 3 年的劳动用工合同的，对其承受所购企业土地、房屋权属，减半征收契税；与原企业全部职工签订服务年限不少于 3 年的劳动用工合同的，对其承受所购企业土地、房屋权属，免征契税。

13. 【答案】AB

【解析】选项 C：纳税人应当自纳税义务发生之日起 10 日内办理纳税申报；选项 D：契

税在土地、房屋所在地的征收机关缴纳。

14. 【答案】ACD

【解析】选项 A：国有土地使用权的出让，出让的目的是实行国有土地的有偿使用制度，合理开发、利用、经营土地，因此土地使用权的出让不属于土地增值税的征税范围；选项 C：房地产的继承虽然发生了权属变更，但被继承人并没有因为权属变更而取得任何收入，因此房地产的继承不属于土地增值税的征税范围；选项 D：房地产的出租，虽取得收入，但没有发生房产产权、土地使用权的转让，因此房地产的出租不属于土地增值税的征税范围。

15. 【答案】AB

【解析】选项 C：个人之间互换自有居住用房地产，免征土地增值税；选型 D：房产所有人将房屋产权赠与直系亲属，房地产权属发生变更，但房产所有人没有取得任何收入，因此房地产的赠与不属于土地增值税的征税范围。

16. 【答案】ABD

【解析】选项 C：利息支出，应按照房地产开发费用中的财务费用项目计算扣除。

17. 【答案】ABC

【解析】转让旧房的，可作为土地增值税扣除项目金额的有房屋及建筑物的评估价格、取得土地使用权支付的地价款和按国家规定缴纳的有关费用、转让环节缴纳的增值税以外的税金。

18. 【答案】ABD

【解析】房地产开发企业有下列情形之一的，税务机关可以参照与其开发规模和收入水平相近的当地企业的土地增值税税负情况，按不低于预征率的征收率核定征收土地增值税：（1）依照法律、行政法规的规定应当设置但未设置账簿的；（2）擅自销毁账簿或者拒不提供纳税资料的；（3）虽设置账簿，但账目混乱或者成本资料、收入凭证、费用凭证残缺不全，难以确定转让收入或扣除项目金额的；（4）符合土地增值税清算条件，未按照规定的期限办理清算手续，经税务机关责令限期清算，逾期仍不清算的；（5）申报的计税依据明显偏低，又无正当理由的。

19. 【答案】BC

【解析】符合下列情形之一的，主管税务机关可要求纳税人进行土地增值税清算：（1）已竣工验收的房地产开发项目，已转让的房地产建筑面积占整个项目可售建筑面积的比例在 85% 以上，或该比例虽未超过 85%，但剩余的可售建筑面积已经出租或自用的；（2）取得销售许可证满 3 年仍未销售完毕的；（3）纳税人申请注销税务登记但未办理土地增值税清算手续的；（4）省税务机关规定的其他情形。

20. 【答案】BD

【解析】选项 A：房地产开发企业建造的与清算项目配套的公共设施，建成后产权属于全体业主的，成本、费用可以扣除；选项 C：房地产开发企业扣留建筑施工企业一定比例的工程款，作为开发项目的质量保证金，建筑施工企业对房地产开发企业开具发票的，按发票所载金额予以扣除。

（三）计算问答题

1. 【答案及解析】

（1）纳税人应进行土地增值税清算。按照规定，房地产开发项目全部竣工、完成销售的，纳税人应进行土地增值税清算。本题目中的房地产开发公司，已将普通住宅全部对外销售完毕，所以纳税人应进行土地增值税清算。

（2）该房地产开发公司销售写字楼的增值税销项税额 =（35 000 - 5 000）÷（1 + 9%）× 9% = 2 477.06（万元）

不动产转让的增值税税率为9%，房地产开发公司一般纳税人计算增值税销项税时，可从销售额中扣减支付给政府的土地价款。

（3）取得土地使用权支付的全部金额 = 5 000 ×（1 + 3%）= 5 150（万元）

可扣除的开发成本 = 8 000（万元）

可扣除的开发费用 = 400 +（5 150 + 8 000）× 5% = 1 057.5（万元）

加计扣除 =（5 150 + 8 000）× 20% = 2 630（万元）

扣除项目金额合计 = 5 150 + 8 000 + 1 057.5 + 200 + 2 630 = 17 037.5（万元）

（4）该房地产开发公司的不含税转让收入金额 = 35 000 - 2 477.06 = 32 522.94（万元）

土地增值额 = 32 522.94 - 17 037.5 = 15 485.44（万元）

增值率 = 15 485.44 ÷ 17 037.5 × 100% = 90.89%，适用40%的税率，速算扣除系数5%。

房地产开发公司应缴纳的土地增值税 = 15 485.44 × 40% - 17 037.5 × 5% = 5 342.3（万元）

2. **【答案及解析】**

（1）该企业写字楼的评估价格 = 重置成本价 × 成新度折扣率 = 18 000 × 70% = 12 600（万元）

（2）转让存量房的扣除项目：取得土地使用权所支付的金额、房屋及建筑物的评估价格、转让环节缴纳的税金。

计算土地增值税时允许扣除项目金额的合计数 = 5 000 + 12 600 + 2 452 = 20 052（万元）

（3）增值额 = 30 000 - 20 052 = 9 948（万元）

增值率 = 9 948 ÷ 20 052 × 100% = 49.61%，适用税率为30%。

转让写字楼应缴纳的土地增值税 = 9 948 × 30% = 2 984.4（万元）

第十一章 车辆购置税法、车船税法和印花税法

一、2020 年新教材内容主要变化

1. 新增“车辆购置税不属于应税范围车辆”的内容；
2. 调整“车辆购置税的计税依据及相关公式”；
3. 调整“车辆购置税的税收优惠政策和征管规定”。

二、本章近 5 年考情分析

本章属于税法考试次重点章，包括车辆购置税法、车船税法、印花税法三部分内容，其中印花税法相对重要。考试一般以单项选择题、多项选择题命题，印花税偶尔年份会单独考核计算问答题。近 5 年本章考试平均分值 6 分左右。2020 年预计考试分值在 7 分左右。

三、本章内容

第一单元　车辆购置税法
第二单元　车船税法
第三单元　印花税法

四、重难点解析

第一单元　车辆购置税法

车辆购置税，是以在中国境内购置规定车辆为课税对象、在特定的环节向车辆购置者征收的一种税。就其性质而言，属于直接税的范畴。

重难点 1：纳税人与征税范围★★

（一）纳税人

车辆购置税的纳税人，是指在境内购置汽车、有轨电车、汽车挂车、排气量超过一百五十毫升的摩托车（统称应税车辆）的单位和个人。

【小贴士】购置是指以购买、进口、自产、受赠、获奖或者其他方式取得并自用应税车辆的行为。

【小贴士】车辆购置税实行一次性征收；购置已征车辆购置税的车辆，不再征收车辆购置税。

【小贴士】车辆购置税的应税行为，是从各种购置渠道取得并使用应税车辆的行为，其行为标志是“自用”。

【经典真题】

【多选题·2009】下列各项中，属于车辆购置税应税行为的有（　　）。

A. 购买使用行为　　B. 进口使用行为

C. 受赠使用行为　　D. 获奖使用行为

【答案】ABCD

【解析】车辆购置税的购置是指购买使用行为、进口使用行为、受赠使用行为、自产自用行为、获奖使用行为以及拍卖、抵债、走私、罚没等方式取得并使用的行为。

【多选题·2012】下列各项中，属于车辆购置税应税行为的有（　　）。

A. 受赠使用应税车辆　　B. 进口使用应税车辆

C. 经销商经销应税车辆　　D. 债务人以应税车辆抵债

【答案】AB

【单选题·2018】下列人员中，属于车辆购置税纳税义务人的是（　　）。

A. 应税车辆的拍卖者　　B. 应税车辆的承租者

C. 应税车辆的出口者　　D. 应税车辆的受赠者

【答案】D

【解析】车辆购置税的纳税人，是指在我国境内购置应税车辆的单位和个人，其中购置是指购买、进口、受赠、自产、受赠、获奖或者其他方式取得并自用应税车辆的行为。

（二）征税范围（重要）

以列举的车辆作为征税对象，未列举的车辆不纳税。包括汽车、摩托车、电车、挂车、农用运输车，具体规定如下：

1. 汽车，包括各类汽车。

2. 摩托车，包括轻便摩托车、二轮摩托车、三轮摩托车。

3. 电车，包括无轨电车、有轨电车。

4. 挂车，包括全挂车、半挂车。

5. 农用运输车，包括三轮农用运输车、四轮农用运输车。

【小贴士】地铁、轻轨等城市轨道交通车辆，装载机、平地机、挖掘机、推土机等轮式专用机械车，以及起重机（吊车）、叉车、电动摩托车，不属于应税车辆。（新）

【小贴士】纳税人进口自用应税车辆，是指纳税人直接从境外进口或者委托代理进口自用的应税车辆，不包括在境内购买的进口车辆。

【经典模拟题】

【多选题】下列车辆，属于车辆购置税征税范围的有（　　）。

A. 排气量 120 毫升的摩托车　　B. 有轨电车

C. 汽车挂车　　D. 电动自行车

【答案】BC

【解析】选项 A：排气量超过一百五十毫升的摩托车属于车辆购置税的征税范围；选项 D：电动自行车不属于车辆购置税的征税范围。

重难点2：税率与计税依据★★

（一）税率（重要）

车辆购置税实行统一比例税率，税率为10%。

（二）计税依据（调）

计税依据为应税车辆的计税价格，按照下列规定确定：

【小贴士】车辆购置税实行从价定率、价外征收的方法计算应纳税额，应税车辆的价格即计税价格为车辆购置税的计税依据。

1. 纳税人购买自用应税车辆的计税价格，为纳税人实际支付给销售者的全部价款，依据纳税人购买应税车辆时相关凭证载明的价格确定，不包括增值税税款。

2. 纳税人进口自用应税车辆的计税价格，为关税完税价格加上关税和消费税。

计税价格＝关税完税价格＋关税＋消费税＝（关税完税价格＋关税）÷（1－消费税税率）

【小贴士】购买自用的应税车辆包括购买国产车、购买进口车；购买进口车并不是指直接从境外进口或者委托代理进口自用的应税车辆，而是指在境内购买的其他单位（如4S店）进口的车辆；纳税人直接从境外进口或者委托代理进口自用的应税车辆，才属于进口自用车辆。

3. 纳税人自产自用应税车辆的计税价格，按照纳税人生产的同类应税车辆（即车辆配置序列号相同的车辆）的销售价格确定，不包括增值税税款；没有同类应税车辆销售价格的，按照组成计税价格确定。组价计算公式如下：

组成计税价格＝成本×（1＋成本利润率）

属于应征消费税的应税车辆，其组成计税价格中应加计消费税税额。

4. 纳税人以受赠、获奖或者其他方式取得自用应税车辆的计税价格，按照购置应税车辆时相关凭证载明的价格确定，不包括增值税税款。

【小贴士】（1）购置应税车辆时相关凭证，是指原车辆所有人购置或者以其他方式取得应税车辆时载明价格的凭证；（2）无法提供相关凭证的，参照同类应税车辆市场平均交易价格确定其计税价格。

【小贴士】原车辆所有人为车辆生产或者销售企业，未开具机动车销售统一发票的，按照车辆生产或者销售同类应税车辆的销售价格确定应税车辆的计税价格；无同类应税车辆销售价格的，按照组成计税价格确定应税车辆的计税价格。

【小贴士】纳税人申报的应税车辆计税价格明显偏低，又无正当理由的，由税务机关依照《征管法》的规定核定其应纳税额。

重难点3：应纳税额的计算★★★

应纳税额＝计税价格×税率10%

（一）购买自用应税车辆应纳税额的计算

纳税人购买自用的应税车辆，其计税价格由纳税人支付给销售者的全部价款组成（不包括增值税税款）。

实际支付给销售者的全部价款，依据纳税人购买应税车辆时相关凭证载明的价格确定，不包括增值税税款。计税价格还应包括下列费用：

1. 随购买车辆支付的工具件和零部件价款；

2. 支付的车辆装饰费；

3. 销售单位开展优质销售活动所开票收取的有关费用。

【小贴士】不含增值税税款，是指销售单位开给购买者的各种发票金额中包含的增值税税款。

【小贴士】关于代收款项相关规定：

（1）凡使用代收单位（即受托方，一般指4S店）票据收取的款项，应并入计税价格中一并征税。

（2）凡使用委托方票据收取，受托方（4S店）只履行代收义务并收取代收手续费的款项，不并入计税价格征收车辆购置税。

【举例】宋某2020年5月从某汽车有限公司购买一辆小汽车供自己使用，支付了含增值税税款在内的款项226 000元，另支付代收临时牌照费580元、代收保险费1 000元，支付购买工具件和零配件价款4 000元，车辆装饰费1 200元。所支付的款项均由该汽车有限公司开具“机动车销售统一发票”和有关票据。计算宋某应缴纳的车辆购置税。

【解析】（1）计税依据 =（226 000 + 580 + 1 000 + 4 000 + 1 200）÷（1 + 13%）= 206 000（元）；（2）应纳税额 = 206 000 × 10% = 20 600（元）。

【经典真题】

【多选题·2011】某机关2011年4月购汽车一辆，随购车支付的下列款项中，应并入计税依据征收车辆购置税的有（　　）。

A. 代垫款项　　B. 增值税税款　　C. 零部件价款　　D. 车辆装饰费

【答案】CD

【解析】选项A：凡使用委托方票据收取，受托方（4S店）只履行代收义务并收取代收手续费的款项，不并入计税价格征收车辆购置税；选项B：增值税税款不计入计税依据。

【单选题·2019】下列税费中，应计入车辆购置税计税依据的是（　　）。

A. 购车时支付的增值税

B. 购车时随购车款同时支付的车辆装饰费

C. 购车时支付的已取得保险公司票据的保险费

D. 购车时支付的已取得公安交管部门票据的临时牌照费

【答案】B

【单选题·2013改编】2020年5月，王某从汽车4S店购置了一辆排气量为1.8升的乘用车，支付购车款（含增值税）226 000元并取得“机动车销售统一发票”，支付代收保险费5 000元并取得保险公司开具的票据，支付购买工具件价款（含增值税）1 000元并取得汽车4S店开具的普通发票。王某应缴纳的车辆购置税为（　　）元。

A. 20 000　　B. 20 088.50　　C. 20 512.82　　D. 24 000

【答案】B

【解析】王某应缴纳的车辆购置税 =（226 000 + 1 000）÷ 1.13 × 10% = 20 088.50（元）。

【多选题·2014 改编】某旅游公司 2020 年 5 月从游艇生产企业购进一艘游艇，取得的增值税专用发票注明价款 120 万元、税额 15.6 万元；从汽车贸易公司购进一辆小汽车，取得增值税机动车统一销售发票注明价款 40 万元、税额 5.2 万元；游艇的消费税税率为 10%，小汽车消费税税率为 5%。下列关于上述业务相关纳税事项的表述中，正确的有（　　）。

A. 汽车贸易公司应缴纳消费税 2 万元

B. 游艇生产企业应缴纳消费税 12 万元

C. 旅游公司应缴纳游艇车辆购置税 12 万元

D. 旅游公司应缴纳小汽车的车辆购置税 4 万元

【答案】BD

【解析】选项 A：汽车贸易公司销售普通小汽车不缴纳消费税，普通小汽车在生产环节、委托加工环节和进口环节缴纳消费税；选项 B：游艇生产企业应缴纳消费税 = 120 × 10% = 12（万元）；选项 C：游艇不属于车辆购置税征税范围；选项 D：旅游公司应缴纳小汽车的车辆购置税 = 40 × 10% = 4（万元）。

【经典模拟题】

【单选题】2020 年 5 月，李某在某 4S 店购买一台小汽车自用，支付含税价款 82 490 元，4S 店代收临时牌照费 150 元，代收保险费 3 000 元。4S 店对代收临时牌照费和代收保险费均提供委托方票据。李某应纳车辆购置税为（　　）元。

A. 6 293.10　　B. 6 896.55　　C. 7 300.00　　D. 8 000.00

【答案】C

【解析】李某应缴纳车辆购置税 = 82 490/(1 + 13%) × 10% = 7 300（元）。

（二）进口自用应税车辆应纳税额的计算

纳税人进口自用的应税车辆，以组成计税价格（只能组价）为计税依据。

计算公式为：

组成计税价格 = 关税完税价格 + 关税

如果进口车辆是属于消费税征税范围的小汽车，则计算公式为：

组成计税价格 = 关税完税价格 + 关税 + 消费税 = (关税完税价格 + 关税) ÷ (1 − 消费税税率)

【小贴士】进口自用应税车辆，是指纳税人直接从境外进口或者委托代理进口自用的应税车辆，不包括在境内（4S 店）购买的进口车辆。

【小贴士】纳税人进口应税车辆自用的，由进口自用方纳税；如果进口车辆用于销售、抵债、以物易物等方面，不属于进口自用应税车辆的行为，进口方不缴纳车辆购置税。

【小贴士】进口自用应税车辆计征车辆购置税的计税依据，与进口计算增值税的计税依据一致。

【举例】某外贸进出口公司 2020 年 6 月，从国外进口 10 辆某公司生产的某型号小轿车。该公司报关进口这批小轿车时，经报关地海关对有关报关资料的审查，确定关税完税价格为每辆 185 000 元人民币，海关按关税政策规定每辆征收了关税 46 200 元，并按消费税、增值税有关规定分别代征了每辆小轿车的进口消费税 40 800 元和增值税 35 360 元。由于联系业务需要，该公司将一辆小轿车留在本单位使用。计算该公司应缴纳的车辆购置税。

【解析】（1）计税依据 = 185 000 + 46 200 + 40 800 = 272 000（元）；（2）应纳税额 = 272 000 × 10% = 27 200（元）。

【经典模拟题】

【单选题】2020 年 5 月，某汽车贸易公司进口 5 辆小轿车，海关审定的关税完税价格为 25 万元/辆。当月销售 2 辆，取得含税销售额 60 万元；2 辆供公司自用；1 辆用于抵偿债务，合同约定的含税价格为 30 万元。该汽车贸易公司应缴纳车辆购置税（　　）万元。（小轿车关税税率为 28%，消费税税率为 9%）

A. 7.03　　B. 5.00　　C. 7.50　　D. 10.55

【答案】A

【解析】应缴纳车辆购置税 = 2 × (25 + 25 × 28%) ÷ (1 − 9%) × 10% = 7.03（万元）。

（三）其他自用应税车辆应纳税额的计算

1. 纳税人以受赠、获奖或者其他方式取得自用应税车辆的计税价格，按照购置应税车辆时相关凭证载明的价格确定，不包括增值税税款。

2. 纳税人取得并自用应税车辆的，凡不能取得该型车辆的购置价格，或者低于最低计税价格的，以国家税务总局核定的最低计税价格作为计税依据计算征收车辆购置税：

应纳税额 = 最低计税价格 × 税率

【举例】某客车制造厂将自产的一辆某型号的客车，用于本厂后勤服务，该厂在办理车辆上牌落籍前，出具该车的发票，注明金额 65 000 元，并按此金额向主管税务机关申报纳税。经审核，国家税务总局对该车同类型车辆核定的最低计税价格为 80 000 元。计算该车应纳车辆购置税。

【解析】应纳税额 = 80 000 × 10% = 8 000（元）。

【经典模拟题】

【计算问答题】2020 年 5 月，某汽车制造厂将排量为 2.0 升的自产 C 型汽车 3 辆转作本厂固定资产，2 辆对外抵偿债务，1 辆奖励给本厂优秀员工。本厂同类 C 型汽车对外含增值税销售价格为 226 000 元/辆。

问题：计算该汽车制造厂应缴纳的车辆购置税。

【答案及解析】（1）自产自用的汽车需要缴纳车辆购置税，对外抵债的汽车由接受并自用的一方缴纳车辆购置税，奖励员工的汽车由取得并自用的员工缴纳车辆购置税；（2）应缴纳车辆购置税 = 226 000 ÷ (1 + 13%) × 3 × 10% = 60 000（元）。

（四）免税条件消失车辆的税务处理（新）

已经办理免税、减税手续的车辆因转让、改变用途等原因不再属于免税、减税范围的，纳税人、纳税义务发生时间、应纳税额按以下规定执行：

1. 发生转让行为的，受让人为车辆购置税纳税人；未发生转让行为的，车辆所有人为车辆购置税纳税人。

2. 纳税义务发生时间为车辆转让或者用途改变等情形发生之日。

3. 应纳税额计算公式为：

应纳税额 = 初次办理纳税申报时确定的计税价格 ×（1 - 使用年限 ×10%）×10% - 已纳税额

【小贴士】应纳税额不得为负数。

【小贴士】使用年限的计算方法是，自纳税人初次办理纳税申报之日起，至不再属于免税、减税范围的情形发生之日止。使用年限取整计算，不满一年的不计算在内。

重难点4：税收优惠★★★

1. 外国驻华使馆、领事馆和国际组织驻华机构及其外交人员自用车辆免税；

2. 中国人民解放军和中国人民武装警察部队列入军队武器装备订货计划的车辆免税；

3. 悬挂应急救援专用号牌的国家综合性消防救援车辆免税；

4. 设有固定装置的非运输车辆免税；

5. 城市公交企业购置的公共汽电车辆免税；

【小贴士】公共汽电车辆，是指按规定的线路、站点票价营运，用于公共交通服务，为运输乘客设计和制造的车辆，包括公共汽车、无轨电车和有轨电车。

6. 回国服务的在外留学人员用现汇购买1辆个人自用国产小汽车和长期来华定居专家进口1辆自用小汽车免征车辆购置税；

7. 防汛部门和森林消防部门用于指挥、检查、调度、报汛（警）、联络的由指定厂家生产的设有固定装置的指定型号的车辆免征车辆购置税；

8. 自2018年1月1日至2020年12月31日，对购置的新能源汽车免征车辆购置税；

【小贴士】新能源汽车免征车辆购置税；节能汽车无税收优惠。

9. 自2018年7月1日至2021年6月30日，对购置挂车减半征收车辆购置税；

10. 中国妇女发展基金会“母亲健康快车”项目的流动医疗车免征车辆购置税；（新）

11. 北京2022年冬奥会和冬残奥会组织委员会新购置车辆免征车辆购置税；（新）

12. 原公安现役部队和原武警黄金、森林、水电部队改制后换发地方机动车牌证的车辆（公安消防、武警森林部队执行灭火救援任务的车辆除外），一次性免征车辆购置税。

【经典模拟题】

【多选题】下列车辆中，可以享受车辆购置税减免税政策的有（　　）。

A. 林业部门购买的森林消防专用车

B. 城市公交企业购置的公共汽电车辆

C. 国际组织驻华机构自用车辆

D. 回国服务的留学人员用现汇购买1辆自用进口小汽车

【答案】ABC

【解析】选项D：回国服务的留学人员用现汇购买1辆自用国产小汽车，享受免征车辆购置税优惠政策。

【多选题】根据车辆购置税的规定，下列车辆应计算缴纳车辆购置税的有（　　）。

A. 汽车

B. 电动摩托车

C. 有轨电车

D. 设有固定装置的非运输专用作业车辆

【答案】AC

【解析】车辆购置税法规定的征税范围为汽车、有轨电车、汽车挂车、排气量超过一百五十毫升的摩托车。

重难点5：征收管理★★

（一）纳税申报

车辆购置税的纳税义务发生时间，为纳税人购置应税车辆的当日。

纳税人办理纳税申报时应如实填写《车辆购置税纳税申报表》，同时提供以下资料：

（1）纳税人身份证明；（2）车辆价格证明；（3）车辆合格证明；（4）税务机关要求提供的其他资料。

【小贴士】车辆购置税实行一车一申报制度，但免税车辆转让或改变用途需重新申报。

（二）纳税环节

车辆购置税是对应税车辆的购置使用行为课征，实行一次课征制度。征税环节为购置使用环节。（最终消费环节）

【小贴士】应税车辆上牌登记注册前，应当缴纳税款。（先税后证）

（三）纳税地点（调）

（1）需要办理车辆登记注册手续的纳税人，向车辆登记地的主管税务机关申报纳税；

（2）不需要办理车辆登记注册手续的纳税人，单位纳税人向其机构所在地的主管税务机关申报纳税，个人纳税人向其户籍所在地或者经常居住地的主管税务机关申报纳税。

【小贴士】车辆登记注册地，是指车辆的上牌落籍地或落户地。

（四）纳税期限

纳税人应当自纳税义务发生之日起60日内申报缴纳车辆购置税。

1. 购买自用的应税车辆，自购买之日起60日内申报纳税；

2. 进口自用的应税车辆，应当自进口之日起60日内申报纳税；

3. 自产、受赠、获奖和以其他方式取得并自用的应税车辆，应当自取得之日起60日内申报。

【小贴士】“购买之日”是指纳税人购车发票上注明的销售日期；“进口之日”是指纳税人报关进口的当天。

（五）车辆购置税的退税制度

已征车辆购置税的车辆退回车辆生产或销售企业，纳税人申请退还车辆购置税的，应退税额计算公式如下：

应退税额 = 已纳税额 ×（1 − 使用年 ×10%）

应退税额不得为负数。

使用年限的计算方法是，自纳税人缴纳税款之日起，至申请退税之日止。

【小贴士】学员应注意辨析“免税条件消失车辆的税务处理”与“车辆购置税的退税制度”的差异。

【本单元小结】

1. 本单元的掌握与熟悉。

（1）掌握车辆购置税的比例税率为10%；

（2）掌握车辆购置税的计税依据、税收优惠的规定；

（3）熟悉车辆购置税的各类应税行为、税额计算、退税制度的特殊规定。

2. 与其他章节或税种的关系。

（1）与第一章税法总论：掌握车辆购置税由税务机关征收，属于中央固定收入；

（2）与车船税：车辆购置税是“购置”环节纳税且一次性征收，车船税是保有环节缴纳，持有期间每年纳税；

（3）与企业所得税：车辆购置税可以在所得税前扣除，属于计算应纳税所得额时可（间接）扣除的税金。

第二单元　车船税法

车船税是以车船为征税对象，向拥有车船的单位和个人征收的一种税。

重难点1：纳税人与征税范围★★

1. 纳税人

车船税的纳税人，是指在中华人民共和国境内，车辆、船舶（简称“车船”）的所有人或者管理人，应当依照《车船税法》的规定缴纳车船税。

【小贴士】管理人，是指对车船具有管理权或者使用权，不具有所有权的单位和个人。

2. 征税范围

车船税的征税范围，是指在境内属于《车船税法》所附《车船税税目税额表》规定的车辆、船舶。车辆、船舶是指：

（1）依法应当在车船管理部门登记的机动车辆和船舶；

（2）依法不需要在车船管理部门登记、在单位内部场所行驶或者作业的机动车辆和船舶。

【小贴士】车辆分为机动车辆和非机动车辆，车船税的征收范围包括机动车辆，不包括非机动车辆。

【小贴士】船舶分为机动船舶和非机动船舶，车船税的征收范围包括机动船舶，不包括非机动船舶，但非机动驳船需要缴纳车船税。

【小贴士】境内单位和个人租入外国籍船舶的，不征收车船税；境内单位和个人将船舶出租到境外的，应依法征收车船税。

重难点2：税率与税目★★

（一）车船税实行定额税率

《车船税税目税额表》中车辆、船舶的税目适用范围由财政部、国家税务总局参照国家相关标准确定。

【小贴士】“车辆”的具体适用税额，由省级人民政府依照车船税法所附《车船税税目税额表》规定的税额幅度和国务院的规定确定。

【小贴士】“船舶”的具体适用税额，由国务院在车船税法所附《车船税税目税额表》规定的税额幅度内确定。

（二）税目

<table>
<tr><td colspan="2">税目</td><td>计税单位</td></tr>
<tr><td colspan="2">乘用车［按发动机汽缸容量（排气量）分档］</td><td rowspan="3">每辆</td></tr>
<tr><td colspan="2">摩托车</td></tr>
<tr><td rowspan="2">商用车</td><td>客车</td></tr>
<tr><td>货车</td><td rowspan="4">整备质量每吨</td></tr>
<tr><td colspan="2">挂车</td></tr>
<tr><td rowspan="2">其他车辆</td><td>专用作业车</td></tr>
<tr><td>轮式专用机械车</td></tr>
<tr><td rowspan="2">船舶</td><td>机动船舶</td><td>净吨位每吨</td></tr>
<tr><td>游艇</td><td>艇身长度每米</td></tr>
</table>

1. 计税单位。

车船税计税单位包括：“每辆”“整备质量每吨”“净吨位每吨”“艇身长度每米”。

2. 具体规定。

（1）客货两用车，按照货车计税；

（2）挂车，按照货车税额的50%计算；

（3）征税范围内的其他车辆，不包括拖拉机；

（4）拖船、非机动驳船，分别按照机动船舶税额的50%计算。

【小贴士】拖船按照发动机功率每1千瓦折合净吨位0.67吨，计算征收车船税。

3.《车船税法》及其实施条例所涉及的排气量、整备质量、核定载客人数、净吨位、千瓦、艇身长度，以车船管理部门核发的车船登记证书或者行驶证相应项目所载数据为准。

4.《车船税法》及其实施条例涉及的整备质量、净吨位、艇身长度等计税单位，有尾数的一律按照含尾数的计税单位据实计算车船税应纳税额。计算得出的应纳税额小数点后超过两位的可四舍五入保留两位小数。

【经典真题】

【单选题·2016】下列关于车船税计税单位确认的表述中，正确的是（　　）。

A. 摩托车按“排气量”作为计税单位

B. 游艇按“净吨位每吨”作为计税单位

C. 商用货车按“每辆”作为计税单位

D. 专用作业车按“整备质量每吨”作为计税单位

【答案】D

【经典模拟题】

【单选题】下列关于车船税的说法，正确的是（　　）。

A. 拖船按船舶税额的70%计算车船税

B. 挂车按照货车税额的50%计算车船税

C. 非机动驳船按照机动船舶税额60%计算车船税

D. 车辆整备质量尾数在0.5吨以下的不计算车船税

【答案】B

【解析】选项AC：拖船、非机动驳船按照机动船舶税额的50%计算车船税；选项D：根据规定，有尾数的一律按照含尾数的计税单位据实计算车船税应纳税额，计算得出的应纳税额小数点后超过两位的可四舍五入保留两位小数。

【经典真题】

【多选题·2019】下列车船中，属于车船税征税范围的有（　　）。

A. 拖拉机　　B. 节能汽车　　C. 非机动驳船　　D. 纯电动乘用车

【答案】BC

重难点3：应纳税额的计算★★

1. 购置的新车船，购置当年的应纳税额自纳税义务发生的当月起按月计算。

计算公式为：

应纳税额 =（年应纳税额 ÷12）× 应纳税月份数

应纳税月份数 =12 − 纳税义务发生时间（取月份）+1

【举例】某单位2020年5月购买捷达轿车一辆，该省政府规定该排量乘用车每辆适用的车船税年税额为480元。

【解析】（1）该单位这辆捷达车2020年应纳税月份数 =12 −5 +1 =8个月；（2）该辆捷达车当年应缴纳车船税 =480/12 ×8 =320（元）。

【经典真题】

【单选题·2014】某机械制造厂2013年拥有货车3辆，每辆货车的整备质量为1.499吨；挂车1辆，其整备质量为1.2吨；小汽车2辆。已知货车车船税税率为整备质量每吨年基准税额16元，小汽车车船税税率为每辆年基准税额360元。该厂2013年度应缴纳车船税为（　　）元。

A. 441.6　　B. 792　　C. 801.55　　D. 811.2

【答案】C

【解析】应缴纳车船税 =1.499 ×3 ×16 +1.2 ×16 ×50% +2 ×360 =801.55（元）。

【经典模拟题】

【单选题】某运输企业2020年初拥有小轿车5辆，2020年3月外购货车12辆，每辆整备质量为 10 吨，并于当月办理登记手续。假设货车年税额为整备质量每吨 50 元，小轿车年税额为每辆 500 元，该企业 2020 年应缴纳车船税（　　）元。

A. 2 500　　B. 7 000　　C. 8 500　　D. 7 500

【答案】D

【解析】应缴纳车船税 $=5\times500+12\times10\times50\div12\times10=7\ 500$（元）。

2. 被盗抢、报废、灭失的车船的税额计算。

（1）在一个纳税年度内，已完税的车船被盗抢、报废、灭失的，纳税人可以凭有关管理机关出具的证明和完税证明，向纳税所在地的主管税务机关申请退还自被盗抢、报废、灭失月份起至该纳税年度终了期间的税款。

（2）已办理退税的被盗抢车船失而复得的，纳税人应当从公安机关出具相关证明的当月起计算缴纳车船税。

【小贴士】已缴纳车船税的车船在同一纳税年度内办理转让过户的，不另纳税，也不退税。

【小贴士】在一个纳税年度内，纳税人在非车辆登记地由保险机构代收代缴机动车车船税，且能够提供合法有效完税证明的，纳税人不再向车辆登记地的税务机关缴纳车辆车船税。

【经典真题】

【单选题·2015】某企业 2015 年 1 月缴纳了 5 辆客车的车船税，其中一辆 9 月被盗，已办理车船税退还手续；11 月由公安机关找回并出具证明，企业补缴了车船税，假定该类型客车年基准税额为 480 元/辆，该企业 2015 年实际缴纳的车船税总计为（　　）元。

A. 1 920　　B. 2 400　　C. 3 250　　D. 2 320

【答案】D

【解析】该企业 4 辆车缴纳全年的税额，1 辆车缴纳 10 个月的税额；该企业 2015 年实缴的车船税总计 $=4\times480+480\div12\times10=2\ 320$（元）。

重难点 4：税收优惠★★★

（一）法定减免

1. 捕捞、养殖渔船。

2. 军队、武装警察部队专用的车船。

3. 警用车船。包括公安机关、国家安全机关、监狱、劳动教养管理机关和人民法院、人民检察院领取警用牌照的车辆和执行警务的专用船舶。

4. 依照法律规定应当予以免税的外国驻华使领馆、国际组织驻华代表机构及其有关人员的车船。

5. 对节能汽车，减半征收车船税；对新能源车船，免征车船税。

【小贴士】减半征收车船税的节能乘用车和商用车、免征车船税的使用新能源汽车和船舶，均应符合规定的标准。

【小贴士】纯电动乘用车、燃料电池乘用车不属于车船税征收范围。

【小贴士】学员应注意辨析“减半征收车船税”、“免征车船税”、“不属于车船税征收范围”的具体界定。

6. 省级人民政府根据当地实际情况，可以对公共交通车船，农村居民拥有并主要在农村地区使用的摩托车、三轮汽车和低速载货汽车定期减征或者免征车船税。

7. 国家综合性消防救援车辆由部队号牌改挂应急救援专用号牌的，一次性免征改挂当年车船税。

（二）特定减免

1. 经批准临时入境的外国车船和香港特别行政区、澳门特别行政区、台湾地区的车船，不征收车船税。

2. 按照规定缴纳船舶吨税的机动船舶，自《车船税法》实施之日起5年内免征车船税（2018已经到期）。

3. 机场、港口内部行驶或作业的车船，自《车船税法》实施之日起5年内免征车船税（2018已经到期）。

【小贴士】上述法定减免和特定减免的具体范围，学员要注意辨析。

【经典真题】

【单选题·2017】下列车船中，享受减半征收车船税优惠的是（　　）。

A. 纯电动汽车　　B. 燃料电池汽车

C. 符合规定标准的节约能源乘用车　　D. 使用新能源的混合动力汽车

【答案】C

【解析】对节能汽车，减半征收车船税；对新能源车船，免征车船税。减半征收车船税的节能乘用车和商用车、免征车船税的新能源汽车和船舶，均应符合规定的标准。

【单选题·2018】下列车船中，免征车船税的是（　　）。

A. 辅助动力帆艇　　B. 武警专用车船

C. 半挂牵引车　　D. 客货两用汽车

【答案】B

【解析】选项B：军队、武装警察部队专用的车船，免征车船税。

【经典模拟题】

【多选题】下列车船属于法定免税的有（　　）。

A. 港口内部作业车　　B. 公安部门专用车船

C. 非机动驳船　　D. 捕捞、养殖渔船

【答案】BD

【解析】非机动驳船、专项作业车不在法定免税范围之内。

【多选题】下列在用车船中，应当免征车船税的有（　　）。

A. 公安机关办案专用的车辆

B. 军队用于出租的富余小汽车

C. 农村的公共交通车辆

D. 在渔船管理部门登记的净吨位 1.5 吨的捕捞渔船

【答案】AD

【解析】选项 B：军队、武装警察部队专用的车船属于法定免税范围；选项 C：省级人民政府根据当地实际情况，可以对公共交通车船，农村居民拥有并主要在农村地区使用的摩托车、三轮汽车和低速载货汽车定期减征或者免征车船税。

重难点 5：征收管理★★

（一）纳税期限

车船税纳税义务发生时间，为取得车船所有权或者管理权的当月，即为购买车船的发票或者其他证明文件所载日期的当月。

（二）纳税地点

车船税的纳税地点，为车船的登记地或者车船税扣缴义务人所在地；依法不需要办理登记的车船，车船税的纳税地点为车船的所有人或者管理人所在地。

（三）纳税申报

车船税按年申报，分月计算，一次性缴纳。纳税年度为公历 1 月 1 日至 12 月 31 日。具体纳税申报期限由省级人民政府规定。

【小贴士】房产税按年计算、分期缴纳；城镇土地使用税按年计算、分期缴纳。

【本单元小结】

1. 本单元的掌握与熟悉。

（1）掌握车船税在取得车船所有权或者管理权的“当月”发生纳税义务。

（2）掌握免征、减征、不征车船税的具体范围。

（3）熟悉车船税的计税依据、税额的计算、税收优惠的内容。

2. 与其他税种的关系。

（1）与企业所得税：车船税可以在所得税前扣除，属于计算应纳税所得额时可（直接）扣除的税金。

（2）与车辆购置税税收优惠的差异（重要）。

车辆性质		车船税	车辆购置税
新能源汽车	乘用车	纯电动乘用车和燃料电池乘用车不属于车船税征税范围，不征收车船税	免征车辆购置税
	商用车	纯电动商用车、插电式（含增程式）混合动力汽车、燃料电池商用车免征车船税	
节能汽车	乘用车	减半征收车船税	无税收优惠
	商用车	减半征收车船税	
挂车		挂车按照货车税额的 50% 计算车船税	减半征收车辆购置税

第三单元　印花税法

印花税，是对经济活动和经济交往中，书立、领受、使用应税凭证的行为为征税对象征收的一种税。

重难点1：纳税人★★

印花税的纳税人，是指在中国境内书立、使用、领受印花税法所列举的凭证，并应依法履行纳税义务的单位和个人。具体分为：立合同人、立据人、立账簿人、领受人、使用人和各类电子应税凭证的签订人。

（一）立合同的当事人

1. 当事人，是指对凭证有直接权利义务关系的单位和个人，但不包括合同的担保人、证人、鉴定人。

2. 当事人的代理人有代理纳税的义务，他与纳税人负有同等的税收法律义务和责任。

【小贴士】合同的界限：包括合同以及具有合同效力的协议、契约、合约、单据、确认书及其他各种名称的凭证；合同应当是合法的合同。

（二）立据人

书立产权转移书据的单位和个人，如商品房销售合同按产权转移书据计税贴花。

（三）立账簿人

设立并使用营业账簿的单位和个人。

（四）领受人

领取或接受并持有权利、许可证照的单位和个人。

【小贴士】权利、许可证照包括：不动产权证书、营业执照、商标注册证、专利证书。

（五）使用人

在国外书立、领受，但在国内使用应税凭证的单位和个人。

（六）各类电子应税凭证的签订人

【小贴士】对应税凭证，凡由两方或两方以上当事人共同书立应税凭证的，其当事人各方都是印花税纳税人，应各就其所持凭证的计税金额履行纳税义务。

【经典模拟题】

【多选题】下列属于印花税纳税义务人的有（　　）。

A. 购销合同的担保人

B. 发放专利证书的国家行政部门

C. 在国外书立，在国内使用技术合同的单位

D. 签订勘察设计合同的两家公司

【答案】CD

【解析】选项A：印花税的纳税人包括立合同人，立合同人是指合同的当事人，即对凭证有直接权利义务关系的单位和个人，但不包括合同的担保人、证人、鉴定人；选项B：印花税的纳税人，是领取或接受并持有权利、许可证照的单位和个人。

重难点 2：税目与税率★★★

（一）税目

印花税共 13 个税目，包括的 10 类经济合同；产权转移书据；营业账簿；权利、许可证照。

1. 购销合同。

包括供应、预购、采购、购销结合及协作、调剂、补偿、贸易等合同。

【小贴士】购销合同，包括发电厂与电网之间、电网与电网之间（国家电网公司系统、南方电网公司系统内部各级电网互供电量除外）签订的购售电合同。

【小贴士】出版单位与发行单位之间订立的图书、报刊、音像制品的应税凭证，如订购单、订数单等属于购销合同。

【小贴士】电网与用户之间签订的供用电合同不属于印花税列举征税的凭证，不征收印花税。

2. 加工承揽合同。

包括加工、定做、修缮、印刷、广告、测绘、测试等合同。

3. 建设工程勘察设计合同。

包括勘察、设计合同。

4. 建筑安装工程承包合同。

包括建筑、安装工程承包合同的总包合同、分包合同和转包合同。

5. 财产租赁合同。

6. 货物运输合同。

【小贴士】客运合同，不属于印花税列举征税的凭证，不征收印花税。

7. 仓储保管合同。

8. 借款合同。

包括银行及其他金融组织和借款人（不包括银行同业拆借）所签订的借款合同。

【小贴士】融资租赁合同属于借款合同，不属于财产租赁合同。

9. 财产保险合同。

【小贴士】人身（寿）保险合同，不属于印花税列举征税的凭证，不征收印花税。

【小贴士】"家庭财产两全保险"属于家庭财产保险性质，其合同在财产保险合同之列，照章纳税。

10. 技术合同。

包括技术开发、转让、咨询、服务等合同。

【小贴士】一般的法律、会计、审计（税务）等方面的咨询不属于技术咨询，其所书立合同不贴印花。

【小贴士】技术转让合同，包括专利申请权转让、非专利技术转让所书立的合同。不包括专利权转让、专利实施许可所书立的合同。（两者适用于产权转移书据）。

【小贴士】对比掌握四类不同的专利相关转让合同：

（1）专利权转让合同，是指专利权人作为转让方将其发明创造专利的所有权或持有权移交受让方，受让方支付约定价款所订立的合同（产权转移书据）。

（2）专利实施许可合同，是指专利权人或者其授权的人作为转让方许可受让方在约定的范围内实施专利，受让方支付约定使用费所订立的合同（产权转移书据）。

（3）专利申请权转让合同，是指转让方将其就特定的发明创造申请专利的权利移交受让方，受让方支付约定价款所订立的合同（技术合同）。

（4）非专利技术转让合同，是指转让方将拥有的非专利技术成果提供给受让方，明确相互间非专利技术成果使用权、转让权，受让方支付约定使用费所订立的合同（技术合同）。

11. 产权转移书据。

包括财产所有权、版权、商标专用权、专利权、专有技术使用权共5项产权的转移书据。

（1）财产所有权的征税范围。

"财产所有权"转移书据的征税范围，是指经政府管理机关登记注册的动产和不动产所有权转移所立的书据，以及企业股权转让所立的书据、个人无偿赠送不动产所签订的"个人无偿赠与不动产登记表"。

（2）土地使用权出让合同、土地使用权转让合同、商品房销售合同按照产权转移书据（财产所有权）征收印花税。

（3）专利权转让、专利实施许可所书立的合同，按产权转移书据征收印花税。

【小贴士】按产权转移书据征收印花税的具体项目：财产所有权和版权、商标专用权、专利权、专有技术使用权等转移书据和专利实施许可合同、土地使用权出让合同、土地使用权转让合同、商品房销售合同、个人无偿赠与不动产登记表。

12. 营业账簿。

营业账簿，是指财务会计核算账簿，分为记载资金的账簿和其他账簿。

（1）记载资金的账簿。

记载资金的账簿，不是指记载货币资金的账簿，而是指记载"实收资本"和"资本公积"资本金数额增减变化的账簿。

（2）其他账簿。

除记载资金账簿以外的营业账簿，包括日记账簿和各（总）明细分类账簿。

【小贴士】车间、门市部、仓库设置的不属于会计核算范围或虽属会计核算范围，但不记载金额的登记簿、统计簿、台账等，不贴印花。

【小贴士】凡银行用以反映资金存贷经营活动、记载经营资金增减变化、核算经营成果的账簿，如各种日记账、明细账和总账都属于营业账簿，应按照规定征收印花税。

【小贴士】银行根据业务管理需要设置的各种登记簿，如空白重要凭证登记簿、有价单证登记簿、现金收付登记簿等，其记载的内容与资金活动无关，仅用于内部备查，属于非营业账簿，均不贴花。

13. 权利、许可证照（4项）。

权利、许可证照包括：不动产权证书、工商营业执照、商标注册证、专利证书。

【小贴士】学员应注意辨析上述13税目所列具体范围之间的差异。

【经典真题】

【多选题·2007】下列各项中，应按“产权转移书据”税目征收印花税的有（　　）。

A. 商品房销售合同　　B. 土地使用权转让合同

C. 专利申请权转让合同　　D. 个人无偿赠与不动产登记表

【答案】ABD

【解析】选项C：专利申请权转让合同按照“技术合同”贴花。

【单选题·2013】下列合同中，属于印花税征税范围的是（　　）。

A. 供用电合同　　B. 融资租赁合同　　C. 人寿保险合同　　D. 法律咨询合同

【答案】B

【解析】选项ACD：电网与用户之间签订的供用电合同、人寿保险合同、法律咨询合同不属于印花税列举征税的凭证，不征收印花税；选项B：融资租赁合同按照“借款合同”贴花。

【多选题·2014】下列凭证中，属于印花税征税范围的有（　　）。

A. 银行设置的现金收付登记簿

B. 个人出租门店签订的租赁合同

C. 电网与用户之间签订的供用电合同

D. 出版单位与发行单位之间订立的图书订购单

【答案】BD

【解析】选项A：银行根据业务管理需要设置的各种登记簿，如现金收付登记簿，属于非营业账簿，不征收印花税；选项C：电网与用户之间签订的供用电合同不属于印花税列举征税的凭证，不征收印花税。

【单选题·2017】下列合同中，应按照“技术合同”税目征收印花税的是（　　）。

A. 技术中介合同　　B. 会计制度咨询合同

C. 税务筹划咨询合同　　D. 经济法律咨询合同

【答案】A

【解析】选项BCD：一般的法律、会计、审计等方面的咨询不属于技术咨询，其所立合同不贴印花。

【多选题·2018】下列合同中，应按照“产权转移书据”税目缴纳印花税的有（　　）。

A. 商品房销售合同　　B. 专利实施许可合同

C. 股权转让合同　　D. 专利申请权转让合同

【答案】ABC

【解析】选项D：按照“技术合同”缴纳印花税。

【多选题·2015改编】下列证照中，应按“权利、许可证照”税目征收印花税的有（　　）。

A. 专利证书　　B. 工商营业执照　　C. 卫生许可证　　D. 税务登记证

【答案】AB

（二）税率

印花税税率，分为定额税率和比例税率。

具体税率		适用税目
比例税率	万分之零点五	借款合同
	万分之三	购销合同、建筑安装工程承包合同、技术合同
	万分之五	加工承揽合同、建设工程勘察设计合同、货物运输合同、产权转移书据、营业账簿中记载资金的账簿
	千分之一	财产租赁合同、仓储保管合同、财产保险合同
5 元定额税率		权利、许可证照和营业账簿中的其他账簿

【小贴士】印花税税率学员应熟悉，考试中可以不作为已知条件列示。

【小贴士】土地增值税的税率，考试时非必须提供，建议学员熟悉。

（三）证券交易印花税税率的特别规定

1. 在沪深证券交易所、全国中小企业股份转让系统买卖、继承、赠与优先股股票所书立的股权转让书据，均依书立时实际成交金额，由出让方按 1‰的税率计算缴纳证券交易印花税（单边征收）；

2. 香港市场投资者通过沪港通、深港通买卖、继承、赠与上交所、深交所上市 A 股，按内地现行税制规定缴纳证券（股票）交易印花税；内地投资者通过沪港通、深港通买卖、继承、赠与联交所上市股票，按香港特别行政区现行税法规定缴纳印花税。

【小贴士】交易所的区域，决定了按照该区域的税法规定计算缴纳印花税。

重难点 3：应纳税额的计算★★

（一）应纳税额的计算公式

应纳税额＝应税凭证计税金额（或应税凭证件数）×适用税率（或 5 元）

（二）计税依据的一般规定（重要）

1. 购销合同（重要）。

（1）购销合同的计税依据为购销金额，不得作任何扣除。

（2）商品购销活动中，采用以货换货（易货）方式和调剂合同进行商品交易签订的合同，是反映既购又销双重经济行为的合同，应按合同所载的购和销合计金额计税贴花。

【小贴士】合同未列明金额的，应按合同所载购、销数量依照国家牌价或者市场价格计算应纳税额。

【经典真题】

【单选题·2012】甲汽车轮胎厂与乙汽车制造厂签订了一份货物交换合同，甲以价值 65 万元的轮胎交换乙的两辆汽车，同时甲再支付给乙 3 万元差价。对此项交易，甲应缴纳的印花税税额为（　　）元。

A. 195　　B. 390　　C. 399　　D. 408

【答案】C

【解析】甲应缴纳印花税 = (65 × 2 + 3) × 0.3‰ × 10 000 = 399（元）。

2. 加工承揽合同（重要）。

计税依据：

(1) 受托方提供原材料的加工、定做合同，材料和加工费分别记载的，分别按购销合同和加工承揽合同贴花；未分别记载的，按全部金额依照加工承揽合同贴花。

(2) 委托方提供原料或主要材料的加工合同，按照合同中规定的受托方的加工费收入和提供的辅助材料金额之和，按加工承揽合同贴花。

【小贴士】学员应注意辨析“加工承揽合同印花税的计算”与“委托加工消费税的计算”的差异。

【经典真题】

【单选题·2003】某公司受托加工制作广告牌，双方签订的加工承揽合同中分别注明加工费 40 000 元、委托方提供价值 60 000 元的主要材料、受托方提供价值 2 000 元的辅助材料。该公司此项合同应缴纳印花税（　　）元。

A. 20　　B. 21　　C. 38　　D. 39

【答案】B

【解析】应缴纳印花税 = (40 000 + 2 000) × 0.5‰ = 21（元）。

【单选题·2009】某学校委托一服装加工企业定做一批校服，合同载明原材料金额 80 万元由服装加工企业提供，学校另支付加工费 40 万元。服装加工企业的该项业务应缴纳印花税（　　）元。

A. 240　　B. 360　　C. 440　　D. 600

【答案】C

【解析】该企业应缴纳印花税 = 800 000 × 0.3‰ + 400 000 × 0.5‰ = 440（元）。

3. 建设工程勘察设计合同。

计税依据为勘察、设计收取的费用，即勘察、设计收入。

4. 建筑安装工程承包合同（重要）。

计税依据为承包金额，不得剔除任何费用。

【小贴士】施工单位将自己承包的建设项目分包给其他施工单位的，所签订的分包合同还要计税贴花。

【经典模拟题】

【计算问答题】甲建筑公司与某企业签订了一份建筑安装承包合同，合同金额 8 000 万元（含相关费用 180 万元）。施工期间经双方约定，甲建筑公司又将其中价值 2 000 万元的安装工程分包给乙建筑公司，并签订了分包合同。

问题：计算甲建筑公司应缴纳的印花税税额。

【答案及解析】(1) 施工单位将自己承包的建设项目分包给其他施工单位的，所签订的分包合同还要计税贴花；(2) 甲建筑公司应缴纳印花税 = (8 000 + 2 000) × 0.3‰ = 3（万元）。

5. 财产租赁合同。

计税依据为租赁金额。

【小贴士】财产租赁合同如果经计算，税额超过 1 角不足 1 元的，按 1 元贴花。

【小贴士】租赁合同只是规定（月）天租金而不确定租期的，先定额 5 元贴花，以后结算时按实际金额计税，补贴印花。

6. 货物运输合同（重要）。

计税依据为运输费金额，但不包括所运货物的金额、装卸费用和保险费用等。

【小贴士】国内货物联运，因结算单据（合同）所列运费的结算方式不同而计税依据也不同，即起运地统一结算全程运费的，以全程运费为计税依据；分程结算运费的，应以分程运费为计税依据。

【小贴士】国际货运，托运方按全程运费计税；承运方为我国运输企业的按本程运费计算贴花，承运方为外国运输企业的免纳印花税。

【经典真题】

【多选题 · 2015】我国运输企业甲与国外运输企业乙根据我国境内托运方企业丙的要求签订了 1 份国际货运合同，合同规定由甲负责起运，乙负责境外运输，甲乙丙分别持有全程运费结算凭证，下列关于计算缴纳印花税的表述中正确的有（　　）。

A. 甲按本程运费计算缴纳印花税　　B. 丙按全程运费计算缴纳印花税

C. 乙按本程运费计算缴纳印花税　　D. 乙按全程运费计算缴纳印花税

【答案】AB

【解析】选项 CD：由外国运输企业运输进出口货物的，外国运输企业所持的一份运费结算凭证免纳印花税。

【单选题 · 2019】甲企业与运输公司签订货物运输合同，记载货物价款 100 万元、装卸费 15 万元、运输费 20 万元。甲企业按“货物运输合同”税目计算缴纳印花税的计税依据为（　　）万元。

A. 20　　B. 100　　C. 120　　D. 135

【答案】A

【解析】货物运输合同的计税依据为运输费金额，不包括所运货物的金额、装卸费用和保险费用等。

7. 仓储保管合同。

计税依据为收取的仓储保管的费用，不包括所保管货物的金额。

8. 借款合同。

借款合同的计税依据为借款金额。

不同的借贷形式，税法规定了不同的计税方法。

（1）一项信贷业务既签订借款合同，又一次或分次填开借据的，以借款合同所载金额为依据计税贴花。一项信贷业务只填开借据作为合同使用的，以借据所载金额为依据计税贴花。

（2）流动资金周转性借款合同一般按年（期）签订，规定最高限额，借款人在规定期限和最高限额内随借随还，以其规定的最高限额为依据，在签订时贴花一次；在规定期限及限额内随借随还不签订新合同的，不再另贴印花。

（3）借款方以财产作抵押，取得一定数量抵押贷款的合同按借款合同贴花；借款方因无力偿还借款而将抵押财产转移给贷款方时，就双方签订的产权转移书据，按产权转移书据的规定计税贴花。

（4）银行及其他金融组织的融资租赁业务签订的融资租赁合同，按合同所载租金总额，暂按借款合同计税贴花。

（5）银团贷款，各方分别在所执合同正本上，按各自的借款金额计税贴花。

（6）基建贷款，按年度用款计划分年签订借款合同，最后一年签订包含分合同的借款金额的总借款合同，按分合同分别贴花，最后签订的总合同只就借款总额扣除分合同借款金额后的余额计税贴花。

9. 财产保险合同。

计税依据为支付（收取）的保险费金额，不包括所保财产的金额。

10. 技术合同。

计税依据为合同所载的价款、报酬或使用费。

【小贴士】技术开发合同研究开发经费不作为计税依据。

11. 产权转移书据。

计税依据为书据中所载的金额。

12. 营业账簿。

（1）记载资金的营业账簿，以实收资本和资本公积的两项合计金额为计税依据。

（2）其他营业账簿按件计税。

【小贴士】凡“资金账簿”在次年度的实收资本和资本公积未增加的，对其不再计算贴花。

【小贴士】自2018年5月1日起，对按万分之五税率贴花的资金账簿减半征收印花税，对按件贴花五元的其他账簿免征印花税。

13. 权利、许可证照。

计税依据为应税凭证件数，每件5元。

（三）计税依据的特殊规定

1. 凭证以“金额”“收入”“费用”作为计税依据的，应当全额计税，不得作任何扣除。

【小贴士】合同约定不含增值税金额或价税分离列示的，按照不含增值税的金额为计税依据。

2. 同一凭证记载两个或两个以上适用不同税目税率的经济事项，分别记载金额的，应分别计算税额加总贴花；未分别记载金额的，按税率高的计税贴花。

【经典模拟题】

【计算问答题】甲电厂与乙运输公司签订一份运输保管合同，合同载明的费用为50 000元，但合同未对运费和保管费分别记载。

已知：货物运输合同印花税税率为0.5‰，仓储保管合同印花税税率为1‰。

问题：计算该项合同双方各应缴纳的印花税税额。

【答案及解析】（1）同一凭证记载两个或两个以上适用不同税目税率的经济事项，未分别记载金额的，按税率高的计税贴花；（2）双方各应缴纳印花税 $=50\ 000\times1‰=50$（元）。

3. 外币折算人民币金额的，汇率采用凭证书立当日国家外汇管理局公布的外汇牌价。

【小贴士】计税时需要外币折算人民币金额的，不同的税种有不同的规定，学员可适当的关注。

4. 应纳税额不足1角的免纳印花税；1角以上的分位四舍五入。

【小贴士】财产租赁合同如果经计算，税额超过1角不足1元的，按1元贴花。

5. 签订时无法确定计税金额的合同先定额贴花5元，待结算实际金额时补贴印花税票（重要）。

6. 订立的合同不论是否兑现或是否按期兑现，均应依合同金额贴花。

【小贴士】应税合同在签订时纳税义务已经发生即已产生，所以不论合同是否兑现或是否按期兑现，均应贴花完税。对已履行并贴花的合同，所载金额与合同履行后实际结算金额不一致的，只要双方未修改合同金额，一般不再办理完税手续。

【经典模拟题】

【计算问答题】甲有限公司与乙有限公司签订了一份采购合同，合同约定甲有限公司购买乙有限公司50万元货物，但因故合同未能兑现。

问题：甲公司是否应缴纳印花税。

【答案及解析】（1）订立的合同不论是否兑现或是否按期兑现，均应依合同金额贴花。（2）甲公司采购合同应缴纳印花税 $=50\times0.3‰\times10\ 000=150$（元）。

重难点4：税收优惠★★

1. 应税凭证的正本贴花之后，副本、抄本不再贴花，但是以副本、抄本视同正本使用的除外。

2. 无息、贴息贷款合同免税。

3. 房地产管理部门与个人签订的用于生活居住的租赁合同免税。

4. 农牧业保险合同免税。

5. 与高校学生签订的高校学生公寓租赁合同，免征印花税。

6. 对公租房经营管理单位建造管理公租房涉及的印花税予以免征。

（1）对公租房经营管理单位购买住房作为公租房，免征印花税。（购买免征）

（2）对公租房租赁双方签订租赁协议涉及的印花税，予以免征。（出租免税）

【小贴士】在其他住房项目中配套建设公租房，根据政府部门提供的相关材料，可以按照公租房建筑面积占总建筑面积的比例免征建造、管理公租房涉及的印花税。

7. 为贯彻落实《国务院关于加快棚户区改造工作意见》，对改造安置住房经营管理单位、开发商与改造安置住房相关的印花税及购买安置住房的个人涉及的印花税，自2013年7月4日起予以免征。

【小贴士】在商品住房等开发项目中配套建造安置住房的，依据政府部门出具的相关材料、房屋征收（拆迁）补偿协议或棚户区改造合同（协议），按改造安置住房建筑面积占总建筑面积的比例免征印花税。

8. 自2018年5月1日起，对按万分之五税率贴花的资金账簿减半征收印花税，对按件贴花五元的其他账簿免征印花税。（重要）

9. 对社保基金会、社保基金投资管理人管理的社保基金转让非上市公司股权，免征社保基金会、社保基金投资管理人应缴纳的印花税。

【经典模拟题】

【多选题】下列各项中属于印花税免税项目的有（　　）。

A. 无息贷款合同　　B. 专利证

C. 技术合同　　D. 工商营业执照副本

【答案】AD

【单选题】某有限公司2020年5月成立，其记载资金账簿列明实收资本、资本公积500 000元，其他账簿18本，则其上述账簿应缴纳印花税（　　）元。

A. 215　　B. 340　　C. 250　　D. 125

【答案】D

【解析】500 000×0.5‰×50% =125（元）。

重难点5：征收管理★★

（一）纳税方法

印花税的缴纳办法有三种：自行贴花办法、汇贴或汇缴办法、委托代征办法。

1. 自行贴花。

纳税人发生应税行为时，自行计算应纳税额，自行购买印花税票，自行一次贴足印花税票并加以注销或划销，纳税义务才算全部履行完毕。

【小贴士】自行贴花，适用于应税凭证较少或贴花次数较少的纳税人。

【小贴士】对于已贴花的凭证，修改后所载金额增加的，其增加部分应当补贴印花税票，但多贴印花税票者，不得申请退税或者抵用。

2. 汇贴或汇缴。

（1）汇贴：当一份凭证应纳税额超过500元时，用缴款书或完税证缴纳。

（2）汇缴：同一种类应税凭证需要频繁贴花的，可按1个月的期限汇总缴纳。

【小贴士】汇贴或汇缴，适用于应纳税额较大或者贴花次数频繁的纳税人。

3. 委托代征。

委托代征，是指税务机关委托由发放或者办理应纳税凭证的单位代为征收印花税。

【经典真题】

【多选题·2008】甲公司于2007年8月与乙公司签订了数份以货易货合同，以共计750 000元的钢材换取650 000元的水泥，甲公司取得差价100 000元。下列各项中表述正确的有（　　）。

A. 甲公司8月应缴纳的印花税为225元

B. 甲公司8月应缴纳的印花税为420元

C. 甲公司可对以货易货合同采用汇缴方式缴纳印花税

D. 甲公司可对以货易货合同采用汇贴方式缴纳印花税

【答案】BC

【解析】（1）甲公司8月应缴纳的印花税＝（750 000＋650 000）×0.3‰＝420（元）；（2）同一种类应纳税凭证，需频繁贴花的，纳税人可以采用汇总缴纳方式，汇总缴纳的期限为1个月。

（二）纳税环节与纳税地点

1. 纳税环节：在书立或领受时贴花，如合同签订时、账簿启用时和证照领受时。

2. 纳税地点：一般实行就地纳税。

【小贴士】如果合同是在国外签订，并且不便在国外贴花的，应在将合同带入境时办理贴花纳税手续。

【经典真题】

【多选题·2010】居民甲将其拥有的一处房产转让给居民乙，双方签订房屋权属转移合同并按规定办理了房屋产权过户手续。下列关于契税和印花税的表述中，正确的有（　　）。

A. 作为交易的双方，居民甲和居民乙均同时负有印花税和契税的纳税义务

B. 契税的计税依据为房屋权属转移合同中确定的房产成交价格

C. 契税纳税人应在该房产的所在地缴纳契税，印花税的纳税人应在签订合同时就地纳税

D. 契税纳税人的纳税义务在房屋权属转移合同签订的当天发生，印花税纳税人的纳税义务在房屋权属转移合同签订时发生

【答案】BCD

【解析】选项A：作为交易双方，居民甲和居民乙同时负担印花税的纳税义务；居民乙缴纳契税，居民甲不缴纳。

（三）违章处理

1. 在应纳税凭证上未贴或者少贴印花税票的，或者已粘贴在应税凭证上的印花税票未注销或者未划销的，由税务机关追缴其不缴或者少缴的税款、滞纳金，并处不缴或者少缴的税款50%以上5倍以下的罚款。

2. 已贴用的印花税票揭下重用造成未缴或少缴印花税的，由税务机关追缴其不缴或者少缴的税款、滞纳金，并处不缴或者少缴的税款50%以上5倍以下的罚款；构成犯罪的，依法追究刑事责任。

3. 伪造印花税票的，由税务机关责令改正，处2 000元以上1万元以下的罚款；情节严重的，处1万元以上5万元以下的罚款；构成犯罪的，依法追究刑事责任。

4. 按期汇总缴纳印花税的纳税人，超过税务机关核定的纳税期限，未缴或少缴印花税款的，由税务机关追缴其不缴或者少缴的税款、滞纳金，并处不缴或者少缴的税款50%以上5倍以下的罚款；情节严重的，同时撤销其汇缴许可证；构成犯罪的，依法追究刑事责任。

5. 纳税人违反以下规定的，由税务机关责令限期改正，可处以 2 000 元以下的罚款；情节严重的，处 2 000 元以上 1 万元以下的罚款：

（1）凡汇总缴纳印花税的凭证，应加注税务机关指定的汇缴戳记，编号并装订成册后，将已贴印花或者缴款书的一联粘附册后，盖章注销，保存备查。

（2）纳税人对纳税凭证应妥善保存。凭证的保存期限，凡国家已有明确规定的，按规定办理；没有明确规定的其余凭证均应在履行完毕后保存 1 年。

【经典模拟题】

【多选题】下列关于印花税的说法中，正确的有（　　）。

A. 对多贴花的凭证，不予退税

B. 印花税应当在书立或领受时贴花

C. 对财产租赁合同的应纳税额超过 1 角但不足 1 元的，按 1 元贴花

D. 伪造印花税票，由税务机关责令改正，并处以 2 000 元以上 5 000 元以下的罚款

【答案】ABC

【解析】选项 D：伪造印花税票的，由税务机关责令改正，处 2 000 元以上 1 万元以下的罚款；情节严重的，处 1 万元以上 5 万元以下的罚款；构成犯罪的，依法追究刑事责任。

【本单元小结】

1. 以前年度，印花税单独考核过计算问答题。

2. 本单元的掌握与熟悉。

（1）掌握印花税的纳税人与非纳税人；

（2）掌握计税依据的一般规定和特殊规定；

（3）熟悉印花税的税目和税率；

（4）熟悉印花税的税收优惠。

3. 与其他税种的关系。

（1）与契税：都与合同凭证相关，但印花税比契税的征税范围广，纳税人、税率和计税规则存在差异，注意区别；

（2）与土地增值税的增值额计算、企业所得税的应纳税所得额确定均有联系，可成为计算问答题或综合题的组成部分。

五、进阶练习

（一）单选题

1. 下列属于车辆购置税征税范围的是（　　）。

A. 电动摩托车　　B. 推土机　　C. 挂车　　D. 挖掘机

2. 居民张某 2019 年 12 月从汽车有限公司（增值税一般纳税人）购进一辆小轿车自用，支付了含增值税价款 247 800 元，支付购买工具件和零配件含税价款 2 500 元；另支付代收临时牌照费 500 元，代收保险费 1 200 元，均取得汽车有限公司开具的发票。居民张某应纳

车辆购置税（　　）元。

A. 21 929.2　　B. 22 150.44　　C. 22 194.69　　D. 22 300.89

3. 某外贸进出口公司2019年12月进口10辆小轿车，关税完税价格为每辆50万元，该公司缴纳了进口环节的相关税款，当月对外销售6辆，2辆赠送给关系单位，2辆留在本单位自用。该公司应纳车辆购置税（　　）万元。（小轿车关税税率为15%，消费税税率为12%）

A. 6.53　　B. 13.07　　C. 26.14　　D. 65.34

4. 以下关于车辆购置税的税收优惠说法正确的是（　　）。

A. 设有固定装置的非运输车辆免税

B. 回国服务的留学人员用现汇购买1辆自用进口小汽车免税

C. 长期来华定居专家购买1辆自用国产小汽车免税

D. 购置挂车免征车辆购置税

5. 纳税人应当自纳税义务发生之日起（　　）日内申报缴纳车辆购置税。

A. 15　　B. 30　　C. 60　　D. 90

6. 车辆退回生产企业或者经销商的，纳税人申请退税时，主管税务机关自纳税人办理纳税申报之日起，按已缴纳税款每满1年扣减（　　）计算退税额；未满1年的，按已缴纳税款全额退税。

A. 5%　　B. 10%　　C. 15%　　D. 20%

7. 下列车船应计算缴纳车船税的是（　　）。

A. 捕捞渔船　　B. 警用车船

C. 新能源车船　　D. 单位内部场所行驶的机动车辆和船舶

8. 某运输企业2019年年初拥有净吨位5 000吨的货船5艘；发动机功率8 000千瓦的拖船2只；净吨位800吨的非机动驳船2只。机动船舶车船税适用的年税额如下：净吨位200吨（含）以下为每吨3元；净吨位201吨至2 000吨为每吨4元；净吨位2001吨至10 000吨为每吨5元。该企业2019年应纳车船税（　　）元。

A. 89 150　　B. 155 000　　C. 175 100　　D. 178 300

9. 某企业2019年1月1日购入一辆客车，当月将车船税缴纳完毕。该车适用的车船税年税额为480元/辆。该车于6月1日被盗，经公安机关确认后，该公司遂向税务局申请退税，在办理退税手续后，此车又于11月1日被追回并在当月取得公安机关证明。则该公司就该车2019年实际应缴纳的车船税为（　　）元。

A. 280　　B. 320　　C. 360　　D. 400

10. 下列各项中，不属于车船税征税范围的是（　　）。

A. 纯电动商用车　　B. 插电式混合动力汽车

C. 燃料电池乘用车　　D. 燃料电池商用车

11. 下列各项中，说法不正确的是（　　）。

A. 节能汽车，减半征收车船税

B. 车船税纳税义务发生时间为取得车船所有权或者管理权的下个月

C. 车船税的纳税地点为车船的登记地或者车船税扣缴义务人所在地

D. 车船税按年申报，分月计算，一次性缴纳

12. 下列各项中，不属于印花税应税凭证的是（　　）。

A. 出版单位与发行单位之间订立的图书订购单

B. 发电厂与电网之间签订的购售电合同

C. 电网与电网之间签订的购售电合同

D. 电网与用户之间签订的供用电合同

13. 对专利实施许可合同应按（　　）税目征收印花税。

A. 技术合同　　B. 购销合同

C. 产权转移书据　　D. 权利、许可证照

14. 甲公司与乙公司签订一份受托加工合同，合同规定甲公司提供价值 200 万元的原材料和辅助材料，收取加工费 36 万元，甲公司应纳印花税（　　）元。

A. 180　　B. 708　　C. 780　　D. 1 180

15. 某企业签订出租写字楼合同，租期 3 年，每年支付租金 100 万元，则该企业应纳印花税（　　）元。

A. 5　　B. 1 000　　C. 1 500　　D. 3 000

16. 甲公司与乙公司签订了以货易货合同，由甲公司向乙公司提供价值 1 000 000 元的汽车，乙公司向甲公司提供同等价值的轮胎。甲、乙两公司共应缴纳印花税（　　）元。

A. 150　　B. 300　　C. 600　　D. 1 200

17. 以下各项表述，说法不正确的是（　　）。

A. 对国际货运，凡由我国运输企业运输的，不论在我国境内、境外起运或中转分程运输，我国运输企业所持的一份运费结算凭证，均按本程运费计算应纳税额

B. 由外国运输企业运输进出口货物的，外国运输企业所持的一份运费结算凭证按全程运费计算应纳税额

C. 无息、贴息贷款合同免税

D. 房地产管理部门与个人签订的用于生活居住的租赁合同免税

18. 一份凭证应纳税额超过（　　）元的，应向当地税务机关申请填写缴款书或者完税证，将其中一联粘贴在凭证上或者由税务机关在凭证上加注完税标记代替贴花。

A. 300　　B. 500　　C. 700　　D. 1 000

19. 同一种类应纳税凭证，需频繁贴花的，纳税人可以根据实际情况自行决定是否采用按期汇总缴纳印花税的方式，汇总缴纳的期限为（　　）。

A. 15 日　　B. 1 个月　　C. 2 个月　　D. 3 个月

20. 以下关于车辆购置税的税收优惠，说法不正确的是（　　）。

A. 悬挂应急救援专用号牌的国家综合性消防救援车辆免税

B. 长期来华定居专家购买 1 辆个人自用国产小汽车免征车辆购置税

C. 中国妇女发展基金会“母亲健康快车”项目的流动医疗车免征车辆购置税

D. 城市公交企业购置的公共汽电车辆免税

（二）多选题

1. 下列行为属于车辆购置税征税范围的有（　　）。

A. 购买应税车辆自用的行为　　B. 进口应税车辆的行为
C. 自产自用应税车辆的行为　　D. 受赠取得并自用应税车辆的行为

2. 下列关于车辆购置税计税依据的表述正确的有（　　）。

A. 支付的车辆装饰费应作为价外费用并入计税依据中计税
B. 使用委托方票据收取的代收款项，应并入计税依据中征税
C. 使用代收单位票据收取的代收款项，应并入计税依据中征税
D. 车辆购置税的计税依据为含增值税的计税价格

3. 按照现行车辆购置税的有关规定，下列说法正确的有（　　）。

A. 城市公交企业购置的公共汽电车辆免征车辆购置税
B. 新能源汽车免征车辆购置税
C. 非运输车辆免税
D. 国际组织驻华机构自用车辆免税

4. 关于车辆购置税的征收管理，下列说法正确的有（　　）。

A. 车辆购置税的纳税义务发生时间为纳税人购置应税车辆的当日
B. 车辆购置税在办理车辆登记注册手续前缴纳
C. 纳税人购置应税车辆，应当向车辆登记注册地的主管税务机关申报纳税
D. 纳税人购置不需办理车辆登记注册手续的应税车辆，应当向纳税人机构所在地或户籍所在地或经常居住地的主管税务机关申报纳税

5. 以下符合车辆购置税征收管理规定的有（　　）。

A. 获奖方式取得并自用的应税车辆，应自取得之日起 15 日内申报纳税
B. 购买自用应税车辆，应自购买之日起 60 日内申报纳税
C. 进口自用应税车辆，应当自进口之日起 60 日内申报纳税
D. 车辆退回生产企业的，可以申请退税

6. 下列车船属于车船税征税范围的有（　　）。

A. 乘用车　　B. 挂车　　C. 拖拉机　　D. 非机动驳船

7. 下列有关车船税计税单位的表述，正确的有（　　）。

A. 客货两用汽车以“每辆”为计税单位
B. 货车以“整备质量每吨”为计税单位
C. 挂车以“整备质量每吨”为计税单位
D. 游艇以“净吨位每吨”为计税单位

8. 以下关于车船税的规定说法正确的有（　　）。

A. 购置的新车船，购置当年的应纳税额自纳税义务发生的当月起按月计算

B. 在一个纳税年度内，已完税的车船被盗抢，纳税人可以向税务机关申请退还自被盗抢下月起至该纳税年度终了期间的税款

C. 已办理退税的被盗抢车船，失而复得的，纳税人应当从公安机关出具相关证明的下月起计算缴纳车船税

D. 已缴纳车船税的车船在同一纳税年度内办理转让过户的，不另纳税，也不退税

9. 以下关于车船税的征管，说法正确的有（　　）。

A. 车船税纳税义务发生时间为取得车船所有权或者管理权的当月

B. 车船税纳税义务发生时间为取得车船所有权或者管理权的次月

C. 车船税按年申报，分月计算，分月缴纳

D. 车船税的纳税地点为车船的登记地或者车船税扣缴义务人所在地

10. 下列合同中，应按财产保险合同计税贴花的有（　　）。

A. 企业财产保险合同　　B. 货物运输保险合同

C. 家庭财产两全保险合同　　D. 农牧业保险合同

11. 以下项目所书立的合同按照产权转移书据贴花的有（　　）。

A. 专利实施许可合同　　B. 专利申请权转让合同

C. 土地使用权转让合同　　D. 土地使用权出让合同

12. 关于印花税的计税依据，说法不正确的有（　　）。

A. 货物运输合同的计税依据为取得的运输费金额，包括所运货物的金额、装卸费和保险费

B. 按年签订的流动资金周转性借款合同，规定最高限额且在规定期限和最高限额内随借随还的，以其规定的最高限额为计税依据

C. 财产保险合同的计税依据为支付（收取）的保险费，并包括所保财产的金额

D. 营业账簿税目中记载资金的账簿的计税依据为“实收资本”与“资本公积”两项的合计金额

13. 根据印花税的有关规定，下列说法错误的有（　　）。

A. 应税凭证所载金额为外国货币的，应按照凭证书立当月 1 日国家外汇管理局公布的外汇牌价折合成人民币，计算应纳税额

B. 合同是否兑现或是否按期兑现，均应贴花

C. 采取以货易货方式进行商品交易的合同，应按合同所载的购销合计金额计税贴花

D. 施工单位将自己承包的建设项目，分包或者转包给其他施工单位所签订的分包合同或者转包合同，免纳印花税

14. 根据印花税的有关规定，下列说法正确的有（　　）。

A. 国内货物联运，在起运地统一结算全程运费的，应以全程运费作为计税依据，由起运地运费结算双方缴纳印花税

B. 国际货运，由我国运输企业运输的，所持的运费结算凭证按全程运费计算应纳税额

C. 国际货运，外国运输企业所持有的运输进出口货物的运费结算凭证免税

D. 国际货运，托运方所持的运费结算凭证应缴纳印花税

15. 以下关于印花税的表述符合政策规定的有（　　）。

A. 对纳税人以电子形式签订的各类凭证免征印花税

B. 银行设立的空白重要凭证登记簿，应按规定缴纳印花税

C. 一般的会计咨询不属于技术咨询，其所立合同不贴印花

D. 企业与银行签订的融资租赁合同，暂按借款合同计税

16. 下列关于印花税的说法，正确的有（　　）。

A. 已贴花的凭证，修改后所载金额增加的，不需要补缴印花税

B. 凡多贴印花税票者，不得申请退税或者抵用

C. 印花税应当在书立或领受时贴花

D. 印花税纳税人自行计算应纳税额，自行购买印花税票，自行贴花并注销或划销

六、进阶练习答案

（一）单选题

1.【答案】C

【解析】选项 ABD 不属于车辆购置税应税车辆。

2.【答案】D

【解析】车辆购置税 =（247 800 + 2 500 + 500 + 1 200）÷（1 + 13%）× 10% = 22 300.89（元）。

3.【答案】B

【解析】该公司进口小轿车 10 辆，销售的 6 辆由购买使用者缴纳车辆购置税；赠送给关系单位的 2 辆由关系单位缴纳车辆购置税；该公司仅对其自用的 2 辆缴纳车辆购置税。该公司应纳车辆购置税 = 50 ×（1 + 15%）/（1 − 12%）× 10% × 2 = 13.07（万元）。

4.【答案】A

【解析】选项 B：回国服务的留学人员用现汇购买 1 辆自用国产小汽车免征车辆购置税；选项 C：长期来华定居专家进口 1 辆自用小汽车免征车辆购置税；选项 D：购置挂车减半征收车辆购置税。

5.【答案】C

【解析】纳税人应当自纳税义务发生之日起 60 日内申报缴纳车辆购置税。纳税人购买自用应税车辆的，应自购买之日起 60 日内申报纳税，进口自用应税车辆的，应自进口之日起 60 日内申报纳税，自产、受赠、获奖或者以其他方式取得并自用应税车辆的，应自取得之日起 60 日申报纳税。

6.【答案】B

【解析】车辆退回生产企业或者经销商的，纳税人申请退税时，主管税务机关自纳税人办理纳税申报之日起，按已缴纳税款每满 1 年扣减 10% 计算退税额；未满 1 年的，按已缴纳税款全额退税。

7.【答案】D

【解析】选项 D 属于车船税的征税范围；选项 ABC 免征车船税。

8.【答案】B

【解析】该企业应纳车船税 = 5 000 × 5 × 5 + 8 000 × 0.67 × 5 × 2 × 50% + 800 × 4 × 2 × 50% = 155 000（元）。

9.【答案】A

【解析】该公司当年应缴纳 1 月至 5 月、11、12 月共 7 个月的车船税。该公司就该车

2019 年实际应缴纳的车船税 $=480\times7/12=280$（元）。

10.【答案】C

【解析】选项 ABD 是新能源汽车，免征车船税；选项 C 燃料电池乘用车和纯电动商用车不属于车船税征税范围，不征车船税。

11.【答案】B

【解析】车船税纳税义务发生时间为取得车船所有权或者管理权的当月。

12.【答案】D

【解析】电网与用户之间签订的供用电合同，不属于印花税列举征税的凭证，不征收印花税。

13.【答案】C

【解析】专利实施许可合同按产权转移数据税目征收印花税；专利申请权转让合同和非专利技术转让合同按技术合同税目征收印花税。

14.【答案】C

【解析】由受托方提供原材料的加工、定做合同，凡在合同中分别记载加工费金额和原材料金额的，应分别按"加工承揽合同""购销合同"计税，两项税额相加数，即为合同应贴印花。甲公司应纳印花税 $=360\ 000\times0.5‰+2\ 000\ 000\times0.3‰=780$（元）。

15.【答案】D

【解析】该企业应纳印花税 $=1\ 000\ 000\times3\times1‰=3\ 000$（元）。

16.【答案】D

【解析】以货易货方式进行商品交易签订的合同，按合同所载的购销合计金额计税贴花。共应缴纳印花税 $=(1\ 000\ 000+1\ 000\ 000)\times0.3‰\times2=1\ 200$（元）。

17.【答案】B

【解析】由外国运输企业运输进出口货物的，外国运输企业所持的一份运费结算凭证免纳印花税。

18.【答案】B

【解析】一份凭证应纳税额超过 500 元的，应向当地税务机关申请填写缴款书或者完税证，将其中一联粘贴在凭证上或者由税务机关在凭证上加注完税标记代替贴花，这就是通常所说的汇贴办法。

19.【答案】B

【解析】同一种类应纳税凭证，需频繁贴花的，纳税人可以根据实际情况自行决定是否采用按期汇总缴纳印花税的方式，汇总缴纳的期限为 1 个月。

20.【答案】B

【解析】选项 B：长期来华定居专家进口 1 辆自用小汽车免征车辆购置税。

（二）多选题

1.【答案】ABCD

【解析】车辆购置税的征税范围指的是购买、进口、自产、受赠、获奖或者其他方式取得并自用应税车辆的行为。

2.【答案】AC

【解析】选项B：销售单位的代收款项应区别征税，凡使用代收单位票据收取的款项，应视作代收单位价外收费，计入计税价格中一并征税；凡使用委托方票据收取，受托方只履行代收义务和收取代收手续费的款项，应按其他税收政策规定征税；选项D：销售单位开给购买者的各种发票金额中包含增值税税款，因此计算车辆购置税时，应换算为不含增值税的计税价格。

3.【答案】ABD

【解析】选项C：设有固定装置的非运输车辆实行法定免税。

4.【答案】ABCD

【解析】选项ABCD都属于正确答案。

5.【答案】BCD

【解析】获奖方式取得并自用的应税车辆，应自取得之日起60日内申报纳税。

6.【答案】ABD

【解析】拖拉机不属于车船税的征税范围。

7.【答案】BC

【解析】选项A：客货两用汽车以"整备质量每吨"为计税单位；选项D：游艇以"艇身长度每米"为计税单位。

8.【答案】AD

【解析】选项B：在一个纳税年度内，已完税的车船被盗抢，纳税人可以向税务机关申请退还自被盗抢月份起至该纳税年度终了期间的税款；选项C：已办理退税的被盗抢车船，失而复得的，纳税人应当从公安机关出具相关证明的当月起计算缴纳车船税。

9.【答案】AD

【解析】选项B：车船税纳税义务发生时间为取得车船所有权或者管理权的当月；选项C：车船税按年申报，分月计算，一次性缴纳。

10.【答案】ABCD

【解析】财产保险合同分为企业财产保险、机动车辆保险、货物运输保险、家庭财产保险和农牧业保险五大类，"家庭财产两全保险"属于家庭财产保险性质，应照章纳税。

11.【答案】ACD

【解析】选项B：按技术合同贴花，选项ACD：按产权转移书据贴花。

12.【答案】AC

【解析】选项A：货物运输合同的计税依据为取得的运输费金额，不包括所运货物的金额、装卸费和保险费；选项C：财产保险合同的计税依据为支付（收取）的保险费，不包括所保财产的金额。

13.【答案】AD

【解析】选项A：应税凭证所载金额为外国货币的，应按照凭证书立当日国家外汇管理局公布的外汇牌价折合成人民币，计算应纳税额；选项D：施工单位将自己承包的建设项目，分包或者转包给其他施工单位所签订的分包合同或者转包合同，应按新的分包合同或转包合同所载金额计算应纳税额。

14. 【答案】ACD

【解析】选项 B：国际货运，由我国运输企业运输的，所持的运费结算凭证按本程运费计算应纳税额。

15. 【答案】CD

【解析】选项 A：对纳税人以电子形式签订的各类应税凭证按规定征收印花税；选项 B：银行设立的空白重要凭证登记簿，记载的内容与资金活动无关，仅用于内部备查，不征收印花税。

16. 【答案】BCD

【解析】选项 A：已贴花的凭证，修改后所载金额增加的，其增加部分应当补贴印花税票。

第十二章 国际税收税务管理实务

一、2020 年新教材内容主要变化

1. 明确“截至2018年12月12日，我国已对外正式签署107个避免双重征税协定，其中100个协定已生效；内地和香港、澳门两个特别行政区签署了税收安排，大陆与台湾地区签署了税收协议”；

2. 新增“非居民纳税人享受税收协定待遇的税务管理”的内容；

3. 删除与第十三章重复的征管规定；

4. 删除国际税收征管合作中税收公约的内容。

二、本章近 5 年考情分析

本章属于税法考试次重点章，考试一般以单项选择题，多项选择题命题，多数年份计算问答题会占有一席之地。近5年考试平均分值6分左右。预计2020年考试分值在7分左右。

三、本章内容

第一单元　国际税收协定
第二单元　非居民企业税收管理
第三单元　境外所得税收管理
第四单元　国际反避税
第五单元　转让定价税务管理
第六单元　国际税收征管合作

四、重难点解析

第一单元　国际税收协定

重难点1：国际税收协定及其范本★★★

世界上最早的国际税收协定，是比利时和法国于1843年签订的。

国际税收协定范本：20世纪60年代的《经合组织范本》（或称《OECD范本》）和《联合国范本》（或称《UN范本》）。

【小贴士】《联合国范本》：较为注重扩大收入来源国的税收管辖权，发展中国家多以此为依据；《经合组织范本》：虽在某些方面承认收入来源国的优先征税权，但主导思想强调的是居民税收管辖权。

重难点2：我国缔结税收协定（安排）的情况★

1983年，中日签订避免双重征税的协定，是我国对外签订的第一个全面性的避免双重征税协定。

截至2018年12月，我国已对外正式签署107个避免双重征税协定，其中100个协定已经生效；内地和香港、澳门两个特别行政区签署了税收安排，大陆与台湾地区签署了税收协议。（新增）

重难点3：国际税收协定典型条款介绍★★

（一）税收居民

1. “缔约国一方居民”：按照该缔约国法律，由于住所、居所、管理机构所在地、总机构所在地、注册地或任何其他类似标准，在该缔约国负有纳税义务的人，也包括该缔约国、地方当局或法定机构。

【小贴士】居民应是在一国负有全面纳税义务的人，这是判断居民身份的必要条件。但“纳税义务”并不等同于事实上的征税。

2. 双重居民身份下最终居民身份的判定。

（1）永久性住所；

（2）重要利益中心；

（3）习惯性居处；

（4）国籍。

【小贴士】首先按顺序判断。当采用上述标准依次判断仍然无法确定其身份时，可由缔约国双方主管当局按照协定规定的相互协商程序协商解决。

【经典真题】

【单选题·2017】下列关于双重居民身份下最终居民身份判定标准的排序中，正确的是（　　）。

A. 永久性住所、重要利益中心、习惯性居处、国籍

B. 重要利益中心、习惯性居处、国籍、永久性住所

C. 国籍、永久性住所、重要利益中心、习惯性居处

D. 习惯性居处、国籍、永久性住所、重要利益中心

【答案】A

【解析】为了解决双重居民身份下个人最终居民身份的归属，协定进一步规定了以下确定标准，需特别注意的是，这些标准的使用是有先后顺序的，只有使用前一标准无法解决问题时，才使用后一标准。这些标准依次为：（1）永久性住所；（2）重要利益中心；（3）习惯性居处；（4）国籍。当采用上述标准依次判断仍然无法确定其身份时，可由缔约国双方主管当局按照协定规定的相互协商程序协商解决。

3. 除个人以外（即公司和其他团体），同时为缔约国双方居民的人，应认定其是“实际管理机构”所在国的居民。如果缔约国双方因判定实际管理机构标准不同而不能达成一致意

见的，应由缔约国双方主管当局按照协定规定的相互协商程序，通过相互协商解决。

（二）劳务所得

1. 独立个人劳务。

缔约国一方居民个人由于专业性劳务或其他独立性活动取得的所得，应仅在该缔约国征税，但符合下列条件之一的，来源国也有征税权：

（1）该居民个人在缔约国另一方为从事上述活动的目的设有经常使用的固定基地；

（2）该居民个人在任何 12 个月中在缔约国另一方停留连续或累计达到或超过 183 天。

2. 非独立个人劳务（工资、薪金所得）。

（1）缔约国一方居民因在缔约国另一方从事受雇的活动取得的报酬，同时具有以下三个条件的，应仅在该缔约国一方（居民国）征税：

①收款人在任何 12 个月中在该缔约国另一方停留连续或累计不超过 183 天；

②该项报酬由并非该缔约国另一方居民的雇主支付或代表该雇主支付；

③该项报酬不是由雇主设在该缔约国另一方的常设机构或固定基地所负担。

（2）在缔约国一方企业经营国际运输的船舶或飞机上从事受雇活动取得的报酬，应仅在该缔约国征税。

重难点 4：国际税收协定管理★★

（一）受益所有人

申请享受我国对外签署的税收协定中对股息、利息和特许权使用费等条款的税收待遇时，缔约国居民需要向税务机关提供资料，进行受益所有人的认定。国家税务总局对受益所有人的有关规定如下：

1. “受益所有人”，是指对所得或所得据以产生的权利或财产具有所有权和支配权的人。

2. 判定需要享受税收协定待遇的缔约对方居民（以下简称申请人）“受益所有人”身份时，应根据本条所列因素，结合具体案例的实际情况进行综合分析。一般来说，下列因素不利于对申请人“受益所有人”身份的判定：

（1）申请人有义务在收到所得的 12 个月内将所得的 50% 以上支付给第三国（地区）居民，“有义务”包括约定义务和虽未约定义务但已形成支付事实的情形。

（2）申请人从事的经营活动不构成实质性经营活动。实质性经营活动包括具有实质性的制造、经销、管理等活动。

（3）缔约对方国家（地区）对有关所得不征税或免税，或征税但实际税率极低。

（4）在利息据以产生和支付的贷款合同之外，存在债权人与第三人之间在数额、利率和签订时间等方面相近的其他贷款或存款合同。

（5）在特许权使用费据以产生和支付的版权、专利、技术等使用权转让合同之外，存在申请人与第三人之间在有关版权、专利、技术等的使用权或所有权方面的转让合同。

3. 申请人从中国取得的所得为股息时，申请人虽不符合“受益所有人”条件，但直接或间接持有申请人 100% 股份的人符合“受益所有人”条件，并且属于以下两种情形之一的，应认为申请人具有“受益所有人”身份：

（1）上述符合“受益所有人”条件的人为申请人所属居民国（地区）居民；

（2）上述符合“受益所有人”条件的人虽不为申请人所属居民国（地区）居民，但该人和间接持有股份情形下的中间层均为符合条件的人。

4. 下列申请人从中国取得的所得为股息时，可不根据第二条规定的因素进行综合分析，直接判定申请人具有“受益所有人”身份：

（1）缔约对方政府；

（2）缔约对方居民且在缔约对方上市的公司；

（3）缔约对方居民个人；

（4）申请人被第（1）至（3）项中的一人或多人直接或间接持有100%股份，且间接持有股份情形下的中间层为中国居民或缔约对方居民。

【小贴士】上述第3条、第4条要求的持股比例应当在取得股息前连续12个月以内任何时候均达到规定比例。

【小贴士】代理人或指定收款人等（以下统称代理人）不属于“受益所有人”。申请人通过代理人代为收取所得的，无论代理人是否属于缔约对方居民，都不应据此影响对申请人“受益所有人”身份的判定。

【小贴士】股东基于持有股份取得股息，债权人基于持有债权取得利息，特许权授予人基于授予特许权取得特许权使用费，不属于本条所称的“代为收取所得”。

【小贴士】申请人虽具有“受益所有人”身份，但主管税务机关发现需要适用税收协定主要目的测试条款或国内税收法律规定的一般反避税规则的，适用一般反避税相关规定。

【经典模拟题】

【单选题】下列申请人从中国取得的所得为股息时，不能直接判定申请人具有“受益所有人”身份的是（　　）。

A. 缔约对方政府

B. 缔约对方居民且在缔约对方上市的公司

C. 缔约对方居民个人

D. 申请人被缔约对方居民且在缔约对方上市的公司直接或间接持有80%股份

【答案】D

【解析】申请人被选项ABC中的一人或多人直接或间接持有100%股份，且间接持有股份情形下的中间层为中国居民或缔约对方居民的，可直接判定申请人具有“受益所有人”身份。

（二）合伙企业适用税收协定问题

有关合伙企业及其他类似实体（以下简称合伙企业）适用税收协定的问题，应按以下原则执行：

1. 依照中国法律在中国境内成立的合伙企业，其合伙人为税收协定缔约对方居民的，该合伙人在中国负有纳税义务的所得被缔约对方视为其居民的所得的部分，可以在中国享受协定待遇。

2. 依照外国（地区）法律成立的合伙企业，其实际管理机构不在中国境内，但在中国境内设立机构、场所的，或者在中国境内未设立机构、场所，但有来源于中国境内所得的，是中国企业所得税的非居民企业纳税人。除税收协定另有规定的以外，只有当该合伙企业是缔约对方居民的情况下，其在中国负有纳税义务的所得才能享受协定待遇。该合伙企业根据《非居民纳税人享受税收协定待遇管理办法》报送的由缔约对方税务主管当局开具的税收居民身份证明，应能证明其根据缔约对方国内法，因住所、居所、成立地、管理机构所在地或其他类似标准，在缔约对方负有纳税义务。

税收协定另有规定的情况是指，税收协定规定，当根据缔约对方国内法，合伙企业取得的所得被视为合伙人取得的所得，则缔约对方居民合伙人应就其从合伙企业取得所得中分得的相应份额享受协定待遇。

（三）非居民纳税人享受税收协定待遇的税务管理

非居民纳税人享受协定待遇，采取“自行判断、申报享受、相关资料留存备查”的方式办理。

【小贴士】非居民纳税人自行判断是否符合享受协定待遇条件，判断符合的，自行享受协定待遇，留存相应资料备查，接受税务机关后续管理即可。

【经典模拟题】

【多选题】关于非居民纳税人享受税收协定待遇的规定，说法不正确的有（　　）。

A. 非居民纳税人是否享受协定待遇，须通过税务机关判断后，才可申报享受

B. 非居民纳税人是否享受协定待遇，可自行判断后，可申报享受

C. 非居民纳税人享受协定待遇后，须留存相应资料备查

D. 非居民纳税人享受协定待遇后，资料不须留存

【答案】AD

【解析】非居民纳税人享受协定待遇，采取“自行判断、申报享受、相关资料留存备查”的方式办理。

（四）居民享受税收协定待遇的税务管理

本部分共 10 条规定，学员可适当了解。

第二单元　非居民企业税收管理

根据我国现行税法的规定，非居民企业是指依照外国（地区）法律成立且实际管理机构不在中国境内，但在中国境内设立机构、场所的，或者在中国境内未设立机构、场所，但有来源于中国境内所得的企业。

重难点 1：外国企业常驻代表机构★

外国企业常驻代表机构，是指按照国务院有关规定，在工商行政管理部门登记或经有关部门批准，设立在中国境内的外国企业（包括港澳台企业）及其他组织的常驻代表机构（以下简称代表机构）。

（一）税务登记管理

1. 代表机构应当自领取工商登记证件（或有关部门批准）之日起 30 日内，持以下资料（共 6 种），向其所在地主管税务机关申报办理税务登记。

2. 代表机构税务登记内容发生变化或者驻在期届满、提前终止业务活动的，应当向主管税务机关申报办理变更登记或者注销登记。

【小贴士】代表机构在办理注销登记前，向主管税务机关就其清算所得申报并缴纳企业所得税。

（二）账簿凭证管理

代表机构应当按照有关法律、行政法规和国务院财政、税务主管部门的规定设置账簿，根据合法、有效凭证记账，进行核算。

（三）企业所得税

代表机构应当就其归属所得依法申报缴纳企业所得税。代表机构应按照实际履行的功能和承担的风险相配比的原则，准确计算其应税收入和应纳税所得额，并在季度终了之日起15日内向主管税务机关据实申报缴纳企业所得税。

（四）其他税种

代表机构发生增值税应税行为，应就其应税收入按照增值税的相关法规计算缴纳应纳税款。

根据我国现行税法的相关规定，城市维护建设税、教育费附加和地方教育附加以实际缴纳的增值税、消费税为计征依据，并分别与增值税、消费税同时缴纳。因此，代表机构在计算缴纳增值税的同时还需要计算应缴纳的城市维护建设税、教育费附加和地方教育附加。

（五）税务申报要求

代表机构的纳税地点是机构、场所所在地。采取据实申报方式的代表机构应在季度终了之日起 15 日内向主管税务机关申报缴纳企业所得税。

发生增值税应税行为的代表机构应按照《增值税暂行条例》及其实施细则和“营改增”税收政策规定的纳税期限，向主管税务机关据实申报缴纳增值税。

重难点 2：承包工程作业和提供劳务★

承包工程作业，是指在中国境内承包建筑、安装、装配、修缮、装饰、勘探及其他工程作业；提供劳务是指在中国境内从事加工、修理修配、交通运输、仓储租赁、咨询经纪、设计、文化体育、技术服务、教育培训、旅游、娱乐及其他劳务活动。

（一）账簿凭证管理

非居民企业应当按照《税收征管法》及有关法律法规设置账簿，根据合法、有效凭证记账，进行核算。

（二）企业所得税

应纳税所得额的确定（见第四章企业所得税法，第七节第四项，非居民应纳税额的计算）。

（三）其他税种

1. 按照现行增值税的相关规定，境外单位在境内承包工程作业和提供劳务属于增值税应税劳务或应税服务范围，且在境内设有经营机构的，应当按照规定适用一般计税方法或者简易计税方法计算并自行申报缴纳增值税。如果境外单位在境内未设有经营机构，则以购买方为增值税扣缴义务人，扣缴义务人应当按照下列公式计算应扣缴税额：

应扣缴税额 = 购买方支付价款/(1 + 税率) × 税率

2. 根据我国现行税法的相关规定，城市维护建设税、教育费附加和地方教育附加以实际缴纳的增值税、消费税为计征依据，并分别与增值税、消费税同时缴纳。因此，非居民企业或扣缴义务人在计算缴纳或扣缴增值税的同时还需要计算应缴纳或扣缴的城市维护建设税、教育费附加和地方教育附加。

重难点3：股息、利息、租金、特许权使用费和财产转让所得★★

我国现行税法规定，对非居民企业取得来源于中国境内的股息、红利等权益性投资收益和利息、租金、特许权使用费所得、转让财产所得以及其他所得应当缴纳的企业所得税，实行源泉扣缴，以依照有关法律规定或者合同约定对非居民企业直接负有支付相关款项义务的单位或者个人为扣缴义务人。

（一）应纳税额计算

【小贴士】见第四章企业所得税法第七单元非居民企业应纳税额的计算。

（二）扣缴税款要求

1. 支付人自行委托代理人或指定其他第三方代为支付相关款项，或者因担保合同或法律规定等原因由第三方保证人或担保人支付相关款项的，仍由委托人、指定人或被保证人、被担保人承担扣缴义务。

2. 扣缴义务人应当自扣缴义务发生之日起7日内向扣缴义务人所在地主管税务机关申报和解缴代扣税款。

【小贴士】对企业所得税法实施条例规定的不同所得，所得发生地主管税务机关按以下原则确定：

（1）不动产转让所得，为不动产所在地税务机关。

（2）权益性投资资产转让所得，为被投资企业的所得税主管税务机关。

（3）股息、红利等权益性投资所得，为分配所得企业的所得税主管税务机关。

（4）利息所得、租金所得、特许权使用费所得，为负担、支付所得的单位或个人的所得税主管税务机关。

【经典模拟题】

【多选题】按照非居民税收管理规定，对企业所得税法实施条例规定的不同所得，所得发生地主管税务机关按以下原则确定（　　）。

A. 不动产转让所得，为不动产所在地税务机关

B. 权益性投资资产转让所得，为被投资企业的所得税主管税务机关

C. 股息、红利等权益性投资所得，为投资企业的所得税主管税务机关

D. 利息所得、租金所得、特许权使用费所得，为负担、支付所得的单位或个人的所得税主管税务机关

【答案】ABD

【解析】选项C股息、红利等权益性投资所得，为分配所得企业的所得税主管税务机关。

（三）其他相关规定

2017年1月1日起，对境外投资者从中国境内居民企业分配的利润，直接投资于鼓励类

投资项目，凡符合规定条件的，实行递延纳税政策，暂不征收预提所得税。2018 年 1 月 1 日起，适用范围由外商投资鼓励类项目扩大至所有非禁止外商投资的项目和领域。

境外投资者暂不征收预提所得税须同时满足以下条件：

条件	内容
直接投资	境外投资者以分得利润进行的直接投资，包括境外投资者以分得利润进行的增资、新建、股权收购等权益性投资行为，具体是指： （1）新增或转增中国境内居民企业实收资本或者资本公积 （2）在中国境内投资新建居民企业 （3）从非关联方收购中国境内居民企业股权 （4）财政部、税务总局规定的其他方式 【小贴士】不包括新增、转增、收购上市公司股份（符合条件的战略投资除外） 【小贴士】境外投资者以分得的利润用于补缴其在境内居民企业已经认缴的注册资本，增加实收资本或资本公积的，属于符合“新增或转增中国境内居民企业实收资本或者资本公积”情形
利润来源	境外投资者分得的利润属于中国境内居民企业向投资者实际分配已经实现的留存收益而形成的股息、红利等权益性投资收益
投资方式	境外投资者用于直接投资的利润以现金形式支付的，相关款项从利润分配企业的账户直接转入被投资企业或股权转让方账户，在直接投资前不得在境内外其他账户周转
	境外投资者用于直接投资的利润以实物、有价证券等非现金形式支付的，相关资产所有权直接从利润分配企业转入被投资企业或股权转让方，在直接投资前不得在境内外其他账户周转

重难点 4：中国境内机构和个人对外付汇的税收管理★★★

（一）对外付汇需要进行税务备案的情形

境内机构和个人向境外单笔支付等值 5 万美元以上（不含等值 5 万美元，下同）下列外汇资金，除无须进行税务备案的情形外，均应向所在地主管税务机关进行税务备案：

1. 境外机构或个人从境内获得的包括运输、旅游、通信、建筑安装及劳务承包、保险服务、金融服务、计算机和信息服务、专有权利使用和特许、体育文化和娱乐服务、其他商业服务、政府服务等服务贸易收入；

2. 境外个人在境内的工作报酬，境外机构或个人从境内获得的股息、红利、利润、直接债务利息、担保费以及非资本转移的捐赠、赔偿、税收、偶然性所得等收益和经常转移收入；

3. 境外机构或个人从境内获得的融资租赁租金、不动产的转让收入、股权转让所得以及外国投资者其他合法所得。

【小贴士】外国投资者以境内直接投资合法所得在境内再投资单笔 5 万美元以上的，也应按照规定进行税务备案。

（二）对外付汇无须进行税务备案的情形

1. 境内机构在境外发生的差旅、会议、商品展销等各项费用。

2. 境内机构在境外代表机构的办公经费，以及境内机构在境外承包工程的工程款。

3. 境内机构发生在境外的进出口贸易佣金、保险费、赔偿款。

4. 进口贸易项下境外机构获得的国际运输费用。

5. 保险项下保费、保险金等相关费用。

6. 从事运输或远洋渔业的境内机构在境外发生的修理、油料、港杂等各项费用。

7. 境内旅行社从事出境旅游业务的团费以及代订、代办的住宿、交通等相关费用。

8. 亚洲开发银行和世界银行集团下属的国际金融公司从我国取得的所得或收入，包括投资合营企业分得的利润和转让股份所得、在华财产（含房产）出租或转让收入以及贷款给我国境内机构取得的利息。

9. 外国政府和国际金融组织向我国提供的外国政府（转）贷款（含外国政府混合（转）贷款）和国际金融组织贷款项下的利息。

本项所称国际金融组织是指国际货币基金组织、世界银行集团、国际开发协会、国际农业发展基金组织、欧洲投资银行等。

10. 外汇指定银行或财务公司自身对外融资，如境外借款、境外同业拆借、海外代付以及其他债务等项下的利息。

11. 我国省级以上国家机关对外无偿捐赠援助资金。

12. 境内证券公司或登记结算公司向境外机构或境外个人支付其依法获得的股息、红利、利息收入及有价证券卖出所得收益。

13. 境内个人境外留学、旅游、探亲等因私用汇。

14. 境内机构和个人办理服务贸易、收益和经常转移项下退汇。

15. 国家规定的其他情形。

【经典真题】

【单选题·2019】境内机构对外付汇的下列情形中，需要进行税务备案的是（　　）。

A. 境内机构在意外发生差旅费 10 万美元以上的

B. 境内机构发生在境外的进出口贸易佣金 5 万美元以上的

C. 境内机构在境外发生会议费 10 万美元以上的

D. 境内机构向境外支付旅游服务费 5 万美元以上的

【答案】D

【解析】境内机构和个人向境外单笔支付等值 5 万美元以上（不含等值 5 万美元下同）下列外汇资金，除无需进行税务备案的情形外，均应向所在地主管国税机关进行税务备案：（1）境外机构或个人从境内获得的包括运输、旅游、通信、建筑安装及劳务承包、保险服务、金融服务、计算机和信息服务、专有权利使用和特许、体育文化和娱乐服务、其他商业服务、政府服务等服务贸易收入。（2）境外个人在境内的工作报酬，境外机构和个人从境内获得的股息、红利、利润、直接债务利息、担保费以及非资本转移的捐赠、赔偿、税收、偶然性所得等收益和经常转移收入。（3）境外机构或个人从境内获得的融资租赁租金、不动产的转让收入、股权转让所得以及外国投资者其他合法所得。

【单选题·2018】境内机构对外支付下列外汇资金时，须办理和提交《服务贸易等项目对外支付税务备案表》的是（　　）。

A. 境内机构在境外发生的商品展销费用

B. 进口贸易项下境外机构获得的国际运输费用

C. 境内机构在境外承包工程的工程款

D. 我国区县级国家机关对外无偿捐赠援助资金

【答案】D

【解析】选项A、B、C属于对外付汇无须进行税务备案的情形。选项D我国省级以上国家机关对外无偿捐赠援助资金，无须进行税务备案，我国区县级国家机关对外无偿捐赠援助资金须进行税务备案。

第三单元　境外所得税收管理

居民企业以及非居民企业在中国境内设立的机构、场所，取得的下列所得已在境外缴纳的所得税税额，可以从其当期应纳税额中抵免，抵免限额为该项所得依照《企业所得税法》及其实施条例计算的应纳税额；超过抵免限额的部分，可以在以后5个年度内，用每年度抵免限额抵免当年应抵税额后的余额进行抵补：

1. 居民企业来源于中国境外的应税所得。

2. 非居民企业在中国境内设立机构、场所，取得发生在中国境外但与该机构、场所有实际联系的应税所得。

居民企业从其直接或者间接控制的外国企业分得的来源于中国境外的股息、红利等权益性投资收益，外国企业在境外实际缴纳的所得税税额中属于该项所得负担的部分，可以作为该居民企业的可抵免境外所得税税额，在抵免限额内抵免。

重难点1：适用范围★★★

（一）纳税人境外所得的范围

具体而言，可以适用境外（包括港澳台地区，下同）所得税收抵免的纳税人包括两类：

1. 居民企业（包括按境外法律设立但实际管理机构在中国，被判定为中国税收居民的企业）可以就其取得的境外所得直接缴纳和间接负担的境外企业所得税性质的税额进行抵免。

2. 非居民企业（外国企业）在中国境内设立的机构（场所）可以就其取得的发生在境外，但与其有实际联系的所得直接缴纳的境外企业所得税性质的税额进行抵免。

【小贴士】居民企业可享受直接抵免和间接抵免，非居民企业只能享受直接抵免。

（二）抵免办法

境外税额抵免分为直接抵免和间接抵免。

1. 直接抵免。直接抵免是指，企业直接作为纳税人就其境外所得在境外缴纳的所得税额在我国应纳税额中抵免。直接抵免主要适用于企业就来源于境外的营业利润所得在境外所缴纳的企业所得税，以及就来源于或发生于境外的股息、红利等权益性投资所得、利息、租金、特许权使用费、财产转让等所得在境外被源泉扣缴的预提所得税。

2. 间接抵免。间接抵免是指，境外企业就分配股息前的利润缴纳的外国所得税额中由我国居民企业就该项分得的股息性质的所得间接负担的部分，在我国的应纳税额中抵免。

【小贴士】间接抵免必须符合最低持股条件。居民企业直接持有外国企业20%以上（含）或间接持有外国企业20%以上（含）的股份。

重难点2：境外所得税额抵免计算的基本项目★★★

企业应按照税法的有关规定准确计算下列当期与抵免境外所得税有关的项目后，确定当期实际可抵免分国（地区）别的境外所得税税额和抵免限额：

1. 境内所得的应纳税所得额（以下称境内应纳税所得额）和分国（地区）别的境外所得的应纳税所得额（以下称境外应纳税所得额）。

2. 分国（地区）别的可抵免境外所得税税额。

3. 分国（地区）别的境外所得税的抵免限额。

【小贴士】企业取得境外所得，其在中国境外已经实际直接缴纳和间接负担的企业所得税性质的税额，进行境外税额抵免计算的基本项目包括：境内、境外所得分国（地区）别的应纳税所得额、可抵免税额、抵免限额和实际抵免税额。

自2017年1月1日起，企业可以选择按国（地区）别分别计算［即“分国（地区）不分项”］，或者不按国（地区）别汇总计算［即“不分国（地区）不分项”］其来源于境外的应纳税所得额，并按照有关规定分别计算其可抵免境外所得税税额和抵免限额。上述方式一经选择，5年内不得改变。

企业选择采用不同于以前年度的方式（以下简称新方式）计算可抵免境外所得税税额和抵免限额时，对该企业以前年度按照有关规定没有抵免完的余额，可在税法规定结转的剩余年限内，按新方式计算的抵免限额中继续结转抵免。

重难点3：境外应纳税所得额的计算★★★

（一）企业应按照税法的有关规定，确定中国境外所得并按以下规定计算境外应纳所得税税额

1. 在计算适用境外税额直接抵免的应纳税所得额时，应为将该项境外所得直接缴纳的境外所得税额还原计算后的境外税前所得；

2. 上述直接缴纳税额还原后的所得中属于股息、红利所得的，在计算适用境外税额间接抵免的境外所得时，应再将该项境外所得间接负担的税额还原计算，即该境外股息、红利所得应为境外股息、红利税后净所得与就该项所得直接缴纳和间接负担的税额之和。

（二）居民企业在境外设立不具有独立纳税地位的分支机构取得的各项境外所得，无论是否汇回中国境内，均应计入该企业所属纳税年度的境外应纳税所得额。由于分支机构不具有分配利润职能，居民企业在境外设立不具有独立纳税地位的分支机构取得的各项境外所得，无论是否汇回中国境内，均应以境外收入总额扣除与取得境外收入有关的各项合理支出后的余额，计入该企业所属纳税年度的境外应纳税所得额

（三）居民企业应就其来源于境外的股息、红利等权益性投资收益，以及利息、租金、特许权使用费、转让财产等收入，扣除按《企业所得税法》规定计算的各项合理支出后的余额为应纳税所得额

【小贴士】境外所得计算调整扣除的有关成本费用时，应注意如下成本费用。

股息、红利	应对应调整扣除与境外投资业务有关的项目研究、融资成本和管理费用
利息	应对应调整扣除为取得该项利息而发生的相应的融资成本和相关费用
租金	融资租赁：应对应调整扣除其融资成本
	经营租赁：应对应调整扣除租赁物相应的折旧或折耗

续表

特许权使用费	应对应调整扣除提供特许使用的资产的研发、摊销等费用
财产转让	应对应调整扣除被转让财产的成本净值和相关费用

【小贴士】企业应当根据税法的有关规定确认境外所得的实现年度及其税额抵免年度。

1. 企业来源于境外的股息、红利等权益性投资收益所得，若实际收到所得的日期与境外被投资方作出利润分配决定的日期不在同一纳税年度的，应按被投资方作出利润分配日所在的纳税年度确认境外所得。企业来源于境外的利息、租金、特许权使用费、转让财产收入，若未能在合同约定的付款日期当年收到上述所得，仍应按合同约定付款日期所属的纳税年度确认境外所得。

2. 企业收到某一纳税年度的境外所得已纳税凭证时，凡是迟于次年5月31日汇算清缴终止日的，可以对该所得境外税额抵免追溯计算。

（四）在计算境外所得应纳税所得额时，企业为取得境内、境外所得而在境内、境外发生的共同支出，与取得境外应税所得有关的、合理的部分，应在境内、境外［分国（地区）别］应税所得之间，按照合理比例进行分摊后扣除

一种或几种比例的综合比例分摊扣除：（1）资产比例；（2）收入比例；（3）员工工资支出比例；（4）其他合理比例。

（五）在汇总计算境外应纳税所得额时，企业在境外同一国家（地区）设立不具有独立纳税地位的分支机构，按照《企业所得税法》及实施条例的有关规定计算的亏损，不得抵减其境内或他国（地区）的应纳税所得额，但可以用同一国家（地区）其他项目或以后年度的所得按规定弥补（此项规定基于分国不分项原则）

企业在同一纳税年度的境内外所得加总为正数的，其境外分支机构发生的亏损，出于上述结转弥补的限制而发生的未予弥补的部分（以下称为“非实际亏损额”），今后在该分支机构的结转弥补时不受5年期限制。

1. 如果企业当期境内外所得盈利额与亏损额加总后和为零或正数，则其当年度境外分支机构的非实际亏损额可无限期向后结转弥补。

2. 如果企业当期境内外所得盈利额与亏损额加总后和为负数，则以境外分支机构的亏损额超过企业盈利额部分的实际亏损额，按规定的期限进行亏损弥补，未超过企业盈利额部分的非实际亏损额仍可无限期向后结转弥补。

【经典模拟题】

【单选题】如果企业当期境内外所得盈利额与亏损额加总后和为零或正数，则其当年度境外分支机构的非实际亏损额（　　）向后结转弥补。

A. 无限期　　B. 可以按10年　　C. 可以按5年　　D. 不允许

【答案】A

【解析】如果企业当期境内外所得盈利额与亏损额加总后和为零或正数，则其当年度境外分支机构的非实际亏损额可无限期向后结转弥补。

重难点4：可予抵免境外所得税额的确认★

可抵免境外所得税税额，是指企业来源于中国境外的所得依照中国境外税收法律以及相关规定应当缴纳并已实际缴纳的企业所得税性质的税款。

（一）不应作为可抵免境外所得税税额的情形分析

1. 按照境外所得税法律及相关规定属于错缴或错征的境外所得税税款。

2. 按照税收协定规定不应征收的境外所得税税款。

3. 因少缴或迟缴境外所得税而追加的利息、滞纳金或罚款。

4. 境外所得税纳税人或者其利害关系人从境外征税主体得到实际返还或补偿的境外所得税税款。

5. 按照我国《企业所得税法》及其实施条例规定，已经免征我国企业所得税的境外所得负担的境外所得税税款。

6. 按照国务院财政、税务主管部门有关规定已经从企业境外应纳税所得额中扣除的境外所得税税款。

（二）可抵免的境外所得税税额的基本条件

1. 企业来源于中国境外的所得依照中国境外税收法律以及相关规定计算而缴纳的税额。

2. 缴纳的属于企业所得税性质的税额，而不拘泥于名称。

3. 限于企业应当缴纳且已实际缴纳的税额。

4. 可抵免的企业所得税税额，若是税收协定非适用所得税项目，或来自非协定国家的所得，无法判定是否属于对企业征收的所得税税额的，应层报国家税务总局裁定。

重难点5：境外所得间接负担税额的计算★★★

居民企业在用上述境外所得间接负担的税额进行税收抵免时，其取得的境外投资收益实际间接负担的税额，是指根据直接或者间接持股方式合计持股20%以上（含20%，下同）的规定层级的外国企业股份，由此应分得的股息、红利等权益性投资收益中，从最低一层外国企业起逐层计算的属于由上一层企业负担的税额，其计算公式如下：

本层企业所纳税额属于由一家上一层企业负担的税额 =（本层企业就利润和投资收益所实际缴纳的税额 + 符合本通知规定的由本层企业间接负担的税额）× 本层企业向一家上一层企业分配的股息（红利）÷ 本层企业所得税后利润额

1. 公式中：

（1）本层企业是指实际分配股息（红利）的境外被投资企业。

（2）本层企业就利润和投资收益所实际缴纳的税额是指，本层企业按所在国税法就利润缴纳的企业所得税和在被投资方所在国就分得的股息等权益性投资收益被源泉扣缴的预提所得税。

（3）符合本节规定的由本层企业间接负担的税额是指该层企业由于从下一层企业分回股息（红利）而间接负担的由下一层企业就其利润缴纳的企业所得税税额。

（4）本层企业向一家上一层企业分配的股息（红利）是指该层企业向上一层企业实际分配的扣缴预提所得税前的股息（红利）数额。

（5）本层企业所得税后利润额是指该层企业实现的利润总额减去就其利润实际缴纳的企业所得税后的余额。

2. 每一层企业从其持股的下一层企业在一个年度中分得的股息（红利），若是由该下一层企业不同年度的税后未分配利润组成，则应按该股息（红利）对应的每一年度未分配利润，分别计算就该项分配利润所间接负担的税额；按各年度计算的间接负担税额之和，即为取得股息（红利）的企业该一个年度中分得的股息（红利）所得所间接负担的所得税额。

3. 境外第二层及以下层级企业归属不同国家的，在计算居民企业负担境外税额时，均以境外第一层企业所在国（地区）为国别划分进行归集计算，而不论该第一层企业的下层企业归属何国（地区）。

重难点6：适用间接抵免的外国企业持股比例的计算★★★

除另有规定外，由居民企业直接或者间接持有20%以上股份的外国企业，限于符合以下持股方式的三层外国企业：

第一层：单一居民企业直接持有20%以上股份的外国企业；

第二层：单一第一层外国企业直接持有20%以上股份，且由单一居民企业直接持有或通过一个或多个符合本条规定持股条件的外国企业间接持有总和达到20%以上股份的外国企业；

第三层：单一第二层外国企业直接持有20%以上股份，且由单一居民企业直接持有或通过一个或多个符合本条规定持股条件的外国企业间接持有总和达到20%以上股份的外国企业。

自2017年1月1日起，企业在境外取得的股息所得，在按规定计算该企业境外股息所得的可抵免所得税额和抵免限额时，由该企业直接或者间接持有20%以上股份的外国企业，限于按照规定持股方式确定的五层外国企业，即：

第一层：企业直接持有20%以上股份的外国企业；

第二层至第五层：单一上一层外国企业直接持有20%以上股份，且由该企业直接持有或通过一个或多个符合规定持股方式的外国企业间接持有总和达到20%以上股份的外国企业。

【经典真题】

【计算题·2016】我国居民企业甲在境外进行了投资，相关投资架构及持股比例如下图：

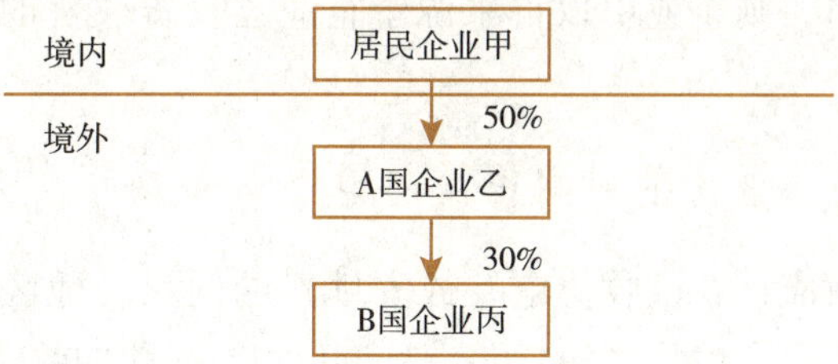

2015年经营及分配状况如下：

（1）B国企业所得税税率为30%，预提所得税税率为12%，丙企业应纳税所得总额800万元，丙企业将部分税后利润按持股比例进行了分配。

（2）A国企业所得税税率为20%，预提所得税税率为10%，乙企业应纳税所得总额（该应纳税所得总额已包含投资收益还原计算的间接税款）1 000万元。其中来自丙企业的投资收益 100 万元，按照 12% 的税率缴纳 B 国预提所得税 12 万元，乙企业在 A 国享受税收抵免后实际缴纳税款 180 万元，乙企业将全部税后利润按持股比例进行了分配。

（3）居民企业甲适用的企业所得税税率 25%，其来自境内的应纳税所得额为 2 400 万元。

要求：根据上述资料，按照下列序号回答问题，如有计算需计算出合计数。

（1）简述居民企业可适用境外所得税收抵免的税额范围。

（2）判断企业丙分回企业甲的投资收益能否适用间接抵免优惠政策并说明理由。

（3）判断企业乙分回企业甲的投资收益能否适用间接抵免优惠政策并说明理由。

（4）计算企业乙所纳税额属于由企业甲负担的税额。

（5）计算企业甲取得来源于企业乙投资收益的抵免限额。

（6）计算企业甲取得来源于企业乙投资收益的实际抵免额。

【答案及解析】

（1）居民企业可以就其取得的境外所得直接缴纳和间接负担的境外企业所得税性质的税额进行抵免。

（2）这里不能适用间接抵免的优惠政策。

理由：第二层是指单一第一层外国企业直接持有 20% 以上股份，且由单一居民企业直接持有或通过一个或多个符合规定持股条件的外国企业间接持有总和达到 20% 以上股份的外国企业；本题企业甲直接持有企业乙 20% 以上的股份，企业乙直接持有企业丙 20% 以上的股份，但企业甲间接持有企业丙股份为 15%（50% ×30%），不足 20%，不能适用间接抵免的优惠政策。

（3）这里可以适用间接抵免的优惠政策。

理由：第一层是指单一居民企业直接持有 20% 以上股份的外国企业；本题境内企业甲直接持有企业乙的股份超过 20%，可以适用间接抵免的优惠政策。

（4）企业乙的税后净利润 = 1 000 - 12 - 180 = 808（万元），应由企业甲负担的税款 =（12 + 180）× 808 × 50% ÷ 808 = 96（万元）

（5）企业甲取得的境外应纳税所得额 = 808 × 50% + 96 = 500（万元），抵免限额 = 500 × 25% = 125（万元）

（6）企业甲境外间接负担和直接缴纳的企业所得税总额 = 96 + 808 × 50% × 10% = 136.4（万元），125 小于 136.4，则企业甲取得来源于企业乙投资收益的实际抵免额只能为 125 万元。

重难点 7：税收饶让抵免的应纳税额的确定★★★

居民企业从与我国政府订立税收协定（或安排）的国家（地区）取得的所得，按照该国（地区）税收法律享受了免税或减税待遇，且该免税或减税的数额按照税收协定规定应视同已缴税额在中国的应纳税额中抵免的，该免税或减税数额可作为企业实际缴纳的境外所得税额用于办理税收抵免。

【小贴士】《企业所得税法》目前尚未单方面规定税收饶让抵免，但我国与有关国家签订的税收协定规定有税收饶让抵免安排。居民企业从与我国订立税收协定（或安排）的对方国家（地区）取得所得，并按该国家（地区）税收法律享受了免税或减税待遇，且该所得已享受的免税或减税数额按照税收协定（或安排）规定应视同已缴税额在我国应纳税额中抵免的，可在其申报境外所得税额时视为已缴税额。

【小贴士】税收饶让抵免应区别下列情况进行计算：

（1）税收协定规定定率饶让抵免的，饶让抵免税额为按该定率计算的应纳境外所得税额超过实际缴纳的境外所得税额的数额。

（2）税收协定规定列举一国税收优惠额给予饶让抵免的，饶让抵免税额为按协定国家（地区）税收法律规定税率计算的应纳所得税额超过实际缴纳税额的数额，即实际税收优惠额。

【小贴士】境外所得采用本节第十点规定的简易办法计算抵免额的，不适用饶让抵免。

【小贴士】企业取得的境外所得根据来源国税收法律法规不判定为所在国应税所得，而按中国税收法律法规规定属于应税所得的，不属于税收饶让抵免范畴，应全额按中国税收法律法规规定缴纳企业所得税。

重难点8：抵免限额的计算★★★

企业应按照《企业所得税法》及其实施条例和本节的有关规定分国（地区）别计算境外税额的抵免限额。

某国（地区）所得税抵免限额＝中国境内、境外所得依照企业所得税法及实施条例的规定计算的应纳税总额×来源于某国（地区）的应纳税所得额÷中国境内、境外应纳税所得总额。

1. 关于上述公式中的税率，一般为法定税率25%。但是以境内、境外全部生产经营活动有关的研究开发费用总额、总收入、销售收入总额、高新技术产品（服务）收入等指标申请并经认定的高新技术企业，其来源于境外的所得可以享受高新技术企业所得税优惠政策，即对其来源于境外所得可以按照15%的优惠税率缴纳企业所得税，在计算境外抵免限额时，可按照15%优惠税率计算境内外应纳税总额。

2. 境内、外所得之间的亏损弥补企业按照税法的有关规定计算的当期境内、境外应纳税所得总额小于零的，应以零计算当期境内、境外应纳税所得总额，其当期境外所得税的抵免限额也为零。若企业境内所得为亏损，境外所得为盈利，且企业已使用同期境外盈利全部或部分弥补了境内亏损，则境内已用境外盈利弥补的亏损不得再用以后年度境内盈利重复弥补。

由此，在计算境外所得抵免限额时，形成当期境内、外应纳税所得总额小于零的，应以零计算当期境内、外应纳税所得总额，其当期境外所得税的抵免限额也为零。上述境外盈利在境外已纳的可予抵免但未能抵免的税额可以在以后5个纳税年度内进行结转抵免。

3. 如果企业境内为亏损，境外盈利分别来自多个国家，则弥补境内亏损时，企业可以自行选择弥补境内亏损的境外所得来源国家（地区）顺序。

【经典模拟题】

【单选题】某境内A公司适用的企业所得税税率为25%，2019年度境内应纳税所得额100万元，境外分公司应纳税所得额30万元，在境外已缴纳企业所得税6.6万元。2019年度该公司汇总纳税时实际在我国应缴纳企业所得税（　　）万元。

A. 25　　B. 25.9　　C. 31.6　　D. 32.5

【答案】B

【解析】境外缴纳所得税的抵免限额 =30×25% =7.5（万元），应补缴企业所得税 =7.5 -6.6 =0.9（万元），汇总纳税时实际应缴纳企业所得税 =100×25% +0.9 =25.9（万元）。

重难点9：实际抵免境外税额的计算★★★

在计算实际应抵免的境外已缴纳和间接负担的所得税税额时，企业在境外一国（地区）当年缴纳和间接负担的符合规定的所得税税额低于所计算的该国（地区）抵免限额的，应以该项税额作为境外所得税抵免额从企业应纳税总额中据实抵免；超过抵免限额的，当年应以抵免限额作为境外所得税抵免额进行抵免，超过抵免限额的余额允许从次年起在连续五个纳税年度内，用每年度抵免限额抵免当年应抵税额后的余额进行抵补。

企业当年境外一国（地区）可抵免税额中既有属于当年已直接缴纳或间接负担的境外所得税额，又有以前年度结转的未逾期可抵免税额时，应首先抵免当年已直接缴纳或间接负担的境外所得税额后，抵免限额有余额的，可再抵免以前年度结转的未逾期可抵免税额，仍抵免不足的，继续向以后年度结转。

重难点10：简易办法计算抵免★★

采用简易办法须遵循“分国不分项”原则。适用简易办法计算抵免的两种情况：

（一）企业从境外取得营业利润所得以及符合境外税额间接抵免条件的股息所得，虽有所得来源国（地区）政府机关核发的具有纳税性质的凭证或证明，但因客观原因无法真实、准确地确认应当缴纳并已经实际缴纳的境外所得税税额的，除就该所得直接缴纳及间接负担的税额在所得来源国（地区）的实际有效税率低于12.5%以上的外，可按境外应纳税所得额的12.5%作为抵免限额，企业按该国（地区）税务机关或政府机关核发具有纳税性质凭证或证明的金额，其不超过抵免限额的部分，准予抵免；超过的部分不得抵免

（二）企业从境外取得营业利润所得以及符合境外税额间接抵免条件的股息所得，凡就该所得缴纳及间接负担的税额在所得来源国（地区）的法定税率且其实际有效税率明显高于我国的，可直接以按本通知规定计算的境外应纳税所得额和《企业所得税法》规定的税率计算的抵免限额作为可抵免的已在境外实际缴纳的企业所得税税额

“实际有效税率”是指实际缴纳或负担的企业所得税税额与应纳税所得额的比率。

重难点11：境外分支机构与我国对应纳税年度的确定★

企业在境外投资设立不具有独立纳税地位的分支机构，其计算生产、经营所得的纳税年度与我国规定的纳税年度不一致的，与我国纳税年度当年度相对应的境外纳税年度，应为在我国有关纳税年度中任何一日结束的境外纳税年度。

企业取得境外股息所得实现日为被投资方作出利润分配决定的日期，不论该利润分配是否包括以前年度未分配利润，均应作为该股息所得实现日所在的我国纳税年度所得计算抵免。

重难点12：境外所得税抵免时应纳所得税额的计算★★

企业抵免境外所得税额后实际应纳所得税额的计算公式为：

企业实际应纳所得税额＝企业境内、外所得应纳税总额－企业所得税减免、抵免优惠税额－境外所得税抵免额

公式中抵免优惠税额，是指企业购置用于环境保护、节能节水、安全生产等专用设备的投资额，可以按一定比例（10%）实行税额抵免。

境外所得税抵免额是指按照本节计算的境外所得税额在抵免限额内实际可以抵免的税额。

第四单元　国际反避税

重难点1：税基侵蚀和利润转移项目★★★

（一）税基侵蚀和利润转移行动计划（BEPS行动计划）

税基侵蚀和利润转移项目是由二十国集团（以下简称G20）领导人背书，并委托经济合作与发展组织（以下简称OECD）推进的国际税改项目，是G20框架下各国携手打击国际逃避税，共同建立有利于全球经济增长的国际税收规则体系和行政合作机制的重要举措。BEPS行动计划在2015年底完成，共有十五项行动计划。

类别	行动计划
应对数字经济带来的挑战	数字经济
协调各国企业所得税税制	混合错配、受控外国公司规则、利息扣除、有害税收实践
重塑现行税收协定和转让定价国际规则	税收协定滥用、常设机构、无形资产、风险和资本、其他高风险交易
提高税收透明度和确定性	数据统计分析、强制披露原则、转让定价同期资料、争端解决
开发多边工具促进行动计划实施	多边工具

【经典真题】

【多选题·2015】以下各项中，属于税基侵蚀和利润转移项目（BEPS）行动计划的有（　　）。

A. 数字经济　　B. 有害税收实践

C. 数据统计分析　　D. 实际管理机构规则

【答案】ABC

（二）税基侵蚀和利润转移项目成果有以下15项

（1）《关于数字经济面临的税收挑战的报告》；

（2）《消除混合错配安排的影响》；

（3）《制定有效受控外国公司规则》；

（4）《对利用利息扣除和其他款项支付实现的税基侵蚀予以限制》；

（5）《考虑透明度和实质性因素有效打击有害税收实践》；

（6）《防止税收协定优惠的不当授予》；

（7）《防止人为规避构成常设机构》；

（8）~（10）《确保转让定价结果与价值创造相匹配》；

（11）《衡量和监控 BEPS》；

（12）《强制披露规则》；

（13）《转让定价文档与国别报告》；

（14）《使争议解决机制更有效》；

（15）《开发用于修订双边税收协定的多边工具》。

【经典真题】

【多选题 · 2018】OECD 于 2015 年 10 月发布税基侵蚀和利润转移项目全部 15 项产出成果。下列各项中，属于该产出成果的有（　　）。

A.《防止税收协定优惠的不当授予》

B.《金融账户涉税信息自动交换标准》

C.《消除混合错配安排的影响》

D.《确保转让定价结果与价值创造相匹配》

【答案】ACD

重难点 2：一般反避税★★★

按照《企业所得税法》的规定，税务机关有权对企业实施其他不具有合理商业目的的安排而减少其应纳税收入或应纳税所得额进行审核评估和调查调整。

（一）一般反避税

国家税务总局制定了《一般反避税管理办法（试行）》（2015 年 2 月 1 日起施行）。

1. 一般反避税概述。

对企业实施的不具有合理商业目的而获取税收利益的避税安排，实施的特别纳税调整；

税务机关实施的特别纳税调整方法：全部或部分交易重新定性、税收上否定交易方的存在、对相关所得、税收优惠等重新定性。

2. 一般反避税调查。

主管税务机关实施一般反避税调查时，应当向被调查企业送达《税务检查通知书》；

被调查企业认为其安排不属于避税安排的，应当自收到《税务检查通知书》之日起 60 日内提供资料；

【小贴士】企业因特殊情况不能按期提供的，可以向主管税务机关提交书面延期申请，经批准可以延期提供，但是最长不得超过 30 日。主管税务机关应当自收到企业延期申请之日起 15 日内书面回复。逾期未回复的，视同税务机关同意企业的延期申请。

（二）间接转让财产

《关于非居民企业间接转让财产企业所得税若干问题的公告》（国家税务总局公告 2015 年第 7 号）：

1. 非居民企业通过实施不具有合理商业目的的安排，间接转让中国居民企业股权等财产，规避企业所得税纳税义务的，应按照《企业所得税法》的有关规定，重新定性该间接转让交易，确认为直接转让中国居民企业股权等财产。

2. 判断合理商业目的，应整体考虑与间接转让中国应税财产交易相关的所有安排，结合实际情况综合分析。

3. 除与间接转让中国应税财产相关的整体安排符合规定情形和间接转让中国应税财产具有合理商业目的等规定情形外，与间接转让中国应税财产相关的整体安排同时符合以下情形的，应直接认定为不具有合理商业目的（4 项）：

（1）境外企业股权 75% 以上价值直接或间接来自中国应税财产。

（2）间接转让中国应税财产交易发生前一年内任一时点，境外企业资产总额（不含现金）的 90% 以上直接或间接由在中国境内的投资构成，或间接转让中国应税财产交易发生前一年内，境外企业取得收入的 90% 以上直接或间接来源于中国境内。

（3）境外企业及直接或间接持有中国应税财产的下属企业虽在所在国家（地区）登记注册，以满足法律所要求的组织形式，但实际履行的功能及承担的风险有限，不足以证实其具有经济实质。

（4）间接转让中国应税财产交易在境外应缴所得税税负低于直接转让中国应税财产交易在中国的可能税负。

4. 间接转让中国应税财产同时符合以下条件的，应认定为具有合理商业目的。

（1）交易双方的股权关系具有下列情形之一：

①股权转让方直接或间接拥有股权受让方 80% 以上的股权；

②股权受让方直接或间接拥有股权转让方 80% 以上的股权；

③股权转让方和股权受让方被同一方直接或间接拥有 80% 以上的股权。

【小贴士】境外企业股权 50% 以上（不含 50%）价值直接或间接来自于中国境内不动产的，上述第①、②、③项的持股比例应为 100%。

上述间接拥有的股权按照持股链中各企业的持股比例乘积计算。

（2）本次间接转让交易后可能再次发生的间接转让交易相比在未发生本次间接转让交易情况下的相同或类似间接转让交易，其中国所得税负担不会减少。

（3）股权受让方全部以本企业或与其具有控股关系的企业的股权（不含上市企业股权）支付股权交易对价。

5. 间接转让机构、场所财产所得按照《公告》规定应缴纳企业所得税的，应计入纳税义务发生之日所属纳税年度该机构、场所的所得，按照有关规定申报缴纳企业所得税。

6. 间接转让不动产所得或间接转让股权所得按照《公告》规定应缴纳企业所得税的，依照有关法律规定或者合同约定对股权转让方直接负有支付相关款项义务的单位或者个人为扣缴义务人。

重难点 3：特别纳税调整★★★

（一）转让定价（第五单元重点介绍）

转让定价也称划拨定价，即交易各方之间确定的交易价格，它通常是指关联企业之间内部转让交易所确定的价格，这种内部交易价格通常不同于一般市场价格。转让定价是现代企业特别是跨国公司进行国际避税所借用的重要工具，主要是利用各国税收差别来实现的。国际关联企业的转让定价往往受跨国企业集团利益的支配，不易受市场一般供求关系的约束，对商品和劳务内部交易往来采取与独立企业之间的正常交易价格不同的计价标准，使国际关联企业的整体税收负担减轻。

按照《企业所得税法》和《征管法》的有关规定，税务机关有权对企业与其关联方之间的业务往来是否符合独立交易原则进行审核评估和调查调整。

（二）成本分摊协议（又称成本贡献协议）

企业与其关联方签署成本分摊协议，共同开发、受让无形资产，或者共同提供、接受劳务。

1. 成本分摊协议的参与方对开发、受让的无形资产或参与的劳务活动享有受益权，并承担相应的活动成本。关联方承担的成本应与非关联方在可比条件下为获得上述受益权而支付的成本相一致。

参与方使用成本分摊协议所开发或受让的无形资产不需另支付特许权使用费。涉及劳务的成本分摊协议一般适用于集团采购和集团营销策划。

2. 企业应自与关联方签订（变更）成本分摊协议之日起30日内，向主管税务机关报送成本分摊协议副本，并在年度企业所得税纳税申报时，附送《中华人民共和国企业年度关联业务往来报告表》。

3. 企业与其关联方签署成本分摊协议，有下列情形之一的，其自行分摊的成本不得税前扣除：

（1）不具有合理商业目的和经济实质。

（2）不符合独立交易原则。

（3）没有遵循成本与收益配比原则。

（4）未按规定备案或准备、保存和提供有关成本分摊协议的同期资料。

（5）自签署成本分摊协议之日起经营期限少于20年。

【经典模拟题】

【多选题】企业与其关联方签署了成本分摊协议，下列情形中，企业成本不得扣除的有（　　）。

A. 不具有合理商业目的和经济实质

B. 符合独立交易原则

C. 遵循成本与收益配比原则

D. 未按规定备案或准备、保存和提供有关成本分摊协议的同期资料

【答案】AD

【解析】企业与其关联方签署成本分摊协议，有下列情形之一的，其自行分摊的成本不得税前扣除：（1）不具有合理商业目的和经济实质；（2）不符合独立交易原则；（3）没有遵循成本与收益配比原则；（4）未按规定备案或准备、保存和提供有关成本分摊协议的同期资料；（5）自签署成本分摊协议之日起经营期限少于20年。

（三）受控外国企业

1. 受控外国企业：是指由居民企业，或者由居民企业和居民个人（以下统称中国居民股

东，包括中国居民企业股东和中国居民个人股东）控制的设立在实际税负低于25%的企业所得税税率水平50%的国家（地区），并非出于合理经营需要对利润不作分配或减少分配的外国企业。对于受控外国企业的上述利润中应归属于该居民企业股东的部分，应当视同分配计入该居民企业的当期收入。

2. 中国居民企业股东能够提供资料证明其控制的外国企业满足以下条件之一的，可免将外国企业不作分配或减少分配的利润视同股息分配额，计入中国居民企业股东的当期所得：

（1）设立在国家税务总局指定的非低税率国家（地区）。

（2）主要取得积极经营活动所得。

（3）年度利润总额低于500万元人民币。

（四）资本弱化

企业从其关联方接受的债权性投资与权益性投资的比例超过规定标准而发生的利息支出，不得在计算应纳税所得额时扣除。

1. 关联方债权性投资与其权益性投资比例为：金融企业，为5∶1；其他企业，为2∶1。

2. 相关交易活动符合独立交易原则的；或该企业的实际税负不高于境内关联方的，其实际支付给境内关联方的利息支出，在计算应纳税所得额时准予扣除。

3. 不得在计算应纳税所得额时扣除的利息支出应按以下公式计算：

不得扣除的利息支出＝年度实际支付的全部关联方利息×（1－标准比例÷关联债资比例）

第五单元　转让定价税务管理

重难点1：关联申报★

实行查账征收的居民企业和在中国境内设立机构、场所并据实申报缴纳企业所得税的非居民企业向税务机关报送年度企业所得税纳税申报表时，应当就其与关联方之间的业务往来进行关联申报。

（一）关联方

1. 根据《企业所得税法》及其实施条例的规定，关联方是指与企业有下列关联关系之一的企业、其他组织或者个人：

（1）在资金、经营、购销等方面存在直接或者间接的控制关系。

（2）直接或者间接地同为第三者控制。

（3）在利益上具有相关联的其他关系。

2. 企业与其他企业、组织或者个人具有下列关系之一的，构成关联关系：

（1）一方直接或者间接持有另一方的股份总和达到25%以上（含25%）；双方直接或者间接同为第三方所持有的股份达到25%以上。如果一方通过中间方对另一方间接持有股份，只要其对中间方持股比例达到25%以上，则其对另一方的持股比例按照中间方对另一方的持股比例计算。两个以上具有夫妻、直系血亲、兄弟姐妹以及其他抚养、赡养关系的自然人共同持股同一企业，在判定关联关系时持股比例合并计算。

（2）双方存在持股关系或者同为第三方持股，虽持股比例未达到第（1）项规定，但双方之间借贷资金总额占任一方实收资本比例达到50%以上，或者一方全部借贷资金总额的

10%以上由另一方担保（与独立金融机构之间的借贷或者担保除外）。

（3）双方存在持股关系或者同为第三方持股，虽持股比例未达到第（1）项规定，但一方的生产经营活动必须由另一方提供专利权、非专利技术、商标权、著作权等特许权才能正常进行。

（4）双方存在持股关系或者同为第三方持股，虽持股比例未达到第（1）项规定，但一方的购买、销售、接受劳务、提供劳务等经营活动由另一方控制。所称控制是指一方有权决定另一方的财务和经营政策，并能据以从另一方的经营活动中获取利益。

（5）一方半数以上董事或者半数以上高级管理人员（包括上市公司董事会秘书、经理、副经理、财务负责人和公司章程规定的其他人员）由另一方任命或者委派，或者同时担任另一方的董事或者高级管理人员；或者双方各自半数以上董事或者半数以上高级管理人员同为第三方任命或者委派。

（6）具有夫妻、直系血亲、兄弟姐妹以及其他抚养、赡养关系的两个自然人分别与双方具有第（1）至（5）项关系之一。

（7）双方在实质上具有其他共同利益。除第（2）项规定外，上述关联关系年度内发生变化的，关联关系按照实际存续期间认定。

【小贴士】仅因国家持股或者由国有资产管理部门委派董事、高级管理人员而存在上述第（1）至（5）项关系的，不构成此处所称的关联关系。

（二）关联交易类型

关联交易主要包括以下几种类型：

1. 有形资产使用权或者所有权的转让。

2. 金融资产的转让。金融资产包括应收账款、应收票据、其他应收款项、股权投资、债权投资和衍生金融工具形成的资产等。

3. 无形资产使用权或者所有权的转让。

4. 资金融通。资金包括各类长短期借贷资金（含集团资金池）、担保费、各类应计息预付款和延期收付款等。

5. 劳务交易。劳务包括市场调查、营销策划、代理、设计、咨询、行政管理、技术服务、合约研发、维修、法律服务、财务管理、审计、招聘、培训、集中采购等。

重难点2：同期资料管理★★★

企业应当依据《企业所得税法实施条例》的规定，按纳税年度准备并按税务机关要求提供其关联交易的同期资料。同期资料包括主体文档、本地文档和特殊事项文档。

（一）主体文档

符合下列条件之一的企业，应当准备主体文档：

1. 年度发生跨境关联交易，且合并该企业财务报表的最终控股企业所属企业集团已准备主体文档。

2. 年度关联交易总额超过10亿元。

（二）本地文档

年度关联交易金额符合下列条件之一的企业，应当准备本地文档：

1. 有形资产所有权转让金额（来料加工业务按照年度进出口报关价格计算）超过2亿元。

2. 金融资产转让金额超过1亿元。

3. 无形资产所有权转让金额超过1亿元。

4. 其他关联交易金额合计超过4 000万元。

【小贴士】主体文档和本地文档的条件区别，主要是关联交易的金额。

（三）特殊事项文档

1. 企业签订或者执行成本分摊协议特殊事项文档和资本弱化特殊事项文档。

2. 企业关联债资比例超过标准比例需要说明符合独立交易原则的，应当准备资本弱化特殊事项文档。

（四）豁免情形

1. 企业仅与境内关联方发生关联交易的，可以不准备主体文档、本地文档和特殊事项文档。

2. 企业执行预约定价安排的，可以不准备预约定价安排涉及关联交易的本地文档和特殊事项文档。

（五）时限及其他要求

主体文档应当在企业集团最终控股企业会计年度终了之日起12个月内准备完毕；本地文档和特殊事项文档应当在关联交易发生年度次年6月30日之前准备完毕。

【经典真题】

【单选题·2015】发生下列关联交易的企业，可免于准备关联交易同期资料的是（　　）。

A. 关联交易属于执行预约定价安排所涉及的范围

B. 外资股份低于50%且仅与境外关联方发生关联交易

C. 除成本分摊和预约定价安排外，年度发生的关联购销金额在2亿元人民币以上

D. 除成本分摊和预约定价安排外，年度发生的除关联购销外的其他关联交易金额在4 000万元人民币以上

【答案】A

【解析】根据税法规定，属于下列情形之一的企业，可免于准备同期资料：（1）企业仅与境内关联方发生关联交易的，可以不准备主体文档、本地文档和特殊事项文档；（2）企业执行预约定价安排的，可以不准备预约定价安排涉及关联交易的本地文档和特殊事项文档。

【单选题·2018】关联交易同期资料中的主体文档，应当在企业集团最终控股企业会计年度终了之日起一定期限内准备完毕。这一期限为（　　）。

A. 15个月　　B. 18个月　　C. 12个月　　D. 24个月

【答案】C

【解析】主体文档应当在企业集团最终控股企业会计年度终了之日起12个月内准备完毕。

【经典模拟题】

【单选题】下列企业年度关联交易金额，应当准备主体文档的有（　　）。

A. 年度关联交易总额超过10亿元

B. 无形资产所有权转让金额超过1亿元

C. 金融资产转让金额超过1亿元

D. 其他关联交易金额合计超过4 000万元

【答案】A

【解析】符合下列条件之一的企业，应当准备主体文档：（1）年度发生跨境关联交易，且合并该企业财务报表的最终控股企业所属企业集团已准备主体文档；（2）年度关联交易总额超过10亿元。

重难点3：转让定价调整方法★★

企业发生关联交易以及税务机关审核、评估关联交易均应遵循独立交易原则，选用合理的转让定价方法。根据《企业所得税法实施条例》的规定，合理的转让定价调整方法包括可比非受控价格法、再销售价格法、成本加成法、交易净利润法、利润分割法和其他符合独立交易原则的方法。

选用合理的转让定价方法应进行可比性分析。可比性分析因素主要包括交易资产或劳务特性、交易各方功能和风险、合同条款、经济环境以及经营策略五个方面。

（一）可比非受控价格法

可比非受控价格法，是指按照没有关联关系的交易各方进行相同或者类似业务往来的价格进行定价的方法，该方法以非关联方之间进行的与关联交易相同或类似业务活动所收取的价格作为关联交易的公平成交价格，可以适用于所有类型的关联交易。

（二）再销售价格法

再销售价格法，是指按照从关联方购进商品再销售给没有关联关系的交易方的价格，减除相同或者类似业务的销售毛利进行定价的方法，该方法以关联方购进商品再销售给非关联方的价格减去可比非关联交易毛利后的金额作为关联方购进商品的公平成交价格，通常适用于再销售者未对商品进行改变外形、性能、结构或更换商标等实质性增值加工的简单加工或单纯购销业务。其计算公式如下：

公平成交价格 = 再销售给非关联方的价格 ×（1 − 可比非关联交易毛利率）

可比非关联交易毛利率 = 可比非关联交易毛利 ÷ 可比非关联交易收入净额 ×100%

（三）成本加成法

成本加成法，是指按照成本加合理的费用和利润进行定价的方法，该方法以关联交易发生的合理成本加上可比非关联交易毛利作为关联交易的公平成交价格，通常适用于有形资产的购销、转让和使用，劳务提供或资金融通的关联交易。其计算公式如下：

公平成交价格 = 关联交易的合理成本 ×（1 + 可比非关联交易成本加成率）

可比非关联交易成本加成率 = 可比非关联交易毛利 ÷ 可比非关联交易成本 ×100%

（四）交易净利润法（又称交易净利润率法）

交易净利润法，是指按照没有关联关系的交易各方进行相同或者类似业务往来取得的净利润水平确定利润的方法，该方法以可比非关联交易的利润率指标确定关联交易的净利润，通常适用于有形资产的购销、转让和使用，无形资产的转让和使用以及劳务提供等关联交易。其中，利润率指标包括：资产收益率、销售利润率、完全成本加成率、贝里比率等。

（五）利润分割法

利润分割法是指将企业与其关联方的合并利润或者亏损在各方之间采用合理标准进行分配的方法，该方法根据企业与其关联方对关联交易合并利润的贡献计算各自应该分配的利润额。

利润分割法分为一般利润分割法和剩余利润分割法。其中，一般利润分割法根据关联交易各参与方所执行的功能、承担的风险以及使用的资产，确定各自应取得的利润；剩余利润分割法将关联交易各参与方的合并利润减去分配给各方的常规利润的余额作为剩余利润，再根据各方对剩余利润的贡献程度进行分配。利润分割法通常适用于各参与方关联交易高度整合且难以单独评估各方交易结果的情况。

重难点4：转让定价调查及调整★★★

税务机关有权依据《征管法》及其实施细则有关税务检查的规定，确定调查企业，进行转让定价调查、调整。被调查企业必须据实报告其关联交易情况，并提供相关资料，不得拒绝或隐瞒。

（一）转让定价调查

1. 转让定价调查应重点选择以下企业：

（1）关联交易数额较大或类型较多的企业；

（2）长期亏损、微利或跳跃性盈利的企业；

（3）低于同行业利润水平的企业；

（4）利润水平与其所承担的功能风险明显不相匹配的企业；

（5）与避税港关联方发生业务往来的企业；

（6）未按规定进行关联申报或准备同期资料的企业；

（7）其他明显违背独立交易原则的企业。

2. 实际税负相同的境内关联方之间的交易，只要该交易没有直接或间接导致国家总体税收收入的减少，原则上不做转让定价调查、调整。

（二）转让定价调整

（三）跟踪管理

税务机关对企业实施转让定价纳税调整后，应自企业被调整的最后年度的下一年度起5年内实施跟踪管理。在跟踪管理期内，企业应在跟踪年度的次年6月20日之前向税务机关提供跟踪年度的同期资料。

（四）向境外关联方支付费用的转让定价管理

为进一步规范和加强企业向境外关联方支付费用的转让定价管理，国家税务总局发布了《关于企业向境外关联方支付费用有关企业所得税问题的公告》，其主要内容如下：

1. 企业向境外关联方支付费用，应当符合独立交易原则，未按照独立交易原则向境外关联方支付的费用，税务机关可以进行调整。

2. 企业向境外关联方支付费用，主管税务机关可以要求企业提供其与关联方签订的合同或者协议，以及证明交易真实发生并符合独立交易原则的相关资料备案。

3. 企业向未履行功能、承担风险，无实质性经营活动的境外关联方支付的费用，在计算企业应纳税所得额时不得扣除。

4. 企业因接受境外关联方提供劳务而支付费用，该劳务应当能够使企业获得直接或者间接经济利益。

5. 企业使用境外关联方提供的无形资产需支付特许权使用费的，应当考虑关联各方对该无形资产价值创造的贡献程度，确定各自应当享有的经济利益。企业向仅拥有无形资产法律所有权而未对其价值创造做出贡献的关联方支付特许权使用费，不符合独立交易原则的，在计算企业应纳税所得额时不得扣除。

6. 企业以融资上市为主要目的，在境外成立控股公司或者融资公司，因融资上市活动所产生的附带利益向境外关联方支付的特许权使用费，在计算企业应纳税所得额时不得扣除。

7. 企业向境外关联方支付费用不符合独立交易原则的，税务机关可以在该业务发生的纳税年度起 10 年内，实施特别纳税调整。

重难点 5：预约定价安排★

根据《企业所得税法》的有关规定，企业可以与税务机关就企业未来年度关联交易的定价原则和计算方法达成预约定价安排。预约定价安排的谈签与执行经过预备会谈、谈签意向、分析评估、正式申请、协商签署和监控执行 6 个阶段。

第六单元　国际税收征管合作

近年来，我国在国际税收征管合作方面取得快速进展。2013 年 8 月 27 日，我国签署《多边税收征管互助公约》（以下简称《公约》），成为该公约的第 56 个签约方，G20 成员至此已全部加入这一公约。2015 年 7 月 1 日，第十二届全国人大常委会第十五次会议表决通过了国务院关于提请审议批准《多边税收征管互助公约》的议案。

重难点 1：情报交换★★

（一）情报交换概述

情报交换应在税收协定生效并执行以后进行，税收情报涉及的事项可以溯及税收协定生效并执行之前；情报交换在税收协定规定的权利和义务范围内进行；情报交换通过税收协定确定的主管当局或其授权代表进行。我国主管当局为国家税务总局。

（二）情报交换的种类与范围

1. 情报交换的种类。

包括专项情报交换、自动情报交换、自发情报交换以及同期税务检查、授权代表访问和行业范围情报交换等。

2. 情报交换的范围。

除缔约国双方另有规定外，情报交换的范围一般为：

（1）国家范围应仅限于与我国正式签订含有情报交换条款的税收协定并生效执行的国家；

（2）税种范围应仅限于税收协定规定的税种，主要为具有所得（和财产）性质的税种；

（3）人的范围应仅限于税收协定缔约国一方或双方的居民；

（4）地域范围应仅限于缔约国双方有效行使税收管辖权的区域。

3. 我国从缔约国主管当局获取的税收情报可以作为税收执法行为的依据，并可以在诉讼程序中出示。

（三）税收情报的保密

1. 税收情报一般应确定为秘密级。

2. 属以下情形的，应确定为机密级：

（1）税收情报事项涉及偷税、骗税或其他严重违反税收法律法规的行为；

（2）缔约国主管当局对税收情报有特殊保密要求的。

3. 税收情报事项涉及最重要的国家秘密，泄露会使国家的安全和利益遭受特别严重的损害，应确定为绝密级。

4. 税收情报的内容涉及其他部门或行业的秘密事项，按有关主管部门的保密范围确定密级。对于难以确定密级的情报，主管税务机关应逐级上报总局决定。

5. 在确定密级时，应该同时确定保密期限。

绝密级情报保密期限 30 年，机密级情报保密期限 20 年，秘密级情报保密期限 10 年。

【经典真题】

【多选题·2017】下列关于税收情报交换的表述中，正确的有（　　）。

A. 税收情报应作密件处理

B. 税收情报涉及的事项可以溯及税收协定生效并执行之前

C. 税收情报交换在税收协定规定的权利和义务范围内进行

D. 我国从缔约国主管当局获取的税收情报可以作为税收执法行为的依据

【答案】ABCD

【解析】以上选项均正确。

重难点 2：海外账户税收遵从法案★

美国《海外账户税收遵从法案》简称 FATCA，其主要目的是追查全球范围内美国富人的逃避缴纳税款行为。2008 年国际金融危机后，美国政府面临财政困局，为增加财政收入，美国国会于 2010 年 3 月通过 FATCA。FATCA 要求外国机构向美国税务机关报告美国账户持有人信息，若外国机构不遵守 FATCA，美国将对外国机构来源于美国的所得和收入扣缴 30% 的惩罚性预提所得税。

（一）FATCA 的实施模式

模式一为通过政府开展信息交换，包括互惠型和非互惠型两种子模式；模式二为金融机构直接向美国税务机关报送信息。

（二）外国金融机构的义务

（三）账户分级管理

（四）纳税人承担举证责任

虽然金融机构负有尽职调查与信息报告义务，但举证责任最终仍由纳税人承担。如果某账户持有人不能证明自己并非美国纳税人或者无法向外国金融机构提供必要的证明文件，那么该账户持有人会被认定为“不合作账户持有人”，将被扣缴30%的预提所得税，并且将面临被关闭账户的风险。

【经典真题】

【单选题·2016】下列关于《海外账户税收遵从法案》的表述中，正确的是（　　）。

A.《海外账户税收遵从法案》设定举证责任最终由纳税人承担

B.《海外账户税收遵从法案》的主要目的是追查全球企业避税情况

C.《海外账户税收遵从法案》仅适用于美国境内

D. 根据《海外账户税收遵从法案》被认定为“不合作账户持有人”将被扣缴40%的预提所得税

【答案】A

【解析】选项B：《海外账户税收遵从法案》的主要目的是追查全球范围内美国富人的逃避缴纳税款行为；选项C：《海外账户税收遵从法案》的适用范围远远超出美国辖区；选项D：根据《海外账户税收遵从法案》被认定为“不合作账户持有人”将被扣缴30%的预提所得税。

重难点3：金融账户涉税信息自动交换标准★

（一）金融账户涉税信息自动交换标准的产生和发展

受G20委托，OECD于2014年7月发布了《金融账户涉税信息自动交换标准》（Standard for Automatic Exchange of Financial Information in Tax Matters，以下简称AEOI标准），获得当年G20布里斯班峰会的核准，为各国加强国际税收合作、打击跨境逃避税提供了强有力的工具。

（二）金融账户涉税信息自动交换标准的内容及机制

AEOI标准由《主管当局协议范本》（Model Competent Authority Agreement，以下简称MCAA）和《统一报告标准》（Common Reporting Standard，以下简称CRS）两部分内容组成。

MCAA是规范各国（地区）税务主管当局之间如何开展金融账户涉税信息自动交换的操作性文件，以互惠型模式为基础，分为双边和多边两个版本。CRS规定了金融机构收集和报送外国税收居民个人和企业账户信息的相关要求和程序。

（三）金融账户涉税信息自动交换标准在中国的实施

2015年7月，《多边税收征管互助公约》由第十二届全国人大常委会第十五次会议批准，已于2016年2月对我国生效，为实施AEOI标准奠定了多边法律基础。2015年12月，经国务院批准，国家税务总局签署了《金融账户涉税信息自动交换多边主管当局间协议》，为我国与其他国家（地区）间相互交换金融账户涉税信息提供了操作层面的多边法律工具。

【经典真题】

【单选题·2017】下列国际组织或机构中，发布了《金融账户涉税信息自动交换标准》的是（　　）。

A. 联合国　　　　B. 世界银行

C. 经济合作与发展组织　　　　　　　　D. 世界贸易组织

【答案】C

【解析】经济合作与发展组织（OECD）于 2014 年 7 月发布了《金融账户涉税信息自动交换标准》。

【本章总结】

1. 近三年本章两次考核计算问答题，所以对本章学习需要高度重视。

2. 本章的掌握与熟悉。

（1）掌握对非居民企业取得的来源于中国境内的股息、红利等权益性投资收益和利息、租金、特许权使用费所得、转让财产所得以及其他所得应当缴纳企业所得税，实行源泉扣缴；

（2）掌握企业在境外同一国家（地区）设立不具有独立纳税地位的分支机构，按照规定计算的亏损，不得抵减其境内或他国（地区）的应纳税所得额，但可以用同一国家（地区）其他项目或以后年度的所得按规定弥补，熟悉实际亏损和非实际亏损的弥补期限；

（3）掌握间接抵免和直接抵免的计算；

（4）掌握特别纳税调整的方法；

（5）熟悉转让定价的调整方法，"受益所有人"的身份判定的不利于情形，"受益所有人"的身份判定的利于情形；

（6）熟悉情报交换的种类，情报交换的范围，情报交换的密级。

3. 与其他章节及税种的关系。

（1）与第一章税法总论第七单元联系紧密；

（2）与企业所得税：相关规定一并学习。

五、进阶练习

（一）单选题

1.《经合组织范本》其主导思想所强调的是（　　），主要是为了促进经合组织成员国之间国际税收协定的签订。

A. 收入来源国的税收管辖权　　　　　B. 居民税收管辖权

C. 公民税收管辖权　　　　　　　　　D. 属地原则

2. 双重居民身份下最终居民身份的判定，协定规定了确定标准，按照先后顺序是（　　）。

A. 国籍；习惯性居处；重要利益中心；永久性住所

B. 重要利益中心；永久性住所；国籍；习惯性居处

C. 永久性住所；重要利益中心；习惯性居处；国籍

D. 习惯性居处；国籍；永久性住所；重要利益中心

3. 2019 年 12 月，中国境内某企业向一非居民企业（在中国境内未设立机构、场所）支付特许权使用费 150 万元、境内一处不动产转让价款 500 万元（该不动产的净值为 100 万元），该企业应扣缴企业所得税（　　）万元。

A. 50　　B. 55　　C. 110　　D. 130

4. 境内机构和个人向境外单笔支付等值（　　）以上（不含等值）外汇资金，除无须进行税务备案的情形外，均应向所在地主管税务机关进行税务备案。

A. 5 万美元　　B. 10 万美元　　C. 20 万美元　　D. 50 万美元

5. 自 2017 年 1 月 1 日起，企业可以选择按国（地区）别计算［即“分国（地区）不分项”］，或者不按国（地区）别汇总计算［即“不分国（地区）不分项”］其来源于境外的应纳税所得额，并按照有关规定分别计算其可抵免境外所得税税额和抵免限额。上述方式一经选择，（　　）内不得改变。

A. 1 年　　B. 3 年　　C. 5 年　　D. 7 年

6. 如果企业当期境内外所得盈利额与亏损额加总后和为零或正数，则其当年度境外分支机构的非实际亏损额（　　）向后结转弥补。

A. 不允许　　B. 可以按 5 年　　C. 可以按 10 年　　D. 可以无限期

7. 我国居民企业甲直接持有 A 国乙企业 60% 的股份，A 国乙企业持有 B 国丙企业 40% 的股份，我国居民企业甲直接持有 B 国丙企业 15% 的股份，则针对居民企业甲而言，以下说法正确的是（　　）。

A. 乙符合间接抵免持股条件但丙不符合间接抵免持股条件

B. 乙不符合间接抵免持股条件但丙符合间接抵免持股条件

C. 乙丙均不符合间接抵免持股条件

D. 乙丙均符合间接抵免持股条件

8. 中国居民企业 A 公司，在甲国投资设立了 B 公司，甲国政府为鼓励境外投资，对 B 公司第一个获利年度实施了企业所得税免税。按甲国的税法规定，企业所得税税率为 20%。A 公司获得了 B 公司免税年度分得的利润 1 000 万元。根据中国和甲国政府签订税收协定规定，A 公司在计算缴纳企业所得税时，可抵免的境外已纳税款是（　　）万元。

A. 0　　B. 100　　C. 200　　D. 250

9. 资本弱化特殊事项文档应当在关联交易发生年度次年（　　）之前准备完毕，应当自税务机关要求之日起 30 日内提供。

A. 3 月 30 日　　B. 6 月 30 日　　C. 9 月 30 日　　D. 12 月 30 日

10. 企业年度关联交易总额超过（　　），应当准备主体文档。

A. 4 000 万元　　B. 1 亿元　　C. 2 亿元　　D. 10 亿元

11. 按照没有关联关系的交易各方进行相同或者类似业务往来的价格进行定价的方法是（　　）。

A. 可比非受控价格法　　B. 再销售价格法

C. 成本加成法　　D. 交易净利润法

12. 企业的关联方以及可比企业应在与税务机关约定的期限内提供相关资料，约定期限一般不应超过（　　）。

A. 15 日　　B. 30 日　　C. 60 日　　D. 90 日

13. 预约定价安排一般适用于主管税务机关向企业送达接收其谈签意向的《税务事项通知书》之日所属纳税年度前 3 个年度每年度发生的关联交易金额（　　）人民币以上的企业。

A. 1 000 万元　B. 2 000 万元　C. 4 000 万元　D. 5 000 万元

14. 缔约国双方主管当局之间根据约定，以批量形式自动提供有关纳税人取得专项收入的税收情报的行为是（　）。

A. 专项情报交换　B. 自动情报交换

C. 自发情报交换　D. 行业范围情报交换

（二）多选题

1. 以下向境外支付外汇的情形，无须向税务机关备案的有（　）。

A. 境内机构在境外发生的 5 万美元的会议费用

B. 境内机构发生在境外的 1 万美元的保险费

C. 境内机构和个人向境外机构支付其从境内获得的 100 万美元的融资租赁租金

D. 境内机构和个人向境外个人支付在境内的 8 万美元工作报酬

2. 非居民纳税人享受税收协定待遇，采取的方式有（　）。

A. 自行判断　B. 申报享受

C. 税务机关判断　D. 相关资料留存备查

3. 对企业所得税法实施条例规定的不同所得，确定所得发生地主管税务机关的原则有（　）。

A. 不动产转让所得，为不动产所在地税务机关

B. 权益性投资资产转让所得，为投资企业的所得税主管税务机关

C. 股息、红利等权益性投资所得，为分配所得企业的所得税主管税务机关

D. 利息所得、租金所得、特许权使用费所得，为负担、支付所得的单位或个人的所得税主管税务机关

4. 以下关于境外机构的亏损弥补，说法正确的（　）。

A. 企业当期境内外所得盈利额与亏损额加总后和为零或正数，则其当年度境外分支机构的非实际亏损额可按 5 年向后结转

B. 如果企业当期境内外所得盈利额与亏损额加总后和为零或正数，则其当年度境外分支机构的非实际亏损额可无限期向后结转弥补

C. 如果企业当期境内外所得盈利额与亏损额加总后和为负数，则以境外分支机构的亏损超过盈利额部分的实际亏损额可按 5 年向后结转

D. 如果企业当期境内外所得盈利额与亏损额加总后和为负数，未超过企业盈利额部分的非实际亏损额可无限期向后结转弥补

5. 关于税收饶让，正确的表述有（　）。

A. 我国《企业所得税法》尚未单方面规定税收饶让抵免

B. 税收协定规定定率饶让抵免的，饶让抵免限额为按该定率计算的应纳境外所得税额超过实际缴纳的境外所得税额的数额

C. 境外所得采用简易办法计算抵免额的，不适用饶让抵免

D. 企业取得的境外所得根据来源国税收法律法规不判定为所在国应税所得，按中国税收法律法规规定属于应税所得的，可列入税收饶让抵免范畴

6. 以下各项中，属于税基侵蚀和利润转移项目（BEPS）行动计划的有（　　）。

A. 数据统计分析　　B. 常设机构　　C. 税收饶让　　D. 争端解决

7. 企业应当依据《企业所得税法实施条例》的规定，按纳税年度准备并按税务机关要求提供其关联交易的同期资料。同期资料包括（　　）。

A. 主体文档　　B. 本体文档　　C. 外地文档　　D. 特殊事项文档

8. 以下关于同期资料管理，说法正确的有（　　）。

A. 企业仅与境内关联方发生关联交易的，可以不准备主体文档、本地文档和特殊事项文档

B. 企业执行预约定价安排的，可以不准备预约定价安排涉及关联交易的本地文档和特殊事项文档

C. 主体文档应当在企业集团最终控股企业会计年度终了之日起 6 个月内准备完毕

D. 本地文档和特殊事项文档应当在关联交易发生年度次年 6 月 30 日之前准备完毕

9. 以下企业属于转让定价调查重点选择的企业有（　　）。

A. 关联交易数额较大或类型较多的企业

B. 长期亏损、微利或跳跃性盈利的企业

C. 高于同行业利润水平的企业

D. 按规定进行关联申报或准备同期资料的企业

10. 以下情况，属于税务机关可以优先受理的有（　　）。

A. 企业纳税信用级别为 A 级

B. 税务机关曾经对企业实施特别纳税调查调整，并已经结案

C. 企业关联申报和同期资料不完整

D. 企业不配合税务机关开展预约定价安排谈签工作

11. 除缔约国双方另有规定外，情报交换的范围一般包括（　　）。

A. 国家范围应仅限于与我国正式签订含有情报交换条款的税收协定并生效执行的国家

B. 税种范围应仅限于税收协定规定的税种，主要为具有所得（和财产）性质的税种

C. 人的范围应仅限于税收协定缔约国一方或双方的居民

D. 地域范围应仅限于缔约国双方有效行使税收管辖权的区域

（三）计算问答题

1. 我国居民企业甲在境外进行了投资，在 A 国持有了乙公司 40% 的股份，乙公司持有 B 国丙企业 20% 的股份。2019 年经营情况及分配状况如下：

（1）B 国企业所得税税率为 15%，预提所得税税率为 12%，丙企业应纳税所得总额 1 000 万元，丙企业将部分税后利润按持股比例进行了分配；

（2）A 国企业所得税税率为 20%，预提所得税税率为 10%，乙企业应纳税所得总额（该应纳税所得总额已包含投资收益还原计算的间接税款）2 000 万元，其中来自丙企业的投资收益 100 万元，按照 12% 的税率缴纳 B 国预提所得税 12 万元，乙企业在 A 国享受税收抵免后实际缴纳税款 200 万元，乙企业将全部税后利润按持股比例进行了分配；

（3）居民企业甲适用的企业所得税税率 25%，其来自境内的应纳税所得额为 3 000 万元。

要求：根据上述资料，按照下列序号回答问题，如有计算需计算出合计数。

（1）判断企业丙分回企业甲的投资收益能否适用间接抵免优惠政策并说明理由。

（2）判断企业乙分回企业甲的投资收益能否适用间接抵免优惠政策并说明理由。

（3）计算企业乙所纳税额属于由企业甲负担的税额。

（4）计算企业甲取得来源于企业乙投资收益的抵免限额。

2. 中国居民甲公司在我国的企业所得税税率为25%，2019年甲公司的业务如下：

（1）境内所得的应纳税所得额为2 500万元；

（2）在A国设有一不具备独立法人地位的分公司，2019年度，该分公司应纳税所得额300万元，该国实行20%的企业所得税税率，分公司在该国可享受第一年免征企业所得税的优惠政策，所以当年在A国企业所得税税额0；

（3）在B国设有100%控股子公司，2019年度从该子公司分回税后所得315万元，B国适用30%的企业所得税税率，B国预提所得税的税率为10%。

（其他相关资料：我国与A国和B国签订的国际税收协定中有饶让条款；甲公司选择分国不分项抵免方法）

要求：根据上述资料，回答下列问题。

（1）计算甲公司来自A国分公司所得的抵免限额；

（2）计算甲公司来自B国子公司所得的抵免限额；

（3）计算甲公司当年在我国实际缴纳的所得税。

六、进阶练习答案

（一）单选题

1.【答案】B

【解析】《经合组织范本》其主导思想所强调的是居民税收管辖权，主要是为了促进经合组织成员国之间国际税收协定的签订。

2.【答案】C

【解析】按照缔约国一方居民的判定标准，同一人有可能同时为中国和新加坡居民。为了解决这种情况下个人最终居民身份的归属，协定进一步规定了以下确定标准，需特别注意的是，这些标准的使用是有先后顺序的，只有当使用前一标准无法解决问题时，才使用后一标准。这些标准依次为：（1）永久性住所；（2）重要利益中心；（3）习惯性居处；（4）国籍。当采用上述标准依次判断仍然无法确定其身份时，可由缔约国双方主管当局按照协定规定的相互协商程序协商解决。

3.【答案】B

【解析】非居民企业从中国境内取得的股息、红利等权益性投资收益和利息、租金、特许权使用费所得，以收入全额为应纳税所得额；转让财产所得需要差额计税。在中国境内未设立机构、场所的，实际征税时适用10%税率。该企业应扣缴企业所得税 =（150 + 500 − 100）×10% = 55（万元）。

4.【答案】A

【解析】境内机构和个人向境外单笔支付等值5万美元以上（不含等值5万美元）外汇

资金，除无须进行税务备案的情形外，均应向所在地主管税务机关进行税务备案。

5.【答案】C

【解析】自2017年1月1日起，企业可以选择按国（地区）别计算［即“分国（地区）不分项”］，或者不按国（地区）别汇总计算［即“不分国（地区）不分项”］其来源于境外的应纳税所得额，并按照有关规定分别计算其可抵免境外所得税税额和抵免限额。上述方式一经选择，5年内不得改变。

6.【答案】D

【解析】如果企业当期境内外所得盈利额与亏损额加总后和为零或正数，则其当年度境外分支机构的非实际亏损额可无限期向后结转弥补。

7.【答案】D

【解析】居民企业甲直接持有A国乙企业60%的股份，符合间接抵免持股条件；乙企业持有丙企业40%的股份，甲企业直接持有丙企业15%的股份，但甲企业间接持有丙企业24%（60%×40%）的股份（大于20%），也符合间接抵免持股条件。

8.【答案】C

【解析】由A公司抵免的境外税额＝1 000×20%＝200（万元）。

9.【答案】B

【解析】资本弱化特殊事项文档应当在关联交易发生年度次年6月30日之前准备完毕，应当自税务机关要求之日起30日内提供。

10.【答案】D

【解析】符合下列条件之一的企业，应当准备主体文档：（1）年度发生跨境关联交易，且合并该企业财务报表的最终控股企业所属企业集团已准备主体文档；（2）年度关联交易总额超过10亿元。

11.【答案】A

【解析】可比非受控价格法，是指按照没有关联关系的交易各方进行相同或者类似业务往来的价格进行定价的方法，该方法以非关联方之间进行的与关联交易相同或类似业务活动所收取的价格作为关联交易的公平成交价格，可以适用于所有类型的关联交易。

12.【答案】C

【解析】企业的关联方以及可比企业应在与税务机关约定的期限内提供相关资料，约定期限一般不应超过60日。

13.【答案】C

【解析】预约定价安排一般适用于主管税务机关向企业送达接收其谈签意向的《税务事项通知书》之日所属纳税年度前3个年度每年度发生的关联交易金额4 000万元人民币以上的企业。

14.【答案】B

【解析】自动情报交换，是指缔约国双方主管当局之间根据约定，以批量形式自动提供有关纳税人取得专项收入的税收情报的行为。

（二）多选题

1.【答案】AB

【解析】选项 AB 属于无须进行税务备案的情形；选项 CD 属于需要进行税务备案的情形。

2.【答案】ABD

【解析】2020 年新增加内容，非居民纳税人享受协定待遇，采取“自行判断、申报享受、相关资料留存备查”的方式办理。

3.【答案】ACD

【解析】选项 B：权益性投资资产转让所得，为被投资企业的所得税主管税务机关。

4.【答案】BCD

【解析】如果企业当期境内外所得盈利额与亏损额加总后和为零或正数，则其当年度境外分支机构的非实际亏损额可无限期向后结转弥补；如果企业当期境内外所得盈利额与亏损额加总后和为负数，则以境外分支机构的亏损超过盈利额部分的实际亏损额可按 5 年向后结转，未超过企业盈利额部分的非实际亏损额可无限期向后结转弥补。

5.【答案】ABC

【解析】选项 D：企业取得的境外所得根据来源国税收法律法规不判定为所在国应税所得，按中国税收法律法规规定属于应税所得的，不属于税收饶让抵免范畴，应全额按中国税收法律法规规定缴纳企业所得税。

6.【答案】ABD

【解析】BEPS 十五项行动计划包括：（1）数字经济；（2）混合错配；（3）受控外国公司规则；（4）利息扣除；（5）有害税收实践；（6）税收协定滥用；（7）常设机构；（8）无形资产；（9）风险和资本；（10）其他高风险交易；（11）数据统计分析；（12）强制披露规则；（13）转让定价同期资料；（14）争端解决；（15）多边工具。

7.【答案】ABD

【解析】企业应当依据《企业所得税法实施条例》的规定，按纳税年度准备并按税务机关要求提供其关联交易的同期资料。同期资料包括主体文档、本地文档和特殊事项文档。

8.【答案】ABD

【解析】选项 C：主体文档应当在企业集团最终控股企业会计年度终了之日起 12 个月内准备完毕。

9.【答案】AB

【解析】转让定价调查重点选择的企业：（1）关联交易数额较大或类型较多的企业；（2）长期亏损、微利或跳跃性盈利的企业；（3）低于同行业利润水平的企业；（4）利润水平与其所承担的功能明显不相匹配的企业；（5）与避税港关联方发生业务往来的企业；（6）未按规定进行关联申报或准备同期资料的企业；（7）其他明显违背独立交易原则的企业。

10.【答案】AB

【解析】有下列情形之一的，税务机关可以优先受理企业提交的正式申请：（1）企业关联申报和同期资料完备合理，披露充分；（2）企业纳税信用级别为 A 级；（3）税务机关曾经对企业实施特别纳税调查调整，并已经结案；（4）签署的预约定价安排执行期满，企业申请续签，且预约定价安排所述事实和经营环境没有发生实质性变化；（5）企业提交的申请材料齐备，对价值链或者供应链的分析完整、清晰，充分考虑成本节约、市场溢价等地域特殊因素，拟采用的定价原则和计算方法合理；（6）企业积极配合税务机关开展预约定价安排谈签工作；(7) 申请双边或者多边预约定价安排的，所涉及的税收协定缔约双方税务主管当局有强烈的谈签意愿，对预约定价安排的重视程度较高；(8) 其他有利于预约定价安排谈签的因素。

11. 【答案】ABCD

【解析】选项 ABCD 都属于正确答案。

（三）计算问答题

1. 【答案及解析】

(1) 这里不适用间接抵免的优惠政策。理由：适用间接抵免的外国企业中的第二层：单一第一层外国企业直接持有 20% 以上股份，且由单一居民企业直接持有或通过一个或多个符合规定持股条件的外国企业间接持有总和达到 20% 以上股份的外国企业；

本题企业甲直接持有企业乙 40% 的股份，企业乙直接持有企业丙 20% 以上的股份，但企业甲间接持有企业丙股份为 8%，不足 20%，不适用间接抵免的优惠政策。

(2) 这里适用间接抵免的优惠政策。

理由：适用间接抵免的外国企业中的第一层：单一居民企业直接持有 20% 以上股份的外国企业；本题境内企业甲直接持有企业乙的股份 40%，超过 20%，可以适用间接抵免的优惠政策。

(3) 企业乙的税后利润 = 2 000 − 200 − 12 = 1 788（万元）

在 A 国实纳税 200 万元和 B 国预提税 12 万元均为境外企业乙实际缴纳的税额。

应由企业甲负担的税款 = (200 + 12) × 40% = 84.8（万元）

(4) 企业甲取得的境外所得总额 = 1 788 × 40% + 84.8 = 800（万元）

企业甲取得的境内外所得总额 = 800 + 3 000 = 3 800（万元）

企业甲总应纳税额 = 3 800 × 25% = 950（万元）

抵免限额 = 950 × 800 ÷ 3 800 = 200（万元）

2. 【答案及解析】

(1) 甲公司来自 A 国分公司所得的抵免限额 = 300 × 25% = 75（万元）

(2) B 国子公司税后所得还原成税前所得 = 315 ÷ (1 − 10%) ÷ (1 − 30%) = 500（万元）

抵免限额 = 500 × 25% = 125（万元）

(3) A 国优惠饶让视同纳税 = 300 × 20% = 60（万元）

在 B 国实际缴纳税款 = 500 − 315 = 185（万元）

A 国视同已纳税额 60 万元小于 75 万元的抵免限额；B 国实际已纳税额 185 万元大于 125 万元的抵免限额。

甲公司当年在我国实际缴纳的所得税 = (2 500 + 300 + 500) × 25% − 60 − 125 = 640（万元）

第十三章 税收征收管理法

一、2020 年新教材内容主要变化

1. 新增“税务登记地点争议的管辖规则”；
2. 新增“非正常户处理”的相关规定；
3. 新增“清税证明”的相关规定；
4. 新增“非正常状态纳税人在办理税务注销的规则”；
5. 新增“对纳税人、扣缴义务人、纳税担保人应缴纳的欠税及滞纳金不再要求同时缴纳，可以先行缴纳欠税，再依法缴纳滞纳金”的规定；
6. 新增“企业破产清算程序中的税收征管”的规定；
7. 新增“《无欠税证明》开具服务”的内容；
8. 新增“纳税信用修复”的规定；
9. 新增“税收违法行为检举管理办法”；
10. 新增“税务文书电子送达规定”。

二、本章近 5 年考情分析

本章属于税法考试非重点章，考试一般以单项选择题、多项选择题命题，偶尔会与实体法的内容结合出现在计算问答题或综合题中。近 5 年本章考试平均分值 3 分左右。2020 年预计考试分值在 3 分左右。

三、本章内容

第一单元　税收征收管理法概述
第二单元　税务管理（重要）
第三单元　税款征收（重要）
第四单元　税务检查
第五单元　法律责任
第六单元　纳税担保和抵押
第七单元　纳税信用管理
第八单元　税收违法行为检举管理办法（新）
第九单元　税务文书电子送达规定（试行）（新）

四、重难点解析

第一单元　税收征收管理法概述

重难点1:《征管法》的适用范围★

《中华人民共和国税收征收管理法》(简称《征管法》)的适用范围，是税务机关征收的各种税收。海关征收的关税及代征的增值税、消费税，不适用《征管法》。

【小贴士】由税务机关征收的一部分费，如教育费附加、地方教育附加，不适用《征管法》，不能采取《征管法》规定的措施。

【经典真题】

【单选题·2018】下列税费的征收管理，适用《征管法》的是(　　)。

A. 房产税　　B. 地方教育附加

C. 关税　　D. 海关代征消费税

【答案】A

【解析】选项B：由税务机关征收的地方教育附加不是税，不能采取《征管法》规定的措施，其具体管理办法由其条例和规章决定；选项CD：海关征收的关税及代征的增值税、消费税，不适用《征管法》，而适用其他法律、法规的规定。

【经典模拟题】

【多选题】下列各项中，不适用《征管法》的有(　　)。

A. 资源税　　B. 船舶吨税　　C. 企业所得税　　D. 教育费附加

【答案】BD

【解析】船舶吨税由海关征收，不适用《征管法》，而适用其他法律、法规的规定；教育费附加由税务机关征收，各种费不适用《征管法》。

重难点2：税收征收管理法的遵守主体★

1. 税务行政主体：税务机关。
2. 税务行政管理相对人：纳税人、扣缴义务人和其他有关单位。
3. 其他单位和部门：包括各级人民政府在内的有关单位和部门。

第二单元　税务管理

【小贴士】税务管理包括：税务登记管理；账簿、凭证管理；纳税申报管理。

重难点1：税务登记管理★★

【小贴士】简政放权进程中，部分行政审批事项取消或调整，企业办理涉税事宜时，填写税务登记表（采集卡）、完成税务登记信息补录。在完成补充信息采集后，凭加载统一代码的营业执照可代替税务登记证使用。

税务登记，是税务机关对纳税人实施税收管理的首要环节和基础工作，是征纳双方法律关系成立的依据和证明，也是纳税人必须依法履行的义务。

【小贴士】税务登记管理包括：设立（开业）税务登记；变更税务登记；注销税务登记；停业、复业登记；外出经营报验登记。

（一）设立税务登记

1. 设立税务登记的对象分为以下两类：

（1）领取工商营业执照从事生产、经营的纳税人。包括：企业；企业在外地设立的分支机构和从事生产、经营的场所；个体工商户；从事生产、经营的事业单位。

（2）其他纳税人。前款规定以外的纳税人，除国家机关、个人（自然人）和无固定生产、经营场所的流动性农村小商贩外，也应该按规定办理税务登记。

2. 设立税务登记的时间和地点。

（1）企业在外地设立的分支机构和从事生产、经营的场所，个体工商户和从事生产、经营的事业单位（统称“从事生产、经营的纳税人”），向生产、经营所在地税务机关申报办理税务登记。

①从事生产、经营的纳税人领取工商营业执照的，应当自领取工商营业执照之日起30日内申报办理税务登记，税务机关发放税务登记证及副本；

②从事生产、经营的纳税人未办理工商营业执照但经有关部门批准设立的，应当自有关部门批准设立之日起30日内申报办理税务登记，税务机关发放税务登记证及副本；

③从事生产、经营的纳税人未办理工商营业执照也未经有关部门批准设立的，应当自纳税义务发生之日起30日内申报办理税务登记，税务机关发放临时税务登记及副本；

④有独立的生产经营权、在财务上独立核算并定期向发包人或者出租人上交承包费或租金的承包承租人，应当自承包承租合同签订之日起30日内，向其承包承租业务发生地税务机关申报办理税务登记，税务机关发放临时税务登记证及副本；

⑤境外企业在中国境内承包建筑、安装、装配、勘探工程和提供劳务的，应当自项目合同或协议签订之日起30日内，向项目所在地税务机关申报办理税务登记，税务机关发放临时税务登记证及副本。

（2）上述规定以外的其他纳税人，除国家机关、个人和无固定生产、经营场所的流动性农村小商贩外，均应当自纳税义务发生之日起30日内，向纳税义务发生地税务机关申报办理税务登记，税务机关发放税务登记证及副本。

【小贴士】扣缴义务人应当自扣缴义务发生之日起30日内，向所在地的主管税务机关申报办理扣缴税款登记，领取扣缴税款登记证件。

【小贴士】税务机关对纳税人税务登记地点发生争议的，由其共同的上级税务机关指定管辖。（新）

（二）变更、注销税务登记

1. 变更税务登记。

（1）纳税人已在工商行政管理机关办理变更登记的，应当自工商行政管理机关变更登记之日起30日内，向原税务登记机关如实提供相关证件、资料，申报办理变更税务登记。

（2）纳税人按照规定不需要在工商行政管理机关办理变更登记，或者其变更登记的内容与工商登记内容无关的，应当自税务登记内容实际发生变化之日起30日内，或者自有关机关批准或者宣布变更之日起30日内，到原税务登记机关申报办理变更税务登记。

（3）税务机关应当于受理当日办理变更税务登记。

2. 注销税务登记的适用范围及时间要求。

（1）纳税人发生解散、破产、撤销以及其他情形，依法终止纳税义务的，应当在向工商行政管理机关或者其他机关办理注销登记前，持有关证件和资料向原税务登记机关申报办理注销税务登记；

（2）按规定不需要在工商行政管理机关或者其他机关办理注销登记的，自有关机关批准或者宣告终止之日起15日内，持有关证件和资料向原税务登记机关申报办理注销税务登记；

（3）纳税人被工商行政管理机关吊销营业执照或者被其他机关予以撤销登记的，自营业执照被吊销或者被撤销登记之日起15日内向原税务登记机关申报办理注销税务登记。

【小贴士】经营地点变化涉及变更税务登记或注销税务登记的情形

具体情形		登记种类
纳税人改变住所或经营地点	不涉及主管税务机关变动的	变更税务登记
	涉及主管税务机关变动的	向原税务登记机关申报办理注销税务登记，并在30日内向迁达地主管税务登记机关申报办理税务登记

（4）境外企业在中国境内承包建筑、安装、装配、勘探工程和提供劳务的，应当在项目完工、离开中国前15日内，持有关证件和资料，向原税务登记机关申报办理注销税务登记。

【小贴士】纳税人办理注销税务登记前，应当向税务机关提交相关证明文件和资料，结清应纳税款、多退（免）税款、滞纳金和罚款，缴销发票、税务登记证件和其他税务证件，经税务机关核准后，办理注销税务登记手续。

【经典真题】

【单选题·2016】企业发生的下列情形中，应当办理注销税务登记的是（　　）。

A. 改变生产经营方式　　B. 改变行政隶属关系

C. 住所迁移涉及主管税务机关的变动　　D. 减少注册资本

【答案】C

【解析】选项ABD：应当办理变更税务登记。

【经典真题】

【单选题·2018】下列情形中，纳税人应当注销税务登记的是（　　）。

A. 纳税人改变生产经营方式的

B. 纳税人被工商行政管理部门吊销营业执照的

C. 纳税人改变名称的

D. 纳税人改变住所和经营地点未涉及改变原主管税务机关的

【答案】B

【解析】选项 ACD：应当办理变更税务登记。

（三）停业、复业登记（重要）

1. 实行定期定额征收方式的个体工商户需要停业的，应当在停业前向税务机关申报办理停业登记。

2. 纳税人的停业期限不得超过一年。

3. 纳税人应当于恢复生产、经营之前，向税务机关申报办理复业登记。

【小贴士】纳税人在停业期间发生纳税义务的，应当按照规定申报缴纳税款。

【经典模拟题】

【单选题】下列关于停业的税务管理，表述正确的是（　　）。

A. 实行查账征收方式的纳税人需要停业的，应办理停业登记

B. 若停业期间发生经营行为时，不需要申报缴纳税款

C. 纳税人办理停业登记，税务机关收存其税务登记证，但无需收存其发票

D. 一旦纳税人申请停业，其未使用完的发票由税务机关予以收存

【答案】D

【解析】选项 A：实行定期定额征收方式的个体工商户需要停业的，应当在停业前向税务机关申报办理停业登记；选项 B：停业期间发生经营行为时，需要申报缴纳税款；选项 C：纳税人在申报办理停业登记时，应结清应纳税款、滞纳金、罚款，税务机关应收存其税务登记证件及副本、发票领购簿、未使用完的发票和其他税务证件。

（四）税务登记证的作用

纳税人办理下列事项时，必须持税务登记证件：

1. 开立银行账户；

2. 申请减税、免税、退税；

3. 申请办理延期申报、延期缴纳税款；

4. 领购发票；

5. 申请开具外出经营活动税收管理证明；

6. 办理停业、歇业；

7. 其他。

【小贴士】遗失税务登记证件的，应当在 15 日内书面报告主管税务机关，并登报声明作废。

（五）非正常户处理

1. 已办理税务登记的纳税人未按照规定的期限进行纳税申报，税务机关依法责令其限期改正。纳税人逾期不改正的，税务机关可以收缴其发票或者停止向其发售发票。（新）

2. 纳税人负有纳税申报义务，但连续三个月所有税种均未进行纳税申报的，税收征管系统自动将其认定为非正常户，并停止其发票领用簿和发票的使用。（新）

3. 对欠税的非正常户，税务机关依照税收征管法的规定追征税款及滞纳金。

4. 已认定为非正常户的纳税人，就其逾期未申报行为接受处罚、缴纳罚款，并补办纳税

申报的，税收征管系统自动解除非正常状态，无需纳税人专门申请解除。（新）

（六）优化办理企业税务注销程序

1. 简易注销。

对向市场监管部门申请简易注销的纳税人，符合下列情形之一的，可免予到税务机关办理清税证明，直接向市场监管部门申请办理注销登记：

（1）未办理过涉税事宜的。

（2）办理过涉税事宜但未领用发票、无欠税（滞纳金）及罚款的。

（3）经人民法院裁定宣告破产的纳税人，持人民法院终结破产程序裁定书向税务机关申请税务注销的，税务机关即时出具清税文书，按照有关规定核销“死欠”。（新）

2. 一般注销。

对向市场监管部门申请一般注销的纳税人，税务机关在为其办理税务注销时，进一步落实限时办结。

对未处于税务检查状态、无欠税（滞纳金）及罚款、已缴销增值税专用发票及税控专用设备，且符合下列情形之一的纳税人，优化即时办结服务，采取“承诺制”容缺办理，即纳税人在办理税务注销时，若资料不齐，可在其作出承诺后，税务机关即时出具清税文书：

（1）纳税信用级别为 A 级和 B 级的纳税人。

（2）控股母公司纳税信用级别为 A 级的 M 级纳税人。

（3）省级人民政府引进人才或经省级以上行业协会等机构认定的行业领军人才等创办的企业。

（4）未纳入纳税信用级别评价的定期定额个体工商户。

（5）未达到增值税纳税起征点的纳税人。

纳税人应按承诺的时限补齐资料并办结相关事项。若未履行承诺的，税务机关将对其法定代表人、财务负责人纳入纳税信用 D 级管理。

3. 处于非正常状态纳税人在办理税务注销前，需先解除非正常状态，补办纳税申报手续。（新）

4. 纳税人办理税务注销前，无需向税务机关提出终止“委托扣款协议书”申请。税务机关办结税务注销后，委托扣款协议自动终止。（新）

5. 对已实行实名办税的纳税人，免予提供以下证件、资料：（调）

（1）《税务登记证》正（副）本、《临时税务登记证》正（副）本和《发票领用簿》；

（2）市场监督管理部门吊销营业执照决定原件（复印件）；

（3）上级主管部门批复文件或董事会决议原件（复印件）；

（4）项目完工证明、验收证明等相关文件原件（复印件）。

【经典真题】

【多选题·2019】在办理税务注销时，对未处于税务检查状态、无欠税及罚款、已缴销增值税专用发票及税控专用设备，且符合下列情形之一的纳税人，可以采取“承诺制”容缺办理的有（　　）。

A. 纳税信用级别为 B 级的纳税人

B. 未达到增值税纳税起征点的纳税人

C. 省级人民政府引进人才创办的企业

D. 控股母公司纳税信用级别为 B 级的 M 级纳税人

【答案】ABC

【解析】选项 D：控股母公司纳税信用级别为 A 级的 M 级纳税人，可以采取“承诺制”容缺办理。

重难点 2：账簿、凭证管理★★

（一）账簿、凭证管理

1. 建账要求。

（1）从事生产、经营的纳税人应当自领取营业执照或者发生纳税义务之日起 15 日内设置账簿。

（2）扣缴义务人应当自税收法律、行政法规规定的扣缴义务发生之日起 10 日内，按照所代扣、代收的税种，分别设置代扣代缴、代收代缴税款账簿。

【小贴士】无力设账的举措；代为建账和办理账务；建立收支凭证粘贴簿、进货销货登记簿或使用税控装置。

2. 备案制度。

自领取税务登记证起 15 日内，将财务、会计制度和具体的财务、会计处理办法、会计核算软件报送税务机关备案。

3. 账簿、凭证的保管。

除另有规定者外，账簿、记账凭证、报表、完税凭证、发票、出口凭证以及其他有关涉税资料应当保存 10 年。

（二）发票管理（重要）

1. 发票管理的基本规定。

（1）税务机关是发票的主管机关，负责发票的印制、领购、开具、取得、保管、缴销的管理和监督。

（2）在全国范围内统一式样的发票，由国家税务总局确定。在省、自治区、直辖市范围内统一式样的发票，由省、自治区、直辖市税务局确定。

（3）增值税专用发票由国务院税务主管部门指定的企业印制；其他发票，由省、自治区、直辖市税务局指定企业印制。未经规定的税务机关指定，不得印制发票。

2. 发票领购管理。

（1）依法办理税务登记的单位和个人，在领取《税务登记证》后，可以申请领用发票，提出购票申请时，需要提供经办人身份证明、税务登记证件或其他有关证明、以及财务印章或发票专用章的印模，向主管税务机关办理发票领购手续

（2）需要临时使用发票的单位和个人，可以直接向税务机关申请办理

（3）临时到本省、自治区、直辖市以外从事经营活动的单位和个人，应凭所在地税务机关的证明，向经营地税务机关申请领购经营地发票。

【小贴士】税务机关对外省、自治区、直辖市来本辖区从事临时经营活动的单位和个人

申请领购发票的，可以要求其提供保证人或者根据所领购发票的票面限额及数量交纳不超过1万元的保证金，并限期缴销发票。

3. 发票开具、使用、取得的管理（包括但不限于以下内容）。

（1）销货方按规定填开发票。

【小贴士】收购单位和扣缴义务人支付个人款项时等特殊情况下，由付款方向收款方开具发票；

（2）发票不得跨省、直辖市、自治区使用。发票限于领购单位和个人在本省、自治区、直辖市内开具。发票领购单位未经批准不得跨规定使用区域携带、邮寄、运输空白发票，禁止携带、邮寄或运输空白发票出入境。

（3）不得转借、转让、代开发票；未经税务机关批准，不得拆本使用发票；不得自行扩大专业发票使用范围。

4. 发票保管管理。

已开具的发票存根联和发票登记簿，应当保存5年。保存期满，报经税务机关查验后销毁。

【小贴士】除另有规定者外，账簿、记账凭证、报表、完税凭证、发票、出口凭证以及其他有关涉税资料应当保存10年。

5. 发票发放领用的服务与监管要求。

（1）申领普通发票原则上取消实地核查，统一在办税服务厅即时办结；

（2）一般纳税人申请增值税专用发票最高开票限额不超过10万元的，主管税务机关不需事前进行实地查验。

6. 增值税电子普通发票。

增值税电子普通发票的开票方和受票方需要纸质发票的，可以自行打印增值税电子普通发票的版式文件，其法律效力、基本用途、基本使用规定等与税务机关监制的增值税普通发票相同。

7. 网络发票管理。

网络发票，是指符合国家税务总局统一标准并通过国家税务总局及省、自治区、直辖市税务局公布的网络发票管理系统开具的发票。

【小贴士】网络发票与增值税电子发票不是等同概念，网络发票只是传统发票开具方式的变化，其发放、使用、存储和管理适用于纸质发票实物管理的规定。

（1）单位和个人取得网络发票时，应及时查询验证网络发票信息的真实性、完整性，对不符合规定的发票，不得作为财务报销凭证，任何单位和个人有权拒收。

（2）开具发票的单位和个人需要开具红字发票的，必须收回原网络发票全部联次或取得受票方出具的有效证明，通过网络发票管理系统开具金额为负数的红字网络发票。

（3）开具发票的单位和个人必须如实在线开具网络发票，不得利用网络发票进行转借、转让、虚开发票及其他违法活动。

【小贴士】当网络出现故障，无法在线开具发票时，可离线开具发票。开具发票后，不得改动开票信息，并于48小时内上传开票信息。

【经典模拟题】

【多选题】下列关于发票管理的规定不正确的有（　　）。

A. 增值税专用发票由省、自治区、直辖市税务局指定企业印制

B. 企业可以根据自己的需要，自行决定印制发票

C. 已开具的发票存根联和发票登记簿，应当保存五年

D. 纳税人可自行拆本使用发票

【答案】ABD

【解析】选项AB：增值税专用发票由国务院税务主管部门指定的企业印制；其他发票按照国务院税务主管部门的规定，由省、自治区、直辖市税务局指定企业印制，未经规定的税务机关指定，不得印制发票；选项D：未经税务机关批准，不得拆本使用发票。

重难点3：纳税申报管理★★

纳税申报，是指纳税人按照税法规定的期限和内容，向税务机关提交有关纳税事项书面报告的法律行为。

（一）纳税申报的对象

包括纳税人和扣缴义务人，还包括在纳税期内没有应纳税款的纳税人以及享受减税、免税待遇的纳税人。

（二）纳税申报的期限

1. 法律、行政法规明确规定的；

2. 税务机关按照法律、行政法规的原则规定，结合纳税人生产经营的实际情况及其所应缴纳的税种等相关问题予以确定的。

【小贴士】上述两种期限具有同等的法律效力。

（三）纳税申报的方式

直接申报、邮寄申报、数据电文。除前述三种方式外，实行定期定额缴纳税款的纳税人，可以实行简易申报、简并征期等申报纳税方式。

1. 邮寄申报，应使用统一的纳税申报专用信封，并以邮政部门收据作为申报凭据，以寄出的邮戳日期作为实际申报日期。

2. 数据电文方式申报，其申报日期以税务机关计算机网络系统收到该数据电文的时间为准。

（四）延期申报

纳税人因有特殊情况，不能按期进行纳税申报的，经县以上税务机关核准，可以延期申报。但应当在规定的期限内向税务机关提出书面延期申请，经税务机关核准，在核准的期限内办理。

【小贴士】经核准延期办理纳税申报的，应当在纳税期内按照上期实际缴纳的税额或者税务机关核定的税额预缴税款，并在核准的延期内办理纳税结算。

【经典真题】

【单选题·2011】下列各项关于纳税申报管理的表述中，正确的是（　　）。

A. 扣缴人不得采取邮寄申报的方式

B. 纳税人在纳税期内没有应纳税款的，不必办理纳税申报

C. 实行定期定额缴纳税款的纳税人可以实行简易申报、简并征期等申报纳税方式

D. 主管税务机关根据纳税人实际情况及其所纳税种确定的纳税申报期限不具有法律效力

【答案】C

【解析】选项 A：纳税申报方式，包括直接申报、邮寄申报、数据电文申报；选项 B：纳税人在纳税期内没有应纳税款的，也应当按照规定办理纳税申报；选项 D：主管税务机关根据纳税人实际情况及其所纳税种确定的纳税申报期限具有法律效力。

【多选题 · 2013】下列纳税申报方式中，符合《征管法》规定的有（　　）。

A. 直接申报　　B. 网上申报　　C. 邮寄申报　　D. 口头申报

【答案】ABC

【解析】纳税申报的形式主要有以下三种：直接申报；邮寄申报；数据电文申报。

【多选题 · 2017】根据《征管法》规定，下列属于纳税申报对象的有（　　）。

A. 代扣代缴义务人　　B. 享受减税的纳税人

C. 纳税期内没有应纳税款的纳税人　　D. 享受免税的纳税人

【答案】ABCD

【解析】纳税申报的对象为负有纳税义务的单位、个人（包括取得临时应税收入或发生应税销售行为的纳税人，享有减税、免税待遇的纳税人）和扣缴义务人。纳税人在纳税期内没有应纳税款的，也应当按照规定办理纳税申报。

【经典模拟题】

【单选题】纳税人办理纳税申报时，不需要提交的证件、材料有（　　）。

A. 财务会计报表及其说明材料　　B. 税控装置的电子报税材料

C. 与纳税有关的合同、协议书及凭证　　D. 工商营业执照

【答案】D

【解析】选项 D：属于办理税务登记时应提交的材料。

第三单元　税款征收

重难点 1：税款征收的原则（7 项）★

1. 税务机关是征税的唯一行政主体。

2. 税务机关只能依照法律、行政法规的规定征收税款。

3. 税务机关不得违反法律、行政法规的规定开征、停征、多征、少征、提前征收或者延缓征收税款或者摊派税款。

4. 税务机关征收税款必须遵守法定权限和法定程序。

5. 税务机关征收税款或扣押、查封商品、货物或其他财产时，必须向纳税人开具完税凭证或开付扣押、查封的收据或清单。

6. 税款、滞纳金、罚款统一由税务机关上缴国库。

7. 税款优先。（重要）

【小贴士】税款优先原则，具体有三个方面的优先：

（1）税收优先于无担保债权。

（2）纳税人发生欠税在前的，税收优先于抵押权、质权和留置权的执行。

（3）税收优先于罚款、没收非法所得。

纳税人欠缴税款，同时又被税务机关或者税务机关以外的其他行政部门决定处以罚款、没收非法所得的，税收优先于罚款、没收非法所得。

【经典真题】

【多选题·2009】下列各项中，符合《征管法》税款征收有关规定的有（　　）。

A. 税务机关减免税时，必须给纳税人开具承诺文书

B. 税务机关征收税款时，必须给纳税人开具完税凭证

C. 税务机关扣押商品、货物或者其他财产时必须开付收据

D. 税务机关查封商品、货物或者其他财产时必须开付清单

【答案】BCD

重难点2：税款征收的方式★★

1. 查账征收：适用于财务会计制度较为健全，能认真履行纳税义务的纳税单位。
2. 查定征收：适用于账册不够健全，但能够控制原材料或进销货的纳税单位。
3. 查验征收：适用于经营品种比较单一，经营地点、时间、商品来源不固定的纳税单位。
4. 定期定额征收：适用于无完整考核依据的小型纳税单位。
5. 委托代征税款：适用于小额、零散税源的征收。
6. 邮寄纳税：适用于有能力按期纳税，但采用其他方式纳税又不方便的纳税人。
7. 其他方式。

【经典真题】

【多选题·2006】下列各项中，符合《征管法》规定的征税方式有（　　）。

A. 税务机关通过典型调查，逐户确定营业额和所得额并据以征税的方式

B. 税务机关按照纳税人提供的账表所反映的经营情况，依照适用税率计算缴纳税款的方式

C. 税务机关对纳税人应税商品，通过查验数量，按市场一般销售单价计算其销售收入并据以征税的方式

D. 税务机关根据纳税人的从业人员、生产设备、采用原材料等因素，对其产制的应税产品查实核定产量、销售额并据以征税的方式

【答案】ABCD

重难点 3：税款征收制度（12 项）★★★

（一）代扣代缴、代收代缴税款制度

税务机关应按照规定付给扣缴义务人代扣、代收手续费。

1. 代扣、代收税款手续费只能由县（市）以上税务机关统一办理退库手续。

2. 不得在征收税款过程中坐支。

（二）延期缴纳税款制度

纳税人因有特殊困难，不能按期缴纳税款的，可以延期缴纳税款。

1. 特殊困难的主要内容包括：

（1）因不可抗力，导致纳税人发生较大损失，正常生产经营活动受到较大影响的；

（2）当期货币资金在扣除应付职工工资、社会保险费后，不足以缴纳税款的。

2. 相关规定。

（1）在规定期限内纳税人提出书面申请。

（2）税款的延期缴纳，必须经省、自治区、直辖市税务局批准，方为有效。

（3）延期期限最长不得超过 3 个月，同一笔税款不得滚动审批。

（4）批准延期内免予加收滞纳金。

【小贴士】学员应注意辨析“延期申报”与“延期纳税”的差异。

【经典真题】

【单选题·2017】根据《征管法》中延期缴纳税款制度的规定，下列表述中正确的是（　　）。

A. 批准的延期期限内加收滞纳金

B. 延期缴纳的同一笔税款不得滚动审批

C. 延期缴纳税款的期限最长不得超过 30 天

D. 延期缴纳税款必须经县级税务机关批准

【答案】B

【解析】选项 A：经批准的延期纳税，在批准的延期期限内免予加收滞纳金；选项 CD：纳税人因特殊困难不能按期缴纳税款的，经省、自治区、直辖市税务局批准，可延期缴纳税款，但最长不得超过 3 个月。

（三）税收滞纳金征收制度

纳税人未按照规定期限缴纳税款的，扣缴义务人未按照规定期限解缴税款的，税务机关除责令限期缴纳外，从滞纳税款之日起，按日加收滞纳税款万分之五的滞纳金。

滞纳金 = 滞纳税款 × 滞纳天数 × 0.5‰

【小贴士】滞纳天数的确定：法律、行政法规规定或者税务机关依照法律、行政法规的规定确定的税款缴纳期限届满次日起至纳税人、扣缴义务人实际缴纳或者解缴税款之日止。

【小贴士】对纳税人、扣缴义务人、纳税担保人应缴纳的欠税及滞纳金不再要求同时缴纳，可以先行缴纳欠税，再依法缴纳滞纳金。（新）

【经典模拟题】

【计算问答题】甲有限公司为增值税一般纳税人，2020 年 5 月应纳增值税 10 000 元，该企业于 2020 年 6 月 18 日实际缴纳税款。

问题：计算该企业应加收的滞纳金金额。

【答案及解析】该企业应于 2020 年 6 月 15 日前缴纳税款，但该企业在 6 月 18 日才交税，滞纳天数不含 6 月 15 日当天，要从 6 月 16 日算起，到 6 月 18 日止，包含 18 日当天，共计滞纳 3 天，应加收滞纳金 = 10 000 × 0.5‰ × 3（天）= 15（元）。

（四）减免税收制度

1. 基本规定。

减免税必须有法律、行政法规的明确规定（具体规定在各税收实体法中体现）。地方各级人民政府、各级人民政府主管部门、单位和个人违反法律、行政法规规定，擅自作出的减税、免税决定无效，税务机关不得执行，并向上级税务机关报告。

2. 具体规定。

（1）纳税人申请减免税，应向主管税务机关提出书面申请，并按规定附送有关资料。

（2）纳税人享受减税、免税的条件发生变化时，应当自发生变化之日起 15 日内向税务机关报告，经税务机关审核后，停止其减税、免税；对不报告的，又不符合减免税条件的，税务机关有权追回已减免的税款。

（3）减免税期满，应自期满次日起恢复纳税。

（4）纳税人同时从事减免项目与非减免项目的，应分别核算，独立计算减免项目的计税依据以及减免税额度。不能分别核算的，不能享受减免税；核算不清的，由税务机关按合理方法核定。

（5）纳税人依法可以享受减免税待遇，但未享受而多缴税款的，凡属于无明确规定需经税务机关审批或没有规定申请期限的，纳税人可以在 3 年内要求退还多缴的税款，但不加算银行同期存款利息。

（6）纳税人已享受减免税的，应当纳入正常申报，进行减免税申报。纳税人享受减免税到期的，应当申报缴纳税款。

（五）税额核定制度和税收调整制度

1. 税额核定制度（重要）。

纳税人有下列（6 种）情形之一的，税务机关有权核定其应纳税额：

（1）依照法律、行政法规规定可以不设置账簿的；

（2）依照法律、行政法规规定应当设置但未设置账簿的；

（3）擅自销毁账簿或者拒不提供纳税资料的；

（4）虽设置账簿，但账目混乱或成本资料、收入凭证、费用凭证残缺不全，难以查账的；

（5）发生纳税义务，未按照规定的期限办理纳税申报，经税务机关责令限期申报，逾期仍不申报的；

（6）纳税人申报的计税依据明显偏低，又无正当理由的。

2. 税收调整制度。

税收调整制度，主要指的是关联企业的税收调整制度。

（1）关联企业的含义。

在资金、经营、购销等方面，存在直接或间接的拥有或控制关系；直接或间接地同为第三者所拥有或控制关系；在利益上具有相关联的其他关系。

（2）税务机关可以按照下列方法调整计税收入额或者所得额：

一是按照独立企业之间进行的相同或者类似业务活动的价格；

二是按照再销售给无关联关系的第三者的价格所应取得的收入和利润水平；

三是按照成本加合理的费用和利润；

四是按照其他合理的方法。

【小贴士】纳税人与其关联企业未按照独立企业之间的业务往来支付价款、费用的，税务机关自该业务往来发生的纳税年度起3年内进行调整；有特殊情况的，可以自该业务往来发生的纳税年度起10年内进行调整。

（六）未办理税务登记的税款征收制度（了解）

1. 适用对象。

未办理税务登记的从事生产、经营的纳税人及临时从事经营的纳税人。

2. 执行程序：

（1）核定应纳税额；

（2）责令缴纳；

（3）责令缴纳而不缴纳的，税务机关扣押其相当于应纳税款的商品、货物；

（4）解除扣押或者拍卖、变卖所扣押的商品、货物；

（5）抵缴税款。

（七）税收保全措施（预防）（重要）

税收保全措施，是指税务机关对可能由于纳税人的行为或者某种客观原因，致使以后税款的征收不能保证或难以保证的案件，采取限制纳税人处理或转移商品、货物或其他财产的措施。

税务机关有根据认为从事生产、经营的纳税人有逃避纳税义务行为的，可以在规定的纳税期之前，责令限期缴纳税款；在限期内发现纳税人有明显的转移、隐匿其应纳税的商品、货物以及其他财产迹象的，税务机关应责令其提供纳税担保。如果纳税人不能提供纳税担保，经县以上税务局（分局）局长批准，税务机关可以采取下列税收保全措施：

1. 书面通知纳税人开户银行或者其他金融机构，冻结纳税人的金额相当于应纳税款的存款。

2. 扣押、查封纳税人的价值相当于应纳税款的商品、货物或者其他财产。其他财产包括纳税人的房地产、现金、有价证券等不动产和动产。

【小贴士】采取税收保全措施应具备的条件：（1）有根据认为纳税人有逃缴纳税义务的行为；（2）责令限期缴纳；（3）限期内转移、隐匿财产，进而要求提供担保；（4）不能提供担保，经批准采取保全措施。

【小贴士】适用的主体：仅限于从事生产、经营的纳税人，不包括非从事生产、经营的纳税人，也不包括扣缴义务人和纳税担保人。

【小贴士】保全的范围：个人及其所扶养家属维持生活必需的住房和用品以及单价5 000元以下的其他生活用品，不在税收保全措施的范围之内。生活必需的住房和用品不包括机动车辆、金银饰品、古玩字画、豪华住宅或者一处以外的住房。

【小贴士】纳税人按期限缴纳了税款的，税务机关应当自收到税款或银行转回的完税凭证之日起1日内解除税收保全。

【小贴士】税务机关扣押商品、货物或者其他财产时，必须开付收据；查封商品、货物或者其他财产时，必须开付清单。

【小贴士】税收保全措施期限一般不超过6个月；重大案件需要延长的，应当报国家税务总局批准。

【经典真题】

【多选题·2010】下列关于税务机关实施税收保全措施的表述中，正确的有（　　）。

A. 税收保全措施仅限于从事生产、经营的纳税人

B. 只有在事实全部查清，取得充分证据的前提下才能进行

C. 冻结纳税人的存款时，其数额要以相当于纳税人应纳税款的数额为限

D. 个人及其抚养家属维持生活必需的住房和用品，不在税收保全措施的范围之内

【答案】ACD

【解析】选项B：在限期内发现纳税人有明显的转移、隐匿其应纳税的商品、货物以及其他财产迹象的，税务机关应责令其提供纳税担保；如果纳税人不能提供纳税担保，经批准，税务机关可采取税收保全措施。

（八）税收强制执行措施（补救）（重要）

税收强制执行措施，是指当事人不履行法律、行政法规规定的义务，有关国家机关采用法定的强制手段，强迫当事人履行义务的行为。

【小贴士】税务机关采取税收强制执行措施时，必须坚持告诫在先的原则。

从事生产、经营的纳税人、扣缴义务人未按照规定的期限缴纳或者解缴税款，纳税担保人未按照规定的期限缴纳所担保的税款，由税务机关责令限期缴纳，逾期仍未缴纳的，经县以上税务局（分局）局长批准，税务机关可以采取下列强制执行措施：

1. 书面通知其开户银行或其他金融机构从其存款中扣缴税款。

2. 扣押、查封、依法拍卖或变卖其价值相当于应纳税款的商品、货物或其他财产，以拍卖或者变卖所得抵缴税款。

【小贴士】适用的主体：适用于纳税人、扣缴义务人、纳税担保人。

【小贴士】实施扣押、查封、拍卖或者变卖等强制执行措施时，应当通知被执行人或其成年家属到场，否则不能直接采取扣押和查封措施。

【小贴士】扣押、查封、拍卖或者变卖被执行人的商品、货物或者其他财产，应当以应纳税额和滞纳金等为限。个人及其所扶养家属维持生活必需的住房和用品，不在强制执行措施的范围之内。

【小贴士】对价值超过应纳税额且不可分割的商品、货物或者其他财产，税务机关在纳

税人、扣缴义务人或者纳税担保人无其他可供强制执行财产的情况下，可以整体扣押、查封、拍卖，以拍卖所得抵缴税款、滞纳金、罚款以及扣押、查封、保管、拍卖等费用。剩余部分应当在3日内退还被执行人。

【小贴士】实施扣押、查封时，对有产权证件的动产或者不动产，税务机关可以责令当事人将产权证件交税务机关保管，同时可以向有关机关发出协助执行通知书，有关机关在扣押、查封期间不再办理该动产或者不动产的过户手续。

【小贴士】对查封的商品、货物或者其他财产，税务机关可以指令被执行人负责保管，保管责任由被执行人承担。继续使用被查封的财产不会减少其价值的，税务机关可以允许被执行人继续使用；因被执行人保管或者使用的过错造成的损失，由被执行人承担。

【小贴士】税收保全措施与税收强制执行措施的关系。

二者之间只有可能的连续关系，但没有必然的因果连续关系。也就是说，税收强制执行措施之前不一定有税收保全措施做铺垫，而税收保全措施的结果也不一定就是税收强制执行措施。

【小贴士】税收保全措施与税收强制执行措施对比。

（1）相同点：对于纳税人本人及其所扶养家属维持生活必需的住房和用品以及单价5 000元以下的其他生活用品，应当予以保留，不得采取税收保全和强制执行措施。

（2）不同点：

一是税收保全措施仅适用于从事生产经营的纳税人，不包括扣缴义务人和纳税担保人；税收强制执行措施适用于纳税人、扣缴义务人和纳税担保人。

二是税收保全措施不包括滞纳金，税收强制执行措施包括滞纳金。

【经典真题】

【单选题·2009】下列关于税收强制执行措施的表述中，正确的是（　　）。

A. 税收强制执行措施不适用于扣缴义务人

B. 作为家庭唯一代步工具的轿车，不在税收强制执行的范围之内

C. 税务机关采取强制执行措施时，对纳税人未缴纳的滞纳金同时强制执行

D. 税务机关可对未按期缴纳工薪收入个人所得税的个人实施税收强制执行措施

【答案】C

【解析】选项A：税收强制执行措施适用于扣缴义务人；选项B：生活必需的住房和用品不包括机动车辆；选项D：取得工薪收入的个人不属于从事生产、经营的纳税人，税务机关不得对未按期缴纳工薪收入个人所得税的个人实施税收强制执行措施。

【单选题·2013】税务机关采取的下列措施中，属于税收保全措施的是（　　）。

A. 查封纳税人的价值相当于应纳税款的商品或货物

B. 书面通知纳税人的开户银行从其银行存款中扣缴税款

C. 拍卖纳税人其价值相当于应纳税款的商品用以抵缴税款

D. 对纳税人逃避纳税义务的行为处以2 000元以上5 000元以下的罚款

【答案】A

【解析】选项BC：属于税收强制执行措施；选项D：属于行政处罚措施。

【经典模拟题】

【多选题】根据《征管法》的规定，下列项目中属于适用税收强制执行措施的条件有（　　）。

A. 税收强制执行措施必须发生在责令期满之后

B. 采取税收强制执行措施前，应当报经设区的市以上税务局（分局）局长批准

C. 对逾期不履行法定义务的纳税人必须告诫在先，执行在后

D. 仅适用从事生产经营的纳税人

【答案】AC

（九）欠税清缴制度

《征管法》规定，严格控制欠缴税款的审批权限，缓缴税款的审批权限集中在省、自治区、直辖市税务局。

1. 限期缴税时限。

从事生产、经营的纳税人、扣缴义务人未按照规定的期限缴纳或解缴税款的，纳税担保人未按照规定的期限缴纳所担保的税款的，由税务机关发出限期缴纳税款通知书，责令缴纳或者解缴税款的最长期限不得超过15日。

2. 建立欠税清缴制度，防止税款流失。

（1）欠缴税款的纳税人及其法定代表人需要出境的，应当在出境前向税务机关结清应纳税款或者提供担保。未结清税款，又不提供担保的，税务机关可以通知出境管理机关阻止其出境。

（2）纳税人有合并、分立情形的，应当向税务机关报告，并依法缴清税款。纳税人合并时未缴清税款的，应当由合并后的纳税人继续履行未履行的纳税义务；纳税人分立时未缴清税款的，分立后的纳税人对未履行的纳税义务应当承担连带责任。

（3）欠缴税款数额在5万元以上的纳税人，在处分其不动产或者大额资产之前，应当向税务机关报告。

（4）税务机关可以对欠缴税款的纳税人行使代位权、撤销权。

（5）建立欠税公告制度。

【经典真题】

【单选题·2003】根据《征管法》及其实施细则的规定，欠缴税款数额较大的纳税人在处分其不动产或者大额资产之前，应当向税务机关报告。欠缴税款数额较大是指欠缴税款在（　　）。

A. 3万元以上　　B. 5万元以上　　C. 10万元以上　　D. 20万元以上

【答案】B

（十）税款的退还和追征制度

1. 税款的退还。

（1）纳税人超过应纳税额缴纳的税款，税务机关发现后应当立即退还；

（2）纳税人自结算缴纳税款之日起3年内发现的，可以向税务机关要求退还多缴的税款

并加算银行同期存款利息，税务机关及时查实后应当立即退还；

（3）涉及从国库中退库的，依照法律、行政法规有关国库管理的规定退还。

2. 税款的追征（补征）。

（1）因税务机关的责任，致使纳税人、扣缴义务人未缴或者少缴税款的，税务机关在3年内可要求纳税人、扣缴义务人补缴税款，但是不得加收滞纳金。

（2）因纳税人、扣缴义务人计算等失误，未缴或者少缴税款的，税务机关在3年内可以追征税款、滞纳金；有特殊情况的追征期可以延长到5年。

【小贴士】特殊情况，是指纳税人或者扣缴义务人因计算错误等失误，未缴或者少缴、未扣或者少扣、未收或者少收税款，累计数额在10万元以上的。

【小贴士】对偷税、抗税、骗税的，税务机关追征其未缴或者少缴的税款、滞纳金或者所骗取的税款，不受前款规定期限的限制。

【小贴士】关税法与《征管法》对比

（1）关税的补征期为1年，追征期为3年。

（2）《征管法》规定补征期为3年，追征期为3年、5年、无限期。

（十一）企业破产清算程序中的税收征管（新）

1. 税务机关在人民法院公告的债权申报期限内，向管理人申报企业所欠税款（含教育费附加、地方教育附加）、滞纳金及罚款。因特别纳税调整产生的利息，也应一并申报。

【小贴士】企业所欠税款、滞纳金、罚款，以及因特别纳税调整产生的利息，以人民法院裁定受理破产申请之日为截止日计算确定。

2. 在人民法院受理破产申请之日至企业注销之日期间，企业应当接受税务机关的税务管理，履行税法规定的相关义务。破产程序中如发生应税情形，应按规定申报纳税。

【小贴士】从人民法院指定管理人之日起，管理人可以以企业名义办理纳税申报等涉税事宜。企业因继续履行合同、生产经营或处置财产需要开具发票的，管理人可以以企业名义按规定申领开具发票或者代开发票。

3. 企业所欠税款、滞纳金、因特别纳税调整产生的利息，税务机关按照企业破产法相关规定进行申报，其中，企业所欠的滞纳金、因特别纳税调整产生的利息按照普通破产债权申报。

【小贴士】上述规定自2020年3月1日起实行。

（十二）《无欠税证明》开具服务（新）

1.《无欠税证明》，是指税务机关依纳税人申请，根据税收征管信息系统所记载的信息，为纳税人开具的表明其不存在欠税情形的证明。

【小贴士】“不存在欠税情形”，是指纳税人在税收征管信息系统中，不存在应申报未申报记录且无下列应缴未缴的税款：

（1）办理纳税申报后，纳税人未在税款缴纳期限内缴纳的税款；

（2）经批准延期缴纳的税款期限已满，纳税人未在税款缴纳期限内缴纳的税款；

（3）税务机关检查已查定纳税人的应补税额，纳税人未缴纳的税款；

（4）税务机关根据《征管法》核定纳税人的应纳税额，纳税人未在税款缴纳期限内缴纳的税款；

（5）纳税人的其他未在税款缴纳期限内缴纳的税款。

2. 纳税人因境外投标、企业上市等需要，确需开具《无欠税证明》的，可以向主管税务机关申请办理。

3. 已实行实名办税的纳税人到主管税务机关申请开具《无欠税证明》的，办税人员持有效身份证件直接申请开具，无需提供登记证照副本或税务登记证副本。

4. 未办理实名办税的纳税人到主管税务机关申请开具《无欠税证明》的，区分以下情况提供相关有效证件：

（1）单位纳税人和个体工商户，提供市场监管部门或其他登记机关发放的登记证照副本或税务登记证副本，以及经办人有效身份证件；

（2）自然人纳税人，提供本人有效身份证件。

5. 对申请开具《无欠税证明》的纳税人，证件齐全的，主管税务机关应当受理其申请。经查询税收征管信息系统，符合开具条件的，主管税务机关应当即时开具《无欠税证明》；不符合开具条件的，不予开具并向纳税人告知未办结涉税事宜。

6. 纳税人办结相关涉税事宜后，符合开具条件的，主管税务机关应当即时开具《无欠税证明》。

【小贴士】《无欠税证明》开具服务，自2020年3月1日起实施。

【经典真题】

【单选题·2010】下列关于税款追征的表述中，正确的是（　　）。

A. 因税务机关责任，致使纳税人少缴税款的，税务机关在3年内可要求纳税人补缴税款，但不加收滞纳金

B. 因税务机关责任，致使纳税人少缴税款的，税务机关在3年内可要求纳税人补缴税款并按银行同期利率加收滞纳金

C. 对于纳税人偷税、抗税和骗取税款的，税务机关在20年内可以追征税款、滞纳金；有特殊情况的，追征期可延长到30年

D. 因纳税人计算等失误，未缴或者少缴税款的，税务机关在3年内可以追征税款、滞纳金；有特殊情况的，追征期可延长到10年

【答案】A

【经典真题】

【单选题·2014】下列关于退还纳税人多缴税款的表述中，正确的是（　　）。

A. 纳税人发现多缴税款但距缴款日期已超过3年的，税务机关不再退还多缴税款

B. 税务机关发现多缴税款的，在退还税款的同时，应一并计算银行同期存款利息

C. 税务机关发现多缴税款但距缴款日期已超过3年的，税务机关不再退还多缴税款

D. 纳税人发现当年预缴企业所得税款超过应缴税额的，可要求退款并加计银行同期存款利息

【答案】A

【解析】选项B：税务机关发现的，没有加算银行同期存款利息的规定；选项C：纳税

人超过应纳税额缴纳的税款，税务机关不论何时发现均应当立即退还，没有时限规定；选项D：当年预缴企业所得税款超过应缴税额的，汇算清缴时不加算银行同期存款利息。

第四单元　税务检查

重难点1：税务检查的方法★

税务检查的方法包括：全查法；抽查法；顺查法；逆查法；现场检查法；调账检查法；比较分析法；控制计算法；审阅法；核对法；观察法；外调法；盘存法；交叉稽核法。

【经典真题】

【多选题·2016】下列方法中，属于税务检查方法的有（　　）。

A. 顺查法　　B. 比较分析法　　C. 交叉稽核法　　D. 逆查法

【答案】ABCD

重难点2：税务检查的职责★★

1. 税务机关有权进行下列税务检查：

（1）检查纳税人的账簿、记账凭证、报表和有关资料，检查扣缴义务人代扣代缴、代收代缴税款账簿、记账凭证和有关资料。

【小贴士】因检查需要时，经县以上税务局（分局）局长批准，可以将纳税人、扣缴义务人以前会计年度的账簿、记账凭证、报表和其他有关资料调回税务机关检查，但是税务机关必须向纳税人、扣缴义务人开付清单，并在3个月内完整退还。

【小贴士】有特殊情况的，经设区的市、自治州以上税务局局长批准，税务机关可以将纳税人、扣缴义务人当年的账簿、记账凭证、报表和其他有关资料调回检查，但是税务机关必须在30日内退还。

（2）到纳税人的生产、经营场所和货物存放地检查纳税人应纳税的商品、货物或者其他财产，检查扣缴义务人与代扣代缴、代收代缴税款有关的经营情况。但不得进入纳税人生活区进行检查。

（3）责成纳税人、扣缴义务人提供与纳税或者代扣代缴、代收代缴税款有关的文件、证明材料和有关资料。

（4）询问纳税人、扣缴义务人与纳税或者代扣代缴、代收代缴税款有关的问题和情况。

（5）到车站、码头、机场、邮政企业及其分支机构检查纳税人托运、邮寄、应税商品、货物或者其他财产的有关单据凭证和资料。

（6）经县以上税务局（分局）局长批准，凭全国统一格式的检查存款账户许可证明，查询从事生产、经营的纳税人、扣缴义务人在银行或者其他金融机构的存款账户。

【小贴士】税务机关采取税收保全措施的期限一般不得超过6个月；重大案件需要延长的，应当报国家税务总局批准。

2. 纳税人、扣缴义务人的义务。

纳税人、扣缴义务人必须接受税务机关依法进行的税务检查，如实反映情况，提供有关资料，不得拒绝、隐瞒。

3. 有关单位和个人的义务。

税务机关依法进行税务检查时，有权向有关单位和个人调查纳税人、扣缴义务人和其他当事人与纳税或者代扣代缴、代收代缴税款有关的情况，有关单位和个人有义务向税务机关如实提供有关资料和证明材料。

4. 税务机关调查税务违法案件时，对与案件有关的情况和资料，可以记录、录音、录像、照相和复制。

【小贴士】税务人员进行税务检查时，应当出示税务检查证和税务检查通知书；无税务检查证和税务检查通知书的，纳税人、扣缴义务人及其他当事人有权拒绝检查。

【小贴士】税务机关在调查税收违法案件时，经设区的市、自治州以上税务局（分局）局长批准，可以查询案件涉案人员的储蓄存款。

【小贴士】学员应注意辨析"经县以上税务局（分局）局长批准""经设区的市、自治州以上税务局（分局）局长批准""应当报国家税务总局批准"三种情形的差异。

【经典真题】

【多选题·2009】下列关于税务机关行使税务检查权的表述中，符合税法规定的有（　　）。

A. 到纳税人住所检查应纳税的商品、货物和其他财产

B. 责成纳税人提供与纳税有关的文件，证明材料和有关资料

C. 到车站检查纳税人托运货物或者其他财产的有关单据凭证和资料

D. 经县税务局局长批准，凭统一格式的检查存款账户许可证，查询案件涉嫌人员的储蓄存款

【答案】BC

【解析】选项 A：税务机关不得进入纳税人生活区进行检查；选项 D：经县以上税务局（分局）局长批准，凭全国统一格式的检查存款账户许可证明，查询从事生产、经营的纳税人、扣缴义务人在银行或者其他金融机构的存款账户。

【单选题·2012】税务机关采取税收保全措施的期限，一般不得超过 6 个月，重大案件需要延长的，应报经批准。有权批准的税务机关是（　　）。

A. 县级税务局　　B. 市级税务局　　C. 省级税务局　　D. 国家税务总局

【答案】D

第五单元　法律责任

重难点 1：违反税务管理基本规定行为的处罚★

（一）对纳税人税务违章的处罚

1. 纳税人有下列行为之一的，由税务机关责令限期改正，可以处 2 000 元以下的罚款；情节严重的，处 2 000 元以上 10 000 元以下的罚款：

（1）未按照规定的期限申报办理税务登记、变更或者注销税务登记的。

（2）未按照规定设置、保管账簿或者保管记账凭证和有关资料的。

（3）未按照规定将财务、会计制度或者财务、会计处理办法和会计核算软件报送税务机关备查的。

（4）未按照规定将其全部银行账号向税务机关报告的。

（5）未按照规定安装、使用税控装置，或者损毁或擅自改动税控装置的。

（6）纳税人未按照规定办理税务登记证件验证或者换证手续的。

2. 对不办理税务登记的纳税人，由税务机关责令限期改正，逾期不改的，由工商行政管理机关吊销其营业执照。

3. 纳税人通过提供虚假的证明资料等手段，骗取税务登记证的，处2 000元以下的罚款；情节严重的，处2 000元以上10 000元以下的罚款。

（二）对扣缴义务人税务违章的处罚

1. 扣缴义务人未按照规定办理扣缴税款登记，税务机关应当自发现之日起3日内责令限期改正，并可处以1 000元以下的罚款。

2. 扣缴义务人未按照规定设置、保管代扣代缴、代收代缴税款账簿或者保管代扣代缴、代收代缴税款记账凭证及有关资料的，由税务机关责令限期改正，可以处2 000元以下的罚款；情节严重的，处2 000元以上5 000元以下的罚款。

3. 扣缴义务人未按照规定的期限向税务机关报送代扣代缴、代收代缴税款报告表和有关资料的，由税务机关责令限期改正，可以处2 000元以下的罚款；情节严重的，可以处2 000元以上10 000元以下的罚款。

4. 扣缴义务人编造虚假计税依据的，由税务机关责令限期改正，并处50 000元以下的罚款。

【小贴士】扣缴义务人应扣未扣、应收未收税款的，由税务机关向纳税人追缴税款，对扣缴义务人处应扣未扣、应收未收税款50%以上3倍以下的罚款。

5. 扣缴义务人的偷税行为的认定。

（1）扣缴义务人采取伪造、变造、隐匿、擅自销毁账簿、记账凭证等手段，不缴或者少缴已扣、已收税款的，是偷税。税务机关将追缴其不缴或少缴的税款、滞纳金，并处不缴或少缴税款50%以上5倍以下的罚款，构成犯罪的，依法追究刑事责任。

（2）扣缴义务人采取欺骗、隐瞒手段，不缴或者少缴已扣、已收税款，数额较大的，依照规定处罚，对多次实施上述两款行为，未经处理的，按照累计数额计算。

【小贴士】学员应注意辨析扣缴义务人“应扣未扣、应收未收税款”行为与“已扣、已收税款”行为税务处罚的差异。

【经典真题】

【单选题·2007】根据《征管法》规定，扣缴义务人应扣未扣、应收未收税款的，由税务机关向纳税人追缴税款，对扣缴义务人处一定数额的罚款。其罚款限额是（　　）。

A. 2 000元以下

B. 2 000元以上5 000元以下

C. 应扣未扣、应收未收税款50%以上3倍以下

D. 应扣未扣、应收未收税款 50% 以上 5 倍以下

【答案】C

【单选题·2014】下列关于税款扣缴制度的表述中，正确的是（　　）。

A. 代扣税款手续费可以由税务所统一办理退库手续

B. 个人收到的个人所得税扣缴手续费，应计征个人所得税

C. 对扣缴义务人未履行扣缴义务的，可处以应扣未扣税款 50% 以上 3 倍以下的罚款

D. 扣缴义务人履行扣缴义务时，可从所扣缴的税款中减除扣缴手续费后再上交税务机关

【答案】C

重难点 2：偷税与逃税罪的法律责任★

（一）偷税与逃税罪的认定

纳税人采取伪造、变造、隐匿、擅自销毁账簿、记账凭证，或者在账簿上多列支出或者不列、少列收入，或者经税务机关通知申报而拒不申报或者进行虚假的纳税申报的手段，不缴或者少缴应纳税款的，是偷税。

纳税人采取欺骗、隐瞒手段进行虚假纳税申报或者不申报，逃避缴纳税款数额较大并且占应纳税额百分之十以上的，属于逃税罪。

（二）具体处罚规定

1. 对于纳税人的偷税行为，税务机关将追缴其不缴或少缴的税款、滞纳金，并处不缴或少缴税款 50% 以上 5 倍以下的罚款；构成犯罪的，依法追究刑事责任。

2. 对于逃税罪，依《刑法》追究刑事责任。

（1）纳税人采取欺骗、隐瞒手段进行虚假纳税申报或者不申报，逃避缴纳税款数额较大并且占应纳税额 10% 以上的，处 3 年以下有期徒刑或者拘役，并处罚金；数额巨大并且占应纳税额 30% 以上的，处 3 年以上 7 年以下有期徒刑，并处罚金。

（2）扣缴义务人采取前款所列手段，不缴或者少缴已扣、已收税款，数额较大的，依照前款的规定处罚。

（3）对多次实施前两款行为，未经处理的，按照累计数额计算。

（4）有第一款行为，经税务机关依法下达追缴通知后，补缴应纳税款，缴纳滞纳金，已受行政处罚的，不予追究刑事责任；但是，五年内因逃避缴纳税款受过刑事处罚或者被税务机关给予两次以上行政处罚的除外。

重难点 3：骗取出口退税的法律责任★

以假报出口等欺骗手段，骗取国家出口退税款的，由税务机关追缴其骗取的退税款，并处骗取税款 1 倍以上 5 倍以下的罚款；构成犯罪的，依法追究刑事责任。

【小贴士】骗取国家出口退税款的，税务机关可以在规定期间内停止为其办理出口退税。

重难点 4：抗税的法律责任★

以暴力、威胁方法拒不缴纳税款的，是抗税。除由税务机关追缴其拒缴的税款、滞纳金外，依法追究刑事责任。情节轻微，未构成犯罪的，由税务机关追缴其拒缴的税款、滞纳

金，并处拒缴税款1倍以上5倍以下的罚款；触及刑法的，处3年以下有期徒刑或者拘役，并处拒缴税款1倍以上5倍以下罚金；情节严重的，处3年以上7年以下有期徒刑，并处拒缴税款1倍以上5倍以下罚金。

重难点5：虚假申报和不进行申报★

1. 虚假申报。

纳税人编造虚假计税依据的，由税务机关责令限期改正，并处50 000元以下的罚款。

2. 不进行申报。

纳税人不申报，不缴或少缴应纳税款的，由税务机关追缴其不缴或少缴的税款、滞纳金，并处不缴或少缴税款50%以上5倍以下的罚款。

重难点6：违反税务代理的法律责任★

税务代理人违反税收法律、行政法规，造成纳税人未缴或者少缴税款的，除由纳税人缴纳或者补缴应纳税款、滞纳金外，对税务代理人处纳税人未缴或者少缴税款50%以上3倍以下的罚款。

【小贴士】学员应注意辨析上述规定中，不同的违法主体"纳税人"、"扣缴义务人"、"税务代理人"之间处罚的差异。

第六单元　纳税担保和抵押

重难点1：纳税担保★★

纳税担保，是指经税务机关同意或确认，纳税人或其他自然人、法人、经济组织以保证、抵押、质押的方式，为纳税人应当缴纳的税款及滞纳金提供担保行为。

（一）纳税担保能力的认定

法人或其他经济组织财务报表资产净值超过需要担保的税额及滞纳金2倍以上的，自然人、法人或其他经济组织所拥有或者依法可以处分的未设置担保的财产的价值，超过需要担保的税额及滞纳金的，为具有纳税担保能力。

（二）纳税保证人（人保）

纳税保证人，是指在中国境内具有纳税担保能力的自然人、法人或者其他经济组织。

【小贴士】国家机关、学校、幼儿园、医院等事业单位、社会团体不得作为纳税保证人。

【小贴士】企业法人的职能部门不得作为纳税保证人；企业法人的分支机构有法人书面授权的，可以在授权范围内提供纳税担保。

【小贴士】有以下情形之一的，不得作为纳税保证人：

（1）有偷税、抗税、骗税、逃避追缴欠税行为被税务机关、司法机关追究过法律责任未满2年的。

（2）因有税收违法行为正在被税务机关立案处理或涉嫌刑事犯罪，被司法机关立案侦查的。

（3）纳税信誉等级被评为C级以下的。

（4）在主管税务机关所在地的市（地、州）没有住所的自然人，或税务登记不在本市（地、州）的企业。

（5）无民事行为能力或限制民事行为能力的自然人。

（6）与纳税人存在担保关联关系的。

（7）有欠税行为的。

【经典真题】

【多选题·2015】具有特殊情形的企业不得作为纳税保证人，下列各项属于该特殊情形的有（　　）。

A. 有欠税行为的

B. 因有税收违法行为正在被税务机关立案处理的

C. 与纳税人存在担保关联关系的

D. 纳税信誉等级被评为C级以下的

【答案】ABCD

【解析】有下列情形之一的，不得作为纳税保证人：（1）有偷税、抗税、骗税、逃避追缴欠税行为被税务机关、司法机关追究过法律责任未满2年的；（2）因有税收违法行为正在被税务机关立案处理，或涉嫌刑事犯罪被司法机关立案侦查的；（3）纳税信誉等级被评为C级以下的；（4）在主管税务机关所在地的市（地、州）没有住所的自然人，或税务登记不在本市（地、州）的企业；（5）无民事行为能力或限制民事行为能力的自然人；（6）与纳税人存在担保关联关系的；（7）有欠税行为的。

【多选题·2018】根据《征管法》规定，下列情形中的企业不得作为纳税保证人的有（　　）。

A. 有欠税行为的

B. 纳税信用等级被评为B级的

C. 与纳税人存在担保关联关系的

D. 因有税收违法行为正在被税务机关立案处理的

【答案】ACD

【解析】选项B：纳税信誉等级被评为C级以下的，不得作为纳税保证人。

（三）纳税担保范围

纳税担保范围，包括税款、滞纳金和实现税款、滞纳金的费用。

【小贴士】费用包括抵押、质押登记费用，质押保管费用，以及保管、拍卖、变卖担保财产等相关费用支出。

【小贴士】纳税人有下列情况之一的，适用纳税担保：

（1）税务机关有根据认为从事生产、经营的纳税人有逃避纳税义务行为，在规定的纳税期之前经责令其限期缴纳应纳税款，在限期内发现纳税人有明显的转移、隐匿其应纳税的商品、货物以及其他财产或者应纳税收入的迹象，责成纳税人提供纳税担保的。

（2）欠缴税款、滞纳金的纳税人或者其法定代表人需要出境的。

（3）纳税人同税务机关在纳税上发生争议而未缴清税款，需要申请行政复议的。

（4）其他情形。

【小贴士】用于纳税担保的财产、权利的价值，不得低于应当缴纳的税款、滞纳金，并考虑相关的费用。纳税担保的财产价值不足以抵缴税款、滞纳金的，税务机关应当向提供担保的纳税人或纳税担保人继续追缴。

（四）纳税担保责任

纳税担保为连带责任保证，即纳税人和纳税保证人对所担保的税款及滞纳金承担连带责任。

【小贴士】纳税担保不包括"一般保证"。

（五）纳税担保时限

纳税担保书须经纳税人、纳税保证人签字盖章并经税务机关签字盖章同意方为有效。纳税担保从税务机关在纳税担保书签字盖章之日起生效。

【小贴士】税务机关认可的，保证成立；税务机关不认可的，保证不成立。

1. 保证期间。

保证期间为纳税人应缴纳税款期限届满之日起60日内，即税务机关自纳税人应缴纳税款的期限届满之日起60日内有权要求纳税保证人承担保证责任，缴纳税款、滞纳金。

2. 履行保证责任的期限。

履行保证责任的期限为15日，即纳税保证人应当自收到税务机关的纳税通知书之日起15日内履行保证责任，缴纳税款及滞纳金。

【小贴士】纳税保证期间内，税务机关未通知纳税保证人缴纳税款及滞纳金以承担担保责任的，纳税保证人免除担保责任。

重难点2：纳税抵押★★

纳税抵押，是指纳税人或纳税担保人不转移可抵押财产的占有，将该财产作为税款及滞纳金的担保。

纳税人逾期未缴清税款及滞纳金的，税务机关有权依法处置该财产以抵缴税款及滞纳金。

（一）可以抵押的财产

1. 抵押人所有的房屋和其他地上定着物；（不动产）
2. 抵押人所有的机器、交通运输工具和其他财产；（动产）
3. 抵押人依法有权处分的国有的房屋和其他地上定着物；
4. 抵押人依法有权处分的国有的机器、交通运输工具和其他财产；
5. 经设区的市、自治州以上税务机关确认的其他可以抵押的合法财产。

【小贴士】以依法取得的国有土地上的房屋抵押的，该房屋占用范围内的国有土地使用权同时抵押；以乡（镇）、村企业的厂房等建筑物抵押的，其占用范围内的土地使用权同时抵押。

（二）下列财产不得抵押（8项）

1. 土地所有权；
2. 土地使用权；（上述可抵押范围规定的除外）
3. 学校、幼儿园、医院等以公益为目的的事业单位、社会团体、民办非企业单位的教育设施、医疗卫生设施和其他社会公益设施；

【小贴士】上述单位可以其教育设施、医疗卫生设施和其他社会公益设施以外的财产为其应缴纳的税款及滞纳金提供抵押。

4. 所有权、使用权不明或者有争议的财产；

5. 依法被查封、扣押、监管的财产；

6. 依法定程序确认为违法、违章的建筑物；

7. 法律、行政法规规定禁止流通的财产或者不可转让的财产；

8. 经设区的市、自治州以上税务机关确认的其他不予抵押的财产。

【经典真题】

【多选题·2012】下列各项中，可以作为纳税抵押财产的有（　　）。

A. 抵押人所有的房屋　　B. 抵押人拥有的土地所有权

C. 抵押人依法被查封的财产　　D. 抵押人所有的交通运输工具

【答案】AD

【解析】选项 BC：土地所有权、依法被查封的财产不得抵押。

【多选题·2014】某房地产开发企业被税务机关要求提供纳税担保，该企业拥有的下列资产中，可以用作纳税抵押品的有（　　）。

A. 小轿车　　B. 写字楼　　C. 库存钢材　　D. 土地所有权

【答案】ABC

【解析】选项 D：不得用作纳税抵押财产的有 8 项，其中包括土地所有权。

重难点 3：纳税质押★★

纳税质押，是指经税务机关同意，纳税人或纳税担保人将其动产或权利凭证移交税务机关占有，将该动产或权利凭证作为税款及滞纳金的担保。

纳税人逾期未缴清税款及滞纳金的，税务机关有权依法处置该动产或权利凭证以抵缴税款及滞纳金。

【小贴士】纳税质押分为动产质押和权利质押。

【经典真题】

【单选题·2016】纳税人的下列财产或财产权利，不得作为纳税质押品的是（　　）。

A. 房屋　　B. 汽车　　C. 活期存款单　　D. 定期存款单

【答案】A

【解析】纳税质押，包括动产质押（现金以及其他除不动产以外的财产提供的质押）和权利质押（汇票、支票、本票、债券、存款单等权利凭证提供的质押）；选项 A：房屋可以作为纳税抵押品。

第七单元　纳税信用管理

【小贴士】纳税信用级别设 A、B、M、C、D 五级。

纳税信用管理，指税务机关对纳税人的纳税信用信息开展的采集、评估、确定、发布和应用等活动。

重难点1：适用的主体★

除已办理税务登记，从事生产、经营并适用查账征收的企业纳税人外，纳税信用管理试行办法还适用于以下企业纳税人：

1. 从首次在税务机关办理涉税事宜之日起时间不满一个评价年度的企业。

【小贴士】评价年度是指公历年度，即1月1日至12月31日。

2. 评价年度内无生产经营业务收入的企业。

3. 适用企业所得税核定征收办法的企业。

【小贴士】上述适用的主体暂不包括个人。

重难点2：纳税信用信息的采集★

纳税信用信息采集工作由国家税务总局和省税务机关组织实施，按月采集。

（一）信用信息的分类

1. 纳税人信用历史信息。

纳税人信用历史信息，包括基本信息和评价年度之前的纳税信用记录，以及相关部门评定的优良信用记录和不良信用记录。

2. 税务内部信息。

3. 外部信息。

（二）信用信息的采集

1. 信用历史信息中的基本信息，由税务机关从税务管理系统中采集，税务管理系统中暂缺的信息由税务机关通过纳税人申报采集。

评价年度之前的纳税信用记录，以及相关部门评定的优良信用记录和不良信用记录，从税收管理记录、国家统一信用信息平台等渠道中采集。

2. 税务内部信息从税务管理系统中采集。

3. 外部信息主要通过税务管理系统、国家统一信用信息平台、相关部门官方网站、新闻媒体或者媒介等渠道采集。

【小贴士】通过新闻媒体或者媒介采集的信息应核实后使用。

重难点3：纳税信用评估★★

（一）纳税信用评估方法

纳税信用评价采取年度评价指标得分和直接判级方式。

1. 年度评价指标得分采取扣分方式。

纳税人评价年度内经常性指标和非经常性指标信息齐全的，从100分起评；非经常性指标缺失的，从90分起评。

2. 直接判级适用于有严重失信行为的纳税人。

（二）纳税信用评价指标体系

包括税务内部信息和外部信息。

1. 税务内部信息，包括经常性指标信息和非经常性指标信息。

经常性指标信息，包括涉税申报信息、税（费）款缴纳信息、发票与税控器具信息和登记与账簿信息。

非经常性指标信息，包括纳税评估、税务审计、反避税调查信息和税务稽查信息。

2. 外部信息包括外部参考信息和外部评价信息。

外部参考信息，是指外部门对纳税人在评价年度的信用记录，仅记录不扣分。

外部评价信息，是指税务机关从银行、工商、海关等外部门获取的纳税人未如实向税务机关报告的如银行账户设置数量、股权转让变更登记或其他涉税变更登记、进口货物报关数量等重要涉税信息。

（三）纳税信用评价周期

纳税信用评价周期为一个纳税年度，有下列情形之一的纳税人，不参加本期的评价：

1. 纳入纳税信用管理时间不满一个评价年度的；

2. 因涉嫌税收违法被立案查处尚未结案的；

3. 被审计、财政部门依法查出税收违法行为，税务机关正在依法处理，尚未办结的；

4. 已申请税务行政复议、提起行政诉讼尚未结案的；

5. 其他不应参加本期评价的情形。

（四）纳税信用级别（重要）

【小贴士】纳税信用级别设 A、B、M、C、D 五级。

1. A 级纳税信用为年度评价指标得分 90 分以上。有下列情形之一的纳税人，本评价年度不能评为 A 级：

（1）实际生产经营期不满 3 年的。

（2）上一评价年度纳税信用评价结果为 D 级的。

（3）非正常原因一个评价年度内增值税连续 3 个月或者累计 6 个月零申报、负申报的。

（4）不能按照国家统一的会计制度规定设置账簿，并根据合法、有效凭证核算，向税务机关提供准确税务资料的。

2. B 级纳税信用为年度评价指标得分 70 分以上不满 90 分。

3. 未发生后述第 5 项所列失信行为的下列企业适用 M 级纳税信用：

（1）新设立企业。

（2）评价年度内无生产经营业务收入且年度评价指标得分 70 分以上的企业。

4. C 级纳税信用为年度评价指标得分 40 分以上不满 70 分。

5. D 级纳税信用为年度评价指标得分不满 40 分或者直接判级确定的。

有下列情形之一的纳税人，本评价年度直接判为 D 级：

（1）存在逃避缴纳税款、逃避追缴欠税、骗取出口退税、虚开增值税专用发票等行为，经判决构成涉税犯罪的。

（2）存在第（1）项所列行为，未构成犯罪，但偷税（逃避缴纳税款）金额 10 万元以上且占各税种应纳税总额 10% 以上，或者存在逃避追缴欠税、骗取出口退税、虚开增值税专用发票等税收违法行为，已缴纳税款、滞纳金、罚款的。

（3）在规定期限内未按税务机关处理结论缴纳或者足额缴纳税款、滞纳金和罚款的。

（4）以暴力、威胁方法拒不缴纳税款或者拒绝、阻挠税务机关依法实施税务稽查执法行为的。

（5）存在违反增值税发票管理规定或者违反其他发票管理规定的行为，导致其他单位或者个人未缴、少缴或者骗取税款的。

（6）提供虚假申报材料享受税收优惠政策的。

（7）骗取国家出口退税款，被停止出口退（免）税资格未到期的。

（8）有非正常户记录或者由非正常户直接责任人员注册登记或者负责经营的。

（9）由D级纳税人的直接责任人员注册登记或者负责经营的。

（10）存在税务机关依法认定的其他严重失信情形的。

6. 纳税人有下列情形的，不影响其纳税信用评价：

（1）由于税务机关原因或者不可抗力，造成纳税人未能及时履行纳税义务的。

（2）非主观故意的计算公式运用错误以及明显的笔误造成未缴或者少缴税款的。

（3）国家税务总局认定的其他不影响纳税信用评价的情形。

【经典真题】

【单选题·2019】下列关于纳税信用管理的表述中，符合规定的是（　　）。

A. 按年进行纳税信用信息采集

B. 税务机关每年3月确定上一年度纳税信用评价结果

C. 以直接判级进行纳税信用评价适用于有严重失信行为的纳税人

D. 纳税年度内因涉嫌税收违法被立案查处尚未结案的纳税人，也参加本期评价

【答案】C

【解析】选项A：纳税信用信息采集工作由国家税务总局和省税务机关组织实施，按月采集；选项B：税务机关每年4月确定上一年度纳税信用评价结果；选项D：纳税年度内因涉嫌税收违法被立案查处尚未结案的纳税人，不参加本期评价。

重难点4：纳税信用评估结果的应用★★★

1. 对纳税信用评价为A级的纳税人，税务机关予以下列激励措施：

（1）主动向社会公告年度A级纳税人名单；

（2）一般纳税人可单次领取3个月的增值税发票用量，需要调整增值税发票用量时即时办理，取消其增值税发票的认证；

（3）普通发票按需领用；

（4）连续3年被评为A级信用级别（简称3连A）的纳税人，除享受以上措施外，还可以由税务机关提供绿色通道或专门人员帮助办理涉税事项。

【经典模拟题】

【多选题】对纳税信用评价为A级的纳税人，税务机关予以的激励措施包括（　　）。

A. 主动向社会公告年度A级纳税人名单

B. 一般纳税人可单次领取2个月的增值税发票用量，需要调整增值税发票用量时即时办理

C. 普通发票按需领用

D. 连续3年被评为A级的纳税人，由税务机关提供绿色通道办理涉税事项

【答案】ACD

【解析】选项B：一般纳税人可单次领取3个月的增值税发票用量，需要调整增值税发票用量时即时办理。

2. 对纳税信用评价为B级的纳税人，税务机关实施正常管理，适时进行税收政策和管理规定的辅导，并视信用评价状态变化趋势选择性地提供纳税信用A级纳税人适用的激励措施。

3. 对纳税信用评价为M级的企业，税务机关实行下列激励措施：

（1）取消增值税专用发票认证。

（2）税务机关适时进行税收政策和管理规定的辅导。

4. 对纳税信用评价为C级的纳税人，税务机关应依法从严管理，并视信用评价状态变化趋势选择性地采取纳税信用D级纳税人适用的管理措施。

5. 对纳税信用评价为D级的纳税人，税务机关应采取以下措施：

（1）公开D级纳税人及其直接责任人员名单，对直接责任人员注册登记或者负责经营的其他纳税人纳税信用直接判为D级；

（2）增值税专用发票领用按辅导期一般纳税人政策办理，普通发票的领用实行交（验）旧供新、严格限量供应；

（3）加强出口退税审核；

（4）加强纳税评估，严格审核其报送的各种资料；

（5）列入重点监控对象，提高监督检查频次，发现税收违法违规行为的，不得适用规定处罚幅度内的最低标准；

（6）将纳税信用评价结果通报相关部门，建议在经营、投融资、取得政府供应土地、进出口、出入境、注册新公司、工程招投标、政府采购、获得荣誉、安全许可、生产许可、从业任职资格、资质审核等方面予以限制或禁止；

（7）D级评价保留2年，第三年纳税信用不得评价为A级；

（8）税务机关与相关部门实施的联合惩戒措施，以及结合实际情况依法采取的其他严格管理措施。

重难点5：纳税信用修复（新）★

自2020年1月1日起，纳入纳税信用管理的企业纳税人，符合下列条件之一的，可在规定期限内向主管税务机关申请纳税信用修复：

1. 纳税人发生未按法定期限办理纳税申报、税款缴纳、资料备案等事项且已补办的。

2. 未按税务机关处理结论缴纳或者足额缴纳税款、滞纳金和罚款，未构成犯罪，纳税信用级别被直接判为D级的纳税人，在税务机关处理结论明确的期限期满后60日内足额缴纳、

补缴的。

3. 纳税人履行相应法律义务并由税务机关依法解除非正常户状态的。

【小贴士】非正常户失信行为纳税信用修复，一个纳税年度内只能申请一次。

【小贴士】纳税信用修复后纳税信用级别不再为D级的纳税人，其直接责任人注册登记或者负责经营的其他纳税人之前被关联为D级的，可向主管税务机关申请解除纳税信用D级关联。

【小贴士】主管税务机关自受理纳税信用修复申请之日起15个工作日内完成审核，并向纳税人反馈信用修复结果。

【小贴士】纳税信用修复完成后，纳税人按照修复后的纳税信用级别适用相应的税收政策和管理服务措施，之前已适用的税收政策和管理服务措施不作追溯调整。

第八单元　税收违法行为检举管理办法

重难点1：概述★

1. 检举，是指单位、个人采用书信、电话、传真、网络、来访等形式向税务机关提供纳税人、扣缴义务人税收违法行为线索的行为。

2. 检举税收违法行为的单位、个人称检举人；被检举的纳税人、扣缴义务人称被检举人。

3. 检举人可以实名检举，也可以匿名检举。

4. 税收违法行为，是指涉嫌偷税（逃避缴纳税款），逃避追缴欠税，骗税，虚开、伪造、变造发票，以及其他与逃避缴纳税款相关的税收违法行为。

【小贴士】检举税收违法行为是检举人的自愿行为，检举人因检举而产生的支出应当由其自行承担。

重难点2：检举事项的接收与受理★

1. 检举人检举税收违法行为应当提供被检举人的名称（姓名）、地址（住所）和税收违法行为线索；尽可能提供被检举人统一社会信用代码（身份证件号码），法定代表人、实际控制人信息和其他相关证明资料。

【小贴士】鼓励检举人提供书面检举材料。

2. 举报中心接收实名检举，应当准确登记实名检举人信息。检举人以个人名义实名检举应当由其本人提出；以单位名义实名检举应当委托本单位工作人员提出。多人联名进行实名检举的，应当确定第一联系人；未确定的，以检举材料的第一署名人为第一联系人。

3. 12366纳税服务热线接收电话检举后，应当按照以下分类转交相关部门：

（1）符合规定的检举事项，应当及时转交举报中心；

（2）应开具而未开具发票、未申报办理税务登记及其他轻微税收违法行为的检举事项，按照有关规定直接转交被检举人主管税务机关相关业务部门处理；

（3）其他检举事项转交有处理权的单位或者部门。

【小贴士】税务机关的其他单位或者部门接到符合规定的检举材料后，应当及时转交举报中心。

4. 不同形式的检举要求。

（1）以来访形式实名检举的，检举人应当提供营业执照、居民身份证等有效身份证件的原件和复印件。

（2）以来信、网络、传真形式实名检举的，检举人应当提供营业执照、居民身份证等有效身份证件的复印件。

（3）以电话形式要求实名检举的，税务机关应当告知检举人采取（1）、（2）的形式进行检举。检举人未采取（1）、（2）的形式进行检举的，视同匿名检举。

【小贴士】举报中心可以应来访的实名检举人要求出具接收回执；对多人联名进行实名来访检举的，向其确定的第一联系人或者第一署名人出具接收回执。

5. 来访检举应当到税务机关设立的检举接待场所；多人来访提出相同检举事项的，应当推选代表，代表人数应当在3人以内。

6. 举报中心对接收的检举事项，应当及时审查，有下列情形之一的，不予受理：

（1）无法确定被检举对象，或者不能提供税收违法行为线索的；

（2）检举事项已经或者依法应当通过诉讼、仲裁、行政复议以及其他法定途径解决的；

（3）对已经查结的同一检举事项再次检举，没有提供新的有效线索的。

除前款规定外，举报中心自接收检举事项之日起即为受理。

7. 检举事项管辖有争议的，由争议各方本着有利于案件查处的原则协商解决；不能协商一致的，报请共同的上一级税务机关协调或者决定。

重难点3：检举事项的处理★

1. 检举事项受理后，应当分级分类，按照以下方式处理：

（1）检举内容详细、税收违法行为线索清楚、证明资料充分的，由稽查局立案检查。

（2）检举内容与线索较明确但缺少必要证明资料，有可能存在税收违法行为的，由稽查局调查核实。发现存在税收违法行为的，立案检查；未发现的，作查结处理。

（3）检举对象明确，但其他检举事项不完整或者内容不清、线索不明的，可以暂存待查，待检举人将情况补充完整以后，再进行处理。

（4）已经受理尚未查结的检举事项，再次检举的，可以合并处理。

2. 举报中心应当在检举事项受理之日起十五个工作日内完成分级分类处理，特殊情况除外。查处部门应当在收到举报中心转来的检举材料之日起三个月内办理完毕；案情复杂无法在期限内办理完毕的，可以延期。

重难点4：检举事项的管理★

1. 举报中心应当严格管理检举材料，逐件登记已受理检举事项的主要内容、办理情况和检举人、被检举人的基本情况。

2. 已接收的检举材料原则上不予退还。不予受理的检举材料，登记检举事项的基本信息和不予受理原因后，经本级稽查局负责人批准可以销毁。

3. 暂存待查的检举材料，若在受理之日起两年内未收到有价值的补充材料，可以销毁。

4. 督办案件的检举材料应当专门管理，并按照规定办理督办案件材料的转送、报告等具体事项。

5. 检举材料的保管和整理，应当按照档案管理的有关规定办理。

重难点5：检举人的答复和奖励★

1. 实名检举人可以要求答复检举事项的处理情况与查处结果。

2. 实名检举事项的处理情况，由作出处理行为的税务机关的举报中心答复。

3. 实名检举事项的查处结果，由负责查处的税务机关的举报中心答复。

4. 12366 纳税服务热线接收检举事项并转交举报中心或者相关业务部门后，可以应检举人要求将举报中心或者相关业务部门反馈的受理情况告知检举人。

5. 检举事项经查证属实，为国家挽回或者减少损失的，按照有关规定对实名检举人给予相应奖励。

重难点6：权利保护★

1. 检举人不愿提供个人信息或者不愿公开检举行为的，税务机关应当予以尊重和保密。

2. 税务机关应当在职责范围内依法保护检举人、被检举人的合法权益。

3. 税务机关工作人员与检举事项或者检举人、被检举人有直接利害关系的，应当回避。

检举人有正当理由并且有证据证明税务机关工作人员应当回避的，经本级税务机关负责人或者稽查局负责人批准以后，予以回避。

4. 税务机关工作人员必须严格遵守以下保密规定：

（1）检举事项的受理、登记、处理及查处，应当依照国家有关法律、行政法规等规定严格保密，并建立健全工作责任制，不得私自摘抄、复制、扣压、销毁检举材料；

（2）严禁泄露检举人的姓名、身份、单位、地址、联系方式等情况，严禁将检举情况透露给被检举人及与案件查处无关的人员；

（3）调查核实情况和立案检查时不得出示检举信原件或者复印件，不得暴露检举人的有关信息，对匿名的检举书信及材料，除特殊情况以外，不得鉴定笔迹；

（4）宣传报道和奖励检举有功人员，未经检举人书面同意，不得公开检举人的姓名、身份、单位、地址、联系方式等情况。

【小贴士】检举事项查结，是指检举案件的结论性文书生效，或者检举事项经调查核实后未发现税收违法行为。

【小贴士】本办法自2020年1月1日起施行。

第九单元　税务文书电子送达规定（试行）

重难点★

1. 电子送达，是指税务机关通过电子税务局等特定系统（简称“特定系统”）向纳税人、扣缴义务人（简称“受送达人”）送达电子版式税务文书。

2. 经受送达人同意，税务机关可以采用电子送达方式送达税务文书。电子送达与其他送达方式具有同等法律效力。受送达人可以据此办理涉税事宜，行使权利、履行义务。

3. 受送达人同意采用电子送达的，签订《税务文书电子送达确认书》。

4. 税务机关采用电子送达方式送达税务文书的，以电子版式税务文书到达特定系统受送达人端的日期为送达日期。

5. 税务机关向受送达人送达电子版式税务文书后，通过电话、短信等方式发送提醒信息。提醒服务不影响电子文书送达的效力。

6. 受送达人需要纸质税务文书的，可以通过特定系统自行打印，也可以到税务机关办税服务厅打印。

【小贴士】暂不适用电子送达的税务文书，包括：

（1）税务处理决定书；

（2）税务行政处罚决定书；（不含简易程序处罚）

（3）税收保全措施决定书；

（4）税收强制执行决定书；

（5）阻止出境决定书；

（6）税务稽查、税务行政复议过程中使用的税务文书。

【小贴士】本规定自2020年4月1日起施行。

【本章总结】

1. 本章的掌握与熟悉。

（1）掌握《征管法》的适用范围；

（2）掌握发票、纳税申报等基础管理的时间和主要程序；

（3）掌握税收保全措施、税收强制执行措施的相同点与不同点；

（4）掌握纳税担保的担保人的认定与不可抵押财产的范围；

（5）掌握纳税信用评估结果的应用；

（6）熟悉税务检查的职责；

（7）熟悉违反税收法规要承担的法律责任（违法行为判别及处理、扣缴义务人责任、税务代理人责任、违反征管制度的责任）。

2. 与其他章节的关系。

（1）建议本章与第一章、第十四章一起学习；

（2）建议本章发票管理部分与增值税专用发票部分一起学习。

五、进阶练习

（一）单选题

1. 以下主体不需要办理税务登记的是（　　）。

A. 无固定生产、经营场所的流动性农村小商贩

B. 个体工商户

C. 从事生产经营的事业单位

D. 企业

2. 纳税人的停业期限不得超过（　　）。

A. 1个月　　B. 3个月　　C. 半年　　D. 一年

3. 纳税人负有纳税申报义务，但连续（　　）个月所有税种均未进行纳税申报的，税收征管系统自动将其认定为非正常户，并停止其发票领用簿和发票的使用。

A. 1　　B. 3　　C. 6　　D. 12

4. 从事生产经营的纳税人应当自领取营业执照或者发生纳税义务之日起（　　）内设置账簿。

A. 10日　　B. 15日　　C. 30日　　D. 45日

5. 账簿、记账凭证、报表、完税凭证、发票、出口凭证以及其他有关涉税资料应当保存（　　）。

A. 3年　　B. 5年　　C. 10年　　D. 永久

6. 以下关于纳税申报管理的规定，说法不正确的是（　　）。

A. 纳税申报的对象是纳税人和扣缴义务人

B. 纳税人享受减税、免税待遇的，在减税、免税期间可以不用办理纳税申报

C. 纳税申报的形式主要有直接申报、邮寄申报、数据电文三种形式

D. 纳税人因有特殊情况，不能按期进行纳税申报的，经县以上税务机关核准，可以延期申报

7. 税款征收方式中的查定征收方式一般适用于（　　）。

A. 账册不健全，但是能够控制原材料或进销货的纳税单位

B. 经营品种比较单一，经营地点、时间和商品来源不固定的纳税单位

C. 财务会计制度较为健全，能够认真履行纳税义务的纳税单位

D. 小额、零散税源的征收

8. 以下对代扣代缴、代收代缴税款制度规定，说法正确的有（　　）。

A. 税法规定的扣缴义务人可以自行选择是否履行代扣、代收税款义务

B. 扣缴义务人依法履行代扣、代收税款义务时，纳税人不得拒绝

C. 对法律、法规没有规定代扣、代收的，扣缴义务人可以进行代扣、代收税款

D. 税务机关可要求扣缴义务人无偿履行代扣、代收义务

9. 以下各项规定，说法不正确的是（　　）。

A. 纳税人因有特殊困难，不能按期缴纳税款的，经省、自治区、直辖市国家税务局、地方税务局批准，可以延期缴纳税款，但最长不得超过3个月

B. 经批准的延期纳税，在批准的延期期限内免予加收滞纳金

C. 纳税人、扣缴义务人、纳税担保人应缴纳的欠税及滞纳金要求同时缴纳

D. 纳税人未按照规定期限缴纳税款的，扣缴义务人未按照规定期限解缴税款的，税务机关除责令限期缴纳外，从滞纳税款之日起，按日加收滞纳税款万分之五的滞纳金

10. 以下关于税务机关核定应纳税额的规定，说法不正确的是（　　）。

A. 依照法律、行政法规的规定可以不设置账簿的

B. 擅自销毁账簿或者拒不提供纳税资料的

C. 发生纳税义务，未按照规定的期限办理纳税申报

D. 纳税人申报的计税依据明显偏低，又无正当理由的

11. 纳税人与其关联企业未按照独立企业之间的业务往来支付价款的、费用的，税务机关自该业务往来发生的纳税年度起（　　）年内进行调整。

A. 1　　B. 2　　C. 3　　D. 5

12. 税务机关对单价（　　）元以下的其他生活用品，不采取税收保全和强制执行措施。

A. 3 000　　B. 5 000　　C. 8 000　　D. 10 000

13. 纳税人自结清缴纳税款之日起（　　）内发现多缴税款的，可以向税务机关要求退还多缴的税款并加算银行同期存款利息。

A. 1 年　　B. 2 年　　C. 3 年　　D. 5 年

14. 以下财产不可以抵押的是（　　）。

A. 房屋　　B. 机器　　C. 小汽车　　D. 土地所有权

15. 以下主体，可以成为纳税保证人的是（　　）。

A. 国家机关　　B. 学校　　C. 医院　　D. 企业法人

16. 纳税保证人未按照规定的期限缴纳所担保的税款、滞纳金的，由税务机关责令限期在 15 日内缴纳；逾期仍未缴纳的，经（　　）批准，对纳税保证人采取强制执行措施。

A. 县以上稽查局局长　　B. 县以上税务局（分局）局长

C. 设区的市以上稽查局局长　　D. 设区的市以上税务局局长

17. 以下关于纳税质押的规定，说法错误的是（　　）。

A. 纳税质押是经税务机关同意，纳税人或纳税担保人将其动产或权利凭证移交税务机关占有，将该动产或权利凭证作为税款及滞纳金的担保。

B. 纳税质押分为动产质押和权利质押

C. 对于实际价值波动很大的动产或权利凭证，经县以上税务机关确认，税务机关可以不接受其作为纳税质押

D. 纳税质押自纳税担保书和纳税担保财产清单经税务机关确认和质押物移交之日起生效

18. 纳税人采取欺骗、隐瞒等手段提供担保，造成应缴税款损失的，由税务机关处以（　　）。

A. 未缴、少缴税款 30% 以上 3 倍以下的罚款

B. 未缴、少缴税款 50% 以上 5 倍以下的罚款

C. 未缴、少缴税款 50% 以上 1 倍以下的罚款

D. 未缴、少缴税款 100% 以上 5 倍以下的罚款

19. 以下不符合《税收征收管理法》规定的是（　　）。

A. 有欠税行为的企业可以作为保证人

B. 权利质押包括汇票、支票、本票、债券、存款单等权利凭证提供的质押

C. 税务机关自纳税人应缴税款的期限届满之日起 60 日内有权要求纳税保证人承担保证责任，缴纳税款、滞纳金

D. 纳税抵押是指纳税人或纳税担保人不转移不动产等财产的占有，将该财产作为税款及滞纳金的担保，纳税人逾期未缴清税款及滞纳金的，税务机关有权依法处置该财产以抵缴

税款及滞纳金

20. 以下关于纳税信用修复的规定，说法不正确的是（　　）。

A. 纳税人未按法定期限办理纳税申报、税款缴纳、资料备案等事项且已补办的可在规定期限内向主管税务机关申请纳税信用修复

B. 非正常户失信行为纳税信用修复一个纳税年度内只能申请一次。

C. 主管税务机关自受理纳税信用修复申请之日起 30 日内完成审核，并向纳税人反馈信用修复结果

D. 纳税信用修复完成后，纳税人按照修复后的纳税信用级别适用相应的税收政策和管理服务措施，之前已适用的税收政策和管理服务措施不作追溯调整

（二）多选题

1. 下列各项中，不适用《税收征收管理法》的有（　　）。

A. 关税　　B. 海关代征的增值税

C. 企业所得税　　D. 教育费附加

2. 下列各项中应当进行税务登记的有（　　）。

A. 个体工商户　　B. 企业在外地设立的分支机构

C. 国家机关　　D. 无固定生产经营场所的城市流动性商贩

3. 以下关于外出经营报验登记的规定，说法正确的有（　　）。

A. 纳税人在省税务机关管辖区域内跨县（市）经营的，是否开具《外管证》由省税务机关自行确定

B. 税务机关按照一地一证的原则，发放《外管证》

C.《外管证》的有效期限一般为 60 日，最长不得超过 180 日

D. 纳税人应当自《外管证》签发 30 日内，持《外管证》向经营地税务机关报验登记，并接受经营地税务机关的管理

4. 根据《征管法》的规定，下列说法不正确的有（　　）。

A. 账簿、会计凭证和报表应当使用中文

B. 从事生产、经营的纳税人必须将所采用的财务、会计制度和具体的财务、会计处理办法，按税务机关的规定，自领取税务登记证件之日起 30 日内，及时报送主管税务机关备案

C. 在省、自治区、直辖市范围内统一式样的发票，由国家税务总局确定

D. 已开具的发票存根联和发票登记簿，应当保存五年

5. 下列各项中，属于纳税申报方式的有（　　）。

A. 直接申报　　B. 邮寄申报　　C. 简易申报　　D. 数据电文

6. 纳税人办理纳税申报时，应当如实填写纳税申报表，并根据不同情况报送有关的证件、资料，下列各项中，属于应报送有关证件、资料的有（　　）。

A. 与纳税有关的合同、协议书及凭证

B. 税控装置的电子报税资料

C. 外出经营活动税收管理证明和异地完税证明

D. 财务会计报表及其说明材料

7. 根据《征管法》的规定，下列情形中，税务机关有权核定其应纳税额的有（　　）。

A. 擅自销毁账簿或者拒不提供纳税资料的

B. 依照法律、行政法规的规定应当设置但是没有设置账簿的

C. 虽设置账簿，但账目混乱或者成本资料、收入凭证、费用凭证残缺不全，难以查账的

D. 纳税人申报的计税依据明显偏高，又无正当理由的

8. 以下关于税收征收管理的说法，正确的有（　　）。

A. 外国企业可使用外文记账

B. 国家机关可以作为纳税担保人

C. 税务机关对单价 5 000 元以下的其他生活用品，不采取税收保全措施和强制执行措施

D. 个人及其所扶养家属维持生活必需的住房和用品，不在税收保全措施的范围之内

9. 以下关于税收保全措施的规定说法正确的有（　　）。

A. 税收保全措施仅适用于从事生产、经营的纳税人

B. 必须发生在规定的纳税期之前和责令限期缴纳应纳税款的限期内

C. 纳税人不能提供纳税担保的，经县以上税务局（分局）局长批准，书面通知纳税人开户银行或者其他金融机构冻结纳税人的全部存款

D. 税务机关扣押商品、货物或者其他财产时，必须开付清单；查封商品、货物或者其他财产时，必须开付收据

10. 根据《税收征管法》的规定，下列关于税收强制执行措施的说法正确的有（　　）。

A. 税收强制执行措施仅适用于从事生产、经营的纳税人

B. 对逾期不履行法定义务的纳税人必须告诫在先，执行在后

C. 在扣缴税款的同时，可以处以不缴或者少缴税款 50% 以上 5 倍以下的罚款

D. 采取税收强制执行措施时，对纳税人、扣缴义务人、纳税担保人未缴纳的滞纳金必须同时强制执行

11. 税务机关欠税清缴制度包括（　　）。

A. 离境清税制度　　B. 建立改制纳税人欠税的清缴制度

C. 对欠缴税款的纳税人行使代位权　　D. 建立欠税公告制度

12. 关于企业破产清算程序中的税收征管规定，下列说法正确的有（　　）。

A. 税务机关在人民法院公告的债权申报期限内，向管理人申报企业所欠税款、滞纳金及罚款，因特别纳税调整产生的利息，也应一并申报

B. 企业所欠税款、滞纳金、罚款，以及因特别纳税调整产生的利息，以人民法院裁定受理破产申请之日为截止日计算确定

C. 在人民法院裁定受理破产申请之日至企业注销之日期间，企业应当接受税务机关的税务管理，履行税法规定的相关义务

D. 企业因继续履行合同、生产经营或处置财产需要开具发票的，管理人可以以企业名义按规定申领开具发票或者代开发票

13. 税务机关派出人员在进行税务检查时，必须出示（　　）。

A. 税务检查证　　B. 身份证

C. 工作证　　　　　　　　　　　　　　　D. 税务检查通知书

14. 下列关于税务机关行使税务检查权的表述中，符合税法规定的有（　　）。

A. 经县以上税务局（分局）局长批准，可以将纳税人、扣缴义务人当年的账簿、记账凭证、报表和其他有关资料调回检查，但是税务机关必须在30日内退还

B. 到纳税人的生产、经营场所和货物存放地检查应纳税的商品、货物或其他财产

C. 到车站检查纳税人托运货物或者其他财产

D. 责成纳税人、扣缴义务人提供与纳税或者代扣代缴、代收代缴税款有关的文件、证明材料和有关资料

15. 下列属于税务机关责令限期改正，可以处2 000元以下的罚款；情节严重的，处2 000元以上1万元以下的罚款的行为的有（　　）。

A. 未按照规定的期限申报办理税务登记、变更或者注销登记的

B. 未按照规定设置、保管账簿或者保管记账凭证和有关资料的

C. 扣缴义务人未按照规定办理扣缴税款登记的

D. 纳税人未按照规定使用税务登记证件，或者转借、涂改、损毁、买卖、伪造税务登记证件的

16. 以下关于纳税担保的相关规定，说法正确的有（　　）。

A. 企业法人的职能部门不得作为纳税保证人

B. 纳税担保范围包括税款、滞纳金和实现税款、滞纳金的费用

C. 纳税担保从纳税保证人在纳税担保书签字盖章之日起生效

D. 税务机关自纳税人应缴纳税款的期限届满之日起60日内有权要求纳税保证人承担保证责任，缴纳税款、滞纳金

17. 不在纳税信用评价周期内参加评价的企业有（　　）。

A. 纳入纳税信用管理时间不满一个评价年度的

B. 因涉嫌税收违法被立案查处尚未结案的

C. 被审计、财政部门依法查出税收违法行为，税务机关正在依法处理，尚未办结的

D. 已申请税务行政复议、提起行政诉讼尚未结案的

18. 根据税收违法行为检举管理办法的规定，下列说法正确的有（　　）。

A. 检举人可以实名检举，也可以匿名检举

B. 检举人因检举而产生的支出由税务机关承担

C. 检举人在检举过程中应当遵守法律、行政法规等规定

D. 检举人应当对其所提供检举材料的真实性负责，不得捏造、歪曲事实，不得诬告、陷害他人

六、进阶练习答案

（一）单选题

1. 【答案】A

【解析】不需要办理税务登记的有国家机关、个人和无固定生产、经营场所的流动性农

村小商贩，其他纳税人都应办理税务登记。

2.【答案】D

【解析】纳税人的停业期限不得超过一年。

3.【答案】B

【解析】纳税人负有纳税申报义务，但连续 3 个月所有税种均未进行纳税申报的，税收征管系统自动将其认定为非正常户，并停止其发票领用簿和发票的使用。

4.【答案】B

【解析】从事生产经营的纳税人应当自领取营业执照或者发生纳税义务之日起 15 日内设置账簿。扣缴义务人应当自税收法律、行政法规规定的扣缴义务发生之日起 10 日内，按照所代扣、代收的税种，分别设置代扣代缴、代收代缴税款账簿。

5.【答案】C

【解析】除另有规定者外，根据《征管法实施细则》规定，账簿、记账凭证、报表、完税凭证、发票、出口凭证以及其他有关涉税资料应当保存 10 年。

6.【答案】B

【解析】纳税人享受减税、免税待遇的，在减税、免税期间应当按照规定办理纳税申报。

7.【答案】A

【解析】选项 B 适用于查验征收方式；选项 C 适用于查账征收方式；选项 D 适用于委托代征方式。

8.【答案】B

【解析】选项 A：税法规定的扣缴义务人必须依法履行代扣、代收税款义务，如果不履行义务，就要承担法律责任；选项 C：扣缴义务人代扣、代收税款，只限于法律、行政法规规定的范围，并依照法律、行政法规规定的征收标准执行；选项 D：税务机关按照规定付给扣缴义务人代扣、代收手续费。

9.【答案】C

【解析】纳税人、扣缴义务人、纳税担保人应缴纳的欠税及滞纳金不再要求同时缴纳，可以先行缴纳欠税，再依法缴纳滞纳金。

10.【答案】C

【解析】发生纳税义务，未按照规定的期限办理纳税申报，经税务机关责令限期申报，逾期仍不申报的，税务机关才有权核定其应纳税额。

11.【答案】C

【解析】纳税人与其关联企业未按照独立企业之间的业务往来支付价款的、费用的，税务机关自该业务往来发生的纳税年度起 3 年内进行调整，有特殊情况的，可以自该业务往来发生的纳税年度起 10 年内进行调整。

12.【答案】B

【解析】税务机关对单价 5 000 元以下的其他生活用品，不采取税收保全和强制执行措施。

13.【答案】C

【解析】纳税人自结清缴纳税款之日起 3 年内发现多缴税款的，可以向税务机关要求退还多缴的税款并加算银行同期存款利息，税务机关及时查实后应当立即退还。

14. 【答案】D

【解析】土地所有权不得抵押。

15. 【答案】D

【解析】国家机关、学校、幼儿园、医院等事业单位、社会团体不得作为纳税保证人。

16. 【答案】B

【解析】纳税保证人未按照规定的期限缴纳所担保的税款、滞纳金的，由税务机关责令限期15日内缴纳；逾期仍未缴纳的，经县以上税务局（分局）局长批准，对纳税保证人采取强制执行措施。

17. 【答案】C

【解析】对于实际价值波动很大的动产或权利凭证，经设区的市、自治州以上税务机关确认，税务机关可以不接受其作为纳税质押。

18. 【答案】B

【解析】纳税人采取欺骗、隐瞒等手段提供担保，造成应缴税款损失的，由税务机关处以未缴、少缴税款50%以上5倍以下的罚款。

19. 【答案】A

【解析】有欠税行为的企业不可以作为保证人。

20. 【答案】C

【解析】主管税务机关自受理纳税信用修复申请之日起15个工作日内完成审核，并向纳税人反馈信用修复结果。

（二）多选题

1. 【答案】ABD

【解析】《征管法》的适用范围是由税务机关征收的各种税收的征收管理。由海关征收的关税及其代征的增值税、消费税适用其他法律法规的规定。教育费附加是一种费，不适用《征管法》。

2. 【答案】ABD

【解析】企业，企业在外地设立的分支机构和从事生产、经营的场所，个体工商户和从事生产、经营的事业单位，均应当按规定办理税务登记。此外，除国家机关、个人和无固定生产、经营场所的流动性农村小商贩外，也应当按规定办理税务登记。

3. 【答案】ABD

【解析】选项C：《外管证》的有效期限一般为30日，最长不得超过180日，但建筑安装行业纳税人合同期限超过180日的，按照合同期限确定有效期限。

4. 【答案】BC

【解析】选项B：从事生产、经营的纳税人必须将所采用的财务、会计制度和具体的财务、会计处理办法，按税务机关的规定，自领取税务登记证件之日起15日内，及时报送主管税务机关备案；选项C：在省、自治区、直辖市范围内统一式样的发票，由省、自治区、直辖市税务局确定。

5. 【答案】ABCD

【解析】纳税申报的方式主要包括：直接申报、邮寄申报、数据电文三种方式。除上述三种方式之外，实行定期定额缴纳税款的纳税人还可采取简易申报、简并征期等申报纳税方式。

6.【答案】ABCD

【解析】纳税人办理纳税申报时，应当如实填写纳税申报表，并根据不同情况报送有关的证件、资料，包括上述选项中的证件、资料，此外还包括境内或者境外公证机构出具的有关证明文件、税务机关规定应当报送的其他有关证件、资料。

7.【答案】ABC

【解析】纳税人申报的计税依据明显偏低，又无正当理由的，税务机关有权核定应纳税额。

8.【答案】CD

【解析】选项A：会计记录的文字应当使用中文，外商投资企业、外国企业的会计记录不使用中文的，按照《征管法》第六十条第二款“未按照规定设置、保管账簿或者保管记账凭证和有关资料”的规定处理；选项B：国家机关不得作为纳税担保人。

9.【答案】AB

【解析】选项C：纳税人不能提供纳税担保的，经县以上税务局（分局）局长批准，书面通知纳税人开户银行或者其他金融机构冻结纳税人的金额相当于应纳税款的存款；选项D：税务机关扣押商品、货物或者其他财产时，必须开付收据；查封商品、货物或者其他财产时，必须开付清单。

10.【答案】BCD

【解析】税收强制执行措施不仅适用于从事生产、经营的纳税人，也适用于扣缴义务人和纳税担保人。

11.【答案】ABCD

【解析】上述选项都包括在税务机关欠税清缴制度中。此外，欠税清缴制度还包括：大额欠税处分财产报告制度、对欠缴税款的纳税人行使撤销权。

12.【答案】ABCD

【解析】ABCD选项都是正确的，这是2020年教材新增加的内容。

13.【答案】AD

【解析】税务机关派出人员在进行税务检查时要履行必要的手续，必须出示税务检查证和税务检查通知书。

14.【答案】BD

【解析】选项A：经设区的市、自治州以上税务局局长批准，可以将纳税人、扣缴义务人当年的账簿、记账凭证、报表和其他有关资料调回检查，但是税务机关必须在30日内退还；选项C：到车站检查纳税人托运货物或者其他财产的有关单据凭证和资料。

15.【答案】AB

【解析】选项C：扣缴义务人未按照规定办理扣缴税款登记的，税务机关应当自发现之日起3日内责令其限期改正，并可处以1 000元以下的罚款；选型D：纳税人未按照规定使用税务登记证件，或者转借、涂改、损毁、买卖、伪造税务登记证件的，处2 000元以上10 000元以下的罚款，情节严重的，处10 000元以上50 000元以下的罚款。

16. 【答案】ABD

【解析】选项 C：纳税担保从税务机关在纳税担保书签字盖章之日起生效。

17. 【答案】ABCD

【解析】纳税信用评价周期为一个纳税年度，有下列情形之一的纳税人，不参加本期的评价：(1) 纳入纳税信用管理时间不满一个评价年度的；(2) 因涉嫌税收违法被立案查处尚未结案的；(3) 被审计、财政部门依法查出税收违法行为，税务机关正在依法处理，尚未办结的；(4) 已申请税务行政复议、提起行政诉讼尚未结案的；(5) 其他不应参加本期评价的情形。

18. 【答案】ACD

【解析】检举税收违法行为是检举人的自愿行为，检举人因检举而产生的支出应当由其自行承担。

第十四章 税务行政法制

一、2020年新教材内容主要变化

本章2020年教材基本无变化。

二、本章近5年考情分析

本章属于税法考试非重点章，考试一般以单项选择题、多项选择题命题。近5年考试平均分值2分左右。2020年预计考试分值在2分左右。

三、本章内容

第一单元　税务行政处罚
第二单元　税务行政复议
第三单元　税务行政诉讼

四、重难点解析

第一单元　税务行政处罚

税务行政处罚，是指公民、法人或者其他组织有违反税收征收管理秩序的违法行为，尚未构成犯罪，依法应当承担行政责任的，由税务机关给予行政处罚。

重难点1：税务行政处罚的原则★

1. 法定原则。法定依据；法定机关设定；法定机关实施；法定程序实施。
2. 公正、公开原则。处罚规定公开；处罚程序公开。
3. 以事实为依据原则。
4. 过罚相当原则。
5. 处罚与教育相结合原则。
6. 监督、制约原则。

重难点2：税务行政处罚的设定和种类★★

（一）设定

1. 全国人大及其常委会，可以通过法律的形式设定各种税务行政处罚。
2. 国务院，可以通过行政法规的形式设定除限制人身自由以外的税务行政处罚。
3. 国家税务总局，可以通过规章的形式设定警告和罚款。

（1）税务行政规章，对非经营活动中的违法行为设定罚款不得超过1 000元。

（2）对经营活动中的违法行为，有违法所得的，设定罚款不得超过违法所得的3倍，且最高不得超过3万元；没有违法所得的，设定罚款不得超过1万元。

（3）罚款超过限额的，应当报国务院批准。

【小贴士】省级税务局及以下级别的税务机关，不可设定行政处罚，只能对上述级别的处罚具体化。

【经典真题】

【多选题·2010】下列关于税务行政处罚设定的表述中，正确的有（　　）。

A. 国家税务总局对非经营活动中的违法行为，设定罚款不得超过1 000元

B. 国家税务总局对非经营活动中有违法所得的违法行为，设定罚款不得超过5 000元

C. 国家税务总局对经营活动中没有违法所得的违法行为，设定罚款不得超过10 000元

D. 国家税务总局对经营活动中有违法所得的违法行为，设定罚款不得超过违法所得的3倍且最高不得超过30 000元

【答案】ACD

【解析】选项B：国家税务总局对经营活动中有违法所得的违法行为，设定罚款不得超过违法所得的3倍且最高不得超过3万元。

（二）种类

行政处罚的种类不局限于行政罚款，现行的税务行政处罚种类如下：

1. 罚款；
2. 没收财物违法所得；
3. 停止出口退税权；
4. 法律、法规和规章规定的其他行政处罚。

【经典真题】

【多选题·2017】根据现行税务行政处罚规定，下列属于税务行政处罚的有（　　）。

A. 行政罚款　　B. 加收滞纳金

C. 没收财物和违法所得　　D. 停止出口退税权

【答案】ACD

【解析】选项B：滞纳金不属于行政处罚范围。现行的税务行政处罚种类主要包括：罚款、没收财物和违法所得、停止出口退税权。

重难点3：税务行政处罚的主体与管辖★★

（一）主体

1. 税务行政处罚的实施主体，主要是县以上税务机关。
2. 各级税务机关的内设机构、派出机构不具处罚主体资格。
3. 税务所可以实施罚款额在2 000元以下的税务行政处罚。

【小贴士】税务所也可成为限定条件下的税务行政处罚主体，这是《征管法》对税务所的特别授权。

【经典真题】

【单选题·2014】税务所可以在一定限额以下实施罚款作为税务行政处罚，该限额为（　　）。

A. 50元　　B. 2 000元　　C. 10 000元　　D. 50 000元

【答案】B

【经典模拟题】

【单选题】下列关于税务行政处罚权的表述中，正确的是（　　）。

A. 市税务局可以通过规范性文件的形式设定警告

B. 国家税务总局可以通过规章的形式设定一定限额罚款

C. 省以下税务局稽查局不具税务行政处罚主体资格

D. 作为税务机关派出机构的税务所不具有税务行政处罚主体资格

【答案】B

【解析】选项A：市税务局没有税务处罚设定权；选项C：县以上的税务机关都具有税务行政处罚主体资格；选项D：税务所可以实施罚款额在2 000元以下的税务行政处罚。

（二）管辖

税务行政处罚实行行为发生地原则，由当事人税收违法行为发生地的县（市、旗）以上税务机关管辖。

重难点4：税务行政处罚的程序★★

（一）简易程序的适用条件

1. 案情简单、事实清楚、违法后果比较轻微且有法定依据应当给予处罚的违法行为。其基本特征是当场填写《税务行政处罚决定书》。

2. 给予的处罚较轻，仅适用于对公民处以50元以下和对法人或者其他组织处以1 000元以下罚款的违法案件。

【小贴士】简易处罚程序的特点是当场作出处罚决定，但不一定当场交罚款。简易处罚程序的金额不可能涉及听证程序，但可以涉及税务行政复议、诉讼程序。

（二）一般程序（重要）

一般程序包括立案、调查取证（有的案件要举行听证）、审查、决定、执行程序。

听证，是指税务机关在对当事人某些违法行为作出处罚决定之前，按照一定形式听取调查人员和当事人意见的程序。

【小贴士】税务行政处罚听证的范围，是对公民作出2 000元以上或者对法人或者其他组织作出10 000元以上罚款的案件。

【经典真题】

【单选题·2014】下列案件中，属于税务行政处罚听证的范围是（　　）。

A. 对法人作出1万元以上罚款的案件

B. 对公民作出 1 000 元以上罚款的案件

C. 对法人作出没收非法所得处罚的案件

D. 对法人作出停止出口退税权处罚的案件

【答案】A

【解析】税务行政处罚听证的范围，是对公民作出 2 000 元以上，或者对法人或其他组织作出 1 万元以上罚款的案件。

【单选题·2014】下列税务行政处罚情形中，当事人可以在税务机关作出税务行政处罚决定之前要求听证的是（　　）。

A. 某公司被处以 5 000 元罚款

B. 某中国公民被处以 500 元罚款

C. 某合伙企业被处以 1 500 元罚款

D. 某非营利组织被处以 15 000 元罚款

【答案】D

重难点 5：税务行政处罚权力清单★★

所谓“权力清单”就是明确权力该做什么，做到“法无授权不可为”。

（一）账簿、凭证管理类

1. 纳税人未按照规定设置、保管账簿或者保管记账凭证和有关资料的，未按照规定将财务、会计制度或者财务、会计处理办法和会计核算软件报送税务机关备查的，未按照规定安装、使用税控装置，或者损毁或者擅自改动税控装置的，税务机关责令其限期改正，可以处 2 000 元以下的罚款；情节严重的，处 2 000 元以上 10 000 元以下的罚款。

2. 扣缴义务人未按照规定设置、保管代扣代缴、代收代缴税款账簿或者保管代扣代缴、代收代缴税款记账凭证及有关资料的，税务机关责令其限期改正，可以处 2 000 元以下的罚款；情节严重的，处 2 000 元以上 5 000 元以下的罚款。

3. 非法印制、转借、倒卖、变造或者伪造完税凭证的，税务机关责令其改正，处 2 000 元以上 10 000 元以下的罚款；情节严重的，处 10 000 元以上 50 000 元以下的罚款；构成犯罪的，依法追究刑事责任。

（二）纳税申报类

1. 纳税人未按照规定的期限办理纳税申报和报送纳税资料的；扣缴义务人未按照规定的期限向税务机关报送代扣代缴、代收代缴税款报告表和有关资料的，税务机关责令其限期改正，可以处 2 000 元以下的罚款；情节严重的，可以处 2 000 元以上 10 000 元以下的罚款。

2. 纳税人、扣缴义务人编造虚假计税依据的，税务机关责令其限期改正，并处 50 000 元以下的罚款。

（三）税务检查类

1. 纳税人、扣缴义务人逃避、拒绝或者以其他方式阻挠税务机关检查（包括提供虚假资料，不如实反映情况，或者拒绝提供有关资料的；拒绝或者阻止税务机关记录、录音、录像、照相和复制与案件有关的情况和资料的；在检查期间，纳税人、扣缴义务人转移、隐匿、销毁有关资料的；有不依法接受税务检查的其他情形的），税务机关责令其改正，可以处 10 000 元以下的罚款；情节严重的，处 10 000 元以上 50 000 元以下的罚款。

2. 纳税人、扣缴义务人的开户银行或者其他金融机构拒绝接受税务机关依法检查纳税人、扣缴义务人存款账户，或者拒绝执行税务机关作出的冻结存款或者扣缴税款的决定，或者在接到税务机关的书面通知后帮助纳税人、扣缴义务人转移存款，造成税款流失的，税务机关处10万元以上50万元以下的罚款，对直接负责的主管人员和其他直接责任人员处1 000元以上10 000元以下的罚款。

3. 税务机关依照规定到车站、码头、机场、邮政企业及其分支机构检查纳税人有关情况时，有关单位拒绝的，税务机关责令其改正，可以处10 000元以下的罚款；情节严重的，处10 000元以上50 000元以下的罚款。

重难点6：税务行政处罚的执行★★★

税务机关对当事人作出罚款行政处罚决定的，当事人应当在收到行政处罚决定书之日起15日内缴纳罚款，到期不缴纳的，税务机关可以对当事人每日按罚款数额的3%加处罚款。

【经典真题】

【单选题·2010】某企业因有违反《税收征收管理法》的行为，被税务机关处以8 000元的罚款。假定该企业收到税务行政处罚决定书的时间为2010年3月1日，则该企业4月5日缴纳罚款时的总金额为（　　）元。

A. 8 000　　B. 9 200　　C. 13 040　　D. 16 640

【答案】C

【解析】总金额 $=8\,000\times[(31-15+5)\times3\%+1]=13\,040$（元）。

重难点7：税务行政处罚裁量权行使规则★

税务行政处罚裁量权，是指税务机关根据法律、法规和规章的规定，综合考虑税收违法行为的事实、性质、情节及社会危害程度，选择处罚种类和幅度并作出处罚决定的权力。

（一）行使税务行政处罚裁量权应当遵循的原则（了解）

（1）合法原则；（2）合理原则；（3）公平公正原则；（4）公开原则；（5）程序正当原则；（6）信赖保护原则；（7）处罚与教育相结合原则。

（二）行政处罚裁量基准制定

税务行政处罚裁量基准，是税务机关为规范行使行政处罚裁量权而制定的细化量化标准。税务行政处罚裁量基准，应当包括违法行为、处罚依据、裁量阶次、适用条件和具体标准等内容。

（三）行政处罚裁量规则适用（12项）

1. 法律、法规、规章规定可以给予行政处罚，当事人首次违反且情节轻微，并在税务机关发现前主动改正的或者在税务机关责令限期改正的期限内改正的，不予行政处罚。

2. 税务机关应当责令当事人改正或者限期改正违法行为的，除法律、法规、规章另有规定外，责令限期改正的期限一般不超过三十日。

3. 对当事人的同一个税收违法行为不得给予两次以上罚款的行政处罚；当事人同一个税收违法行为违反不同行政处罚规定且均应处以罚款的，应当选择适用处罚较重的条款。

4. 当事人有下列情形之一的，不予行政处罚：

（1）违法行为轻微并及时纠正，没有造成危害后果的；

（2）不满十四周岁的人有违法行为的；

（3）精神病人在不能辨认或者不能控制自己行为时有违法行为的；

（4）其他法律规定不予行政处罚的。

5. 当事人有下列情形之一的，应当依法从轻或者减轻行政处罚：

（1）主动消除或者减轻违法行为危害后果的；

（2）受他人胁迫有违法行为的；

（3）配合税务机关查处违法行为有立功表现的；

（4）其他依法应当从轻或者减轻行政处罚的。

6. 违反税收法律、行政法规应当给予行政处罚的行为在五年内未被发现的，不再给予行政处罚。

7. 行使税务行政处罚裁量权应当依法履行告知义务。在作出行政处罚决定前，应当告知当事人作出行政处罚决定的事实、理由、依据及拟处理结果，并告知当事人依法享有的权利。

8. 税务机关行使税务行政处罚裁量权涉及法定回避情形的，应当依法告知当事人享有申请回避的权利。税务人员存在法定回避情形的，应当自行回避或者由税务机关决定回避。

9. 当事人有权进行陈述和申辩。税务机关应当充分听取当事人的意见，对其提出的事实、理由或者证据进行复核，陈述申辩事由成立的，税务机关应当采纳；不采纳的，应予说明理由。税务机关不得因当事人的申辩而加重处罚。

10. 税务机关对公民作出2 000元以上罚款或者对法人或者其他组织作出1万元以上罚款的行政处罚决定之前，应当告知当事人有要求举行听证的权利；当事人要求听证的，税务机关应当组织听证。

11. 对情节复杂、争议较大、处罚较重、影响较广或者拟减轻处罚等税务行政处罚案件，应当经过集体审议决定。

12. 税务机关按照一般程序实施行政处罚，应当在执法文书中对事实认定、法律适用、基准适用等说明理由。

第二单元　税务行政复议

重难点1：税务行政复议的特点★

1. 税务行政复议，以当事人不服税务机关及其工作人员作出的税务具体行政行为为前提。
2. 税务行政复议，因当事人的申请而产生。
3. 税务行政复议案件的审理，一般由原处理税务机关的上一级税务机关进行。
4. 征税问题的争议，税务行政复议是税务行政诉讼的必经前置程序。

重难点2：税务行政复议的（受案）范围★★★

1. 适用复议前置的范围（重要）。

税务机关作出的征税行为，包括：

（1）确认纳税主体、征税对象、征税范围、减税、免税、退税、抵扣税款、适用税率、计税依据、纳税环节、纳税期限、纳税地点以及税款征收方式等具体行政行为。

（2）征收税款、加收滞纳金。

（3）扣缴义务人、受税务机关委托的单位和个人作出的代扣代缴、代收代缴、代征行为等。

2. 适用复议选择的范围。

（1）行政许可、行政审批行为。

（2）发票管理行为，包括发售、收缴、代开发票等。

（3）税收保全措施、强制执行措施。

（4）税务机关作出的税务行政处罚行为，包括罚款、没收财物和违法所得、停止出口退税权。

（5）不依法履行职责的行为，包括颁发税务登记；开具、出具完税凭证、外出经营活动税收管理证明；行政赔偿；行政奖励；其他不依法履行职责的行为。

（6）资格认定行为。

（7）不依法确认纳税担保行为。

（8）政府信息公开工作中的具体行政行为。

（9）纳税信用等级评定行为。

（10）通知出入境管理机关阻止出境行为。

（11）其他具体行政行为。

【小贴士】税务行政复议的对象，是税务机关作出的具体行政行为，但申请人认为税务机关的具体行政行为所依据的下列规定不合法，对具体行政行为申请行政复议时，可以一并向行政复议机关提出对有关规定的审查申请；申请人对具体行政行为提出行政复议申请时不知道该具体行政行为所依据的规定的，可以在行政复议机关作出行政复议决定以前提出对该规定的审查申请：

（1）国家税务总局和国务院其他部门的规定。

（2）其他各级税务机关的规定。

（3）地方各级人民政府的规定。

（4）地方人民政府工作部门的规定。

【小贴士】前款中的规定不包括规章。

【经典真题】

【多选题·2014】税务机关实施的下列具体行政行为中，属于行政复议受案范围的有（　　）。

A. 代开发票　　B. 税收保全措施

C. 纳税信用等级评定　　D. 停止出口退税权

【答案】ABCD

【单选题·2015】税务机关作出的下列行政行为，纳税人不服时可以申请行政复议也可以直接向人民法院提起行政诉讼的是（　　）。

A. 罚款　　B. 确认征税范围

C. 加收滞纳金　　D. 确认抵扣税款

【答案】A

【解析】选项 BCD：属于征税行为，税务行政复议是税务行政诉讼的必经前置程序。

【多选题·2019】纳税人对税务机关作出的下列行政行为不服时，可以申请行政复议，也可以直接向人民法院提起行政诉讼的有（　　）。

A. 收缴发票行为　　B. 阻止出境行为

C. 暂停免税办理　　D. 没收违法所得

【答案】ABD

【解析】选项 C：属于征税行为，税务行政复议是税务行政诉讼的必经前置程序。

重难点 3：税务行政复议机构和管辖★★★

（一）复议机构和人员

各级行政复议机关负责法制工作的机构（简称“行政复议机构”）依法办理行政复议事项。

1. 各级行政复议机关可以成立行政复议委员会，研究重大、疑难案件，提出处理建议。

2. 行政复议委员会可以邀请本机关以外的具有相关专业知识的人员参加。

【小贴士】税务机关中初次从事行政复议的人员，应当通过国家统一法律职业资格考试取得法律职业资格。

（二）复议管辖的一般规定

1. 对各级税务局的具体行政行为不服的，向其上一级税务局申请行政复议；对计划单列市税务局的具体行政行为不服的，向国家税务总局申请行政复议。

2. 对税务所（分局）、各级税务局的稽查局的具体行政行为不服的，向其所属税务局申请行政复议。

3. 对国家税务总局的具体行政行为不服的，向国家税务总局申请行政复议。对行政复议决定不服，申请人可以向人民法院提起行政诉讼，也可以向国务院申请裁决。国务院的裁决为最终裁决。

（三）复议管辖的特殊规定（重要）

1. 对两个以上税务机关以共同的名义作出的具体行政行为不服的，向共同上一级税务机关申请行政复议。

2. 对税务机关与其他行政机关以共同的名义作出的具体行政行为不服的，向其共同上一级行政机关申请行政复议。

3. 对被撤销的税务机关在撤销以前所作出的具体行政行为不服的，向继续行使其职权的税务机关的上一级税务机关申请行政复议。

4. 对税务机关作出逾期不缴纳罚款“加处罚款”的决定不服的，向作出行政处罚决定的税务机关申请行政复议；但是对已处罚款和加处罚款都不服的，一并向作出行政处罚决定的税务机关的上一级税务机关申请行政复议。

【小贴士】申请人向具体行政行为发生地的县级地方人民政府提交行政复议申请的，由接受申请的县级地方人民政府依法予以转送。

重难点4：税务行政复议申请人和被申请人★★

（一）申请人

1. 合伙企业，以核准登记的企业为申请人，由执行合伙事务的合伙人代表该企业参加行政复议；其他合伙组织，由合伙人共同申请行政复议。

2. 股份制企业的股东大会、股东代表大会、董事会认为税务具体行政行为侵犯企业合法权益的，以企业的名义申请行政复议。

3. 有权申请行政复议的公民死亡，近亲属可以申请行政复议。

4. 有权申请行政复议的公民为无行为能力人或者限制行为能力人，法定代理人可以代理申请行政复议。

5. 有权申请行政复议的法人或者其他组织发生合并、分立或终止的，承受其权利义务的法人或者其他组织可以申请行政复议。

【小贴士】同一行政复议案件申请人超过5人的，应当推选1至5名代表参加行政复议。

【小贴士】申请人、第三人可以委托1至2名代理人参加行政复议。

（二）被申请人

1. 申请人对具体行政行为不服申请行政复议的，作出该具体行政行为的税务机关为被申请人。

2. 申请人对扣缴义务人的扣缴税款行为不服的，主管该扣缴义务人的税务机关为被申请人；对税务机关委托的单位和个人的代征行为不服的，委托税务机关为被申请人。

3. 税务机关与法律、法规授权的组织以共同的名义作出具体行政行为的，税务机关和法律、法规授权的组织为共同被申请人。

4. 税务机关与其他组织以共同名义作出具体行政行为的，税务机关为被申请人。

5. 税务机关依照法律、法规和规章规定，经上级税务机关批准作出具体行政行为的，批准机关为被申请人。

6. 申请人对经重大税务案件审理程序作出的决定不服的，审理委员会所在税务机关为被申请人。

7. 税务机关设立的派出机构、内设机构或者其他组织，未经法律、法规授权，以自己名义对外作出具体行政行为的，税务机关为被申请人。

【小贴士】被申请人不得委托本机关以外人员参加行政复议。

【小贴士】申请人、第三人可以委托1至2名代理人参加行政复议。

【经典真题】

【单选题·2019】下列可以作为税务行政复议申请人的是（　　）。

A. 有权申请行政复议的公民死亡的，其近亲属

B. 有权申请行政复议的股份制企业，其董事会

C. 有权申请行政复议的合伙企业，其任一合伙人

D. 与被审查的税务具体行政行为有利害关系的第三人

【答案】A

重难点5：税务行政复议申请★

1. 申请人可以在知道税务机关作出具体行政行为之日起60日内，提出行政复议申请。

2. 申请人申请行政复议，可以书面申请，也可以口头申请。

3. 行政复议和行政诉讼不能同时进行。

【小贴士】对征税行为的争议，按税务机关规定缴纳税款、滞纳金或提供担保后，才可以申请行政复议；复议是诉讼的必经前置程序。对其他行为争议，复议不是诉讼的必经前置程序。

重难点6：税务行政复议受理★★

（一）行政复议申请符合下列规定的，行政复议机关应当受理（8项）

1. 属于税务行政复议规则规定的行政复议范围。

2. 在法定申请期限内提出。

3. 有明确的申请人和符合规定的被申请人。

4. 申请人与具体行政行为有利害关系。

5. 有具体的行政复议请求和理由。

6. 符合税务行政复议申请中第2项和第3项规定的条件。

7. 属于收到行政复议申请的行政复议机关的职责范围。

8. 其他行政复议机关尚未受理同一行政复议申请，人民法院尚未受理同一主体就同一事实提起的行政诉讼。

【小贴士】行政复议机关收到行政复议申请后，应当在5日内进行审查，决定是否受理。

【小贴士】对应当先向行政复议机关申请行政复议，对行政复议决定不服再向人民法院提起行政诉讼的具体行政行为，行政复议机关决定不予受理或者受理以后超过行政复议期限不作答复的，申请人可以自收到不予受理决定书之日起或者行政复议期满之日起15日内，依法向人民法院提起行政诉讼。

【小贴士】上级税务机关认为行政复议机关不予受理的理由不成立的，可以督促其受理；经督促仍然不受理的，责令其限期受理。

【小贴士】上级税务机关认为有必要的，可以直接受理或者提审由下级税务机关管辖的行政复议案件。

【经典模拟题】

【单选题】对于下列情形之一的行政复议申请，行政复议机关应受理的是（　　）。

A. 属于行政复议的受案范围

B. 超过法定的申请期限

C. 已向人民法院提起行政诉讼，人民法院已经受理

D. 申请人就纳税问题发生争议，没有按照规定缴清税款、滞纳金，且没有提供担保

【答案】A

（二）行政复议期间具体行政行为不停止执行；但是有下列情形之一的，可以停止执行：

1. 被申请人认为需要停止执行的。

2. 行政复议机关认为需要停止执行的。

3. 申请人申请停止执行，行政复议机关认为其要求合理，决定停止执行的。

4. 法律规定停止执行的。

【经典真题】

【多选题·2002】在税务行政复议期间，可以停止执行税务具体行政行为的情形有（　　）。

A. 申请人认为需要停止执行的　　B. 被申请人认为需要停止执行的

C. 被申请人确实难以执行的　　D. 行政复议机关认为需要停止执行的

【答案】BD

重难点7：税务行政复议证据★

1. 在行政复议中，被申请人对其作出的具体行政行为负有举证责任。

2. 行政复议机关应当根据案件的具体情况，审查证据的合法性、真实性和关联性。

3. 行政复议过程中，被申请人不得自行向申请人和其他有关组织或者个人搜集证据。

重难点8：税务行政复议审查和决定★★★

行政复议机关，应当自受理申请之日起60日内作出行政复议决定。情况复杂，不能在规定期限内作出行政复议决定的，经行政复议机关负责人批准，可以适当延期，并告知申请人和被申请人；但延长期限最多不超过30日。

【小贴士】行政复议决定书一经送达，即发生法律效力。

（一）税务行政复议的决定（重要）

1. 具体行政行为认定事实清楚，证据确凿，适用依据正确，程序合法，内容适当的，决定维持。

2. 被申请人不履行法定职责的，决定其在一定期限内履行。

3. 具体行政行为有下列情形之一的，决定撤销、变更或者确认该具体行政行为违法；决定撤销或者确认该具体行政行为违法的，可以责令被申请人在一定期限内重新作出具体行政行为：

（1）主要事实不清、证据不足的；

（2）适用依据错误的；

（3）违反法定程序的；

（4）超越职权或者滥用职权的；

（5）具体行政行为明显不当的。

【小贴士】有下列情形之一的，行政复议机关可以决定变更：

（1）认定事实清楚，证据确凿，程序合法，但是明显不当或者适用依据错误的。

（2）认定事实不清，证据不足，但是经行政复议机关审理查明事实清楚，证据确凿的。

（二）行政复议期间行政复议中止的情形（暂停）

1. 作为申请人的公民死亡，其近亲属尚未确定是否参加行政复议的。

2. 作为申请人的公民丧失参加行政复议的能力，尚未确定法定代理人是否参加行政复议的。

3. 作为申请人的法人或者其他组织终止，尚未确定权利义务承受人的。

4. 作为申请人的公民下落不明或者被宣告失踪的。

5. 申请人、被申请人因不可抗力，不能参加行政复议的。

6. 行政复议机关因不可抗力原因暂时不能履行工作职责的。

7. 案件涉及法律适用问题，需要有权机关作出解释或者确认的。

8. 案件审理需要以其他案件的审理结果为依据，而其他案件尚未审结的。

9. 其他。

（三）行政复议期间行政复议终止的情形（结束）

1. 申请人要求撤回行政复议申请，行政复议机构准予撤回的。

2. 作为申请人的公民死亡，没有近亲属，或者其近亲属放弃行政复议权利的。

3. 作为申请人的法人或者其他组织终止，其权利义务的承受人放弃行政复议权利的。

4. 申请人与被申请人依照规定，经行政复议机构准许达成和解的。

5. 行政复议申请受理以后，发现其他行政复议机关已经先于本机关受理，或者人民法院已经受理的。

【小贴士】学员应注意辨析“中止”与“终止”适用情形的差异。

【经典真题】

【单选题·2013】在税务行政复议期间发生的下列情形中，应当终止行政复议的是（　　）。

A. 作为申请人的公民下落不明的

B. 作为申请人的公民死亡，其近亲属尚未确定是否参加行政复议的

C. 申请人要求撤回行政复议申请，行政复议机构准予撤回的

D. 案件涉及法律适用问题，需要有权机关作出解释或者确认的

【答案】C

【解析】选项ABD：属于行政复议期间行政复议中止的情形。

【单选题·2018】税务行政复议期间发生的下列情形中，应当终止行政复议的是（　　）。

A. 作为申请人的公民被宣告失踪

B. 行政复议机关因不可抗力原因暂时不能履行工作职责

C. 作为申请人的公民死亡，其近亲属尚未确定是否参加行政复议

D. 行政复议申请受理以后，发现其他行政复议机关已经先于本机关受理

【答案】D

【解析】选项ABC：属于行政复议期间行政复议中止的情形。

【单选题·2018】税务行政复议期间发生的下列情形中，应当终止行政复议的是（　　）。

A. 作为申请人的公民死亡且没有近亲属

B. 案件涉及法律适用问题，需要有权机关作出解释

C. 作为申请人的公民下落不明

D. 作为申请人的法人终止且尚未确定权利义务承受人

【答案】A

【解析】选项 BCD：属于行政复议期间行政复议中止的情形。

重难点9：税务行政复议和解与调解★★

1. 对下列行政复议事项，按照自愿、合法的原则，申请人和被申请人在行政复议机关作出行政复议决定以前可以达成和解，行政复议机关也可以调解：

（1）行使自由裁量权作出的具体行政行为，如行政处罚、核定税额、确定应税所得率等；

（2）行政赔偿；

（3）行政奖励；

（4）存在其他合理性问题的具体行政行为。

【小贴士】经行政复议机构准许和解终止行政复议的，申请人不得以同一事实和理由再次申请行政复议。

2. 符合下列要求的，税务行政复议机关可以进行调解：

（1）尊重申请人和被申请人的意愿；

（2）在查明案件事实的基础上进行；

（3）遵循客观、公正和合理原则；

（4）不得损害社会公共利益和他人合法权益。

【小贴士】行政复议调解书经双方当事人签字，即具有法律效力。申请人不履行行政复议调解书的，由被申请人依法强制执行，或者申请人民法院强制执行。

【小贴士】行政复议决定书一经送达，即发生法律效力。

【经典真题】

【多选题·2018】对下列事项进行行政复议时，申请人和被申请人在行政复议机关作出行政复议前可以达成和解的有（　　）。

A. 行政赔偿　　B. 行政奖励　　C. 行政处罚　　D. 核定税额

【答案】ABCD

【解析】对下列行政复议事项，按照自愿、合法的原则，申请人和被申请人在行政复议机关作出行政复议决定以前可以达成和解，行政复议机关也可以调解：（1）行使自由裁量权作出的具体行政行为，如行政处罚（选项 C）、核定税额（选项 D）、确定应税所得率等；（2）行政赔偿（选项 A）；（3）行政奖励（选项 B）；（4）存在其他合理性问题的具体行政行为。

第三单元　税务行政诉讼

税务行政诉讼，是指公民、法人和其他组织认为税务机关及其工作人员的具体税务行政行为违法或者不当，侵犯了其合法权益，依法向人民法院提起行政诉讼，由人民法院对具体

税务行政行为的合法性和适当性进行审理并作出裁决的司法活动。

【小贴士】税务行政诉讼解决的争议，发生在税务行政管理过程中。

【小贴士】被告必须是税务机关，或经法律、法规授权的行使税务行政管理权的组织，而不是其他行政机关或组织。

【小贴士】因征税发生的争议，当事人在向人民法院提起行政诉讼前，必须先经税务行政复议程序，即复议前置。

重难点1：税务行政诉讼的原则★

税务行政诉讼遵循以下几个特有原则：

1. 人民法院特定主管原则。
2. 合法性审查原则。
3. 不适用调解原则。
4. 起诉不停止执行原则。
5. 税务机关负举证责任原则。
6. 由税务机关负责赔偿的原则。

【经典真题】

【多选题·2015】下列原则中，属于税务行政诉讼原则的有（　　）。

A. 合法性审查原则　　B. 由税务机关负责赔偿原则

C. 不适用调解原则　　D. 纳税人负举证责任原则

【答案】ABC

【解析】选项D：税务机关负举证责任原则。

重难点2：税务行政诉讼的受案范围★

1. 税务机关作出的征税行为。（复议前置）
2. 税务机关作出的责令纳税人提交纳税保证金或者纳税担保行为。
3. 税务机关作出的行政处罚行为。
4. 税务机关作出的通知出境管理机关阻止出境行为。
5. 税务机关作出的税收保全措施。
6. 税务机关作出的税收强制执行措施。
7. 认为符合法定条件申请税务机关颁发税务登记证和发售发票，税务机关拒绝颁发、发售或者不予答复的行为。
8. 税务机关的复议行为。

【经典真题】

【多选题·2007】下列选项中，属于纳税人和其他税务当事人对侵犯合法权益的特定税务行政诉讼受案范围的有（　　）。

A. 税务机关通知银行冻结其存款的行为

B. 税务机关逾期未对其复议申请作出答复的行为

C. 税务机关对其所缴的税款没有上交国库的

D. 税务机关制订的规范性文件损害了纳税人合法权益的行为

【答案】AB

【解析】选项 C：属于税务管理过程中出现的问题，它没有侵害到纳税人和其他税务当事人的合法权益，不属于税务行政诉讼的受案范围；选项 D：不属于具体的税务行政行为。

【单选题·2017】纳税人对税务机关作出的下列行政行为不服时，应当先向行政复议机关申请复议后，才可以向人民法院提起行政诉讼的是（　　）。

A. 加收滞纳金　　B. 税收保全措施

C. 处以税款 50% 的罚款　　D. 强制执行措施

【答案】A

【解析】选项 A：属于税务机关作出的征税行为，申请人对其不服的，行政复议是行政诉讼必经前置程序；选项 BCD：行政复议不是行政诉讼必经前置程序。

重难点 3：税务行政诉讼的起诉和受理★

1. 税务行政诉讼的起诉

（1）在税务行政诉讼等行政诉讼中，起诉权是单向性的权利，税务机关不享有起诉权，只有应诉权，即税务机关只能作为被告；与民事诉讼不同，作为被告的税务机关不能反诉。

（2）对税务机关的征税行为提起诉讼，必须先经过复议；对复议决定不服的，可以在接到复议决定书之日起 15 日内向人民法院起诉。

（3）对其他具体行政行为不服的，当事人可以在接到通知或者知道之日起 15 日内直接向人民法院起诉。

（4）税务机关作出具体行政行为时，未告知当事人诉权和起诉期限，致使当事人逾期向人民法院起诉的，其起诉期限从当事人实际知道诉权或者起诉期限时计算。但最长不得超过 2 年。

2. 起诉方的条件

纳税人、扣缴义务人等税务管理相对人在提起税务行政诉讼时，必须（同时）符合下列条件：

（1）原告是认为具体行政行为侵犯其合法权益的公民、法人或者其他组织；

（2）有明确的被告；

（3）有具体的诉讼请求和事实、法律根据；

（4）属于人民法院的受案范围和受诉人民法院管辖。

【经典真题】

【单选题·2008】根据税收征收管理法及其他相关规定，对税务机关的征税行为提起诉讼，必须先经过复议，对复议决定不服的，可以在接到复议决定书之日起的一定时限内向人民法院起诉。下列各项中，符合上述时限规定的是（　　）。

A. 15 日　　B. 30 日　　C. 60 日　　D. 90 日

【答案】A

【多选题·2012】下列各项中，属于税务管理相对人在提起税务行政诉讼时必须同时符合的条件有（　　）。

A. 有明确的被告

B. 有具体的诉讼请求和事实、法律根据

C. 属于人民法院的受案范围和受诉人民法院管辖

D. 原告是认为具体税务行政行为侵犯其合法权益的公民、法人或者其他组织

【答案】ABCD

【解析】纳税人、扣缴义务人等税务管理相对人在提起税务行政诉讼时，必须（同时）符合下列条件：（1）原告是认为具体行政行为侵犯其合法权益的公民、法人或者其他组织；（2）有明确的被告；（3）有具体的诉讼请求和事实、法律根据；（4）属于人民法院的受案范围和受诉人民法院管辖。

【单选题·2018】在税务行政诉讼中，税务机关可享有的权利是（　　）。

A. 应诉权　　B. 反诉权　　C. 起诉权　　D. 撤诉权

【答案】A

【解析】在税务行政诉讼案件中，税务机关不享有起诉权，只有应诉权，即只能当作被告。

【本章总结】

1. 本章内容杂乱，学员应做到5个熟悉：

（1）熟悉税务行政处罚的设定和种类；

（2）熟悉税务行政复议和税务行政诉讼的受案范围；

（3）熟悉税务行政复议和诉讼的规定时限；

（4）熟悉税务行政复议的管辖及复议与诉讼的衔接；

（5）熟悉听证程序的标准。

2. 与其他章节的关系。

与第十三章税收征收管理法：两章呼应把握税务行政处罚权力清单。

五、进阶练习

（一）单选题

1. 对公民和组织实施税务行政处罚必须有法定依据，无明文规定不得处罚，这体现了税务行政处罚的（　　）。

A. 法定原则　　B. 以事实为依据原则

C. 过罚相当原则　　D. 处罚与教育相结合原则

2. 关于税务行政处罚的设定，下列说法不正确的是（　　）。

A. 全国人民代表大会及其常务委员会可以通过法律的形式设定各种税务行政处罚

B. 国务院可以通过行政法规的形式设定除限制人身自由以外的税务行政处罚

C. 国家税务总局可以通过行政法规的形式设定警告和罚款

D. 对非经营活动中的违法行为设定罚款不得超过 1 000 元

3. 以下不具备税务行政处罚主体资格的是（　　）。

A. 省税务局　　B. 市税务局

C. 县税务局　　D. 市税务局的内设机构

4. 税务行政处罚听证的范围是对公民作出（　　）以上，或者对法人或其他组织作出（　　）以上罚款的案件。

A. 2 000 元，5 000 元　　B. 2 000 元，10 000 元

C. 5 000 元，5 000 元　　D. 5 000 元，10 000 元

5. 税务机关对当事人作出罚款行政处罚决定的，当事人应当在收到行政处罚决定书之日起（　　）内缴纳罚款，到期不缴纳的，税务机关可以对当事人每日按罚款数额的 3% 加处罚款。

A. 5 日　　B. 10 日　　C. 15 日　　D. 30 日

6. 申请人可以在知道税务机关作出具体行政行为之日起（　　）内提出行政复议申请。

A. 30 日　　B. 60 日　　C. 90 日　　D. 180 日

7. 下列关于税务行政复议管辖的表述中，不正确的是（　　）。

A. 对各级税务局的具体行政行为不服的，向其上一级税务局申请行政复议

B. 对各级税务局的稽查局的具体行政行为不服的，向其所属税务局申请行政复议

C. 对国家税务总局的具体行政行为不服的，向国务院申请行政复议

D. 对两个以上税务机关以共同的名义作出的具体行政行为不服的，向共同上一级税务机关申请行政复议

8. 以下行为不属于税务机关的征税行为的是（　　）。

A. 征收税款　　B. 确认纳税主体

C. 停止出口退税权　　D. 加收滞纳金

9. 以下关于税务行政复议规定的表述中，不正确的是（　　）。

A. 申请人申请行政复议，可以书面申请，也可以口头申请

B. 申请人向人民法院提起行政诉讼，人民法院已经依法受理的，不得申请行政复议

C. 申请人向行政复议机关申请行政复议，行政复议机关已经受理的，在法定行政复议期限内申请人不得向人民法院提起行政诉讼

D. 申请人对“征税行为”的行为不服的，可以申请行政复议，也可以直接向人民法院提起行政诉讼

10. 在行政复议中，负有举证责任的是（　　）。

A. 申请人　　B. 被申请人　　C. 扣缴义务人　　D. 纳税担保人

11. 以下关于税务行政复议审查的说法中，不正确的是（　　）。

A. 行政复议机构审理行政复议案件，应当由 2 名以上行政复议工作人员参加

B. 行政复议原则上采用书面审查的办法

C. 听证应当不公开进行，但是涉及国家秘密、商业秘密或者个人隐私的除外

D. 申请人在行政复议决定作出以前撤回行政复议申请的，经行政复议机构同意的，可

以撤回

12. 行政复议期间，导致行政复议终止的行为是（　　）。

A. 作为申请人的法人或者其他组织终止，尚未确定权利义务承受人的

B. 作为申请人的公民下落不明或者被宣告失踪的

C. 作为申请人的公民死亡，其近亲属尚未确定是否参加行政复议的

D. 申请人要求撤回行政复议申请，行政复议机构准予撤回的

13. 行政复议机关应当自受理申请之日起（　　）内作出行政复议决定。

A. 30 日　　B. 60 日　　C. 90 日　　D. 120 日

14. 对征税行为以外的具体行政行为不服的，当事人可以在接到通知或者知道之日起（　　）内直接向人民法院起诉。

A. 10 日　　B. 15 日　　C. 30 日　　D. 60 日

15. 税务机关作出具体行政行为时，未告知当事人诉权和起诉期限，致使当事人逾期向人民法院起诉的，其起诉期限从当事人实际知道诉权或者起诉期限时计算。但最长不得超过（　　）。

A. 1 年　　B. 2 年　　C. 3 年　　D. 5 年

（二）多选题

1. 税务行政处罚的法定原则包括的内容有（　　）。

A. 处罚必须有法定依据，无明文规定不得处罚

B. 由法定国家机关在职权范围内设定

C. 由法定税务机关在其职权范围内实施

D. 由税务机关按法定程序实施

2. 国家税务总局可以通过规章的形式设定（　　）。

A. 警告　　B. 各种税务行政处罚

C. 罚款　　D. 除限制人身自由外的税务行政处罚

3. 下列属于我国税务行政处罚的种类有（　　）。

A. 罚款　　B. 罚金

C. 没收财务违法所得　　D. 停止出口退税权

4. 以下情形，不予行政处罚的有（　　）。

A. 违法行为轻微并及时纠正，没有造成危害后果的

B. 不满十四周岁的人有违法行为的

C. 精神病人在不能辨认或者不能控制自己行为时有违法行为的

D. 受他人胁迫有违法行为的

5. 申请人认为税务机关的具体行政行为所依据的下列规定不合法，对具体行政行为申请行政复议时，可一并向复议机关提出审查申请的规定有（　　）。

A. 国家税务总局和国务院其他部门的规定

B. 国家税务总局的部门规章

C. 财政部的部门规章

D. 地方各级人民政府的规定

6. 关于对税务行政复议管辖的规定，下列说法正确的有（　　）。

A. 两个以上税务机关以共同的名义作出的具体行政行为不服的，向共同上一级税务机关申请行政复议

B. 对税务机关与其他行政机关以共同的名义作出的具体行政行为不服的，向其共同上一级行政机关申请行政复议

C. 对被撤销的税务机关在撤销以前所作出的具体行政行为不服的，向继续行使其职权的税务机关的上一级税务机关申请行政复议

D. 对税务机关作出逾期不缴纳罚款加处罚款的决定不服的，向作出行政处罚决定的税务机关申请行政复议

7. 申请人申请行政复议期限的计算，说法正确的有（　　）。

A. 当场作出具体行政行为的，自具体行政行为作出之日起计算

B. 载明具体行政行为的法律文书直接送达的，自受送达人签收之日起计算

C. 具体行政行为依法通过公告形式告知受送达人的，自公告规定的期限开始之日起计算

D. 税务机关作出具体行政行为时未告知申请人，事后补充告知的，自税务机关作出具体行政行为之日起计算

8. 下列各项中关于税务行政复议受理的规定，说法不正确的有（　　）。

A. 行政复议机关收到行政复议申请后，应当在10日内审查，决定是否受理

B. 对符合规定的行政复议申请，自行政复议机构收到之日起即为受理

C. 行政复议申请材料不齐全、表达不清楚的，行政复议机构可以自收到该行政复议申请之日起10日内书面通知申请人补正

D. 上级复议机关认为有必要的，可以直接受理或者提审由下级税务机关管辖的行政复议案件

9. 行政复议期间，有下列（　　）情形的，行政复议中止。

A. 作为申请人的公民丧失参加行政复议的能力，尚未确定法定代理人参加行政复议的

B. 作为申请人的公民死亡，没有近亲属或近亲属放弃行政复议权利的

C. 行政复议机关因不可抗力原因暂时不能履行工作职责的

D. 申请人因不可抗力不能参加税务行政复议的

10. 以下符合税务行政复议规定的有（　　）。

A. 行政复议机关应当自受理申请之日起60日内作出行政复议决定

B. 情况复杂，不能在规定期限内作出行政复议决定的，经行政复议机关负责人批准，可以适当延期，并告知申请人和被申请人，但是延期不得超过30日

C. 行政复议机关作出行政复议决定，应当制作行政复议决定书，并加盖行政复议机关印章

D. 行政复议决定书一经作出，即发生法律效力

11. 行政复议期间可以停止执行具体行政行为的情形有（　　）。

A. 被申请人认为需要停止执行的　　B. 行政复议机关认为需要停止执行的

C. 申请人申请停止执行的　　D. 法律规定停止执行的

12. 行政复议机关可以调解的行为有（　　）。

A. 行政处罚　　B. 核定税额　　C. 行政赔偿　　D. 行政奖励

13. 税务行政诉讼与其他诉讼的根本区别在于（　　）。

A. 以解决税务行政争议为前提

B. 被告必须是税务机关，或是经法律、法规授权的行使税务行政管理权的组织

C. 税务行政诉讼解决的争议发生在税务行政管理过程中

D. 因税款征纳问题发生的争议，当事人在向人民法院提起行政诉讼前，必须先经税务行政复议程序，即复议前置

14. 以下关于税务行政诉讼原则的表述正确的有（　　）。

A. 人民法院特定主管原则　　B. 合法性审查原则

C. 适用调解原则　　D. 税务机关负举证责任原则

15. 以下不符合税务行政诉讼管辖权规定的有（　　）。

A. 税务行政诉讼的管辖分为级别管辖、地域管辖和裁定管辖

B. 中、高级人民法院管辖本辖区内重大、复杂的第一审税务行政案件

C. 人民法院将已经受理的案件，移送给有管辖权的人民法院审理，受移送的人民法院可以拒绝受理

D. 人民法院对管辖权发生争议且协商不成的，由最初作出具体行政行为的机关所在地来确定管辖法院

六、进阶练习答案

（一）单选题

1. 【答案】A

【解析】对公民和组织实施税务行政处罚必须有法定依据，无明文规定不得处罚，这体现了税务行政处罚的法定原则。

2. 【答案】C

【解析】国家税务总局可以通过规章的形式设定警告和罚款。

3. 【答案】D

【解析】各级税务机关的内设机构、派出机构不具有处罚主体资格，不能以自己的名义实施税务行政处罚。

4. 【答案】B

【解析】税务行政处罚听证的范围是对公民作出 2 000 元以上，或者对法人或其他组织作出 10 000 元以上罚款的案件。

5. 【答案】C

【解析】税务机关对当事人作出罚款行政处罚决定的，当事人应当在收到行政处罚决定书之日起 15 日内缴纳罚款，到期不缴纳的，税务机关可以对当事人每日按罚款数额的 3% 加处罚款。

6. 【答案】B

【解析】申请人可在知道税务机关作出具体行政行为之日起60日内提出行政复议申请。

7.【答案】C

【解析】选项C对国家税务总局作出的具体行政行为不服的，应向国家税务总局申请复议。

8.【答案】C

【解析】征税行为，包括确认纳税主体、征税对象、征税范围、减税、免税、退税、抵扣税款、适用税率、计税依据、纳税环节、纳税期限、纳税地点和税款征收方式等具体行政行为，征收税款、加收滞纳金，扣缴义务人、受税务机关委托的单位和个人作出的代扣代缴、代收代缴、代征行为等。选项C停止出口退税权是行政处罚行为。

9.【答案】D

【解析】申请人对“征税行为”的行为不服的，应当先向行政复议机关申请行政复议，对行政复议决定不服的，可以向人民法院提起行政诉讼。

10.【答案】B

【解析】在行政复议中，被申请人对其作出的具体行政行为负有举证责任。

11.【答案】C

【解析】听证应当公开进行，但是涉及国家秘密、商业秘密或者个人隐私的除外

12.【答案】D

【解析】ABC选项属于行政复议中止的情形；D选项属于行政复议终止的情形。

13.【答案】B

【解析】行政复议机关应当自受理申请之日起60日内作出行政复议决定。

14.【答案】B

【解析】对征税行为以外的具体行政行为不服的，当事人可以在接到通知或者知道之日起15日内直接向人民法院起诉。

15.【答案】B

【解析】税务机关作出具体行政行为时，未告知当事人诉权和起诉期限，致使当事人逾期向人民法院起诉的，其起诉期限从当事人实际知道诉权或者起诉期限时计算。但最长不得超过2年。

（二）多选题

1.【答案】ABCD

【解析】税务行政处罚法定原则包括四个方面的内容：（1）对公民和组织实施税务行政处罚必须有法定依据，无明文规定不得处罚；（2）税务行政处罚必须由法定的国家机关在其职权范围内设定；（3）税务行政处罚必须由法定的税务机关在其职权范围内实施；（4）税务行政处罚必须由税务机关按照法定程序实施。

2.【答案】AC

【解析】国家税务总局可以通过规章的形式设定警告和罚款

3.【答案】ACD

【解析】选项B为刑事处罚范畴而非行政处罚范畴。

4.【答案】ABC

【解析】选项 D：受他人胁迫有违法行为的，属于依法从轻或者减轻行政处罚。

5. 【答案】AD

【解析】申请人认为税务机关的具体行政行为所依据的下列规定不合法，对具体行政行为申请行政复议时，可一并向行政复议机关提出对有关规定的审查申请：(1) 国家税务总局和国务院其他部门的规定；(2) 其他各级税务机关的规定；(3) 地方各级人民政府的规定；(4) 地方人民政府工作部门的规定。上述规定不包括规章。

6. 【答案】ABCD

【解析】ABCD 都正确。

7. 【答案】AB

【解析】选项 C：具体行政行为依法通过公告形式告知受送达人的，自公告规定的期限届满之日起计算；选项 D：税务机关作出具体行政行为时未告知申请人，事后补充告知的，自该申请人收到税务机关补充告知的通知之日起计算。

8. 【答案】AC

【解析】选项 A：行政复议机关收到行政复议申请后，应当在 5 日内审查，决定是否受理；选项 C：行政复议申请材料不齐全、表达不清楚的，行政复议机构可以自收到该行政复议申请之日起 5 日内书面通知申请人补正。

9. 【答案】ACD

【解析】选项 ACD 属于税务行政复议中止的情形；选项 B 属于税务行为复议终止的情形。

10. 【答案】ABC

【解析】行政复议决定书一经送达，即发生法律效力。

11. 【答案】ABD

【解析】申请人申请停止执行，行政复议机关认为其要求合理，决定停止执行的。

12. 【答案】ABCD

【解析】ABCD 都属于行政复议机关可以调解的行为。

13. 【答案】ABCD

【解析】选项 ABCD 都正确。

14. 【答案】ABD

【解析】税收行政管理权是国家权力的重要组成部分，税务机关无权依自己意愿进行处置，因此，人民法院也不能对税务行政诉讼法律关系的双方当事人进行调解。

15. 【答案】CD

【解析】选项 C：人民法院将已经受理的案件，移送给有管辖权的人民法院审理，受移送的人民法院应当受理；选项 D：人民法院对管辖权发生争议且协商不成的，由它们共同的上级人民法院指定管辖。

2020 年注册会计师考试全真模拟测试题（一）

一、单项选择题（本题型共 24 小题，每小题 1 分，共 24 分。每小题只有一个正确答案，请从每小题的备选答案中选出一个你认为正确的答案）

1. 下列属于税法适用原则的是（　　）。

A. 税收公平原则　　B. 法律优位原则

C. 税收效率原则　　D. 实质课税原则

2. 以下符合增值税规定的是（　　）。

A. 在运输工具舱位承包业务中，发包方以其向承包方收取的全部价款和价外费用为销售额，按照“现代服务”缴纳增值税

B. 在运输工具舱位承包业务中，承包方以其向托运人收取的全部价款和价外费用为销售额，按照“现代服务”缴纳增值税

C. 运输工具舱位互换业务中，互换运输工具舱位的双方均以各自换出运输工具舱位确认的全部价款和价外费用为销售额，按照“现代服务”缴纳增值税

D. 运输工具舱位互换业务中，互换运输工具舱位的双方均以各自换出运输工具舱位确认的全部价款和价外费用为销售额，按照“交通运输服务”缴纳增值税

3. 某商超（增值税小规模纳税人）2019 年 12 月销售商品取得含税收入 88 000 元；当月转让一台使用过 2 年的小汽车，取得含税收入 20 000 元，未放弃相关减税优惠，该商超当月应纳增值税（　　）元。

A. 2 645. 3　　B. 2 951. 46　　C. 3 145. 63　　D. 3 240

4. 跨境电子商务零售进口商品的进口环节增值税、消费税，暂按法定应纳税额的（　　）征收。

A. 0　　B. 25%　　C. 50%　　D. 70%

5. 某汽车制造厂将一辆自产小汽车以 150 万元的不含增值税价格直接销售给某个人，生产环节消费税税率 25%，则该辆小汽车应纳消费税（　　）万元。

A. 15　　B. 37. 5　　C. 52. 5　　D. 55

6. 下列项目中，不按“成品油”税目征收消费税的是（　　）。

A. 甲醇汽油　　B. 溶剂油原料　　C. 矿物性润滑油　　D. 变压器油

7. 以下关于铁路债券和永续债企业所得税的处理，不正确的是（　　）。

A. 企业投资者持有 2019 ~2023 年发行的铁路债券取得的利息收入，减半征收企业所得税

B. 企业发行符合规定条件的永续债，投资方取得的永续债利息收入应当依法纳税，发行方支付的永续债利息支出不得在企业所得税税前扣除

C. 发行方和投资方均为居民企业的，永续债利息收入免征企业所得税，发行方支付的永续债利息支出不得在企业所得税税前扣除

D. 发行永续债的企业对每一永续债产品的税收处理方法一经确定，不得变更

8. 企业通过公益性社会组织或者县级（含县级）以上人民政府及其组成部门和直属机构，用于目标脱贫地区的扶贫捐赠支出，在计算企业所得税应纳税额所得额时（　　）。

A. 不予扣除　　B. 按标准扣除　　C. 减半扣除　　D. 据实扣除

9. 在中国境内设立机构场所的非居民企业取得的下列所得，实际适用10%的企业所得税税率的是（　　）。

A. 与境内机构场所有实际联系的境内所得

B. 与境内机构场所有实际联系的境外所得

C. 与境内机构场所没有实际联系的境内所得

D. 与境内机构场所没有实际联系的境外所得

10. 一个纳税年度内在船航行时间累计满183天的远洋船员，其取得的工资薪金收入减按（　　）计入应纳税所得额，依法缴纳个人所得税。

A. 20%　　B. 25%　　C. 50%　　D. 75%

11. 以下属于我国个人所得税法中规定的专项扣除的项目是（　　）。

A. 基本医疗保险　　B. 大病医疗

C. 继续教育　　D. 符合规定的职业年金

12. 某烟草公司2019年12月支付烟叶收购价款80万元，另向烟农支付了价外补贴。该烟草公司12月收购烟叶应缴纳的烟叶税为（　　）万元。

A. 16　　B. 17.6　　C. 18　　D. 18.6

13. 按中国海关法现行规定，进出口货物、物品放行后，海关发现少征或者漏征税款，应当自缴纳税款或者货物、物品放行之日起（　　）内补征税款。

A. 1年　　B. 3年　　C. 5年　　D. 10年

14. 从低丰度油气田开采的原油、天然气减征（　　）资源税。

A. 20%　　B. 30%　　C. 40%　　D. 50%

15. 以下关于环境保护税的特点，说法不正确的是（　　）。

A. 属于综合型环境税

B. 属于直接排放税

C. 采用税务、环保部门紧密配合的征收方式

D. 收入纳入一般预算收入，全部划归中央。

16. 下列用地不免征城镇土地使用税的是（　　）。

A. 城市公交站场

B. 道路客运站场

C. 物流企业自有的大宗商品仓储设施用地

D. 城市轨道交通系统运营用地

17. 纳税人临时占用耕地，是指经自然资源主管部门批准，在一般不超过（　　）年内临时使用耕地并且没有修建永久性建筑物的行为。

A. 1　　B. 2　　C. 3　　D. 5

18. 以下不符合房产税规定的是（　　）。

A. 纳税人将原有房产用于生产经营，从生产经营之月起缴纳房产税

B. 纳税人购置新建商品房，自房屋交付使用之次月起缴纳房产税

C. 房地产开发企业自用本企业建造的商品房，自房屋使用之次月起缴纳房产税

D. 房产不在同一地方的纳税人在机构所在地的税务机关缴纳房产税

19. 下列各项中，应计算缴纳土地增值税的是（　　）。

A. 企业之间互换房产　　B. 房地产的继承

C. 房地产出租　　D. 房地产重新评估

20. 下列属于车辆购置税征税范围的是（　　）。

A. 电动摩托车　　B. 推土机　　C. 挂车　　D. 挖掘机

21. 下列车船中，缴纳车船税的是（　　）。

A. 捕捞渔船　　B. 军队专用车船

C. 燃料电池乘用车　　D. 节能汽车

22. 境内机构和个人向境外单笔支付等值（　　）以上（不含等值）外汇资金，除无须进行税务备案的情形外，均应向所在地主管税务机关进行税务备案。

A. 5 万美元　　B. 10 万美元　　C. 20 万美元　　D. 50 万美元

23. 纳税人负有纳税申报义务，但连续（　　）个月所有税种均未进行纳税申报的，税收征管系统自动将其认定为非正常户，并停止其发票领用簿和发票的使用。

A. 1　　B. 3　　C. 6　　D. 12

24. 申请人可以在知道税务机关作出具体行政行为之日起（　　）内提出行政复议申请。

A. 15 日　　B. 30 日　　C. 60 日　　D. 90 日

二、多项选择题（本题型共 14 小题，每小题 1.5 分，共 21 分。每小题均有多个正确答案，请从每小题的备选答案中选出你认为正确的答案，每小题所有答案选择正确的得分，不答、错答、漏答均不得分）

1. 下列关于税收执法原则说法正确的有（　　）。

A. 层次高的法律优于层次低的法律　　B. 同一层次的法律中，特别法优于普通法

C. 国内法优于国际法　　D. 实体法从旧，程序法从新

2. 下列关于增值税加计抵减政策，正确的有（　　）。

A. 生产性服务业的加计抵扣比例为 10%

B. 生活性服务业的加计抵扣比例为 15%

C. 按照现行规定不得从销项税额中抵扣的进项税额，不得计提加计抵减额

D. 纳税人出口货物劳务、发生跨境应税行为可适用加计抵减政策

3. 下列有关消费税的表述中，错误的有（　　）。

A. 纳税人将自产的应税消费品用于馈赠，不需要缴纳消费税

B. 随白酒销售取得的包装物押金，无论是否返还，都应并入当期销售额征收消费税

C. 纳税人采取赊销方式销售应税消费品，应在发出消费品的当天缴纳消费税

D. 纳税人将委托加工收回的应税消费品用于连续生产应税消费品的，不缴纳消费税

4. 在中国境内未设立机构、场所的非居民企业从中国境内取得的下列所得，应按不含增值税收入全额计算征收企业所得税的有（　　）。

A. 特许权使用费所得　　B. 利息所得

C. 租金所得　　D. 转让财产所得

5. 下列所得项目中，属于按照年度合并计算个人所得税的“综合所得”项目有（　　）。

A. 财产转让所得　　B. 劳务报酬所得

C. 偶然所得　　D. 稿酬所得

6. 下列关于烟叶税的说法中，正确的有（　　）。

A. 烟叶税的纳税人是在我国境内收购烟叶的单位

B. 烟叶税采用20%的比例税率

C. 烟叶税的纳税义务发生时间是纳税人收购烟叶的当日

D. 烟叶税按次计征

7. 下列费用中，应计入进口货物关税完税价格的有（　　）。

A. 境外保险费　　B. 境外运输费　　C. 境外经纪费　　D. 境外考察费

8. 以下属于环境保护税征税范围的有（　　）。

A. 二氧化硫　　B. 总汞　　C. 炉渣　　D. 建筑噪声

9. 关于契税的计税依据，下列表述正确的有（　　）。

A. 房屋赠与的计税依据，由征收机关参照房屋买卖的市场价格核定

B. 房屋交换的计税依据，为交换的房屋的价格差额

C. 不涉及土地使用权和房屋所有权转移变动的房屋附属设施，不征收契税

D. 个人无偿赠与不动产给非法定继承人，对受赠人全额征收契税

10. 下列事项中，不属于土地增值税征税范围的有（　　）。

A. 李女士出租房产　　B. 王先生将房产赠与好友

C. 房地产开发公司受托代建房　　D. 企业房产重新评估

11. 以下关于车船税的规定说法正确的有（　　）。

A. 购置的新车船，购置当年的应纳税额自纳税义务发生的当月起按月计算

B. 在一个纳税年度内，已完税的车船被盗抢，纳税人可以向税务机关申请退还自被盗抢下月起至该纳税年度终了期间的税款

C. 已办理退税的被盗抢车船，失而复得的，纳税人应当从公安机关出具相关证明的下月起计算缴纳车船税

D. 已缴纳车船税的车船在同一纳税年度内办理转让过户的，不另纳税，也不退税

12. 以下项目所书立的合同按照产权转移书据贴花的有（　　）。

A. 专利实施许可合同　　B. 专利申请权转让合同

C. 土地使用权转让合同　　D. 土地使用权出让合同

13. 以下关于税收保全措施的规定说法正确的有（　　）。

A. 税收保全措施仅适用于从事生产、经营的纳税人

B. 必须发生在规定的纳税期之前和责令限期缴纳应纳税款的限期内

C. 纳税人不能提供纳税担保的，经县以上税务局（分局）局长批准，书面通知纳税人

开户银行或者其他金融机构冻结纳税人的全部存款

D. 税务机关扣押商品、货物或者其他财产时，必须开付收据；查封商品、货物或者其他财产时，必须开付清单

14. 行政复议期间可以停止执行具体行政行为的情形有（　　）。

A. 被申请人认为需要停止执行的

B. 行政复议机关认为需要停止执行的

C. 申请人申请停止执行，行政复议机关认为其要求合理，决定停止执行的

D. 法律规定停止执行的

三、计算问答题（本题型共4小题24分。涉及计算的，要求列出计算步骤）

1. 某化妆品厂（增值税一般纳税人）2019年12月发生以下业务：

（1）月初库存外购已税香水精的金额为150 000元，当月购进一批已税香水精，增值税专用发票上注明的金额为800 000元，月末库存外购已税香水精的金额为70 000元，其余为当月生产领用。

（2）当月生产A高档化妆品1 500瓶，销售给甲商贸公司1 000瓶，每瓶不含税销售价格为1 000元；其余500瓶用于抵偿债务。

（3）当月生产B高档化妆品500瓶，对外销售给乙商贸公司，每瓶不含税销售价格为1 200元，双方采取分期收款结算方式，书面合同约定本月31日收取70%款项，下月31日收取30%款项。

（其他相关资料：上述增值税专用发票的抵扣联均已经过认证；高档化妆品的消费税税率为15%）

要求：根据上述资料，回答下列问题。

（1）计算该厂销售给甲商贸公司高档化妆品应缴纳的消费税；

（2）计算该厂销售给乙商贸公司高档化妆品应缴纳的消费税；

（3）计算该厂抵偿债务应缴纳的消费税；

（4）计算该厂当月实际应缴纳的消费税。

2. 中国公民李先生是一位作家。2019年12月取得的现金收入如下：

（1）出版一部小说，取得稿酬10万元。

（2）拍卖一幅名人书法作品取得收入50万元，经税务机关确认所拍卖的书法作品原值及相关费用为15万元。

（3）受邀为出版社进行审稿，取得审稿费2万元。

（4）因持有10月份购入的境内某上市公司股票取得其分配的红利5 000元，当月底将股票转让，取得股票转让收入10万元。

（5）在某奢侈品店累积消费金额很高，取得该店给予的按消费积分反馈的价值500元的礼品；同时参加该店对累积消费达到一定额度的顾客，给予额外抽奖的活动，抽中奖品价值2 000元。

要求：根据上述资料，回答下列问题。

（1）出版小说取得所得应被预扣预缴的个人所得税；

（2）书法作品拍卖所得应缴纳的个人所得税；

（3）审稿费收入应被预扣预缴的个人所得税；

（4）销售股票所得和取得的股票红利所得共应缴纳的个人所得税；

（5）取得礼品和抽奖所得应缴纳的个人所得税；

（6）上述收入中计入综合所得的收入额。

3. 某矿山为增值税一般纳税人，2019 年 12 月发生以下业务：

（1）当月开采原煤 10 000 吨。对外销售原煤 8 000 吨，每吨不含税单价 800 元，收取不含税价款 640 万元。

（2）将本月开采的原煤 500 吨用于对外投资；另将本月开采的原煤 500 吨用于换取一辆小汽车，未取得对方开具的增值税专用发票。

（3）本月开采的 1 000 吨原煤用于生产洗选煤，对外销售取得不含增值税销售额 100 万元。

（4）本月进口原煤 1 000 吨，关税完税价格 100 万元，在海关缴纳了相关税款。

（5）当期购买采煤机械取得的增值税专用发票上注明税金 2 万元，外购材料取得的增值税专用发票注明税额 4 万元，该批材料用于生产加工煤炭制品。

（其他资料：假设该企业所在地原煤的资源税税率为 8%，洗选煤的折算率为 80%，关税税率 20%）

要求：根据上述资料回答下列问题（单位：万元）。

（1）该企业当月应纳资源税合计金额。

（2）该企业当月应纳的增值税。

4. 某县房地产开发公司（增值税一般纳税人）于 2019 年 12 月对外出售写字楼，取得含税转让收入 16 800 万元，公司即按税法规定缴纳了有关税金（该公司的写字楼为 2016 年 1 月份开工建造，转让时选择了增值税简易征收方式）。已知该公司为取得土地使用权而支付的地价款和按国家统一规定缴纳的有关费用共 2 200 万元；房地产开发成本为 5 000 万元；房地产开发费用中的利息支出为 800 万元（能够按转让房地产项目计算分摊利息支出并能提供金融机构贷款证明）。另知该公司所在省人民政府规定的房地产开发费用的计算扣除比例为 5%，不考虑印花税扣除因素。

要求：根据上述资料，回答下列问题。

（1）该房地产开发公司销售写字楼应纳的增值税；

（2）该房地产开发公司计算土地增值税可扣除金额合计；

（3）该房地产开发公司的土地增值额；

（4）该房地产开发公司销售写字楼应纳的土地增值税税额。

四、综合题（本题型共 2 小题 31 分。涉及计算的，要求列出计算步骤）

1. 某商业企业为增值税一般纳税人，主要从事商品批发、零售业务。2019 年 12 月有关业务如下：

（1）从国外进口一辆小汽车，作为企业办公使用，关税完税价格 20 万元，关税税率为 15%。该企业按照规定缴纳了税款，取得了海关开具的税款缴纳书。

（2）销售金银首饰取得零售收入 11.3 万元，销售摩托车取得零售收入 22.6 万元，销售其他商品取得零售收入 67.8 万元。

（3）从农民手中购进水果用于销售，支付收购金额30万元，开具收购凭证；支付运费，取得增值税专用发票，注明运费金额1万元。入库后，将该批农产品20%用于职工福利。

（4）当月收取啤酒包装物押金4.52万元，当月有啤酒的逾期包装物押金2.26万元，当月收取白酒的包装物押金5.65万元，白酒的逾期包装物押金3.39万元。

（5）购进其他商品，取得增值税专用发票，注明金额50万元、增值税6.5万元。

（6）将不含增值税价格5 000元/辆的摩托车10辆与供货商等价换取商品，双方均开具了增值税专用发票。

（7）职工食堂领用上月已抵扣了进项税额的啤酒，成本3万元。

（8）月末盘点时发现上月外购的文具丢失，账面成本10万元，经查属于人为管理不善造成。

（其他相关资料：当月取得的相关票据符合税法规定并在当月抵扣。小汽车、金银首饰消费税税率为5%）

要求：根据上述资料，计算下列问题并按要求算出合计数。

（1）计算该商贸企业进口环节向海关缴纳的消费税；

（2）计算该商贸企业进口环节向海关缴纳的增值税；

（3）计算该商贸企业当月应抵扣进项税额合计金额；

（4）该商贸企业当月增值税的销项税额合计金额；

（5）该商贸企业当月应向税务机关缴纳的增值税；

（6）该商贸企业当月应向税务机关缴纳的消费税。

2. 某市高尔夫球具生产企业为增值税一般纳税人，2019年4月1日开业并正式投入生产，2019年生产经营情况如下：

（1）当年销售高尔夫球具，取得不含税销售收入6 000万元，对应的销售成本为2 500万元。

（2）当年购进原材料取得增值税专用发票，注明价款4 000万元、增值税520万元。

（3）转让技术所有权取得收入900万元，对应的成本150万元。

（4）当年发生管理费用500万元，其中含业务招待费80万元。

（5）当年发生财务费用210万元，其中包括支付银行借款利息50万元、逾期罚息10万元，向非金融企业（非关联企业）借款2 000万元的当年借款利息150万元。已知金融企业同期同类贷款年利率为8%。

（6）当年发生销售费用1 500万元，其中含广告费1 200万元。

（7）取得国债利息收入150万元，接受捐赠收入120万元。

（8）全年计入成本、费用的实发合理工资总额1 000万元（含残疾职工工资50万元），实际发生职工福利费150万元、职工教育经费20万元、拨缴工会经费25万元。

（9）当年发生营业外支出共计150万元，其中税收滞纳金20万元、通过慈善组织向贫困地区捐款130万元。

（其他相关资料：高尔夫球具适用的消费税税率为10%，相关发票均已通过税务机关认证并准予抵扣）

要求：根据上述资料，回答下列问题。

（1）计算当年该企业共计应缴纳的增值税、消费税、城建税、教育费附加和地方教育附加合计数。

（2）计算当年该企业实现的会计利润。

（3）计算当年技术转让所得应纳税调整的金额。

（4）计算当年业务招待费应纳税调整的金额。

（5）计算当年广告费应纳税调整的金额。

（6）计算当年工资、职工福利费、工会经费、职工教育经费应纳税调整的金额合计数。

（7）计算该企业当年企业所得税的应纳税所得额。

（8）计算该企业当年应缴纳的企业所得税税额。

2020年注册会计师考试全真模拟测试题（一）答案

一、单项选择题

1.【答案】B

【解析】选项ACD是税法基本原则。

2.【答案】D

【解析】选项ABC都按照“交通运输服务”缴纳增值税。

3.【答案】B

【解析】该商超当月应纳增值税 = 88 000 ÷ (1 + 3%) × 3% + 20 000 ÷ (1 + 3%) × 2% = 2 951.46（元）。

4.【答案】D

【解析】跨境电子商务零售进口商品的进口环节增值税、消费税取消免征税额，暂按法定应纳税额的70%征收。

5.【答案】C

【解析】该辆超豪华小汽车应纳消费税 = 150 × (25% + 10%) = 52.5（万元）。

6.【答案】D

【解析】变压器油、导热类油等绝缘油类产品不属于润滑油，不征收消费税。

7.【答案】B

【解析】企业发行符合规定条件的永续债，投资方取得的永续债利息收入应当依法纳税，发行方支付的永续债利息支出准予在其企业所得税税前扣除。

8.【答案】D

【解析】企业通过公益性社会组织或者县级（含县级）以上人民政府及其组成部门和直属机构，用于目标脱贫地区的扶贫捐赠支出，准予在计算企业所得税应纳税额所得额时据实扣除。

9.【答案】C

【解析】选项D不需要在我国纳税；选项AB按25%的企业所得税税率缴纳企业所得税。

10.【答案】C

【解析】一个纳税年度内在船航行时间累计满183天的远洋船员，其取得的工资薪金收入减按50%计入应纳税所得额，依法缴纳个人所得税。

11.【答案】A

【解析】注意区分专项扣除、专项附加扣除与依法确定的其他扣除。选项A属于我国个人所得税法中规定的专项扣除项目；选项B、C属于专项附加扣除项目；选项D属于依法确定的其他扣除。

12.【答案】B

【解析】应该缴纳的烟叶税 =80×(1+10%)×20% =17.6(万元)。

13.【答案】A

【解析】按中国海关法现行规定，进出口货物、物品放行后，海关发现少征或者漏征税款，应当自缴纳税款或者货物、物品放行之日起 1 年内补征税款。

14.【答案】A

【解析】从低丰度油气田开采的原油、天然气减征 20% 资源税。

15.【答案】D

【解析】环保税具有以下特点：(1) 属于调节型税种；(2) 其渊源是排污收费制度；(3) 属于综合型环境税；(4) 属于直接排放税；(5) 对大气污染物、水污染物规定了幅度定额税率；(6) 采用税务、环保部门紧密配合的征收方式；(7) 收入纳入一般预算收入，全部划归地方。

16.【答案】C

【解析】物流企业自有的大宗商品仓储设施用地减按所属土地等级适用税额标准的 50% 计征城镇土地使用税。

17.【答案】B

【解析】纳税人临时占用耕地，是指经自然资源主管部门批准，在一般不超过 2 年内临时使用耕地并且没有修建永久性建筑物的行为。

18.【答案】D

【解析】房产税在房产所在地缴纳，房产不在同一地方的纳税人，应按房产的坐落地点分别向房产所在地的税务机关缴纳。

19.【答案】A

【解析】选项 BCD 不属于土地增值税的征税范围。

20.【答案】C

【解析】选项 ABD 不属于车辆购置税应税车辆。

21.【答案】D

【解析】选项 AB：免征车船税；选项 C：纯电动乘用车、燃料电池乘用车不属于车船税的征税范围；选项 D：节能汽车减半征收车船税。

22.【答案】A

【解析】境内机构和个人向境外单笔支付等值 5 万美元以上（不含等值 5 万美元）外汇资金，除无须进行税务备案的情形外，均应向所在地主管税务机关进行税务备案。

23.【答案】B

【解析】纳税人负有纳税申报义务，但连续 3 个月所有税种均未进行纳税申报的，税收征管系统自动将其认定为非正常户，并停止其发票领用簿和发票的使用。

24.【答案】C

【解析】申请人可在知道税务机关作出具体行政行为之日起 60 日内提出行政复议申请。

二、多项选择题

1.【答案】ABD

【解析】选项C错误，国际法优于国内法。

2.【答案】ABC

【解析】选项D：纳税人出口货物劳务、发生跨境应税行为不适用加计抵减政策，其对应的进项税额不得计提加计抵减额。

3.【答案】AC

【解析】选项A：纳税人将自产的应税消费品用于馈赠，在移送使用时需要缴纳消费税；选项C：纳税人采取赊销方式销售应税消费品，纳税义务时间是书面合同约定的收款日期的当天，书面合同没有约定收款日期或者无书面合同的，为发出应税消费品的当天。

4.【答案】ABC

【解析】选项D：转让财产所得，以收入全额减除财产净值后的余额为应纳税所得额。

5.【答案】BD

【解析】居民个人综合所得包括工资、薪金所得，劳务报酬所得，稿酬所得，特许权使用费所得，需按纳税年度合并计算个人所得税。

6.【答案】ABC

【解析】选项D：烟叶税按月计征。

7.【答案】ABC

【解析】选项D：境外考察费用不计入进口货物的完税价格中。

8.【答案】ABC

【解析】选项ABC属于环保税固体废物的征税项目；选项D不属于环保税征税范围，征收环保税的噪声仅包括工业噪声。

9.【答案】ABCD

【解析】选项ABCD表述都正确。

10.【答案】ACD

【解析】选项A：房屋出租没有发生房产产权转让，不属于土地增值税征税范围；选项C：受托代建，权属未发生转移，不属于土地增值税征税范围；选项D：房地产重新评估，没有发生房地产权属的转移，不属于土地增值税征税范围。

11.【答案】AD

【解析】选项B：在一个纳税年度内，已完税的车船被盗抢，纳税人可以向税务机关申请退还自被盗抢月份起至该纳税年度终了期间的税款；选项C：已办理退税的被盗抢车船，失而复得的，纳税人应当从公安机关出具相关证明的当月起计算缴纳车船税。

12.【答案】ACD

【解析】选项B：按技术合同贴花，选项ACD：按产权转移书据贴花。

13.【答案】ABD

【解析】选项C：纳税人不能提供纳税担保的，经县以上税务局（分局）局长批准，书面通知纳税人开户银行或者其他金融机构冻结纳税人的金额相当于应纳税款的存款。

14.【答案】ABCD

【解析】选项 ABCD 都属于可以停止执行具体行政行为。

三、计算问答题

1.【答案及解析】

（1）该厂销售给甲商贸公司应缴纳的消费税 = 1 000 × 1 000 × 15% = 150 000（元）。

（2）该厂销售给乙商贸公司应缴纳的消费税 = 500 × 1200 × 70% × 15% = 63 000（元）。

（3）该厂抵偿债务应缴纳的消费税 = 500 × 1 000 × 15% = 75 000（元）。

（4）该厂当月允许扣除的已纳消费税 =（150 000 + 800 000 − 70 000）× 15% = 132 000（元）。

该厂当月实际应缴纳的消费税 = 150 000 + 63 000 + 75 000 − 132 000 = 156 000（元）。

2.【答案及解析】

（1）出版小说取得收入属于稿酬所得。应预扣预缴个人所得税 = 100 000 ×（1 − 20%）× 70% × 20% = 11 200（元）

（2）拍卖书法作品所得属于财产转让所得。应缴纳的个人所得税 =（500 000 − 150 000）× 20% = 70 000（元）

（3）审稿费收入属于劳务报酬所得。应预扣预缴个人所得税 = 20 000 ×（1 − 20%）× 20% = 3 200（元）

（4）境内上市公司的股票转让所得暂不征收个人所得税。

取得股票红利应缴纳个人所得税 = 5 000 × 50% × 20% = 500（元）

（5）企业对累积消费达到一定额度的个人按消费积分反馈礼品与销售直接相关，不征个人所得税；

企业对累积消费达到一定额度的顾客，给予额外抽奖机会，个人的获奖所得带有额外性和偶然性，按照偶然所得征收个人所得税。

应纳个人所得税 = 2 000 × 20% = 400（元）

（6）居民个人取得工资薪金所得、劳务报酬所得、稿酬所得以及特许权使用费所得，称为“综合所得”，劳务报酬所得、稿酬所得、特许权使用费所得以收入减除 20% 的费用后的余额为收入额（其中，稿酬所得的收入额减按 70% 计算）。

上述收入中计入综合所得的收入额 = 100 000 ×（1 − 20%）× 70% + 20 000 ×（1 − 20%）= 72 000（元）

3.【答案及解析】

（1）业务（1）销售原煤应缴纳的资源税 = 640 × 8% = 51.2（万元）

业务（2）应缴纳的资源税 =（500 + 500）× 800 × 8%/10 000 = 6.4（万元）

业务（3）该企业销售洗选煤应缴纳的资源税 = 100 × 80% × 8% = 6.4（万元）

业务（4）进口原煤不征收资源税

该企业当月应纳资源税合计 = 51.2 + 6.4 + 6.4 = 64（万元）

（2）销项税额 = [640 +（500 + 500）× 800/10 000 + 100] × 13% = 106.6（万元）

进项税额 = 100 ×（1 + 20%）× 13% + 2 + 4 = 21.6（万元）

该企业当月应纳的增值税 = 106.6 − 21.6 = 85（万元）

4. 【答案及解析】

（1）增值税简易征收不能扣除支付的土地价款，需要用5%征收率换算成不含税收入。增值税＝16 800/(1＋5%)×5%＝800（万元）

（2）确定转让房地产的扣除项目金额：

取得土地使用权所支付的金领为2 200万元；

房地产开发成本为5 000万元；

房地产开发费用：800＋(2 200＋5 000)×5%＝1 160（万元）

与转让房地产有关的税金：

城建税及两个附加＝800×(5%＋3%＋2%)＝80（万元），可作为转让环节税金扣除；

从事房地产开发的加计扣除：(2 200＋5 000)×20%＝1 440（万元）

转让房地产的扣除项目金额合计：2 200＋5 000＋1 160＋80＋1 440＝9 880（万元）

（3）转让房地产的增值额：16 800－800－9 880＝6 120（万元）

（4）增值额与扣除项目金额的比率：6 120÷9 880×100%＝61.94%，适用税率为40%，速算扣除系数为5%。

应纳土地增值税＝6 120×40%－9 880×5%＝2 448－494＝1 954（万元）。

四、综合题

1. 【答案及解析】

（1）进口消费税＝20×(1＋15%)÷(1－5%)×5%＝1.21（万元）

（2）进口增值税＝20×(1＋15%)÷(1－5%)×13%＝3.15（万元）

（3）业务（3）用于职工福利作进项税额转出＝(30×9%＋1×9%)×20%＝0.56（万元）

业务（7）职工食堂领用啤酒要作进项税转出＝3×13%＝0.39（万元）

业务（8）文具丢失当月进项税转出＝10×13%＝1.3（万元）

应抵扣进项税＝3.15＋30×9%＋1×9%＋6.5＋0.5×10×13%－0.56－0.39－1.3＝10.84（万元）

（4）销项税＝[(11.3＋22.6＋67.8＋2.26＋5.65)÷(1＋13%)＋0.5×10]×13%＝13.26（万元）

（5）应纳增值税＝13.26－10.84＝2.42（万元）

（6）商业企业当月应向税务机关缴纳的消费税（零售金银首饰）＝11.3÷(1＋13%)×5%＝0.5（万元）

2. 【答案及解析】

（1）应缴纳增值税＝6 000×13%－520＝260（万元）

应缴纳消费税＝6 000×10%＝600（万元）

应缴纳城建税、教育费附加及地方教育附加＝(260＋600)×(7%＋3%＋2%)＝103.2（万元）

该企业当年共计应缴纳的增值税、消费税、城建税、教育费附加和地方教育附加合计数＝260＋600＋103.2＝963.2（万元）

（2）当年该企业实现的会计利润＝6 000－2 500＋900－150－500－210－1 500＋150＋120－150－600－103.2＝1 456.8（万元）

（3）在一个纳税年度内，技术转让所得不超过 500 万元的部分免征企业所得税；超过 500 万元的部分，减半征收企业所得税。

所以当年该企业技术转让所得应调减应纳税所得额 = 500 +（900 - 150 - 500）× 50% = 625（万元）

（4）企业发生的与生产经营活动有关的业务招待费支出，按照发生额的 60% 扣除，但最高不得超过当年销售（营业）收入的 5‰。实际发生额的 60% = 80 × 60% = 48（万元），销售（营业）收入的 5‰ = 6 000 × 5‰ = 30（万元），48 万元 > 30 万元，可以在企业所得税前扣除的业务招待费为 30 万元，应调增应纳税所得额 = 80 - 30 = 50（万元）

（5）广告费扣除限额 = 6 000 × 15% = 900（万元），企业实际发生的广告费 1 200 万元超过了扣除限额，按照 900 万元在税前扣除。应调增应纳税所得额 = 1 200 - 900 = 300（万元）

（6）实际发放的合理的工资薪金，可以在税前扣除。支付给残疾职工的工资可加计 100% 扣除，所以工资应调减应纳税所得额 50 万元。

职工福利费扣除限额 = 1 000 × 14% = 140（万元），实际发生 150 万元，应调增应纳税所得额 = 150 - 140 = 10（万元）；职工教育经费扣除限额 = 1 000 × 8% = 80（万元），实际发生 20 万元，没有超过扣除限额，不需要进行纳税调整；工会经费扣除限额 = 1 000 × 2% = 20（万元），实际发生 25 万元，应调增应纳税所得额 = 25 - 20 = 5（万元）

当年工资、职工福利费、工会经费、职工教育经费共应调减应纳税所得额 = 50 - 10 - 5 = 35（万元）

（7）非金融企业向非金融企业借款的利息支出，不超过按照金融企业同期同类贷款利率计算的数额的部分可据实扣除，超过部分不得扣除。向非金融企业借款利息支出应调增应纳税所得额 = 150 - 2 000 × 8% × 9/12 = 30（万元）

取得的国债利息收入免征企业所得税。应调减应纳税所得额 150（万元）

企业缴纳的税收滞纳金 20 万元不得在企业所得税前扣除，应调增应纳税所得额 20 万元。

企业发生的公益性捐赠支出，不超过年度利润总额 12% 的部分，准予在当年扣除。捐赠扣除限额 = 1 456. 8 × 12% = 174. 82（万元），实际发生捐赠支出 130 万元，未超过扣除限额，准予据实扣除。不需要纳税调整。

综上所述，应纳税所得额 = 1 456. 8 - 625 + 50 + 300 - 35 + 30 - 150 + 20 = 1 046. 8（万元）

（8）企业当年应缴纳企业所得税 = 1 046. 8 × 25% = 261. 7（万元）。

2020年注册会计师考试全真模拟测试题（二）

一、单项选择题（本题型共24小题，每小题1分，共24分。每小题只有一个正确答案，请从每小题的备选答案中选出一个你认为正确的答案）

1. 计算税额的尺度，也是衡量税负轻重与否的重要标志，指的是（　　）。

A. 税目　　B. 计税依据　　C. 税率　　D. 征税对象

2. 提供保险服务的纳税人以现金赔付方式承担机动车辆保险责任的，将其应付给被保险人的赔偿金直接支付给车辆修理劳务提供方，此项业务的税务处理是（　　）。

A. 被保险人计算销项税额

B. 纳税人计算销项税额

C. 纳税人进项税额可以从销项税额中抵扣

D. 纳税人进项税额不得从销项税额中抵扣

3. A省B市的甲建筑企业是增值税一般纳税人，2020年2月在C省D市取得含税建筑收入600万元，选择一般计税方法计算纳税，则甲企业在建筑服务发生地D市预缴税款（　　）万元。

A. 11.01　　B. 11.76　　C. 16.51　　D. 49.54

4. 适用13%税率的境外旅客购物离境退税物品，退税率为（　　）；适用9%税率的境外旅客购物离境退税物品，退税率为（　　）。

A. 11%，8%　　B. 11%，9%　　C. 9%，8%　　D. 9%，9%

5. 商业企业一般纳税人零售下列货物，可以开具增值税专用发票的是（　　）。

A. 劳保用品　　B. 食品　　C. 化妆品　　D. 服装

6. 下列关于消费税纳税地点的说法，不正确的是（　　）。

A. 纳税人自产自用应税消费品，应当向纳税人机构所在地或居住地的主管税务机关申报纳税

B. 委托加工应税消费品，除受托方为个人外，由受托方向机构所在地或居住地主管税务机关解缴税款

C. 纳税人到外县销售自产应税消费品，向机构所在地或居住地主管税务机关申报纳税

D. 进口的应税消费品，由进口人或其代理人向其机构所在地或住所地主管税务机关申报纳税

7. 2019年12月，某化妆品厂（增值税一般纳税人）生产高档化妆品对外销售，取得不含税销售额500万元，销售高档化妆品时收取包装物押金4万元，本月没收6个月前销售高档化妆品时收取的包装物押金5万元。该化妆品厂当月应纳消费税（　　）万元。

A. 75.53　B. 75.6　C. 75.66　D. 75.75

8. 企业从事符合条件的环境保护、节能节水项目的所得，从某一时间起，第一年至第三年免征企业所得税，第四年至第六年减半征收企业所得税，这一起始时间是（　　）。

A. 盈利年度

B. 获利年度

C. 开业年度

D. 项目取得第一笔生产经营收入所属纳税年度

9. 关于下列费用扣除，说法不正确的是（　　）。

A. 职工福利费支出，不超过工资薪金总额14%的部分准予扣除

B. 工会经费，不超过工资薪金总额2%的部分准予扣除

C. 职工教育经费，不超过工资薪金总额8%的部分准予扣除，超过部分，准予在以后年度结转扣除

D. 企业为投资者或者职工支付的商业保险费，准予据实扣除

10. 企业按规定缩短折旧年限的，对其购置的新固定资产，最低折旧年限不得低于实施条例第六十条规定的折旧年限的（　　）。

A. 30%　B. 50%　C. 60%　D. 80%

11. 个人投资者持有2019~2023年发行的铁路债券取得的利息收入，减按（　　）计入应纳税所得额计算征收个人所得税。

A. 20%　B. 25%　C. 50%　D. 75%

12. 依据关税的有关规定，下列进口货物中可享受特定减免税的是（　　）。

A. 无商业价值的广告品

B. 国际组织无偿赠送的物资

C. 海关放行前损失的货物

D. 科研机构进口国内不能生产的科学研究和教学用品

13. 某煤矿企业2019年12月销售自采原煤取得不含税收入800万元；用自采未税原煤连续加工成洗选煤对外销售800吨，每吨不含税售价0.4万元，将200吨洗选煤用于抵偿债务。已知洗选煤折算率为90%，资源税税率为10%，该煤矿当月应纳资源税为（　　）万元。

A. 80　B. 88　C. 116　D. 120

14. 以下不符合水资源税征收管理规定的是（　　）。

A. 水资源税的纳税义务发生时间为纳税人取用水资源的当日

B. 水资源税统一按月征收

C. 纳税人应当自纳税期满或者纳税义务发生之日起15日内申报纳税

D. 水资源税试点实施办法由国务院规定，报全国人民代表大会常务委员会备案

15. 纳税人新征用的耕地，自批准征用之日起满（　　）时开始缴纳城镇土地使用税。

A. 1个月　B. 6个月　C. 1年　D. 2年

16. 某企业2019年有一处独立的地下建筑物，为商业用途房产，房产原价100万元，9月22日将其出售。当地省政府规定房产原值减除比例为20%，商业用途地下建筑以原价的

70%作为应税房产原值。当年该企业应缴纳房产税（　　）元。

A. 4 480　　B. 5 040　　C. 6 400　　D. 7 200

17. 甲某是一家个人独资企业的业主，将其2018年购入的价值60万元的自有房屋投入企业作为经营场所；另甲某将自有的价值为200万元的厂库与另一企业240万元的仓库互换，由甲某向该企业支付差价。甲某上述经济事项应缴纳契税（　　）万元。（契税适用税率为4%）

A. 0　　B. 1.6　　C. 8　　D. 17.6

18. 纳税人转让旧房及建筑物，凡不能取得评估价格，但能够提供购房发票的，可按发票所载金额并从购买年度起至转让年度止每年加计（　　）计算扣除。

A. 5%　　B. 10%　　C. 15%　　D. 20%

19. 以下关于车辆购置税的税收优惠，说法不正确的是（　　）。

A. 悬挂应急救援专用号牌的国家综合性消防救援车辆免税

B. 长期来华定居专家购买1辆个人自用国产小汽车免征车辆购置税

C. 中国妇女发展基金会“母亲健康快车”项目的流动医疗车免征车辆购置税

D. 城市公交企业购置的公共汽电车辆免税

20. 某运输企业2019年年初拥有净吨位5 000吨的货船5艘；发动机功率8 000千瓦的拖船2只；净吨位800吨的非机动驳船2只。机动船舶车船税适用的年税额如下：净吨位200吨（含）以下为每吨3元；净吨位201吨至2 000吨为每吨4元；净吨位2 001吨至10 000吨为每吨5元。该企业2019年应纳车船税（　　）元。

A. 89 150　　B. 155 000　　C. 175 100　　D. 178 300

21. 某企业与某研究所签订技术合同，合同注明研究所帮助该厂研发新型环保材料，带有报酬的研发合同总金额600万元，含研究开发经费400万元，则该企业应纳印花税（　　）元。

A. 600　　B. 1 200　　C. 1 800　　D. 2 400

22. 2019年12月，中国境内某企业向一非居民企业（在中国境内未设立机构、场所）支付特许权使用费200万元、境内一处不动产转让价款600万元（该不动产的净值为150万元），该企业应扣缴企业所得税（　　）万元。

A. 60　　B. 65　　C. 95　　D. 120

23. 税款征收方式中的委托代征方式一般适用于（　　）。

A. 账册不健全，但是能够控制原材料或进销货的纳税单位

B. 经营品种比较单一，经营地点、时间和商品来源不固定的纳税单位

C. 财务会计制度较为健全，能够认真履行纳税义务的纳税单位

D. 小额、零散税源的征收

24. 税务行政处罚听证的范围是对公民作出（　　）以上，或者对法人或其他组织作出（　　）以上罚款的案件。

A. 2 000元，5 000元　　B. 2 000元，10 000元

C. 5 000元，5 000元　　D. 5 000元，10 000元

二、多项选择题（本题型共14小题，每小题1.5分，共21分。每小题均有多个正确答案，请从每小题的备选答案中选出你认为正确的答案，每小题所有答案选择正确的得分，不答、错答、漏答均不得分）

1. 涉税专业服务机构涉税业务内容包括（　　）。

A. 纳税申报代理　　B. 一般税务咨询

C. 税收策划　　D. 代理建账记账

2. 以下发票，属于异常凭证范围的有（　　）。

A. 纳税人丢失、被盗税控专用设备中未开具或已开具未上传的增值税专用发票

B. 非正常户纳税人未向税务机关申报或未按规定缴纳税款的增值税专用发票

C. 增值税发票管理系统稽核比对“比对不符”“缺联”“作废”的增值税专用发票

D. 经税务总局、省税务局大数据分析发现，纳税人开具的增值税专用发票存在涉嫌虚开、未按规定缴纳消费税等情形

3. 根据“营改增”政策，以下关于征收率的表述正确的有（　　）。

A. 一般纳税人销售2016年4月30日前取得的不动产可选择5%的征收率

B. 房地产开发企业中的一般纳税人以围填海方式取得土地并开发的房地产老项目，可选择5%的征收率

C. 房地产开发企业（一般纳税人）销售其自行开发的房地产老项目可选择5%的征收率

D. 一般纳税人提供人力资源外包服务，适用3%的征收率

4. 纳税人利用废矿物油为原料生产的可以免征消费税的应税消费品有（　　）。

A. 润滑油基础油　　B. 汽油

C. 柴油　　D. 石脑油

5. 企业下列项目的所得减半征收企业所得税的有（　　）。

A. 海水养殖　　B. 内陆养殖　　C. 远洋捕捞　　D. 林木种植

6. 根据个人所得税法的相关规定，下列关于每次收入的确定，说法正确的有（　　）。

A. 非居民个人稿酬所得以每次出版、发表取得的收入为一次

B. 非居民个人劳务报酬所得属于一次性收入的，以取得该项收入为一次

C. 财产租赁所得，以一年内取得的收入为一次

D. 偶然所得，以每次收入为一次

7. 关于进口货物完税价格中的运输及相关费用、保险费的规定，下列说法正确的有（　　）。

A. 进口货物的运输及其相关费用无法确定的，海关应当按照该货物进口同期的正常运输成本审查确定

B. 运输工具作为进口货物，利用自身动力进境的，海关在审查确定完税价格时，不再另行计入运输及其相关费用

C. 进口货物的保险费无法确定或者未实际发生，完税价格中则不包括保险费

D. 邮运进口的货物，应当以邮费作为运输及其相关费用、保险费

8. 按照现行资源税优惠政策规定，下列说法正确的有（　　）。

A. 煤炭开采企业因安全生产需要抽采的煤成（层）气免征资源税

B. 高含硫天然气减征30%资源税

C. 高凝油减征40%资源税

D. 页岩气资源税（按6%的规定税率）减征40%

9. 以下关于城镇土地使用税的规定正确的有（　　）。

A. 建立在城市、县城、建制镇和工矿区以外的工矿企业不需要缴纳城镇土地使用税

B. 纳税人实际占用的土地面积尚未核发土地使用证书的，应由纳税人申报土地面积，并以此作为计税依据计算征收城镇土地使用税，待核发土地使用证以后再作调整

C. 经济落后地区，城镇土地使用税的适用税额标准可适当降低，但降低额不得超过上述规定最低税额的50%

D. 对向居民供热收取采暖费的供热企业，为居民供热所使用的厂房及土地免征城镇土地使用税

10. 下列情形中，纳税人应当进行土地增值税清算的有（　　）。

A. 房地产开发项目全部竣工、完成销售的

B. 整体转让未竣工决算房地产开发项目的

C. 直接转让土地使用权的

D. 取得销售（预告）许可证3年仍未销售完毕的

11. 下列合同中，应按财产保险合同计税贴花的有（　　）。

A. 企业财产保险合同　　B. 货物运输保险合同

C. 家庭财产两全保险合同　　D. 农牧业保险合同

12. 以下关于同期资料管理，说法正确的有（　　）。

A. 企业仅与境内关联方发生关联交易的，可以不准备主体文档、本地文档和特殊事项文档

B. 企业执行预约定价安排的，可以不准备预约定价安排涉及关联交易的本地文档和特殊事项文档

C. 主体文档应当在企业集团最终控股企业会计年度终了之日起6个月内准备完毕

D. 本地文档和特殊事项文档应当在关联交易发生年度次年6月30日之前准备完毕

13. 税务机关欠税清缴制度包括（　　）。

A. 离境清税制度　　B. 建立改制纳税人欠税的清缴制度

C. 对欠缴税款的纳税人行使代位权　　D. 建立欠税公告制度

14. 以下关于税务行政诉讼原则的表述正确的有（　　）。

A. 人民法院特定主管原则　　B. 合法性审查原则

C. 适用调解原则　　D. 税务机关负举证责任原则

三、计算问答题（本题型共4小题24分。涉及计算的，要求列出计算步骤）

1. 某商场2019年12月发生业务如下：

（1）采取“以旧换新”方式销售翡翠首饰，旧首饰作价18万元，实际收取含税金额25万元。

（2）零售金手镯，取得零售收入113万元，同时收取包装盒收入1.13万元。

（3）当月零售50条钻石项链，取得零售收入56.5万元；零售蓝宝石戒指10个，取得

零售收入 80.5 万元。

（其他相关资料：金银铂钻首饰的消费税税率为 5%）

要求：根据上述资料，计算回答下列问题。

（1）该商场业务（1）应缴纳的消费税；

（2）该商场业务（2）应缴纳的消费税；

（3）该商场业务（3）应缴纳的消费税；

（4）该商场当月应缴纳的消费税。

2. 某市一工业企业（增值税一般纳税人）2019 年 12 月 15 日转让一栋自建的办公楼，取得含税收入 15 000 万元，2009 年建造该办公楼时，支付土地出让金的金额为 5 000 万元，建造成本 6 000 万元，转让时经政府批准的房地产评估机构评估后，确定该办公楼的重置成本价为 9 000 万元。

（其他相关资料：该企业选择简易计税方法计算增值税，产权转移书据适用的印花税税率 0.5‰，成新度折扣率 50%）

要求：根据上述资料，回答下列问题。

（1）计算该企业办公楼的评估价格；

（2）计算该企业转让自建办公楼应缴纳的增值税；

（3）计算土地增值税时允许扣除的税金及附加合计数；

（4）计算土地增值税时允许扣除项目金额的合计数；

（5）计算转让办公楼应缴纳的土地增值税。

3. 某企业工程师张某 2019 年取得的收入情况如下：

（1）每月工资收入 12 000 元，按规定标准缴纳的三险一金合计为 1 200 元。

（2）3 月份利用业务时间出版了一部专著，取得稿酬 120 000 元。

（3）4 月份通过拍卖行拍卖一幅字画，取得收入 12 000 元，该幅字画是通过画廊购买的，购买时实际支付的价款及其他费用共计 5 000 元，拍卖时实际支付拍卖费等费用 500 元。

（4）6 月份将自己的一项专利权许可他人使用，取得收入 200 000 元。

（5）8 月份由于张某表现优异，所在公司以 100 万元的价格向其出售一套 80 平方米的住房，房屋的市场价格为 180 万元，该住房系公司 2018 年以 130 万元的价格购置。

（6）购买福利彩票中奖获得 5 000 元奖金。

（7）自 1 月 1 日起将自有的一套住房对外出租，每月不含增值税租金 3 000 元，租期为一年，全年租金收入 36 000 元。

（其他相关资料：张某已婚，有一个孩子 4 岁，夫妻双方约定由张某扣除；张某是独生子，父母已年满 65 周岁，张某已向企业提供有关信息并依法要求办理专项附加扣除）

要求：根据上述资料，回答下列问题。

（1）张某拍卖字画取得的收入应纳的个人所得税。

（2）公司低价向张某出售住房，张某应缴纳的个人所得税。

（3）张某彩票中奖应缴纳的个人所得税。

（4）张某出租住房应缴纳的个人所得税。

（5）张某综合所得应缴纳的个人所得税。

4. 中国居民甲企业2019年度境内外净所得为160万元。其中，境内所得的应纳税所得额为350万元；设在A国的分支机构当年度应纳税所得额为120万元，甲企业当年度从A国取得利息所得的应纳税所得额为40万元；设在B国的分支机构当年度应纳税所得额为-350万元。

要求：根据上述资料，回答下列问题。

（1）如果该企业选择“分国不分项”（分国抵免法）计算境外所得抵免，计算企业当年度的应纳税所得额；

（2）如果该企业选择“不分国不分项”（综合抵免法）计算境外所得抵免，计算企业当年度的应纳税所得额。

四、综合题（本题型共2小题31分。涉及计算的，要求列出计算步骤）

1. 某县城一酒厂为增值税一般纳税人，2019年12月发生下列业务：

（1）购进粮食白酒20吨，每吨买价1.5万元，粮食白酒入库，取得增值税一般纳税人开具的增值税专用发票注明价款30万元、增值税3.9万元。

（2）将成本为80万元的酒精，委托给甲企业加工成白酒80吨，支付不含税加工费12万元、不含税辅助材料款4万元，取得甲企业（一般纳税人）开具的增值税专用发票，白酒收回后入库。受托方同类产品不含税售价150万元。

（3）自产薯类白酒110吨，每吨成本价8 500元，每吨不含税售价15 000元，本月售出90吨。

（4）酒厂将上月购进的粮食白酒10吨（账面成本15万元，已抵扣进项税额）连同自产薯类白酒12吨，赠送给关系单位。

（5）月末盘点发现上月购进的原材料（已抵扣进项税额）因管理不善腐烂变质，成本60 000元（其中含支付给一般纳税人的运输费用4 360元，已抵扣进项税额）。

（6）将使用过的1辆4年前购买的小汽车销售，取得含税销售额15万元。

（7）提供13万元的原材料委托乙企业（一般纳税人）加工散装药酒1 000公斤，收回时向乙企业支付不含增值税的加工费2万元，取得增值税专用发票，乙企业已代收代缴消费税，乙企业无同类药酒销售价格。

（其他相关资料：白酒消费税比例税率20%，定额税率0.5元/斤；其他酒的消费税税率为10%；取得的增值税专用发票均通过税务机关的认证）

要求：根据上述资料，回答下列问题。

（1）计算该酒厂2019年12月委托加工业务中受托方应代收代缴的消费税。

（2）计算该酒厂2019年12月应自行向税务机关缴纳的消费税。

（3）计算该酒厂2019年12月应纳增值税。

2. 某高新技术企业（增值税一般纳税人）2019年业务资料如下：

（1）全年取得产品销售收入7 000万元，发生的产品销售成本1 800万元，发生的税金及附加380万元，发生的销售费用480万元、管理费用500万元、财务费用180万元。取得营业外收入300万元、营业外支出90万元、投资收益100万元。

（2）计入成本费用的全年实际发生的工资薪金总额为950万元、实际发生的职工福利费140万元、职工教育经费80万元、拨缴的工会经费15万元。

（3）当年购入符合规定的安全生产专用设备，取得普通发票上注明的金额 80 万元

（4）发生业务招待费 80 万元。

（5）发生广告费支出 120 万元，以前年度累计结转至本年的广告费为 14 万元。

（6）发生未形成无形资产计入管理费用的研发费用支出 200 万元。

（7）营业外支出 150 万元中的 50 万元为违反买卖合同的违约金支出，10 万元为税款滞纳金支出，30 万元为违反政府规定被相关职能部门处罚的罚款支出，通过公益性社会组织向某山区小学捐款 60 万元，取得公益性社会组织开具的合法票据。

要求：根据上述资料，回答下列问题。

（1）计算该企业工资和三项经费合计应调整的应纳税所得额；

（2）计算该企业业务招待费应调整的应纳税所得额；

（3）计算该企业广告费应调整的应纳税所得额；

（4）计算该企业发生的研发费用应调整的应纳税所得额；

（5）计算该企业营业外支出应调整的应纳税所得额；

（6）计算该企业应纳税所得额；

（7）计算该企业应纳的企业所得税额。

2020年注册会计师考试全真模拟测试题（二）答案

一、单项选择题

1.【答案】C

【解析】税率是计算税额的尺度，也是衡量税负轻重与否的重要标志。

2.【答案】D

【解析】提供保险服务的纳税人以现金赔付方式承担机动车辆保险责任的，将其应付给被保险人的赔偿金直接支付给车辆修理劳务提供方，不属于保险公司购进车辆修理劳务，其进项税额不得从保险公司销项税额中抵扣。

3.【答案】A

【解析】一般纳税人跨县（市、区）提供建筑服务，适用一般计税方法计税的，以取得的全部价款和价外费用扣除支付的分包款和余额，按照2%的预征率计算应预缴税款，预缴税款＝600÷(1＋9%)×2%＝11.01（万元）

4.【答案】A

【解析】适用13%税率的境外旅客购物离境退税物品，退税率为11%；适用
9%税率的境外旅客购物离境退税物品，退税率为8%。

5.【答案】A

【解析】商业企业一般纳税人零售的烟、酒、食品、化妆品不得开具增值税专用发票，只能开具普通发票，零售劳保用品，可以开具增值税专用发票。

6.【答案】D

【解析】进口的应税消费品，由进口人或者其代理人向报关地海关申报纳税。

7.【答案】C

【解析】该化妆品厂当月应纳消费税＝[500＋5/(1＋13%)]×15%＝75.66（万元）

8.【答案】D

【解析】企业从事符合条件的环境保护、节能节水项目的所得，从项目取得第一笔生产经营收入所属纳税年度起，第一年至第三年免征企业所得税，第四年至第六年减半征收企业所得税。

9.【答案】D

【解析】选项D企业为投资者或者职工支付的商业保险费，不得扣除。

10.【答案】C

【解析】企业按规定缩短折旧年限的，对其购置的新固定资产，最低折旧年限不得低于实施条例第六十条规定的折旧年限的60%。

11. 【答案】C

【解析】个人投资者持有2019~2023年发行的铁路债券取得的利息收入，减按50%计入应纳税所得额计算征收个人所得税。

12. 【答案】D

【解析】选项ABC享受的是法定减免税。

13. 【答案】C

【解析】纳税人将其开采的原煤加工为洗选煤销售的，以洗选煤销售额乘以折算率作为应税煤炭销售额计算缴纳资源税，纳税人将其开采的原煤加工为洗选煤换用于抵偿债务的，视同销售洗选煤计算缴纳资源税。应纳资源税 $=800\times10\%+(800+200)\times0.4\times90\%\times10\%=116$（万元）

14. 【答案】B

【解析】选项B：除农业生产取用水外，水资源税按季或者按月征收，由主管税务机关根据实际情况确定。

15. 【答案】C

【解析】纳税人新征用的耕地，自批准征用之日起满1年时开始缴纳城镇土地使用税。

16. 【答案】B

【解析】纳税人因房产的实物或权利状态发生变化，而依法终止房产税纳税义务的，其应纳税款的计算应截止到房产的实物或权利状态发生变化的当月末。该企业9月22日转让的房产，其房产税计算到9月末。该企业应缴纳房产税 $=100\times70\%\times(1-20\%)\times1.2\%\times10\,000\times9/12=5\,040$（元）

17. 【答案】B

【解析】自有房屋投入本人独资经营的企业不缴纳契税；不等价交换房屋按照多支付差价方缴纳契税。甲某应纳契税 $=(240-200)\times4\%=1.6$（万元）

18. 【答案】A

【解析】纳税人转让旧房及建筑物，凡不能取得评估价格，但能够提供购房发票的，可按发票所载金额并从购买年度起至转让年度止每年加计5%计算扣除。

19. 【答案】B

【解析】选项B长期来华定居专家进口1辆自用小汽车免征车辆购置税。

20. 【答案】B

【解析】该企业应纳车船税 $=5\,000\times5\times5+8\,000\times0.67\times5\times2\times50\%+800\times4\times2\times50\%=155\,000$（元）。

21. 【答案】A

【解析】对技术开发合同，只就合同所载的报酬金额计税，研究开发经费不作为计税依据。该企业应纳印花税 $=(600-400)\times0.3‰\times10\,000=600$（元）

22. 【答案】B

【解析】非居民企业从中国境内取得的股息、红利等权益性投资收益和利息、租金、特许权使用费所得，以收入全额为应纳税所得额；转让财产所得需要差额计税。在中国境内未设立机构、场所的，实际征税时适用10%税率。该企业应扣缴企业所得税 $=(200+600-$

150）×10% =65（万元）。

23.【答案】D

【解析】选项 A 适用于查定征收方式；选项 B 适用于查验征收方式；选项 C 适用于查账征收方式。

24.【答案】B

【解析】税务行政处罚听证的范围是对公民作出 2 000 元以上，或者对法人或其他组织作出 10 000 元以上罚款的案件。

二、多项选择题

1.【答案】ABCD

【解析】涉税专业服务机构涉税业务内容包括：（1）纳税申报代理；（2）一般税务咨询；（3）专业税务顾问；（4）税收策划；（5）涉税鉴证；（6）纳税情况审查；（7）其他税务事项代理；（8）其他涉税服务。

2.【答案】ABCD

【解析】选项 ABCD 都属于异常凭证。

3.【答案】ABC

【解析】选项 D 可选择适用 5% 的征收率。

4.【答案】ABC

【解析】纳税人利用废矿物油为原料生产的润滑油基础油、汽油、柴油等工业油料免征消费税。

5.【答案】AB

【解析】选项 CD 享受免征企业所得税的优惠。

6.【答案】ABD

【解析】选项 C：财产租赁所得，以一个月内取得的收入为一次。

7.【答案】ABD

【解析】选项 C：进口货物的保险费无法确定或者未实际发生，海关应当按照“货价加运费”两者总额的 3‰计算保险费。

8.【答案】ABC

【解析】选项 D：页岩气资源税（按 6% 的规定税率）减征 30%。

9.【答案】ABD

【解析】选项 C：经济落后地区，城镇土地使用税的适用税额标准可适当降低，但降低额不得超过上述规定最低税额的 30%。

10.【答案】ABC

【解析】本题考核土地增值税清算的有关规定。符合下列情形之一的，纳税人应进行土地增值税的清算：（1）房地产开发项目全部竣工、完成销售的；（2）整体转让未竣工决算房地产开发项目的；（3）直接转让土地使用权的。对于取得销售（预售）许可证满三年仍未销售完毕的，主管税务机关可要求纳税人进行土地增值税清算。

11.【答案】ABCD

【解析】财产保险合同分为企业财产保险、机动车辆保险、货物运输保险、家庭财产保险和农牧业保险五大类，“家庭财产两全保险”属于家庭财产保险性质，应照章纳税。

12. 【答案】ABD

【解析】选项C：主体文档应当在企业集团最终控股企业会计年度终了之日起12个月内准备完毕。

13. 【答案】ABCD

【解析】上述选项都包括在税务机关欠税清缴制度中。此外，欠税清缴制度还包括：大额欠税处分财产报告制度、对欠缴税款的纳税人行使撤销权。

14. 【答案】ABD

【解析】选项C：税收行政管理权是国家权力的重要组成部分，税务机关无权依自己意愿进行处置，因此，人民法院也不能对税务行政诉讼法律关系的双方当事人进行调解。

三、计算问答题

1. 【答案及解析】

（1）翡翠首饰在生产销售、委托加工或进口环节征收消费税，在零售环节不征收消费税，所以该商场业务（1）应缴纳的消费税为0。

（2）该商场业务（2）应缴纳的消费税 $=(113+1.13)\div(1+13\%)\times5\%=5.05$（万元）

（3）蓝宝石戒指在生产销售、委托加工或进口环节征收消费税，在零售环节不征收消费税；

该商场业务（3）应缴纳的消费税 $=56.5\div(1+13\%)\times5\%=2.5$（万元）

（4）该商场当月应缴纳的消费税 $=5.05+2.5=7.55$（万元）

2. 【答案及解析】

（1）该办公楼的评估价格 $=9\ 000\times50\%=4\ 500$（万元）

（2）该企业应纳增值税 $=15\ 000/(1+5\%)\times5\%=714.29$（万元）

（3）城建税及附加 $=714.29\times(7\%+3\%+2\%)=85.71$（万元）

印花税 $=15\ 000\times0.5‰=7.5$（万元）

可以扣除的税金及附加合计数 $=85.71+7.5=93.21$（万元）

（4）扣除项目金额合计数 $=5\ 000+4\ 500+93.21=9\ 593.21$（万元）

（5）土地增值额 $=15\ 000-714.29-9\ 593.21=4\ 692.5$（万元）

增值率 $=4\ 692.5/9\ 593.21\times100\%=48.91\%$，适用税率30%

应纳土地增值税 $=4\ 692.5\times30\%=1\ 407.75$（万元）

3. 【答案及解析】

（1）拍卖字画取得的收入应纳个人所得税 $=(12\ 000-5\ 000-500)\times20\%=1\ 300$（元）

（2）单位按低于购置或建造成本价格出售住房给职工，职工因此而少支出的差价部分，符合规定的，不并入当年综合所得。

$(1\ 300\ 000-1\ 000\ 000)\div12=25\ 000$（元），适用税率为20%，速算扣除数为1 410元，张某应缴纳的个人所得税 $=(1\ 300\ 000-1\ 000\ 000)\times20\%-1\ 410=58\ 590$（元）

（3）张某彩票中奖应缴纳的个人所得税为0。

福利彩票、体育彩票中奖收入10 000元以下免税。

（4）张某出租住房应缴纳的个人所得税 $=(3\ 000-800)\times10\%\times12=2\ 640$（元）

(5) 应纳税所得额 = [12 000 × 12 + 120 000 × (1 - 20%) × 70% + 200 000 × (1 - 20%)] - 60 000 - 1 200 × 12 - (1 000 × 12 + 2 000 × 12) = 260 800 (元)

全年应纳税额 = 260 800 × 20% - 16 920 = 35 240 (元)

4. 【答案及解析】

(1) 如果该企业选择"分国不分项"(分国抵免法)计算境外所得抵免,该企业当年度应纳税所得额为:

甲企业当年度境内外净所得为160万元,但依据"分国不分项"境外亏损不得在境内或他国盈利中抵减的规定,其发生在乙国分支机构的当年度亏损额350万元,为非实际亏损额350万元,不得从当年度企业其他盈利中弥补。因此,相应调整后甲企业当年境内、外应纳税所得额为:

境内应纳税所得额 = 350 (万元)

A国应纳税所得额 = 120 + 40 = 160 (万元)

B国应纳税所得额 = -350 (万元)

甲企业当年度应纳税所得总额 = 510 (万元)

(2) 如果该企业选择"不分国不分项"(综合抵免法)计算境外所得抵免,该企业当年度境的应纳税所得额为:

甲企业当年度境内外净所得为160万元,境外亏损不得在境内盈利中抵减,其发生在B国分支机构的当年度亏损额350万元,可以用从A国取得的利息所得60万元和来自A国分支机构的100万元弥补,未能弥补的非实际亏损额190万元,不得从当年度企业其他盈利中弥补。因此,相应调整后甲企业当年境内、外应纳税所得额为:

境内应纳税所得额 = 350 (万元)

境外应纳税所得额 = -350 + 60 + 100 = -190 (万元)

甲企业当年度应纳税所得总额 = 350 (万元)

四、综合题

1. 【答案及解析】

(1) 该酒厂2019年12月委托加工业务中,

甲企业应代收代缴消费税 = 150 × 20% + 80 × 2 000 × 0.5 ÷ 10 000 = 38 (万元)

乙企业代收代缴消费税 = (13 + 2) ÷ (1 - 10%) × 10% = 1.67 (万元)

(2) 薯类白酒应纳消费税 = 90 × 1.5 × 20% + 90 × 2 000 × 0.5 ÷ 10 000 = 36 (万元)

发放福利应纳消费税 = 12 × 1.5 × 20% + 12 × 2 000 × 0.5 ÷ 10 000 = 4.8 (万元)

该酒厂2019年12月自行向税务机关缴纳的消费税总额 = 36 + 4.8 = 40.8 (万元)

(3) 销项税额的计算

业务(3) 销项税额 = 1.8 × 80 × 13% = 18.72 (万元)

业务(4) 销项税额 = 10 × 1.8 × 13% = 2.34 (万元)

业务(6) 销售自己使用过的准予抵扣进项税额的小汽车,按13%的税率征收增值税。

增值税销项税额 = 15 ÷ (1 + 13%) × 13% = 1.73 (万元)

销项税额合计 = 18.72 + 2.34 + 1.73 = 22.79 (万元)

②本期可以抵扣进项税额的计算

业务（1）进项税额 =3.9（万元）

业务（2）进项税额 =（12 +4）×13% =2.08（万元）

业务（4）进项税额转出 =15 ×13% =1.95（万元）

业务（5）进项税额转出 =［（50 000 －4 360）×13% +4 360 ×9%］÷10 000 =0.63（万元）

业务（7）进项税额 =2 ×13% =0.26（万元）

进项税额合计 =3.9 +2.08 －1.95 －0.63 +0.26 =3.66（万元）

应纳增值税 =22.79 －3.66 =19.13（万元）

2. **【答案及解析】**

（1）职工福利费应调增的应纳税所得额 =140 －950 ×14% =7（万元）

职工教育经费应调增的应纳税所得额 =80 －950 ×8% =4（万元）

工会经费 15 万元小于扣除的限额（950 ×2% =19 万元），不用调整。

工资和三项经费共应调增的应纳税所得额 =7 +4 =11（万元）

（2）业务招待费扣除限额 1：80 ×60% =48（万元）

扣除限额 2：7 000 ×5‰ =35（万元）

业务招待费当年可扣除 35 万元，应调增应纳税所得额 =80 －35 =45（万元）

（3）广告费的扣除限额 =7 000 ×15% =1 050（万元），当年实际发生的 120 万元可以全额扣除，上年结转的 14 万元也可以全额在本年的税前扣除，应调减应纳税所得额 14 万元。

（4）研发费用加计扣除，应调减应纳税所得额 =200 ×75% =150（万元）

（5）违约金可以在税前扣除，无须纳税调整；滞纳金和违反政府规定被相关职能部门处罚的罚款支出不能在税前扣除，应纳税调增 10 +30 =40 万元。

（6）会计利润总额 =7 000 －1 800 －380 －480 －500 －180 +300 －150 =3 810（万元）

公益性捐赠扣除限额 =3 810 ×12% =457.2 大于实际捐赠 60 万元，不需调整。

应纳税所得额 =3 810 +100 +11 +45 －14 －150 +40 =3 842（万元）

（7）企业 2019 年企业所得税应纳税额 =3 902 ×15% －80 ×10% =577.3（万元）